Lightroom 5
par la pratique

Chez le même éditeur

Traitement de l'image numérique

J. Schewe, *Le négatif numérique* (à paraître).
C. Jentzsch, G. Theophile, *Créez vos livres photo avec Lightroom*, 2013, 172 pages.
V. Gilbert, *Photoshop CS6 et le RAW par la pratique*, 2013, 256 pages + DVD-Rom.
J.-M. Sepulchre, *DxO8 pour les photographes*, 2013, 250 pages. Uniquement disponible en e-book.
J. Delmas, *La gestion des couleurs pour les photographes, les graphistes et le prépresse*, 2012, 536 pages.
S. Kelby, *Photoshop Elements 11 pour les photographes*, 2013, 438 pages.
S. Kelby, *Photo de studio et retouches*, 2013, 364 pages.
M. Evening, *Photoshop CS6 pour les photographes*, 2012, 672 pages.
M. Evening, *Lightroom 4 pour les photographes*, 2012, 612 pages.
P. Krogh, *Catalogage et flux de production pour les photographes*, 2010, 460 pages.
P. Ricordel, *Capture NX2 par la pratique, 2010*, 192 pages. Uniquement disponible en e-book.
P. Ricordel, *Capture NX2 pour les photographes*, 2008, 304 pages. Uniquement disponible en e-book.

Techniques de la photo – Prise de vue

J. Marchesi, *Les cours photo Eyrolles – Les fondamentaux de la prise de vue* (à paraître).
J. Marchesi, *Les cours photo Eyrolles – Les fondamentaux de l'optique*, 2013, 125 pages.
A.-L. Lacquart, *Photographier au quotidien avec Anne-Laure Jacquart*, 2013, 250 pages.
T. Legault, *Astrophotographie*, 2e édition, 2013, 170 pages.
R. Bouillot, *La pratique du reflex numérique*, 4e édition, 2013, 488 pages.
A. Mante, *Composition et couleur en photographie*, 2012, 208 pages.
S. Arena, *Manuel d'éclairage au flash*, 2012, 396 pages.
F. Hunter, S. Biver, P. Fuqua, *Manuel d'éclairage photo*, 2e édition, 2012, 244 pages.
A.-L. Jacquart, *Mémophoto – Les réglages de l'appareil*, 2012, 14 pages.
A.-L. Jacquart, *Mémophoto – La composition étape par étape*, 2012, 14 pages.
A.-L. Jacquart, *Composez, réglez, déclenchez !*, 2011, 160 pages.
A. Juniper, D. Newton, *100 trucs et astuces pour filmer avec son reflex*, 2011, 176 pages.
É. Delamarre, *Profession photographe indépendant*, 2e édition, 2011, 260 pages.
E. Balança, *Photographier la nature*, 2011, 160 pages.
G. Blondeau, *Photographier la nature en macro – Guide pratique*, 2e édition, 2011, 232 pages.
S. Devaud, *Tourner en vidéo HD avec les reflex Canon*, 2010, 392 pages.
E. Balança, *Photographier les animaux – Guide pratique*, 2e édition, 2009, 192 pages.
B. Bodin, C. Bruno, *Photographier la montagne – Guide pratique*, 2008, 166 pages.
C. Harnischmacher, *Fabriquer ses accessoires d'éclairage photo*, 2007, 104 pages.

Boîtiers reflex

J. V. Luc, P. Druel, *Maîtriser le Nikon D800* (à paraître).
V. Luc, P. Brites, *Maîtriser le Canon EOS 600D – Maîtriser le Canon 5D Mark III*.
V. Luc, *Maîtriser le Canon EOS 60D – Maîtriser le Canon EOS 5D Mark II – Maîtriser le Canon EOS 550 –Maîtriser le Canon EOS 500D – Maîtriser le Nikon D80 – Maîtriser le Nikon D200 – Maîtriser le Nikon D50 – Maîtriser le Canon EOS 350D*.
V. Luc, M. Ferrier, *Maîtriser le Nikon D300*.
V. Luc, B. Effosse, *Maîtriser le Canon EOS 40D – Maîtriser le Canon EOS 400D*.
M. Ferrier, C.-L. Tran, *Réussir ses photos avec le Pentax K-x – Réussir ses photos avec le Nikon D5200* (à paraître).
M. Ferrier, C.-L. Tran, *Découvrir le Nikon D3000 – Découvrir le Nikon D5000 – Découvrir le Nikon D90 – Découvrir le Canon EOS 1000D*.
A. Santini, *Découvrir le Nikon D60*, 2009, 156 pages.
J.-M. Sepulchre, *Le Nikon D800 – Le Nikon D7000 – Le Nikon D5100 –Le Canon 5D Mark III –Le Canon 1D Mark IV – Le Sony NEX-7 – Le Leica M9 – 137 tests d'objectifs pour le Nikon D3s – 94 tests d'objectifs pour le Nikon D300s – 58 tests d'objectifs pour le Nikon D90 – 91 tests d'objectifs pour le Nikon D300 –103 tests d'objectifs pour le Nikon D700 – 110 tests d'objectifs pour le Nikon D3*. Uniquement disponibles en e-book.

Gilles **Theophile**

Lightroom 5
par la pratique

EYROLLES

Éditions Eyrolles
61, boulevard Saint-Germain
75005 Paris
www.editions-eyrolles.com

ISBN : 978-2-212-13729-3

Remerciements

La réalisation d'un ouvrage de ce type met en jeu un certain nombre de compétences, et je voudrais tout d'abord remercier mon éditrice, Stéphanie Poisson, qui m'a renouvelé sa confiance, ainsi que tous ses collaborateurs aux éditions Eyrolles qui ont travaillé sur ce projet, dans l'urgence à cause de l'arrivée si rapide de Lightroom 5, à peine un an après la version 4 au lieu de deux.

Je voudrais aussi dire un grand merci à mon amie Céline Jentzsch, dont les photographies illustrent, à quelques rares exceptions près, la totalité de cet ouvrage. Je n'ai malheureusement guère de temps à consacrer à la prise de vue et je suis bien évidemment heureux de cette nouvelle collaboration, après *Lightroom 3 par la pratique* puis *Créez vos livres photo avec Lightroom*.

Merci également aux conseils avisés de Volker Gilbert, qui est également très occupé et que je ne vois quasiment jamais bien que nous vivions à seulement 20 km l'un de l'autre, puisque c'est lui qui m'a soufflé la technique de la loupe dans les captures d'écran.

Je n'oublierai pas non plus la disponibilité des membres de l'équipe de développement de Lightroom, ainsi que Sharad Mangalick, Product Manager de Lightroom et Camera Raw, pour sa disponibilité et son aide précieuse.

Être rédacteur ou auteur signifie également passer de longues heures devant l'ordinateur, pendant des mois, week-ends inclus. Merci donc à ma famille et à mes amis pour leur tolérance vis-à-vis de mes absences et de mon indisponibilité, et plus particulièrement à Marie, mon épouse, et à mes filles Anna et Louise qui grandissent, sous mes yeux parfois surpris à la même cadence que les sorties de Lightroom – déjà la cinquième version ! Et je n'oublierai pas non plus mon adorable carlin, qui me tient compagnie et passe le plus clair de son temps à ronfler à côté de moi pendant que j'aligne des kilomètres de texte au clavier.

Gilles Theophile
Le 25 mai 2013

Avant-propos

Lightroom 5 : l'accélération

Je n'en croyais pas mes yeux lorsque j'ai été invité à travailler sur ce qui allait devenir Lightroom 5 à peine six mois plus tard ; j'ai vérifié mon calendrier et les dates de sortie de Lightroom 4 pour me prouver que je ne rêvais pas. Oui, Adobe change de politique commerciale, oui, Adobe a décidé de modifier la fréquence de renouvellement de Lightroom pour faire face à la concurrence et répondre aux demandes de plus en plus pressantes de la clientèle, qui accepte de plus en plus difficilement d'attendre deux ans pour profiter de nouveaux outils.

Lightroom 5 est, à première vue, moins spectaculaire que la version précédente qui amenait deux nouveaux modules (Cartes et Livres) ainsi qu'une refonte totale – et bienvenue – de la correction des tonalités, laquelle a été plébiscitée par la critique comme par les utilisateurs même si elle a impliqué de profonds changements d'habitudes.

Que nous propose cette nouvelle version ? En dehors des innombrables petites améliorations saupoudrées un peu partout, y compris les très nombreuses corrections de traduction demandées par votre obligé depuis la version 2 (regardez le nom du pinceau, de l'outil de correction des poussières, des curseurs de la « Courbe des tonalités », et bien d'autres...), on y trouvera des outils qui sauront satisfaire aussi bien le technophile que l'artiste. Le premier se délectera du redressement automatique d'horizon et de perspective de l'outil Upright, redoutable d'efficacité, tandis que le second appréciera de pouvoir appliquer enfin un effet de vignetage décentré sur un portrait grâce au « Filtre radial ».

Et que dire du nouveau pinceau non circulaire de suppression des défauts, permettant de retirer fils électriques, mâts et autres éléments disgracieux dans vos photos de paysage ou d'architecture ? D'autant que l'outil, qui fait partie du classique correcteur de poussière, s'accompagne d'un mode d'affichage monochrome qui facilite la détection de la moindre pétouille, ce qui allège d'autant le temps de traitement des images.

Parlons performances : le moteur de défilement des vignettes du module Bibliothèque a été entièrement changé : le défilement des cellules à la molette de la souris n'a plus rien à voir avec les versions précédentes de Lightroom. Il est devenu fluide, et fini les vignettes grises attendant de charger les aperçus de vos images. Même chose pour le module Développement : le mécanisme d'affichage a été repensé et réorganisé : les outils ne se chargent en mémoire qu'à partir du moment où ils sont sollicités. D'emblée, tout est plus réactif, plus rapide, plus fluide.

Mais la nouveauté la plus importante est celle des aperçus dynamiques et du nouveau flux de travail hors ligne permettant de traiter les images dans le module Développement sans que les originaux soient disponibles. Bien sûr, le système n'est pas nouveau, puisqu'il est déjà utilisé par un logiciel concurrent, mais Adobe voit plus loin et se base entièrement sur la technologie DNG, ces substituts de fichiers RAW que l'éditeur américain essaye d'imposer en lieu et place des formats des fabricants de matériel photo.

Créés dès l'importation, ou au besoin dans le module Bibliothèque, les aperçus dynamiques sont des fichiers DNG compressés : ainsi, vous pouvez envisager d'emmener votre photothèque complète sur votre ordinateur portable au lieu de devoir choisir entre une sélection limitée d'images ou une pile de disques durs externes. Et vous pourrez tout aussi bien gérer vos photos dans le module Bibliothèque ou avoir accès à l'intégralité des outils non destructifs du module Développement sans forcément avoir les originaux sous la main : les corrections seront automatiquement appliquées dès qu'ils seront disponibles et reconnectés à Lightroom.

Ce système laisse entrevoir de nombreuses évolutions à venir : partage sur le *cloud*, sur les tablettes numériques et les smartphones qui seront ainsi capable de traiter des fichiers RAW. C'est donc bien la mobilité qui est mise en avant par ce système, et les développements futurs sont très prometteurs.

Autre avantage : le photographe qui utilise un ordinateur peu performant pourra lui redonner une nouvelle jeunesse grâce à la légèreté des aperçus dynamiques qui pèsent à peine 2 ou 3 Mo, contre 10 à 20 fois plus pour les fichiers RAW des appareils les plus récents. On pourrait même envisager, très prochainement, la possibilité de choisir entre un flux purement RAW ou uniquement basé sur les aperçus dynamiques en cliquant sur un simple bouton, alors que pour l'instant Lightroom bascule de l'un à l'autre automatiquement en fonction de la présence ou non des originaux. Dans ce domaine particulier, ce que vous propose Lightroom 5 est une première étape vers beaucoup de bonnes choses pour vous, photographe.

Lightroom 5, c'est également la commande de vérification de l'intégrité des fichiers DNG, la prise en charge des fichiers PNG, la compatibilité totale avec les écrans Hi DPI sur Mac comme sur PC, le mode Lab pour l'histogramme, le nouveau moteur permettant d'intégrer les vidéos aux diaporamas (base de futures améliorations), le confort accru du module Livres (insertion de texte facilitée, enregistrement de modèles de page modifiés), de nouvelles règles de collections dynamiques (profondeur de couleur, profils colorimétriques, mode colorimétrique source, nombre de canaux, statut des aperçus dynamiques), incrustation d'une grille et de repères réglables en mode Loupe, incrustation de rapports largeur/hauteur et un vrai mode plein écran.

Mais Lightroom 5, c'est aussi un peu de frustration : reconnaissance de visages qui a manqué son entrée, pas d'autre prestataire que Blurb pour les livres photo, pas de gestion plus simple des mots-clés, pas de pont direct pour traiter les vidéos avec des logiciels spécialisés, un module Web en hibernation, etc.

Mais soyez rassurés, l'équipe de développement de Lightroom est parfaitement au courant des attentes des utilisateurs, tout étant question de priorité et de moyens à mettre en œuvre tout en continuant à respecter la philosophie et « l'expérience utilisateur » depuis plus de six ans – puisque Lightroom 1.0 est sorti en février 2007 après plus de quatre ans de développement, ce qui nous ramène à 2003… Sentez-vous l'accélération du temps qui passe ?

De quoi sera fait Lightroom 6 ? Il est trop tôt pour en parler, mais je pense qu'on y verra la reconnaissance de visages et d'autres développements concernant les aperçus dynamiques. Il est également évident que nous n'aurons pas à attendre deux ans pour voir naître cette version. La concurrence et les exigences du marché ont du bon.

En attendant, je vous souhaite beaucoup de plaisir à la découverte de Lightroom 5 et à la lecture de cet ouvrage ; que vous veniez de Lightroom 4 ou d'une version plus ancienne, vous ne serez pas perdu, ce livre est fait pour vous.

NB : dans Lightroom 4 par la pratique, *publié peu après la sortie de la version 4.0, nous avions promis de mettre à votre disposition les fichiers PDF des nouveautés de la version 4.1, c'est-à-dire la refonte des outils de correction de l'aberration chromatique et la possibilité d'exporter les livres photo en JPEG. Pour de multiples raisons cela n'a pas été possible, mais bien entendu ces nouveaux outils sont pris en compte dans cette édition.*

Structure de l'ouvrage

Ce livre est divisé en six parties et 59 exercices.

1. **Préparer l'environnement de travail :** réglages, création et gestion de catalogues, installation d'éditeurs et de modules externes, fonctionnement des piles et des copies virtuelles, éditeur de filigranes pour incruster un copyright dans une image… Toutes ces fonctions de base, préalable indispensable à un travail dans Lightroom, seront abordées dans huit exercices.

2. **Maîtriser le catalogage :** en suivant un cas concret de flux de travail, nous nous intéresserons d'abord à l'importation, au tri et à la notation des images avant de passer à la création de collections puis à la gestion de mots-clés et de modèles de métadonnées. Nous continuerons avec la modification du nom et de la date de

fichiers avant de nous intéresser aux autres méthodes d'importation, y compris depuis l'Organiseur de Photoshop Elements. Nous nous intéresserons aussi aux flux de travail DNG et vidéo avant d'aborder la géolocalisation avec le module Cartes.

3. **Développer ses images :** cette partie aborde plus particulièrement le développement de fichiers RAW et les corrections de base de la tonalité, des couleurs, du bruit et de la netteté. Nous nous pencherons ensuite sur la « présence » de l'image, avec les outils Vibrance et Clarté. Bien entendu, les outils liés au Processus 2012 seront largement discutés, ainsi que, pour la première fois, l'étalonnage et l'utilisation de profils couleur tiers.
4. **Corriger ses images :** dans cette quatrième partie, nous irons un peu plus loin avec des outils de correction « techniques », comme les corrections de l'objectif, le nettoyage des poussières et le recadrage, avant de passer à des tâches créatives grâce à la retouche locale, au « Filtre gradué », à la conversion noir et blanc, au virage partiel et aux effets de grain ou de vignetage. Les nouveautés de Lightroom 5 y sont nombreuses en ce qui concerne la suppression de défauts et d'éléments indésirables, le redressement automatique de l'horizon et des perspectives et le « Filtre radial ». Seront également traités les outils intégrés à partir de la version 4.1, et que nous n'avions pas abordés dans l'ouvrage précédent, concernant la correction de l'aberration chromatique.
5. **Optimiser son flux de travail :** cette partie est importante, car nous y verrons comment accélérer la postproduction grâce au traitement par lots et aux paramètres prédéfinis de développement, avant de nous intéresser à une méthode de travail idéale pour les photographes pressés. Nous verrons également comment reconfigurer les réglages de Lightroom en fonction de votre appareil photo ou de vos réglages personnalisés, comment automatiser le post-traitement dans Photoshop à partir de Lightroom, avant de passer, Lightroom 5 oblige, à la gestion des aperçus dynamiques et du traitement en mode hors ligne.
6. **Diffuser ses images :** cette dernière partie couvre tous les moyens de diffusion des images, à commencer par une exploration du menu Exporter, suivie d'une présentation des modules de sortie (Diaporama, Impression, Web). Le nouveau module Livres sera largement couvert, avec les notions de base pour concevoir un livre photo. Nous traiterons également de la diffusion d'images dans les galeries web grâce aux services de publication, avant de conclure sur la fonction e-mail.

Toutes les captures de ce livre ont été faites sur Mac. Néanmoins, il n'y a aucune différence d'utilisation de Lightroom sur PC et sur Mac. Les rares menus ou raccourcis clavier qui diffèrent quelque peu sont signalés dans le texte.

Téléchargement des exercices

Des fichiers sont disponibles pour un certain nombre d'exercices (indication en ce sens en introduction des exercices concernés). Pour faciliter le téléchargement et la manipulation, il ne s'agit pas de fichiers RAW originaux mais de DNG compressés, qui présentent l'avantage de la légèreté tout en conservant toutes les caractéristiques de réversibilité d'un RAW. Les corrections décrites dans les exercices sont intégrées et pourront être reprises ou modifiées à votre guise.

Choisir d'utiliser des DNG n'est pas totalement innocent, puisque l'auteur tient à ce que vous découvriez ce standard qui présente de nombreux avantages, aussi bien d'un point de vue technique que pour la cohérence du traitement de photographies.

Vous trouverez les fichiers sur www.editions-eyrolles.com, sur la fiche de l'ouvrage (colonne de droite).

Sommaire

Partie 5

Partie 6

Partie 1

Préparer l'environnement de travail

Lightroom a la particularité de couvrir des fonctions jusque-là assurées par plusieurs programmes, pour le catalogage, le développement des fichiers RAW, la correction des images, l'impression, la diffusion des documents, la création de livres photo, la géolocalisation et le traitement de base des vidéos. Il couvre la quasi-intégralité des besoins du photographe, tout en permettant de transférer les photos dans Photoshop ou dans d'autres logiciels, pour procéder à des retouches. Lightroom 5 propose de nouvelles fonctions et options ; il est important de le paramétrer correctement avant de commencer le travail. Il faudra également assimiler les bases du fonctionnement de son catalogue qui enregistre toutes les modifications effectuées dans les images et les métadonnées. Nous nous attarderons ensuite sur les différents modes d'affichage avant de voir comment Lightroom communique avec Photoshop et de quelle manière on peut installer des outils supplémentaires grâce aux modules externes. Nous apprendrons enfin à quoi servent les piles et les copies virtuelles avant de nous pencher sur l'éditeur de filigranes pour protéger les images à l'exportation en leur incrustant un logo ou un copyright.

Marché de nuit à Jodhpur (Inde)
Nikon D700, 24-70 mm f/2,8, 1/60 s, f/3,2, 500 ISO © Céline Jentzsch

Exercices

01 Régler les Préférences

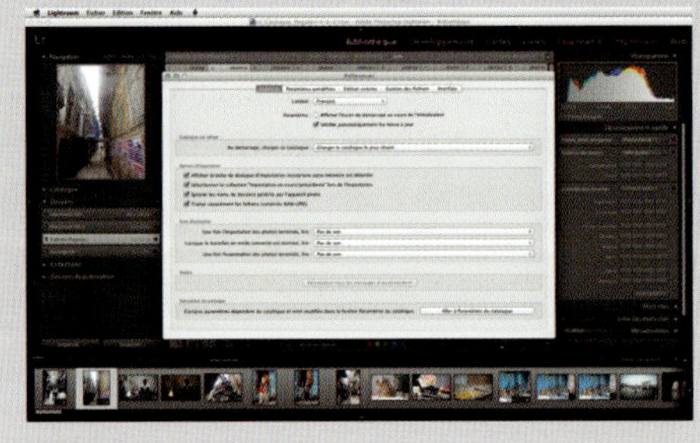

Après avoir installé Lightroom 5 sur votre ordinateur, et avant même d'importer vos premières images, vous devez impérativement régler les Préférences pour que l'utilisation du logiciel soit la plus agréable et la plus fluide possible. Il faudra pour cela aller dans les Préférences générales avant de faire un tour dans les paramètres du catalogue, puis dans les options d'affichage.
Dans ce premier exercice, nous n'examinerons pas chaque option en détail, mais nous nous concentrerons sur les réglages les plus importants. Les Préférences spécifiques à certaines fonctions de Lightroom seront abordées dans les exercices suivants : « Le flux de travail DNG » (exercice 22), « Le flux de travail vidéo » (exercice 23), « Le module Cartes » (exercice 24), « Aperçus dynamiques » (exercice 51) et « Créer un livre photo » (exercice 55).

Étape 1

La fenêtre des Préférences est accessible par le menu **Lightroom>Préférences** (sur Mac) ou **Édition>Préférences** (sur PC). Les paramètres de catalogue sont à part, au cas où le photographe utiliserait plusieurs catalogues avec des réglages différents. Dans l'onglet Général, désactivez l'option « Afficher l'écran de démarrage au cours de l'initialisation » pour supprimer le logo au démarrage. Si vous disposez d'une connexion Internet, cochez le bouton de vérification automatique des mises à jour. Vous pouvez également modifier la langue, ce qui exige un redémarrage du programme.

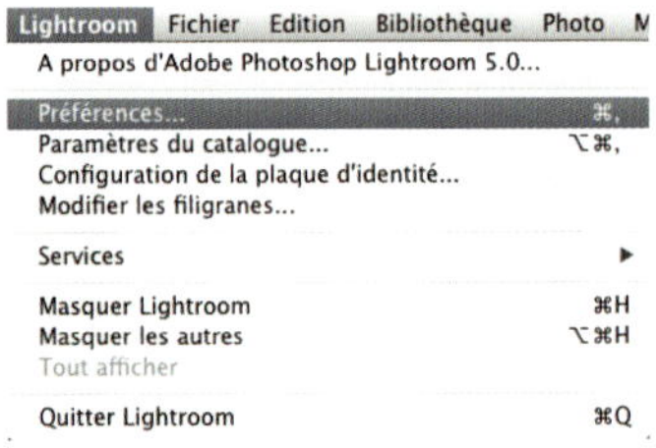

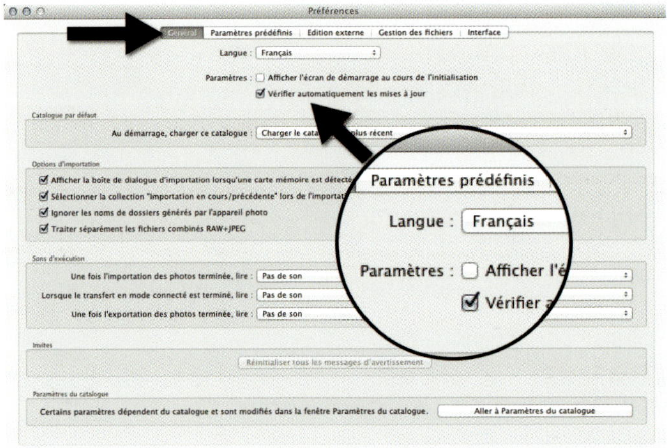

Remarque : les changements effectués dans les Préférences, les paramètres de catalogue et les options d'affichage ne nécessitent pas le redémarrage de Lightroom, à l'exception du changement de langue, que ce soit avec Windows ou avec Mac OS X.

Étape 2

Toujours dans l'onglet Général, section « Catalogue par défaut », indiquez le catalogue à charger au démarrage (le plus récent). Si vous utilisez plusieurs catalogues, choisissez l'option « Me demander au démarrage de Lightroom » : Lightroom affichera une fenêtre de sélection de catalogue, dès le démarrage (exercice 02, étape 10). Vous pourrez également y définir le catalogue par défaut, ou rechercher un catalogue qui ne figure pas encore dans cette liste.

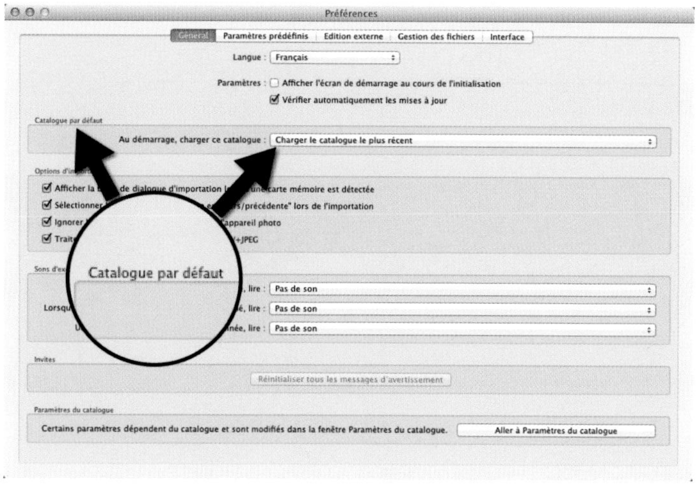

Étape 3

Cochez les options qui vous conviennent dans « Options d'importation » : affichage automatique de la boîte de dialogue d'importation dès insertion d'une carte mémoire, ne pas tenir compte des noms de dossiers créés par le boîtier, séparation ou non des fichiers en prise de vue RAW+JPEG. Une nouvelle option, « Importation en cours/précédente », permet de rester ou pas dans la collection temporaire d'importation : laissez-la active ; vous pourrez vérifier immédiatement l'ensemble des images importées dans un emplacement unique, conformément aux versions précédentes de Lightroom.

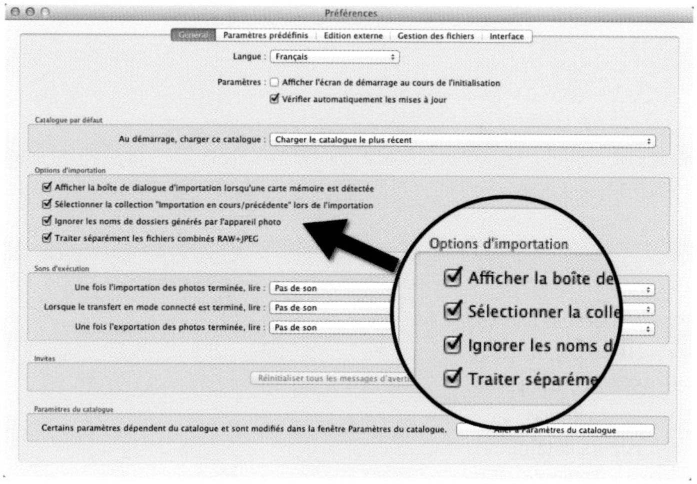

Étape 4

Dans l'onglet Paramètres prédéfinis, vérifiez que l'option « Appliquer les réglages de tons automatiques » est inactive, afin que les images ne soient pas corrigées lors de l'importation. Si vous appréciez les réglages de tons automatiques, vous pourrez les utiliser dès que les images seront dans le catalogue. En revanche, l'option « Appliquer le mélange automatique lors de la conversion initiale en noir et blanc » doit être cochée : lorsque vous convertirez vos images en noir et blanc, Lightroom les analysera et vous proposera un réglage optimisé qui vous servira de base de travail.

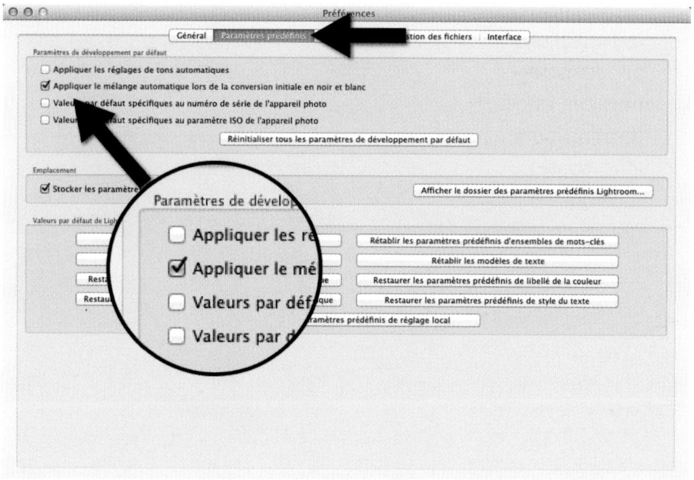

Étape 5

Lightroom permet de créer des paramètres prédéfinis qui ne s'appliqueront qu'à un boîtier (numéro de série inscrit dans les métadonnées) ou qu'à des images prises à une sensibilité ISO préétablie. Une autre option que nous retiendrons ici est la possibilité de stocker les paramètres prédéfinis dans le dossier du catalogue, ce qui est pratique s'il est installé sur un disque dur externe afin de le partager, par exemple, entre vos ordinateurs du bureau et de la maison. Attention, l'option de stockage des paramètres prédéfinis avec le catalogue peut empêcher l'installation automatique d'éditeurs externes.

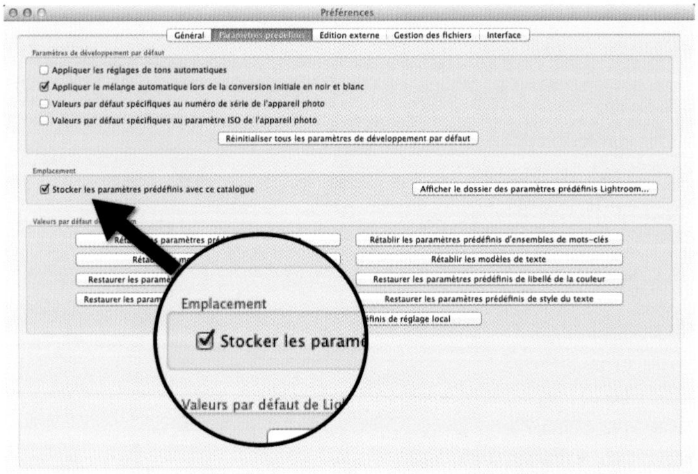

Étape 6

L'onglet « Gestion des fichiers » permet de régler la taille de la mémoire cache Camera Raw. Partagée avec Camera Raw lorsque Photoshop est installé, elle stocke des aperçus partiellement traités de vos images afin d'accélérer l'affichage et l'agrandissement dans le module Développement. Depuis Lightroom 4, la mémoire cache utilise des fichiers « .dat » constitués de JPEG compressés, ce qui améliore encore les performances tout en autorisant le stockage d'un plus grand nombre d'aperçus (1 Go de cache équivaut à près de 2 500 aperçus d'images originales).

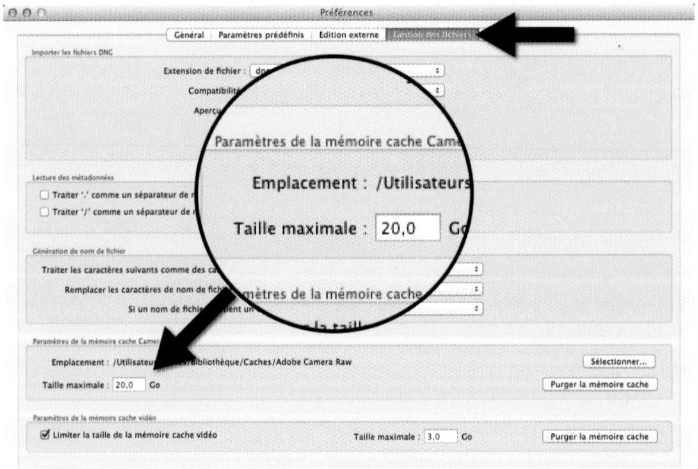

Étape 7

La taille de la mémoire cache dépendra donc de votre production. Elle est de 200 Go au maximum mais, en général, 20 à 50 Go suffisent amplement. Vous pouvez modifier son emplacement – pour profiter, par exemple, de la vitesse d'un disque SSD – et la purger, après avoir travaillé sur une grosse série d'images sur lesquelles vous ne reviendrez plus. Si vous dépassez la taille maximale, les anciens fichiers d'aperçus seront remplacés au ~~fur et à~~ mesure par les nouveaux. Il y a également une mémoire cache vidéo (500 Go maximum), que vous pourrez purger, mais sans modifier son emplacement.

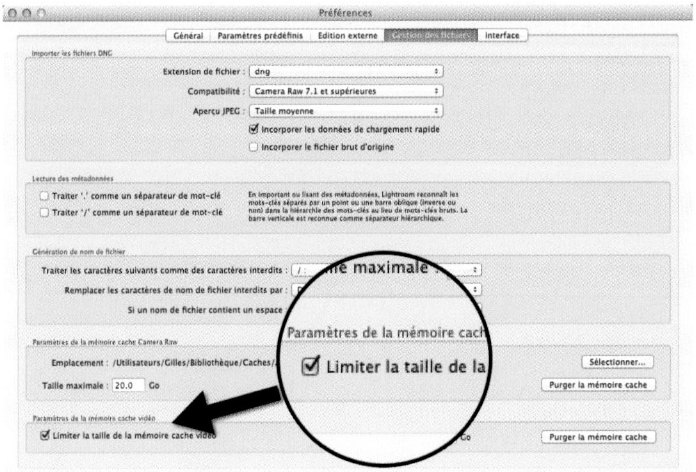

Étape 8

Passons au paramétrage du catalogue, soit par les menus Lightroom (Mac) ou Édition (PC), soit par l'onglet Général des Préférences. Pour voir son emplacement exact dans le système, cliquez sur le bouton Afficher. La section Sauvegarde permet de programmer la fréquence des sauvegardes ; nous vous conseillons d'effectuer un tel enregistrement une fois par jour, à la fermeture de Lightroom : le catalogue sera dupliqué quotidiennement et la sauvegarde restera ainsi à votre disposition au cas où le catalogue habituellement utilisé ne s'ouvrirait plus.

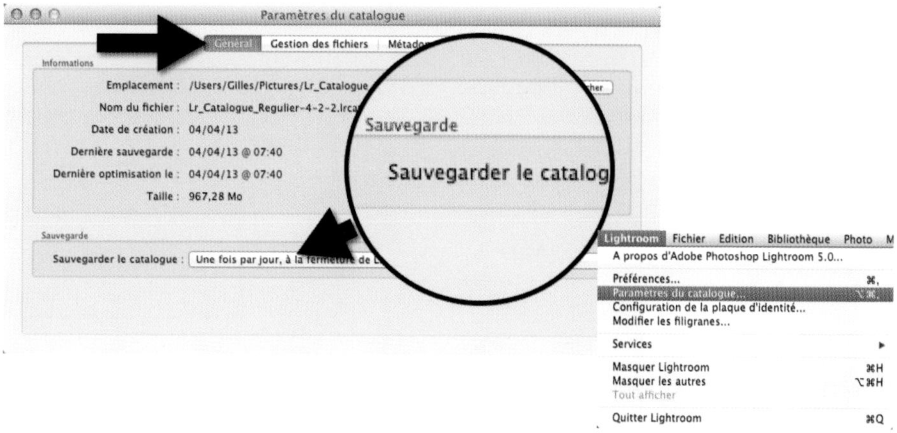

Étape 9

Vous pouvez adapter la taille des aperçus à celle de l'écran dans l'onglet « Gestion des fichiers ». Pour un 27 pouces ou un écran HR de type Retina, choisissez une taille de 2 880 pixels et une qualité d'aperçu moyenne. Vous pouvez effacer les aperçus de qualité 1:1 au-delà d'un certain temps, notamment si votre production est conséquente : faites-le après livraison et archivage des images correspondantes, l'option « 30 jours » étant un bon compromis. Notez que le panneau indique dorénavant la taille totale du dossier des aperçus et des aperçus dynamiques.

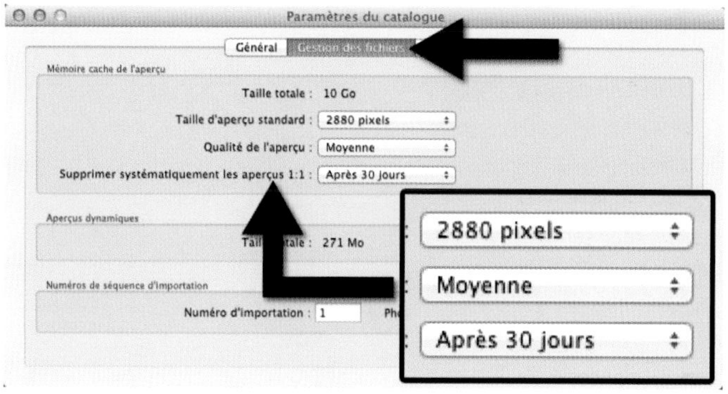

Étape 10

Dans l'onglet Métadonnées, cochez toutes les options de la section Édition. La première facilite le travail en suggérant des mots en cours de saisie dans les différents champs de métadonnées ; notez que vous pouvez initialiser les listes de suggestions. La deuxième propose d'inscrire les paramètres de développement, c'est-à-dire les corrections faites aux images, dans les en-têtes des fichiers JPEG, TIFF et PSD, en plus du catalogue. Cela permet de reprendre les réglages des images en question dans d'autres sessions de Lightroom ou de Camera Raw.

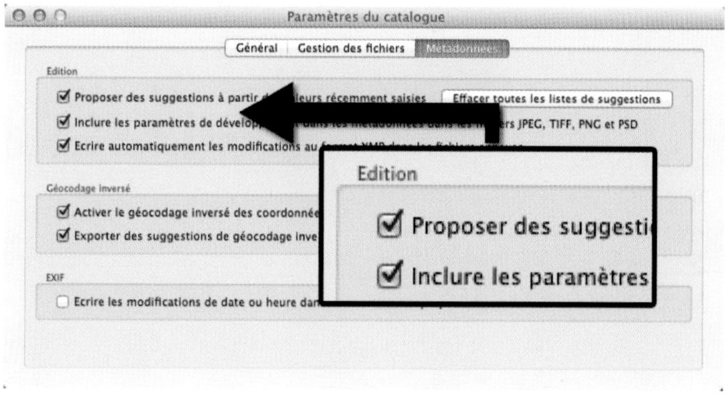

Étape 11

L'écriture automatique des modifications au format XMP dans les fichiers annexes des images RAW garantit un deuxième niveau de sauvegarde du travail de correction des photos, en plus du catalogue. Si vous n'activez pas cette option, simplement parce que vous ne partagez pas votre travail avec d'autres sessions de Lightroom ou Camera Raw, l'écriture dans les fichiers annexes se fait également au coup par coup à l'aide du raccourci Cmd/Ctrl + S, après sélection des images. L'activation de l'écriture automatique au format XMP peut dégrader la réactivité de l'application.

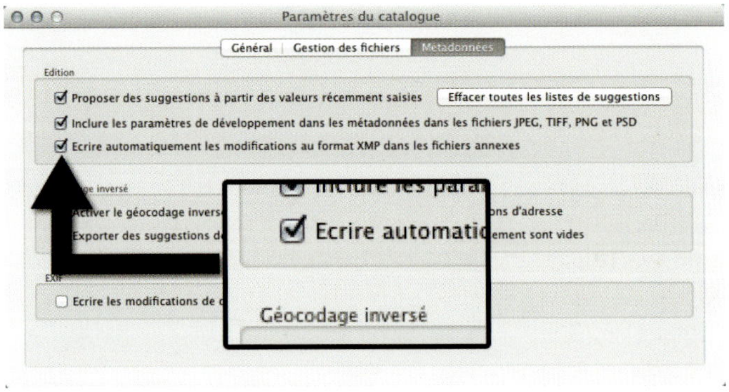

Étape 12

On procède ensuite aux réglages des options d'affichage du module Bibliothèque par un clic droit sur une cellule et en cliquant sur « Options d'affichage », tout en bas du menu flottant. L'onglet « Mode Grille » permet de choisir entre les cellules réduites, qui ne contiendront qu'un nombre restreint d'informations sur l'image, et les cellules agrandies, pour lesquelles vous cocherez toutes les options disponibles. Sachez qu'il n'y a, a priori, pas de différences notables entre les types de cellules en ce qui concerne la vitesse et la fluidité du déroulement des vignettes.

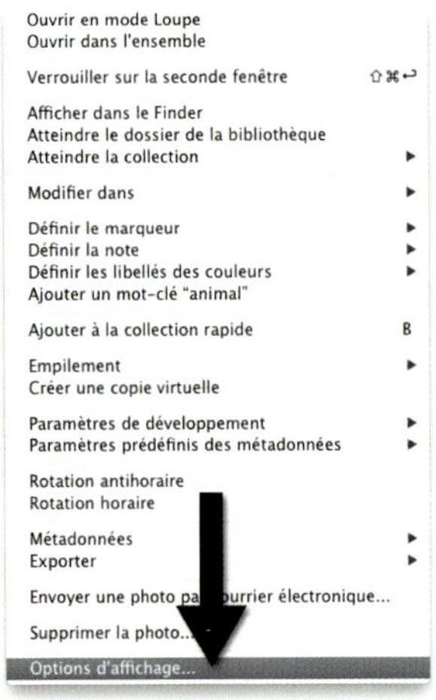

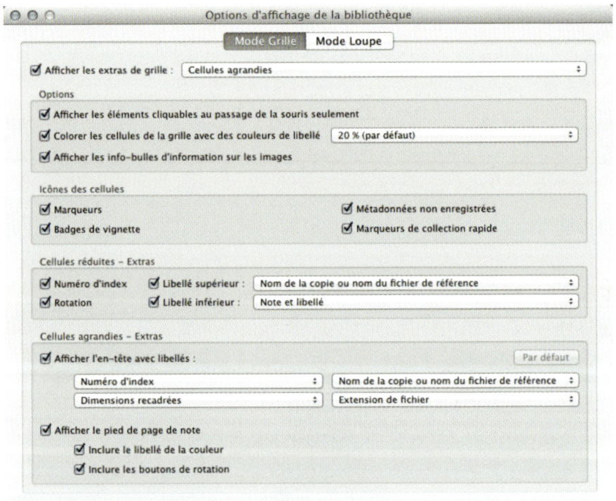

Étape 13

Si vous passez en mode Loupe, vous pourrez paramétrer les informations affichées en incrustation dans les images (en haut à gauche). En cochant « Afficher rapidement au changement de la photo », les informations apparaîtront brièvement. Vous pouvez également afficher et escamoter ces incrustations manuellement, à l'aide de la touche I du clavier, ou opter pour un affichage permanent en cochant « Afficher l'incrustation d'informations » en haut de la boîte de dialogue. Quittez ensuite cette dernière : vous êtes prêt à travailler avec Lightroom.

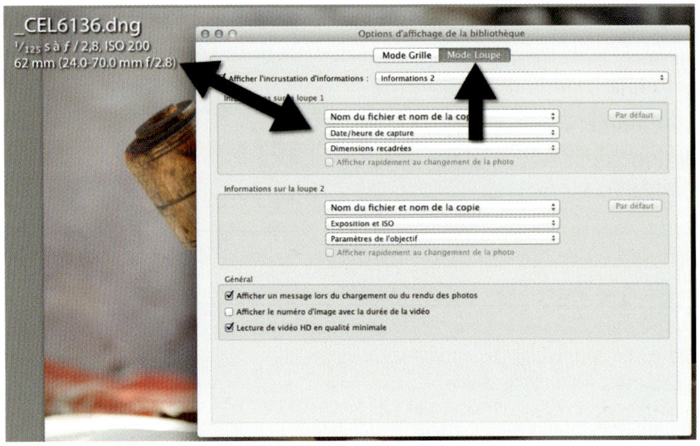

02 Créer et gérer un catalogue

Le flux de travail de Lightroom repose entièrement sur le principe d'une base de données appelée « catalogue ». Celui-ci ne contient pas les images elles-mêmes mais toutes les informations qui y sont liées, comme les métadonnées, les réglages et les corrections de développement (correction de la tonalité, des couleurs, du bruit, accentuation de la netteté, recadrage, perspectives, traitement artistique des images, etc.), l'arborescence des dossiers et les collections.
Dans ce deuxième exercice concernant la préparation de l'environnement de travail, nous allons voir comment créer un catalogue neuf, mettre à jour un ancien catalogue et assurer à la fois leur maintenance et leur sauvegarde.

Étape 1

Après la toute première installation, Lightroom va afficher une boîte de dialogue signalant que le programme va créer un catalogue à l'emplacement par défaut (en fonction du système d'exploitation). À moins de vouloir modifier l'emplacement du catalogue, confirmez en cliquant sur le bouton Continuer.
Cette étape est une sécurité : en vous demandant de confirmer l'endroit où sera placé le catalogue, le programme s'assure que vous avez bien été informé de son emplacement. Cette boîte de dialogue n'apparaîtra plus par la suite.

Remarque : jusqu'à présent, la création d'un catalogue pouvait dérouter des utilisateurs mal à l'aise avec l'informatique – l'emplacement et le rôle du catalogue, en tant que base de données, n'était pas toujours très bien compris, notamment lorsqu'on a l'habitude de se servir d'un simple explorateur de fichiers. Cette fonction à l'installation s'inscrit dans une volonté marquée d'assister les utilisateurs tout au long de leur progression avec Lightroom.

Étape 2

Le dossier du catalogue contient plusieurs éléments importants : le catalogue lui-même (la base de données), portant l'extension « .lrcat », les aperçus (nom du catalogue + Previews.lrdata) pour l'affichage des images dans le module Bibliothèque et les aperçus dynamiques (nom du catalogue + Smart Previews.lrdata) pour le mode hors ligne Si vous avez choisi de stocker les paramètres prédéfinis avec le catalogue (voir l'exercice 01, étape 5), vous y trouverez le dossier « Paramètres Lightroom ».

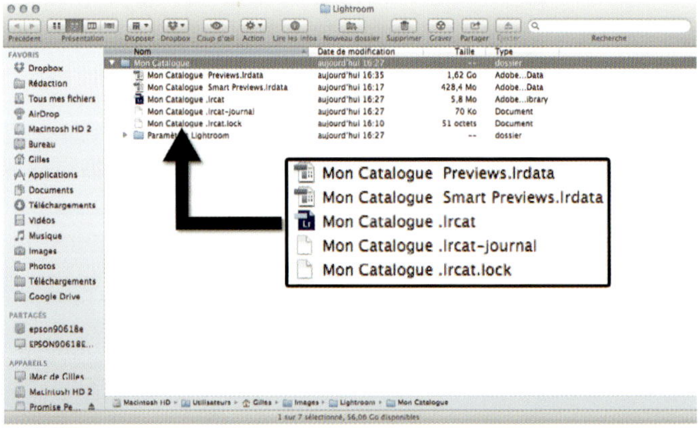

Étape 3

Une fois le catalogue créé, il faut y importer les images (voir l'exercice 09). La prise en charge de ces fichiers par le catalogue conditionne le flux de travail dans Lightroom et toute la philosophie du logiciel. Les photos originales ne sont jamais modifiées, chaque opération est enregistrée dans le catalogue sous forme de métadonnées. C'est un flux de travail non destructif et donc réversible, tout est inscrit dans le catalogue et, le cas échéant, dans des fichiers annexes accompagnant les RAW ou dans l'en-tête des fichiers des autres formats pris en charge.

Étape 4

En fonction de vos réglages dans les Paramètres du catalogue (voir l'exercice 01, étape 8), vous serez invité à sauvegarder le catalogue à la fermeture de Lightroom. Cliquez sur Sélectionner pour définir l'emplacement de sauvegarde du catalogue. Choisissez un dossier autre que celui du catalogue et situé, de préférence, sur un autre disque dur. Activez également les options permettant de vérifier l'intégrité du catalogue et de l'optimiser.

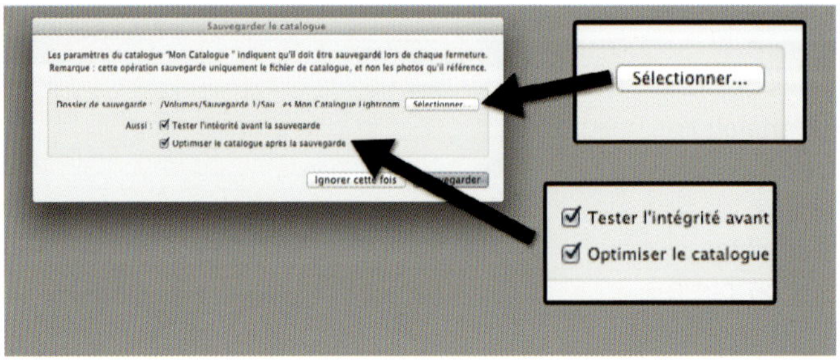

Étape 5

Quand vous aurez cliqué sur Sauvegarder, Lightroom dupliquera le catalogue à l'emplacement choisi à l'étape précédente. Une fois que Lightroom aura quitté, ayez la curiosité de vous rendre dans le dossier de sauvegarde : vous y trouverez une liste de sous-dossiers portant le nom du catalogue, ainsi que la date et l'heure de la sauvegarde. En ouvrant un de ces répertoires, vous trouverez une copie conforme du fichier « .lrcat » de votre catalogue.

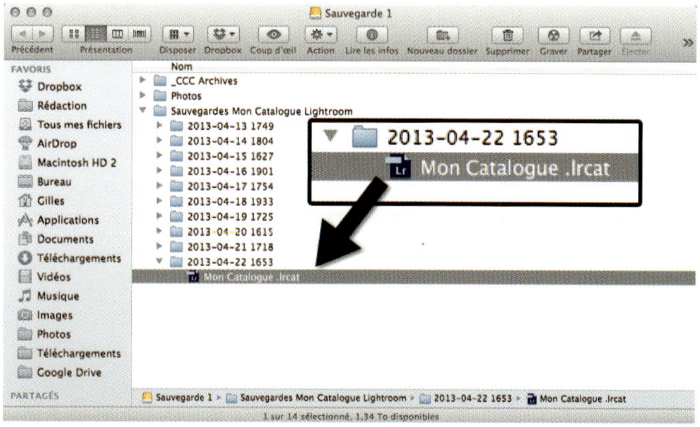

Étape 6

Au bout d'un certain temps, vous aurez accumulé beaucoup de sauvegardes de catalogue qui finiront par prendre de la place, et ce, d'autant plus que votre collection d'images sera conséquente. Vous pourrez les supprimer de temps en temps, en prenant toutefois la précaution de conserver les plus récentes.

Si vous y tenez vraiment, vous pourrez également compresser les sauvegardes et les archiver sur un autre disque externe, un CD-Rom ou un DVD-Rom.

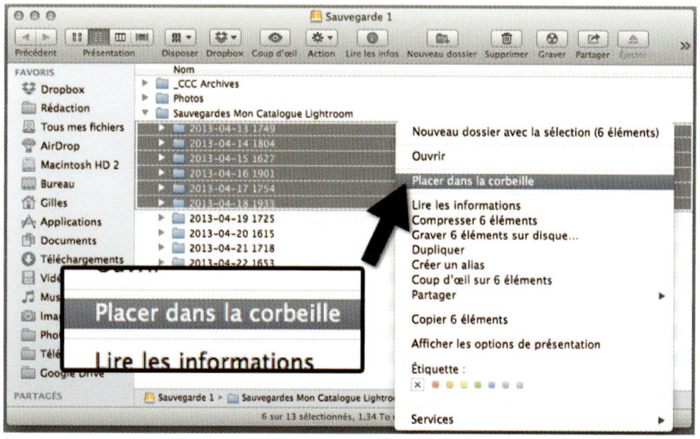

Étape 7

En cas de corruption de votre catalogue courant, vous pouvez redémarrer Lightroom sur l'une de vos sauvegardes.

Lancez le logiciel en appuyant sur Alt/Option ; dans la fenêtre de dialogue, cliquez sur « Sélectionner un autre catalogue », puis choisissez le catalogue sauvegardé le plus récent. Lightroom démarrera normalement, et vous retrouverez votre travail tel que vous l'aviez laissé lors de la session précédente. Profitez-en pour activer le test d'intégrité du catalogue.

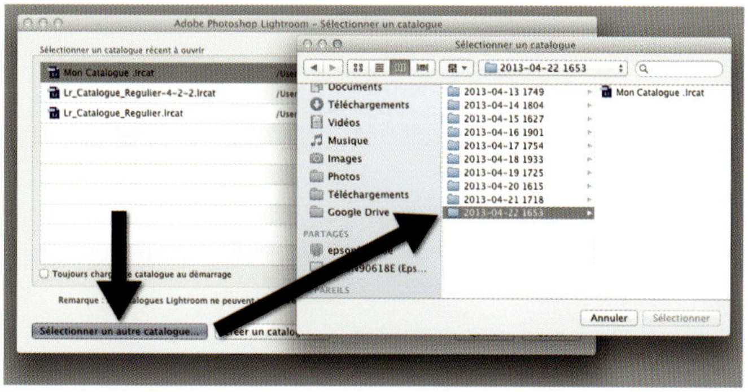

Étape 8

Lightroom propose deux routines de maintenance. La première consiste à tester l'intégrité du catalogue à la fermeture (voir la figure de l'étape 4). La seconde est l'optimisation, soit à la fermeture, soit à tout moment, en allant dans le menu **Fichier>Optimiser le catalogue**. Cette opération consiste à nettoyer le catalogue de toutes les données inutiles, liées à des fichiers supprimés ou redondantes. Si vous constatez un jour un ralentissement notable du programme, lancez avant toute chose l'optimisation du catalogue. Cela n'exige pas de redémarrer Lightroom.

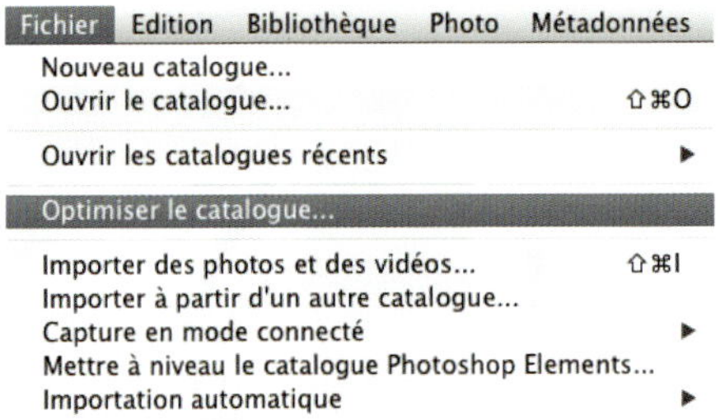

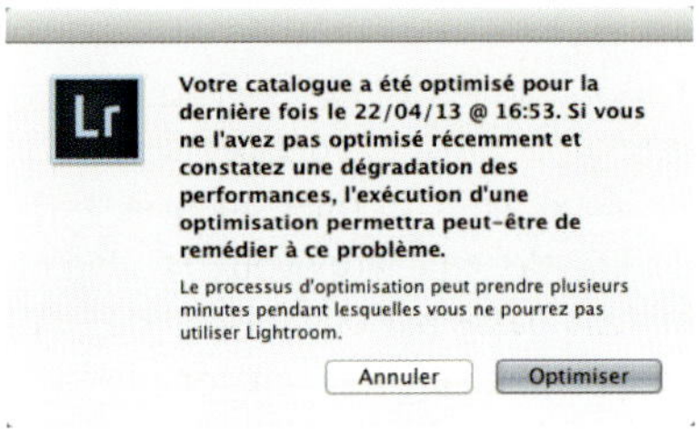

Étape 9

Pour créer un autre catalogue, allez dans **Fichier>Nouveau catalogue** ; choisissez un emplacement et saisissez le nom du nouveau catalogue dans la fenêtre de dialogue. Ensuite, il ne vous restera plus qu'à importer des photos et des vidéos.

Lightroom n'autorisant pas l'ouverture simultanée de plusieurs catalogues, vous devrez passer d'un catalogue à l'autre par l'intermédiaire du menu **Fichier>Ouvrir les catalogues récents**.

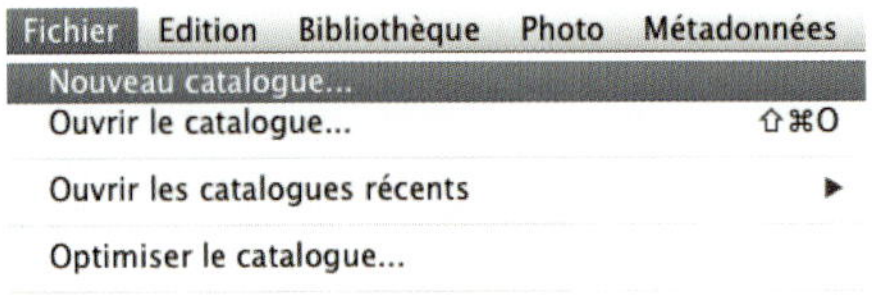

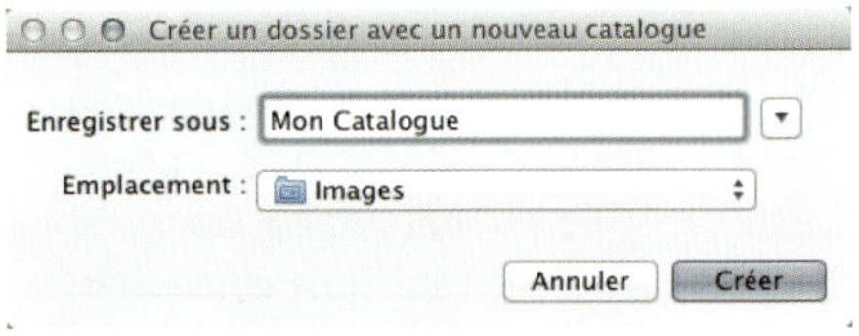

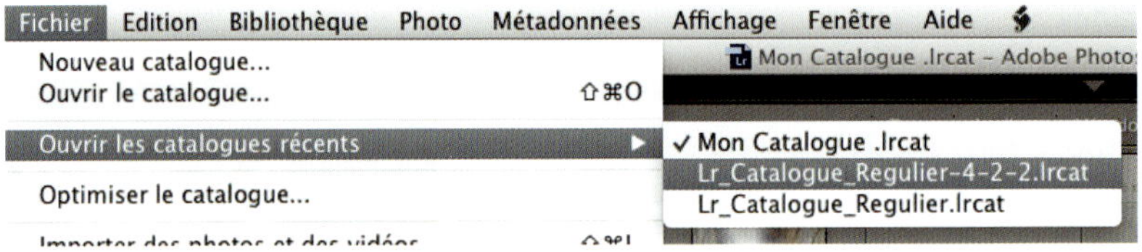

Étape 10

Vous pouvez aussi changer de catalogue après avoir démarré le programme en cliquant sur son icône tout en appuyant simultanément sur la touche Alt/Option. Il vous suffit ensuite de sélectionner le catalogue de votre choix dans la fenêtre de dialogue. Dans tous les cas, le passage d'un catalogue à l'autre provoque le redémarrage de Lightroom, cette opération ne prenant que quelques secondes.

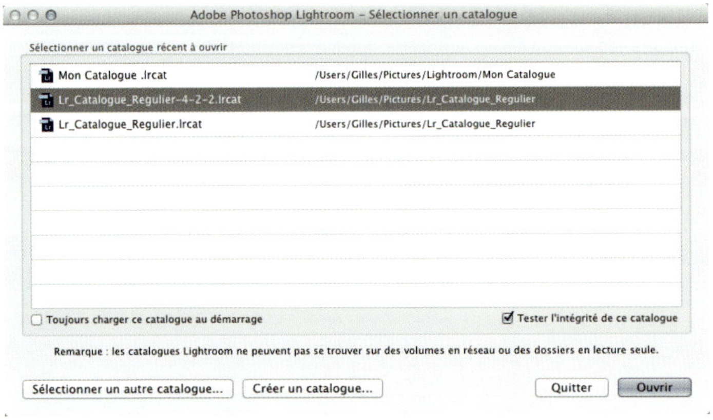

Étape 11

Si vous utilisiez les anciennes versions 1 à 4 de Lightroom et que vous décidez de passer à la version 5, cette dernière pourra, bien entendu, prendre en charge votre catalogue courant. Cela passe par une mise à jour qui prendra quelques minutes, en fonction de la taille de la base de données. Au premier démarrage, Lightroom 5 va détecter la présence de votre catalogue et proposer sa mise à jour par l'intermédiaire d'une fenêtre de dialogue. Cette dernière permet de choisir un autre catalogue à mettre à jour, et de modifier son emplacement.

Étape 12

Cliquez sur le bouton « Mettre à niveau » pour convertir votre catalogue et vos aperçus vers Lightroom 5. Dès que l'opération est terminée, le programme se lance automatiquement sur le catalogue converti. Notez que, par sécurité, votre ancien catalogue n'a pas été supprimé. Vous retrouverez vos dossiers, vos images, vos collections et vos métadonnées tels qu'ils étaient avant de passer à Lightroom 5.

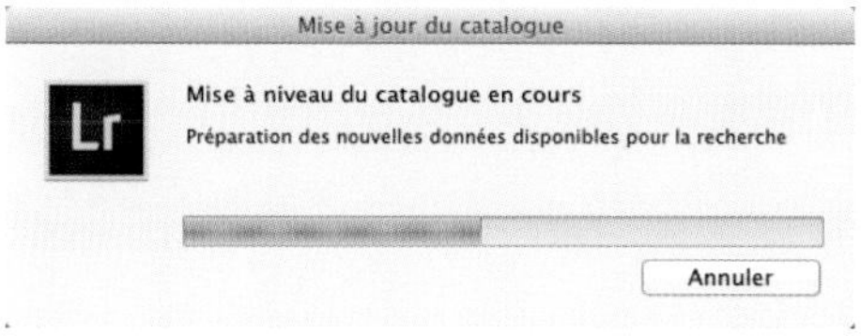

Conclusion : bien que Lightroom soit particulièrement fiable et stable, rarement confronté à des problèmes de corruption, nous n'insisterons jamais assez sur le fait qu'il faut tout mettre en œuvre pour protéger vos données et vos images. Prenez, dès la première utilisation, de bonnes habitudes :

- créez un dossier de sauvegarde du catalogue sur un disque dur autre que celui de l'ordinateur, et séparé du dossier contenant le catalogue courant ;
- programmez une sauvegarde du catalogue une fois par jour, à la fin de votre session de travail ;
- faites en sorte que Lightroom exécute systématiquement le test d'intégrité et l'optimisation du catalogue. Cette opération ne prend que quelques dizaines de secondes, y compris sur des catalogues relativement volumineux ;
- n'accumulez pas de sauvegardes quotidiennes pendant plusieurs mois d'affilée : redémarrer sur une sauvegarde de catalogue vieille de 6 mois n'a aucun sens, notamment si vous travaillez tous les jours avec Lightroom. Effacez régulièrement les plus anciennes sauvegardes, mais conservez-en au moins une demi-douzaine.

03 Importer et exporter un catalogue

Lightroom ne permet pas d'ouvrir plusieurs catalogues en même temps. En revanche, si vous avez créé un catalogue sur votre ordinateur portable lors d'un voyage ou pour les besoins d'un reportage, vous pouvez très bien importer son contenu – travail effectué, images et métadonnées – dans votre catalogue principal une fois de retour chez vous. Vous pouvez également créer un catalogue à partir d'un dossier ou d'une collection, en vue de le confier à un autre utilisateur de Lightroom.
Notez que les catalogues de Lightroom sont parfaitement compatibles entre Mac et PC. Par exemple, si vous créez un catalogue sur un Mac, vous pouvez le transférer et l'utiliser sur un PC sans aucune restriction, et vice versa.

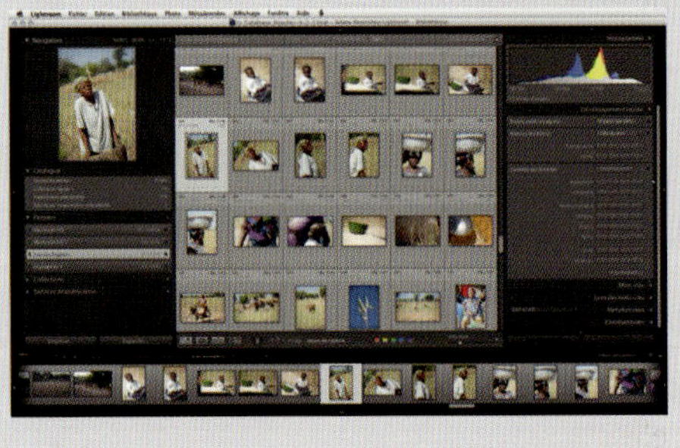

Étape 1

Dans le cas d'utilisation de deux catalogues, l'un sur votre ordinateur de bureau, l'autre sur votre ordinateur portable, l'idéal serait de stocker le second avec les images sur un disque dur externe, pour faciliter le transfert d'un ordinateur à l'autre. Vous pourriez relier les deux machines via un réseau, mais nous vous proposons ici une méthode simple, notamment si vous êtes peu porté sur l'informatique.

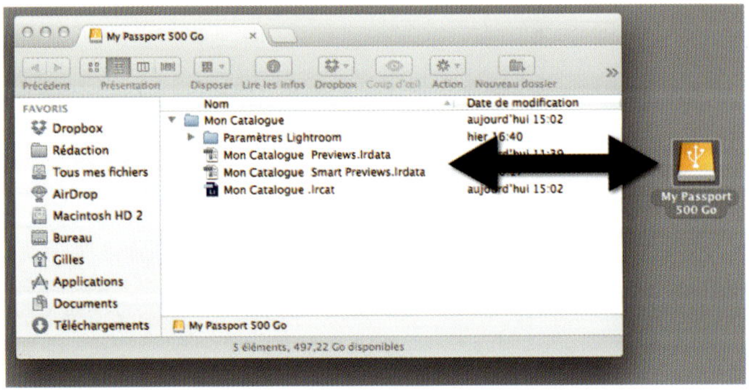

Remarque : si vous utilisez deux catalogues, l'un sur un ordinateur de bureau qui reste le poste de travail principal, l'autre sur un ordinateur portable qui servira en reportage ou en voyage, n'attendez pas trop longtemps pour transférer les images et métadonnées de l'un vers l'autre. En effet, vous risqueriez de perdre le fil et de laisser grossir le catalogue provisoire du portable, au point de perdre du temps à gérer l'un et l'autre catalogues – ce qui inclut, bien évidemment, la sauvegarde et la maintenance. Dès que vous êtes de retour chez vous, prenez l'habitude de transférer tout de suite le contenu du catalogue.

Étape 2

Après avoir relié le disque dur externe à votre ordinateur principal, allez dans le module Bibliothèque, menu **Fichier>Importer à partir d'un autre catalogue**. Dans la boîte de dialogue qui s'affiche à l'écran, parcourez les différents volumes jusqu'au dossier contenant le catalogue à importer. Sélectionnez le fichier de ce catalogue (nomducatalogue.lrcat), puis cliquez sur le bouton Sélectionner.

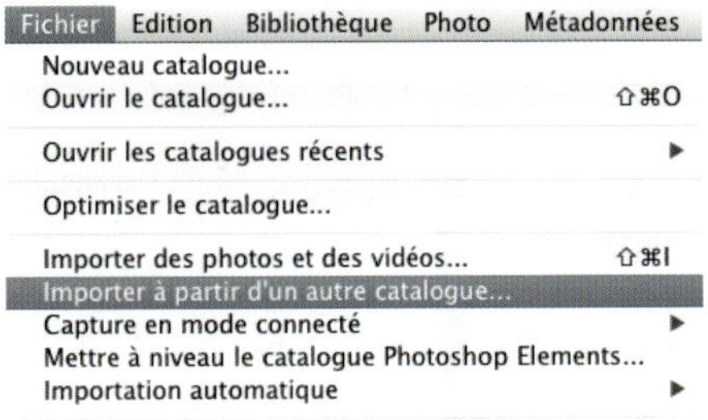

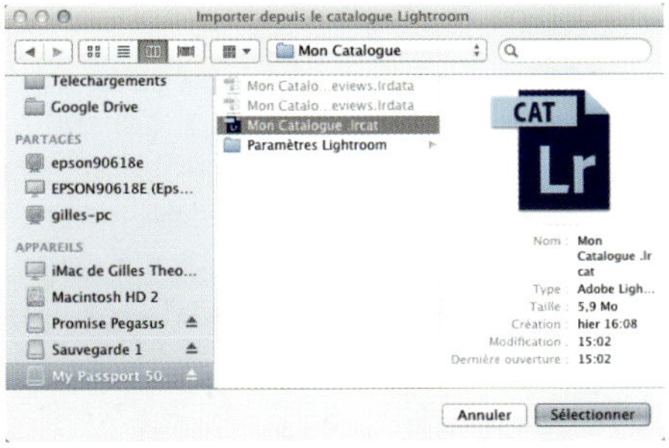

Étape 3

Une nouvelle boîte de dialogue va s'ouvrir : elle affiche la liste des dossiers du catalogue à importer, que vous pouvez sélectionner en les cochant à votre guise, ainsi que les vignettes des aperçus (si l'option « Afficher l'aperçu », dans le coin inférieur gauche, est cochée). Le menu déroulant « Gestion des fichiers » permet d'ajouter les photos au catalogue, soit sans les déplacer (Lightroom les indexera telles quelles, sur le disque dur externe), soit en les copiant sur votre ordinateur principal, avec choix de l'emplacement – méthode que nous vous conseillons.

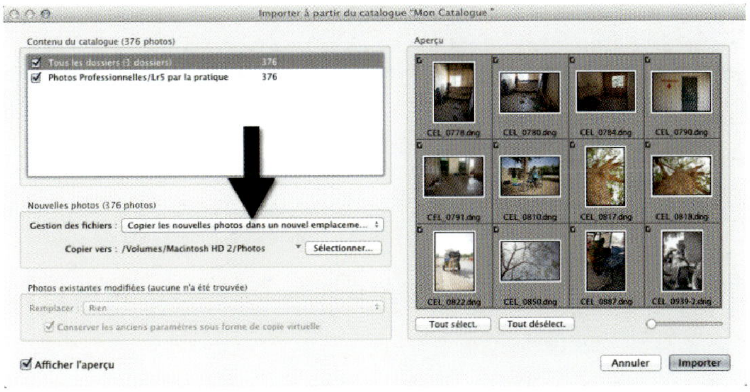

Étape 4

Si des photos sont détectées dans le catalogue de destination alors qu'elles sont également présentes et modifiées dans le catalogue à importer, Lightroom vous proposera de mettre à jour les métadonnées, les paramètres de développement et, éventuellement, d'écraser les originaux. Dans ce cas, vous pourrez conserver les anciens paramètres de développement dans une copie virtuelle de chaque image qui sera automatiquement créée lors de la fusion des catalogues.

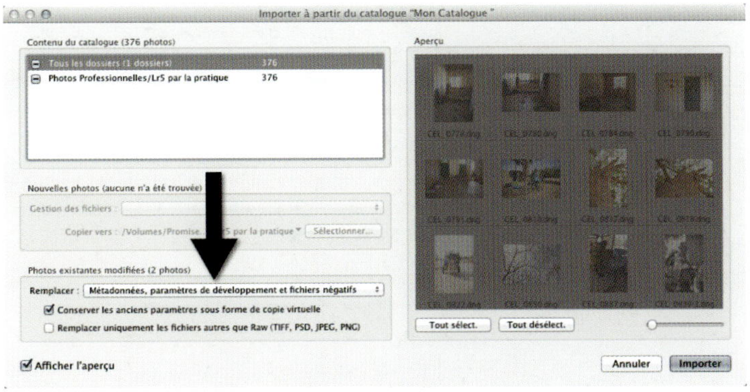

Étape 5

Il ne vous reste plus qu'à cliquer sur le bouton Importer. Lightroom passera par plusieurs étapes signalées par des fenêtres d'informations (mise à jour des métadonnées, des collections, etc.). Dès que l'importation est terminée, vous retrouverez dans le catalogue de destination les images, les aperçus, les aperçus dynamiques, les métadonnées, les paramètres de développement, les collections, les piles et les copies virtuelles du catalogue source.

> Remarque : l'importation d'un catalogue inclut les collections mais pas les services de publication, que vous devrez recréer complètement.

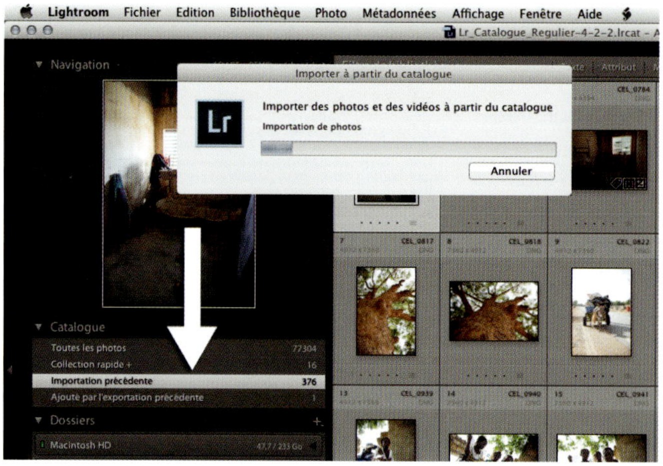

Étape 6

L'exportation d'un catalogue se commande, soit à partir du menu **Fichier>Exporter en tant que catalogue**, après avoir sélectionné au moins une image dans le module Bibliothèque, soit en faisant un clic droit sur un dossier, une collection ou une collection dynamique et en choisissant « Exporter ce dossier (ou cette collection) en tant que catalogue ».

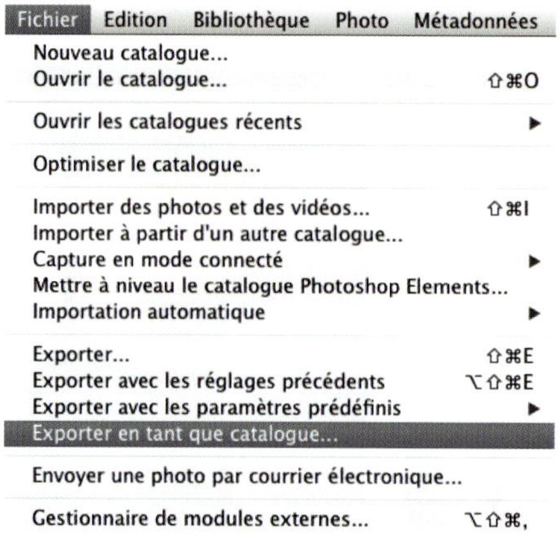

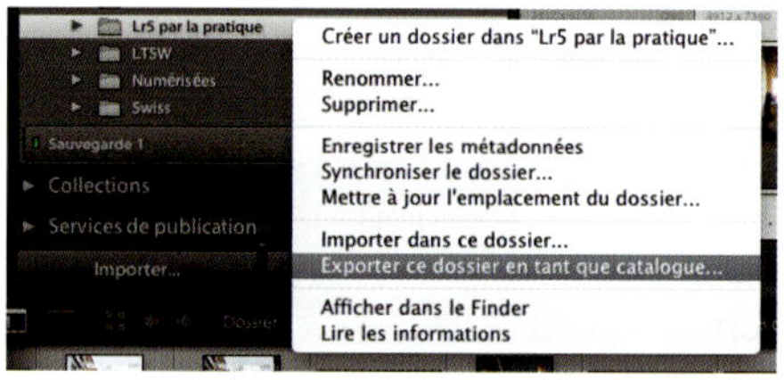

Étape 7

Dans les deux cas, une boîte de dialogue va s'ouvrir, dans laquelle vous devrez saisir le nom du nouveau catalogue et déterminer son emplacement. Dans le bandeau inférieur, on trouvera également un décompte du nombre de photos exportées, ainsi que trois options à cocher. L'option « Exporter les fichiers négatifs » permet de joindre les photos originales au catalogue nouvellement créé – sinon ce dernier se contentera d'indexer les images à leur emplacement actuel.

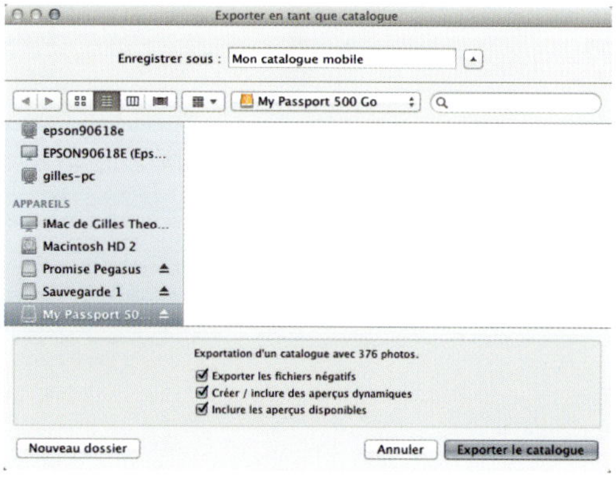

Étape 8

La seconde option, « Créer des aperçus dynamiques », permet de générer les aperçus indispensables au mode hors ligne (exercice 47). La troisième, « Inclure les aperçus disponibles », permet également d'exporter les aperçus des images déjà créés dans le catalogue source (à moins de les reconstruire ultérieurement). Lorsque votre choix est fait, cliquez sur « Exporter le catalogue ».

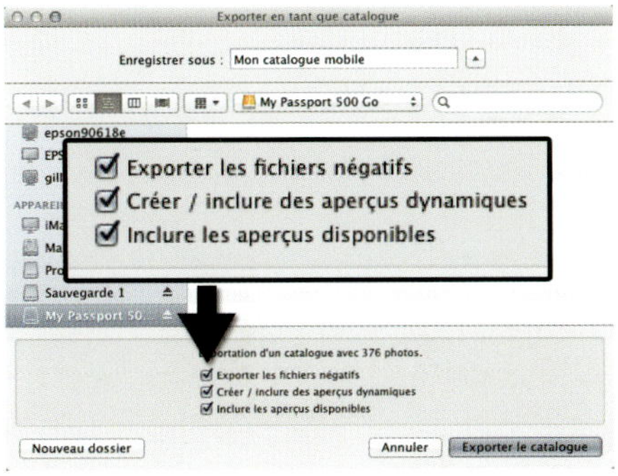

> Remarque : Adobe nomme les fichiers originaux « négatifs » ou « fichiers négatifs », en référence à la pellicule argentique (un négatif comporte des images qui n'ont pas encore été tirées sur papier ou diffusées de manière quelconque).

Étape 9

Une fois que le catalogue a été exporté, on pourra redémarrer Lightroom sur ce dernier. Toutes les métadonnées sont incluses, ainsi que les collections, les dossiers, les marqueurs de tri, les copies virtuelles et les corrections du module Développement.

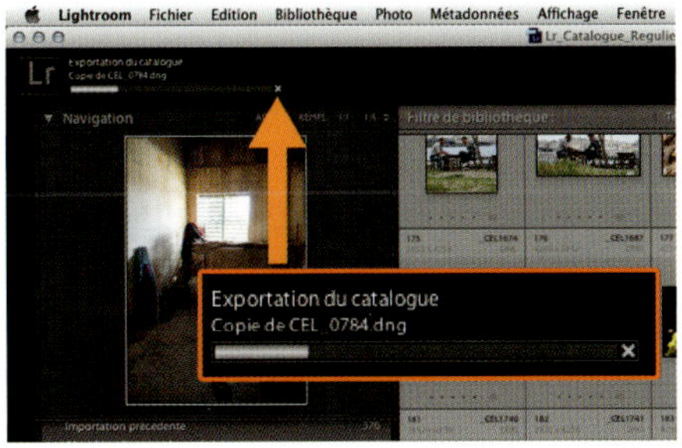

Étape 10

Lightroom assure en permanence la sécurité de votre travail en cours.

Si l'exportation du catalogue est stoppée en cliquant sur la croix de la barre de progression (voir la figure de l'étape 9), une série de deux fenêtres de dialogue vous demandera de confirmer ou pas l'annulation (vous aurez également la possibilité d'annuler la copie des négatifs pour réduire le temps d'exportation).

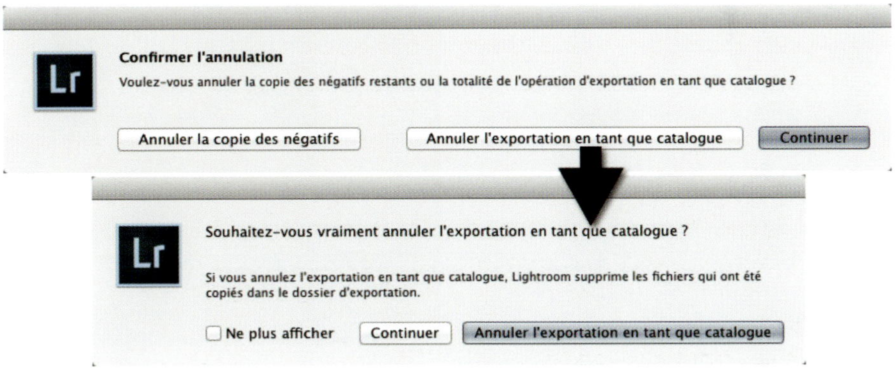

04 Les modes d'affichage

Pour évaluer son travail, tout photographe a besoin d'un logiciel capable d'afficher les images avec une qualité irréprochable et de fonctions parfaitement adaptées aux différentes étapes du flux de production, que ce soit le tri rapide, la comparaison, le développement et la retouche des photos. De ce point de vue, Lightroom est très richement doté et vous permet de travailler tout aussi efficacement sur un seul écran, avec votre portable sur le terrain, ou confortablement avec deux moniteurs une fois de retour chez vous ou au bureau.
Lightroom 5 propose également, pour la première fois, un vrai mode d'aperçu plein écran, ainsi que l'incrustation de grille et de repères en mode Loupe.

Étape 1

Les outils de Lightroom sont regroupés dans des panneaux latéraux. Pour dégager de l'espace de travail, on peut facilement les escamoter en appuyant simplement sur la touche Tab du clavier.
Si l'on presse sur la combinaison Maj + Tab, tous les panneaux latéraux, supérieur et inférieur vont disparaître. Pour les faire revenir, il suffit d'exécuter à nouveau le même raccourci clavier Maj + Tab.

Remarque : notez que la touche T permet de faire disparaître ou apparaître la barre d'outils située sous la partie centrale

Étape 2

Chaque panneau est doté d'une flèche. Un clic droit donne des options d'affichage.

- « Masquage et affichage automatiques » : lorsqu'on approche la souris du bord, le panneau apparaît et reste en place tant qu'on y travaille ; dès qu'on éloigne le pointeur, il s'escamote.
- « Masquage automatique » : le panneau disparaît quand on éloigne la souris, mais il faut cliquer sur la flèche pour l'afficher.
- « Manuel » : on clique sur la flèche pour faire apparaître ou disparaître le panneau.
- « Synchroniser avec le panneau opposé » : toute action sur un panneau se produit également sur le panneau opposé.

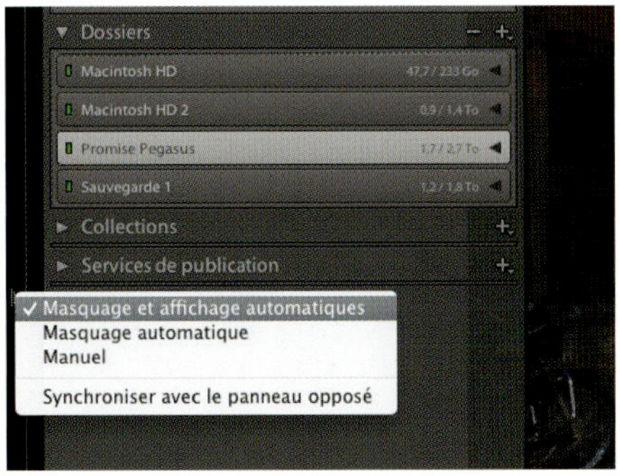

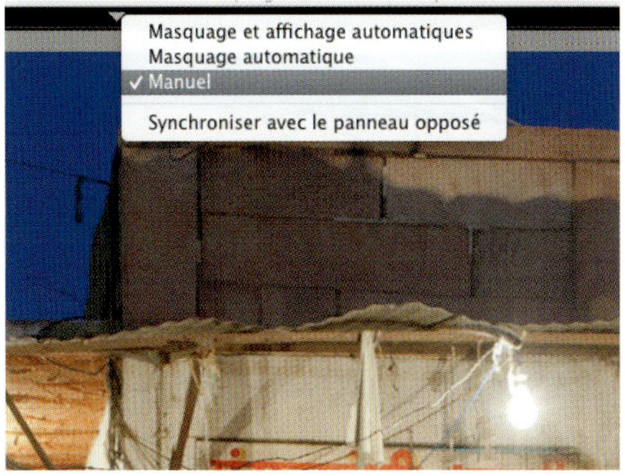

Étape 3

Pour profiter de l'espace maximum à l'écran, utilisez le raccourci Maj + F du clavier pour passer successivement de l'affichage normal au mode « Plein écran avec la barre de menus », puis au mode « Plein écran » (sans barre des menus).

Un mode « Aperçu en plein écran » permet d'afficher l'image sans aucun panneau de Lightroom, sur toute la surface du moniteur : pour l'atteindre, appuyez sur la touche F (de même pour le quitter).

Vous pouvez y zoomer, passer d'une photo à l'autre avec les flèches gauche et droite du clavier, atténuer l'éclairage de fond, attribuer une note, un marqueur et un libellé de couleur (affichés brièvement dans le coin inférieur gauche).

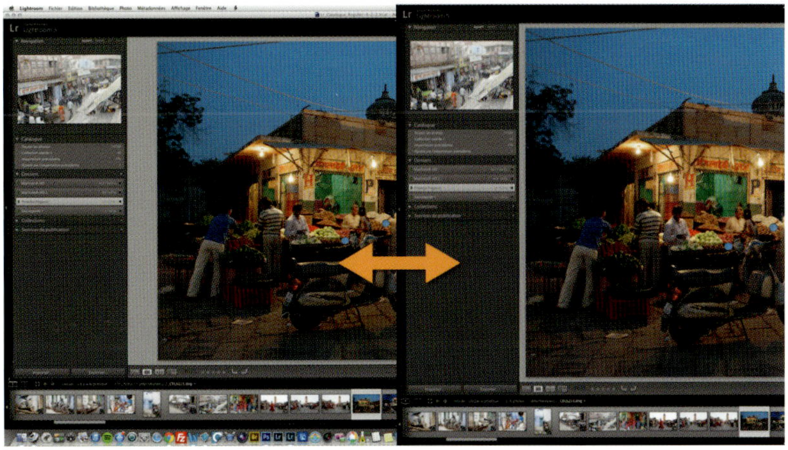

> **Remarque** : les utilisateurs de Mac disposent depuis la version 10.7 Lion du système d'exploitation d'un système particulier d'affichage plein écran des applications. Lightroom n'est pas compatible avec cette fonction.

Étape 4

Le mode Grille affiche le contenu des dossiers sous forme de cellules. La taille peut être modifiée à l'aide du curseur Vignettes situé dans la barre d'outils, ou encore à l'aide des touches « + » et « - » du clavier (hors pavé numérique).

Quel que soit le module, l'appui sur la touche G commande un retour dans le module Bibliothèque en mode Grille.

Étape 5

Le mode Loupe affiche l'image en grand dans l'espace disponible de la fenêtre principale de Lightroom.

On peut aussi appuyer sur la touche E du clavier ou cliquer sur le deuxième bouton dans la barre d'outils.

Étape 6

Le mode Comparaison (3e bouton de la barre d'outils ou touche C) est une fonction essentielle du tri dans une série d'images semblables. On clique sur une première photo : elle s'affiche à gauche dans la partie Sélectionner. Puis on en sélectionne une deuxième dans le « Film fixe » en gardant la touche Ctrl/Cmd enfoncée : elle deviendra l'image dite « Candidate », affichée à droite. Pour passer aux images suivantes, utilisez la flèche droite du clavier.

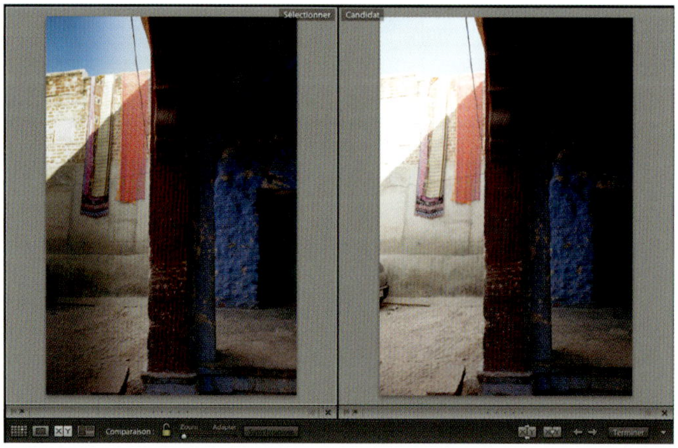

Étape 7

Le mode Comparaison permet également de zoomer simultanément ou séparément dans les deux images. Il est totalement intégré au flux de travail lors du tri des images, avec possibilité d'appliquer un marqueur Rejetée ou Retenue, une note (étoiles) et un libellé de couleur.

On y trouvera également des commandes pour intervertir l'image candidate avec la sélection de départ.

Étape 8

Le mode Ensemble (4e bouton de la barre d'outils ou touche N) est une table lumineuse permettant d'afficher plusieurs images à la fois. Il suffit de faire une sélection multiple avec la touche Ctrl/Cmd. Au fur et à mesure de leur sélection, les images s'afficheront dans la fenêtre centrale de Lightroom, un peu à la manière d'une table lumineuse bien ordonnée. Mais on ne peut pas permuter les images en les déplaçant à la main.

Étape 7

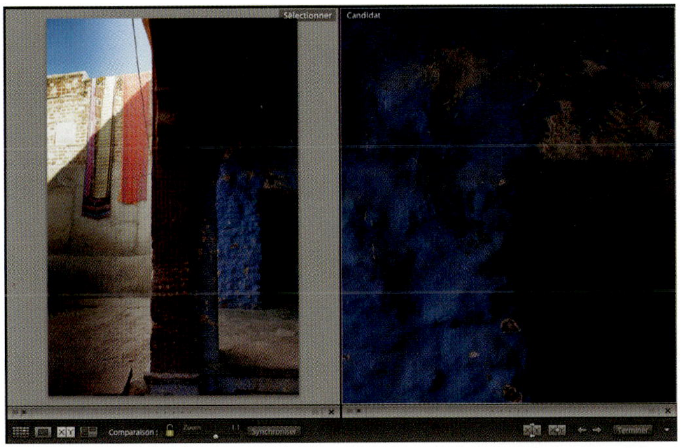

Étape 8

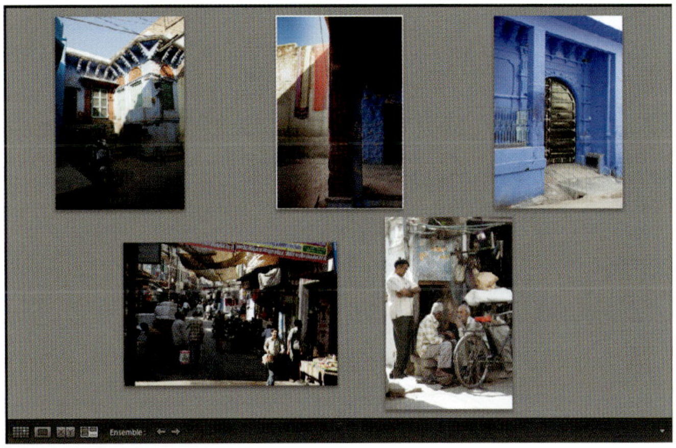

Étape 9

Zoomez dans l'image avec la loupe (commandée par un clic de souris) ou la barre d'espace. Maintenez-la enfoncée puis relâchez-la pour aller et venir dans l'image ; appuyez une fois pour le zoom avant, une autre pour le zoom arrière.

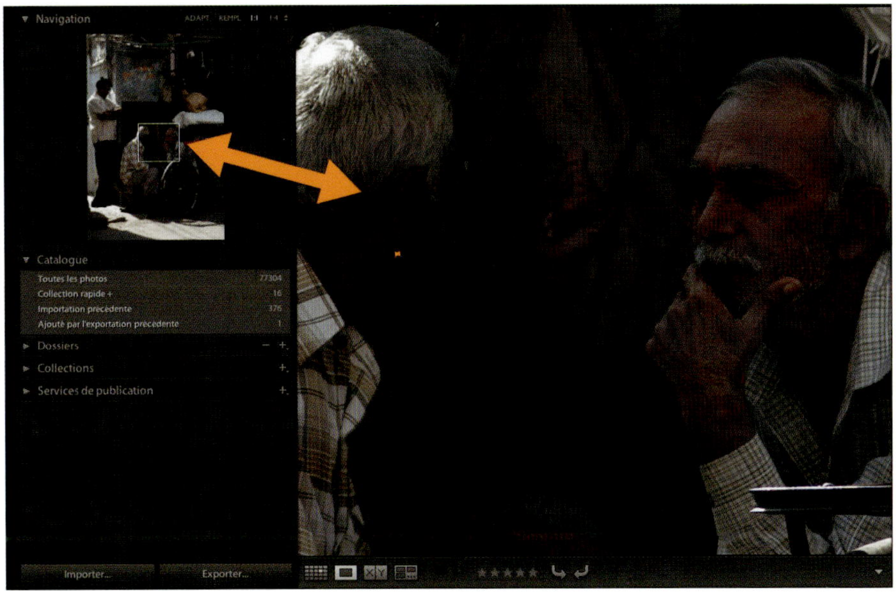

> Remarque : pour verrouiller l'endroit où vous zoomez, allez dans **Affichage>Verrouiller la position du zoom** (module Bibliothèque ou Développement). En passant d'une photo à l'autre, vous zoomerez au même endroit (pratique pour vérifier une série d'images semblables).

Étape 10

Le rapport d'agrandissement se choisit dans le panneau Navigation, en haut à gauche ; le rapport 1:1 (1 pixel de l'image = 1 pixel à l'écran) est l'équivalent du zoom 100 % de Photoshop. Le déplacement vertical ou horizontal se fera avec l'outil Main, soit dans l'image, soit à l'aide du pavé de zoom dans la vignette du panneau de Navigation.

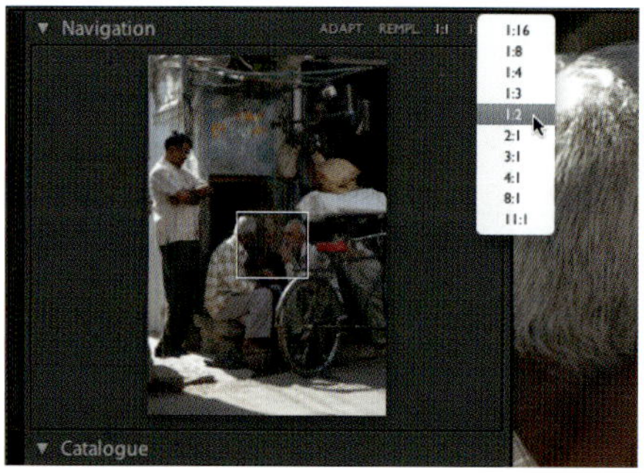

Étape 11

L'activation du second écran se fait en cliquant sur l'icône en forme d'écran et portant le chiffre 2, dans le coin supérieur gauche du « Film fixe ».

Si on ne dispose que d'un seul écran, ce bouton activera l'affichage d'une fenêtre flottante.

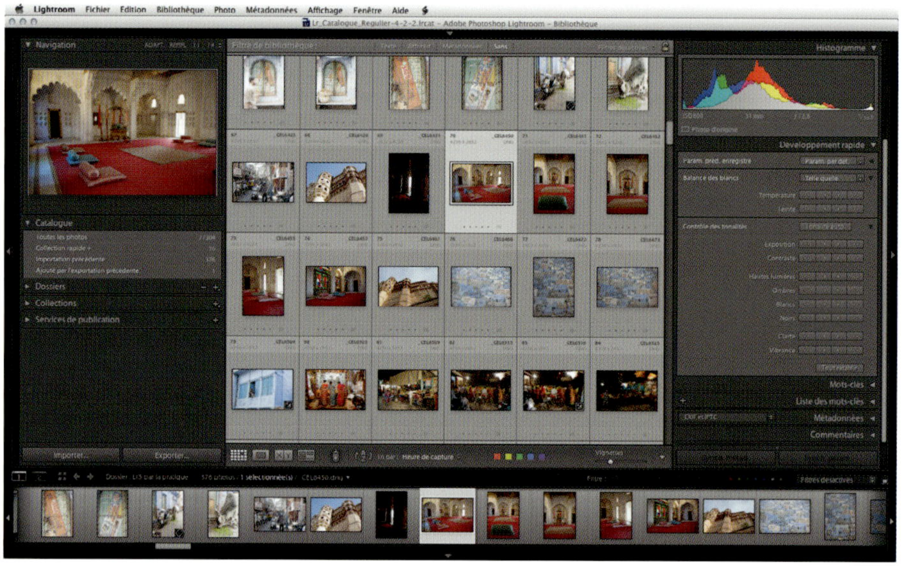

> **Remarque** : si vous ne disposez que d'un seul écran, la fenêtre flottante ne vous sera pas d'une très grande utilité, à moins de disposer d'un moniteur de taille hors norme. Dans ce cas, mieux vaut passer d'un mode d'affichage à l'autre en utilisant les raccourcis clavier G (mode Grille), E (Loupe), Maj + Tab (escamoter tous les panneaux latéraux, inférieur et supérieur), etc.

Étape 12

Le second écran comporte les mêmes options de réglages que l'écran principal (avec le zoom) et la possibilité bien pratique d'afficher la grille dans le module Développement. Dans ce dernier, on pourra travailler à 1:1 sur l'écran principal et à taille normale sur l'autre, ce qui permet de vérifier les corrections en détail et de manière globale.

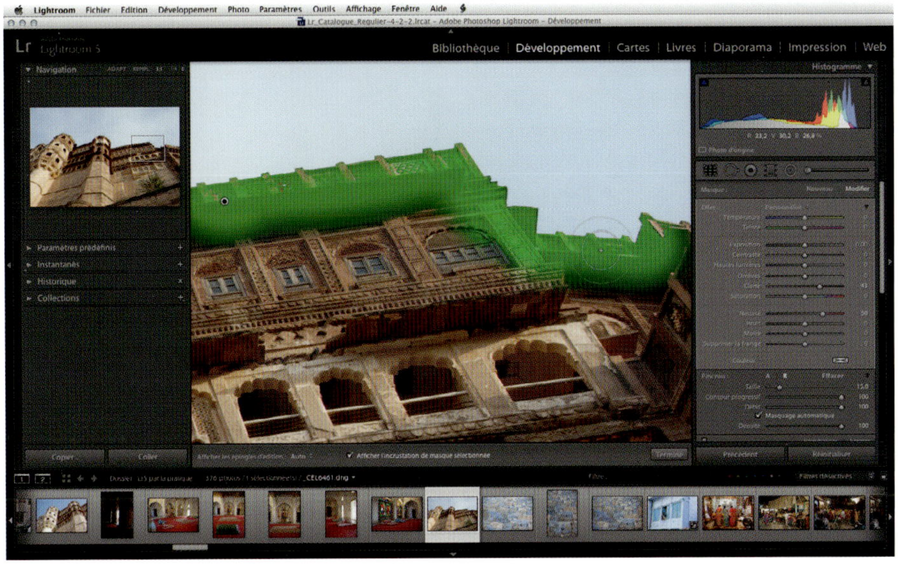

Étape 13

Le second écran propose aussi une loupe interactive : il suffit de passer le pointeur sur les vignettes, sur l'écran principal, pour voir le détail sur l'autre écran à la valeur de zoom qu'on aura préalablement choisie. C'est une excellente alternative aux coups de zoom incessants lorsqu'on trie ses images sur un seul moniteur.

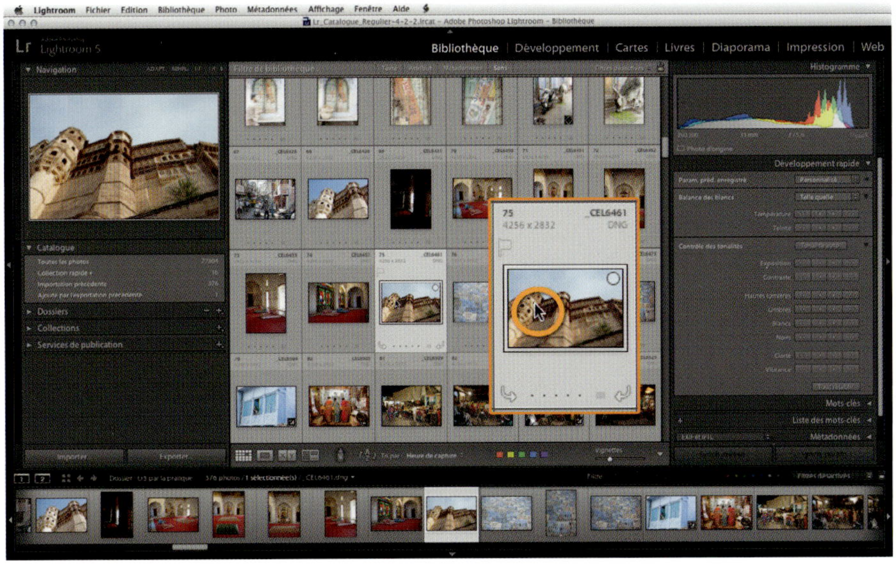

Étape 14

Lightroom propose un mode d'affichage agréable et pratique par atténuation de l'éclairage de fond des panneaux et des outils. Affichez une photo en mode Loupe, puis pressez une première fois la touche L du clavier : les panneaux et les outils s'estompent. Ce mode est particulièrement utile pour corriger une photo sans être distrait par l'environnement de travail. Notez que l'éclairage de fond est désactivé en mode «Aperçu en plein écran».

Étape 15

Si vous appuyez une deuxième fois sur L, l'environnement s'estompe complètement. Pour admirer une image à la plus grande taille possible, pensez à escamoter tous les panneaux, sur les côtés, en haut et en bas, sans oublier la barre d'outils. La photo apparaîtra à l'écran presque comme un tirage dans un cadre ; l'effet est d'autant plus spectaculaire que le moniteur est grand. Pour annuler l'effet d'éclairage de fond, pressez la touche L une troisième fois.

Étape 16

Pour paramétrer l'éclairage de fond, allez dans **Lightroom>Préférences** (Mac) ou **Édition>Préférences** (PC), puis dans l'onglet **Interface>Éclairage de fond**. Vous avez le choix entre 5 niveaux de gris, du blanc au noir (menu «Couleur de trame»), et 4 niveaux d'intensité. Les captures précédentes ont été réalisées avec un gris foncé à 80 % d'intensité, de préférence au noir ou au blanc, qui peut influer sur la perception du contraste de l'image.

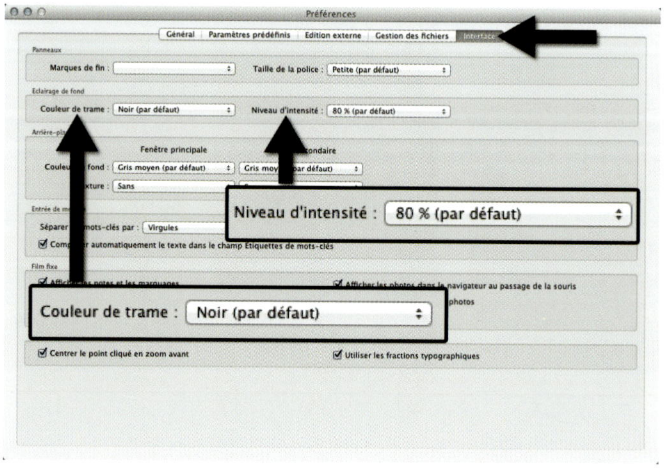

Étape 17

Une fonction relativement peu connue de Lightroom permet d'afficher un moniteur de contrôle lorsqu'on présente un diaporama sur un second écran tourné vers un client ou tout autre observateur. Cette possibilité ne vous empêche pas de continuer de votre côté le travail dans Lightroom –tri d'images, par exemple, que vous pourriez montrer un peu plus tard à votre interlocuteur, tout en sachant en permanence où en est le diaporama. Pour activer cette fonction, il faut que l'écran secondaire soit en mode « Plein écran » et que l'option « Afficher l'aperçu du second moniteur » soit sélectionnée.

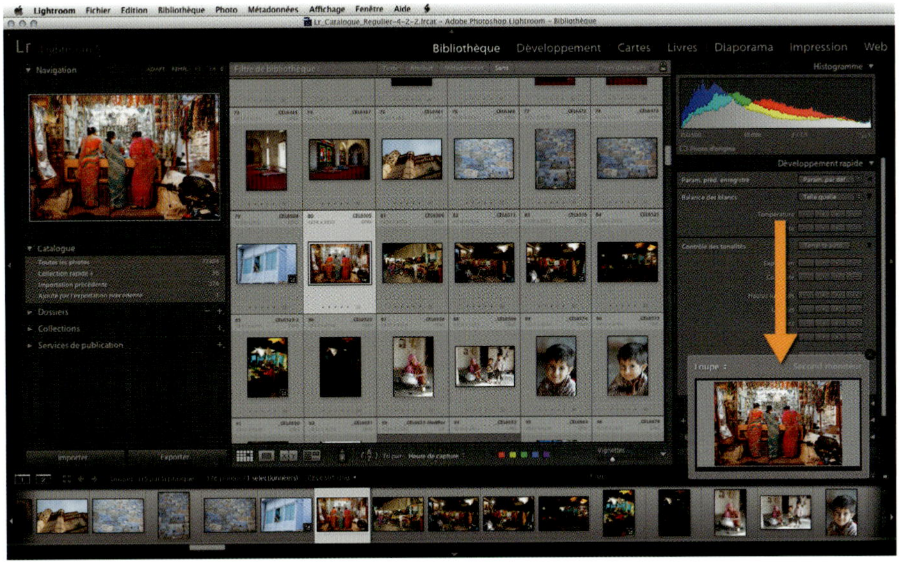

Étape 18

Autre nouveauté de Lightroom 5, l'incrustation d'une grille ou de repères en mode Loupe, dans les modules Bibliothèque et Développement, ainsi qu'en prise de vue connectée (exercice 19).

Pour incruster une grille, allez dans **Affichage>Incrustation de loupe>Afficher >Grille**. La grille affichée, vous pouvez régler sa taille et son opacité en pressant Cmd/ Ctrl : placez la souris sur l'un des libellés, puis déplacez-la à gauche pour diminuer, ou à droite pour augmenter.

Étape 19

De la même manière, des repères constitués d'une ligne verticale et d'une ligne horizontale peuvent être affichés, avec ou sans la grille. Pour cela, allez dans **Affichage>Incrustation de loupe>Afficher >Repères**.

Avec la touche Cmd/Ctrl, vous pouvez déplacer le point de croisement à votre guise, partout dans l'image.

Conclusion : Lightroom est particulièrement bien adapté aux écrans modernes 16/10e, et respire sur les moniteurs d'une taille égale ou supérieure à 20 pouces.

Si vous décidez de travailler en mode « Double écran », ne perdez pas de vue que Lightroom est un logiciel exigeant du point de vue des ressources machine. Si votre ordinateur est ancien ou peu puissant, le second écran risque d'avoir un impact sur la réactivité globale du programme. Dans ce cas, n'oubliez pas que l'interface de Lightroom a également été pensée pour les photographes utilisant un portable sur le terrain, qui ne disposent par conséquent que d'un seul écran...

05 Les éditeurs externes

Lightroom étend largement les possibilités de traitement des photos, à tel point qu'on peut se passer de tout autre programme. Mais pour la retouche avancée et la modification en profondeur des images, Photoshop reste indispensable.
Lightroom et Photoshop forment un ensemble cohérent. Il est possible d'installer d'autres éditeurs externes et de profiter d'outils complémentaires au sein d'un flux de travail particulièrement fluide. Les utilitaires de DxO Labs, Google/Nik Software, Topaz Labs, onOne Software, et bien d'autres, dialoguent parfaitement avec Lightroom et renvoient automatiquement les images traitées dans le catalogue, au format spécifié au cas par cas dans les réglages d'éditeurs externes du logiciel.

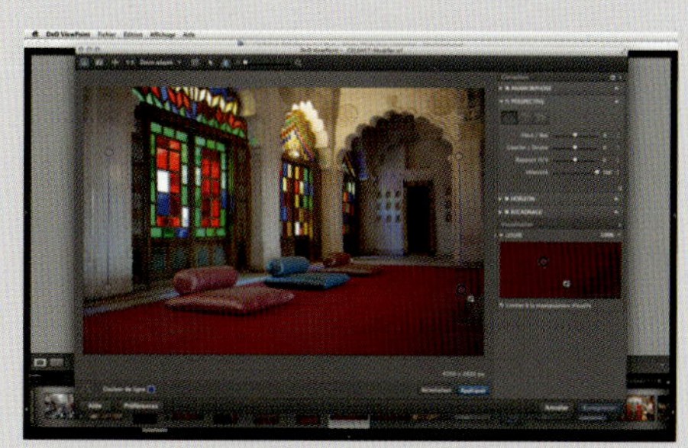

Étape 1

Si Lightroom est installé sur un ordinateur où se trouve déjà Photoshop ou Photoshop Elements (PSE), ce dernier apparaîtra automatiquement en tant qu'éditeur externe principal dans les Préférences de Lightroom, onglet « Édition externe ». Si les deux sont installés, Photoshop sera prioritaire.

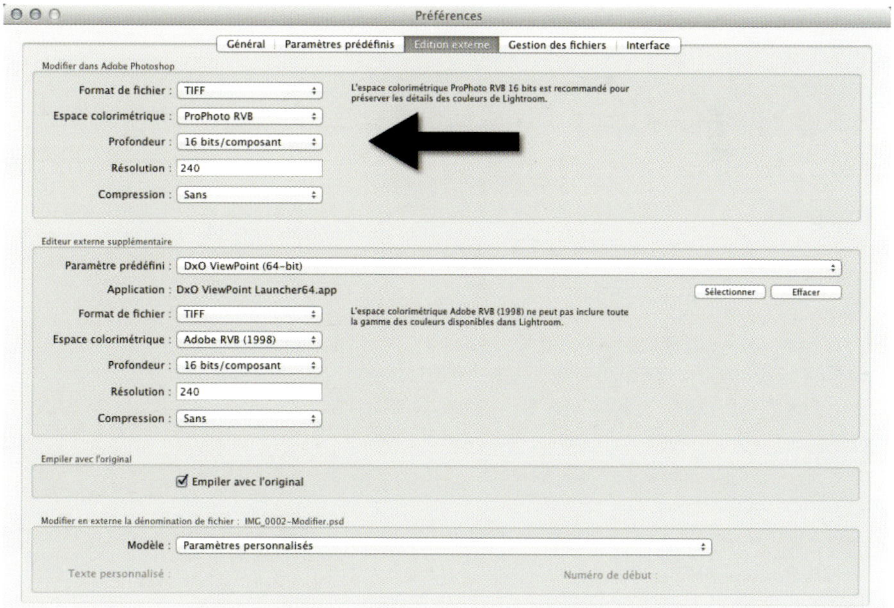

Remarque : l'utilisation d'éditeurs externes brise le flux de travail RAW de Lightroom, les images étant converties en TIFF ou PSD à cet usage. Les réglages doivent être choisis afin de conserver la plus grande qualité possible : 16 bits (8 bits pour PSE) dans un large espace colorimétrique comme ProPhoto RVB ou Adobe RVB 1998. Le choix du format TIFF est également préférable : il est compatible avec les calques et est plus universel que le PSD, format natif de Photoshop.

Étape 2

Avant d'envoyer une image dans Photoshop, il faudra paramétrer une fois pour toutes les Préférences pour indiquer le format de fichier à employer (PSD ou TIFF – le JPEG n'étant disponible avec les éditeurs externes supplémentaires), puis, pour conserver une qualité maximale, choisir une profondeur de couleur de 16 bits, l'espace couleur le plus large possible (ProPhoto RVB) et ne pas compresser en ZIP. Si vous cochez l'option « Empiler avec l'original » un peu plus bas dans la fenêtre, le fichier de retour dans Lightroom sera automatiquement associé à une pile incluant l'original.

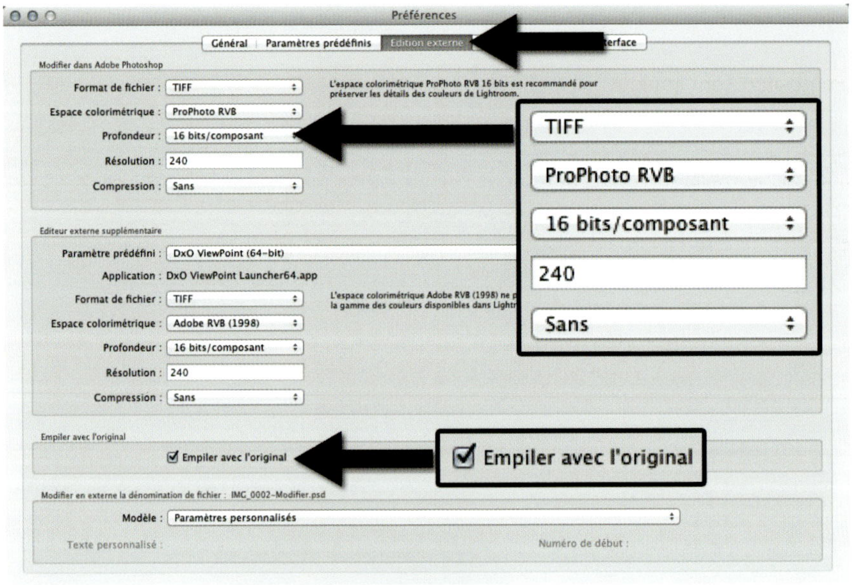

Étape 3

Pour envoyer une image de Lightroom vers Photoshop, il faut faire un clic droit et sélectionner **Modifier dans>Modifier dans Adobe Photoshop** (ou PSE). Si l'image de départ est un fichier RAW, elle sera automatiquement rapatriée après le traitement dans Photoshop dans le format spécifié dans les Préférences (voir l'étape 2).

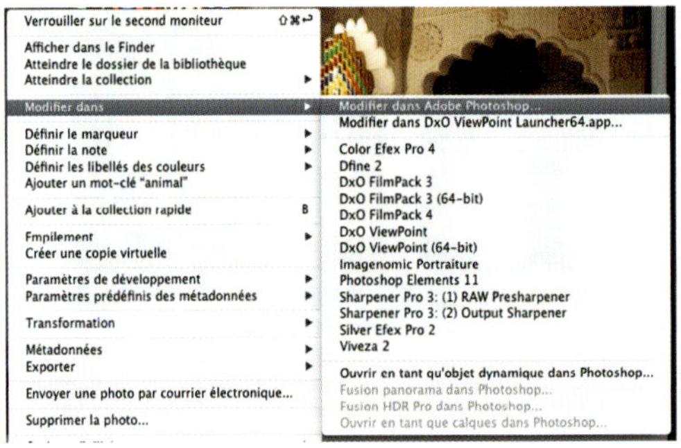

Étape 4

Si l'image de départ est en TIFF, JPEG ou PSD, une boîte de dialogue va proposer les options :

- « Modifier une copie avec les corrections Lightroom » : un duplicata du fichier va être créé avec les corrections préalablement effectuées dans Lightroom, puis expédié vers Photoshop ;
- « Modifier une copie » : une copie du fichier original va être créée, sans application des corrections Lightroom ;
- « Modifier l'original » : le fichier original ne va pas être dupliqué mais expédié tel quel, sans les corrections Lightroom.

Si l'éditeur externe diffère de l'éditeur principal, la boîte de dialogue affichera également les options de format de fichier, pour une ultime modification des réglages enregistrés dans les Préférences. Depuis Lightroom 4, l'option d'empilement des fichiers de travail avec l'original s'active dans les Préférences et non dans cette fenêtre.

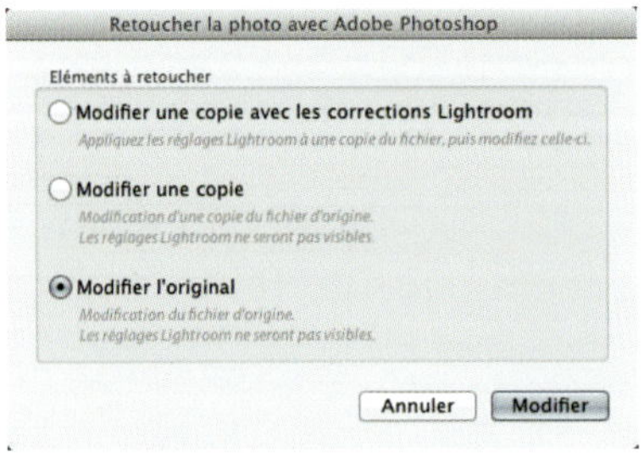

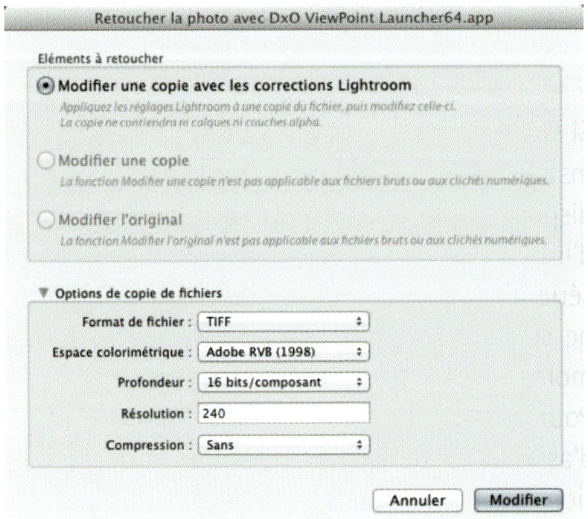

Étape 5

Les images expédiées à partir de Lightroom dans Photoshop sont toujours réimportées automatiquement dans le catalogue, sans intervention particulière de l'utilisateur. Pour cela, une fois le travail de correction ou de retouche terminé dans Photoshop, fermez l'onglet ou la fenêtre contenant l'image en cours de traitement, puis enregistrez dans la boîte de dialogue qui se présentera à vous. Aussitôt, vous verrez cette version de l'image apparaître dans le « Film fixe » ou la grille de Lightroom.

Étape 6

Si la version pro de Photoshop est installée (à partir de la CS3), l'utilisateur de Lightroom dispose d'une possibilité de transfert particulièrement puissante, l'option « Ouvrir en tant qu'objet dynamique dans Photoshop ». Elle permet de profiter des outils et du flux de travail non destructif permis par le système d'objets et de filtres dynamiques du logiciel. En effet, même après un retour dans le catalogue Lightroom, les corrections et modifications des fichiers TIFF ou PSD pourront être reprises ultérieurement dans Photoshop.

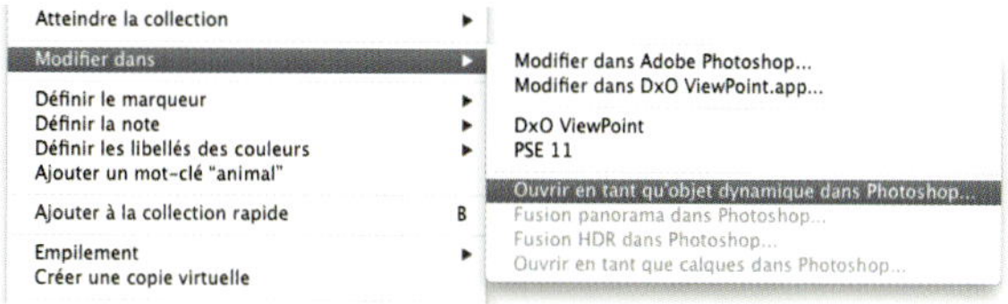

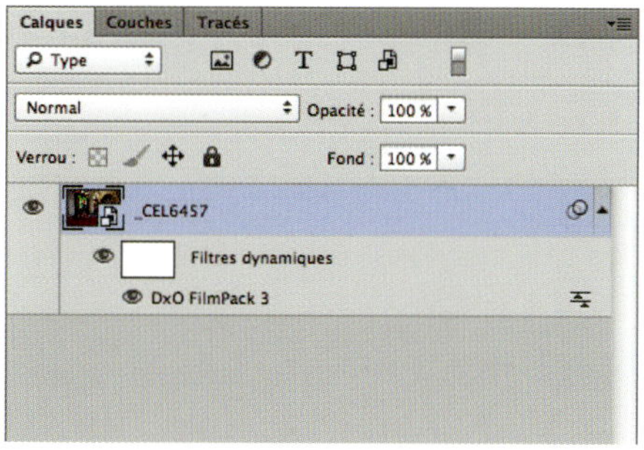

Étape 7

Si Photoshop (version CS5 et ultérieures) est installé, d'autres options de transfert sont disponibles pour la fusion de panoramas, d'images HDR ou pour l'ouverture d'une série d'images sous forme de calques. Elles ne sont accessibles que si deux images au moins ont été sélectionnées dans Lightroom. Pour plus d'informations sur les fonctions d'assemblage, référez-vous à la documentation ou aux ouvrages sur Photoshop. (Elles ne sont pas disponibles si l'éditeur externe est Photoshop Elements.)

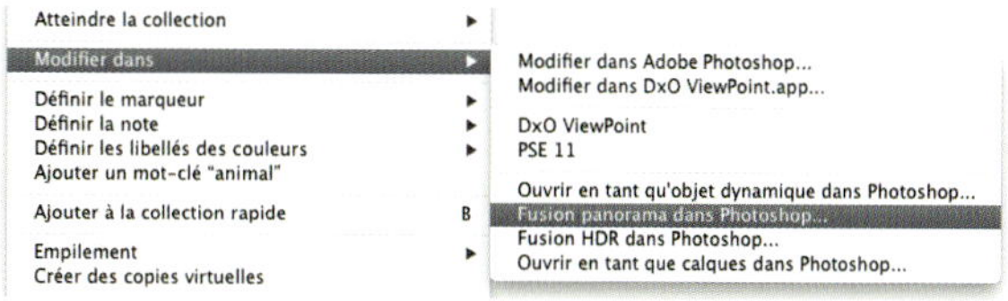

Étape 8

Pour installer manuellement un autre éditeur externe, allez dans les Préférences (Mac : **Lightroom>Préférences** ; PC : **Édition>Préférences**), onglet « Édition externe ».

Dans la section « Éditeur externe supplémentaire », cliquez sur le bouton Sélectionner : une fenêtre du système va s'ouvrir dans laquelle il faudra rechercher le programme qu'on veut ajouter. Pour valider le choix, cliquez sur Sélectionner.

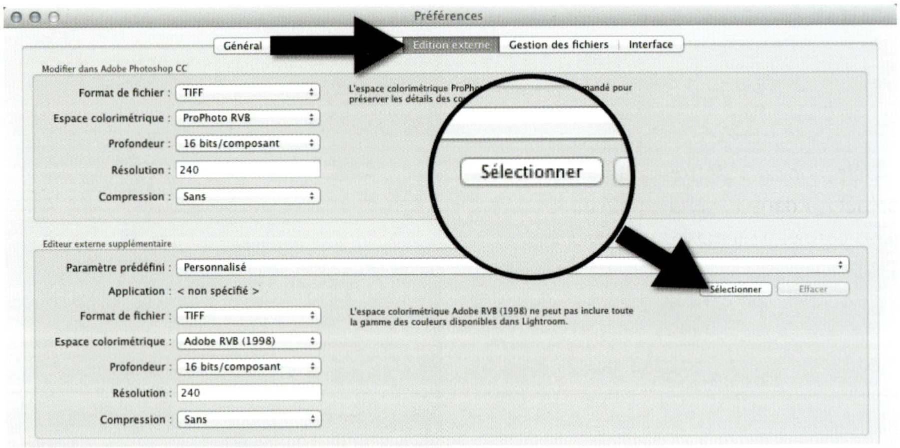

> Remarque : de nos jours, la plupart des éditeurs externes déclarés « compatibles Lightroom » s'installent automatiquement, sans qu'il y ait besoin de passer par les étapes 8 à 11. Notez que l'activation de l'option de stockage des paramètres prédéfinis avec le catalogue (voir exercice 1, étape 5) empêche cette installation automatique.

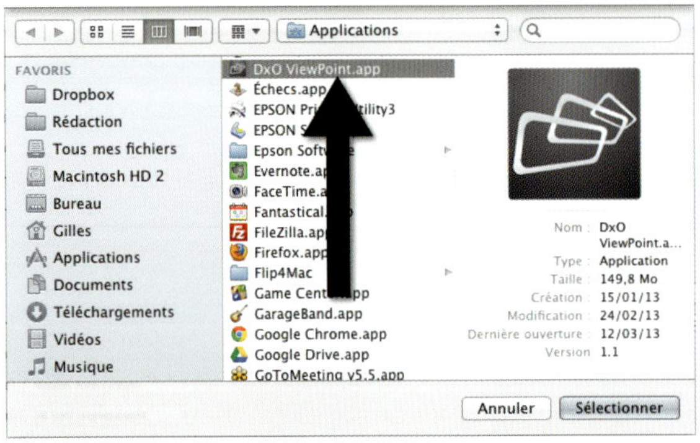

Étape 9

Après fermeture de la boîte de dialogue, allez dans le menu déroulant « Paramètre prédéfini » pour tout enregistrer (« Enregistrer les paramètres actuels en tant que nouveau paramètre prédéfini »). Une autre boîte de dialogue va s'ouvrir, dans laquelle on saisira le nom de l'application choisie (ou tout autre nom, à votre convenance) avant de valider en cliquant sur Créer.

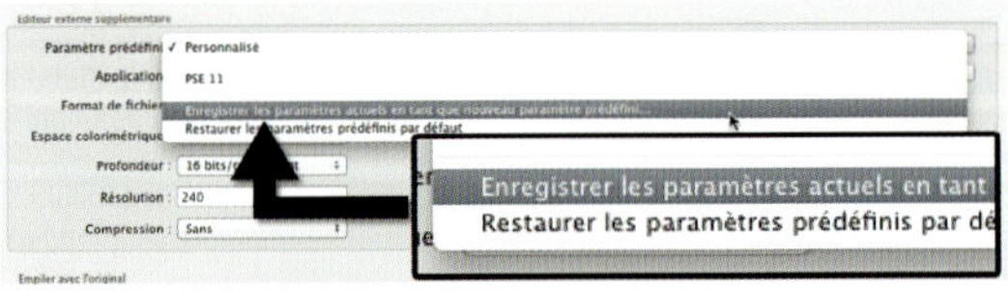

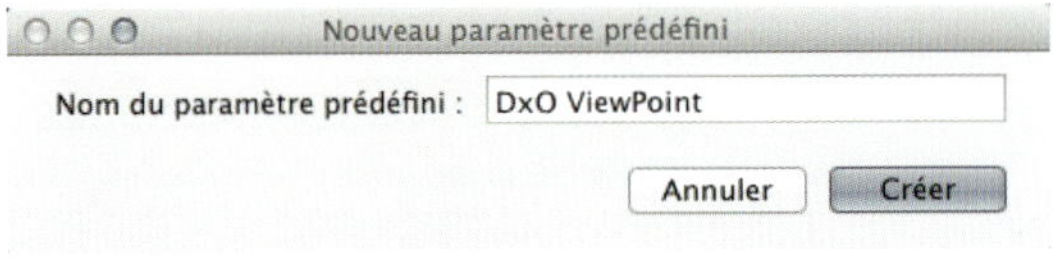

Étape 10

Passez ensuite aux réglages du format de fichier que vous souhaitez utiliser avec l'éditeur externe. Lorsque le choix a été fait, retournez dans « Paramètre prédéfini » et sélectionnez « Mettre à jour le paramètre prédéfini » dans le menu déroulant. Ce menu vous permet de modifier vos réglages à tout moment, de supprimer ou de renommer l'éditeur externe ou de retourner aux valeurs par défaut. Les réglages de fichiers peuvent également être modifiés à la volée, juste avant le transfert de l'image (voir l'étape 4).

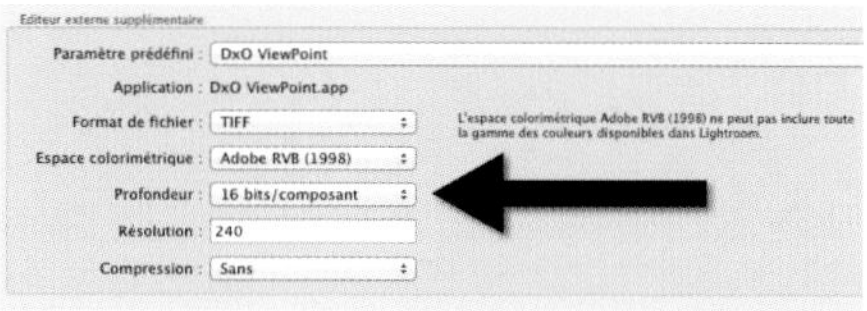

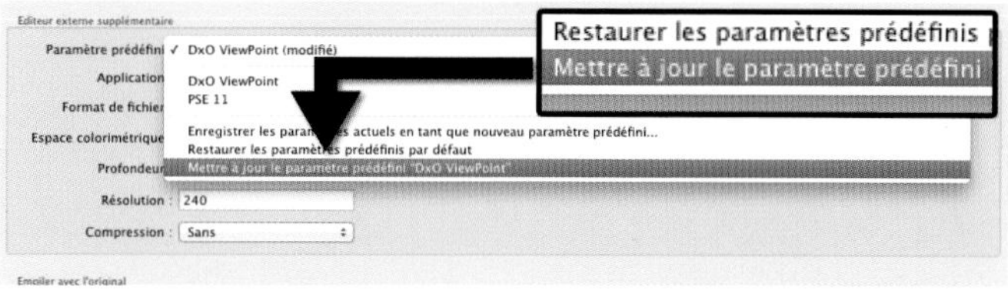

Étape 11

De retour dans Lightroom, l'éditeur externe enregistré dans l'étape précédente apparaîtra dans la liste « Modifier dans... » après avoir fait un clic droit sur l'image.

Bien entendu, il est possible d'ajouter autant de modules externes que vous le souhaitez.

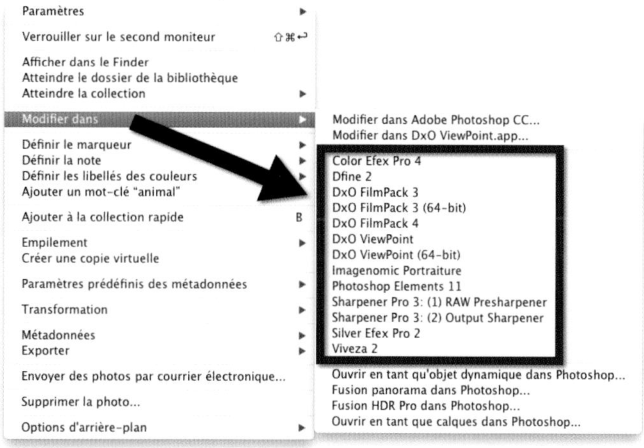

Étape 12

Si l'on utilise Photoshop comme éditeur externe, notamment avec des fichiers PSD, il y a un réglage important à faire pour assurer une parfaite compatibilité entre les programmes :

- dans Photoshop : allez dans **Préférences> Gestion des fichiers>Compatibilité> Maximiser la compatibilité des fichiers PSD et PSB**, puis choisissez Toujours dans le menu déroulant ;
- dans PSE : allez dans **Préférences> Enregistrement des fichiers>Compatibilité> Maximiser la compatibilité des fichiers PSD**, et choisissez Toujours dans le menu déroulant. Validez en cliquant sur OK.

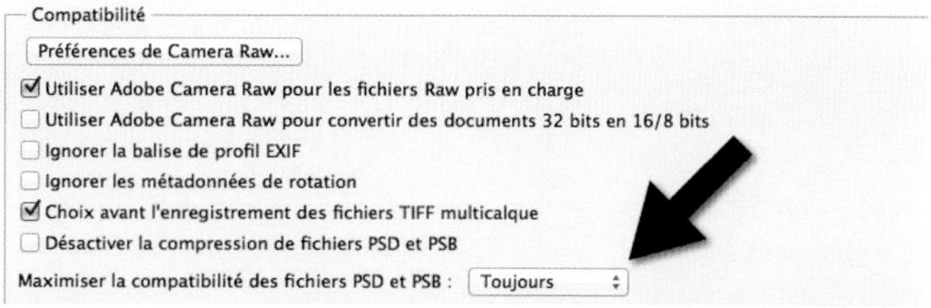

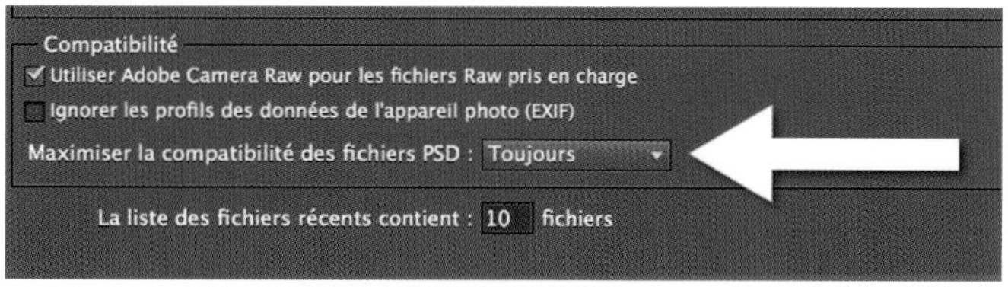

06 Les modules externes

Lightroom permet l'installation de modules externes (plug-ins) orientés « flux de production ». Un certain nombre de développeurs proposent des outils additionnels pour la gestion du catalogue, des métadonnées, ou pour l'exportation et la diffusion d'images vers des galeries web. Nous vous conseillons de privilégier les modules externes d'auteurs traditionnels qui suivent de près le développement de Lightroom et qui interagissent avec Adobe, comme Jeffrey Friedl (modules d'exportation vers les galeries web), Tim Armes (modules de fusion d'images, d'incrustation de cadres, galeries web, etc.), John Beardsworth (gestion de métadonnées) ou encore Matt Dawson (utilitaires de sauvegarde).
En revanche, à l'heure où nous écrivons ces lignes, le kit de développement de Lightroom ne permet toujours pas à des tiers de créer des outils s'intégrant dans le moteur de traitement des images au format RAW.

Étape 1

Le « Gestionnaire de modules externes » est accessible en permanence via le menu Fichier. C'est une interface permettant d'installer, de gérer, de mettre à jour et de supprimer des modules externes. Dès son ouverture, on peut voir le statut de tous les modules d'un simple coup d'œil : indicateur vert pour un module fonctionnant correctement, jaune ou rouge en cas de problème, gris lorsque les modules sont désactivés. L'installation et la suppression d'un module n'exigent pas de redémarrer Lightroom.

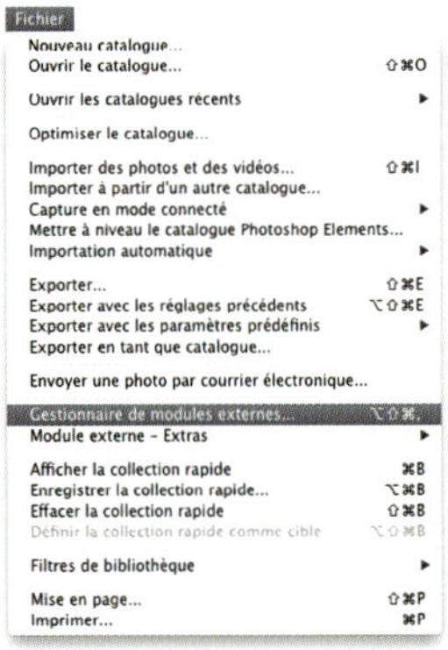

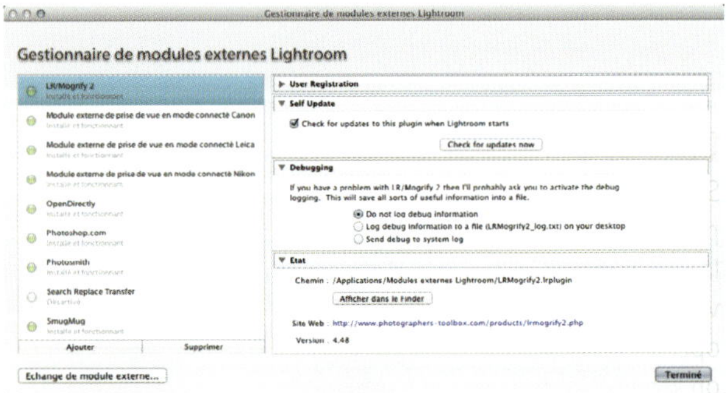

> **Remarque** : il existe de nombreux modules externes, rassemblés sur le site Lightroom Exchange. Pour y accéder depuis Lightroom, lancez le « Gestionnaire de modules externes », puis cliquez sur « Échange de module externe », en bas à gauche.

Étape 2

L'installation d'un module externe passe d'abord par son téléchargement, puis la décompression, de préférence dans un dossier unique qui regroupera tous les modules externes ou, au pire, dans le dossier Programmes ou Applications de votre ordinateur. En général, les modules sont des fichiers très légers, quelques centaines de Ko à peine pour la plupart.

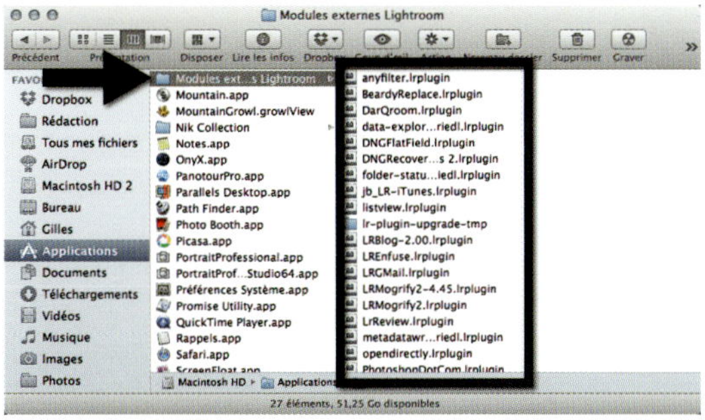

Étape 3

Après le téléchargement, lancez le Gestionnaire pour l'installation. Pour un nouveau module, cliquez sur le bouton Ajouter, sous la liste des modules, ce qui entraîne l'ouverture d'une boîte de dialogue du système dans laquelle vous pourrez pointer le Gestionnaire sur l'emplacement du module. Ensuite, il suffira de cliquer sur le bouton «Ajouter un module externe».

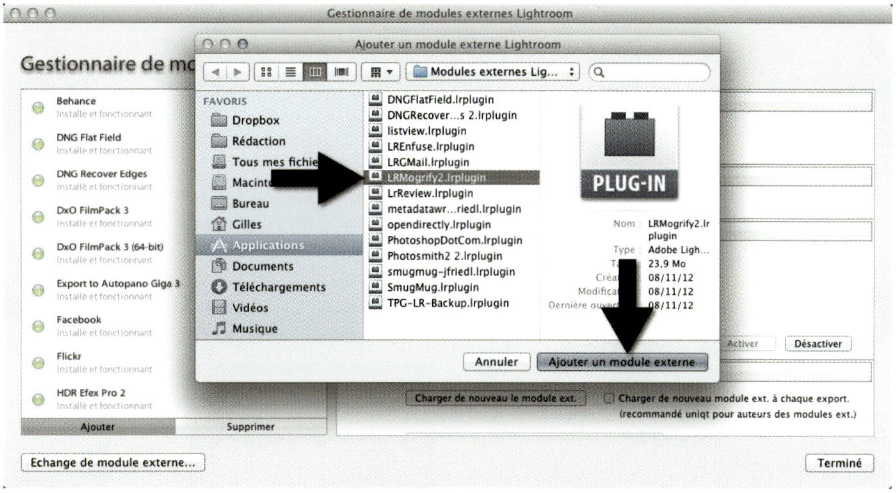

Étape 4

Si le chargement du module externe se passe correctement, celui-ci apparaîtra dans la liste (à gauche dans le Gestionnaire), un voyant vert indiquant qu'il est installé et opérationnel. À droite, selon les modules, on trouvera aussi bien des informations du développeur (clé d'activation, conditions de mise à jour, etc.) que l'état et l'emplacement du module. Une paire de boutons permet également d'activer ou de désactiver le module sans redémarrage de Lightroom. En cas de problème, on peut aussi le recharger ou le supprimer. Les mises à jour des modules sont la plupart du temps automatiques.

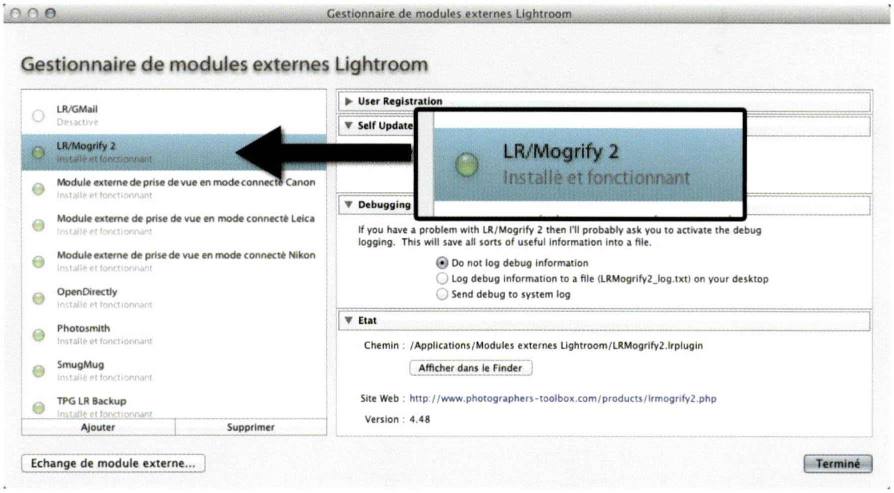

Étape 5

Une fois les modules externes installés, comment utilise-t-on leurs outils ? Les plus faciles à trouver sont situés dans le menu d'exportation des images. Après avoir fait un clic droit sur une photo, sélectionnez **Exporter>Exporter dans le menu flottant**. S'il s'agit d'un des nombreux modules d'exportation vers une galerie web, d'envoi d'images par e-mail ou de sauvegarde, vous le trouverez dans le menu déroulant situé en tête de la fenêtre d'exportation.

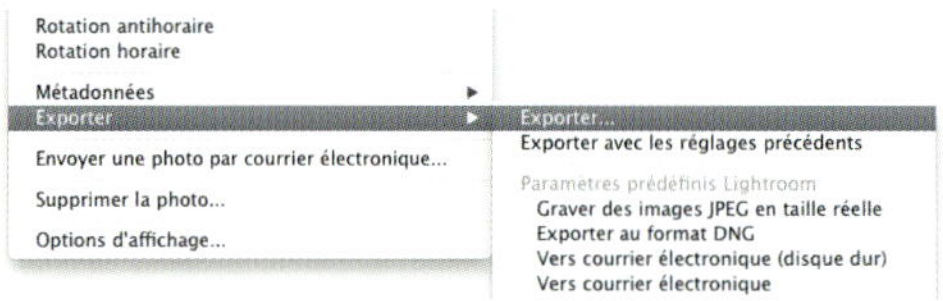

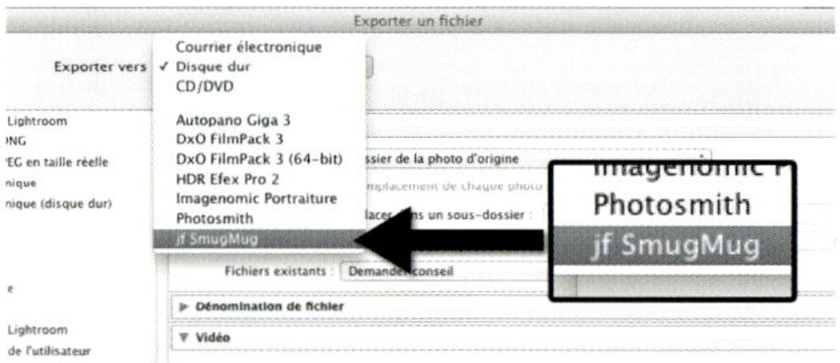

Étape 6

Certains modules de traitement d'images (pour l'ajout de cadres, de filigranes, pour contrôler les métadonnées à joindre aux images) s'installent dans la section « Actions de post-traitement », dans le coin inférieur gauche du menu Exporter.

Cliquer sur Insérer permet de rajouter des fonctions aux outils habituels, le tout pouvant être enregistré sous forme de paramètres prédéfinis pour automatiser les tâches d'exportation (exercice 52).

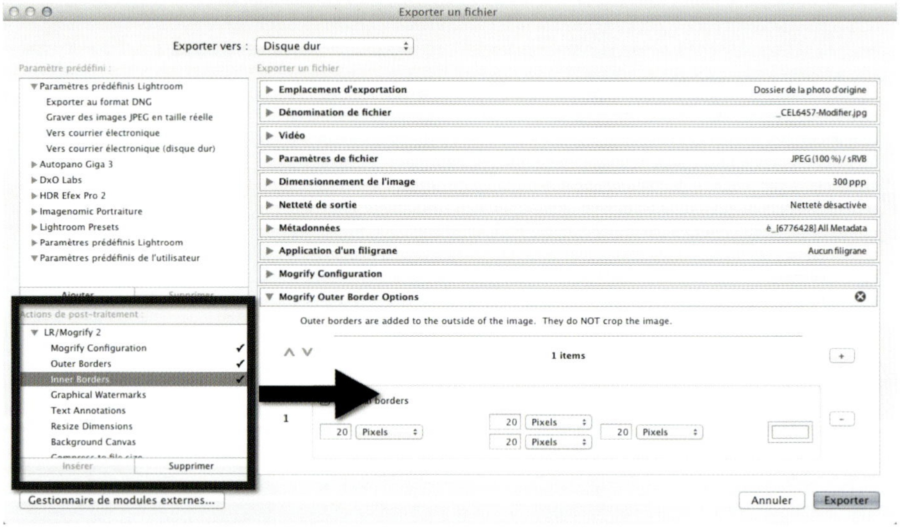

Étape 7

La plupart des modules externes d'exportation sont aussi dans le panneau « Services de publication » du module Bibliothèque. Cela permet la gestion de galeries web à distance, comme les collections (exercice 54). C'est la méthode que nous conseillons pour piloter le contenu de galeries avec plus de souplesse que le menu Exporter.

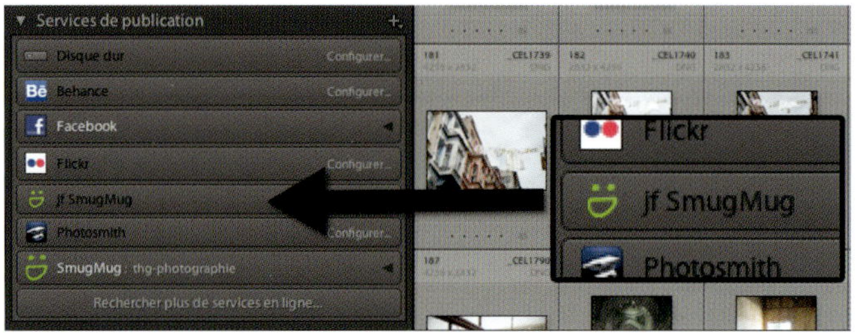

Étape 8

D'autres modules s'installent et s'utilisent directement dans Lightroom, on les trouve dans le menu **Fichier>Module externe – Extras ou Bibliothèque>Module externe – Extras**. En général, ils permettent de traiter les images (fusion d'images d'expositions différentes) ou de travailler sur les métadonnées.
N'hésitez pas à consulter le mode d'emploi ou la page web des développeurs de ces modules.

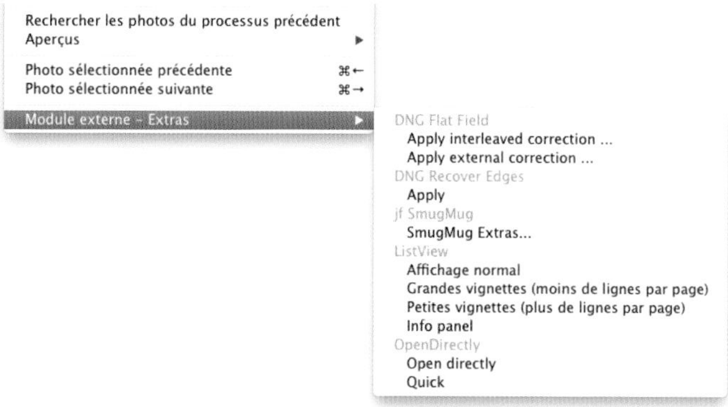

Étape 9

Certains modules externes participent pleinement au catalogage des images, en installant des critères dans le panneau **Métadonnées>Toutes les métadonnées de modules externes**, dans les collections dynamiques et dans le « Filtre de bibliothèque ». Par exemple, il est particulièrement aisé de retrouver toutes les images chargées dans telle ou telle galerie web à l'aide d'un module externe.

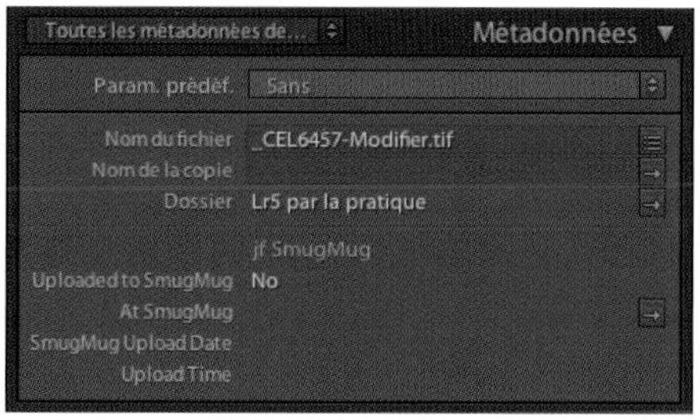

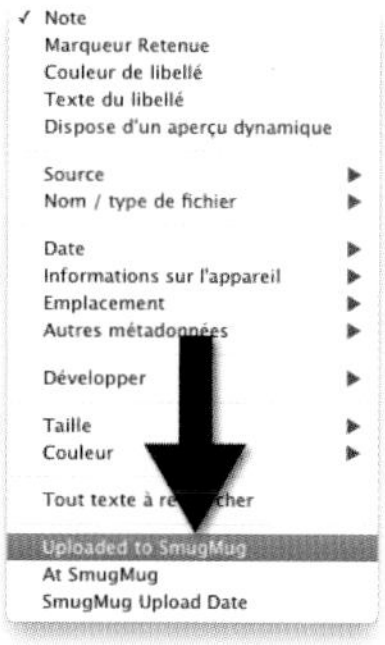

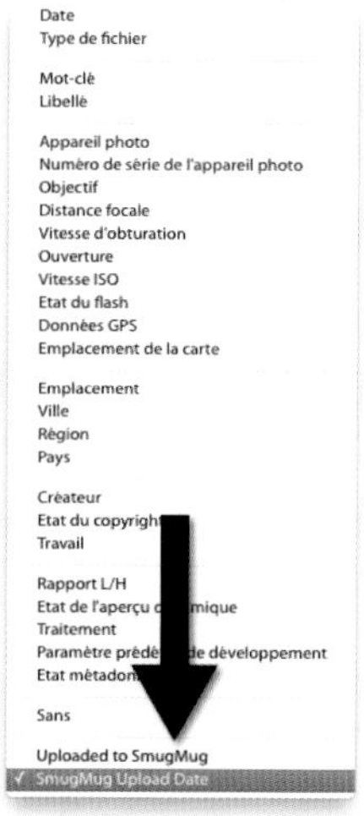

Conclusion : les modules externes pour Lightroom se divisent en quatre catégories principales :

- modules d'exportation : pour envoyer les images sur une galerie web (Flickr, SmugMug, Zenfolio, DarqRoom, 500px, etc.), par e-mail (via Gmail ou Outlook) à certaines agences, labos en ligne, ou simplement sur un autre volume pour la sauvegarde de vos photos ;
- modules de traitement d'images : fusion d'images exposées différemment, HDR, création de profils colorimétriques, envoi vers des éditeurs externes ;
- modules de gestion de métadonnées : ajout de champs de saisie, gestion des métadonnées de fichiers exportés, géolocalisation ;
- création de sites web.

Depuis Lightroom 4, certains modules externes ou services de publication, comme SmugMug, ne sont plus fournis par défaut mais sont disponibles sur le site Adobe Exchange.

07 Les piles et les copies virtuelles

Les photographes ayant connu le film argentique se souviennent des séances de tri de diapositives à la loupe sur une table lumineuse. On organisait des petits tas : d'un côté les diapos à jeter, de l'autre celles qui étaient à revoir, et enfin les photos que l'on jugeait les meilleures. Lightroom reprend le même principe avec les « piles ». Depuis la version 4, il est également possible d'empiler les images dans les collections. Quant aux copies virtuelles, elles permettent de créer plusieurs versions d'une même photo, sans avoir à la dupliquer physiquement (et on pourra bien sûr empiler ces versions).

Étape 1

Dans le module Bibliothèque, les piles se reconnaissent aux vignettes pourvues d'un pavé blanc contenant un numéro indiquant le nombre de vues empilées (dans le coin supérieur gauche des images). Cet indicateur est également visible dans le « Film fixe », ce qui permet d'en profiter dans les autres modules de Lightroom. S'il n'apparaît pas, vérifiez que l'affichage du nombre de piles est bien activé dans **Préférences>Interface >Film fixe>Afficher les nombres de piles**. Notez également que l'affichage d'informations et d'icônes dans le « Film fixe » ne se fait qu'à partir d'une certaine taille : vous pouvez la régler à la souris.

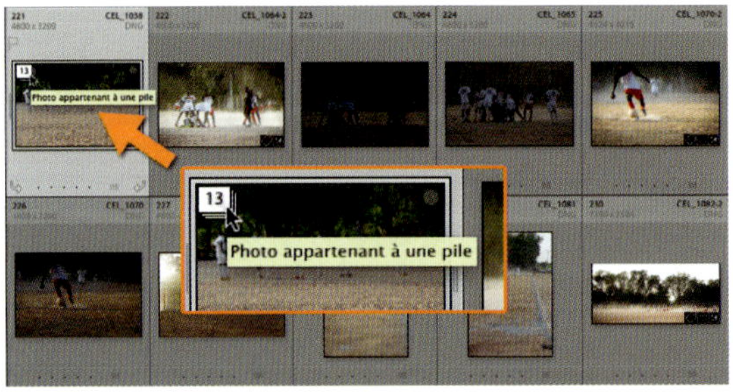

Étape 2

Pour créer une pile, sélectionnez une série d'images. Après avoir fait un clic droit, allez dans le menu flottant **Empilement>Associer dans une pile**. Les images s'empileront automatiquement, et un pavé apparaîtra, indiquant le nombre de vues dans la pile.

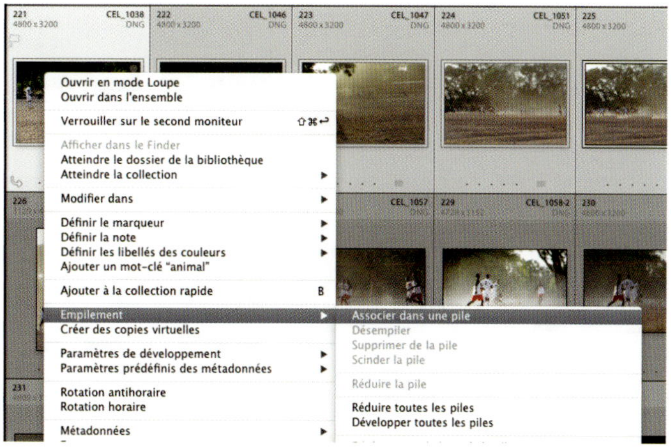

Étape 3

Pour désempiler les images, il suffit de cliquer sur le pavé de nombre d'images. Pour les empiler à nouveau, cliquez sur le pavé de la première vignette, celle qui est placée en haut de la pile.

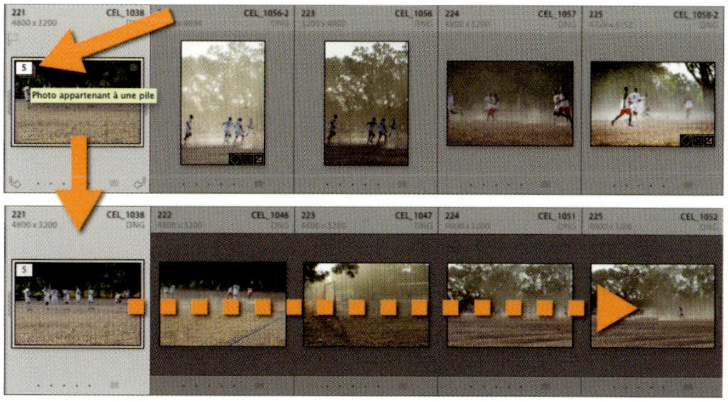

Étape 4

Si vous passez le pointeur de la souris dans le coin supérieur gauche de la vignette (l'image, pas le cadre), vous verrez apparaître le pavé blanc avec les indications successives « 1 sur *x* », « 2 sur *x* », « 3 sur *x* », etc., ce qui indique l'ordre des photos dans la pile.

Lorsque des images sont désempilées, celle qui se trouve en tête de pile portera un cadre gris clair, et les suivantes un cadre gris sombre, ce qui facilite le repérage en mode Grille.

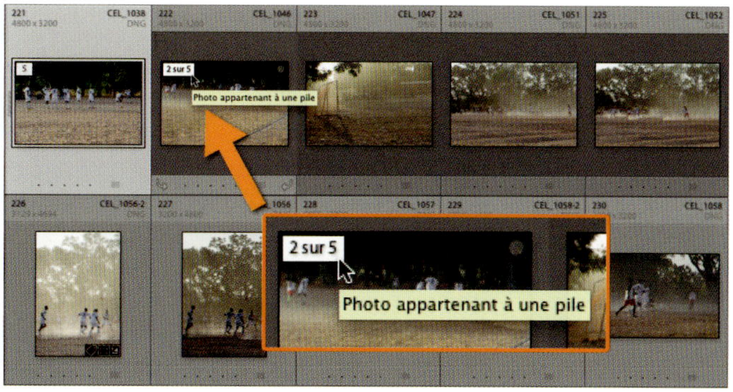

Étape 5

On peut scinder une pile en deux à partir de n'importe quelle image sélectionnée dans la pile elle-même. Dans l'exemple ci-contre, nous avons scindé une pile de 6 images en deux piles de 3 images, en faisant un clic droit sur la quatrième image et en sélectionnant «Scinder la pile» dans le menu contextuel.

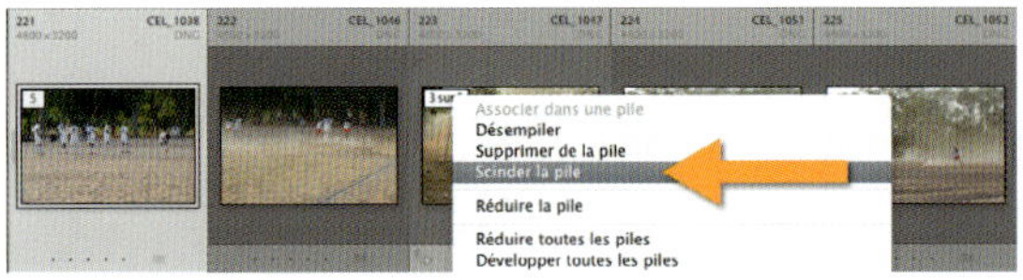

Étape 6

Les autres options du menu contextuel comprennent les fonctions :

- «Réduire ou développer toutes les piles» : s'adresse à la totalité du contenu du catalogue ou d'une sélection de dossiers et de collections ;
- «Déplacer vers le haut de la pile» : déplace une image directement en tête de pile ;
- «Déplacer vers le haut dans la pile» : déplace une image, position après position, vers le haut d'une pile ;
- «Déplacer vers le bas dans la pile» : idem mais vers le bas.

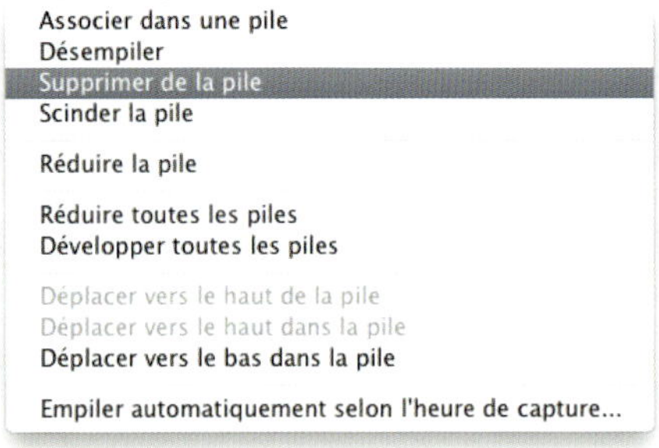

Étape 7

Le menu de gestion des piles offre une option intéressante pour les photographes d'action ou de sport désireux de regrouper les rafales par séquences de prise de vue.
Après avoir sélectionné un dossier ou une collection, choisissez «Empiler automatiquement selon l'heure de capture». Une fenêtre va vous proposer de choisir l'intervalle de temps entre les piles ; le curseur permet de régler le nombre de piles en fonction de l'intervalle.
Les images des séquences seront regroupées au sein de piles, en se basant sur l'intervalle que vous aurez choisi.

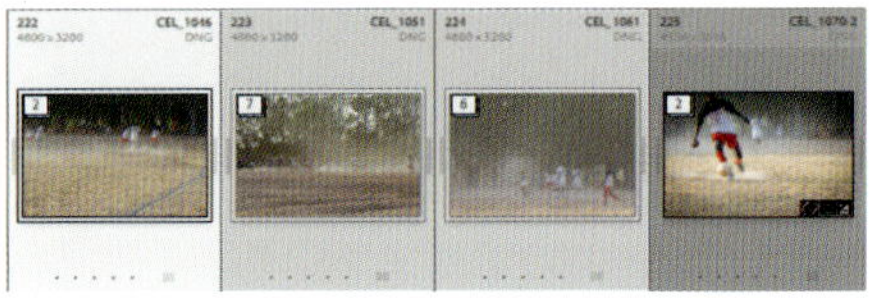

Étape 8

Les copies virtuelles permettent de multiplier les versions d'une image et d'appliquer des corrections différentes de l'original. Les copies ne sont pas physiques, elles existent uniquement sous forme d'instructions texte au sein du catalogue. Elles se reconnaissent au coin inférieur gauche de la vignette, replié comme le coin d'une feuille de papier. Pour créer une copie virtuelle, faites un clic droit sur une image et sélectionnez « Créer une copie virtuelle » dans le menu contextuel. Le menu **Photo>Définir la copie comme principale** permet de désigner une copie virtuelle comme nouvel original.

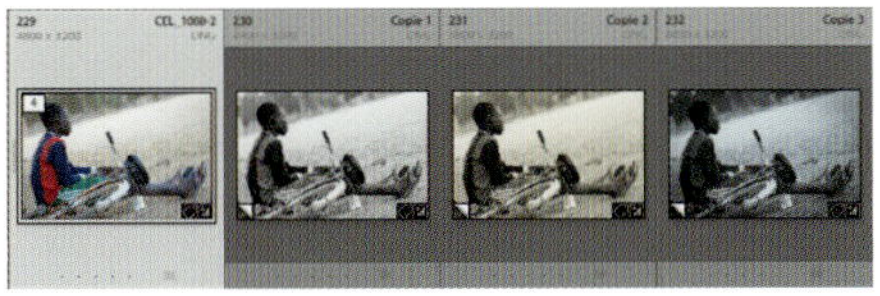

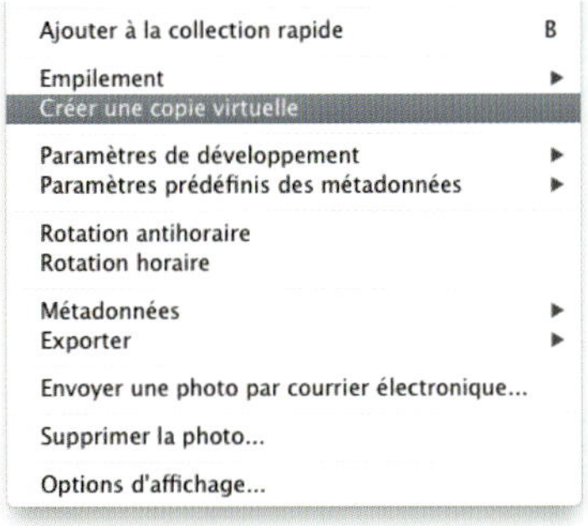

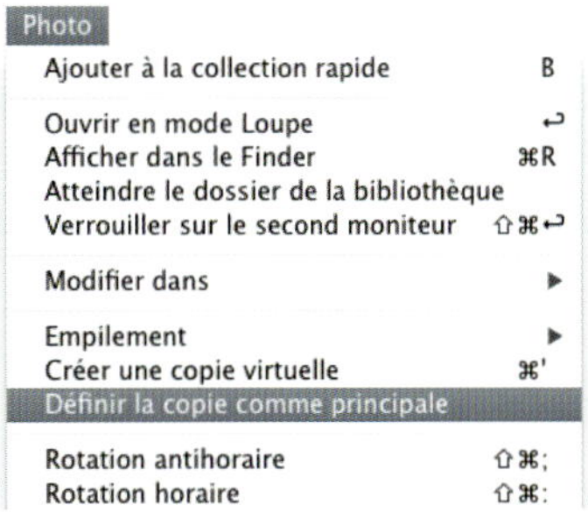

Étape 9

En créant une copie virtuelle, cette dernière garde le même nom que le fichier original mais se voit attribuer le nom « Copie 1 » (ou 2, 3, etc.) dans le champ de métadonnées « Nom de la copie », le contenu de ce dernier pouvant être utilisé comme critère des collections dynamiques. Le « Filtre de bibliothèque » permet également d'afficher uniquement les copies virtuelles du catalogue, des dossiers ou collections sélectionnés, en cliquant sur l'icône adéquate, dans la section Attribut, tout à droite.

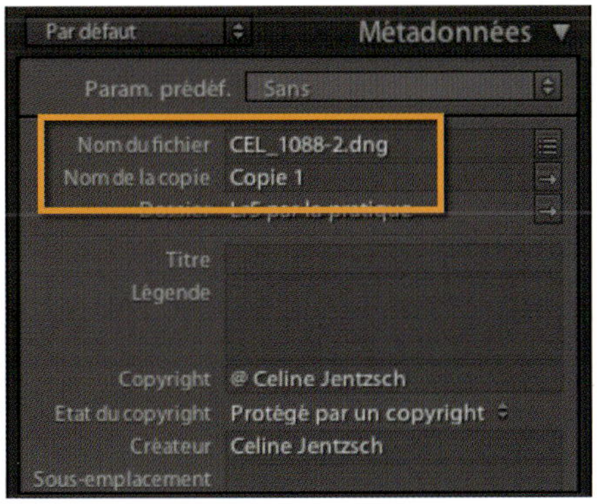

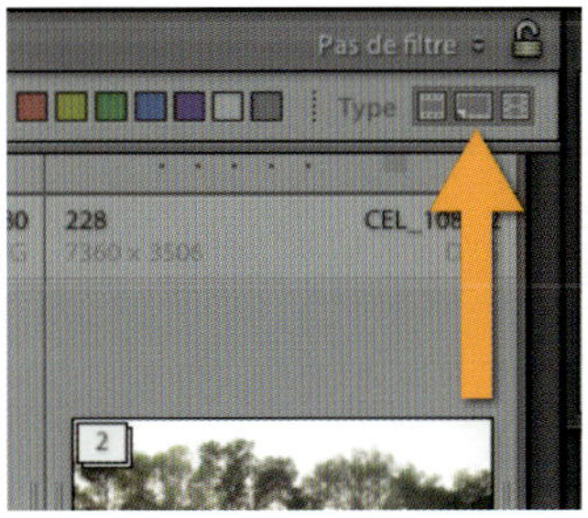

Conclusion : les piles et les copies virtuelles permettent de travailler avec une souplesse incroyable. Avec les copies virtuelles, comment ne pas être tenté de créer de nombreuses versions du portrait d'une mariée, que l'on déclinera en une variation infinie de teintes noir et blanc, sépia ou encore de traitements croisés – grâce à la « Courbe des tonalités » fonctionnant par canaux RVB séparés – et de virages partiels ? De plus, on pourra rassembler toutes ces images dans des piles, aussi bien au sein de dossiers que de collections.

Les piles permettent également de regrouper les séquences d'images, comme les panoramas ou les photos HDR destinées à être fusionnées. Dans ce cas, nous vous conseillons de produire un JPEG du panorama ou de l'image HDR, de l'importer dans le catalogue puis de le placer sur la pile des images ayant servi aux assemblages.

Les copies virtuelles peuvent être créées aussi bien dans les dossiers que dans les collections. Depuis Lightroom 4, le nom par défaut d'une nouvelle copie virtuelle s'appelle « Copie 1 » au lieu de « Copier 1 ».

08 Incruster un filigrane de copyright

Il est extrêmement important pour tout photographe de protéger ses images, et plus particulièrement si elles sont diffusées sur le Web ou par tout moyen de communication électronique. Pour cela, Lightroom dispose d'un éditeur de filigranes textes ou graphiques que vous pourrez incruster dans vos photos. Le filigrane n'apparaîtra pas dans les images au sein de Lightroom, mais sera appliqué à l'exportation.

Note : la taille de la police de caractères et les réglages de l'exemple développé dans ce huitième exercice ont été volontairement appuyés pour faciliter la lecture.

Étape 1

L'éditeur de filigranes est accessible à tout moment, dans le menu **Lightroom>Modifier les filigranes** (Mac) ou **Fichier>Modifier les filigranes** (PC). C'est un outil qui se présente sous la forme d'une fenêtre flottante redimensionnable et qui dispose de son propre système d'affichage des images.

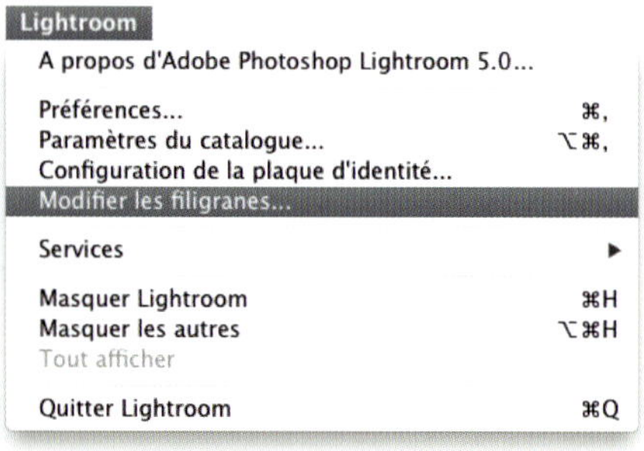

Étape 2

Pour créer un filigrane texte, cochez le bouton Texte, au-dessus de la palette d'outils située du côté droit de l'éditeur. Vous pourrez ensuite choisir la police, le style, l'alignement et la couleur du texte, et régler tous les paramètres de l'effet d'ombre, comme l'opacité, la dureté des contours, etc.
La saisie du texte se fait dans l'espace sous l'image.

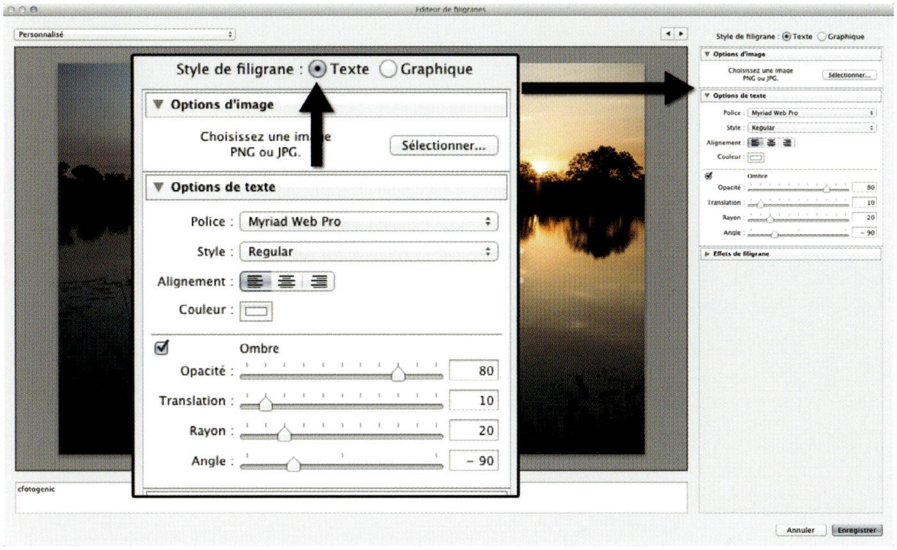

Étape 3

Si vous avez un logo au format JPEG ou PNG, vous pouvez l'importer après avoir choisi un style de filigrane graphique.
Dans ce cas, les options de texte se désactiveront, car l'éditeur ne permet malheureusement pas d'appliquer simultanément un filigrane texte et un filigrane graphique.

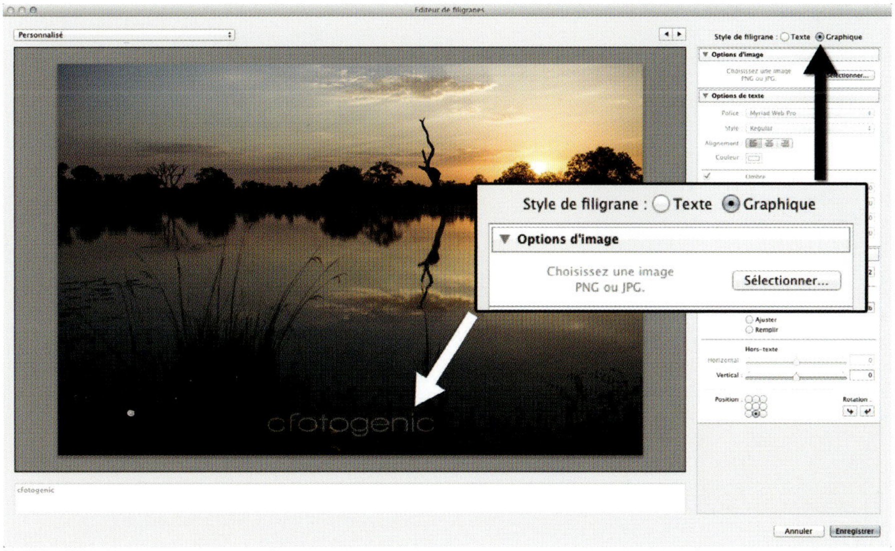

Remarque : si vous tenez à ajouter à la fois un filigrane texte et graphique, la solution est de vous tourner vers LR/Mogrify 2, un module externe conçu par Tim Armes et disponible sur http://photographers-toolbox.com. Il s'installe dans le menu Exporter (exercice 52) et propose un nombre assez conséquent d'outils dont la possibilité d'ajouter de multiples cadres, des annotations, ainsi qu'un grand choix d'algorithmes de compression JPEG et de redimensionnement. Son seul inconvénient est de vous obliger à travailler en aveugle et d'exporter une image pour voir le résultat de votre travail. LR/Mogrify 2 est, depuis plusieurs années, un outil indispensable à Lightroom ; il est disponible en version d'essai et peut être acquis par donation.

Étape 4

Dans les deux cas, le panneau « Effets de filigrane » permet de régler l'opacité, la taille, les proportions, la position (neuf possibilités, plus le positionnement par rapport au cadre grâce aux curseurs Hors-texte, qui permettent de placer le filigrane n'importe où) et, éventuellement, la rotation.

Dans cet exemple, l'opacité du filigrane est moyenne et il prend toute la largeur de l'image ; il ne gêne pas la lecture tout en assurant une protection optimale.

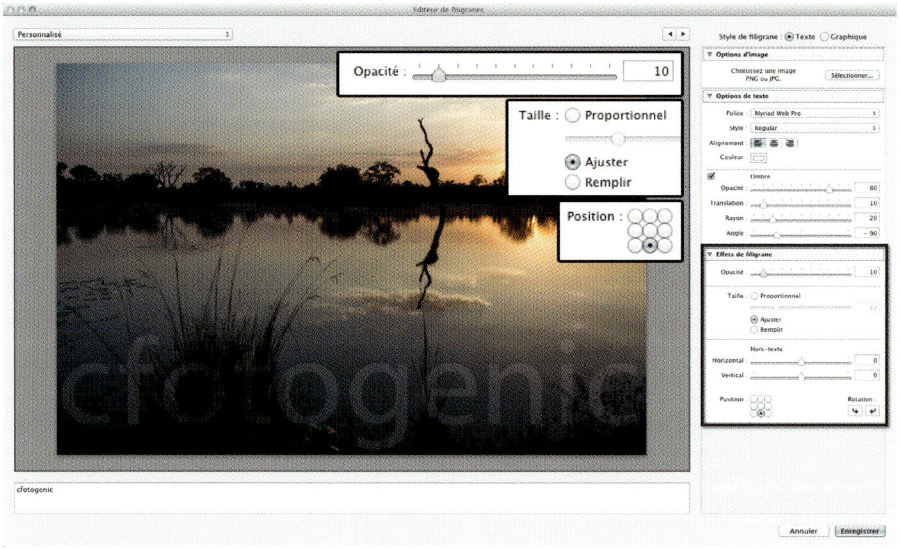

Étape 5

Lorsque tous les réglages auront été effectués, vous pourrez les enregistrer en cliquant sur le bouton Enregistrer ou via le menu déroulant situé au-dessus de l'image. Sélectionnez « Enregistrer les paramètres actuels en tant que nouveau paramètre prédéfini » puis, dans la boîte de dialogue qui s'affiche, attribuez un nom à votre filigrane. Vous pourrez enregistrer autant de paramètres que vous le voudrez, en fonction de l'usage et de la destination de vos images.

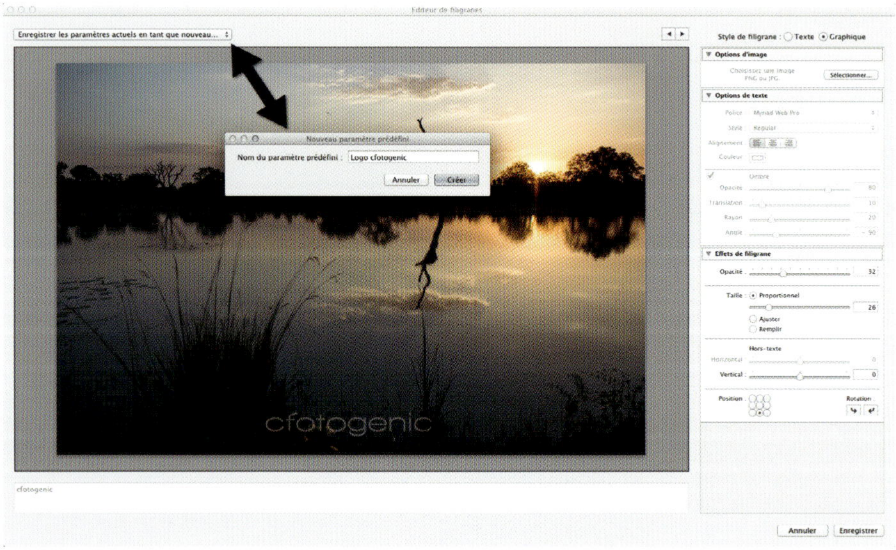

Étape 6

Les filigranes ne s'appliquent pas aux images stockées dans le catalogue, mais vous pouvez en avoir un aperçu en faisant défiler les différentes images, préalablement sélectionnées dans le « Film fixe » ou la grille, avec les flèches de navigation situées en haut de la fenêtre. Pour que l'incrustation soit effective, il faut passer par le menu Exporter et choisir le filigrane dans le menu déroulant situé dans la section « Application d'un filigrane ».

Après l'exportation, vous pourrez vérifier et constater que le filigrane a bien été incrusté en ouvrant l'image dans n'importe quel autre programme.

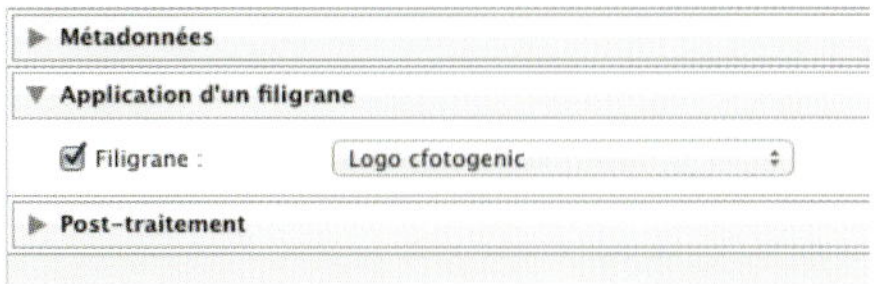

Conclusion : la protection des images est un sujet extrêmement sensible, plus particulièrement pour ceux qui commercialisent leurs photos. Le filigrane de copyright incrusté dans les images est un moyen imparable, mais il dénature l'image. Nous vous conseillons de le placer au centre de la photo (ou de sorte que sa suppression par recadrage la modifie radicalement), avec une opacité faible – il doit à peine se remarquer – et à une taille suffisamment grande pour couvrir la largeur ou la hauteur totale (là encore, pour qu'il ne puisse pas être supprimé par un simple recadrage). Vous pouvez également signer vos tirages papier en appliquant un filigrane via le module Impression (panneau **Page> Application d'un filigrane**).

La question se pose de savoir si un tiers utilisant aussi Lightroom peut modifier ou supprimer un filigrane de copyright dans un original RAW ou DNG : puisqu'on est dans un flux de travail non destructif et réversible, sachez que le menu Exporter ne permet pas de joindre un filigrane si vous choisissez un format de fichier Original ou DNG.

Partie 2

Maîtriser le catalogage

Le catalogage d'images est le pilier du flux de travail de Lightroom, offrant fluidité et souplesse inégalées. Cette deuxième partie est consacrée à tout ce qui se passe immédiatement après avoir inséré la carte mémoire dans l'ordinateur.

En premier lieu, nous nous intéressons à l'importation des images qui doit pouvoir mâcher une bonne partie du travail de catalogage en créant les dossiers par date de prise de vue et en attribuant des mots-clés et autres métadonnées aux images. Nous poursuivrons avec le tri des images puis leur organisation dans des dossiers et des collections. Nous passerons ensuite à la gestion des métadonnées, au filtrage pour la recherche de fichiers et à la géolocalisation avec le module Cartes.

Nous aborderons également dans cette partie d'autres méthodes d'importation, à partir d'un scanner, d'un appareil en prise de vue connectée ou à partir de l'Organiseur de Photoshop Elements. Sans oublier le flux de travail avec les vidéos et le format DNG, qui peut se substituer aux nombreux formats RAW des fabricants d'appareils photo.

École de Kombissiri (Burkina Fasso)
Nikon D800, 24-70 mm f/2,8, 1/200 s, f/4,5, 800 ISO © Céline Jentzch

Exercices

09 Le menu Importer

Le menu Importer de Lightroom permettant de préparer une bonne partie du travail d'organisation des fichiers, nous vous conseillons de bien suivre cet exercice consacré à la toute première étape, très importante, du flux de travail.
Nous vous rappelons également que Lightroom prend en charge, en plus des fichiers RAW, DNG, JPEF, TIFF et PSD, les vidéos issues des appareils photo, les images CMJN et les images 32 bits créées dans des applications HDR, Photoshop ou autres.
Les seules différences introduites par Lightroom 5 sont la prise en charge du format PNG et la possibilité de créer les aperçus dynamiques dès l'importation, pour un flux de travail hors-ligne (exercice 51).

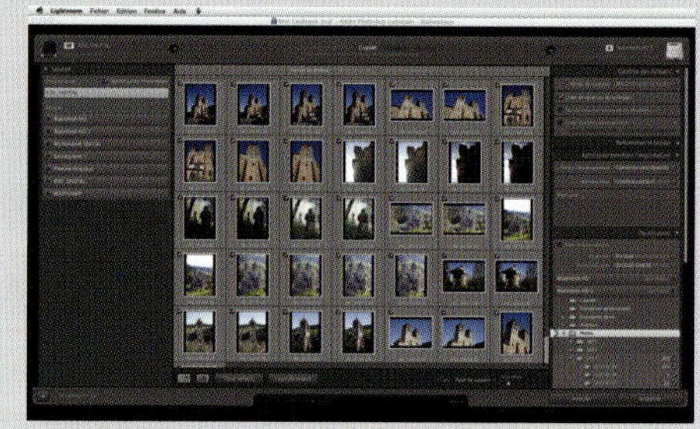

Étape 1

Une fois que vous avez cliqué sur le bouton Importer, en bas à gauche dans le module Bibliothèque (ou sur **Fichier>Importer des photos et des vidéos**), le menu Importer s'adapte automatiquement à l'écran dès son lancement.
Sa présentation adopte la robe foncée de Lightroom, et le contenu s'inspire du module Bibliothèque. Il est composé de quatre parties principales : le panneau de gauche contenant la liste de tous les périphériques connectés à l'ordinateur, y compris tous les dossiers, la partie centrale réservée à l'affichage des images, le panneau de droite comprenant les volumes et dossiers de destination, ainsi que tous les outils permettant d'attribuer des métadonnées et de régler la qualité des aperçus utilisés pour l'affichage des images dans Lightroom, et enfin le bandeau supérieur permettant de choisir le mode d'importation.

Étape 2

Les méthodes de travail diffèrent selon l'importation à partir de la carte mémoire d'un appareil photo ou d'un volume (disque dur, clé USB, CD/DVD). Il est également possible à ce stade de démarrer un flux de travail entièrement en DNG (voir l'exercice 22).

Le lancement à la détection d'une carte mémoire peut être activé en allant dans les **Préférences>Général>Options d'importation**.

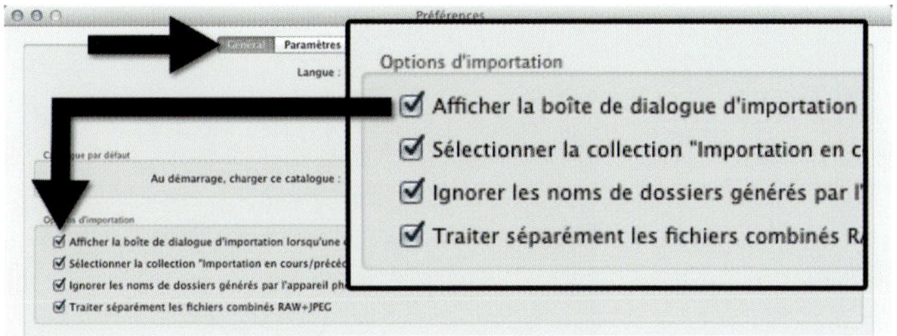

Étape 3

Le contenu de la source (disque dur, CD, clé USB, carte mémoire) sera affiché sous forme de vignettes dans la partie centrale, le nombre total d'images et la taille globale de l'ensemble des fichiers étant rappelés dans le coin inférieur gauche.

La source sera présentée sous forme de périphérique dans la colonne de gauche. Vous pourrez y cocher, dans le cas des cartes mémoire, l'option d'éjection automatique après importation.

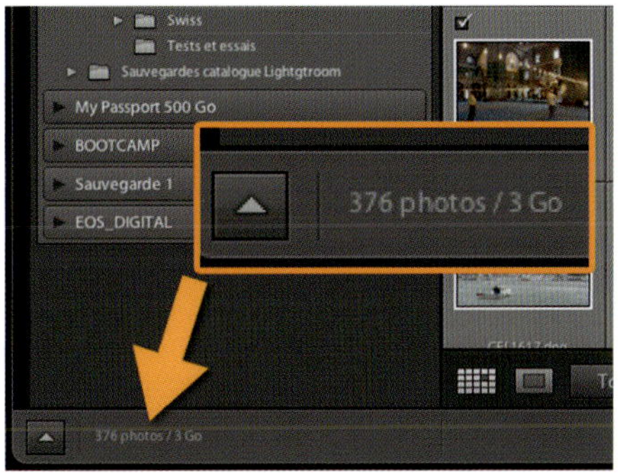

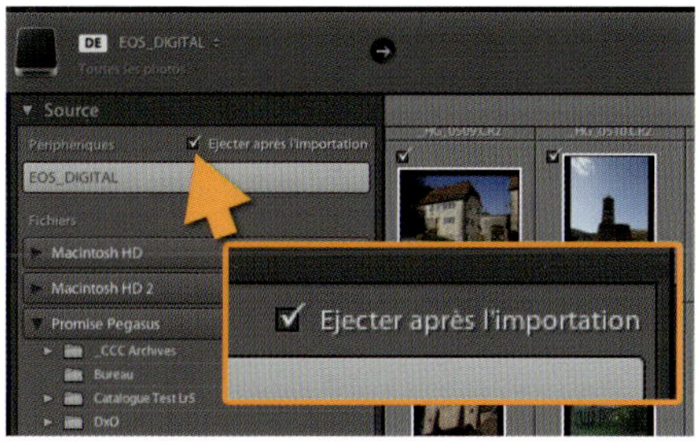

Étape 4

Dans le cas d'une carte mémoire, seules les options Copier ou « Copier au format DNG » (en haut du menu Importer) sont autorisées. En effet, Lightroom ne permet pas le déplacement des fichiers, ni leur suppression : c'est une sécurité en cas de problème à l'importation. Ce sera ensuite à vous de reformater la carte dans l'appareil, après vous être assuré que les images ont été correctement copiées.

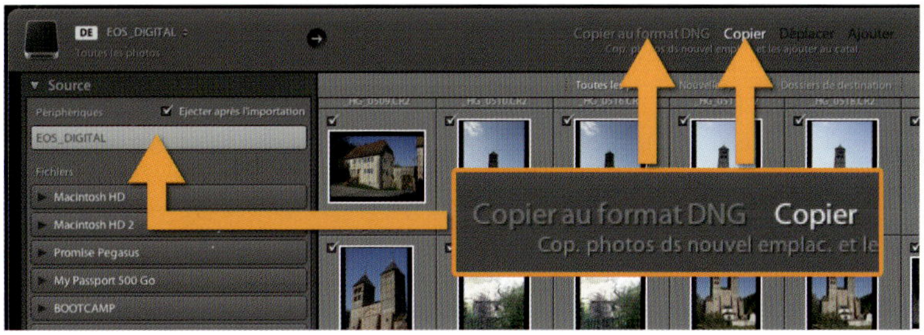

> **Remarque** : faut-il d'abord importer les images sur le disque dur puis dans Lightroom, ou directement dans Lightroom ? Le premier cas est une perte de temps, importez vos images directement dans Lightroom et, surtout, évitez la méthode qui consiste à copier/coller le contenu de la carte mémoire par l'intermédiaire de l'Explorateur Windows ou du Finder du Mac, pour des raisons de fiabilité, notamment si vous devez transférer des centaines d'images.

Étape 5

Si vous importez à partir d'un dossier présent sur un volume (disque dur, clé USB, CD/DVD), tous les modes d'importation seront disponibles : Copier, « Copier au format DNG », Déplacer (vider le dossier source pour remplir le dossier de destination) ou Ajouter (ajouter les photos au catalogue sans les déplacer, en les laissant dans le dossier source). Si vous choisissez ce dernier, et si la source est sur un support ou un volume amovible, vous pourrez quand même travailler sur les images concernées dans le module Bibliothèque, en mode hors ligne.

> **Remarque** : en mode Ajouter, seules les sections « Gestion des fichiers » et « Appliquer pendant l'importation » sont disponibles dans la colonne de droite.

Étape 6

Au-dessus de la grille, vous trouverez un bandeau avec trois options :

- « Toutes les photos » affiche toutes les images contenues sur la carte, y compris celles qui ont déjà été importées – elles seront désactivées et couvertes d'un voile gris ;
- « Nouvelles photos » affiche uniquement les images n'ayant pas encore été importées dans Lightroom ;
- « Dossiers de destination » affiche les images classées selon les dossiers de destination, si l'option « Organiser par date » a été retenue dans la section Destination (à droite, dans le menu Importer).

Étape 7

Les vignettes peuvent être agrandies avec le curseur situé en bas du menu ou avec les touches « + » et « - » du clavier. Les images peuvent être vues en grand en mode Loupe (touche E) comme dans le module Bibliothèque, on peut même zoomer (barre d'espace) et passer d'une photo à l'autre avec les flèches Gauche et Droite du clavier. Il est donc possible de vérifier et de faire un premier tri avant même l'importation des images dans le catalogue. Pour revenir en mode Grille, appuyez sur la touche G.

Étape 8

On peut sélectionner les images manuellement en cochant le bouton du coin supérieur gauche des vignettes. Deux boutons pour tout sélectionner/désélectionner se trouvent sous la grille, près des boutons des modes Grille et Loupe. En bas, un menu déroulant permet de trier les images par heure de capture, par état vérifié (les images désélectionnées sont déplacées en fin de grille), par nom ou par type de support (regroupement des fichiers vidéo, JPEG, RAW, etc.). Les images désélectionnées se repèrent immédiatement grâce au cadre et à la vignette assombris, et au bouton décoché.

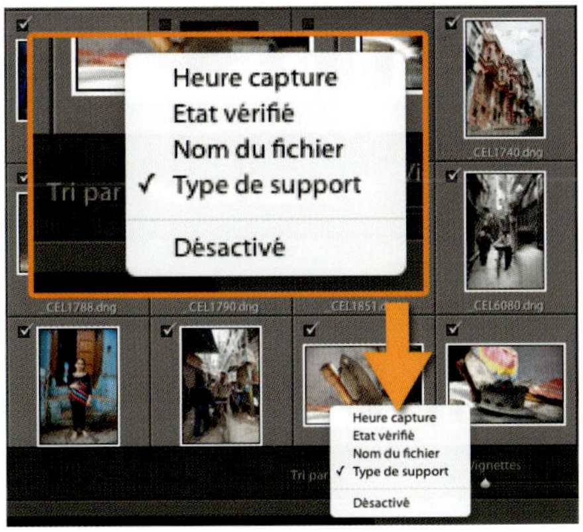

Étape 9

Après la sélection des images, allez dans la colonne de droite du menu Importer. Travaillez de haut en bas, en commençant par la section « Gestion des fichiers » : vous y réglerez la qualité des aperçus dans Lightroom (Standard ou 1:1). Cochez « Ne pas importer les éventuels doublons » : le menu Importer ignorera les images déjà présentes dans le catalogue. Si vous avez l'intention d'utiliser le nouveau flux de travail hors ligne de Lightroom 5 (exercice 51), cochez « Créer des aperçus dynamiques ».

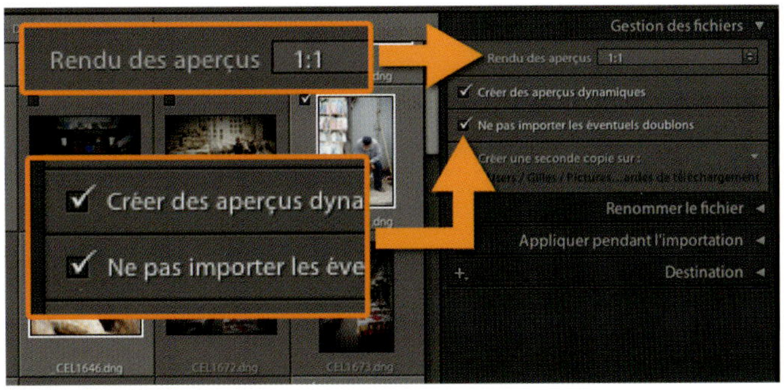

Étape 10

Lightroom peut créer une seconde copie des images importées, de préférence sur un autre disque dur ou un volume de sauvegarde. La duplication se fera à la volée, uniquement sur les fichiers originaux : les modifications (mots-clés, métadonnées, fichiers renommés) ne seront pas appliquées. Les images seront classées dans une liste de dossiers portant la date d'importation.

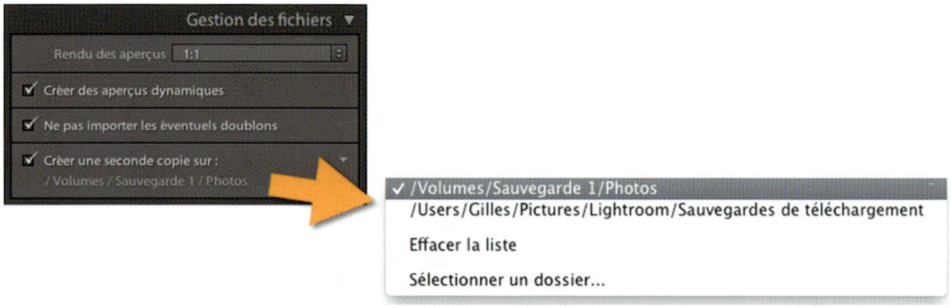

Étape 11

Les images peuvent être renommées dès l'importation avec un modèle à choisir dans la section « Renommer le fichier ». Renommer à ce stade n'est pas judicieux, nous préconisons de le faire à la diffusion, en fonction du destinataire ou de l'usage qui sera fait des images (exercice 18). Conservez les noms de fichiers du boîtier, ils ont l'avantage d'être séquentiels ; vous pouvez les personnaliser en ajoutant, par exemple, vos initiales en tant que préfixe ou suffixe.

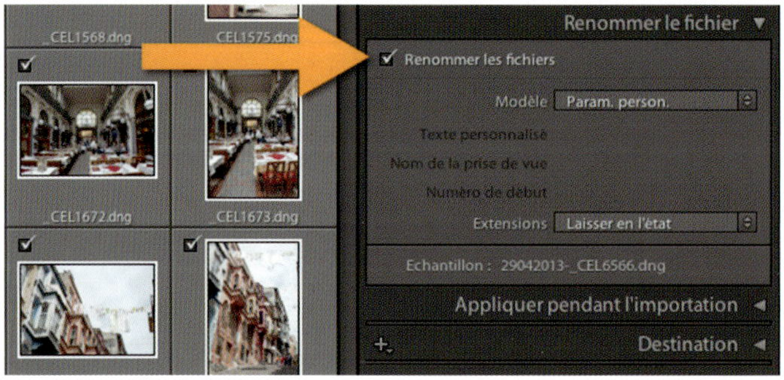

> **Remarque** : des fichiers de même nom, notamment parce que le compteur de l'appareil a fait le tour, ne posent pas de problème à Lightroom qui peut discerner les images selon la date et l'heure de prise de vue enregistrées dans les métadonnées EXIF.

Étape 12

Dans la section suivante, vous pourrez appliquer des mots-clés ou un modèle de métadonnées contenant, par exemple, vos références et copyright. Faites-le systématiquement pour protéger vos images. Si la carte mémoire contient plusieurs séances, il sera difficile d'attribuer des mots-clés spécifiques à chacune d'elles – vous pourrez le faire ultérieurement dans le module Bibliothèque. Vous pourrez aussi appliquer des paramètres de développement : c'est le moment idéal pour la correction des objectifs (exercice 36).

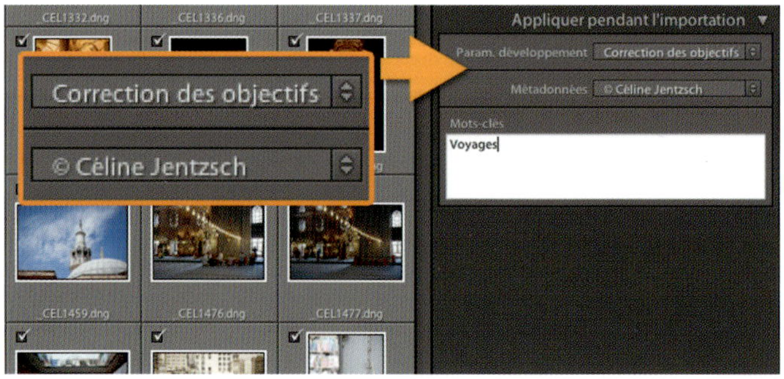

Étape 13

La phase du choix des dossiers de destination étant un sujet sur lequel butent beaucoup d'utilisateurs, nous allons détailler les différentes étapes à suivre pour rassembler les images dans des dossiers classés par ordre chronologique, le plus judicieux étant de créer une hiérarchie année/année-mois-jour. Après avoir choisi le mode d'importation Copier ou Déplacer, allez dans le haut du panneau Destination, puis, dans la liste Organiser, choisissez « Par date ».
Dans la liste « Format de date », juste en dessous, sélectionnez le format année/année-mois-jour (qui sera affiché à la date où vous ferez cette opération, par exemple 2013/2013-04-30).

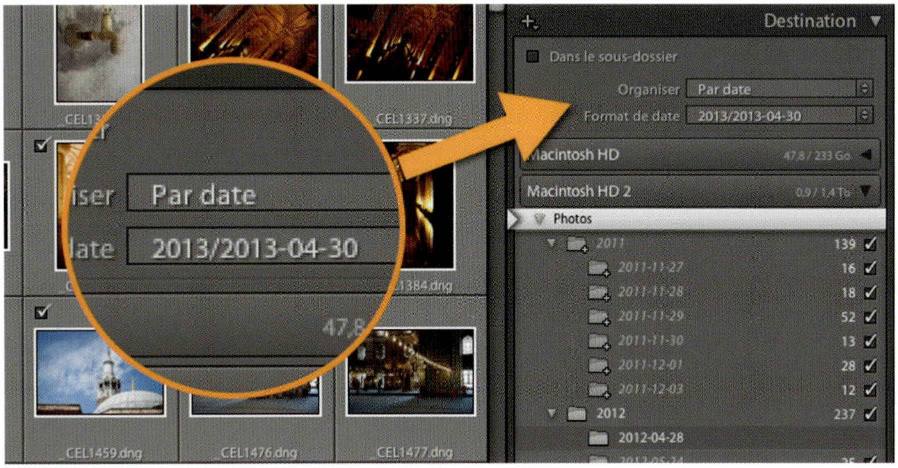

Étape 14

Dès que le choix du format de date a été fait, et que les dossiers sources ou les images à importer ont été sélectionnés, le panneau Destination va afficher une simulation de la liste des dossiers tels qu'ils seront créés lors de l'importation. Ces dossiers, surlignés par un fond plus clair, sont marqués d'un signe « + », de la date en *italique*, avec le décompte des images et une case à cocher, pour exclure, si nécessaire, l'importation du contenu à destination de ce dossier.
Par ailleurs, un signe « - » indique que certaines images de ce dossier ont été désélectionnées dans la grille pour ne pas être importées.

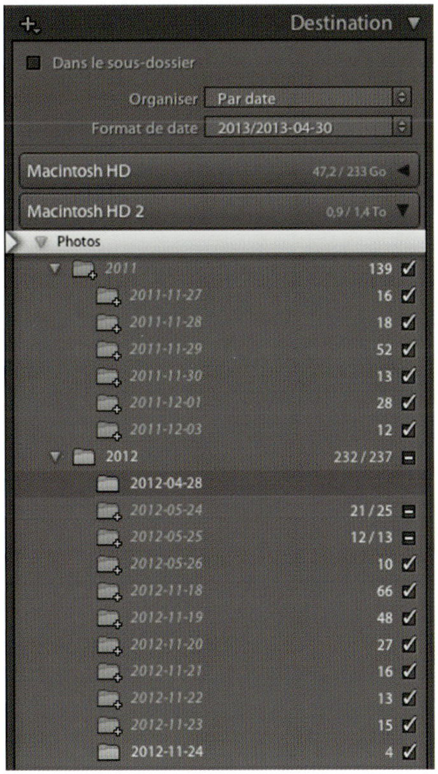

Étape 15

À ce stade, vous pouvez vérifier que les images seront bien importées dans les bons dossiers en comparant la liste des dossiers avec le contenu de la grille.

Au-dessus de cette dernière, cliquez sur « Dossiers de destination », ce qui va regrouper toutes les vignettes dans des sections par dates, pourvues d'un en-tête avec, à gauche, la date, et à droite, le nombre d'images. Il ne vous reste plus qu'à comparer les dates et les chiffres avec ceux des dossiers en *italique*, dans le panneau Destination.

Étape 16

Après importation, vous trouverez toutes vos photos dans le panneau Dossiers du module Bibliothèque, classées dans l'ordre chronologique demandé à l'importation, et conformément aux instructions des étapes précédentes.

Une grosse partie du travail de classement est ainsi faite, et il ne vous restera plus qu'à ajouter une courte description du contenu dans le nom des dossiers !

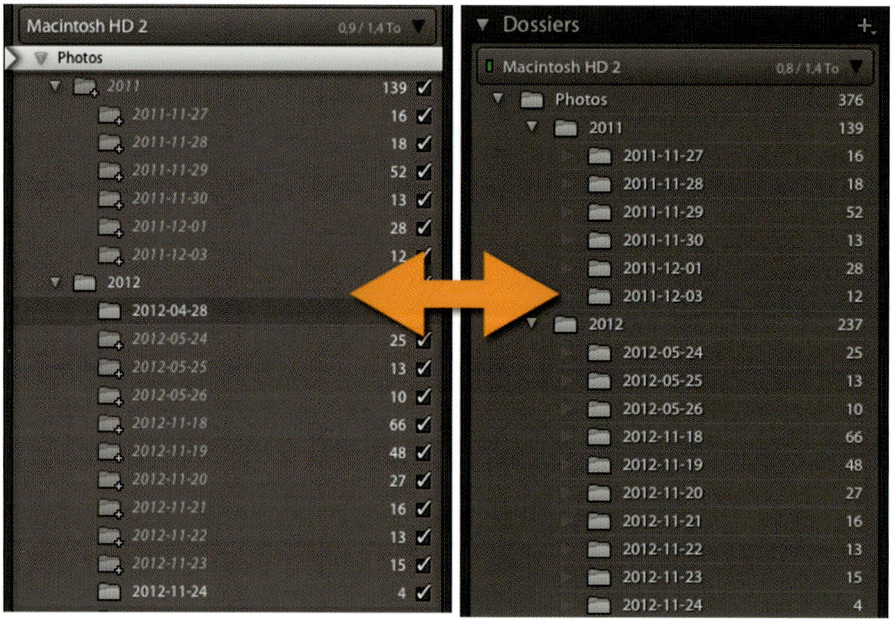

Étape 17

La section Destination permet de créer dossiers et sous-dossiers sans avoir à retourner dans le système d'exploitation, en cliquant sur le « + » de l'en-tête, et en choisissant « Nouveau dossier » dans le petit menu.
On y trouvera également les options « Tous les dossiers » et « Dossiers affectés uniquement » : le premier affiche tous les dossiers du disque de destination, y compris les dossiers qui n'ont rien à voir avec les images ou le travail dans Lightroom, le second n'affiche que les dossiers qui seront utilisés et créés lors du processus d'importation.

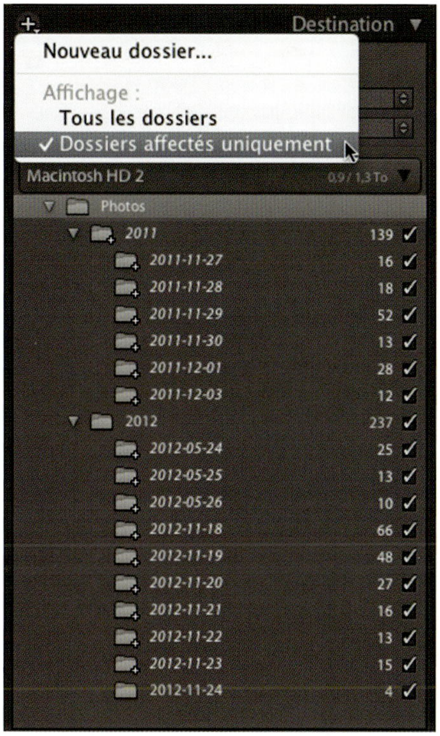

Étape 18

Vous pouvez également simplifier l'affichage de la hiérarchie des dossiers en amarrant les seuls dossiers qui vous intéressent au dossier parent (le dossier immédiatement au-dessus dans la hiérarchie) : faites un clic droit et sélectionnez « Amarrer au dossier parent » dans le menu contextuel : vous créez ainsi une liste simplifiée en cascade des dossiers concernés.
Le principe s'applique aussi aux dossiers sources. Pour retourner à l'affichage de la hiérarchie complète, refaites un clic droit et décochez « Amarrer au dossier parent ».

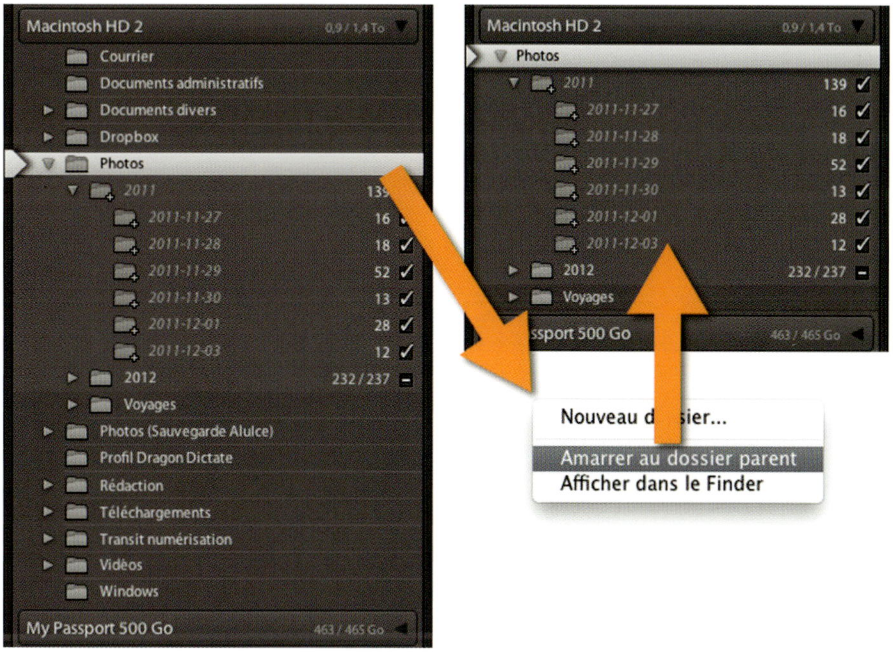

Étape 19

Si les tâches d'importation sont répétitives (mêmes dossiers) – idem pour les réglages concernant les aperçus, la copie de sauvegarde et l'application de métadonnées –, créez un « Paramètre prédéfini d'importation » dans le menu déroulant du bandeau inférieur, en choisissant « Enregistrer les paramètres actuels en tant que nouveau paramètre prédéfini ». C'est idéal en cas de production importante : enregistrer plusieurs paramètres prédéfinis permet d'adapter les tâches d'importation en fonction des exigences de votre activité de photographe.

Étape 20

Enregistrer des paramètres prédéfinis d'importation prend tout son sens si l'on utilise la version compacte du menu Importer, qui n'affiche aucune vignette mais les réglages enregistrés. Une fois le menu compacté (par un clic sur la flèche en bas à gauche), il apparaîtra toujours de cette manière lorsqu'une tâche d'importation sera lancée, y compris à la session de travail suivante.
Pour revenir au menu normal, recliquez sur la flèche.

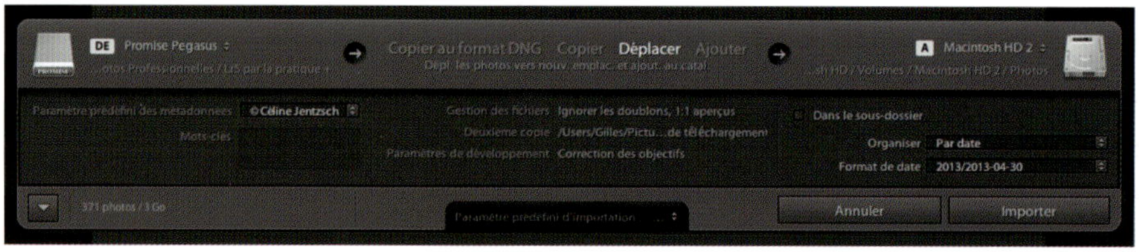

Conclusion : l'étape 10 indique que l'on peut créer un duplicata de sauvegarde des images lors de l'importation. Il s'agit des images brutes, sans mots-clés, métadonnées ni réglages effectués dans la colonne de droite, hiérarchie de dossiers incluse. En cas de perte de votre catalogue, vous ne pourrez pas le remplacer par ces duplicatas. Il faut donc créer et mettre régulièrement à jour, sur un disque dur indépendant, un « clone » de votre catalogue et de vos photos à l'aide d'un des nombreux logiciels spécialisés – et souvent gratuits ou à faible coût – disponibles sur le Web, comme Syncback SE (PC) ou CarbonCopyCloner (Mac).

10 Trier les images

La première tâche qui suit immédiatement l'importation est le tri des images. Il se déroule en trois phases principales : la distinction des images retenues ou rejetées, l'examen détaillé et la notation des meilleures images, la passe destinée à valider la liste des photos rejetées avant de prendre une décision définitive quant à leur sort (suppression ou non). La méthode présentée ici est destinée à vous donner une base de travail que vous adapterez plus tard, en fonction de votre expérience et des besoins qui vous seront propres.
Depuis Lightroom 4, l'application des marqueurs est globale, alors, qu'auparavant, elle était propre aux dossiers et aux collections.

Raccourcis clavier essentiels pour le tri des images

Touches X/P/U : marqueur Rejetée/Retenue/Neutre

Flèches Gauche et Droite : déplacement dans le « Film fixe »

Touches C/E/G : mode Comparaison/Loupe/Grille

Touches 1 à 5 : note de 1 à 5 étoiles

Touche 0 : réinitialiser la note

Étape 1

Le tri des images peut commencer dès la création des premières vignettes, pendant que Lightroom génère les aperçus.
Pour le tri initial, affichez l'image en mode Loupe (en grand, au centre), puis avancez dans le « Film fixe » (flèche Droite du clavier, ou flèche Gauche pour reculer) et appliquez un marqueur Retenue (touche P) ou Rejetée (touche X).
Si vous changez d'avis, vous pouvez réutiliser l'une des deux touches à votre convenance, ou bien appuyer sur U pour redonner un statut neutre à l'image.

Étape 2

Les vignettes des images retenues se parent d'un petit fanion blanc, tandis que les images rejetées se reconnaissent à leur fanion noir, avec une croix blanche ; elles se recouvrent aussi d'un voile gris pour être repérées plus aisément dans la grille ou dans le « Film fixe ».

Pour accélérer le travail, enclenchez le verrouillage des majuscules : à chaque fois que vous attribuerez un marqueur, vous passerez automatiquement à l'image suivante.

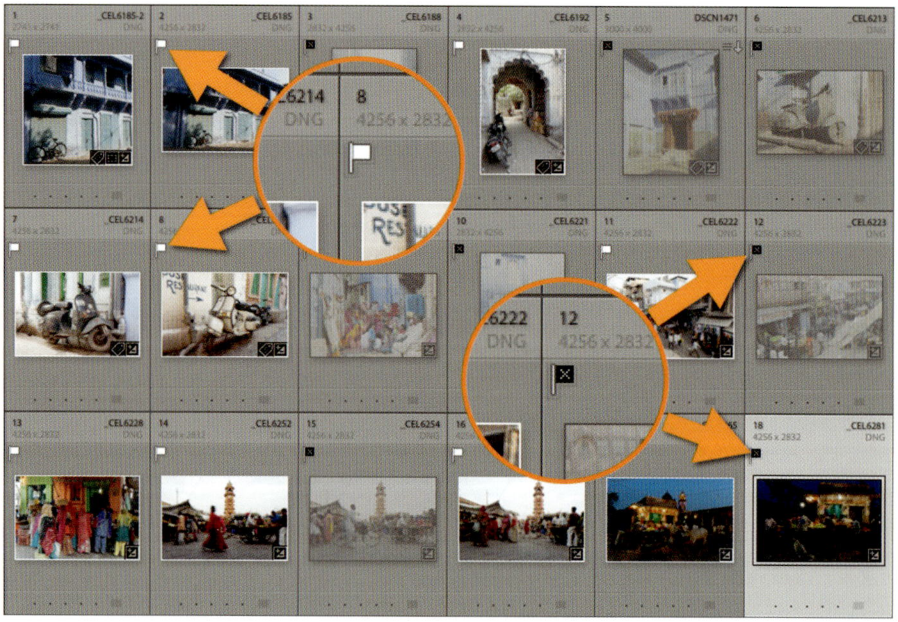

Étape 3

Lorsque toutes les images auront été marquées, vous pourrez passer à la deuxième phase de tri, en vous concentrant tout d'abord sur celles qui sont retenues.

Dans le « Film fixe », à droite, cliquez sur le fanion blanc tout de suite après le mot « Filtre » : Lightroom ne va afficher que les images retenues, que vous allez pouvoir inspecter plus en détail, notamment à l'aide du mode Comparaison et du zoom.

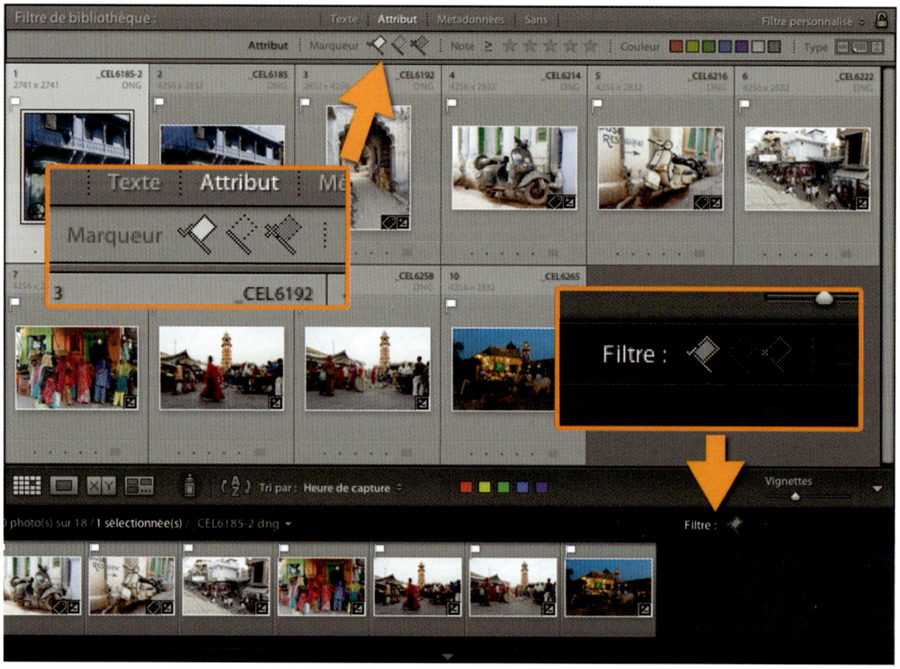

Étape 4

Double-cliquez sur la première vignette pour afficher l'image en mode Loupe. Pour zoomer dedans et vérifier sa netteté, appuyez brièvement sur la barre d'espace puis déplacez-vous avec l'outil Main, ou en déplaçant le curseur rectangulaire situé en haut à gauche de la fenêtre du panneau Navigation. Pour revenir en arrière, pressez encore la barre d'espace. Vous pouvez zoomer brièvement et revenir instantanément en arrière en appuyant plus longuement sur la barre puis en la relâchant.

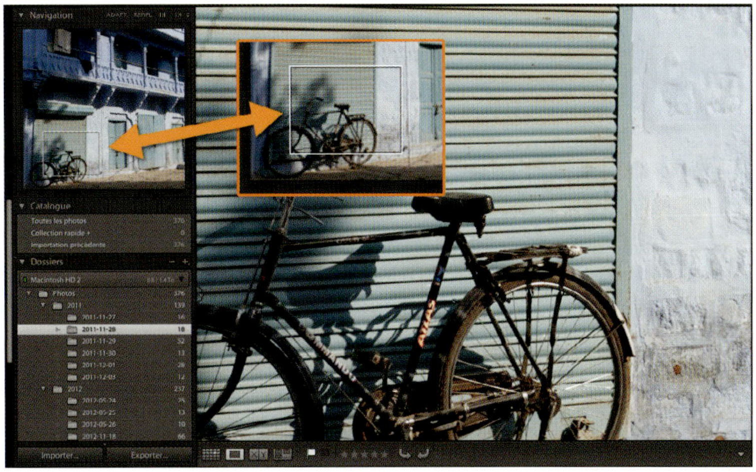

Étape 5

Si vous estimez que votre photo est nette, bien cadrée et correctement exposée, vous pouvez lui attribuer une note (en nombre d'étoiles), en appuyant sur les touches 1 à 5 du pavé numérique. Pour réinitialiser la note, appuyez sur 0 (zéro).

Étape 6

Pour juger un groupe d'images semblables, sélectionnez deux photos et passez en mode Comparaison avec la touche C, ou cliquez sur le bouton Comparaison (dans la barre d'outils, sous la zone d'affichage centrale). Appuyez ensuite sur la touche I pour afficher les incrustations contenant le nom des fichiers (ce qui permet de s'y retrouver si on permute les images comparées).

On identifie l'image de gauche (« Sélectionner ») dans le « Film fixe » grâce au cadre clair et au losange clair en haut à droite de la vignette. L'image de droite (« Candidat ») a un cadre gris moyen et le petit losange est noir. C'est l'image de gauche qui va servir de référence pour la comparaison.

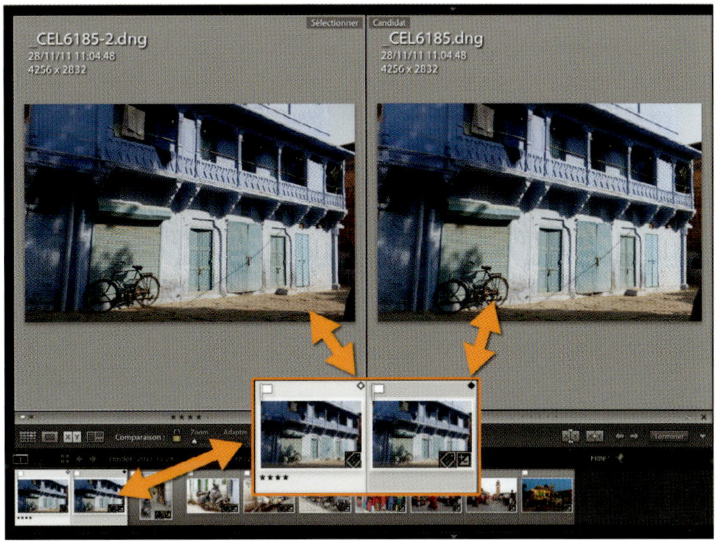

Étape 7

Pour changer d'image candidate, il suffit de passer à la vignette suivante dans le « Film fixe », avec la flèche Droite du clavier. Vous pouvez également permuter les deux images avec le bouton Permuter, dans la barre d'outils. Le mode Comparaison permet aussi d'attribuer un marqueur, une note et un libellé de couleur.

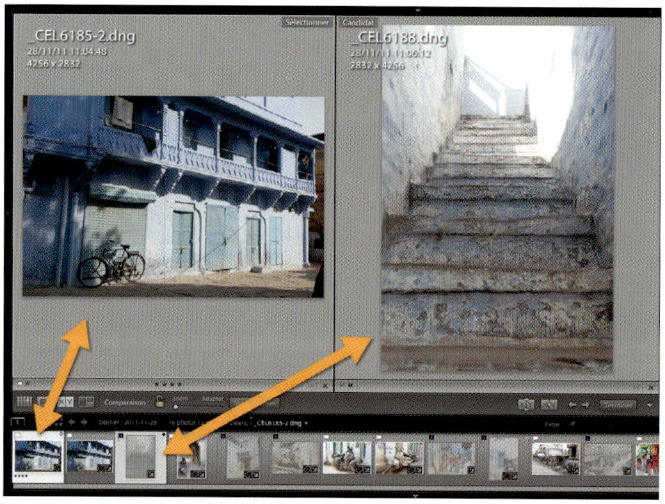

Étape 8

Vous pouvez zoomer et vous déplacer dans les deux images de manière synchrone si le petit cadenas de la barre d'outils est fermé. S'il est ouvert, ces opérations s'effectueront de façon asynchrone. Pour resynchroniser instantanément la navigation dans les deux images, appuyez sur le bouton Synchroniser. Pour quitter le mode Comparaison, appuyez sur la touche E pour revenir en mode Loupe, ou sur la touche G pour revenir en mode Grille.

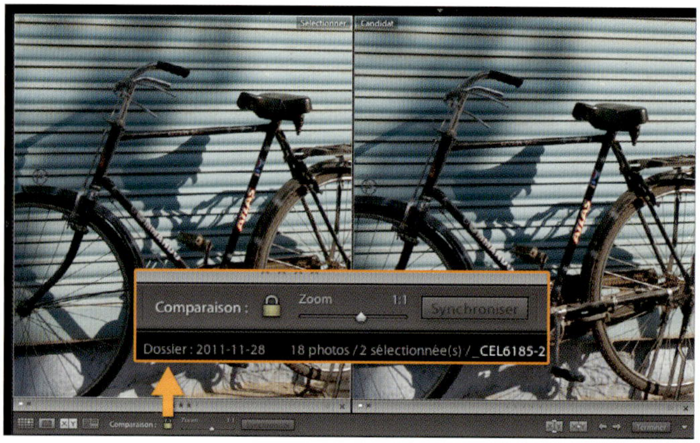

Étape 9

Lorsque toutes les images retenues auront été notées – certaines auront été probablement rejetées en raison, par exemple, d'un manque de netteté – il est temps de revenir sur les images non retenues avant de les supprimer définitivement. Pour cela, désactivez le fanion Retenue dans le filtre du « Film fixe », puis cliquez sur le fanion des images rejetées. Recommencez les étapes précédentes pour inspecter vos images. Pour changer le statut d'une image rejetée, appuyez sur la touche U (Neutre) ou P (Retenue) : elles disparaîtront automatiquement de la grille et du « Film fixe ».

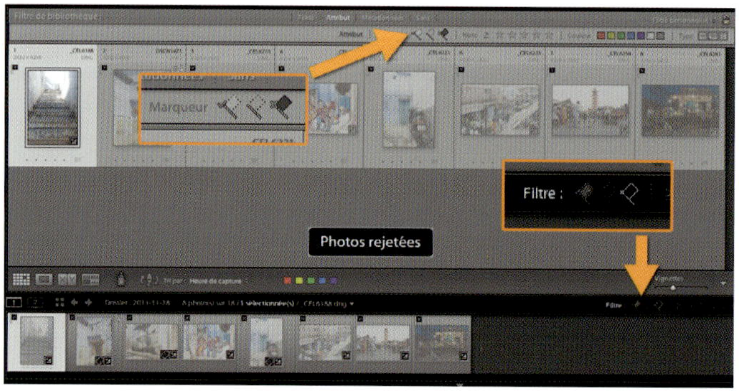

Étape 10

S'il n'y a rien à tirer des images rejetées, repassez en mode Grille, sélectionnez toutes les vignettes (Ctrl/Cmd + A), faites un clic droit et choisissez « Supprimer les photos », dans le menu contextuel. Dans la boîte de dialogue qui s'affiche, cliquez sur le bouton « Supprimer du disque » pour retirer les images du catalogue et les effacer du disque dur. Pour leur donner une chance ultime, cliquez sur Effacer, ce qui aura pour effet de les retirer du catalogue mais sans les supprimer du disque dur.

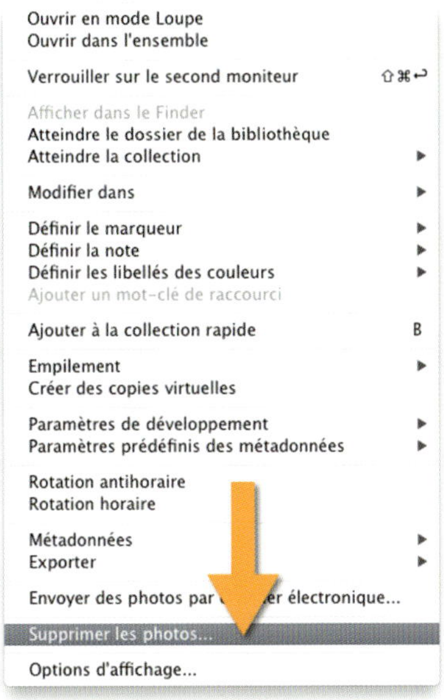

Étape 11

Depuis Lightroom 4, le comportement des marqueurs a changé : il est devenu global, alors qu'il était local dans les versions précédentes.

En effet, on pouvait auparavant marquer une photo comme retenue dans un dossier et la rejeter dans une collection, tout simplement parce que le but des dossiers est de stocker les images et celui des collections de les organiser en projets, indépendamment de leur dossier d'origine. Pour simplifier, le marqueur attribué à une photo dans un dossier restera le même dans les collections où celle-ci figure.

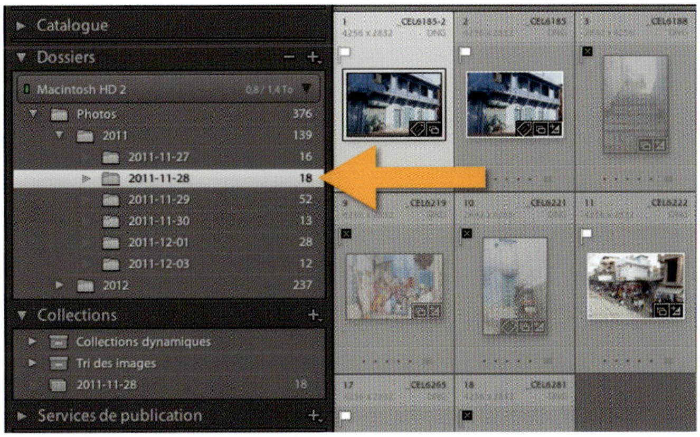

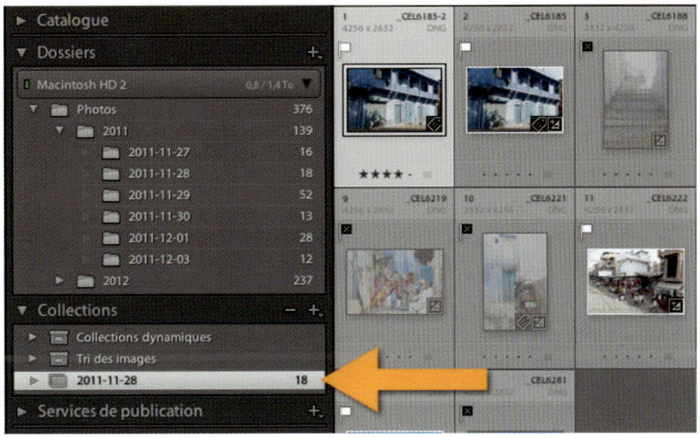

Étape 12

Si vous avez pris soin de créer des collections dynamiques conformément à l'exercice 11, les images triées et notées seront regroupées automatiquement en fonction des critères utilisés (rejetées, retenues, note en étoiles ou la combinaison d'images retenues et ayant une note égale ou supérieure à X étoiles), ce qui vous permet de constituer sans effort des bases solides en termes de gestion des images, avec un accès immédiat et direct aux meilleures d'entre elles, dès la fin du tri.

Conclusion : après avoir utilisé les filtres pour afficher les images retenues ou rejetées, n'oubliez pas de les désactiver à l'aide du raccourci clavier Ctrl/Cmd + L ; ceci vous évitera certains désagréments, comme ne plus voir la totalité de vos images parce que vous auriez oublié de désactiver un filtre... Le tri et la notation sont une étape essentielle du catalogage. Séparer les photos réussies des images ratées ou banales vous permet de consacrer tout votre temps aux meilleures d'entre elles. Supprimez les images ratées, mais conservez celles qui vous semblent banales, peut-être changerez-vous d'avis dans quelques mois.

11 Les collections dynamiques

Les collections dynamiques de Lightroom permettent de regrouper automatiquement des images répondant à un certain nombre de critères ou de combinaisons de critères, définis par l'utilisateur. Contrairement aux collections classiques, elles sont gérées par le programme et vous ne pouvez pas y ajouter (ou supprimer) des images à la main.
Lightroom 5 propose enfin des listes hiérarchiques, ainsi que de nouveaux critères (taille en Mpix, canaux de couleur, profils couleur, etc.). Dans cet exercice, vous allez créer une série de collections dynamiques destinées à regrouper les images les plus intéressantes sélectionnées lors du tri effectué dans l'exercice 10. Vous disposerez ainsi, dès votre première séance de travail dans Lightroom, d'une base pour développer un catalogage efficace et pertinent.

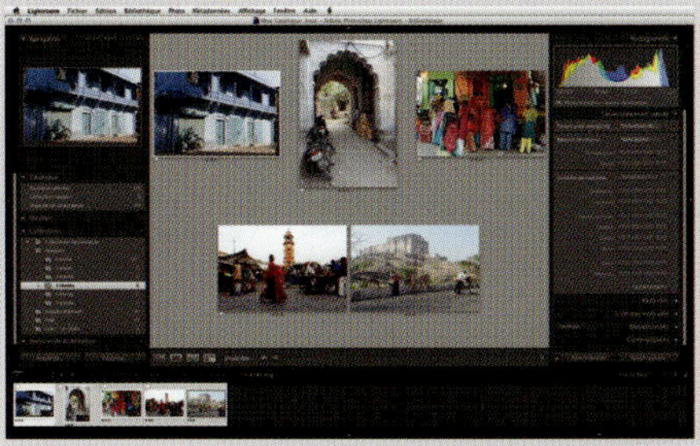

Étape 1

Après avoir importé, trié et noté les images, nous allons faire en sorte que le logiciel regroupe automatiquement les photos au sein de quatre collections :

- les photos portant un marqueur Retenue ;
- celles qui ont une note égale ou supérieure à 3 étoiles ;
- celles qui contiennent les mots-clés « Inde », « Rajasthan » et « Jodhpur » ;
- celles qui répondent aux trois critères précédents.

Nous irons ensuite dans le panneau Catalogue cliquer sur la section « Toutes les photos » : ainsi, la totalité du catalogue sera analysée pour regrouper les images. Cela fonctionne aussi avec une simple sélection de dossiers.

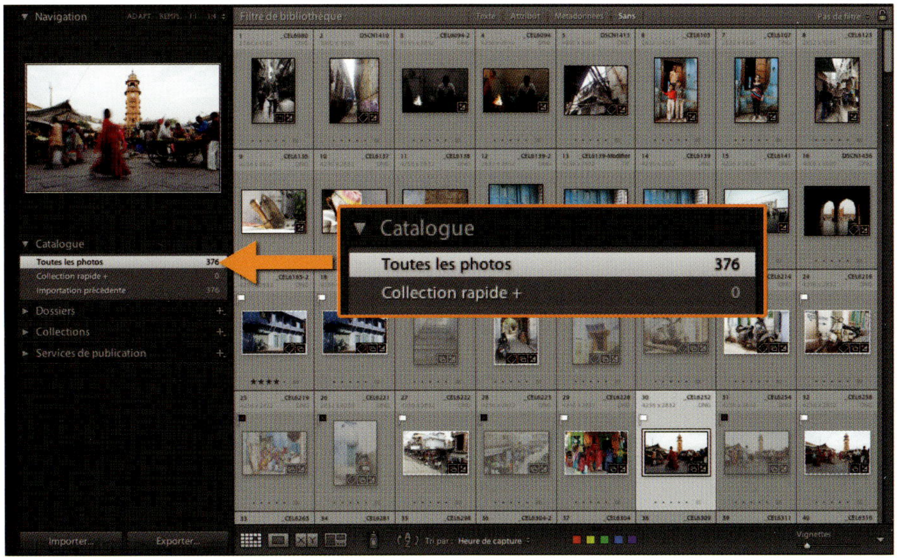

Étape 2

Dans le panneau Collections, cliquez sur « + » et sélectionnez « Créer Collection dynamique ». Dans la boîte de dialogue, saisissez le nom de la collection (ici « Images retenues ») ; le choix de l'emplacement a été simplifié avec Lightroom 5 : cochez le bouton si vous voulez inclure la collection dynamique dans un ensemble de collections (à choisir dans le menu), sinon elle restera à la racine dans le panneau.

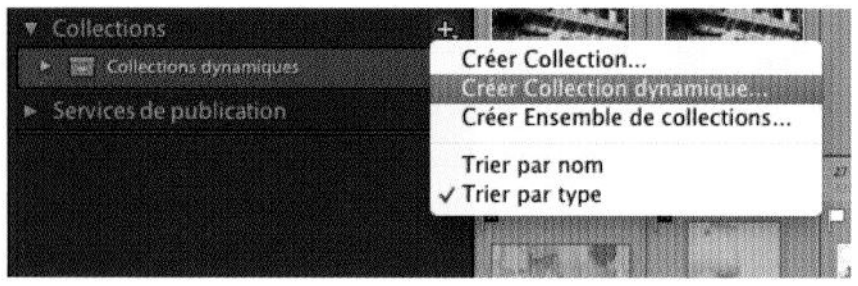

Étape 3

En laissant le mode de fonctionnement sur « Correspond à toutes les règles suivantes », choisissez ensuite Marqueur Retenue dans la première liste (à gauche), « est » dans la seconde et « marquée » dans la troisième, puis validez en cliquant sur Créer. Aussitôt, toutes les images du catalogue portant un marqueur Retenue sont regroupées au sein de cette collection dynamique.

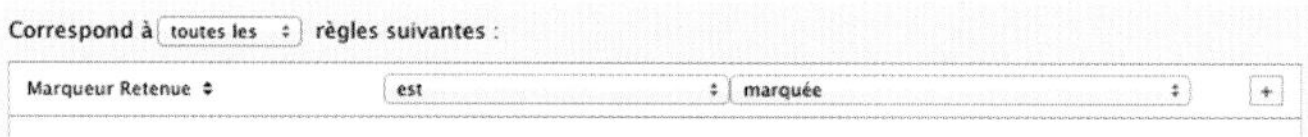

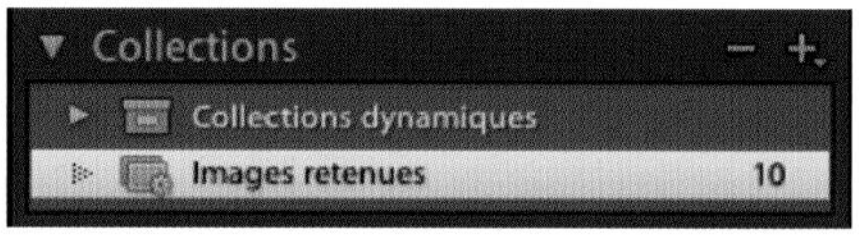

Étape 4

Reprenez le même exercice à l'étape 2, cette fois avec une collection dynamique nommée « 3 étoiles », et réunissant les critères suivants : « Note / est supérieure ou égale à / 3 étoiles » (cliquez sur le 3e point). Cliquez sur Créer : là encore, toutes les images du catalogue notées avec au moins trois étoiles sont immédiatement regroupées dans cette collection dynamique.

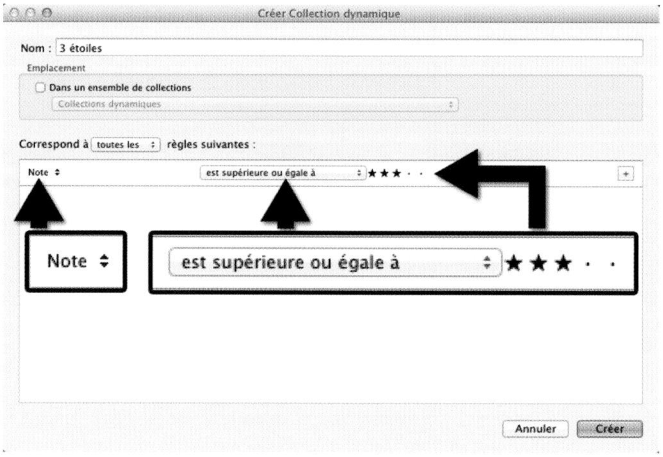

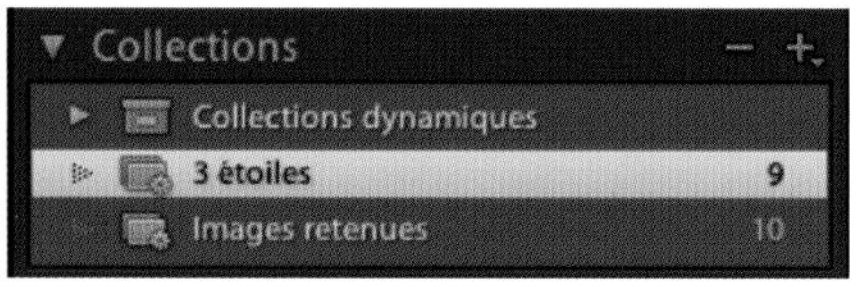

Étape 5

Créer une collection dynamique à partir de mots-clés est tout aussi simple, à condition que ces derniers existent déjà dans le catalogue. Dans cet exemple, je nomme la collection dynamique « Inde » et je choisis les critères suivants : « Autres métadonnées / Mots-clés / contient / Inde » (saisis au clavier et séparés par une virgule).
Après avoir cliqué sur Créer, Lightroom rassemble les images contenant ce mot-clé, quel que soit leur statut ou leur note.

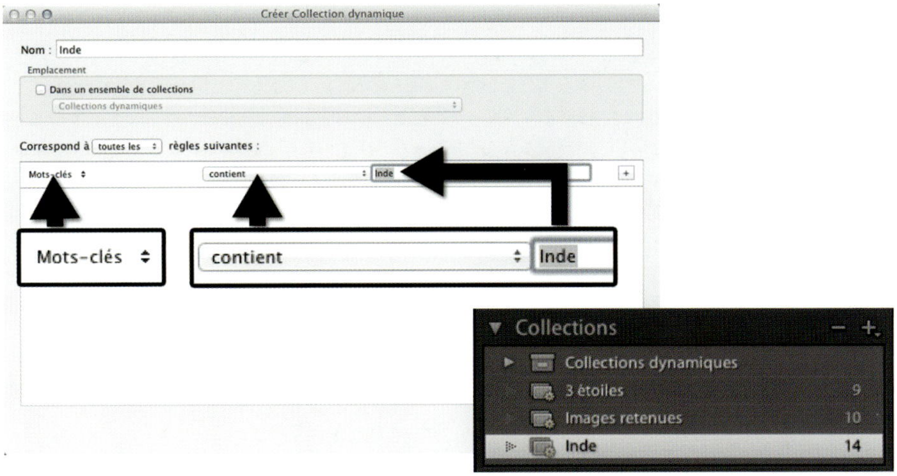

Étape 6

Passons à la vitesse supérieure et créons une collection dynamique combinant les trois critères précédents – image retenue, note supérieure ou égale à 3 étoiles et contenant le mot-clé « Inde », ce qui s'avérera plus utile et productif que des collections à critère unique, à condition de ne pas être tenté par un nombre trop important de critères. Elle sera nommée « Inde : 1er choix », avec les critères des étapes précédentes qu'on additionnera en cliquant sur le bouton « + » au bout de chaque ligne.

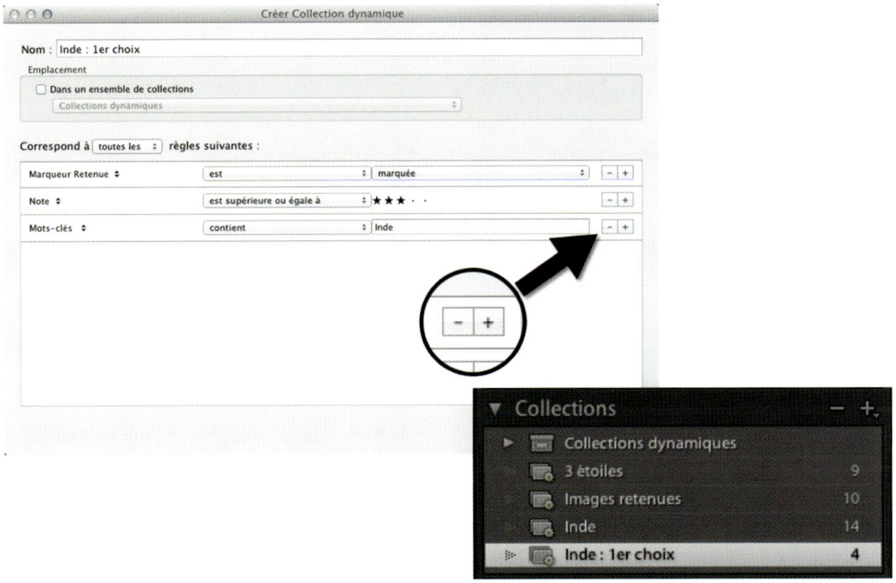

Étape 7

Quand on clique sur le bouton Créer, Lightroom collecte toutes les images qui ont été retenues, avec une note égale ou supérieure à trois étoiles et qui contiennent le mot-clé « Inde ».

Étape 8

Lors de création d'une collection dynamique à critères multiples, il faut veiller au statut des règles dans la fenêtre de création :

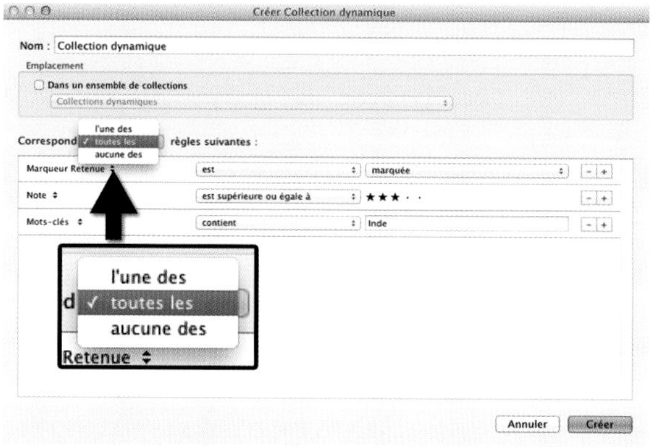

- « Correspond à toutes les règles suivantes » : Lightroom collectera les images qui correspondent à l'ensemble des critères additionnés (marqueur Retenue **ET** note supérieure ou égale à 3 étoiles **ET** contenant le mot-clé « Inde » ;
- « Correspond à l'une des règles suivantes » : Lightroom collectera les images qui correspondent au moins à l'un des critères (marqueur Retenue **ET/OU** note supérieure ou égale à 3 étoiles **ET/OU** contenant le mot-clé « Inde »). On retient ici **ET/OU**, car si une image présente au moins deux des critères, elle sera incorporée à la collection dynamique ;
- « Correspond à aucune des règles suivantes » : Lightroom collectera toutes les images du catalogue qui ne répondent à aucun des critères précédents.

Étape 9

Dès le début de votre travail dans Lightroom, regroupez vos images sous forme de hiérarchie pyramidale à l'aide de la notation par étoiles, pour concentrer votre travail sur les meilleures d'entre elles. Pour cela, créez six collections dynamiques de 0 à 5 étoiles :

- pour regrouper vos collections, créez au préalable un ensemble de collections que vous appellerez « Notation » ;
- créez les collections dynamiques dans cet ensemble, nommées « X étoiles » (de 0 à 5) ;
- choisissez chaque fois l'ensemble Notation dans la liste de la section **Emplacement>Dans un ensemble de collections** ;
- sélectionnez le critère « Correspond à toutes les règles suivantes » ;
- critère « Note » + « est » + « X étoiles » (ne pas cocher les points pour 0 étoiles) ;
- validez en cliquant sur Créer.

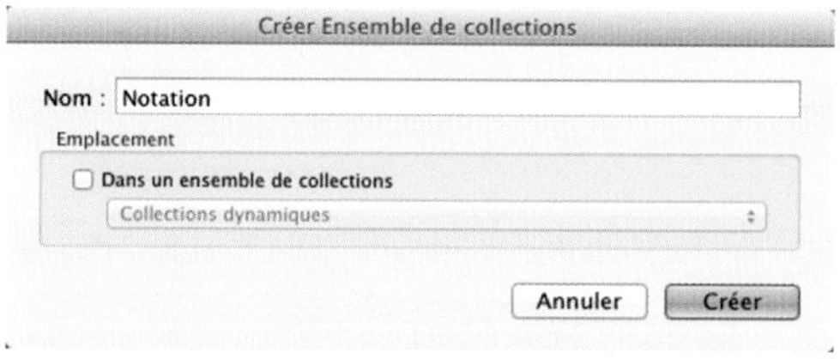

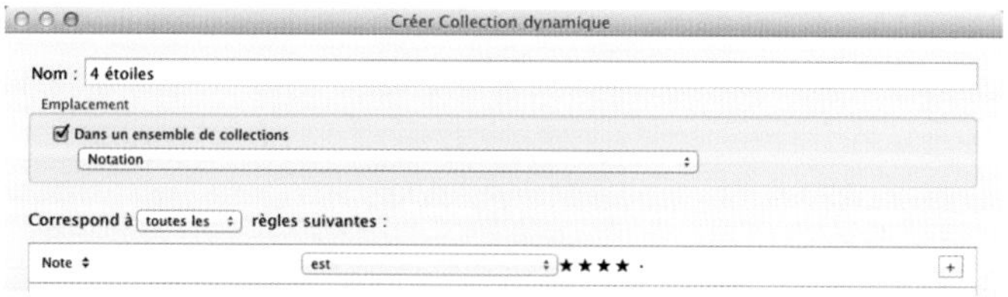

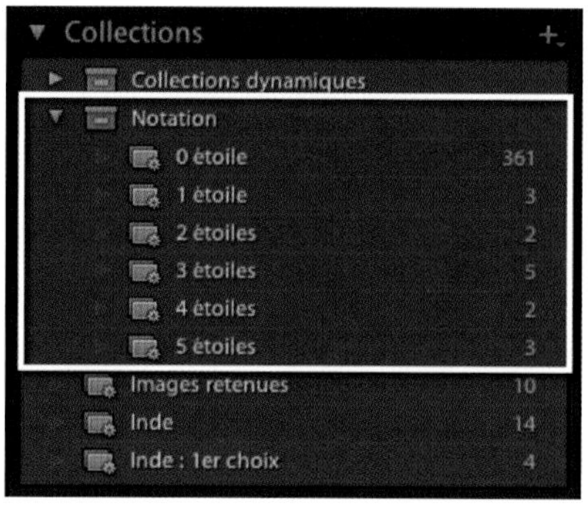

> **Conclusion** : évitez les collections dynamiques qui comportent trop de critères. Le catalogage doit vous aider à retrouver une image rapidement, des collections dynamiques à critères multiples risquent de rendre votre organisation trop complexe.

12 Les collections

Après les collections dynamiques qui permettent de regrouper automatiquement les images en fonction de certains critères, nous allons aborder dans ce nouvel exercice le cas des collections classiques, dont le mode de fonctionnement est le même que celui de dossiers virtuels.
Avec les collections, vous allez organiser et classer vos photos par thèmes, par sujets, par clients ou par destinataires, avec une très grande souplesse, ce qui vous permettra de reléguer le rôle des dossiers au simple stockage chronologique de vos photos (voir également l'exercice 13).

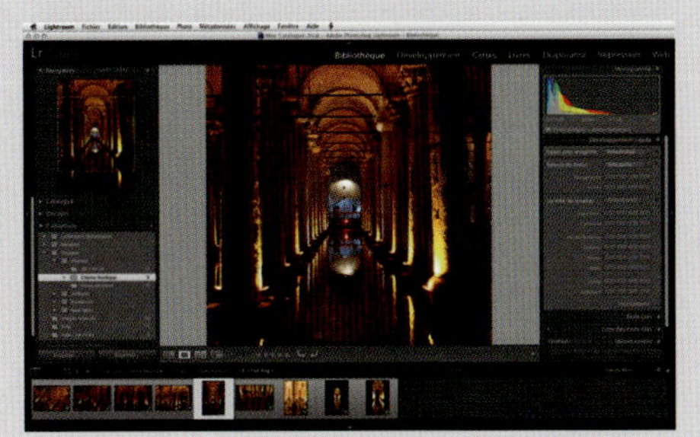

Raccourcis clavier
Ctrl/Cmd + B : afficher la collection rapide
Touche B : ajouter une image à la collection rapide

Étape 1

Les dossiers créés lors de l'importation sont destinés au stockage de vos photos, ils sont physiquement présents sur le disque dur (exercice 13). Les collections sont des dossiers virtuels, pouvant contenir un nombre infini d'images. Grâce à ce statut particulier, une image peut faire partie de plusieurs collections. Les collections seront donc utilisées pour classer les images par thèmes, par sujets, par projets ou par clients.

> **Remarque** : les collections acceptent les copies virtuelles et, depuis Lightroom 4, il est possible d'y empiler des images. Comme nous l'avons indiqué dans l'exercice 10, les marqueurs Retenue, Rejetée et Neutre s'appliquent dorénavant globalement, ce qui n'était pas le cas avec les versions antérieures à Lightroom 4.

Étape 2

Prenons l'exemple d'images de voyage. Faut-il les classer dans un dossier « Voyages » ou « Istanbul » ? Nous avons créé un ensemble de collections « Voyages » contenant un ensemble « Istanbul », lui-même contenant des collections « Mosquée bleue » et « Citerne Basilique ». Si une image appartient à une collection, une icône apparaît dans la vignette (deux cadres superposés). En cliquant dessus, on affiche la liste de toutes les collections auxquelles elle appartient ; on peut s'y rendre directement en cliquant sur le nom.

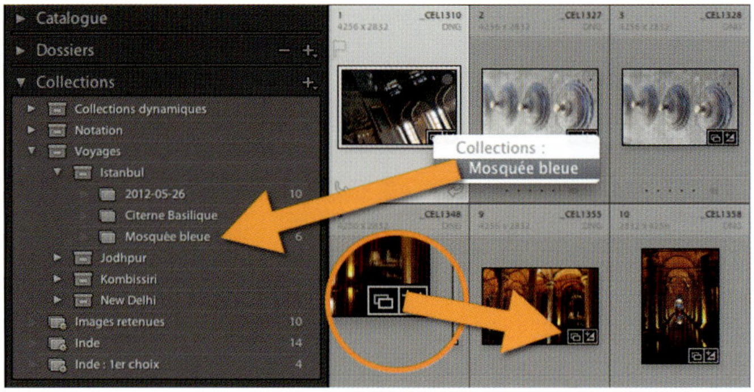

Étape 3

Pour créer une collection, sélectionnez des images, puis cliquez sur « + », dans l'en-tête du panneau Collections. Sélectionnez « Créer collection » dans le menu contextuel, puis, dans la fenêtre de dialogue, donnez-lui un nom. Un certain nombre d'options à cocher permet d'inclure la collection dans un ensemble de collections (à choisir dans la liste), d'inclure des photos sélectionnées au préalable, de créer des copies virtuelles ou de la définir comme collection cible (voir étape 7). Cliquez sur Créer pour valider.

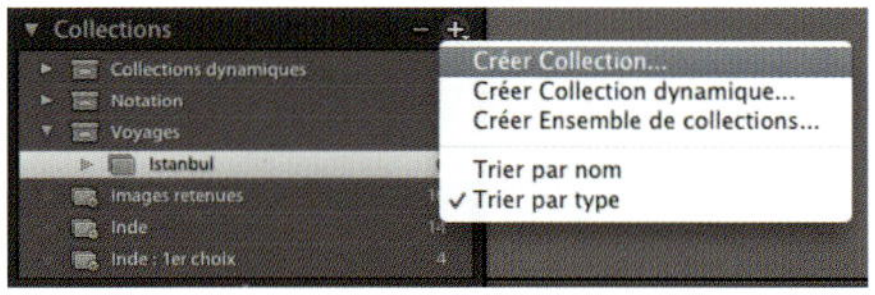

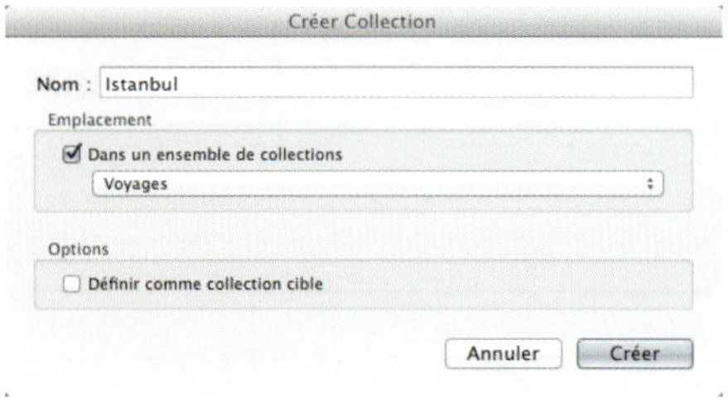

Étape 4

Si vous n'avez pas sélectionné d'images au préalable, vous pouvez les glisser/déposer dans la collection. Les images collectées se présentent sous la forme d'un tas de photos et d'un signe « + » indiquant qu'elles vont être ajoutées à une collection. Ne saisissez pas les images par le cadre de la vignette, mais par la photo elle-même.

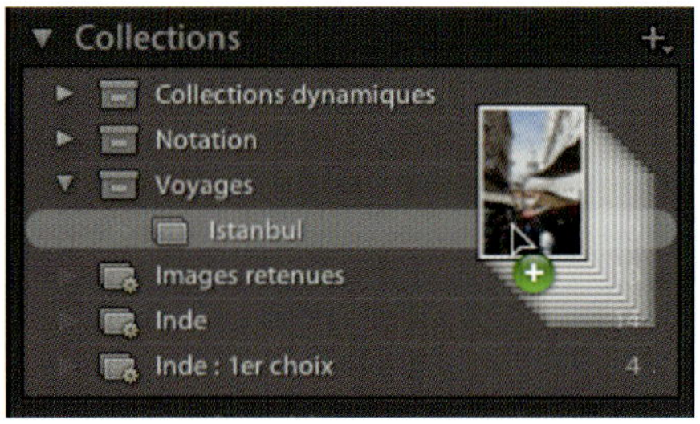

Étape 5

Les collections peuvent être groupées et hiérarchisées dans un ensemble de collections. Cliquez sur « + » et sélectionnez « Créer Ensemble de collections ». Dans la boîte de dialogue, saisissez son nom. Vous pouvez aussi, dans la section Emplacement, inclure l'ensemble dans un autre ensemble en cochant le bouton « Dans un ensemble de collections », sinon l'ensemble sera à la racine du panneau Collections. Cliquez sur Créer pour valider.

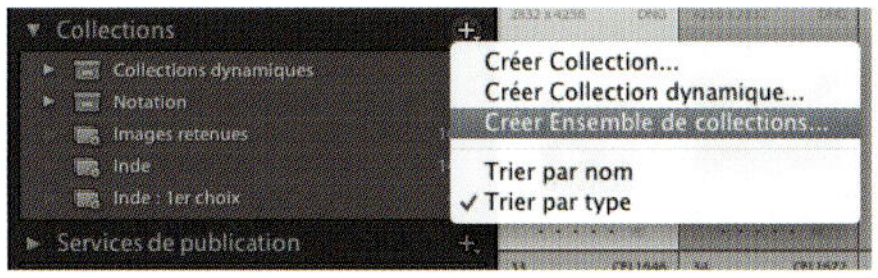

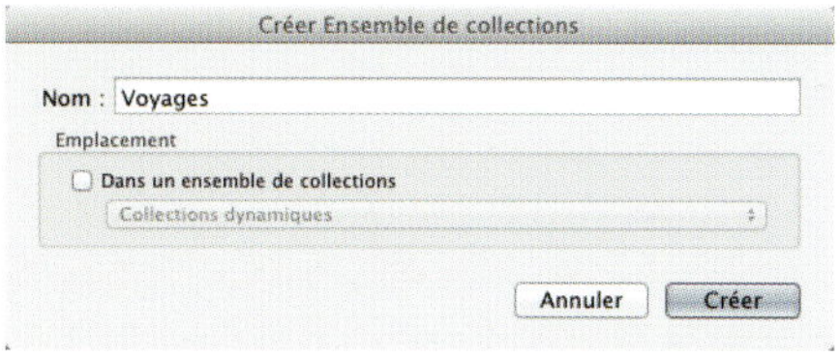

Étape 6

Créez un ensemble représentatif d'un sujet ou d'un thème général, puis ventilez les images dans des collections spécifiques. Dans la boîte de dialogue Créer Collection, vous pouvez placer la nouvelle collection dans un ensemble de votre choix, inclure des photos préalablement sélectionnées dans le module Bibliothèque et/ou créer des copies virtuelles. Vous pouvez aussi définir la nouvelle collection comme « Collection cible » pour y ajouter ultérieurement d'autres images. Notez qu'on peut glisser et déposer des collections (classiques ou dynamiques) ou ensembles de collections dans un autre ensemble de collections.

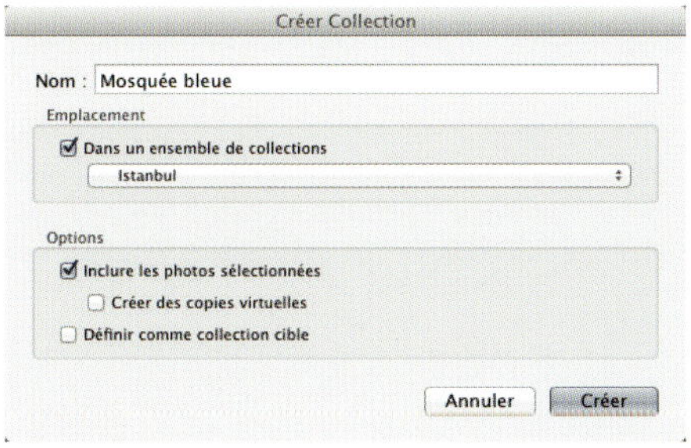

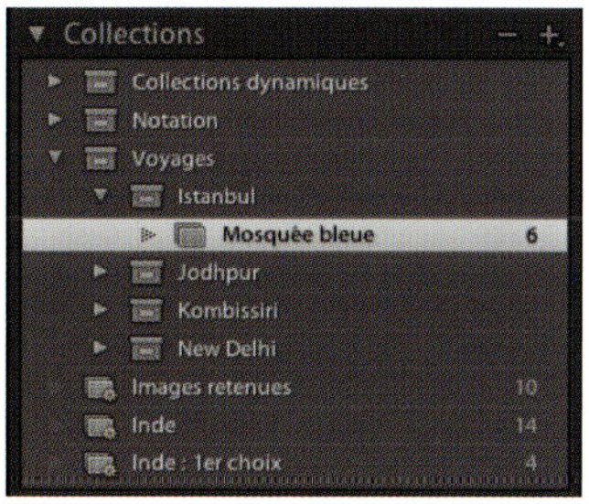

Étape 7

Il existe une méthode de création de collections à la volée : la collection rapide, dans le panneau Catalogue ; le signe « + » atteste qu'elle est active (n'importe quelle collection – sauf dynamique – ou service de publication peut devenir une collection cible : **clic droit>Définir comme collection cible**). Passez dans la grille et collectez les images en appuyant sur la touche B. « Ajouter à la collection rapide » apparaîtra dans le panneau d'affichage central, ainsi qu'un disque gris dans le coin supérieur droit de la vignette. Pour annuler, appuyez une seconde fois sur B.

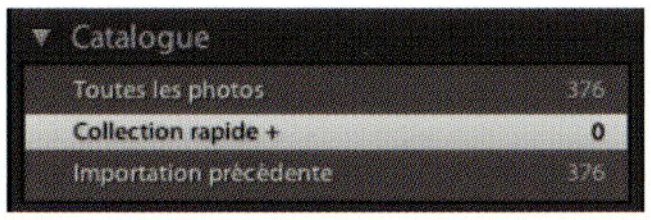

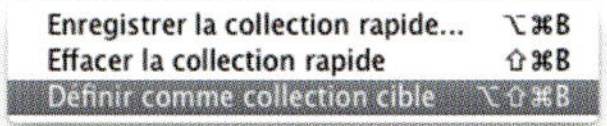

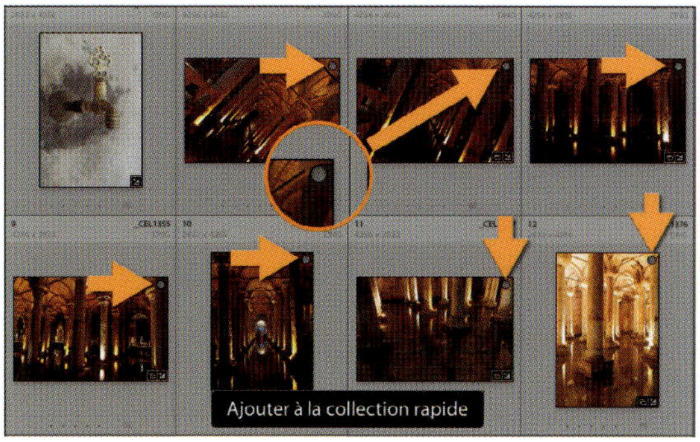

Étape 8

Faites un clic droit sur « Collection rapide », dans le panneau Catalogue, au sein du module Bibliothèque, puis choisissez « Enregistrer la collection rapide ». Dans la boîte de dialogue, entrez le nom que vous voulez donner à cette collection. Prenez bien soin de cocher l'option « Effacer la collection rapide », après l'enregistrement, pour la réinitialiser et pouvoir la réutiliser. Après enregistrement, votre nouvelle collection apparaît dans le panneau Collections.

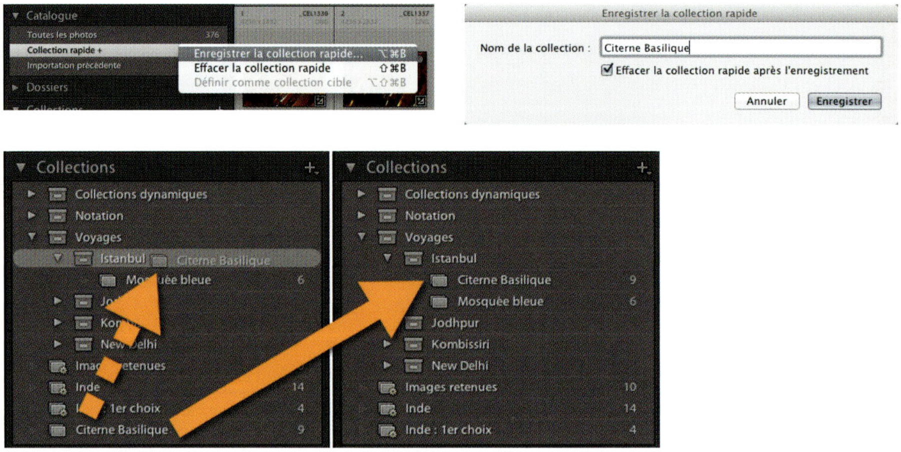

Étape 9

Une méthode alternative bien pratique : si vous glissez et déposez un dossier dans le panneau Collections, une collection sera automatiquement créée à partir du contenu de ce dossier. Ensuite, il ne vous reste plus qu'à la renommer et éventuellement la glisser dans un ensemble de collections.

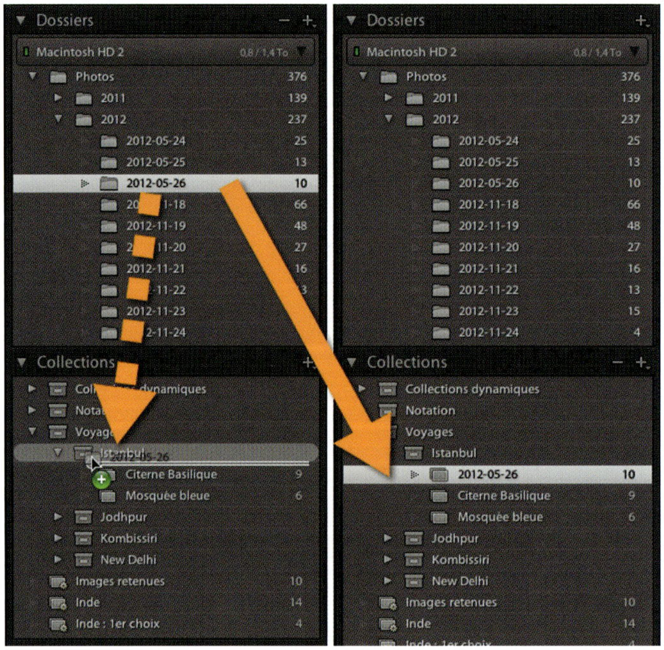

> **Conclusion** : l'un des avantages des collections est qu'elles restent accessibles dans n'importe quel module, ce qui est bien la preuve qu'elles doivent être utilisées pour le flux de travail, contrairement aux dossiers qui doivent se cantonner au stockage des images. Les collections s'adaptent également au flux de travail des modules de sortie – Livres, Diaporama, Impression, Web – puisqu'il est possible d'y enregistrer les projets réalisés (ainsi que les réglages, la mise en page, etc.) et les images associées sous forme de collections spécifiques, identifiables à des icônes adaptées à chaque module (voir la partie 6, « Diffuser ses images »).

13 Les dossiers

Après avoir fait un tour par les collections, revenons aux dossiers qui, dans Lightroom, doivent avant tout servir au stockage des images. Ils sont indexés par la base de données, mais sont bien présents sur le disque dur. Dans cet exercice, nous allons voir comment organiser les dossiers de manière optimale, en toute sécurité pour vos précieuses photos et vidéos. Lightroom vous permet de travailler dans le module Bibliothèque en mode hors ligne, comme vous le découvrirez à partir de l'étape 15. Par contre, si vous optez pour le nouveau mode hors ligne avec aperçus dynamiques introduit par Lightroom 5, reportez-vous à l'exercice 51 pour saisir les différences.

Étape 1

La méthode de classement la plus évidente est sans conteste l'ordre chronologique, au format année-mois-jour (exercice 09). Classer tous les dossiers par sujets ou par thèmes atteint vite ses limites : en effet, si je photographie mes enfants lors d'un voyage, où dois-je placer les images ? Dans le dossier « Famille », « Vacances » ou « Voyages » ? Si vous photographiez sur une même image un chien et un chat, quel dossier choisirez-vous ? « Animal », « Canidé » ou « Félin » ? Classez vos dossiers par dates, et laissez les sujets et les thèmes aux collections, même s'il n'est pas interdit de prévoir un petit nombre de dossiers principaux à thèmes (Photos professionnelles, Photos privées, etc.).

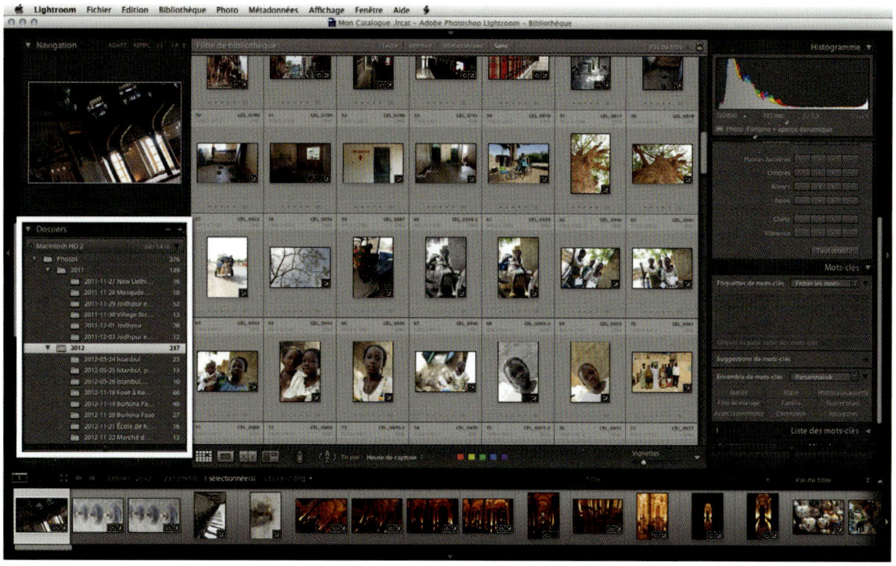

Étape 2

La hiérarchie de dossiers doit comporter un nombre limité de répertoires à la racine, par exemple « Photos » (ou « Photos privées », etc.). Placez-y des dossiers par années : 2011, 2012, etc., et si votre production est importante, créez dans chaque année un dossier par mois AAAA-MM (par ex. 2012-02).

Pour ajouter un dossier dans le module Bibliothèque, cliquez sur le bouton « + » du panneau Dossiers (« Ajouter un dossier ») ou sélectionnez « Créer un dossier dans... » dans le menu contextuel, lorsque vous faites un clic droit sur un dossier.

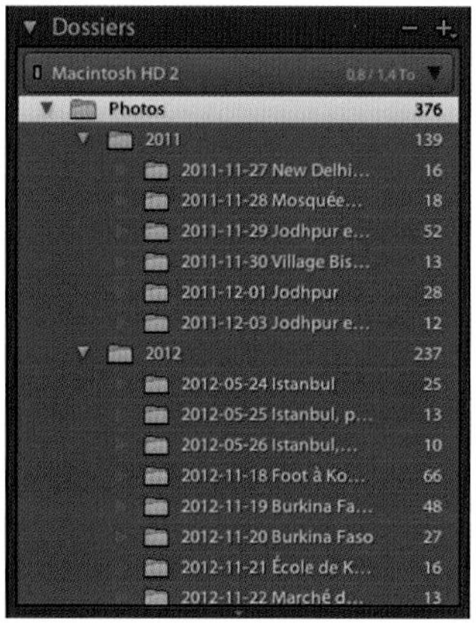

Étape 3

Lors de l'importation, n'oubliez pas de choisir, dans le panneau Destination, les commandes « Organiser par date » et « Format de date » (exercice 09). Personnellement, j'utilise le format AAAA/ /AAAA-MM-JJ. Ce système présente l'avantage de ventiler les images de sujets différents pris à la même date :

2012

  2012-05-24 Istanbul

    2012-05-24 Istanbul, la citerne Basilique

Vous pouvez créer des sous-dossiers mais résistez à la tentation des hiérarchies de dossiers à niveaux multiples. Néanmoins, ventilez les différentes séances prises le même jour en plusieurs dossiers. La liste sera plus longue, mais plus aisée à parcourir.

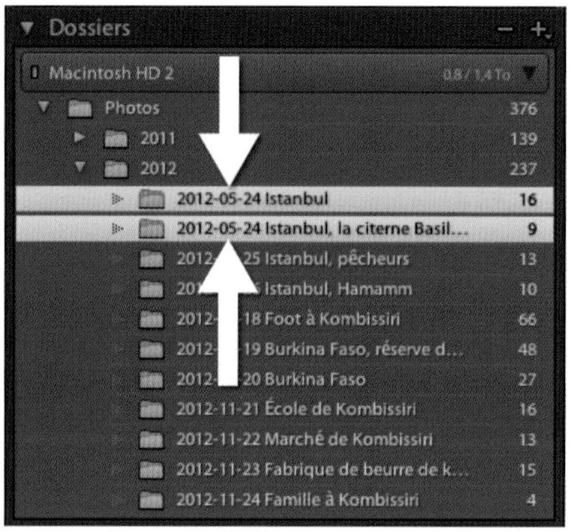

> **Remarque** : le classement hiérarchique de dossiers va jouer le rôle de *timeline*, c'est-à-dire que vous obtiendrez une vue calendaire qui vous aidera à structurer vos souvenirs, lesquels comptent bien sûr dans votre manière de retrouver vos images et séances de prise de vue même si Lightroom possède tous les outils nécessaires à l'organisation et à la recherche de fichiers.

Étape 4

Ne déplacez pas ou ne modifiez pas d'images hors de Lightroom, dans l'Explorateur Windows ou le Finder de Mac OS X. Les dossiers référencés dans la base de données font partie du catalogue de Lightroom, vous risqueriez de briser le lien entre les dossiers sur le disque dur et le catalogue :

- si aucun aperçu dynamique n'est disponible : le dossier affiche un « ? », la vignette un « ! », seules les tâches du module Bibliothèque sont accessibles ;
- si des aperçus dynamiques sont disponibles : le dossier affiche un « ? », la vignette un pavé gris clair, Lightroom bascule automatiquement dessus et les outils des modules Bibliothèque et Développement sont tous accessibles (exercice 51).

Étape 5

Pour restaurer le lien entre Lightroom et un dossier, cliquez droit sur le « ? » du dossier et sélectionnez « Rechercher le dossier manquant ». Une boîte de dialogue propose d'explorer le disque dur pour localiser le dossier ou les fichiers. Vous pouvez aussi cliquer sur le point d'exclamation dans la vignette : Lightroom peut rechercher les photos manquantes situées à proximité, à condition que l'option soit cochée dans la deuxième boîte de dialogue.

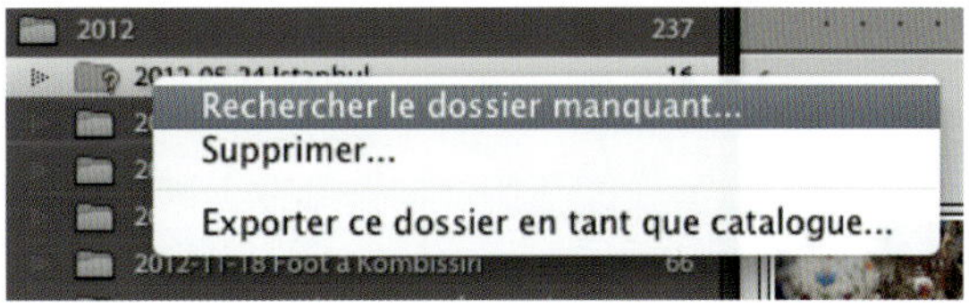

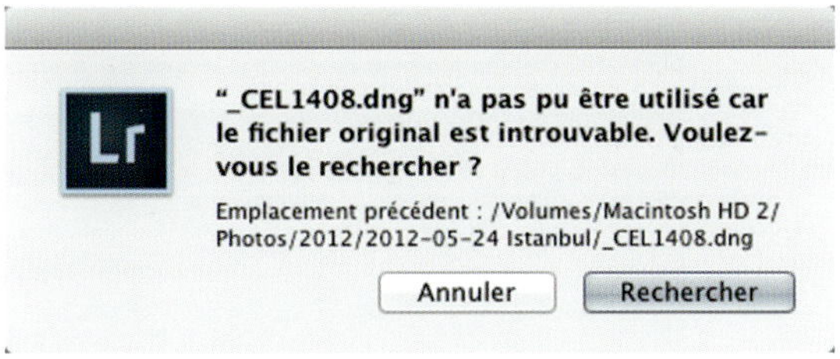

Étape 6

Ne confondez pas la commande « Rechercher le dossier manquant » avec une autre commande du menu contextuel « Mettre à jour l'emplacement du dossier » qui apparaît par un clic droit sur un dossier qui n'est pas hors ligne. Cette dernière sera utile si vous travaillez, pour une raison ou une autre, avec des duplicatas de dossiers situés sur d'autres volumes.

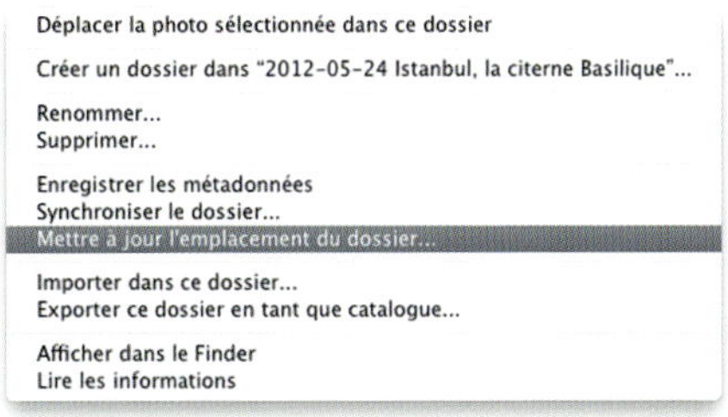

Étape 7

Il y a deux façons d'importer de nouvelles images directement dans un dossier : « Synchroniser le dossier » et « Importer dans ce dossier ». La première est particulièrement utile si des images ont été ajoutées dans un dossier sans passer par Lightroom. Après avoir fait un clic droit et choisi cette commande dans le menu contextuel, une boîte de dialogue s'affiche : Lightroom va comparer le contenu du dossier avec celui du disque dur, compter les nouvelles photos et les photos manquantes (suite à une suppression). Cliquer sur Synchroniser met le contenu du dossier à jour. Une option permet de ne pas lancer le menu d'importation.

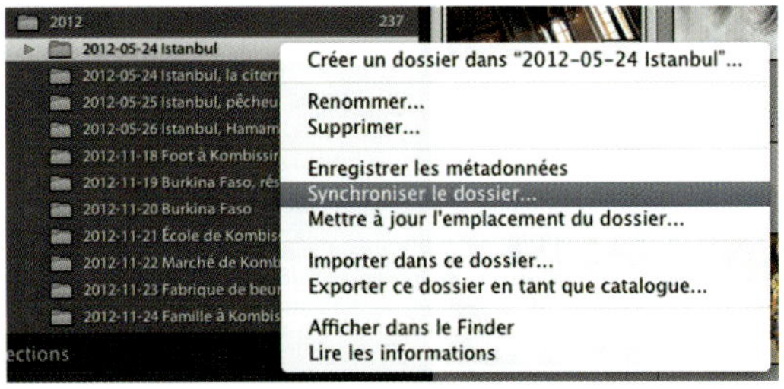

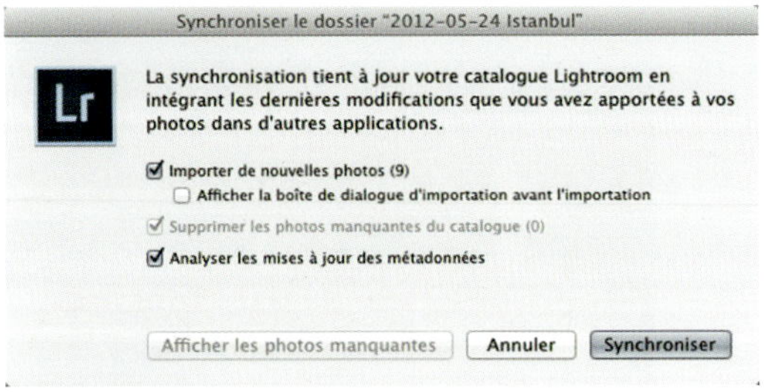

Étape 8

La seconde méthode permet l'importation directe dans le dossier choisi. Le menu d'importation va se lancer, mais vous n'aurez pas besoin de choisir la destination des images, puisque le dossier est déjà sélectionné.

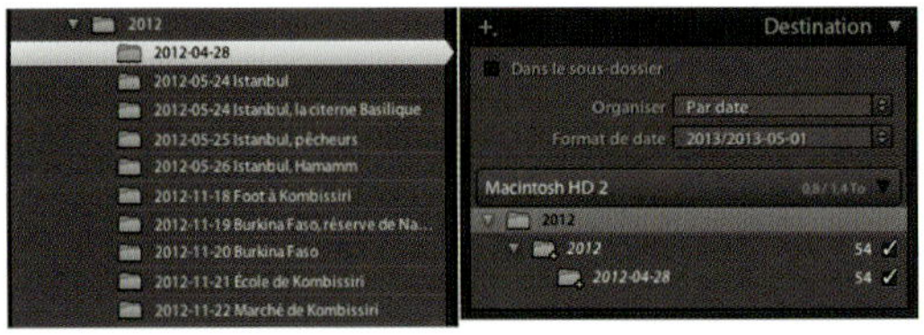

Étape 9

On peut renommer ou supprimer librement un dossier au sein de Lightroom. Il est également possible de déplacer un ou plusieurs dossiers, simplement en les faisant glisser à un autre emplacement, par exemple à l'intérieur d'un autre répertoire. Dans ce cas, il est impératif de le faire dans Lightroom, pour ne pas perdre le lien avec la base de données. En revanche, toute intervention sur un dossier dans Lightroom se produira également sur le disque dur.

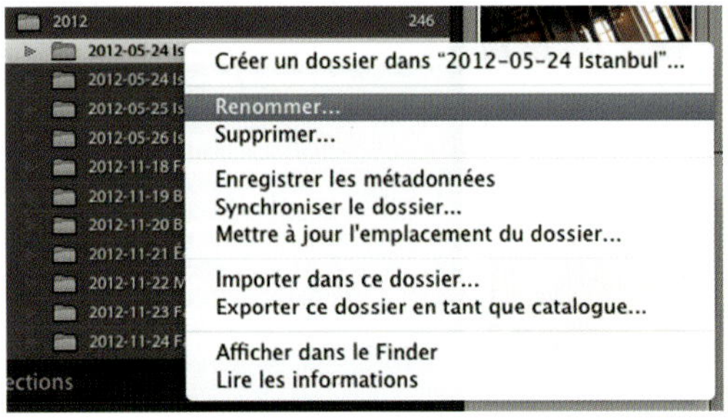

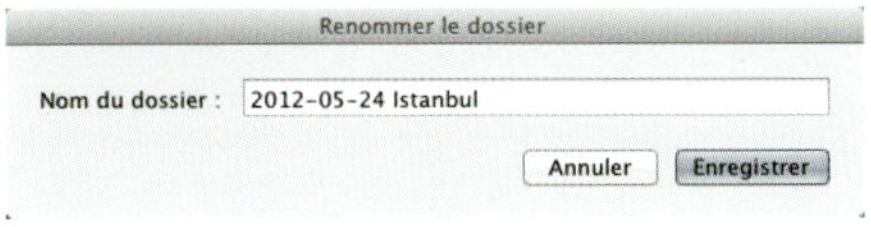

Étape 10

Dans le menu contextuel, on trouvera encore deux fonctions de confort : « Masquer ce parent » et « Afficher le dossier parent ». Si vous disposez d'une hiérarchie de dossiers, avec par exemple un dossier « Photos privées » à la racine contenant des sous-dossiers, la commande « Masquer ce parent » le cachera : il ne sera plus visible dans le panneau Dossiers, et les sous-dossiers seront transformés en liste de dossiers à la racine. « Afficher le dossier parent » fait apparaître ou réapparaître le dossier supérieur dans la hiérarchie.

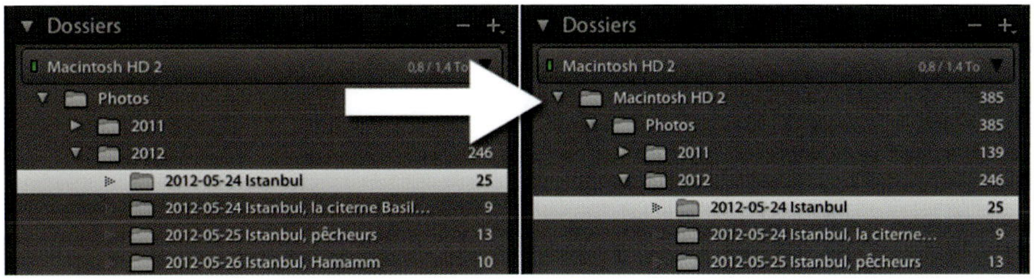

Étape 11

À tout moment, Lightroom vous permet de voir l'emplacement des dossiers ou des fichiers sur le disque dur lui-même. Faites un clic droit sur un dossier (ou un fichier) et sélectionnez « Afficher dans le Finder » (Mac) ou l'Explorateur (PC). Aussitôt, une fenêtre du système s'ouvre à l'emplacement du dossier ou du fichier.

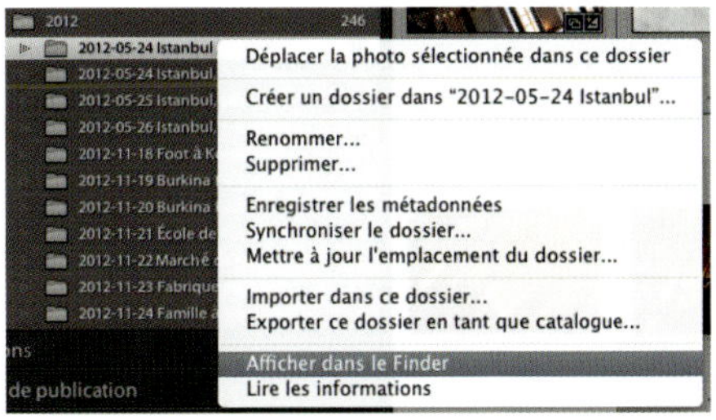

Étape 12

Le panneau Dossier affiche les différents volumes, disques durs et autres, sous forme de barres comportant un voyant dont la couleur indique le taux de remplissage du disque en question :

- vert : plus de 10 Go disponibles ;
- jaune : moins de 10 Go disponibles ;
- orange : moins de 5 Go disponibles ;
- rouge : moins de 1 Go disponible.

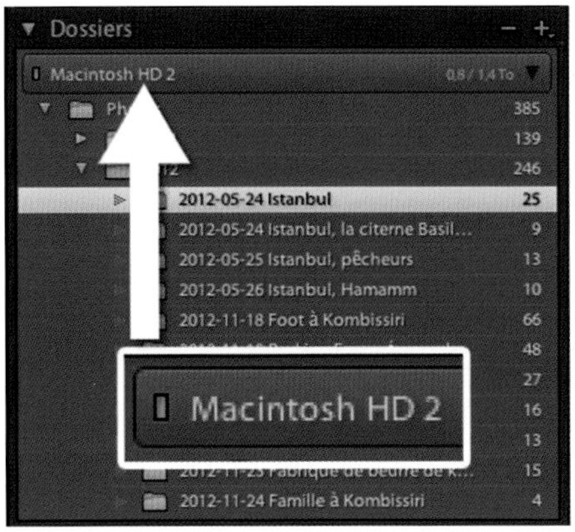

> **Remarque** : le voyant rouge indique une situation critique, puisque Lightroom exige de disposer d'au moins 1 Go de libre pour pouvoir écrire dans les métadonnées, suite à une modification quelconque des images ; vous risquez d'apercevoir un point d'exclamation sur les vignettes, il faudra plus d'espace pour que les métadonnées se mettent à jour.

Étape 13

Un clic droit sur un volume permet de basculer entre les différentes informations affichées, comme la capacité totale du volume, le taux d'occupation, le nombre de photos ou l'état (en ligne ou hors ligne). La commande « Lire les informations » (Mac) ou Propriétés (PC) affiche le dialogue du système décrivant le volume (capacité, emplacement, etc.).

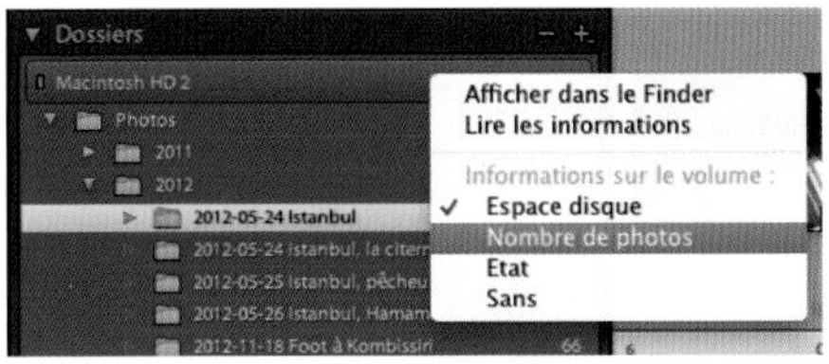

Étape 14

Si le voyant est éteint, le volume est hors ligne ou *off-line* (le disque dur externe n'est pas connecté à l'ordinateur). Lightroom affichera simplement les dossiers et les vignettes conformément aux cas expliqués dans l'étape 4, en fonction de l'existence ou pas d'aperçus dynamiques. Dès que le disque dur est reconnecté, les dossiers et fichiers repassent automatiquement en ligne.

Étape 15

Le « Film fixe » dispose d'un menu des favoris accessible par la petite flèche qui suit l'intitulé et le nom de fichier, à gauche. Vous y trouverez la liste des sources récemment visitées (dossiers ou collections), et on peut également y ajouter des favoris.
Pour cela, après avoir atteint le dossier ou la collection dans lesquels vous avez l'intention de travailler, ouvrez le menu et cliquez sur « Ajouter aux favoris ». Aussitôt, le dossier ou la collection apparaît dans la section « Sources favorites » du menu.

Étape 16

Pour naviguer rapidement d'une source à l'autre lors de votre séance de travail, vous pouvez vous servir des flèches Précédent ou Suivant, également dans le « Film fixe », à gauche. Ces flèches fonctionnent exactement comme celles d'un navigateur web, en vous permettant de passer aux étapes précédentes de votre travail dans Lightroom puis de revenir où vous étiez. L'icône à 4 carrés, à côté des flèches, permet de passer en mode Grille.
Enfin, le « Film fixe » affiche également le chemin du ou des fichiers sélectionnés (dossier/nombre de photos/nombre de photos sélectionnées/nom du fichier).

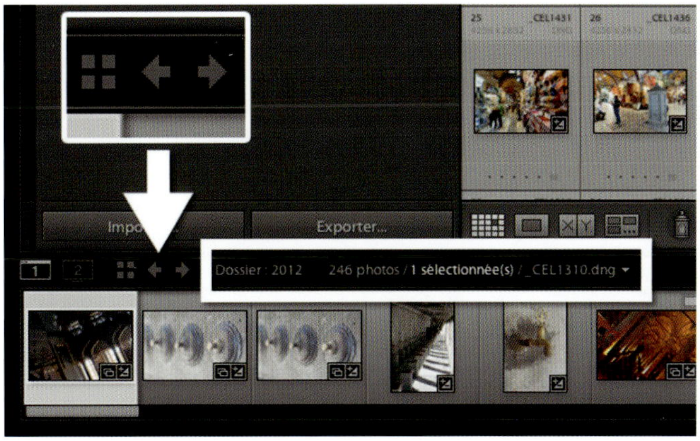

> **Remarque** : la gestion des dossiers dans Lightroom est tout à fait semblable à celle du système d'exploitation, il n'y a donc aucune raison de modifier ou de manipuler vos fichiers en dehors de Lightroom.
> Ce qui est possible avec les dossiers vaut pour les fichiers et les images : vous pouvez les déplacer d'un dossier à l'autre ou créer à tout moment d'autres dossiers ou sous-dossiers. Là encore, évitez les hiérarchies trop complexes. Et n'oubliez pas d'appliquer les deux règles suivantes :
> - utilisez les dossiers pour le stockage des images ;
> - utilisez les collections pour organiser vos images par thèmes.

14 Gérer les mots-clés

Les mots-clés constituent l'un des piliers du catalogage. Concevoir une liste de mots-clés pertinente pour une collection de milliers d'images est un véritable défi d'ordre intellectuel, requiert un grand sens de l'organisation et aussi une sensibilité très personnelle.
Malheureusement, il n'existe pas de méthode universelle pour vous aider à concevoir un tel ensemble de mots-clés. Néanmoins, dans cet exercice, nous allons tenter de vous inculquer les notions de base pour que vous puissiez exploiter au mieux les nombreux outils de gestion de mots-clés proposés par Lightroom.

Étape 1

Lightroom dispose de nombreux outils de saisie et d'application de mots-clés. Voyons la méthode la plus simple et la plus directe. Le panneau Mots-clés, situé dans le panneau escamotable droit du module Bibliothèque, est divisé en trois parties :

- « Étiquettes de mots-clés » : affichage des mots-clés d'une image sélectionnée et saisie des mots-clés ;
- « Suggestions de mots-clés » : système automatique suggérant des mots-clés en fonction de votre méthode de travail et de la date et l'heure de prise de vue ;
- « Ensemble de mots-clés » : système rapide de saisie d'ensembles de 9 mots-clés.

> Remarque : la présence de mots-clés dans les images est identifiée par une icône en forme d'étiquette dans les vignettes. Adobe utilise fréquemment la terminologie « Étiquettes de mots-clés », issue du mot anglais *tag* qui signifie « étiquette ».

Étape 2

Pour voir les mots-clés d'une image, sélectionnez-la ou cliquez sur l'étiquette de sa vignette : ils s'affichent dans le pavé en-tête du panneau Mots-clés. Vous pouvez y ajouter ou supprimer des mots-clés directement. Quand plusieurs images sont sélectionnées, un mot-clé accompagné d'un astérisque (*) indique qu'il n'est commun à aucune d'elles. Saisissez un mot-clé en cliquant dans le bandeau au-dessus de la section « Suggestions de mots-clés ». Plusieurs mots-clés devront être séparés par une virgule. Validez avec la touche Entrée : cette méthode fonctionne aussi avec plusieurs images sélectionnées.

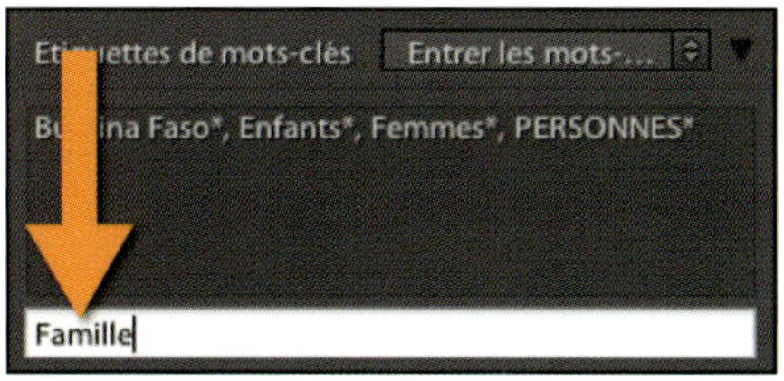

Étape 3

La section « Étiquettes de mots-clés » du panneau Mots-clés dispose d'une liste déroulante contenant les éléments suivants :

- « Entrer les mots-clés » : saisie et affichage des mots-clés tels qu'ils sont décrits dans les étapes précédentes ;
- « Mots-clés et mots-clés parents » : permet d'afficher la hiérarchie complète de mots-clés si elle est présente ;
- « Seront exportées » : indique les mots-clés qui seront exportés avec l'image selon les options décrites à l'étape 8.

Étape 4

Le panneau « Suggestions de mots-clés » est un automatisme : en fonction des mots-clés enregistrés dans le catalogue, de la date et de l'heure identifiant des séquences de prise de vue du même sujet, Lightroom propose une grille de 9 mots-clés les plus pertinents possible. En cliquant sur l'un d'eux, vous l'attribuerez aux images sélectionnées. Lightroom en proposera aussitôt un autre. La pertinence s'améliorera au fur et à mesure de l'enrichissement de votre collection de mots-clés.

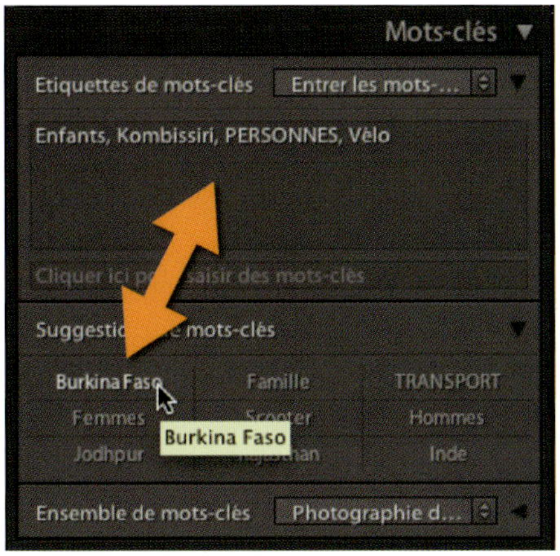

Étape 5

Le système « Ensemble de mots-clés » permet d'accélérer la saisie à la volée des mots-clés. Chaque ensemble comporte une grille de 9 mots correspondant aux touches du pavé numérique de votre clavier. Si vous appuyez sur Alt/Option, vous verrez les numéros de touches en face de chaque mot-clé. Pour attribuer un de ces mots-clés, appuyez sur le chiffre correspondant. Pour passer d'un ensemble de mots-clés à un autre, appuyez sur Alt/Option + 0 (zéro).

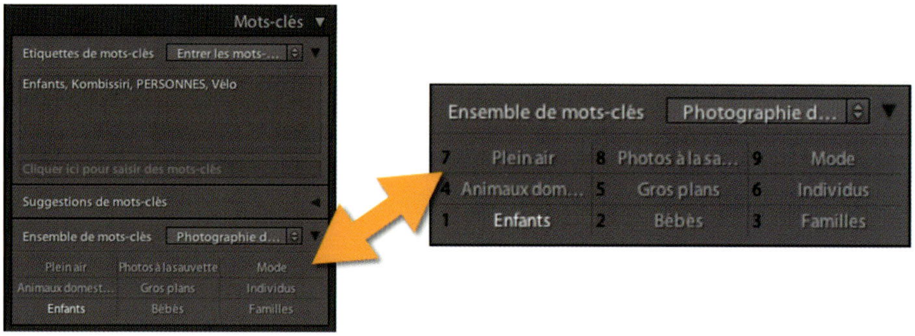

> **Remarque** : si vous n'avez pas de pavé numérique, vous pouvez aussi utiliser les chiffres situés en haut du clavier.

Étape 6

Vous pouvez enregistrer autant d'ensembles de mots-clés que vous le souhaitez. Dans la liste, sélectionnez « Modifier l'ensemble » puis, dans la boîte de dialogue qui s'affiche, saisissez 9 mots liés à un sujet commun ou à une description précise. Dans la liste « Paramètre prédéfini », choisissez « Enregistrez les paramètres prédéfinis en tant que nouveau paramètre prédéfini ». Une nouvelle boîte de dialogue va vous inviter à nommer l'ensemble de mots-clés. Validez en cliquant sur Créer. Bien sûr, vous pouvez modifier à tout moment un ensemble de mots-clés.

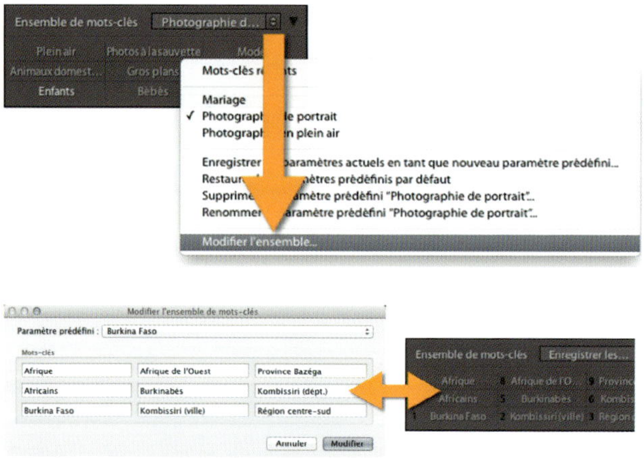

Étape 7

Passons à présent aux choses sérieuses avec le panneau « Liste des mots-clés » qui constitue le gros morceau de cet exercice. Comme son nom l'indique, il regroupe, sous la forme d'une liste alphabétique, la totalité des mots-clés du catalogue. Lightroom prend également en charge les mots-clés hiérarchiques. Pour commencer, nous allons créer un groupe hiérarchique, « PERSONNES ». Cliquez sur le bouton « + » pour afficher la boîte de dialogue « Créer Étiquette de mot-clé ».

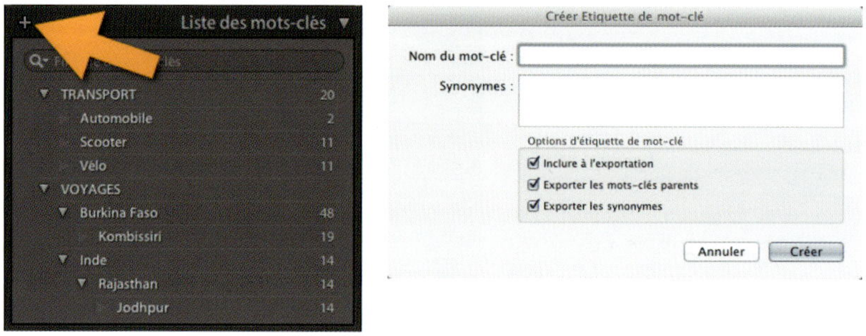

Étape 8

Saisissez « PERSONNES » dans le champ « Nom du mot-clé ». Ce sera le point de départ de cette hiérarchie. Pour la différencier, utilisez des majuscules (pas obligatoire). En dessous, vous pouvez saisir des synonymes. Lightroom permet la recherche d'images comportant des synonymes de mots-clés, mais ils n'apparaîtront pas dans la liste des mots-clés. Cochez également les options qui vous permettront d'inclure les mots-clés, les mots-clés parents et les synonymes lors de l'exportation des images. Validez en cliquant sur Créer.

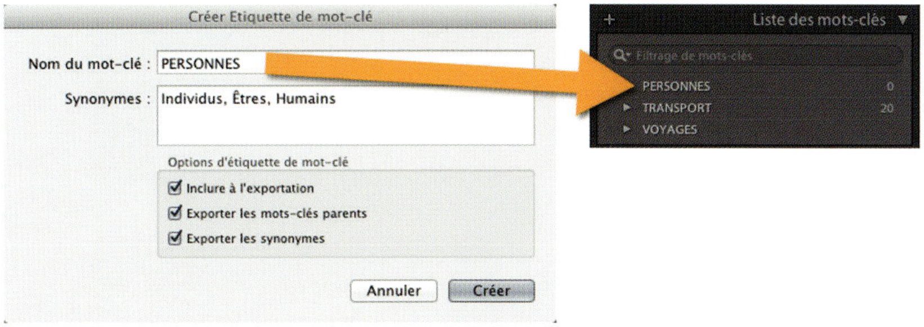

Étape 9

Dans la liste de mots-clés, faites un clic droit sur « PERSONNES » et choisissez « Créer Étiquette de mot-clé dans PERSONNES ». Dans la boîte de dialogue, saisissez « Enfants ». Cochez les mêmes options que dans l'étape précédente, et cliquez sur « Créer » pour valider.

Créez ensuite d'autres mots-clés dans « PERSONNES » : « Femmes », « Hommes », etc.

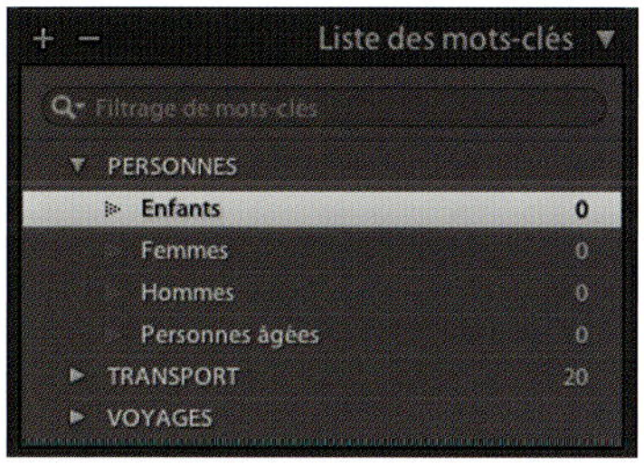

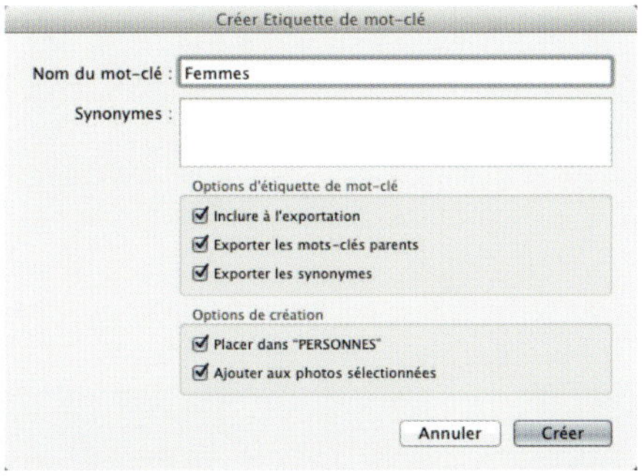

Étape 10

Les étiquettes de mots-clés peuvent être modifiées à tout moment, dans une boîte de dialogue invoquée par un clic droit. Vous pouvez également réorganiser vos hiérarchies par glisser-déposer de mots-clés dans un autre mot-clé. Vous pouvez aussi attribuer automatiquement de nouveaux mots-clés à une étiquette de mot-clé en sélectionnant « Placez les nouveaux mots-clés dans ce mot-clé », toujours dans le menu contextuel. Un mot-clé cible se reconnaît au petit point situé à sa droite.

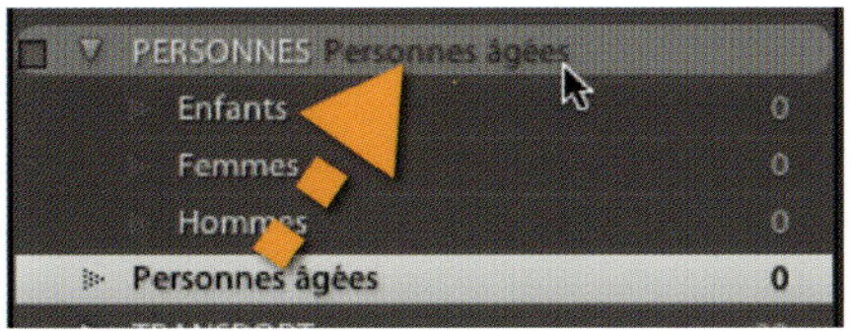

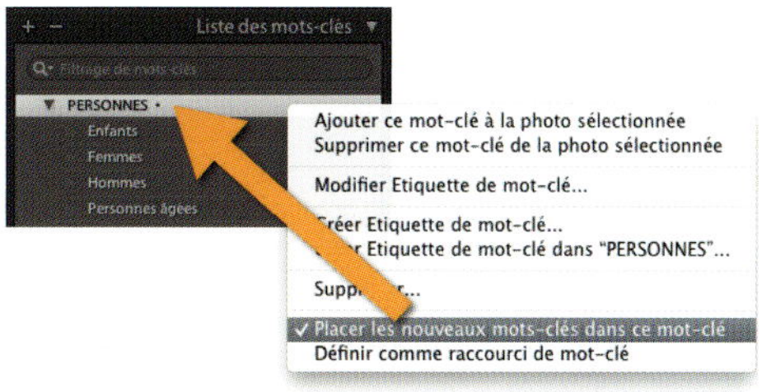

Étape 11

La liste de mots-clés dispose de son propre système de recherche. Tapez les premières lettres dans le champ « Filtrage de mots-clés » ; la liste se réduira au fur et à mesure de votre saisie. Pour chercher plusieurs mots simultanément, séparez-les par une virgule. Une fois la recherche terminée, n'oubliez pas de réinitialiser le champ de recherche en cliquant sur le bouton X situé à droite. Pour supprimer des mots-clés, sélectionnez-les dans la liste puis cliquez sur le bouton « - » dans l'en-tête du panneau, ce qui fera apparaître une boîte de dialogue vous demandant de confirmer la suppression.

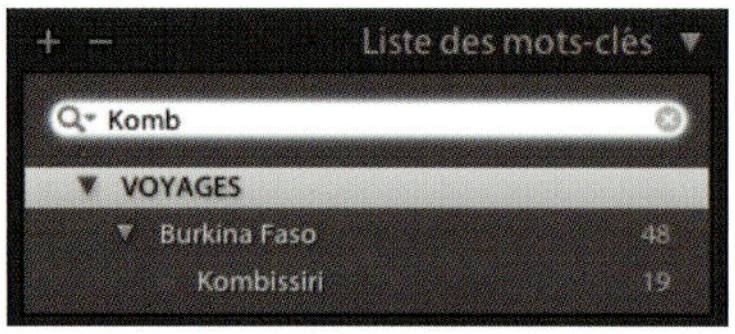

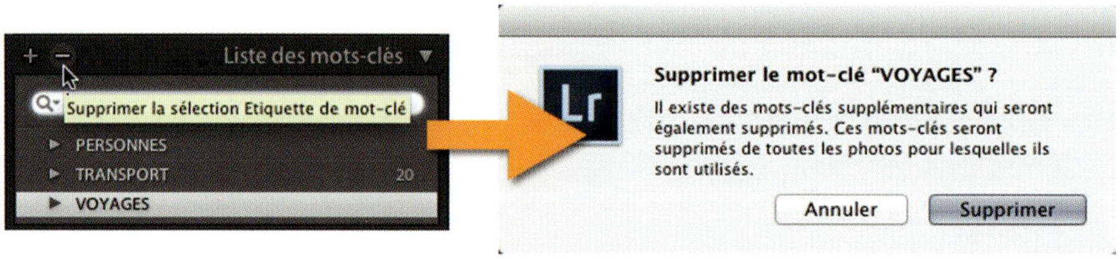

Étape 12

Cette liste de mots-clés a plusieurs rôles ; le premier est de vous montrer le nombre d'images associées à chacun de ces mots. Si vous passez la souris sur un mot-clé, vous verrez apparaître une case à cocher avant le mot-clé et une flèche à la droite du nombre. Un clic dans la case à cocher attribuera (ou retirera) le mot-clé à une image sélectionnée et un clic sur la flèche affichera, dans la grille, toutes les images contenant ce mot, et activera le « Filtre de bibliothèque » avec une colonne Mot-clé.

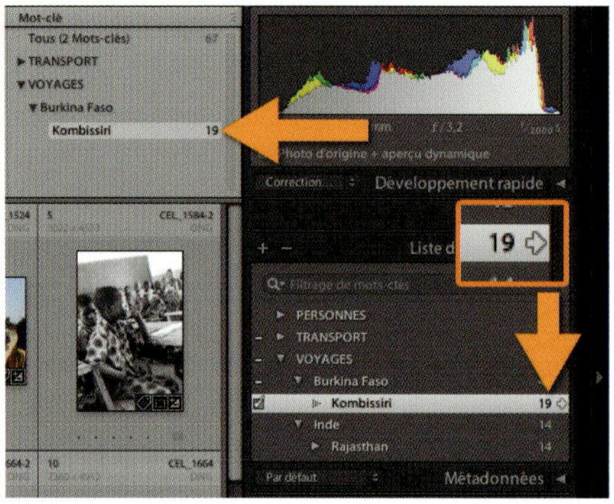

Étape 13

Les mots-clés incorporés à une image sont signalés dans la liste, à chaque fois avec une coche. Un mot-clé parent ou enfant, dans ce cas, peut avoir trois statuts :

- coche : il est également attribué à l'image sélectionnée, au même titre que les mots-clés enfants ;
- signe « - » : il n'est pas attribué à l'image sélectionnée, mais ses mots-clés enfants le sont ;
- pas de coche : le mot-clé n'est pas attribué à l'image sélectionnée.

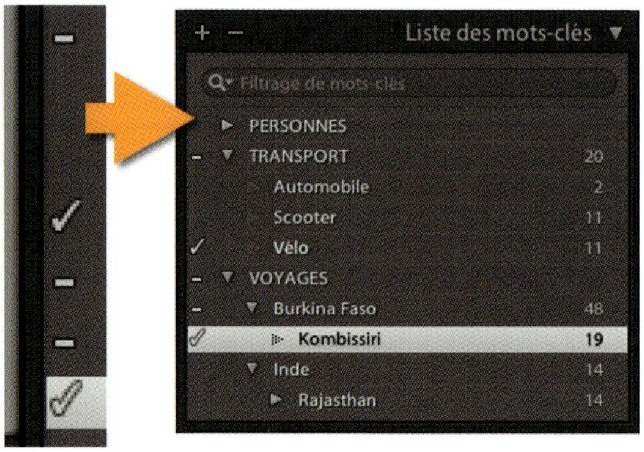

Étape 14

Pour attribuer un mot-clé ou un groupe de mots-clés (sélectionnés par un Ctrl/Cmd + clic) à une ou plusieurs images à partir de la liste, il suffit de les glisser sur les images de la grille. Le contraire est également possible : on sélectionne plusieurs vignettes et on les glisse sur un mot-clé dans la liste.

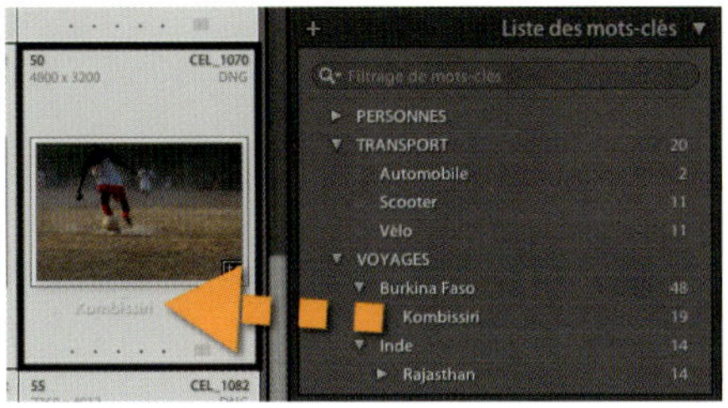

Étape 15

Autre façon d'attribuer un mot-clé, « Définir comme raccourci de mot-clé », dans le menu contextuel (clic droit). Un signe « + » apparaît à droite du mot. Pour l'attribuer, cliquez droit sur une vignette et sélectionnez « Ajouter un mot-clé X » dans le menu flottant. Si vous utilisez l'outil Peinture, le raccourci apparaîtra dans le champ de saisie de l'outil ; vous pouvez y saisir d'autres mots-clés (Lightroom suggérera des mots-clés en cours). Il ne vous restera plus ensuite qu'à peindre dans la grille, bouton de la souris enfoncé. Pour revenir en arrière et gommer, appuyez sur Alt/Option.

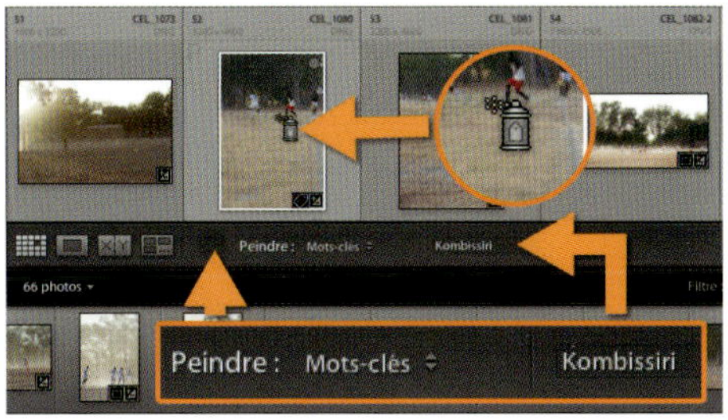

Étape 16

Vous pouvez aussi attribuer les mots-clés d'une image à d'autres, par synchronisation de métadonnées. Sélectionnez l'image source, les images de destination et cliquez sur le bouton « Synch. métad. », tout en bas du panneau de droite du module Bibliothèque. Dès que la boîte de dialogue « Synchroniser les métadonnées » s'affiche, appuyez sur « Ne rien sélectionner », pour désactiver tous les champs qui ne nous intéressent pas à ce stade, et faites défiler le contenu de la fenêtre jusqu'à la section Mots-clés, cochez-la puis cliquez sur Synchroniser.

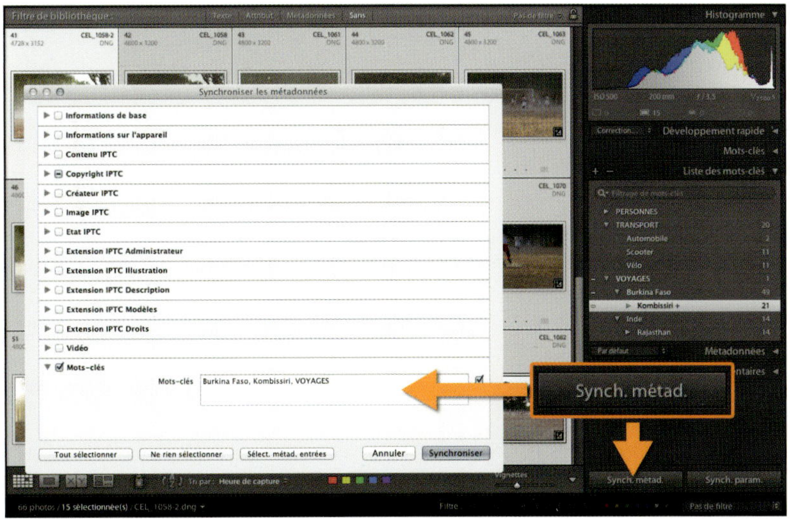

Étape 17

Lightroom permet d'importer et exporter des mots-clés, le but étant de les partager avec d'autres photographes. Pour exporter votre liste de mots-clés, allez, toujours dans le module Bibliothèque, dans le menu **Métadonnées>Exporter les mots-clés**. Une boîte de dialogue vous permet de choisir l'emplacement du fichier que vous pourrez, par la suite, partager par e-mail ou tout autre moyen à votre convenance.

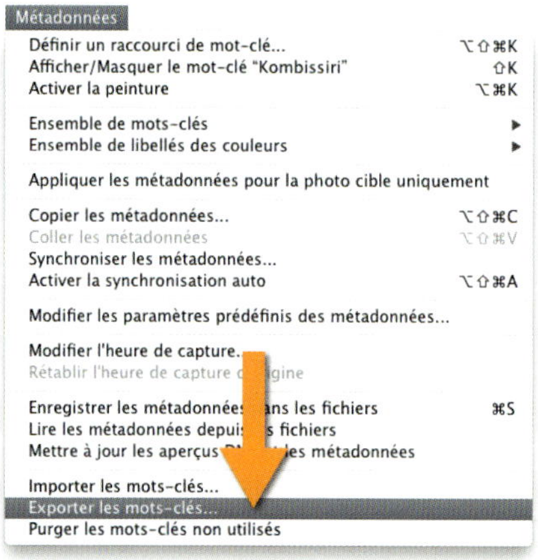

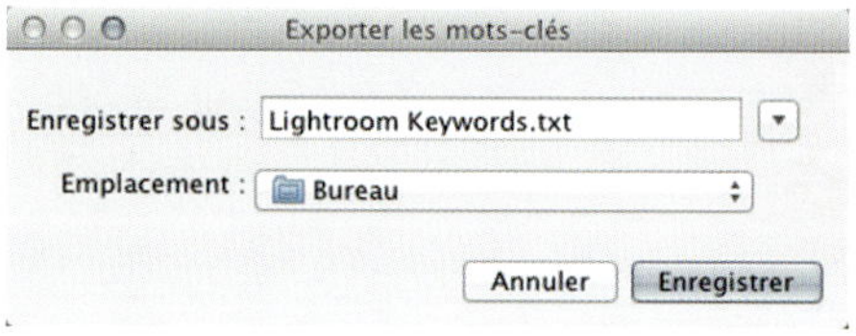

Étape 18

La liste de mots-clés se présente sous la forme d'un fichier texte (extension « .txt », encodage Unicode UTF-8) reprenant la hiérarchie des mots-clés (tabulations) et les synonymes (entre accolades). Si vous voulez créer une nouvelle liste, utilisez la liste exportée comme modèle, et n'oubliez pas de l'enregistrer sous un nom différent. Pour importer une liste de mots-clés, allez dans le menu **Métadonnées>Importer les mots-clés**.

Étape 19

Vous pouvez également faire un peu de ménage dans vos mots-clés, en supprimant ceux qui ne sont pas utilisés. Pour cela, allez dans le menu **Métadonnées>Purger les mots-clés non utilisés**.

> Conclusion : Lightroom est particulièrement bien pourvu en ce qui concerne la création et la gestion des mots-clés. En revanche, si le menu Importer permet d'attribuer des mots-clés aux nouvelles images, il n'est pas possible de séparer les différentes séances de prise de vue susceptibles de se trouver sur la même carte mémoire et d'attribuer des mots-clés différents d'un groupe d'images à l'autre. Dans ce cas, mieux vaut se cantonner à des mots-clés d'ordre général, puis poursuivre cette tâche dans le module Bibliothèque, après importation.

15 Les métadonnées

Les métadonnées sont indissociables des images, elles représentent à elles seules une somme de travail importante, et constituent une valeur ajoutée aux photos.

Lightroom est doté d'outils complets dédiés aux métadonnées, dont la complexité apparente mérite une présentation plus claire. Il ne s'agit pas ici de décrire en détail ces outils, mais de vous les présenter et de définir leur rôle. Nous aborderons également les conflits de métadonnées et la compatibilité avec Bridge, le programme d'organisation livré avec Photoshop.

Étape 1

Le panneau Métadonnées se situe dans le module Bibliothèque, sur le côté droit. Vous trouverez, à gauche du mot « Métadonnées », une liste déroulante pour reconfigurer le panneau en fonction du type ou du groupe de métadonnées.

Le réglage « Par défaut » regroupe les informations essentielles pour un usage routinier : nom et emplacement de l'image sélectionnée, état de mise à jour des métadonnées, champs IPTC de description et de copyright, note et libellé de couleur, données EXIF (matériel de prise de vue, paramètres d'exposition, coordonnées GPS).

Étape 2

Les métadonnées se divisent en trois groupes principaux : les données EXIF *(Exchangeable Image file Format)*, qui sont générées par le matériel de prise de vue, y compris la date et l'heure, les données IPTC Core *(International Press Telecommunications Council)* pour la description des images et Extension IPTC, fournissant des champs supplémentaires de description de contenu et d'administration des photos. Le standard IPTC remonte aux années 1960-1970 et a été développé par la presse pour faciliter l'échange de données.

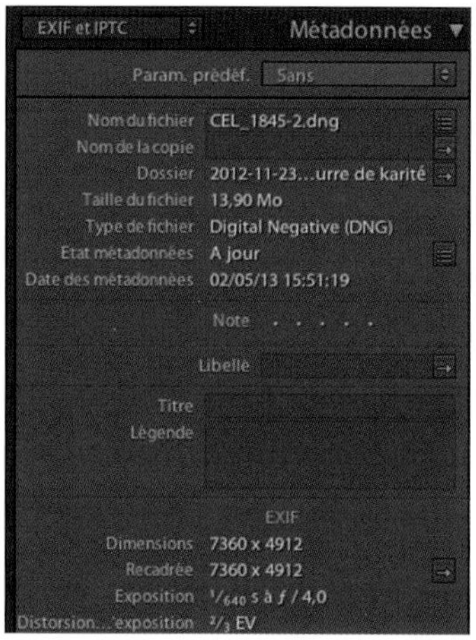

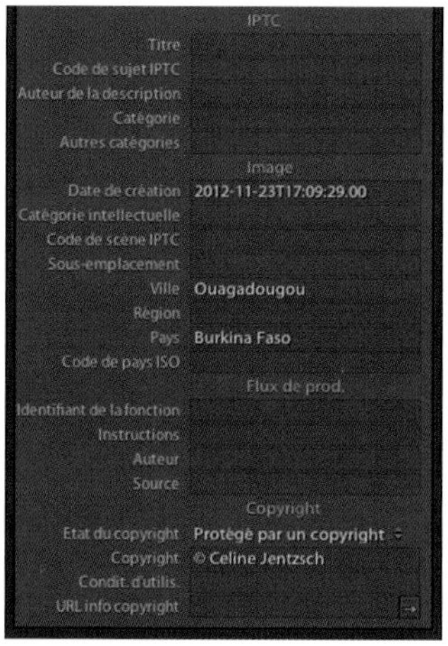

Étape 3

Les groupes « Description rapide » et Minimum, comme leurs noms l'indiquent, affichent les informations minimales : nom, emplacement, note, heure de capture, modèle d'appareil photo, champs IPTC de légende et copyright pour le premier, nom de fichier, note, légende et copyright pour le second. Vous pouvez les utiliser comme référence si vous travaillez, par exemple, sur un portable doté d'un petit écran.

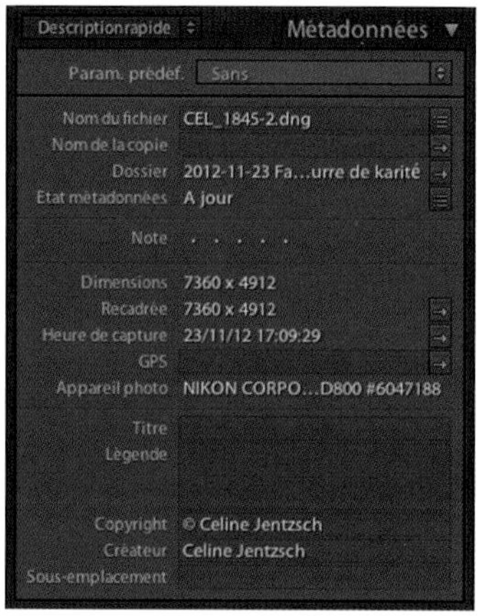

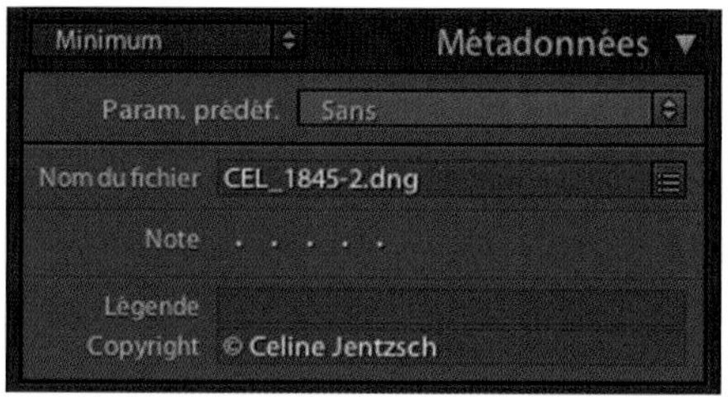

Étape 4

Dans la section « Par défaut » (et celles qui les affichent), les informations liées au fichier sélectionné se décomposent ainsi :

- « Nom de fichier » : pour modifier le nom de l'image, et le faire par lots en cliquant sur l'icône de droite ;
- « Fichiers annexes » : signale un fichier annexe au format XMP lié à l'image sélectionnée ;
- « Nom de la copie » : contient le nom d'une copie virtuelle, mais ne remplace pas celui du fichier original.

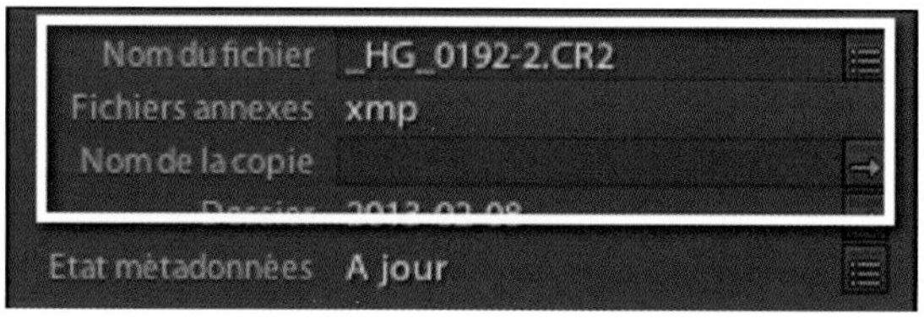

Étape 5

Toujours dans ces informations, on trouvera :

- Dossier : indique le dossier de stockage de l'image sélectionnée. On peut s'y rendre directement en cliquant à droite, sur le bouton pourvu d'une flèche ;
- « État métadonnées » : indique le statut des métadonnées et les conflits éventuels, et permet leur résolution via un clic sur l'icône de droite (voir l'étape 6).

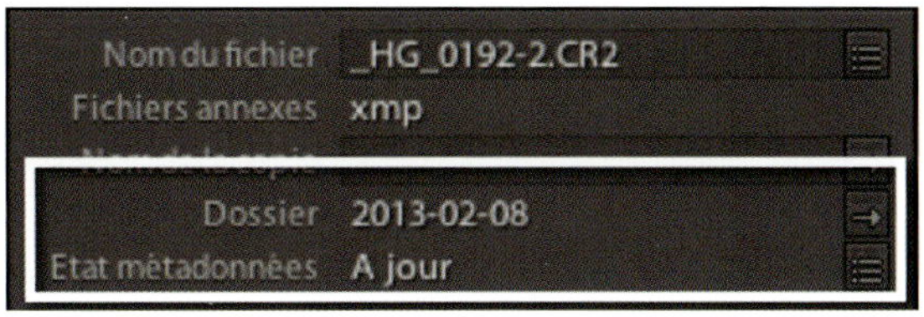

Étape 6

Les vignettes peuvent afficher l'état des métadonnées sous forme d'icônes :

- « A été modifié » (point d'exclamation noir) : les modifications faites dans Lightroom n'ont pas été enregistrées ; cliquer sur la flèche ouvre une fenêtre d'enregistrement ;
- « Modifié sur le disque » (flèche vers le haut) : des modifications Camera Raw ou Bridge n'ont pas été enregistrées dans Lightroom (voir l'étape 7) ;
- « Conflit détecté » (point d'exclamation) : signale une erreur d'enregistrement des métadonnées, si la photo a été modifiée à la fois dans Lightroom et dans Camera Raw ou Bridge (voir l'étape 7).

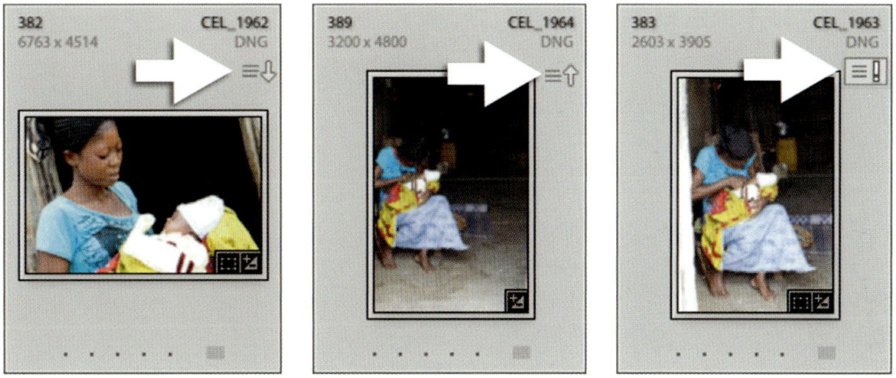

Étape 7

En cas de conflit détecté (!) ou de modification sur le disque (↑), cliquez sur l'icône dans la vignette pour ouvrir la fenêtre de résolution des conflits :

- «Importer les paramètres depuis le disque», qui applique les métadonnées et les réglages effectués dans Camera Raw ou Bridge ;
- « Écraser les paramètres », qui restaure les métadonnées et les réglages à partir des informations enregistrées dans le catalogue Lightroom (voir conclusion).

Dans le cas d'une modification non enregistrée (↓), une autre boîte de dialogue propose d'enregistrer les métadonnées dans le catalogue.

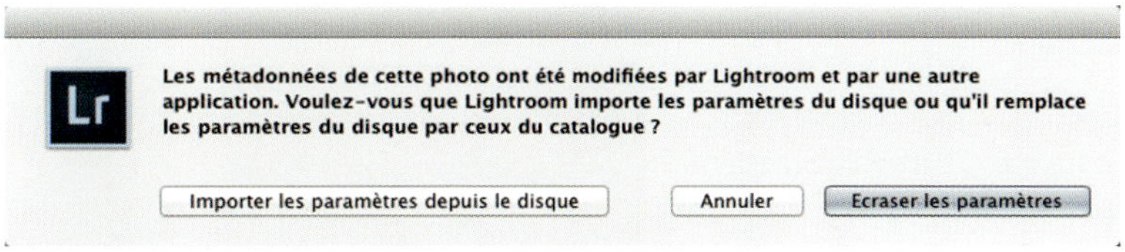

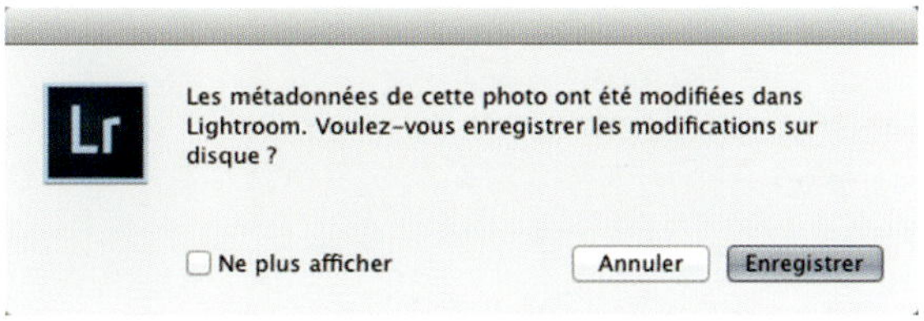

Étape 8

Le « Filtre de bibliothèque » offre la possibilité de filtrer et regrouper les images affectées par les conflits de métadonnées selon les critères énoncés dans l'étape 6. Pour cela, allez dans le **Filtre de bibliothèque>État métadonnées**, ou créez une collection dynamique avec le même critère. Vous aurez, dans ce cas, l'avantage de disposer d'une analyse permanente du catalogue et d'un regroupement automatique de toute nouvelle image affectée.

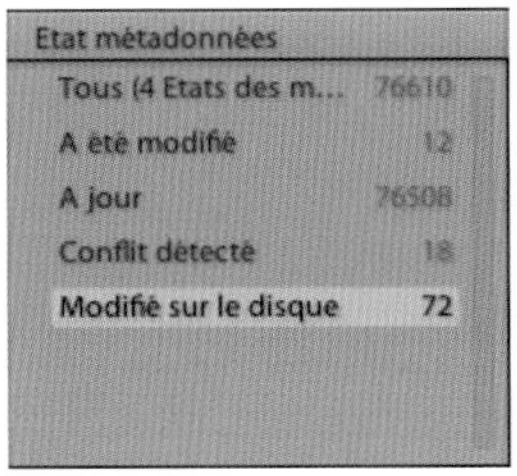

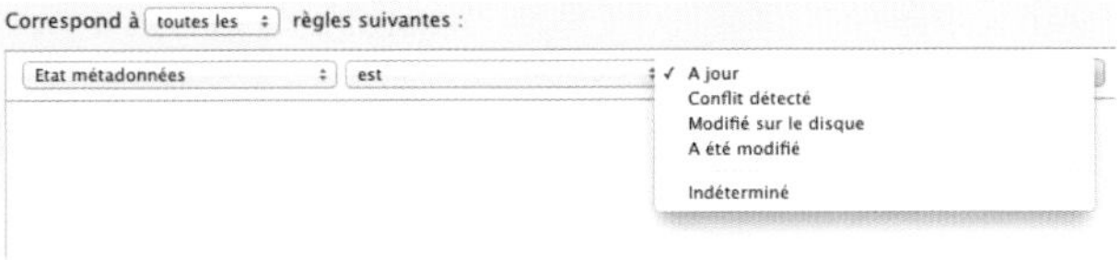

Étape 9

Les champs de la section IPTC permettent de saisir les informations suivantes :

- Contact : coordonnées du photographe (y compris e-mail et site web) ;
- Contenu : description visuelle du contenu de l'image, code de sujet IPTC*, catégories ;
- Image : description informelle de l'image avec la catégorie intellectuelle*, les codes de scène* et le lieu de prise de vue ;
- État et Copyright : données liées au flux de travail et aux droits de l'image.

** Ces champs mettent en œuvre des codes définis par le groupement IPTC, disponibles sur le site officiel (www.iptc.org).*

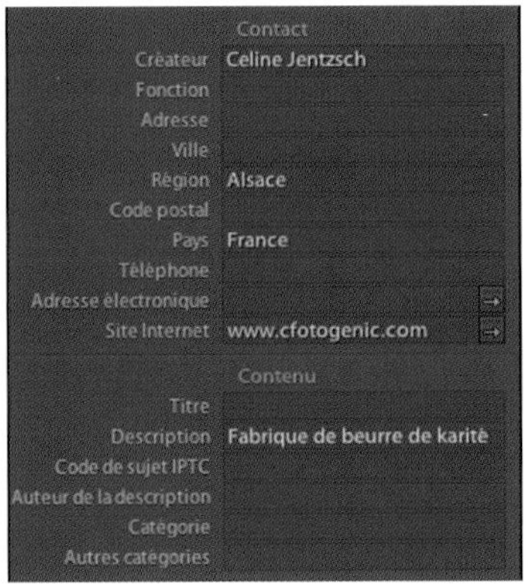

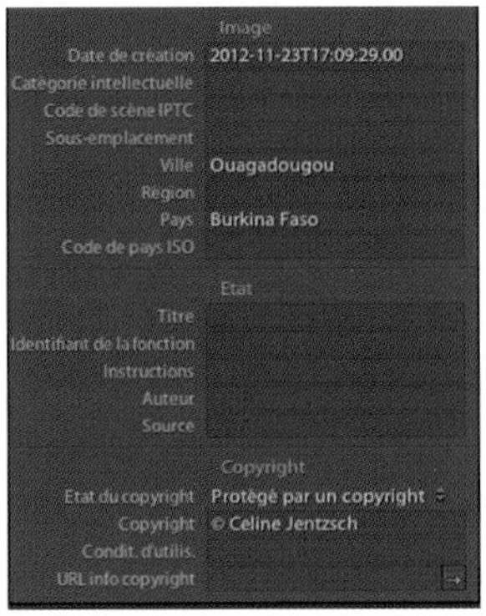

Étape 10

Les champs « Extension IPTC » s'adressent plus particulièrement aux professionnels. Définis et introduits en 2010, ils permettent de décrire les personnes, les biens et les organisations figurant sur les images. On trouvera également des champs réservés à la description d'œuvres d'art photographiées et les droits associés, des informations liées aux modèles (âge, droits) ainsi que des informations d'ordre administratif.

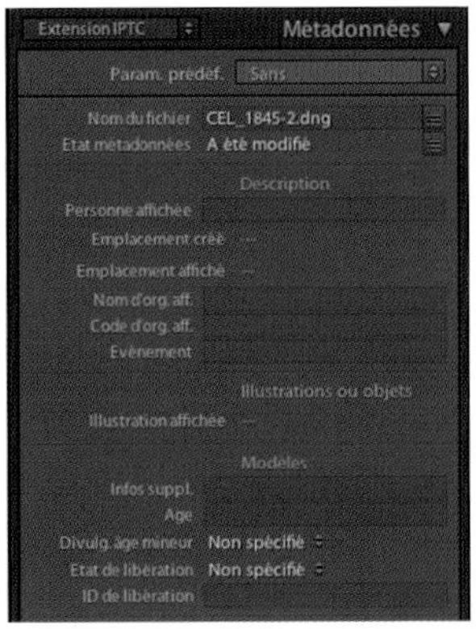

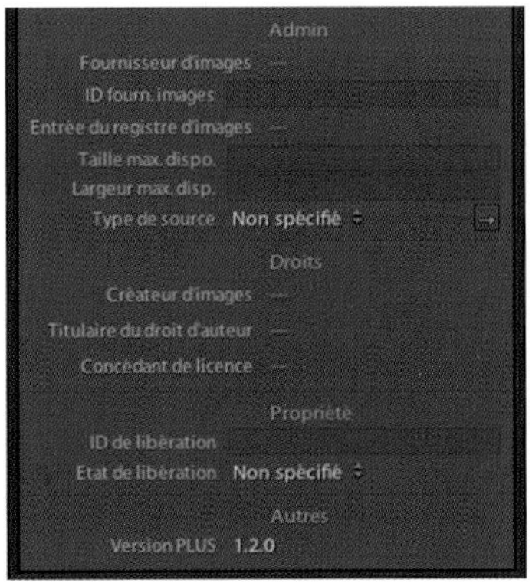

Étape 11

Dans Lightroom, vous pouvez appliquer un libellé de couleur aux images, par clic droit dans le petit pavé dans le coin inférieur droit de la vignette et en sélectionnant une couleur, ou à l'aide de la bombe de peinture. Les libellés distingueront les images répondant à vos propres critères, comme le vert pour les séries de panoramiques, le bleu pour les images imprimées, le rouge pour tel ou tel client, etc.

Étape 12

Lorsqu'un libellé de couleur est appliqué à une image, cette dernière est identifiable de deux manières différentes :

- image non sélectionnée : son cadre prend la couleur du libellé attribué ;
- image sélectionnée : la photo est pourvue d'un cadre de la couleur du libellé attribué, et un pavé coloré apparaît dans le coin inférieur droit.

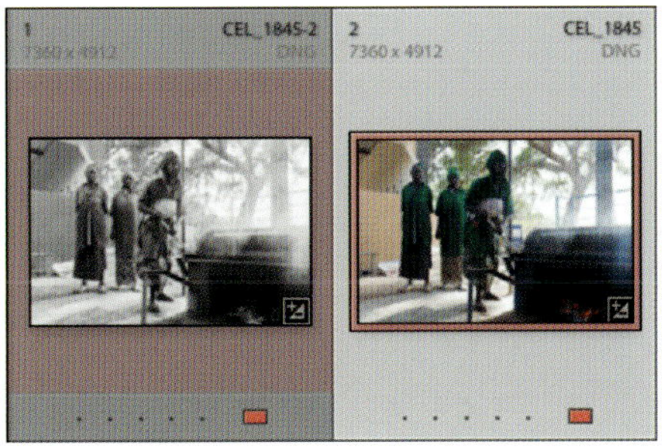

> **Remarque** : vous pouvez modifier l'intensité des couleurs du cadre de la vignette : **clic droit>Options d'affichage>Mode Grille>Options**.

Étape 13

Il est possible de créer des jeux de libellés de couleur personnalisés, sous forme de paramètres prédéfinis, en allant, depuis le module Bibliothèque, dans le menu **Métadonnées>Ensemble de libellés de couleur>Modifier**. Il suffira de saisir un nom pour chaque libellé de couleur et d'enregistrer le jeu sous forme de paramètre prédéfini. Vous pourrez à tout instant modifier vos réglages, les supprimer ou ajouter des jeux de libellés.

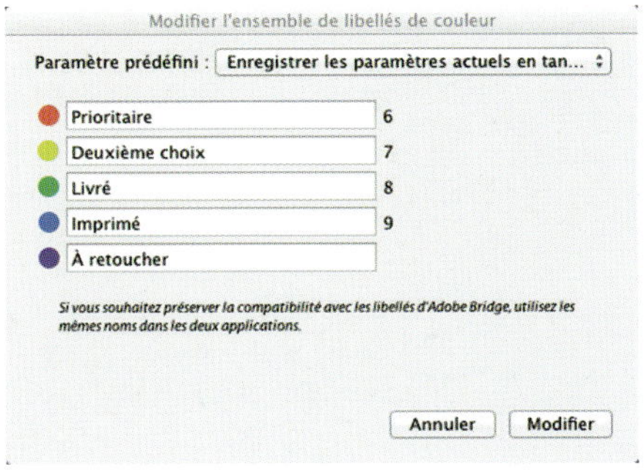

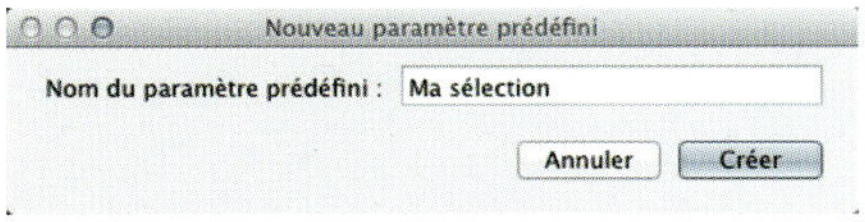

Étape 14

Lightroom est livré avec trois jeux de libellés de couleur :

- « État de la révision » : jeu d'instructions défini par la destination des images (retouche, impression, bon pour l'utilisation, etc.) ;
- « Valeurs par défaut de Bridge » : reprend les instructions telles qu'elles sont définies par défaut dans Bridge ;
- « Valeurs par défaut de Lightroom » : instructions définies en tant que réglage par défaut pour Lightroom.

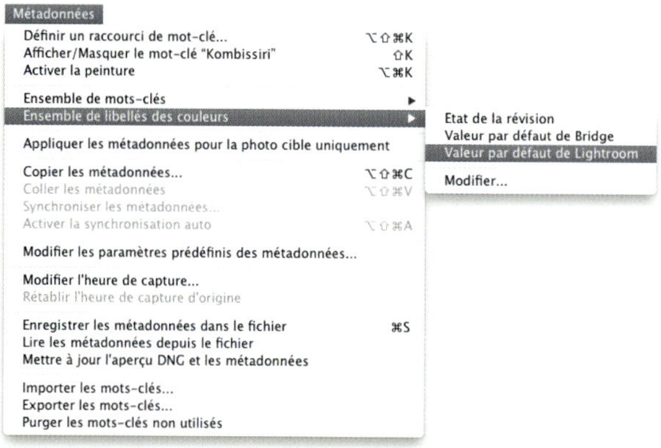

Étape 15

Si vous utilisez également Bridge dans votre flux de travail, les images telles qu'elles apparaissent dans Lightroom, avec les corrections et le traitement, apparaîtront de la même manière dans Bridge, à condition que les versions de Lightroom et de Camera Raw soient à jour (les mises à jour sont parallèles). Les informations saisies dans les champs de métadonnées apparaîtront dans Bridge, ainsi que la notation et les libellés de couleur, à condition que les libellés portent le même nom dans les deux programmes.

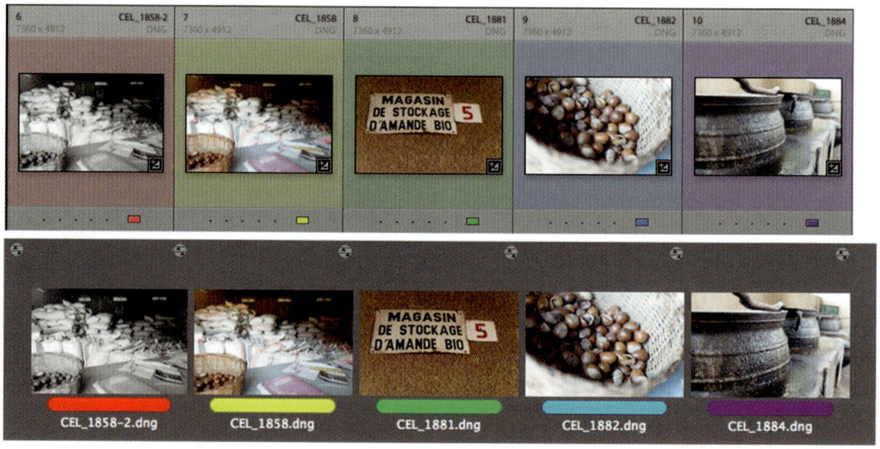

Étape 16

Il existe deux autres libellés de couleur parfois visibles dans les vignettes :

- libellé gris : signifie qu'aucun libellé n'a été attribué à l'image ;
- libellé blanc : indique un conflit de libellé (cas le plus courant : une image provenant d'une autre session de Lightroom ou de Bridge, dans laquelle les libellés n'ont pas la même signification – voir l'étape 15).

Pour régler rapidement les conflits de libellés, affichez d'abord toutes les images à libellé blanc en cliquant sur le pavé blanc dans le « Film fixe », ou dans la section Attribut du « Filtre de bibliothèque ».

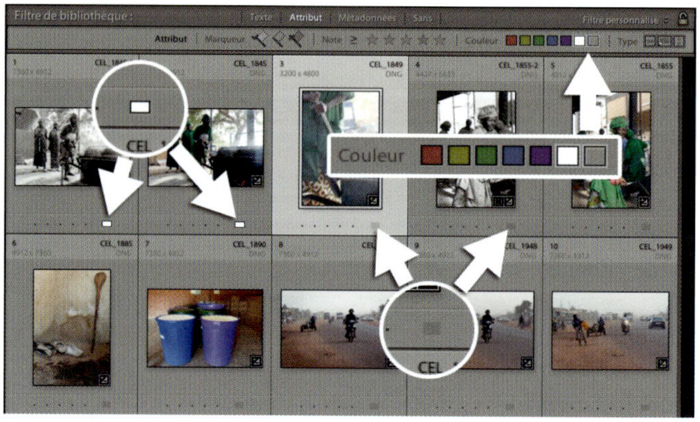

Étape 17

Une astuce à connaître sur le bout des doigts concerne l'affichage des métadonnées lorsque plusieurs photos sont sélectionnées : la plupart des champs présenteront le mot « <mixte> ». Si vous voulez voir uniquement les métadonnées de la photo active (avec le cadre gris très clair), allez dans le menu Métadonnées et activez la commande « Appliquez les métadonnées pour la photo cible uniquement ».

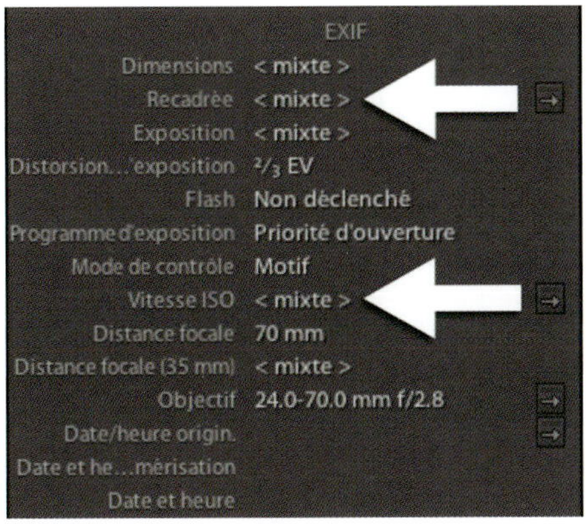

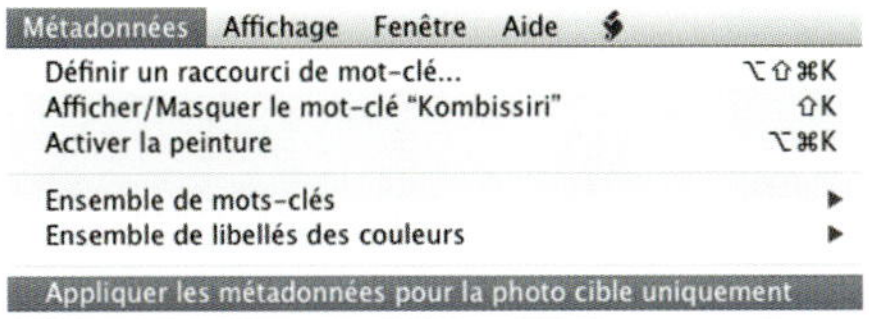

Étape 18

En revanche, si plusieurs photos ont été sélectionnées dans le « Film fixe » alors que vous êtes en mode Loupe, Comparaison ou Ensemble, le panneau Métadonnées n'affichera que les informations de la photo active, et vous ne verrez pas le terme « <mixte> » dans les champs de métadonnées.

Conclusion : dans le cas où vous devez mettre à jour les métadonnées d'un fichier, notamment lors d'un conflit, la référence reste le catalogue. En effet, on considère le catalogue comme étant une source plus sûre et sécurisée, moins sensible à la corruption d'un fichier individuel susceptible de voyager d'un support ou d'un ordinateur à l'autre.
Le panneau Métadonnées propose également un affichage spécifique à la gestion des fichiers DNG (exercice 22) et des vidéos (exercice 23).

16 Le « Filtre de bibliothèque »

Le « Filtre de bibliothèque » permet de rechercher des images, d'abord en sélectionnant une source (catalogue, dossiers, collections), puis en les filtrant avec un certain nombre de critères, le résultat s'affichant en mode Grille. Moins puissant et offrant beaucoup moins de critères que les collections dynamiques, il servira principalement à des opérations de filtrage simples en cours de travail dans Lightroom, avec un accès facilité, notamment dans la liste des filtres du « Film fixe ».
Bien entendu, le filtrage ne se cantonne pas à l'affichage, mais permet de créer des collections à la volée, comme vous le verrez dans cet exercice.

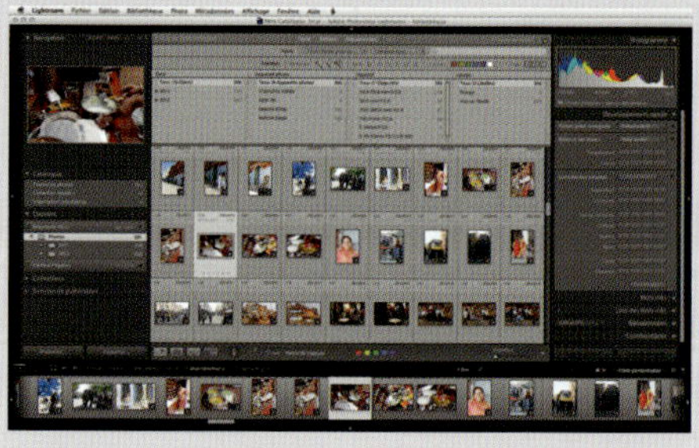

Raccourcis clavier

Touche $: escamoter et faire apparaître la barre du « Filtre de bibliothèque »
Ctrl/Cmd + L : réinitialiser ou réactiver les filtres

Étape 1

La barre du « Filtre de bibliothèque » est au-dessus de la grille. Pour la révéler ou la masquer, appuyez sur la touche $ (un message d'avertissement s'affiche si vous la masquez).

Le filtre est divisé en trois sections : Texte (pour la recherche basée sur de la saisie de texte), Attribut (marqueurs de tri, notes, libellés de couleur, etc.), et enfin Métadonnées, qui permet de filtrer en combinant un certain nombre de critères. Pour afficher les trois sections en même temps, cliquez sur Texte, Attribut et Métadonnées, en maintenant la touche Maj enfoncée. Pour désactiver le filtre, cliquez sur Sans.

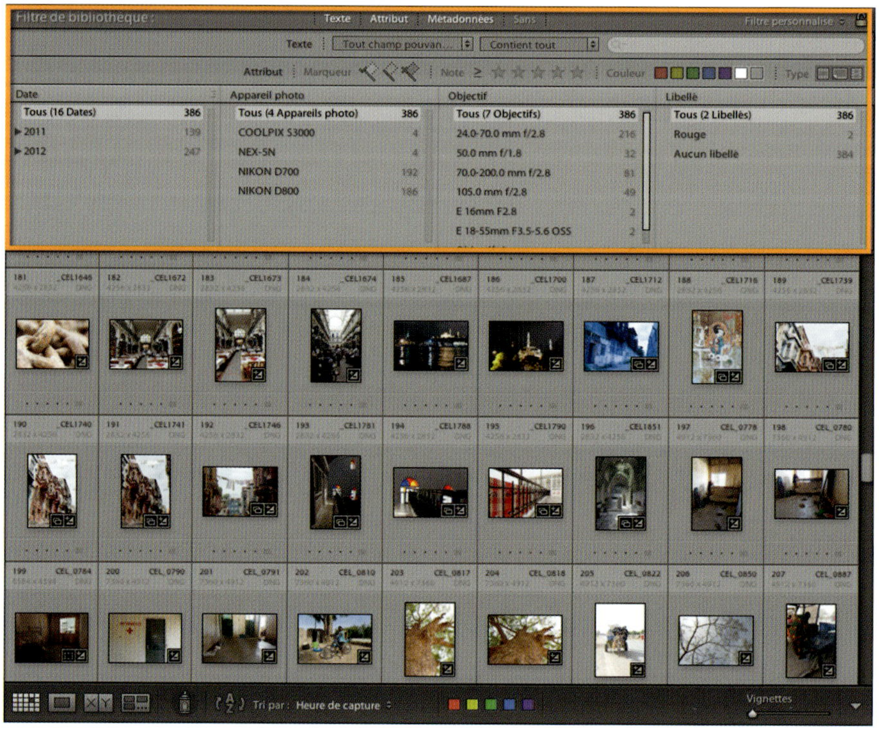

Étape 2

La section Texte contient un menu sur le type de texte qu'on recherche : nom d'un fichier, mots-clés, champs IPTC, éventuellement informations liées à des modules externes. Le deuxième menu contient des critères sur le contenu, complet ou partiel, des textes ou des mots saisis dans le champ à droite. Pour effacer le contenu du champ de saisie, cliquez sur la croix à droite.

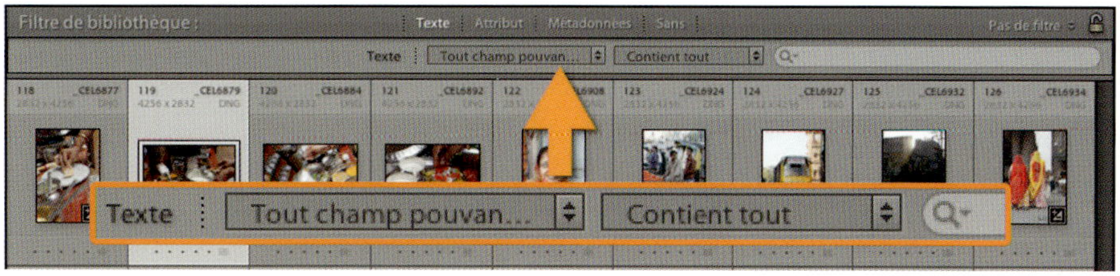

Étape 3

La section Attribut est la recopie des filtres situés dans le « Film fixe » (marqueurs, notes, etc.). Toute sélection dans l'un apparaît dans l'autre. Tout à droite, les icônes Type permettent de filtrer successivement l'affichage de photos principales, de copies virtuelles ou de vidéos. Bien sûr, vous pouvez les combiner à votre guise.

Étape 4

La section Métadonnées présente 4 colonnes par défaut, 8 au maximum ; le nombre dépend du filtre choisi, d'origine ou personnalisé (menu en haut à droite, près du cadenas). Dans chaque têtière, choisissez, à gauche, un critère (date, type de fichier, etc.). À droite (une icône apparaît via le pointeur de la souris), un menu contextuel permet de gérer les colonnes (ajouter, supprimer) et le mode d'affichage au cas par cas (hiérarchie, brut, ordre, etc.).

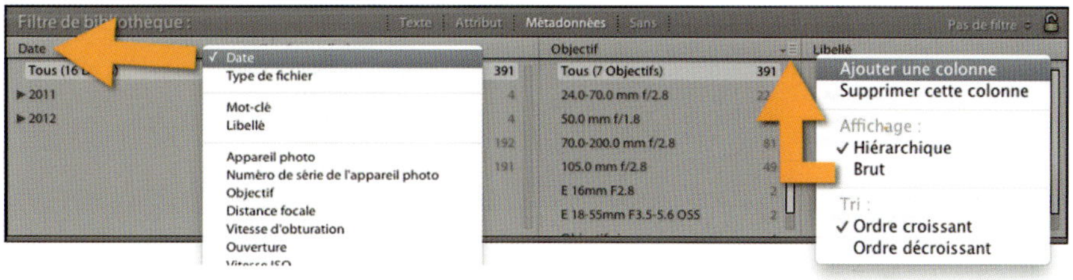

Étape 5

Nous allons passer à la pratique et créer une collection à partir d'images filtrées sur des mots-clés et marquées « Retenue » (fanion blanc). Avant, voyons le fonctionnement du filtre avec les cas **et**, **ou**, **sans**. Sélectionnez, dans le panneau Catalogue, « Toutes les photos » pour une recherche globale, puis activez le Filtre en cliquant sur « Texte ».

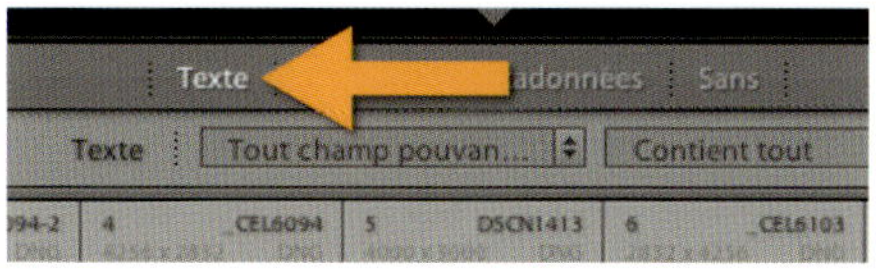

Étape 6

Premier cas (**et**) : dans le premier menu, on choisit Mots-clés puis, dans le suivant, « Contient tout ». On saisit « vélo » et « enfants », espacés par une virgule, puis on appuie sur la touche Entrée pour valider. Aussitôt, Lightroom regroupe et affiche toutes les images contenant les mots-clés « vélo » **et** « enfants ».

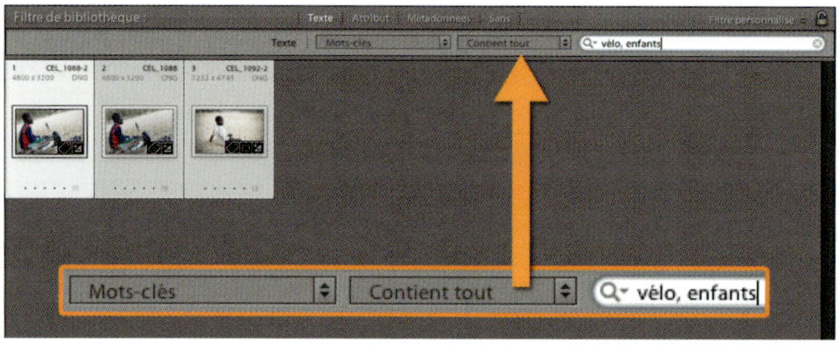

Étape 7

Deuxième cas (**ou**) : on choisit Mots-clés, puis « Contient », et les mots-clés « scooter » et « vélo», toujours séparés par une virgule. Après validation, Lightroom affiche toutes les images contenant les mots-clés « scooter » **ou** « vélo ». La nuance est importante, car on regroupe ici des images contenant l'un **ou** l'autre de ces mots-clés.

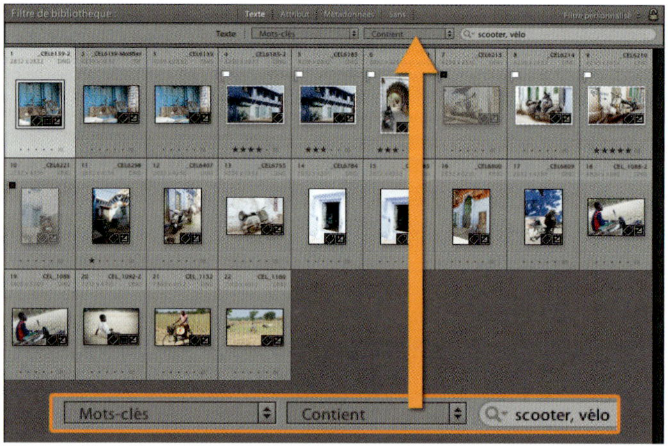

Étape 8

Troisième cas (**sans**) : on veut regrouper toutes les images **sans** les mots-clés « scooter » et « vélo ». Il suffit de choisir le critère « Ne contient pas » dans le menu déroulant adéquat.

Vous pouvez constater qu'avec ces trois cas, vous disposez de toutes les bases nécessaires pour un filtrage efficace de vos images.

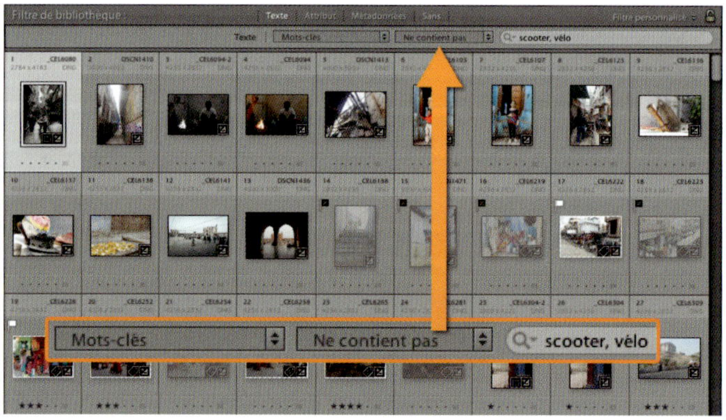

Étape 9

Pour créer la collection basée sur les mots-clés « scooter » et « vélo », mais uniquement les images ayant un marqueur Retenue, sélectionnez le catalogue, ou les dossiers contenant les images, saisissez les mots-clés avec les critères de l'étape 7, cliquez sur la section Attribut du filtre puis activez le marqueur Retenue. Sélectionnez toutes les photos (Ctrl/Cmd + A) affichées après le filtrage, puis créez une collection rapide afin de regrouper ces images dans une collection (exercice 12, étapes 7 et 8).

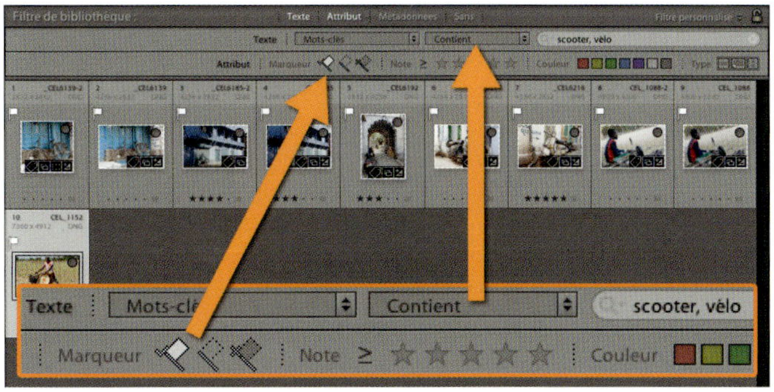

Étape 10

Créons un filtre personnalisé regroupant les images prises à haute sensibilité pour un traitement ultérieur. Commencez, pour éviter toute erreur, par désactiver tout filtrage en cours (Ctrl/Cmd + L). Sélectionnez « Toutes les photos » dans le panneau Catalogue ou sélectionnez un dossier puis, dans le « Filtre de bibliothèque », cliquez sur Métadonnées. Le filtre affichant trop de colonnes (il en faut seulement deux), cliquez droit à l'extrémité droite de l'en-tête de l'une d'elles et sélectionnez « Supprimer cette colonne » dans le menu contextuel. Répétez l'opération jusqu'à ce qu'il n'en reste que deux.

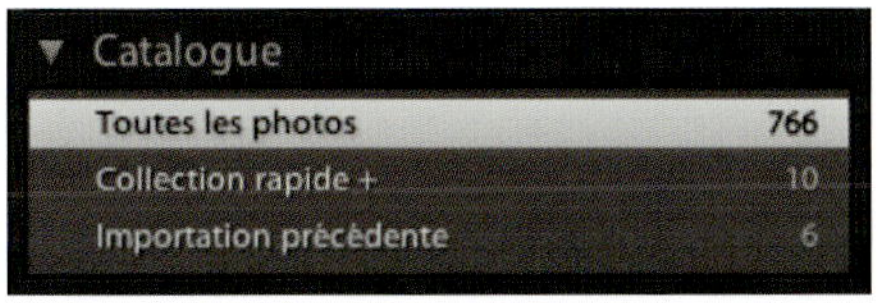

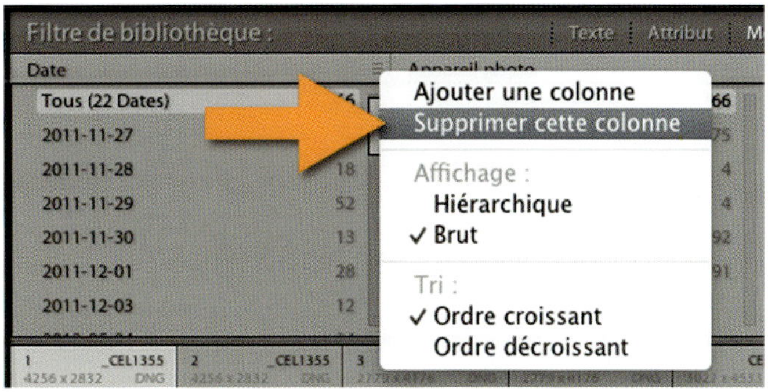

Étape 11

Dans la colonne de gauche, cliquez sur le mot affiché côté gauche de l'en-tête, pour accéder à la liste des critères, puis choisissez « Appareil photo ». Aussitôt, une liste de tous les appareils que vous avez utilisés apparaît dans la colonne avec, à droite, le nombre de photos correspondantes. Sélectionnez le boîtier à retenir.

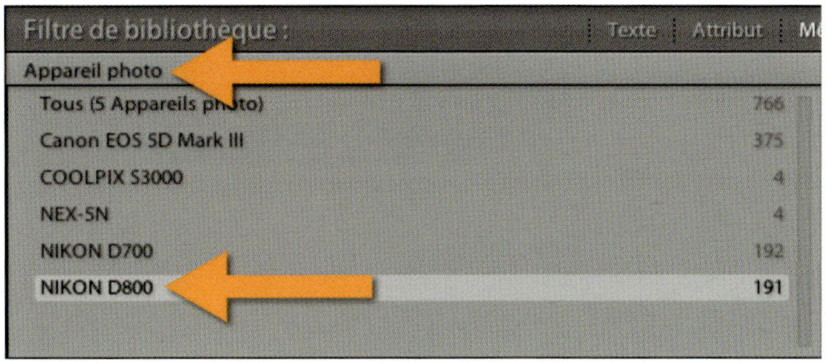

> **Remarque** : si vous possédez plusieurs exemplaires du même appareil, vous pouvez utiliser le numéro de série pour filtrer les images. Sélectionnez un ou plusieurs appareils avec Ctrl/Cmd + clic.

Étape 12

Dans la colonne de droite, sélectionnez le critère « Vitesse ISO ». Dans notre exemple, nous avons choisi de ne traiter que les images prises à 1 600 et 2 000 ISO. En maintenant la touche Ctrl/Cmd enfoncée, cliquez sur toutes les sensibilités concernées pour les activer.

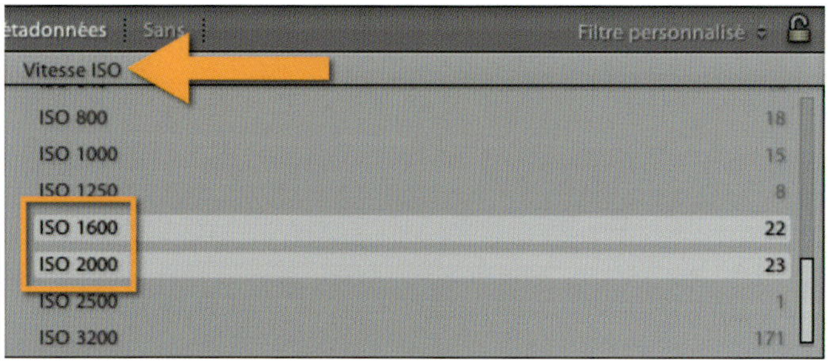

Étape 13

Pour enregistrer le filtre, retournez dans la barre du « Filtre de bibliothèque », en haut à droite, et déroulez le menu situé près du petit cadenas. Choisissez « Enregistrer les paramètres actuels en tant que nouveau paramètre prédéfini », puis, dans la boîte de dialogue, saisissez le nom du filtre, par exemple « D800 ISO 1 600 + 2 000 ». Validez votre choix en cliquant sur Créer.

Là encore, vous pouvez créer une collection en suivant la méthode expliquée dans l'étape 9.

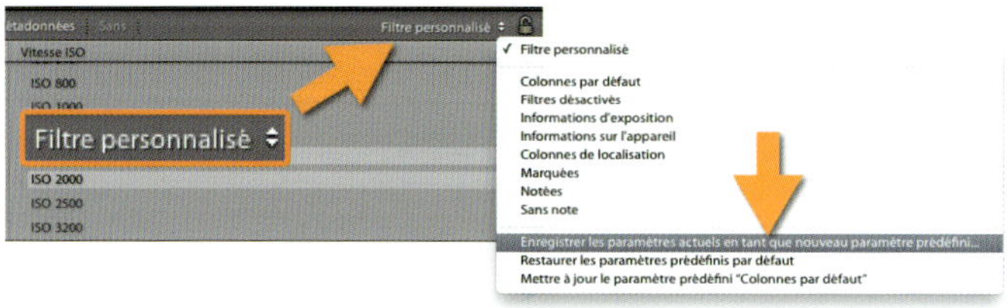

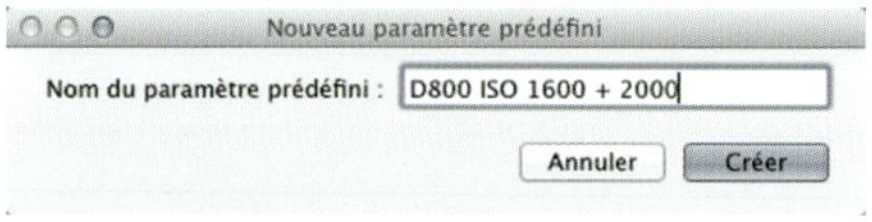

Étape 14

Au bout d'un certain temps, lorsque vous aurez engrangé de nouvelles images, vous pourrez parcourir votre catalogue et vos dossiers en sélectionnant ce filtre, soit dans la liste déroulante de la barre du « Filtre de bibliothèque », en haut à droite, soit, de manière bien plus pratique, dans la même liste dupliquée en bas à droite, dans le « Film fixe ».

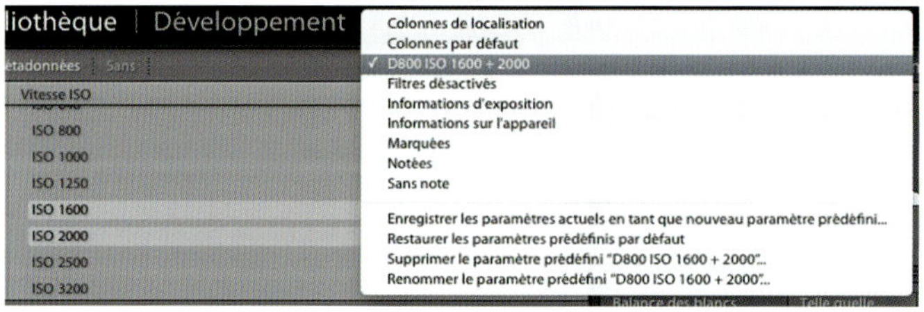

Étape 15

En recherchant des photos répondant à un critère précis, le filtre sera réinitialisé en passant d'un dossier à l'autre. Pour que le filtre soit permanent d'un dossier à l'autre, verrouillez le petit cadenas, en haut à droite. Même dans ce cas, vous pouvez mémoriser les réglages de filtres par dossiers en allant dans le menu **Fichier>Filtres de bibliothèque** et en cochant « Mémoriser le filtre de chaque source séparément ».

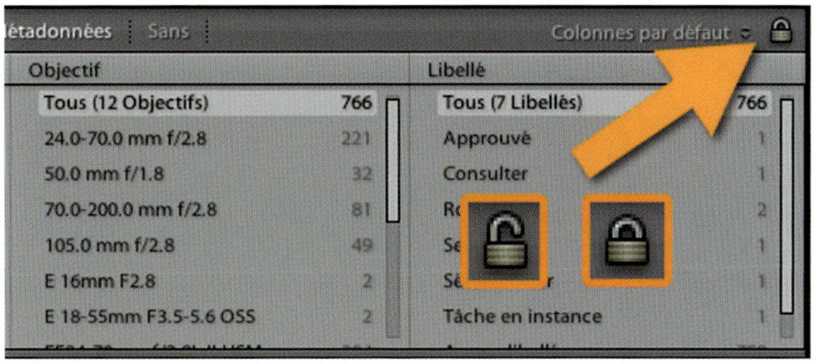

Remarque : cet exercice s'applique à bien d'autres besoins : regroupement d'images en fonction du type d'objectif, s'il y a eu exportation vers une galerie web ou pas, coordonnées GPS ou lieu de prise de vue notés dans les champs IPTC… Les possibilités sont multiples et suffisamment souples d'emploi pour s'adapter à vos méthodes de travail. Utilisez les filtres à partir du « Film fixe », plus pratique que la barre du « Filtre de bibliothèque » car disponible dans tous les modules. Utilisez le cadenas pour verrouiller un filtre lors d'une recherche dans plusieurs dossiers. Après les opérations de filtrage, déverrouillez le cadenas et réinitialisez les filtres en cours.

17 Créer un modèle de copyright

Les métadonnées font partie intégrante de la gestion des images, y compris la protection de la propriété intellectuelle et commerciale. Nous allons passer ici à une application concrète et même obligatoire : la création d'un modèle de copyright que vous appliquerez systématiquement à toutes vos images lors de l'importation, de même qu'aux photos que vous exporterez et diffuserez. Votre nom, vos coordonnées, votre adresse e-mail et celle de votre site web seront joints à vos images, vous définirez aussi au cas par cas les droits de diffusion et le cadre d'utilisation de vos photos.
Ces informations, inscrites dans un format universel, seront lisibles par vos clients et par le public, à l'aide de la plupart des programmes du monde de l'image et de l'édition papier ou électronique.

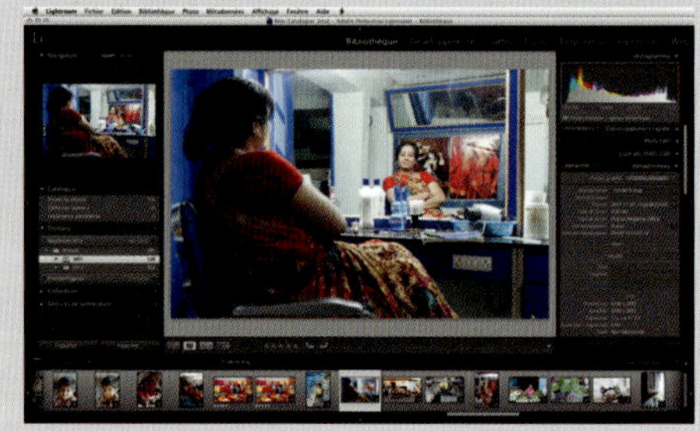

Étape 1

Pour créer un modèle de copyright, allez dans le panneau Métadonnées du module Bibliothèque. Vous y trouverez un menu déroulant « Param. prédéf. » : sélectionnez « Modifiez les paramètres prédéfinis... ». Une boîte de dialogue s'affiche, vous permettant de saisir de nombreuses informations. Si une image contenant déjà des champs IPTC renseignés a été sélectionnée au préalable, vous devrez tout effacer avant d'écrire (l'enregistrement ne supprimera pas les données de cette image).

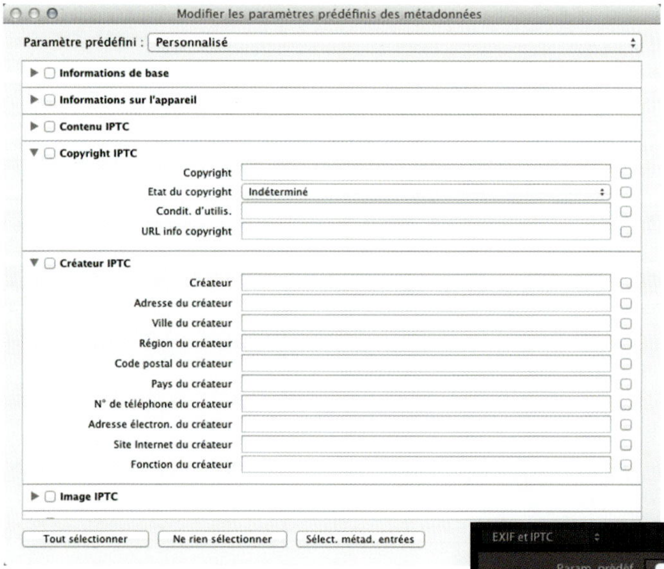

Remarque : vous pouvez également accéder à la même fenêtre dans le menu Importer, panneau **Appliquer pendant l'importation>Métadonnées**.

Étape 2

Dans la section « Copyright IPTC », remplissez successivement les champs :

- Copyright : saisissez une formule simple comme « © + prénom + nom + année en cours » ;
- « État du copyright » : sélectionnez « Protégé par un copyright » dans la liste ;
- « Condit. d'utilis. » : saisissez un texte succinct décrivant les conditions exactes d'utilisation de vos images, comme « Interdiction de copier et de diffuser cette image sans accord écrit de l'auteur » ;
- « URL info copyright » : si possible, saisissez un lien vers une page web contenant des informations liées à votre activité de photographe et à vos références.

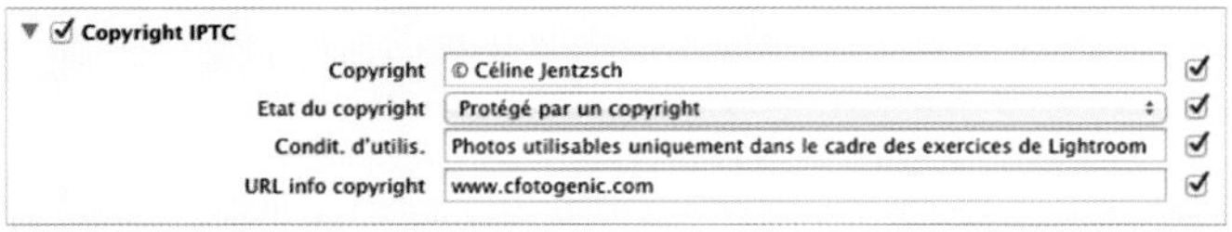

Étape 3

Il est tout aussi important d'enregistrer vos coordonnées dans la section « Créateur IPTC ». Vous y mettrez votre nom, votre adresse exacte ainsi qu'un numéro de téléphone, une adresse e-mail et, éventuellement, l'URL de votre site web.

Étape 4

Vérifiez le reste du panneau pour voir s'il n'y a pas d'autres informations oubliées qui ne doivent pas y figurer. Les champs saisis sont automatiquement activés lorsqu'ils sont remplis (les cases sont cochées).

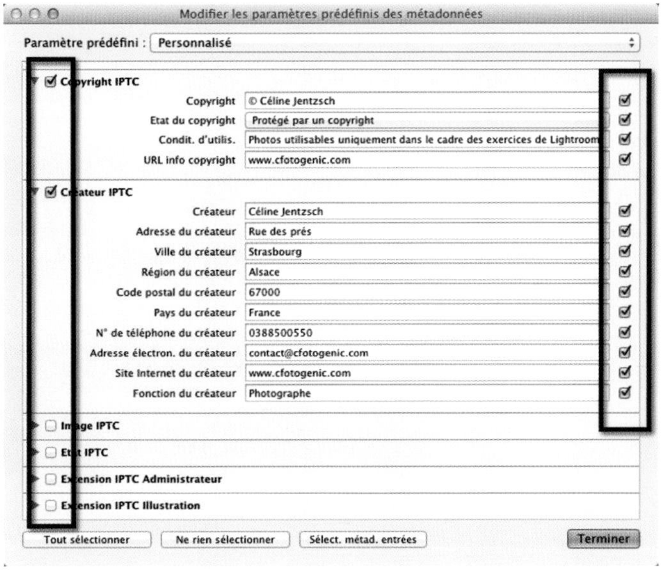

Étape 5

Retournez en haut de la fenêtre et choisissez « Enregistrer les paramètres actuels en tant que nouveau paramètre prédéfini » dans la liste déroulante « Paramètre prédéfini ». Une nouvelle fenêtre va s'afficher vous invitant à nommer le modèle de copyright, le plus simple étant de reprendre © + prénom + nom + année en cours. Pour obtenir le symbole copyright :

- Mac : touches Alt + C
- PC : touches Alt + 0 + 1 + 6 + 9

Validez en cliquant sur Créer, puis quittez la fenêtre en cliquant sur Terminer.

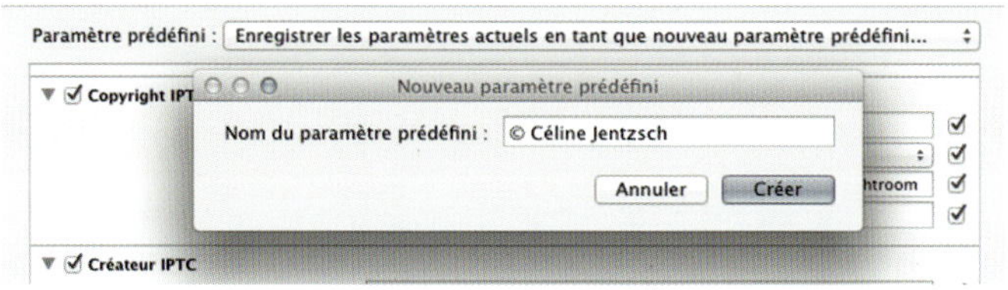

Étape 6

Il y a quatre façons d'appliquer le modèle de copyright aux images déjà présentes dans le catalogue : application, synchronisation, copier/coller, outil Peinture.

Pour l'application directe, sélectionnez une série d'images puis, dans le menu déroulant « Param. prédéf. » du panneau Métadonnées, choisissez le modèle que l'on vient de créer. Une fenêtre de dialogue va s'afficher : cliquez sur le bouton « Toutes les photos sélectionnées ».

Étape 7

Pour la synchronisation, sélectionnez une image qui contient déjà le modèle de copyright, puis une série d'autres images en faisant Maj + clic ou Ctrl/Cmd + clic. Cliquez sur le bouton « Synch. métad. » situé sous le panneau Métadonnées.

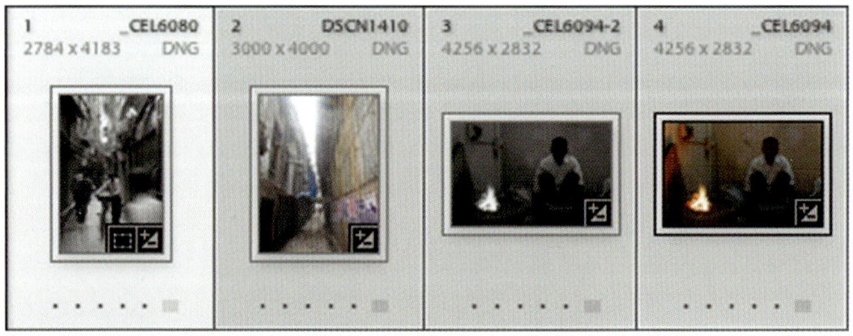

Étape 8

Dans la boîte de dialogue qui s'affiche, assurez-vous que les informations de contact et de copyright sont bien cochées, puis cliquez sur le bouton Synchroniser. Il existe également un mode de synchronisation automatique, que l'on peut activer dans le menu **Métadonnées>Activer la synchro auto** (après avoir sélectionné une image source et une image de destination).

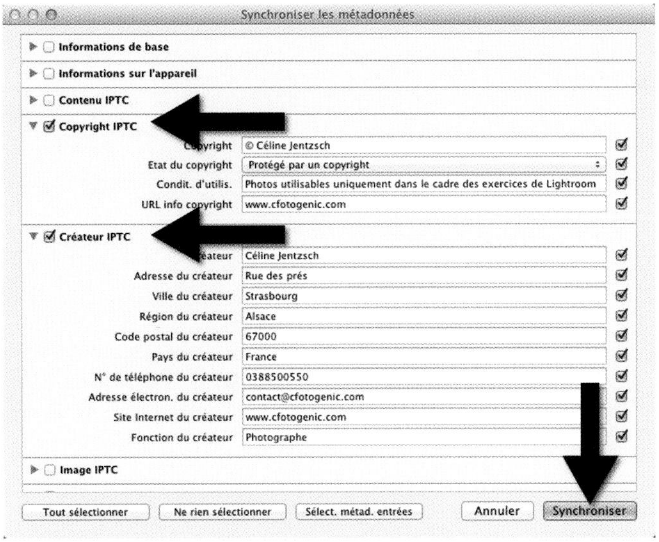

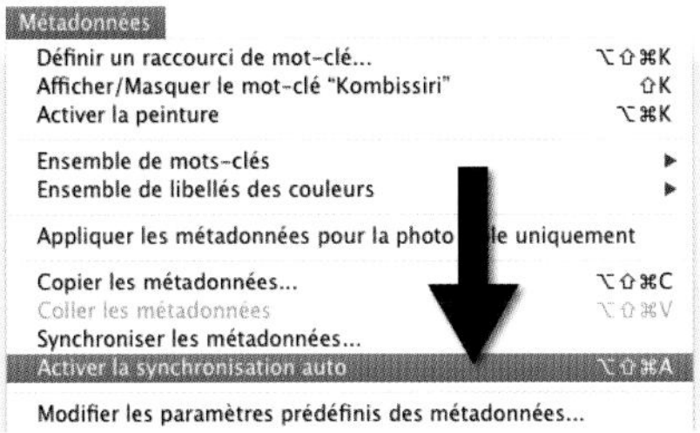

Étape 9

Le copier/coller est tout aussi efficace. Sélectionnez l'image contenant le modèle de copyright, puis allez dans le menu **Métadonnées>Copier les métadonnées** du module Bibliothèque. Cochez les informations à copier/coller (comme dans l'étape 8), puis cliquez sur Copier. Retournez dans la grille, sélectionnez les images de destination puis allez dans le menu **Métadonnées>Coller les métadonnées**.

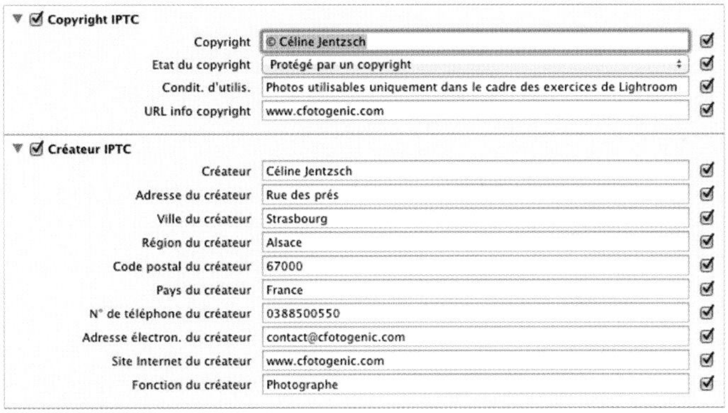

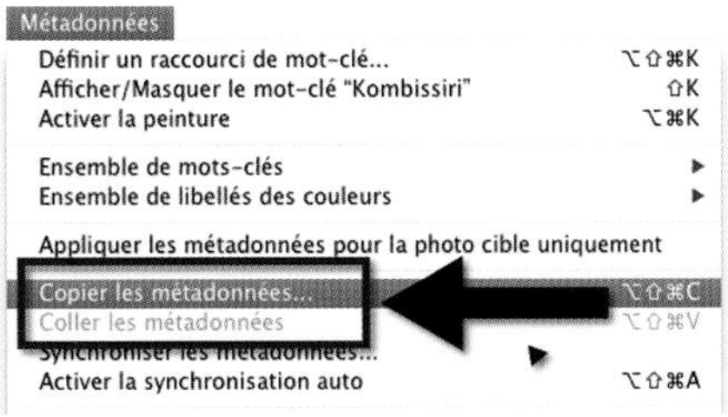

Étape 10

L'application à la bombe de peinture est plus ludique. Activez l'outil Peinture en cliquant sur son icône (barre d'outils sous le panneau d'affichage principal de Lightroom). Sélectionnez à sa droite Métadonnées dans la liste déroulante Peindre, puis, plus à droite, le modèle de copyright. Passez l'outil Peinture sur les vignettes, en pressant le bouton gauche de la souris. Si vous revenez en arrière, la bombe se transforme en gomme pour annuler l'application du modèle sur la ou les vignettes survolées. Lorsque c'est terminé, replacez l'outil Peinture dans la barre d'outils.

Étape 11

Le moyen le plus pratique d'appliquer un modèle de métadonnées est à l'importation des images (photo et vidéo). Dans le panneau de droite du menu Importer, section « Appliquer pendant l'importation », sélectionnez le modèle de copyright dans la liste déroulante.

Bien sûr, vous pouvez créer plusieurs modèles en fonction de la destination et de l'usage des photos.

Conclusion : créer et appliquer un modèle de copyright dans Lightroom est très simple, prenez l'habitude de l'appliquer à toutes vos images dès l'importation, que vous soyez professionnel ou non. L'utilisation de la norme IPTC garantit que ces informations seront lues de manière universelle dans tous les logiciels capables d'afficher ces données.

18 Modifier le nom et la date des photos

Si la plupart des utilisateurs de Lightroom peuvent très bien se passer de changer le nom ou la date de leurs photos, certains professionnels ou photographes ayant une grosse production pourront être amenés à le faire dans le cadre de leur activité et de la diffusion des images vers de multiples destinataires.
Le programme propose, pour ces tâches, des outils complets. Mais attention, nous vous conseillons de ne pas renommer vos fichiers originaux à l'importation, et de réserver ce travail à l'exportation, en fonction du destinataire ou de ce que vous avez l'intention de faire avec vos photos.

Étape 1

Pour renommer une photo, sélectionnez-la dans la grille ou le « Film fixe », puis appuyez sur la touche F2 du clavier, ou allez dans le menu **Bibliothèque>Renommer la photo**. Vous pouvez sélectionner plusieurs photos, dans ce cas il faudra choisir un modèle incluant une séquence afin de les renommer de façon logique. Il est impératif de définir une méthode avant de vous lancer, elle doit être définitive pour conserver une certaine cohérence dans votre manière de travailler. Renommer les fichiers, comme saisir une légende dans les métadonnées ou élaborer un titre, choisir des mots-clés, représente un véritable défi intellectuel et exige un vrai travail de réflexion en amont, ainsi que de nombreux essais.

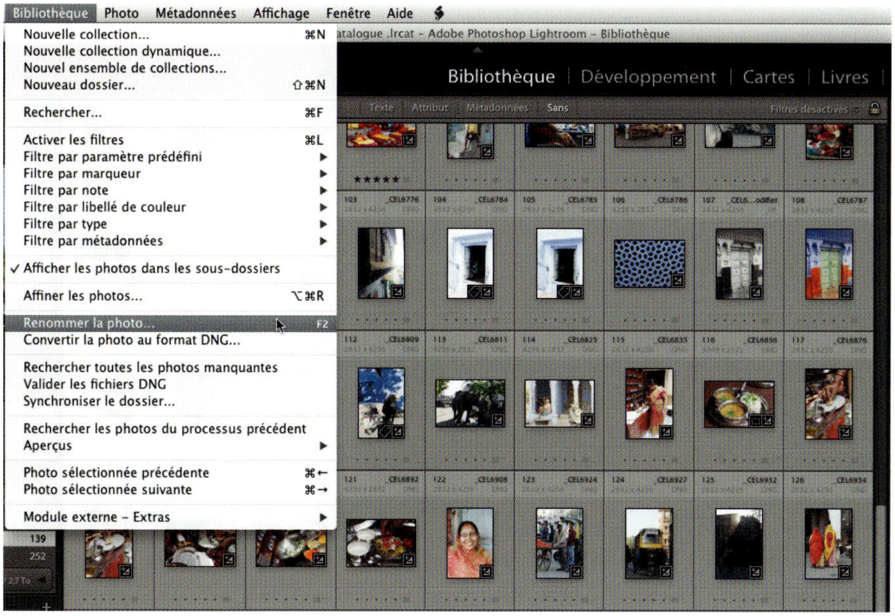

Étape 2

Aussitôt, une boîte de dialogue va s'ouvrir et vous proposer une petite liste d'options pour renommer la photo. Si vous choisissez une option avec « Nom personnalisé », un champ de saisie apparaîtra dans la fenêtre et vous pourrez apercevoir, en temps réel, une simulation du nouveau nom du fichier juste en dessous. Pour valider votre choix et renommer l'image sélectionnée, cliquez sur OK.

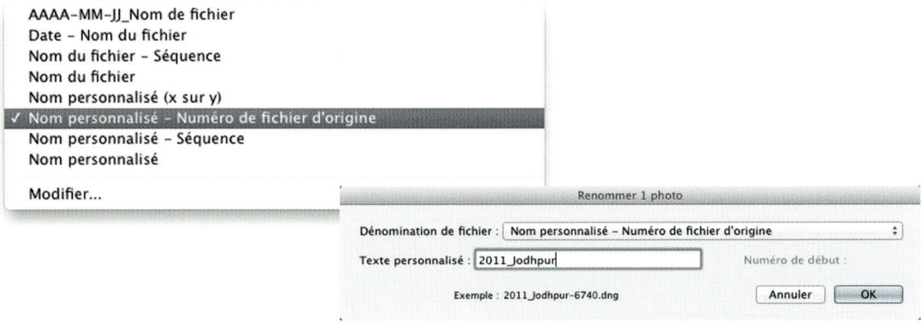

Étape 3

Bien entendu, cette liste n'est pas exhaustive et vous avez la possibilité de créer un modèle personnalisé en choisissant Modifier à la fin de la liste « Dénomination de fichier ». Cette commande ouvre l'« Éditeur de modèles de nom de fichier », qui présente des critères à insérer dans un champ de saisie avec, toujours en temps réel, un exemple affiché juste en dessous de la liste « Paramètre prédéfini ». Vous pouvez choisir et assembler un grand nombre de paramètres définissant le nom de l'image, la date et un numéro de séquence, des métadonnées et un texte libre.

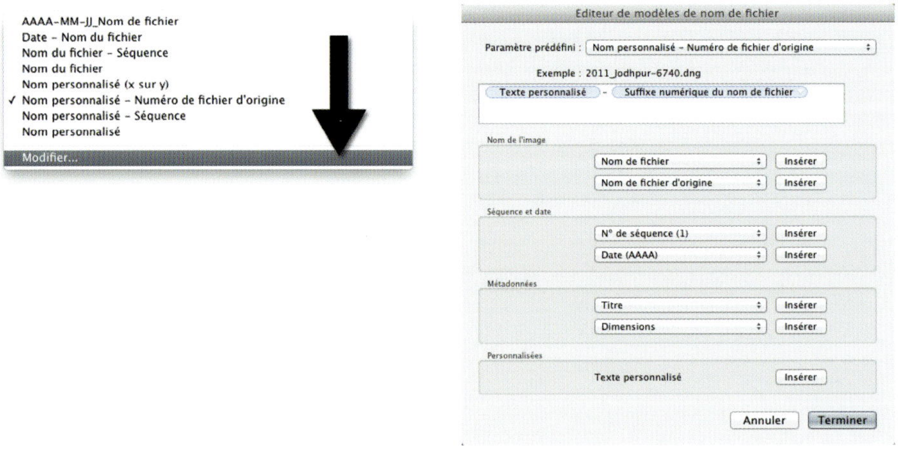

Étape 4

Les critères à insérer apparaissent sous forme de « jetons » que vous pouvez réordonner à la souris. Vous avez également la possibilité d'insérer des espaces, des tirets ou même du texte tout simplement en cliquant entre deux jetons et en faisant la saisie au clavier. Lorsque vous aurez terminé, enregistrez le modèle de nom de fichier dans le menu déroulant **Paramètre prédéfini>Enregistrer les paramètres en tant que nouveau paramètre prédéfini**. Vous gardez bien sûr la main pour modifier ou supprimer les modèles de nom de fichier. Quittez la fenêtre en cliquant sur Terminer.

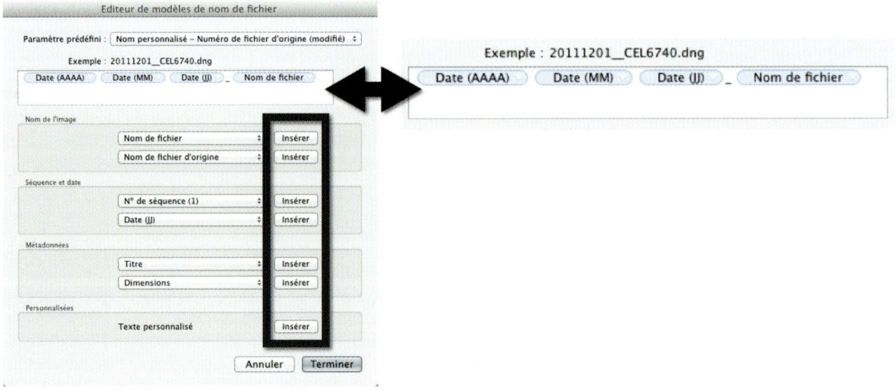

Étape 5

Si vous renommez une photo, sachez que le nom du fichier original n'est pas perdu et peut se retrouver dans le panneau **Métadonnées>EXIF et IPTC>Nom du fichier + Nom de fichier d'origine**.

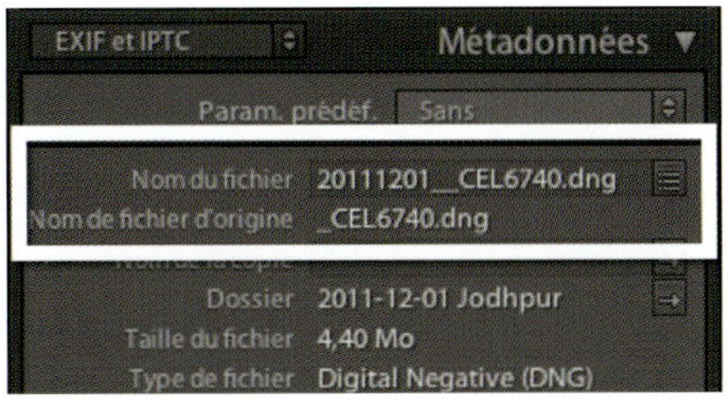

Étape 6

Outre la méthode expliquée dans l'étape 1, il y a d'autres possibilités pour renommer des fichiers par lots :

- par le menu Importer, section « Renommer le fichier », à droite. Vous pouvez accéder à l'éditeur et modifier les extensions en majuscules ou minuscules. Cette section n'est pas disponible en mode Ajouter (exercice 09) ;
- dans le module Bibliothèque, menu **Fichier>Importation automatique>Paramètres d'importation automatique>Dénomination de fichier** (exercice 20);
- dans le menu **Exporter>Dénomination de fichier** (exercice 52).

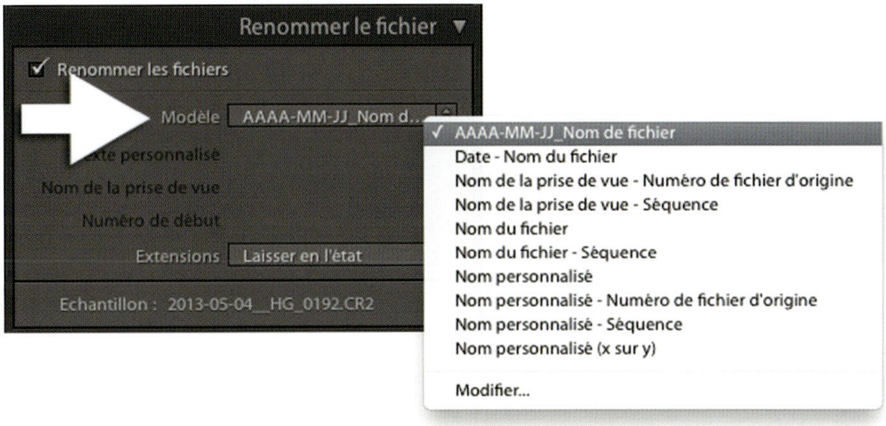

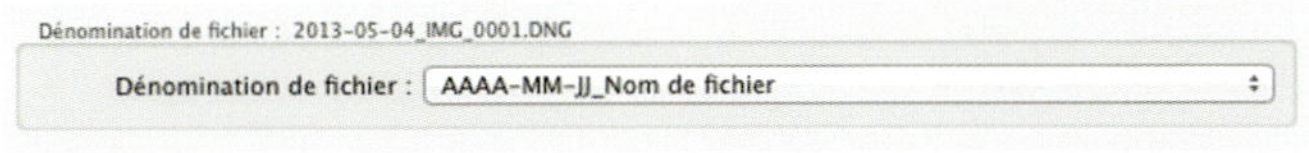

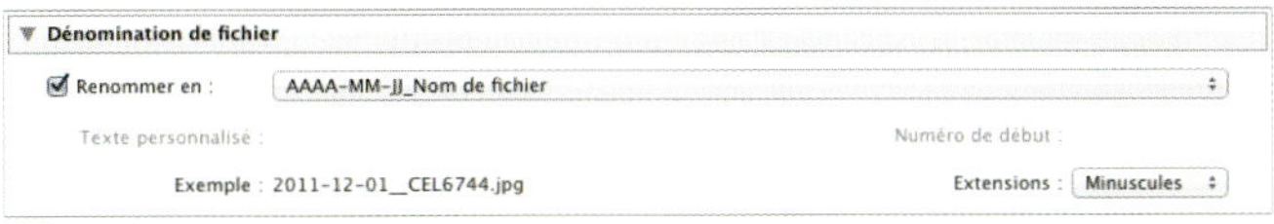

Étape 7

Si la date et l'heure de votre appareil photo n'ont pas été changées en cours de voyage au travers de fuseaux horaires, ou lors du passage à l'heure d'été ou d'hiver, vous avez la possibilité de les modifier dans Lightroom. Cela s'applique également aux images numérisées pour remplacer la date et l'heure de numérisation par celles de la prise de vue.

Étape 8

Sélectionnez une photo dans la grille puis allez dans le menu **Métadonnées>Modifier l'heure de capture**. Vous pouvez également sélectionner plusieurs photos mais, si vous êtes en mode Loupe, Comparaison ou Ensemble et que vous sélectionnez plusieurs images, seule la photo active sera modifiée.

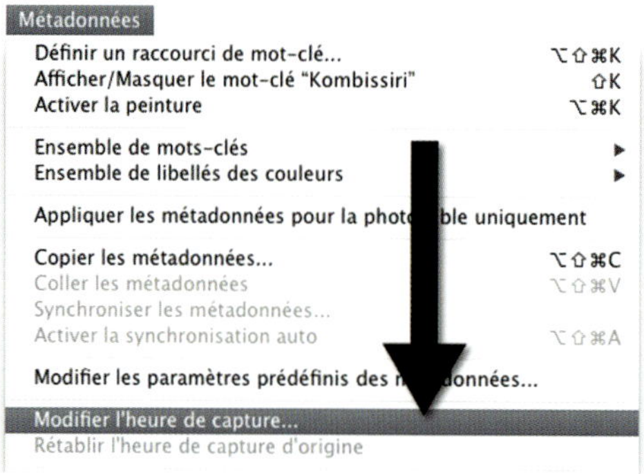

Étape 9

Le menu « Modifier l'heure de capture » propose trois types de réglages :

- « Régler sur une date et une heure spécifiques » : date et heure de capture seront modifiées en fonction de votre saisie dans la section « Nouvelle heure » ;
- « Décaler d'un certain nombre d'heures » : la liste déroulante de la section « Nouvelle heure » permet de corriger l'heure par tranches de 1 h, de -24 à +24, pour compenser erreurs de fuseaux ou passages à l'heure d'été/d'hiver ;
- « Remplacer par la date de création du fichier » : date et heure originales (dites « de capture »), celles des données EXIF, seront remplacées par celles de création du fichier.

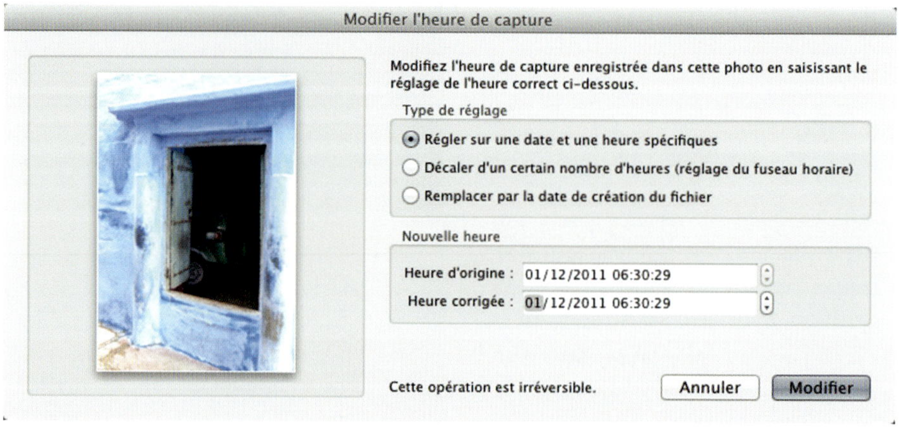

Étape 10

Pour régler la date et l'heure du fichier, cliquez sur la première option dans le champ « Type de réglage », puis, dans la section **Nouvelle heure>Heure corrigée**, saisissez une date et une heure corrigées, soit par saisie au clavier, soit en les faisant défiler avec les flèches après avoir cliqué, l'un après l'autre, sur les champs JJ/MM/AAAA HH:MN:SEC. Validez en cliquant sur Modifier. Vous pouvez vérifier le résultat dans le panneau **Métadonnées>EXIF>Date/heure origin.**

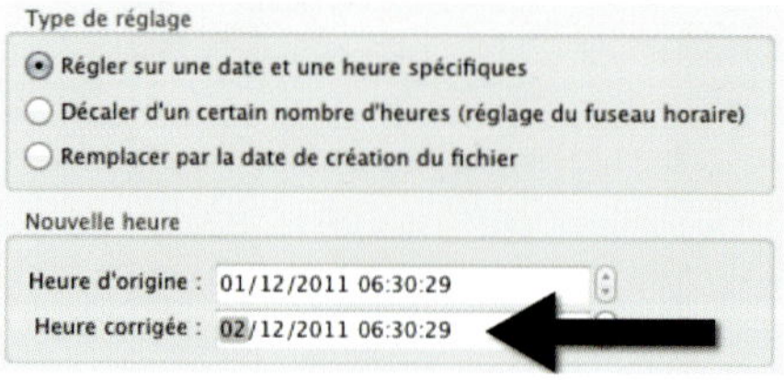

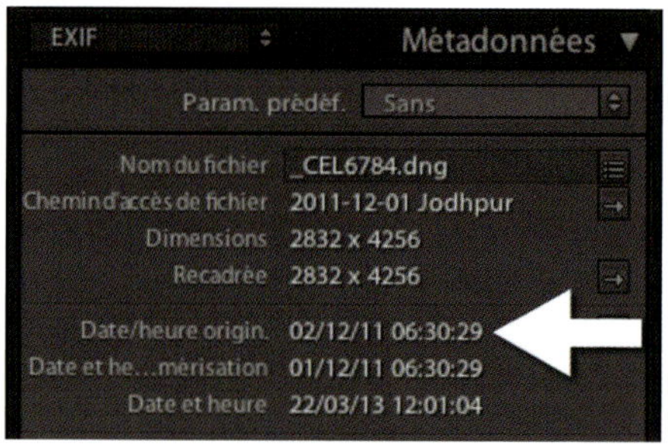

Étape 11

Si vous changez d'avis, vous pouvez rétablir la date et l'heure originales en sélectionnant la ou les photos dans la grille ou le « Film fixe », puis en allant, toujours dans le module Bibliothèque, dans le menu **Métadonnées>Rétablir l'heure de capture d'origine**. Vérifiez le résultat dans le panneau **Métadonnées>EXIF>Date/heure origin.**

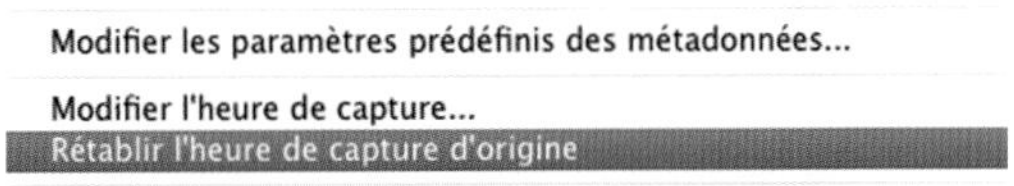

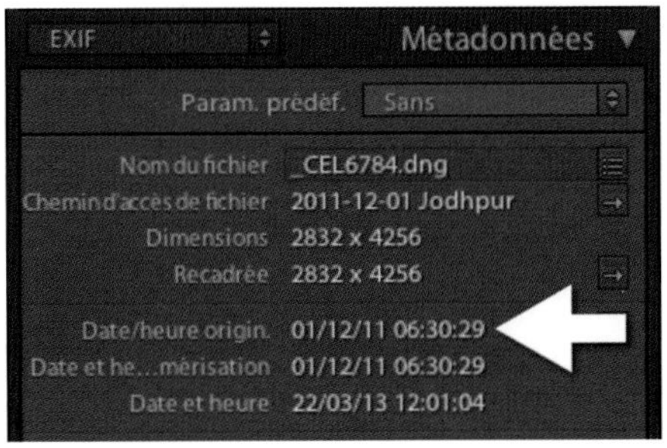

Étape 12

Adobe fait une seule exception à la sacro-sainte règle de ne pas modifier un fichier RAW, en permettant de modifier la date et l'heure. Pour que cela soit possible, vous devez aller dans les « Paramètres du catalogue » (menu Lightroom sur Mac, menu Édition sur PC), onglet Métadonnées, section EXIF, et activer l'option « Écrire les modifications de date ou heure dans les fichiers RAW propriétaires ». Cette opération est réversible grâce à la commande « Rétablir l'heure de capture d'origine ».

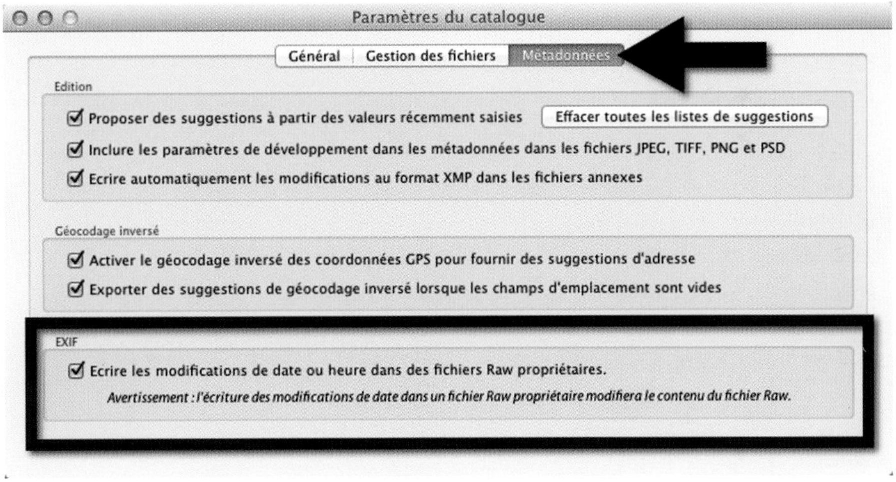

Conclusion : évitez, dans la mesure du possible, de modifier à tout bout de champ la date et l'heure de vos photos, au risque de perturber le bon ordre qui règne dans votre catalogue, notamment si vous avez établi des filtres basés sur l'horodatage des fichiers.

En ce qui concerne la modification de nom de fichier, nous vous recommandons de ne le faire qu'à l'exportation et de ne pas renommer les fichiers gérés par le catalogue, ni les originaux. Pour l'exportation, réfléchissez à un système de dénomination basé, par exemple, sur le nom original du fichier, suivi de vos initiales et d'un suffixe qui corresponde à un usage particulier ou à un destinataire :

CEL6784 _LaboNB.tiff (nom original + usage + extension)

ou encore :

CEL6784_20130504_Eyrolles.jpg (nom original + date de sortie + client + extension)

Dans tous les cas de figure, évitez les noms trop longs et trop complexes. Si vous réimportez dans le catalogue, prévoyez des filtres de recherche et des collections dynamiques adaptés pour regrouper vos images en fonction de leur usage.

19 La prise de vue en mode connecté

Lightroom propose deux autres méthodes d'importation d'images : l'importation automatique (exercice 20) et la prise de vue en mode connecté, avec un appareil photo directement relié au module Bibliothèque. Les fonctions de capture en mode connecté restent très basiques – pas de pilotage à distance des réglages, pas de mode Live View – mais offrent certains avantages : simplicité, stabilité et rapidité.
La seconde partie de cet exercice (étapes 6 à 8) présente l'incrustation de loupe, qui permet de simuler une mise en page. Sachez que vous pouvez également utiliser, lors de la prise de vue en mode connecté, les repères et la grille incrustés présentés dans l'exercice 04, étapes 18 et 19.

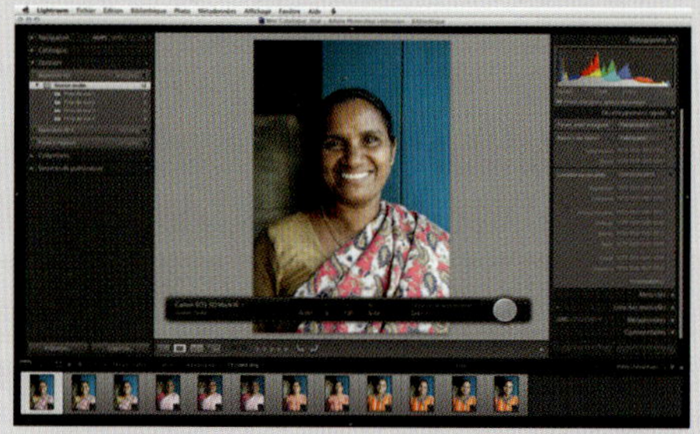

Étape 1

Avant de démarrer une séance de prise de vue en mode connecté, il convient d'effectuer quelques réglages dans le menu **Fichier>Capture en mode connecté>Démarrer la capture en mode connecté**.
À ce stade, vous pouvez relier votre appareil photo à l'ordinateur par le port USB (ou Firewire si l'appareil le permet) et le mettre sous tension.

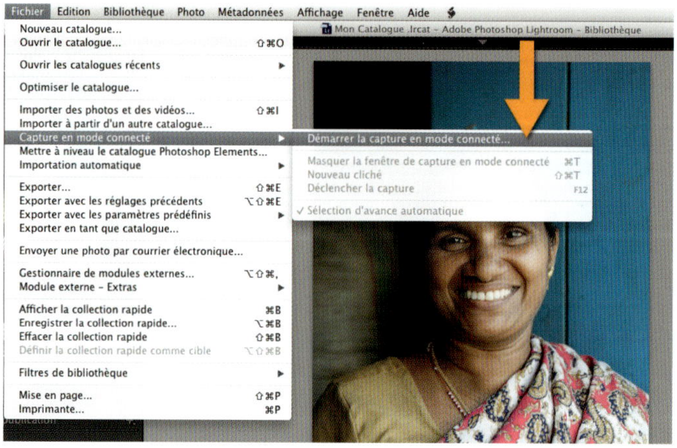

Remarque : la capture en mode connecté de Lightroom est autonome, elle n'exige pas l'installation préalable de logiciels ou d'utilitaires spécialisés fournis soit par le fabricant de l'appareil, soit par des éditeurs tiers.

Étape 2

Dans la boîte de dialogue « Paramètres de capture en mode connecté », saisissez le nom de la session de prise de vue (Lightroom propose « Session studio » par défaut), choisissez un modèle de nom de fichier qui permette de conserver ceux créés par l'appareil photo et sélectionnez un dossier de destination.

Étape 3

Comme pour l'importation classique, appliquez un modèle de métadonnées de copyright (exercice 17). Si vous cochez « Scinder les photos en prises de vue » (section Session), les séquences seront automatiquement classées par sous-dossiers, dans le dossier « Session studio ». Cliquez sur OK. Si vous avez choisi le découpage en sous-dossiers, une fenêtre apparaîtra pour saisie du nom initial de la prise de vue et des dossiers.

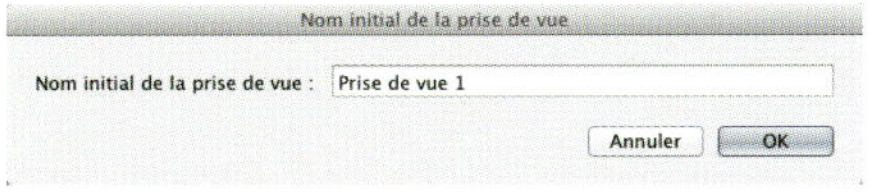

Étape 2

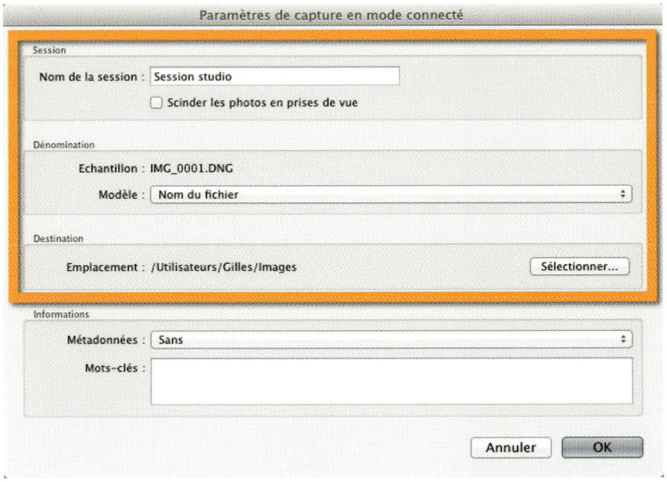

Étape 3

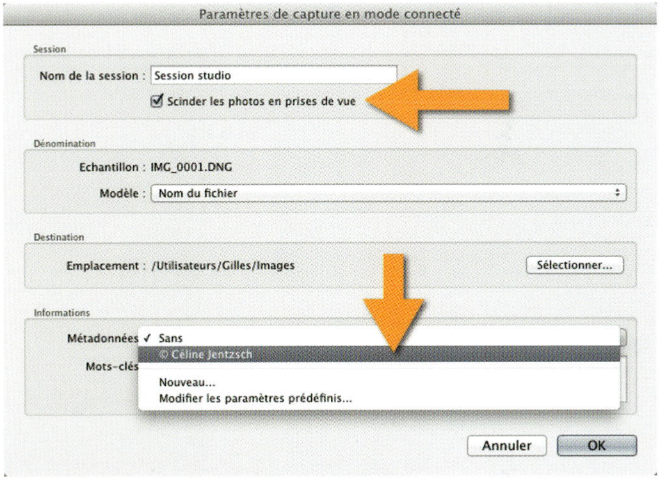

Étape 4

En quittant la fenêtre des paramètres, une barre d'outils flottante s'affiche : à gauche, les noms de l'appareil connecté, du dossier et du sous-dossier de la session ; au centre, les paramètres de prise de vue (vitesse, ouverture, sensibilité ISO modifiables sur l'appareil) et de balance des blancs (modifiable dans la palette) ; à droite, accès à un paramètre prédéfini de développement et au bouton de déclenchement. En bas à droite, une icône en roue dentée permet d'ouvrir la boîte de dialogue des paramètres. La barre d'outils peut être réduite à un bouton en cliquant sur le bouton de fermeture tout en pressant Alt/Option ; vous pouvez la déplacer hors de la fenêtre de Lightroom.

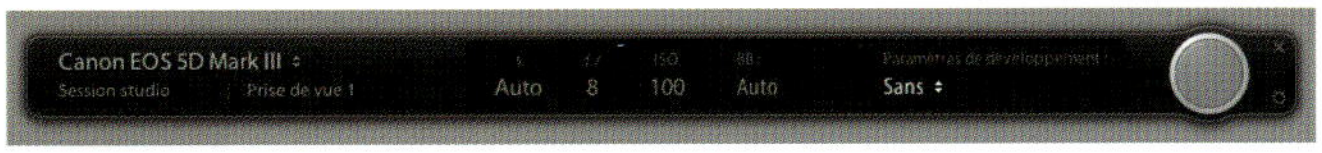

Remarque : vous pouvez également déclencher en pressant la touche F12.

Étape 5

Après déclenchement, les images seront importées dans les dossiers spécifiés aux étapes 2 et 3, dans le dossier « Session studio », et scindées en différentes prises de vue. Vous ne disposez pas ici de mode Live View, mais les images arrivent directement dans le module Bibliothèque, sans passer par le menu Importer.

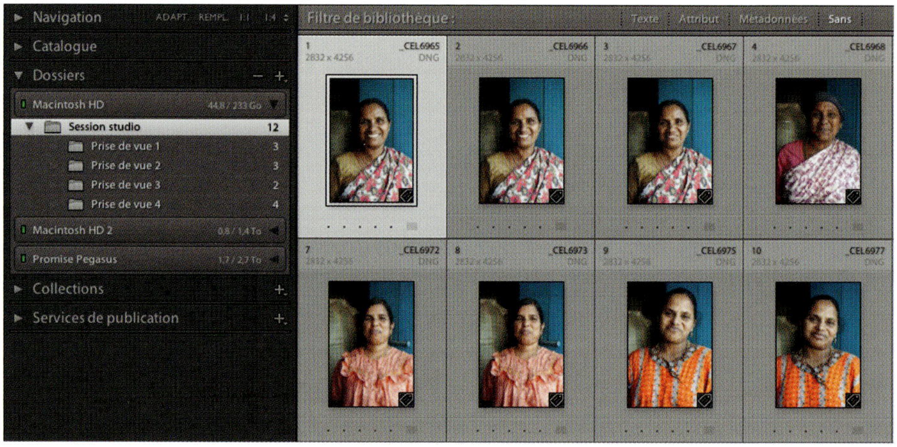

Étape 6

Dans le module Bibliothèque, le menu **Affichage>Incrustation de loupe>Image de mise en page** permet d'incruster une image prise en mode connecté (ou toute autre choisie dans la Bibliothèque) dans une mise en page, par exemple une maquette de couverture de magazine ou un simple élément graphique à placer dans la photo. Le but est de vérifier si l'image passe bien dans une mise en page.

Étape 7

La première chose à faire est d'importer la mise en page dans Lightroom, via le menu **Affichage>Incrustation de loupe>Sélectionner une image de mise en page**. Le fichier devra être au format PNG, qui gère la transparence. Il s'affichera directement sur l'image sélectionnée.

Vous pouvez importer plusieurs images de mise en page, elles pourront être sélectionnées dans le menu **Affichage>Incrustation de loupe>Images de mise en page récentes.**

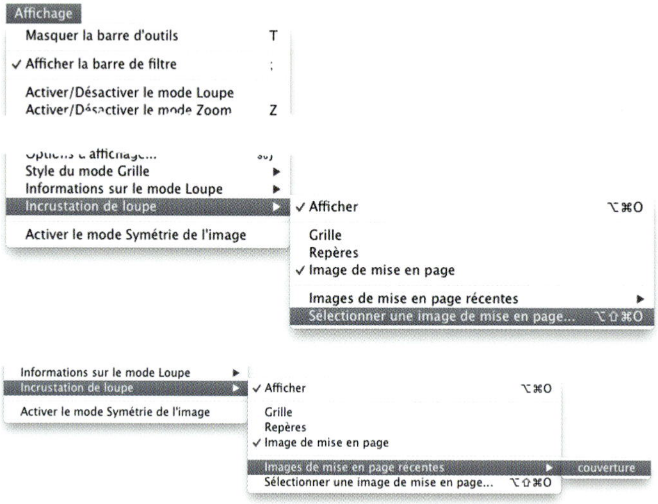

Étape 8

En pressant sur la touche Alt/Cmd, un certain nombre de réglages apparaîtront dans un pavé flottant translucide, en bas de l'image : Opacité permet d'ajuster la présence de l'incrustation et Mat d'ajuster la luminosité du gris qui sert d'éclairage de fond.

Pour modifier les réglages, placez le pointeur de la souris sur les chiffres affichés et déplacez la souris à gauche ou à droite pour augmenter ou diminuer les valeurs.

La touche Alt/Cmd affiche aussi l'outil de redimensionnement de l'image PNG importée. Saisissez les bords ou les angles pour régler la taille. Vous pouvez zoomer dans la photo pour placer l'incrustation avec plus de précision, et déplacer l'incrustation par-dessus l'image, à la souris.

Notez que la fonction d'incrustation est une simulation : si vous exportez l'image, l'incrustation n'apparaîtra pas dans le fichier.

> **Conclusion** : la capture en mode connecté ne fonctionne qu'avec un certain nombre de boîtiers Canon, Nikon et Leica. Si le mode connecté vous paraît trop restrictif, vous pouvez vous rabattre sur les logiciels de capture des fabricants d'appareils ou de certains développeurs tiers, et utiliser l'importation automatique telle qu'elle est expliquée dans l'exercice 20.

20 L'importation automatique

Lightroom propose une méthode alternative d'importation d'images, basée sur la surveillance automatique d'un dossier. Vous pourrez importer les images issues d'un scanner ou même d'un appareil photo : dans ce cas, on utilisera le logiciel ou le pilote du fabricant, qui déchargera les images dans un dossier temporaire, appelé « Dossier de contrôle », avant d'être transférées automatiquement par Lightroom dans le dossier surveillé par le module Bibliothèque.
Dans le cas d'un appareil photo, il s'agit d'un autre moyen de pratiquer la prise de vue en mode connecté, plus particulièrement si votre matériel n'est pas pris en charge par la fonction intégrée à Lightroom (exercice 19).

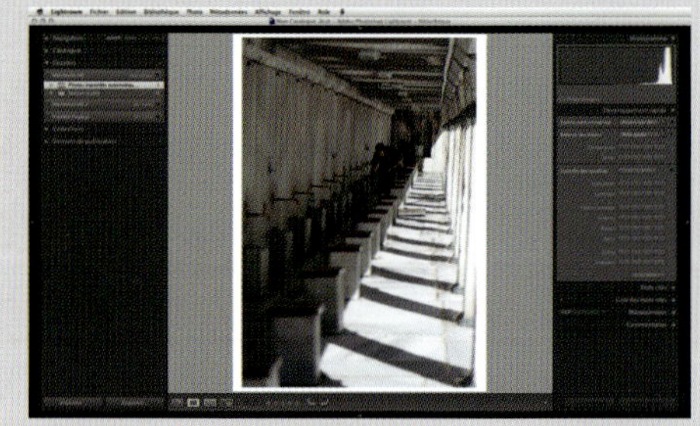

Étape 1

Dans le module Bibliothèque, allez dans le menu **Fichier>Importation automatique> Paramètres d'importation automatique**, ce qui va ouvrir une fenêtre de dialogue. Après avoir coché « Activer l'importation automatique » (accessible également dans le menu Fichier), nous allons créer un « Dossier de contrôle » (celui que Lightroom va surveiller en permanence).
Cliquez sur Sélectionner puis créez un dossier à l'emplacement qui vous convient le mieux. Cliquez encore une fois sur Sélectionner pour valider.

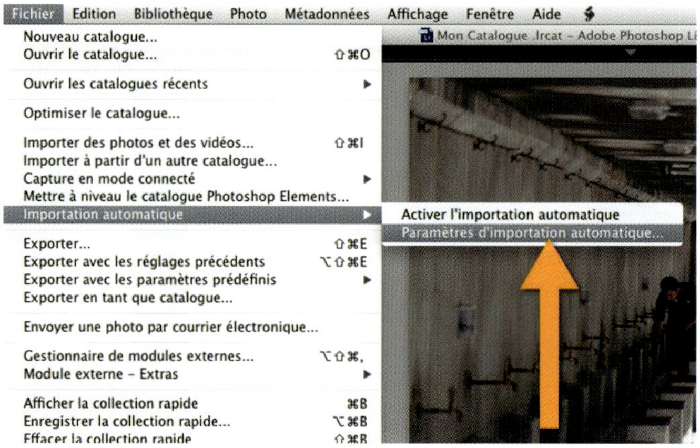

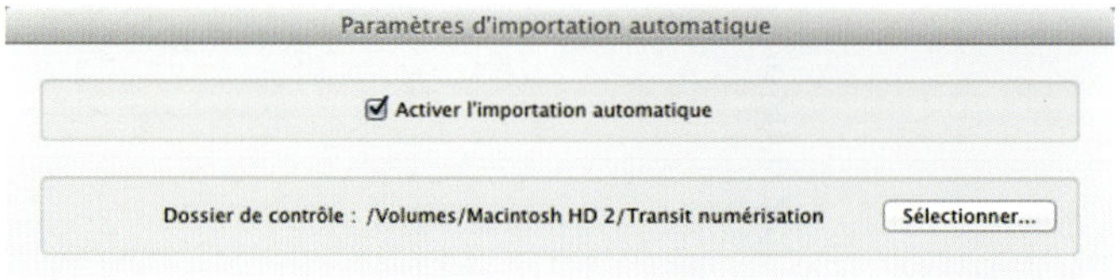

Étape 2

La section Destination, située juste en dessous, indique l'emplacement du sous-dossier par défaut (« Photos importées automatiquement »), ou tout autre dossier créé par vos soins dans lequel Lightroom transférera les nouvelles images détectées dans le « Dossier de contrôle ». Il apparaîtra dans le panneau Dossiers du module Bibliothèque.

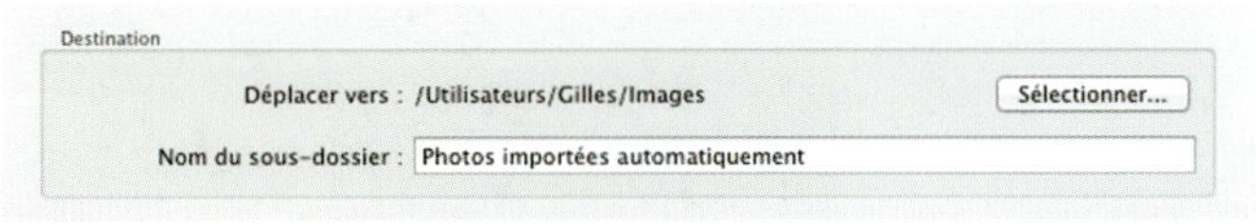

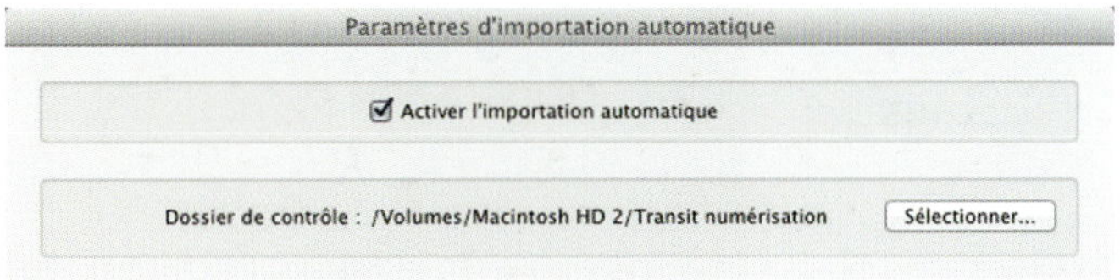

Étape 3

Vous pouvez renommer les fichiers (exercice 18) par lots dès l'importation avec, par exemple, un modèle « Date – Nom du fichier » choisi dans la liste déroulante. Pensez également à incorporer vos informations personnelles et de copyright à l'aide du modèle de copyright créé à l'exercice 17. Réglez la qualité des aperçus sur 1:1, puis cliquez sur OK pour la prise en compte des paramètres.

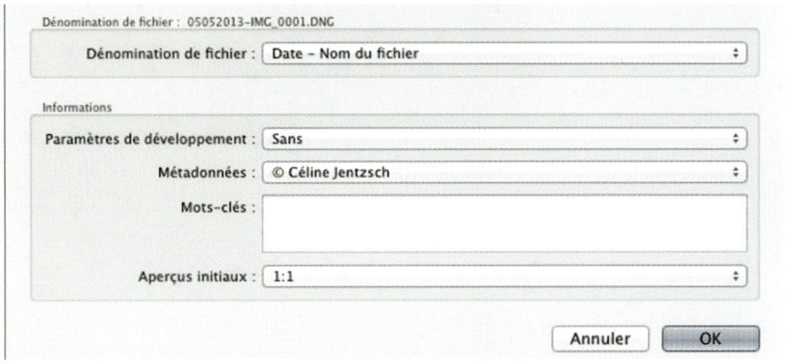

Étape 4

Indiquez au pilote de scanner l'emplacement du « Dossier de contrôle ». Tout dépend de votre scanner, mais si vous numérisez des diapositives et des négatifs, il y a des chances que ce soit l'un de ces logiciels :

- Epson Scan (scanners 4990, V600/V700/V750) : en mode professionnel, illustré ici, cliquez sur l'icône de dossier à côté du bouton Numériser, puis établissez la destination dans l'option Personnalisé ;
- NikonScan (scanners de films Nikon Coolscan) : **Préférences>Emplacements du fichier>Modifier l'emplacement** ;
- Hamrick Vuescan (pilote universel) : onglet **Sortie>Dossier par défaut**, puis cliquez sur le bouton @ pour afficher la fenêtre du système et définir l'emplacement du dossier de contrôle ;
- Lasersoft Imaging Silverfast (pilote universel) : dans le WorkFlow Pilot, fenêtre « Dimensions de l'image numérisée » puis section Chemin.

Il ne reste plus qu'à lancer la numérisation, les fichiers arriveront automatiquement dans le dossier spécifié.

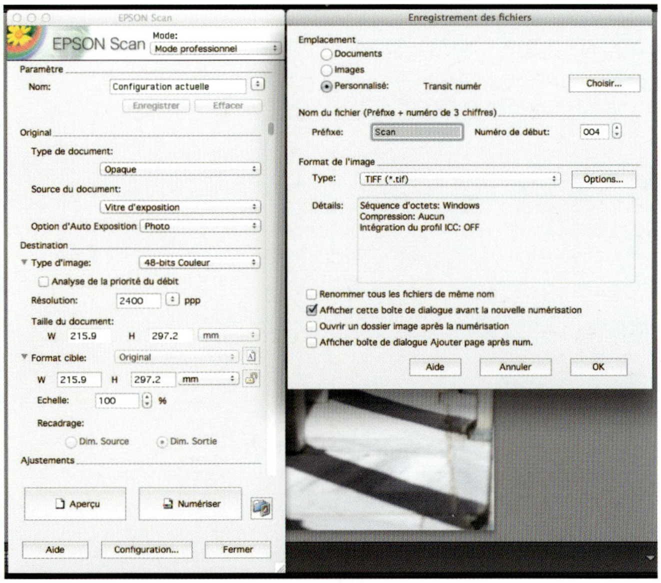

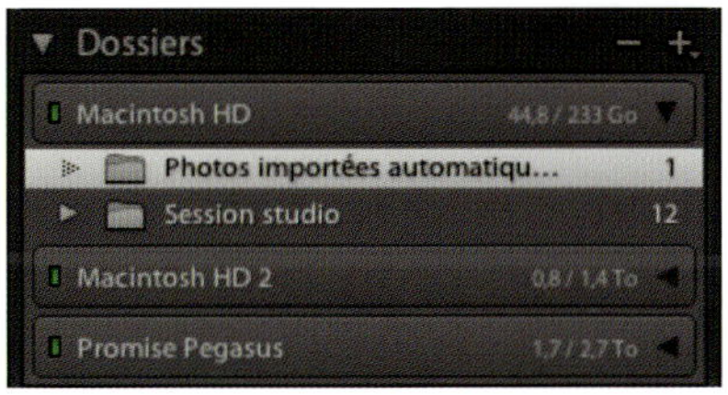

Étape 5

Après la numérisation, l'image apparaît dans le sous-dossier d'importation automatique défini à l'étape 2. Vous pourrez passer aux tâches de catalogage, comme pour des photos en provenance d'un appareil photo numérique : triez, notez, regroupez-les dans des collections dynamiques (fonctionnant grâce aux mots-clés insérés à l'étape 2), puis traitement éventuel, soit dans Lightroom, soit dans Photoshop.

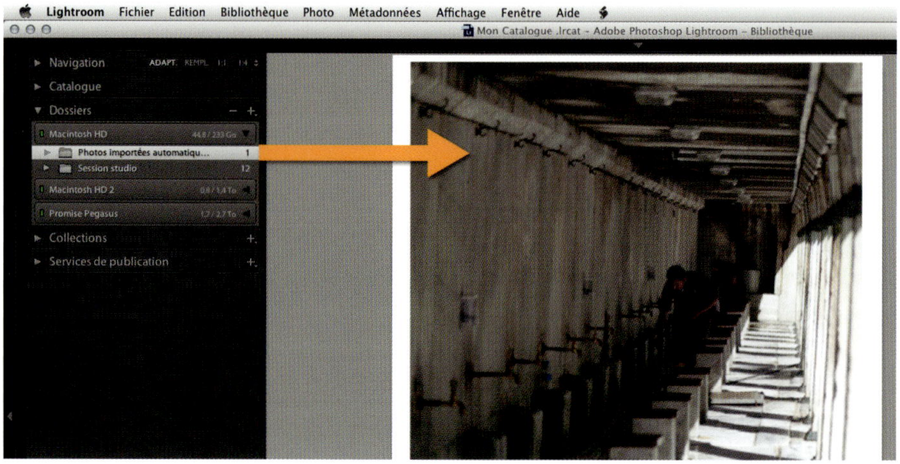

Conclusion : Lightroom, contrairement à Photoshop ou d'autres logiciels équivalents, ne prend pas en charge les pilotes de scanner de type Twain qui permettent de numériser directement à partir de l'application hôte. La méthode d'importation automatique est donc incontournable, mais elle est rapide et fonctionne très bien.

21 Importer le catalogue de Photoshop Elements

L'Organiseur de Photoshop Elements (PSE) présente beaucoup de similitudes avec le module Bibliothèque de Lightroom, même si les termes employés et les fonctions peuvent différer.
Avec la politique tarifaire agressive mise en place par Adobe depuis Lightroom 4 en 2012, beaucoup d'utilisateurs de PSE pourraient être tentés de sauter le pas. C'est une excellente idée car Lightroom dispose d'une fonction d'importation automatique du catalogue de la version grand public de Photoshop.

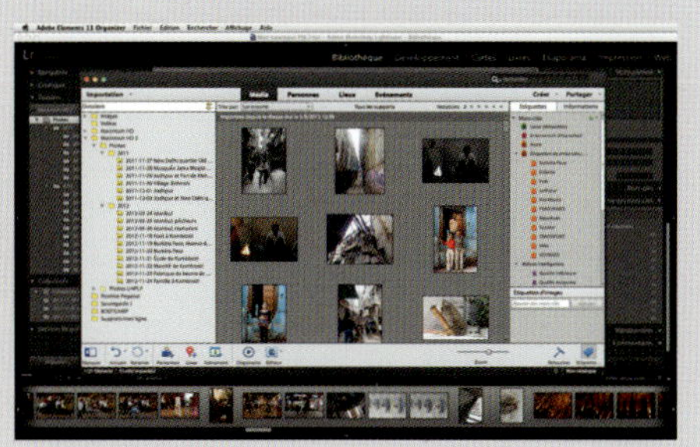

Étape 1

Lightroom permet d'importer le catalogue PSE dans son propre catalogue mais, pour simplifier, nous allons utiliser dans le cadre de cet exercice un catalogue Lightroom vierge. Libre à vous d'importer dans votre catalogue courant, ou de le faire plus tard en fusionnant ce nouveau catalogue Lightroom avec l'ancien. Il n'y a rien de particulier à faire au niveau de l'Organiseur PSE à part, peut-être, saisir cette occasion pour faire un peu de ménage.

Étape 2

En plus des images, nous allons voir comment Lightroom va se comporter avec les albums créés dans l'Organiseur PSE (l'équivalent des collections) et les mots-clés.
La première précaution à prendre est de quitter l'Organiseur PSE avant toute tentative d'importation. La détection et la localisation du catalogue PSE par Lightroom sont automatiques.

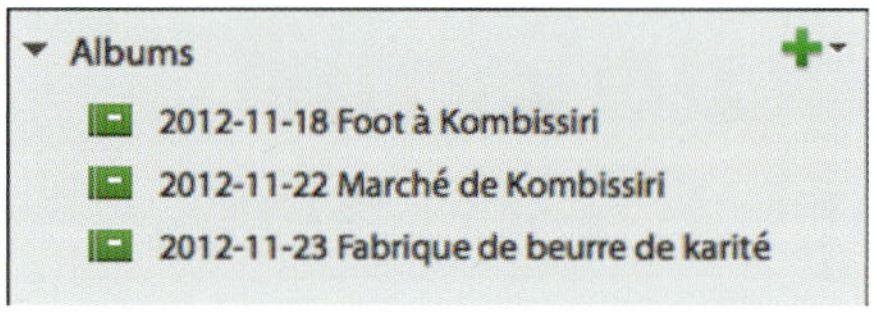

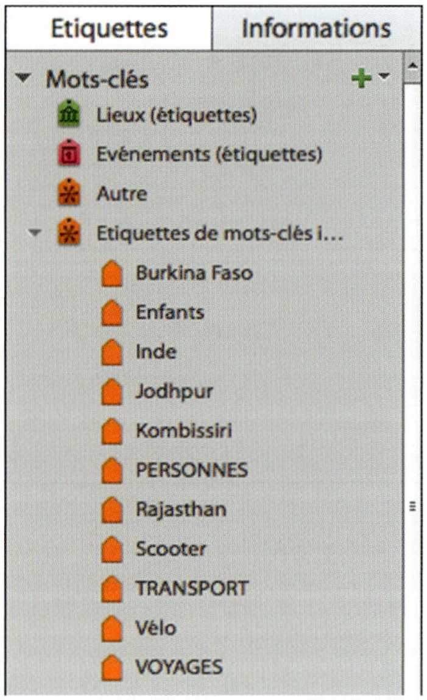

Étape 3

Dans le module Bibliothèque de Lightroom, allez dans le menu **Fichier>Mettre à niveau le catalogue Photoshop Elements**. Si cette commande n'apparaît pas dans le menu, c'est que votre catalogue PSE n'est pas actif et ne contient pas au moins un fichier pris en charge par Lightroom.
Autre cas : si le catalogue PSE n'est pas actif et n'est pas situé à l'emplacement par défaut, vous devrez l'activer pour que la fonction de recherche automatique de catalogue PSE par Lightroom fonctionne.
Si vous l'activez lorsque Lightroom est ouvert, redémarrez ce dernier pour faire apparaître la commande dans le menu Fichier.

Étape 4

Une boîte de dialogue nommée « Mettre à niveau le catalogue Photoshop Elements » va s'afficher. Elle indique l'emplacement du catalogue PSE actif, le nombre de photos incluses et le catalogue de destination de Lightroom. Cliquez sur « Mettre à niveau ».

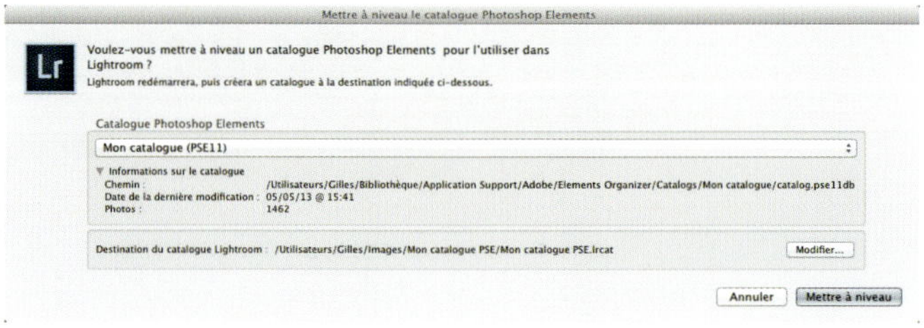

Étape 5

Lightroom va quitter, une nouvelle boîte de dialogue apparaît avec une barre de progression du processus de création du catalogue Lightroom à partir du catalogue Photoshop Elements. Vous pouvez annuler l'opération à tout moment.

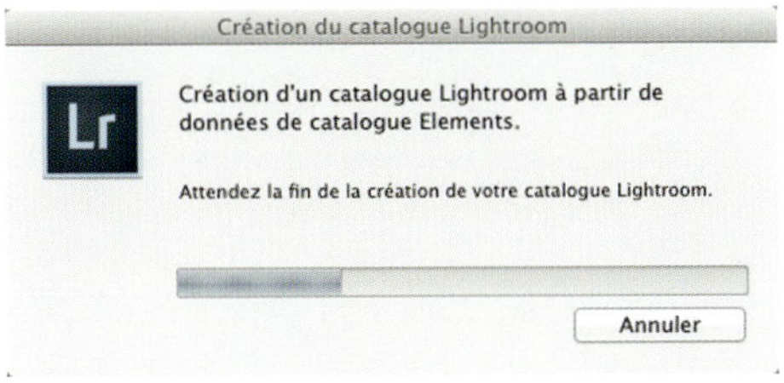

Étape 6

Dès que l'importation est terminée, Lightroom va redémarrer automatiquement. Le processus est plus ou moins rapide en fonction, bien évidemment, du nombre de photos et de la puissance de l'ordinateur.

Étape 7

Il se peut que les dossiers après importation dans Lightroom soient présentés sans hiérarchie, l'un en dessous de l'autre. Dans ce cas, faites un clic droit sur un dossier et choisissez « Afficher le dossier parent » pour faire apparaître le dossier par année situé à la racine, tel qu'il est dans l'Organiseur PSE et sur le disque dur.

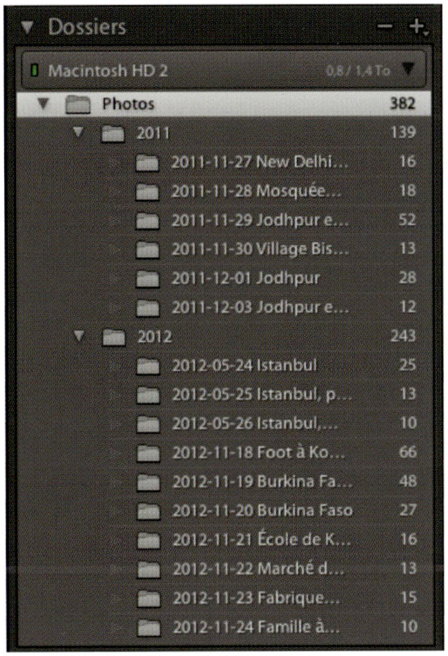

Étape 8

Les albums de l'Organiseur PSE sont intégralement et automatiquement transférés en tant que collections dans Lightroom. Le principe de fonctionnement de l'un et de l'autre est parfaitement identique, et l'Organiseur PSE propose également des albums dynamiques qui reprennent tout simplement le principe des collections dynamiques de Lightroom.

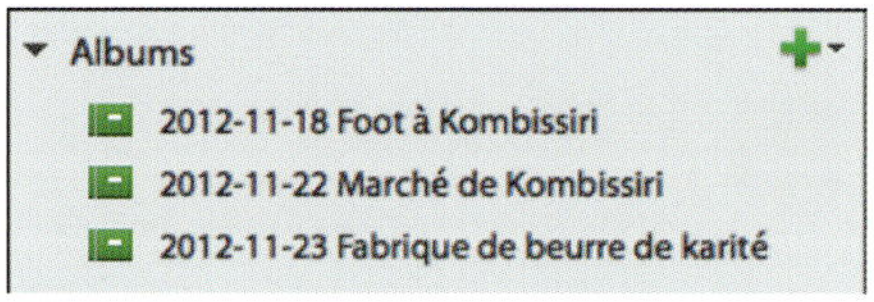

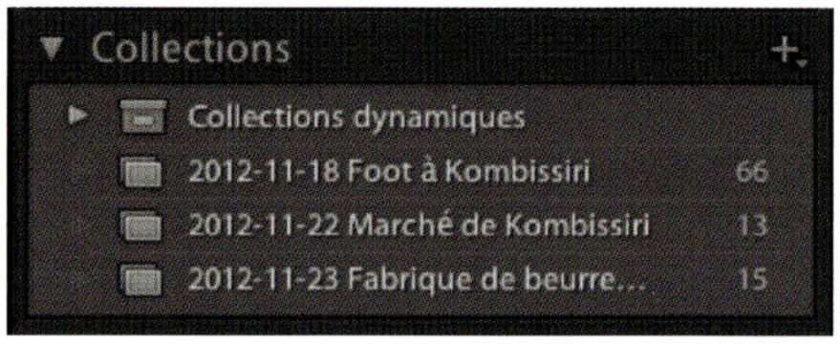

Étape 9

Bien entendu, la totalité des métadonnées et des mots-clés créés dans l'Organiseur PSE ont été importés dans le catalogue Lightroom. On les trouvera dans le panneau « Liste des mots-clés », sous l'intitulé « Étiquettes de mots-clés importées ». Libre à vous de les réorganiser par la suite comme bon vous semble.

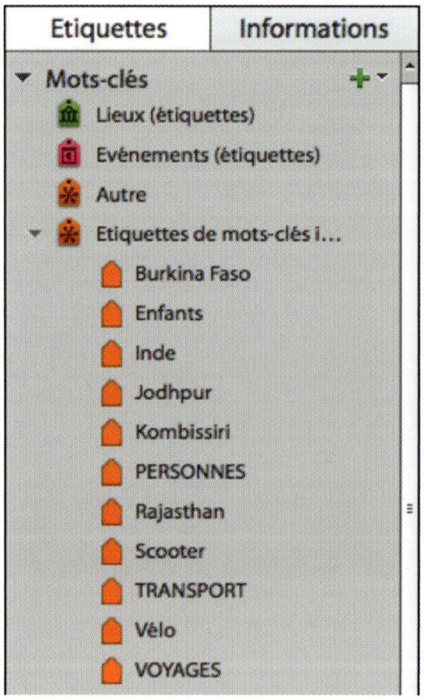

Conclusion : l'importation d'un catalogue Photoshop Elements est une tâche particulièrement fluide et aisée, facilitée par les points communs existant entre l'Organiseur PSE et Lightroom, notamment au niveau de la compatibilité des fichiers et des métadonnées.
Pour les utilisateurs de Mac, cette fonction d'importation automatique n'est possible qu'à partir de Photoshop Elements 10, puisque l'Organiseur n'existe sur cette plate-forme que depuis cette version. Ceux qui utilisent d'anciennes versions de PSE pour Mac peuvent se rabattre sur la méthode d'importation traditionnelle (exercice 09). Dans ce cas, seuls les éléments spécifiques, comme les albums, ne seront pas pris en compte.

22 Le flux de travail DNG

Le format DNG a été créé par Adobe dans le but de se substituer aux nombreux formats RAW des fabricants d'appareils photo. Il présente un certain nombre d'avantages technologiques, comme la vérification intégrée de corruption de fichier, la possibilité d'embarquer plusieurs profils colorimétriques ou d'inclure le fichier RAW original.
Aujourd'hui, il est tout à fait crédible d'avoir un flux de production entièrement basé sur le DNG, ce qui permet de rationaliser la gestion de fichiers issus de différents modèles et marques d'appareils de prise de vue, le photographe ayant la liberté d'intégrer ou pas les fichiers natifs, c'est-à-dire les fichiers RAW des fabricants de boîtiers.

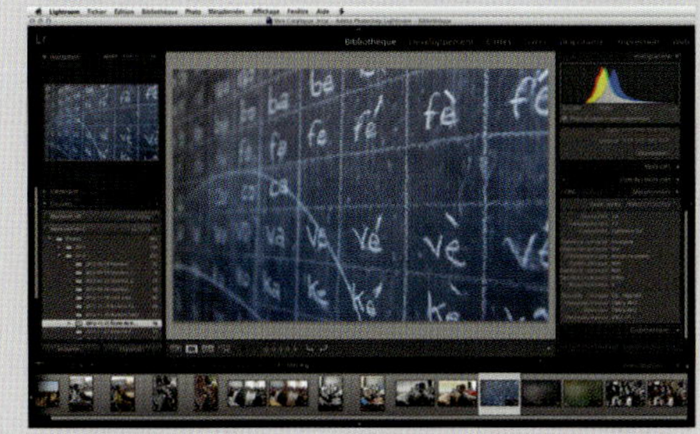

Étape 1

La première chose à faire avant de se lancer dans un flux de travail au format DNG est de faire un tour par les Préférences pour y effectuer quelques réglages.
Allez dans le menu **Lightroom>Préférences >Gestion des fichiers** (Mac) ou **Édition> Préférences>Gestion des fichiers** (PC), section « Importer les fichiers DNG ». Vous pouvez laisser le choix de l'extension DNG en minuscules et l'aperçu JPEG (incorporé au DNG) en taille moyenne. Cet aperçu, comme dans tout fichier RAW, permet l'affichage de l'image dans les programmes compatibles.

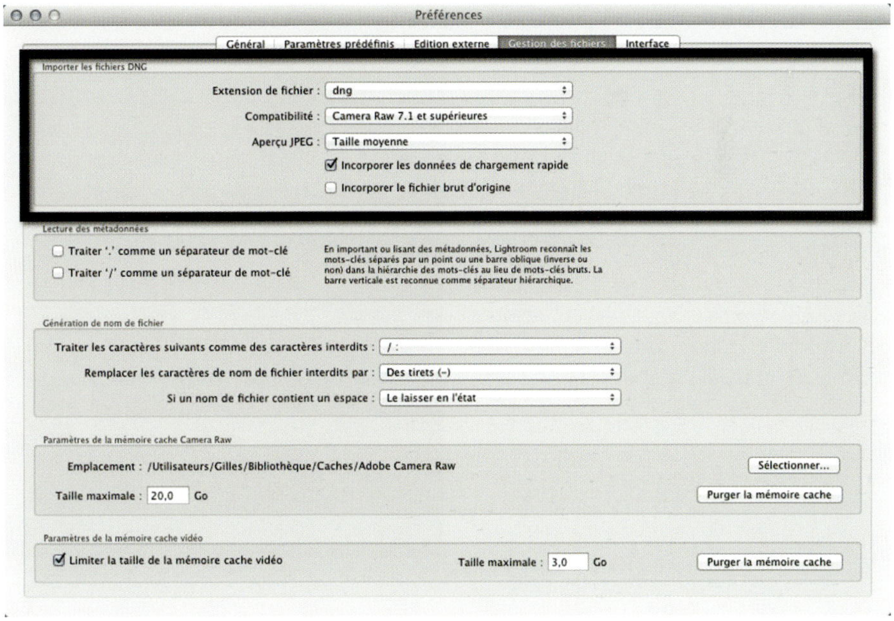

Étape 2

La liste Compatibilité permet d'assurer la compatibilité des fichiers DNG avec les différentes générations de Camera Raw depuis la version 2.4 jusqu'aux versions 7.1 et supérieures (Lightroom 4.1 et supérieurs). Si vous utilisez une ancienne version de Photoshop et de Camera Raw, procédez au choix approprié, sinon laissez la liste sur « Camera Raw 7.1 et supérieures ».

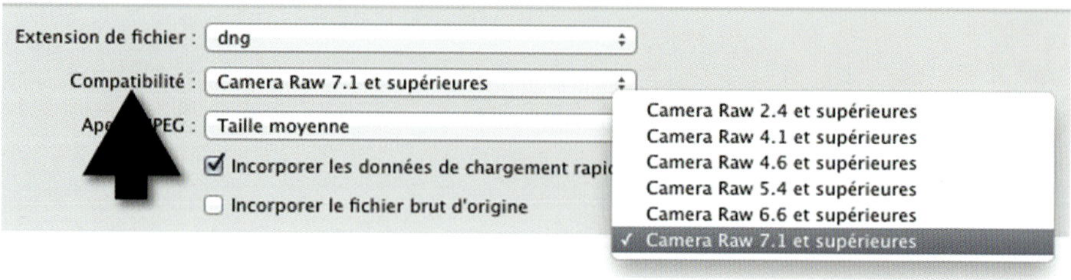

Étape 3

L'option « Incorporer le fichier brut d'origine » permet d'encapsuler le fichier RAW original lors de sa conversion en DNG, ce qui peut s'avérer utile pour l'archivage mais au prix d'une forte augmentation du poids des fichiers.

L'option « Incorporer les données de chargement rapide » intègre, aux fichiers DNG, des algorithmes accélérant l'affichage dans le module Développement sans qu'il soit nécessaire de créer un aperçu dans le cache Camera Raw. Cette option fait prendre un léger embonpoint aux fichiers DNG.

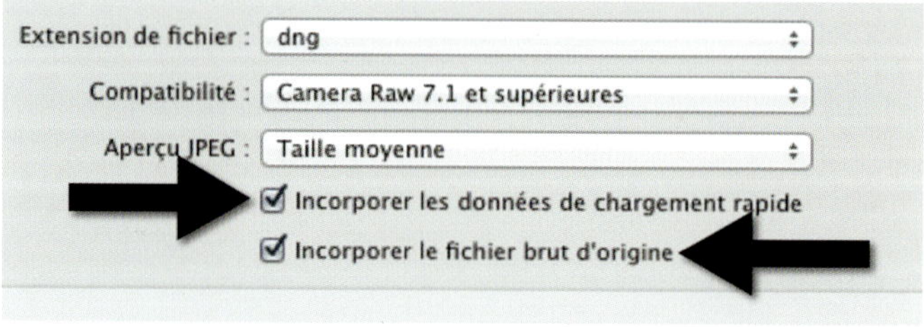

Étape 4

Vous pouvez convertir les fichiers RAW en fichiers DNG dès l'importation. Dans le menu Importer, cliquez sur la commande « Copier au format DNG », dans l'en-tête de la fenêtre.

L'importation se déroule comme pour les fichiers RAW (exercice 09), en tenant compte des réglages effectués dans les Préférences, dans les étapes 1 à 3 de l'exercice présent.

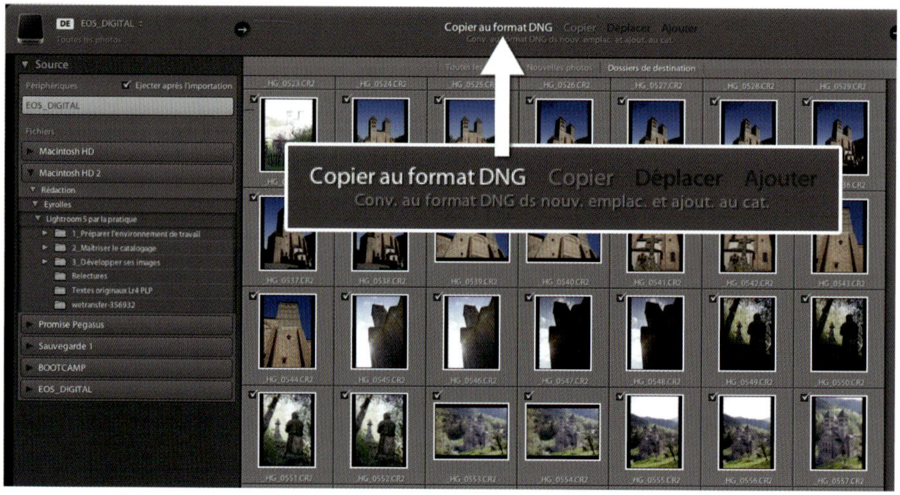

Étape 5

La conversion DNG est possible aussi dans le menu **Bibliothèque>Convertir la photo au format DNG**. Une boîte de dialogue équivalente aux Préférences de l'étape 1 s'affiche. Elle permet également de supprimer l'original ou pas. Vous pouvez utiliser les fichiers DNG comme les fichiers RAW, ce sont ni plus ni moins des équivalents dans un format ouvert, documenté et universel. Les métadonnées au format XMP sont encapsulées : il n'y a pas de fichier annexe comme pour les RAW importés dans Lightroom ou traités par Camera Raw.

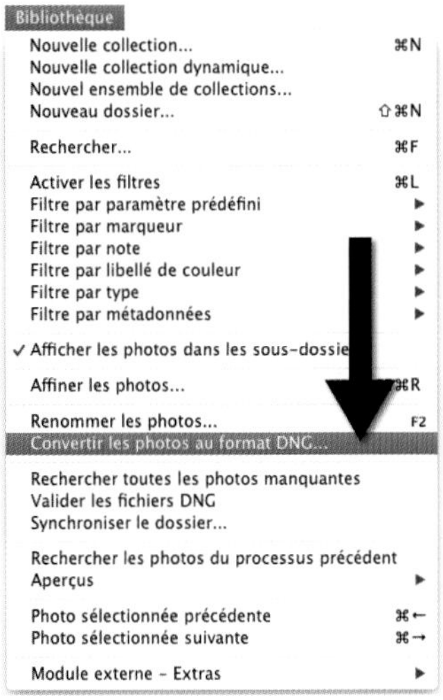

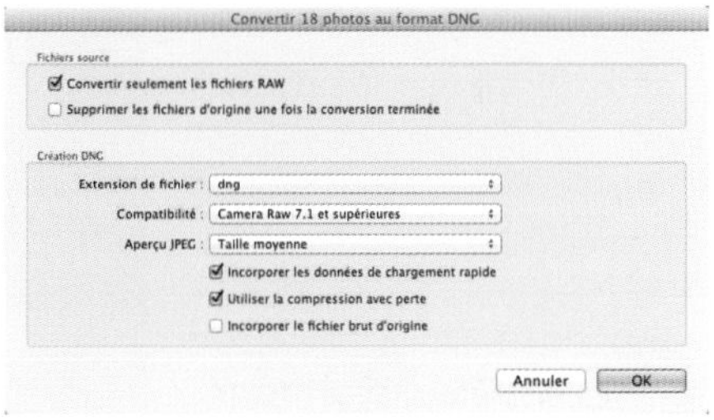

Étape 6

Si vous traitez et corrigez un fichier DNG dans Lightroom, la mise à jour des métadonnées et de l'aperçu se fera automatiquement. Mais vous disposez aussi d'une commande manuelle : sélectionnez les fichiers DNG à mettre à jour et, dans le module Bibliothèque, allez dans le menu **Métadonnées>Mettre à jour les aperçus DNG et les métadonnées**. L'aperçu JPEG incorporé sera rafraîchi avec les corrections effectuées sur le fichier DNG.

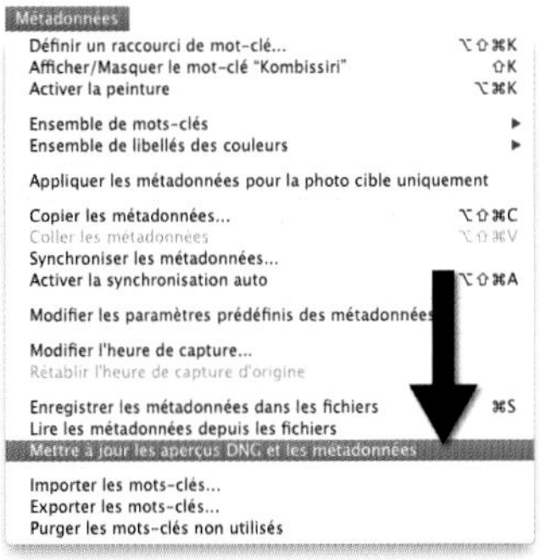

Étape 7

On peut se retrouver avec deux types de fichiers DNG, non compressés et compressés (voir l'étape 9), que rien ne distingue à première vue et qui portent la même extension « .dng ». Malgré tout, le « Filtre de bibliothèque » et les collections dynamiques discernent les différentes variantes de fichiers DNG avec les critères suivants :

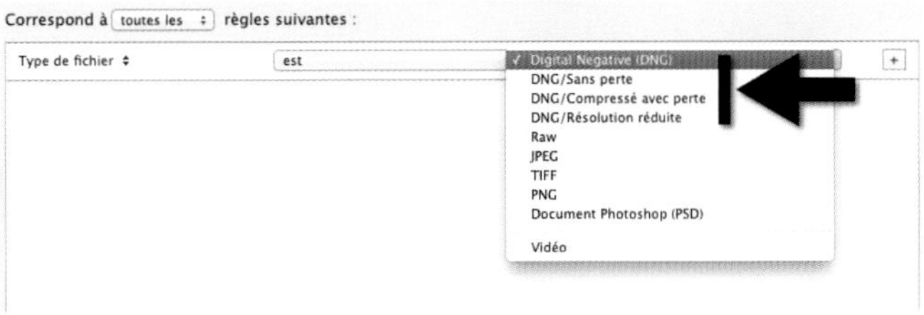

- « Digital negative (DNG) » : la totalité des fichiers DNG, toutes variantes confondues ;
- « DNG/Sans perte » : fichiers non compressés ;
- « DNG/Compressé avec perte » : fichiers compressés ;
- « DNG/Résolution réduite » : fichiers compressés et redimensionnés.

Le critère « DNG avec données à chargement rapide » n'existe que dans les collections dynamiques.

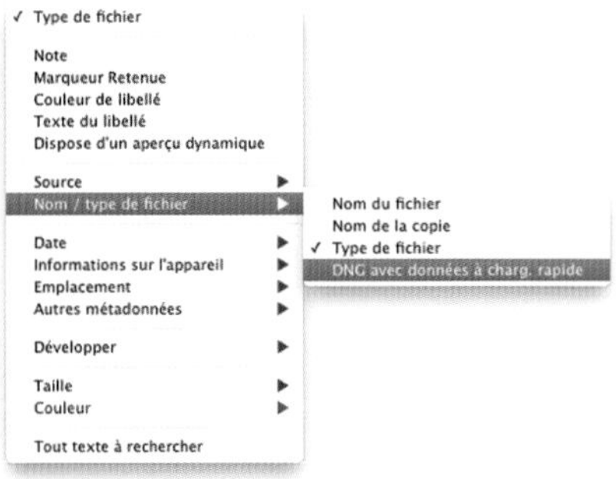

Étape 8

Preuve de la prise d'importance du format DNG, le panneau Métadonnées se voit doté d'une section dédiée. On y trouvera diverses informations, comme la version des spécifications DNG, la compatibilité descendante avec les anciennes versions de Lightroom, la présence ou non des données de chargement rapide, de la compression avec perte, d'un fichier RAW encapsulé ou de données de transparence. On y trouvera également le nom du fichier RAW original, ses dimensions, ainsi que celles de l'aperçu JPEG incorporé.

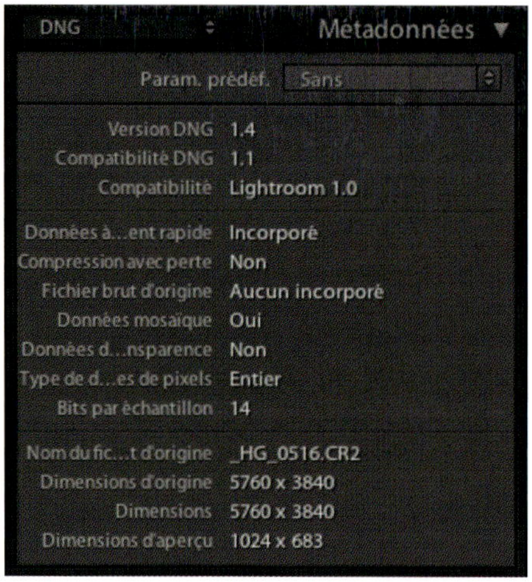

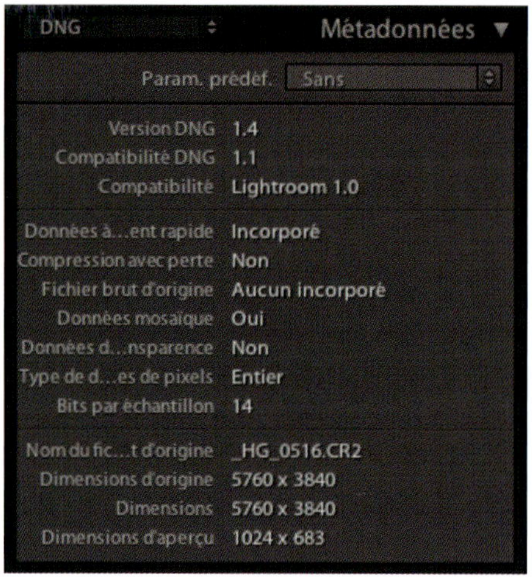

Étape 9

Le menu Exporter comporte également un certain nombre d'options pour créer des fichiers DNG. Elles sont exactement les mêmes que celles des Préférences, à savoir la compatibilité avec d'anciennes versions, la taille de l'aperçu JPEG, l'incorporation de données de chargement rapide et du fichier brut d'origine, ainsi que la compression avec perte, cette dernière activant également la section « Dimensionnement de l'image ».

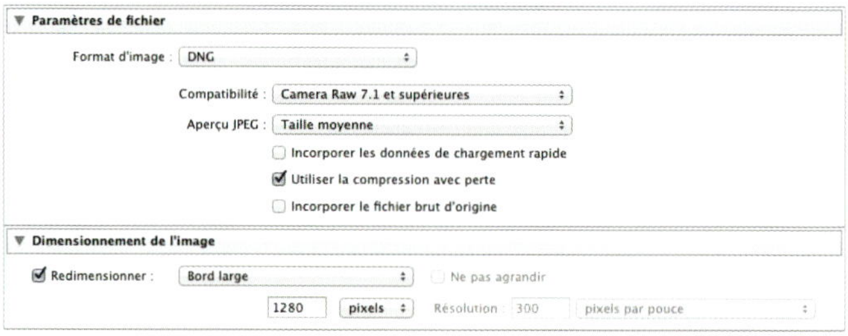

Étape 10

Lightroom 5 introduit une nouvelle commande dans le module Bibliothèque : menu **Bibliothèque>Valider les fichiers DNG**. Elle vérifie l'intégrité des fichiers DNG. Ceux qui sont déclarés incorrects sont rassemblés dans une collection quand vous cliquez sur « Afficher dans la bibliothèque », dans la fenêtre de dialogue qui apparaît après l'analyse. Seuls les DNG créés par les logiciels Adobe sont pris en charge, les autres, notamment utilisés par certains boîtiers, n'incorporent pas les routines de vérification nécessaires.

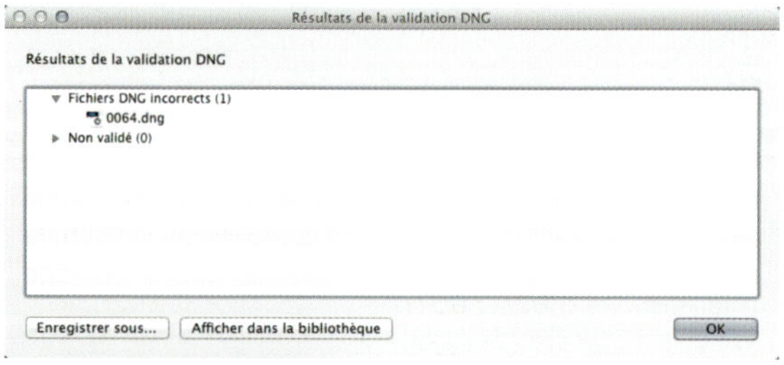

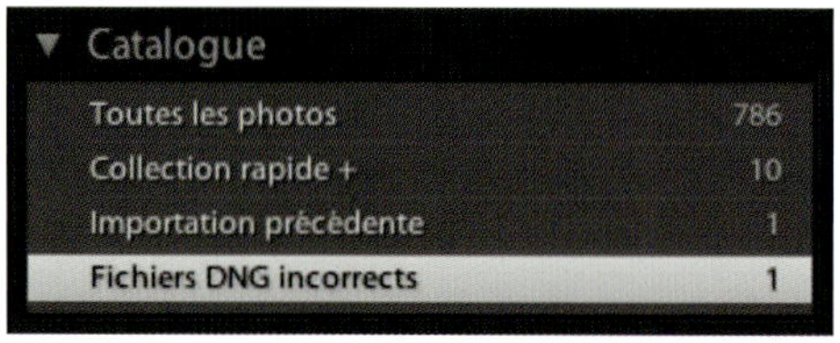

> Remarque : le symbole de fichier corrompu – un point d'exclamation dans un disque noir – s'applique aussi bien aux fichiers DNG qu'aux autres fichiers pris en charge par Lightroom.

23 Le flux de travail vidéo

Le catalogage de vidéos est possible depuis Lightroom 3. Lightroom 4 allait plus loin en offrant la possibilité de couper les vidéos et de les corriger avec les outils du panneau « Développement rapide », dans le module Bibliothèque. Lightroom 5 ne propose rien de neuf de ce côté, si ce n'est la possibilité d'ajouter des films à un diaporama (exercice 56).
Bien entendu, Lightroom n'a pas la vocation de remplacer un programme spécialisé comme Premiere, Final Cut ou iMovie, mais il a le mérite de proposer des outils de base qui suffiront à ceux qui font de la vidéo occasionnellement avec leur appareil photo, tout en profitant de ce qui reste, à nos yeux, le plus important, c'est-à-dire l'accès à la totalité des fonctions de catalogage.

Étape 1

Les vidéos enregistrées avec les appareils photo (ou dans l'un des formats cités en conclusion) peuvent être importées dans Lightroom de la même manière que les photographies, y compris en mélangeant photos et vidéos.
Le menu Importer permet également de leur attribuer des mots-clés, un modèle de copyright et des paramètres de développement. Les vidéos se distinguent des photos par une icône de caméra logée dans le coin inférieur gauche des vignettes.

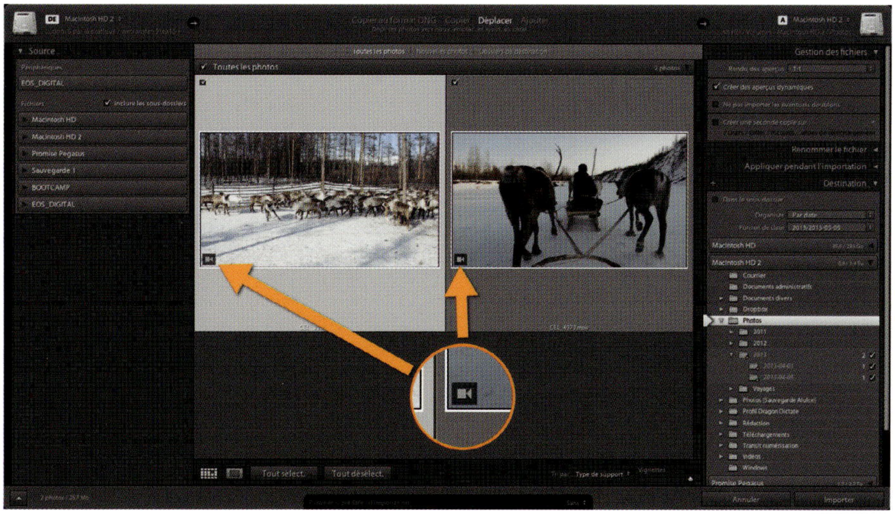

Étape 2

Après avoir été importées dans le module Bibliothèque, les vidéos ont le même aspect que les vignettes des photos, à part l'incrustation de la durée du film, en bas à gauche de l'image de vignette. Parmi les collections dynamiques livrées d'emblée, l'une d'elles, nommée « Fichiers vidéo », regroupe automatiquement toutes les vidéos présentes dans le catalogue.

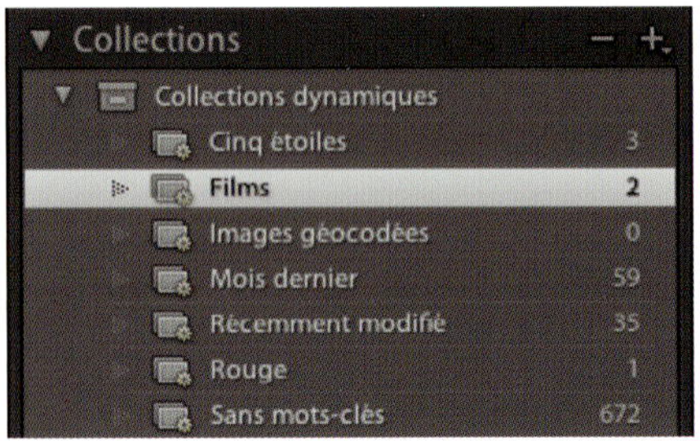

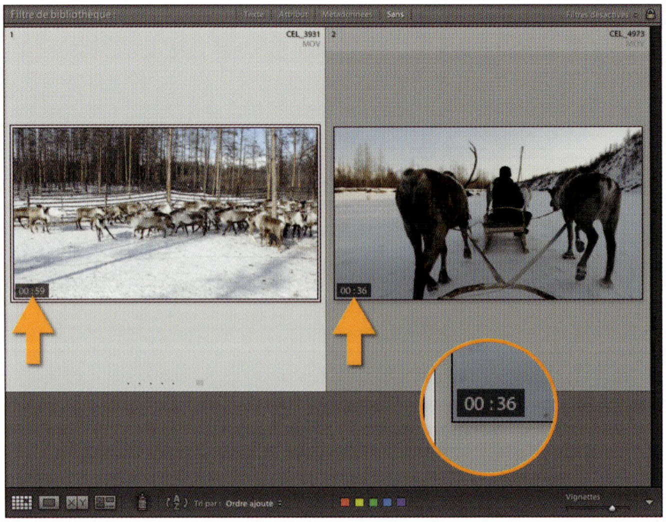

Étape 3

Les vignettes (ou cellules) des vidéos présentent une caractéristique particulière : si vous placez le pointeur de la souris sur l'image et que vous le déplacez latéralement, vous ferez défiler le contenu de la vidéo. Cette fonction vous permet ainsi d'avoir un aperçu rapide du film.

Notez que si la lecture se fait dorénavant dans le programme, Lightroom s'appuie sur QuickTime pour décoder certaines vidéos (installé d'office sur Mac mais pas sur PC).

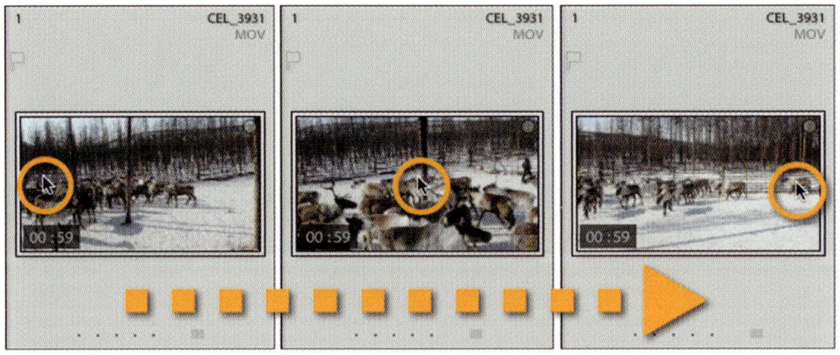

Étape 4

Après un double clic sur une vignette, la vidéo s'affiche en mode Loupe, avec une barre de lecture flottante située en contrebas du panneau d'affichage principal. Cette barre présente, de gauche à droite, un certain nombre d'outils, dont un bouton Lecture/Pause, un indicateur de progression et le temps, ainsi que deux autres icônes que nous verrons dans les étapes suivantes. Le bouton de progression repositionne la vidéo à la souris, en avant ou en arrière.

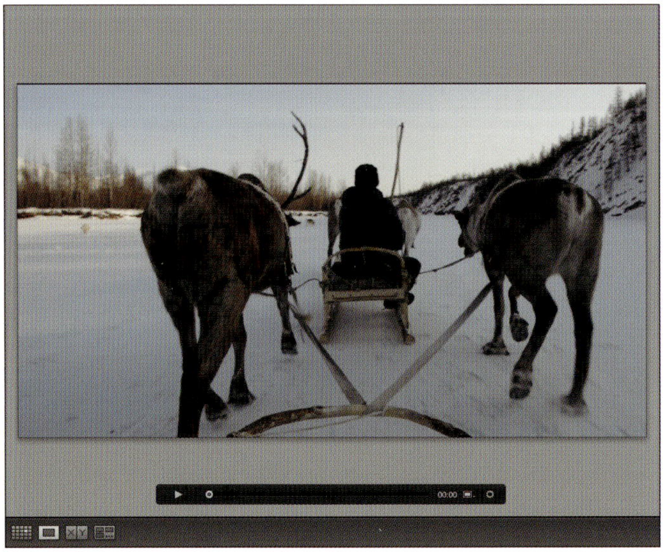

Étape 5

En cliquant sur l'avant-dernière icône à droite, vous accédez à un menu qui propose deux fonctions : « Capture d'image » et « Définir l'image de vignette ». La première permet d'extraire un fichier JPEG de la vue de votre choix ; il sera automatiquement empilé sur la vidéo originale. Lancez la lecture, faites Pause sur l'image de votre choix et sélectionnez « Capture d'image ».

Les vidéos HD permettent d'obtenir un fichier de qualité suffisante, y compris pour l'impression.

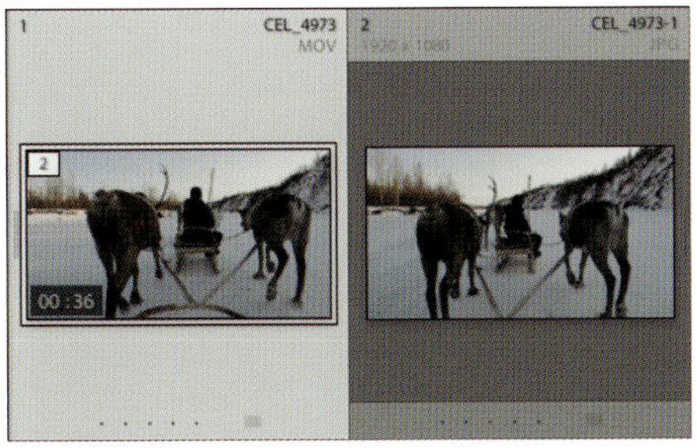

Étape 6

La fonction « Définir l'image de vignette », comme son nom l'indique, vous permettra de choisir une vue extraite de la vidéo pour illustrer la vignette. Comme dans l'étape précédente, lancez la lecture, faites Pause sur la vue qui vous convient, puis sélectionnez « Définir l'image de vignette » dans le menu. Bien entendu, vous pouvez revenir sur votre choix à tout moment.

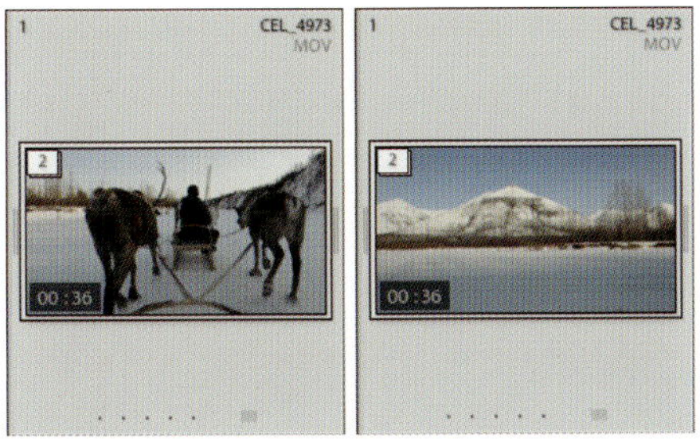

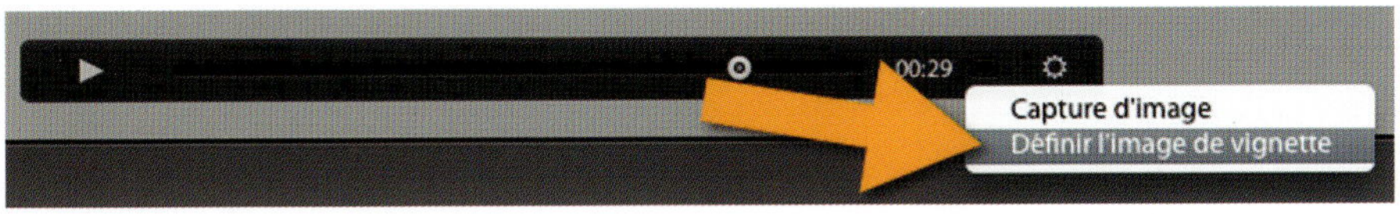

Étape 7

La fonction pour couper les vidéos est accessible en cliquant sur l'icône en forme de roue dentée. La barre flottante s'élargit pour afficher les vues séquentielles de la vidéo. Pour élargir la barre, placez la souris à l'une des extrémités et tirez vers la gauche ou la droite. En revanche, on ne peut pas augmenter la taille de la barre, ni des vues. Le bouton de progression de lecture est paré d'une barre verticale orange, et le bouton Lecture/Pause est entouré de boutons Avant/Arrière opérant vue par vue.

Étape 8

Couper une vidéo consiste à définir un point d'entrée et un point de sortie à l'aide des volets coulissants placés de part et d'autre de la séquence : déplacez-les en plaçant la souris sur les icônes composées de deux petites barres verticales blanches, façon bouton Pause. Lorsque les points d'entrée et de sortie sont établis, cliquez sur le bouton Lecture pour vérifier la vidéo.

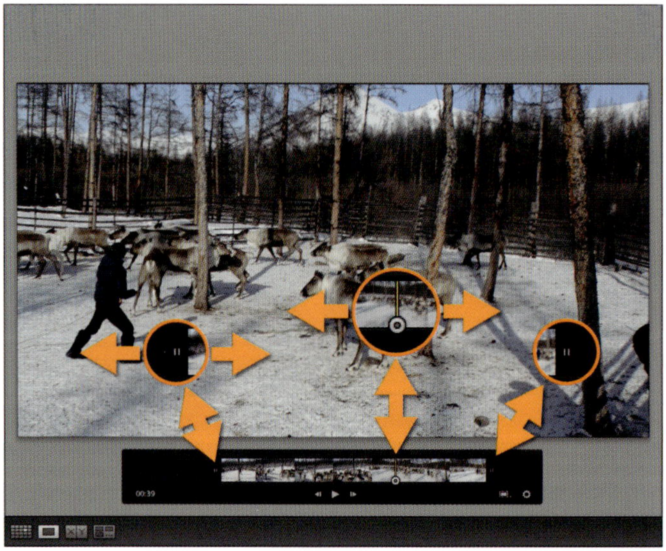

Étape 9

Bien entendu, nous restons dans un flux non destructif, et seule la vidéo exportée sera réellement modifiée, même si le fait de l'avoir coupée comme expliqué dans l'étape 8 se verra aussi dans Lightroom.
Vous pouvez créer plusieurs versions avec différents réglages, tout simplement en créant des copies virtuelles de vos vidéos.

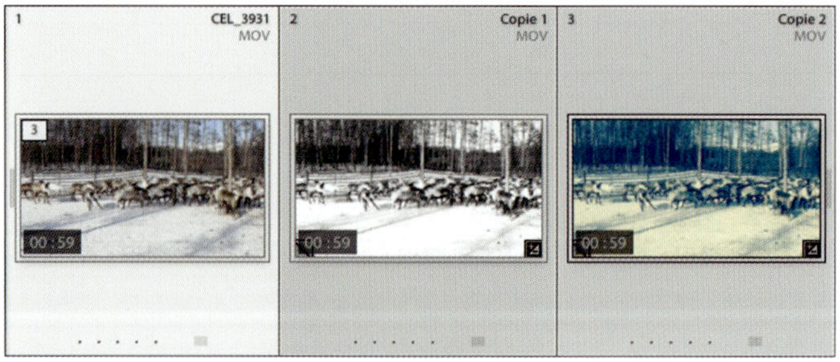

Étape 10

Vous pouvez corriger les vidéos à l'aide du panneau « Développement rapide » du module Bibliothèque.
Après avoir sélectionné un film dans la grille ou le « Film fixe », un certain nombre de commandes sont désactivées, mais les outils de balance des blancs, d'exposition et de contraste, l'écrêtage des blancs et des noirs, la vibrance (ou la saturation, en appuyant sur la touche Alt/Option) ainsi que la tonalité automatique et le traitement couleur ou noir et blanc sont pleinement opérationnels.

Étape 11

Il est possible d'appliquer des paramètres prédéfinis en allant dans la liste **Param. Préd. enregistré>Paramètres prédéfinis vidéo de Lightroom**, où vous pourrez faire votre choix parmi quelques réglages fournis d'origine, y compris en monochrome ou du traitement croisé.

Étape 12

Si vous tentez d'appliquer des paramètres prédéfinis conçus avec des outils incompatibles aux fichiers vidéo, une boîte de dialogue vous renseignera sur les réglages qui peuvent être appliqués aux fichiers vidéo. Ceux-ci sont tout de même assez nombreux et nécessitent un passage par le module Développement, à l'aide de l'astuce décrite à l'étape suivante.

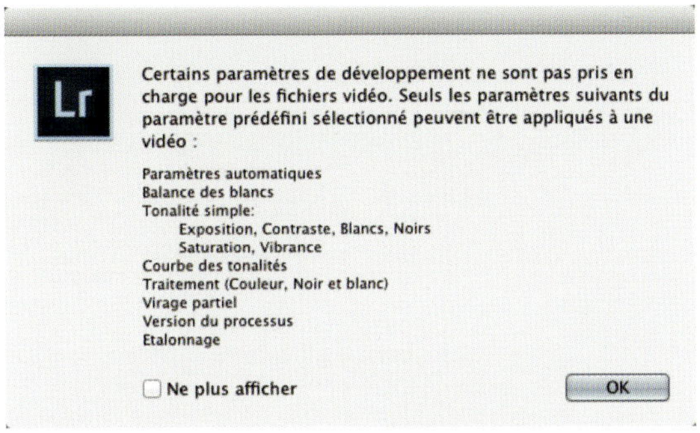

Étape 13

Le module Développement ne prenant pas les vidéos en charge, créez un fichier JPEG extrait de la vidéo (étape 5), puis passez dans ce module. Appliquez les corrections et réglages souhaités au fichier JPEG, puis sélectionnez la vidéo originale dans le « Film fixe », en cliquant sur la touche Ctrl/Cmd. Ensuite, cliquez sur « Synch. Param. », en bas à droite.

Dans la boîte de dialogue, cochez les réglages appropriés (notez les réglages grisés non compatibles), puis cliquez sur Synchroniser : les réglages du JPEG s'appliqueront à la vidéo.

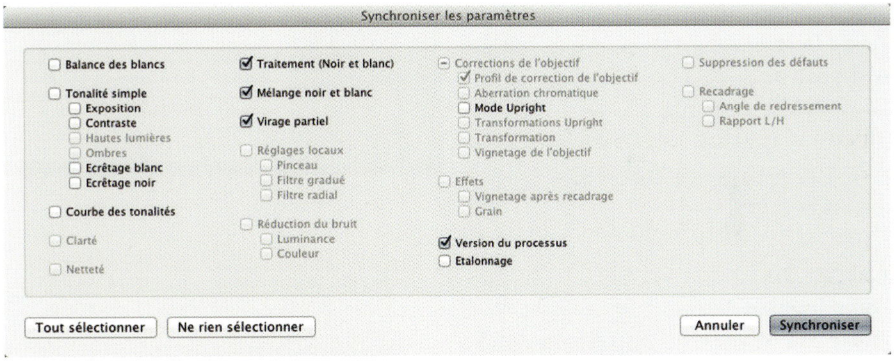

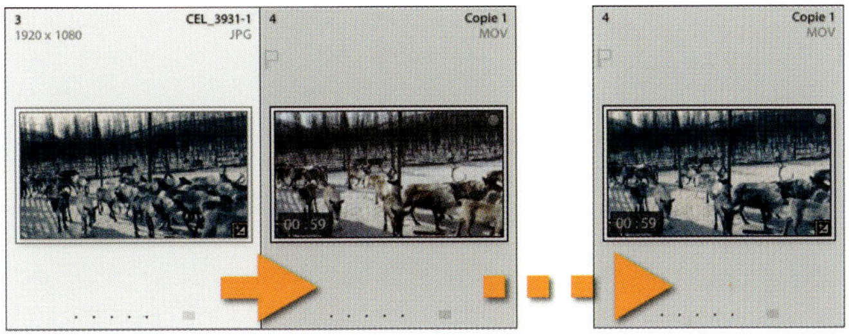

Étape 14

Vous pouvez également en profiter pour créer un paramètre prédéfini : effectuez vos réglages sur le fichier JPEG, dans le module Développement, puis cliquez sur le bouton « + » du panneau « Paramètres prédéfinis », à gauche. Cochez les réglages à enregistrer, nommez le paramètre prédéfini, choisissez le dossier « Paramètres prédéfinis de l'utilisateur » (ou tout autre dossier créé par vos soins), puis validez en cliquant sur Créer.

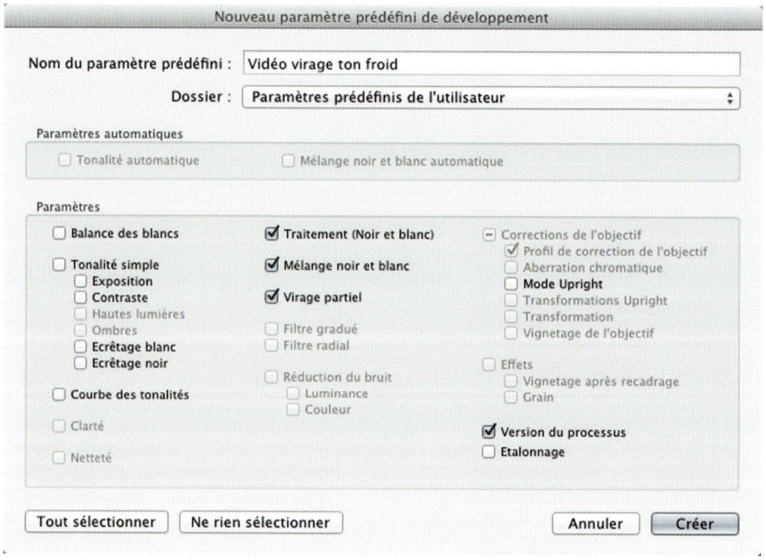

Étape 15

Le paramètre prédéfini ainsi créé sera disponible en permanence dans le panneau « Développement rapide », situé dans le module Bibliothèque. La raison pour laquelle les vidéos ne sont pas prises en charge par le module Développement tient au fait que ce dernier utilise le moteur Camera Raw, exclusivement destiné aux fichiers photographiques.

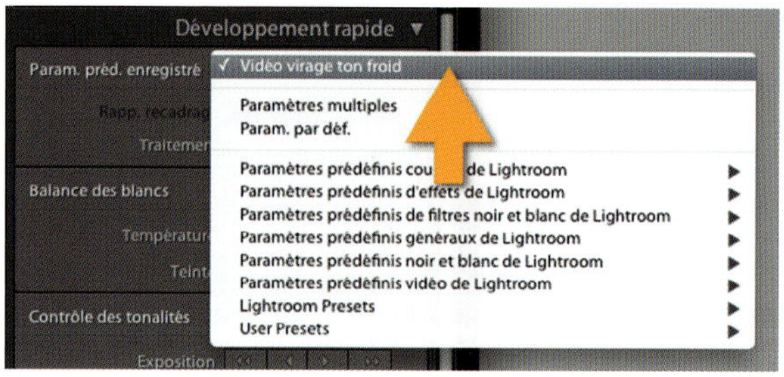

Étape 16

L'exportation se déroule de la même manière qu'avec les photos, avec les mêmes possibilités d'optimisation du flux de travail (exercice 52). La section Vidéo du menu Exporter permet, une fois coché le bouton « Inclure des fichiers vidéo » (en cas d'exportation mixte photos + vidéos), de choisir entre trois formats : Fichier d'origine non édité, H.264 (avec plusieurs qualités) et DPX *(Digital Picture Exchange)*, un format de cinéma numérique exploité par des logiciels spécialisés, comme Premiere. Le panneau affiche également la taille et le nombre d'images par seconde de l'original et de la version exportée.

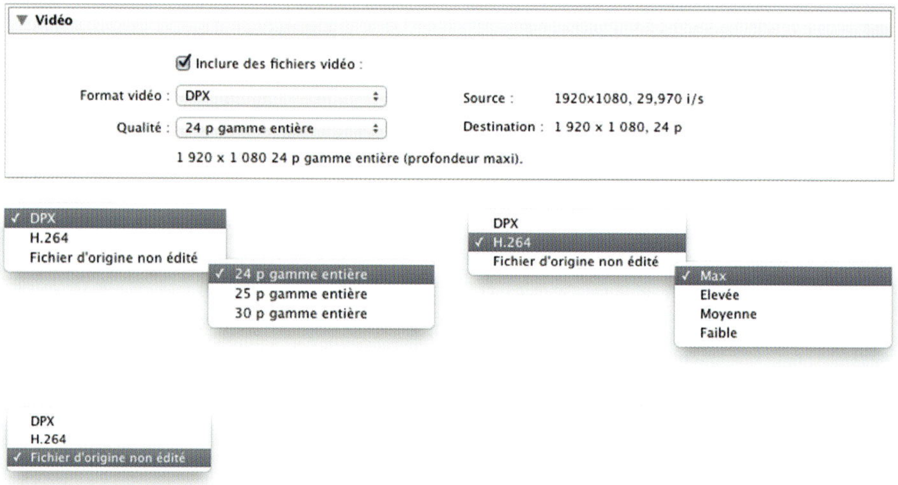

Étape 17

Le panneau Métadonnées, dans le module Bibliothèque, dispose d'une section Vidéo permettant de saisir un grand nombre d'informations liées à la prise de vues, à l'équipe de tournage, au projet lui-même ainsi que des informations techniques comme l'angle (contre-plongée, à l'épaule, etc.) ou le mouvement (travelling, panoramique, etc.) du matériel de prise de vues. Vous y trouverez aussi les caractéristiques techniques comme la durée du film, le nombre d'images par seconde, les dimensions en pixels de l'image et le taux d'échantillonnage audio.

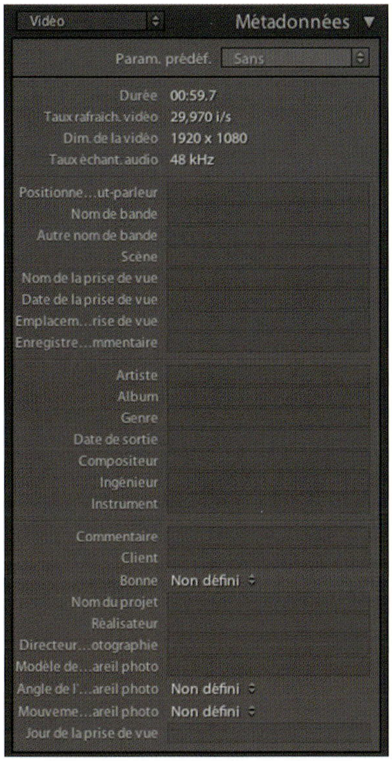

Étape 18

Les services de publication, dans le module Bibliothèque (exercice 58), permettent aussi de configurer la diffusion de vidéos dans les services de galeries web compatibles (Flickr, SmugMug, etc.). Les options sont les mêmes que dans le menu Exporter (étape 16).
Enfin, le « Filtre de bibliothèque » et les collections dynamiques permettent de filtrer et rassembler les vidéos gérées par le catalogue.

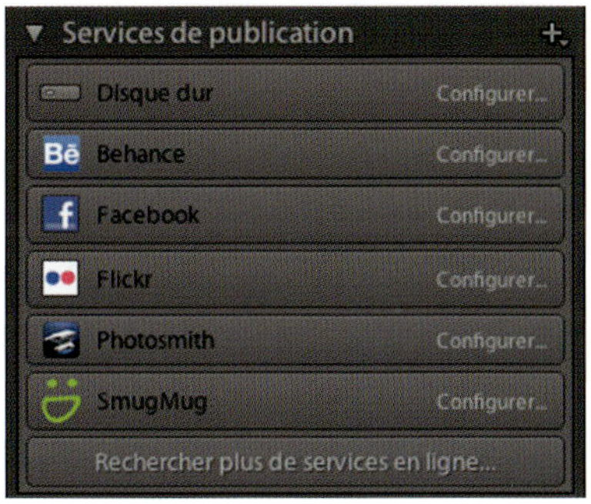

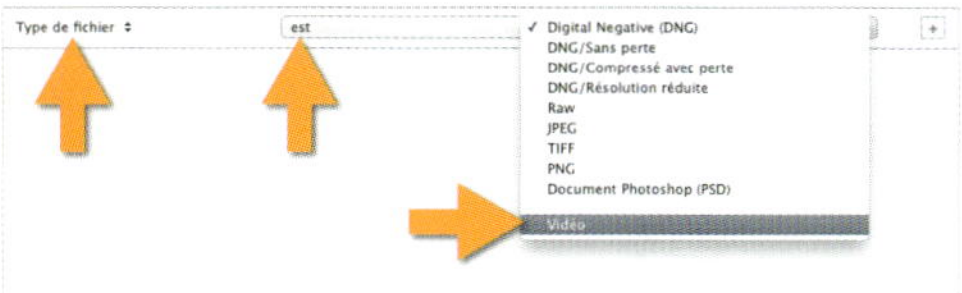

Conclusion : Lightroom peut gérer un certain nombre de formats vidéo, dont la plupart des films enregistrés avec un smartphone, un reflex, un compact ou un appareil hybride. Le format AVCHD est également pris en charge ainsi que, d'une manière générale, les vidéos portant les extensions « .mov », « .avi » et « .mp4 ».
Pour une compatibilité maximale, pensez à installer les plus récentes versions de QuickTime, aussi bien sur PC que sur Mac (notez que, depuis Lightroom 4, la lecture vidéo se fait dans le module Bibliothèque, et non plus par l'utilitaire du système d'exploitation).
Enfin, toutes les fonctions de catalogage, y compris les copies virtuelles et la possibilité d'empiler ou de créer des collections, fonctionnent avec les vidéos importées.

24 Le module Cartes

Le module Cartes, introduit par Lightroom 4, va vous permettre de localiser vos photos selon les trois méthodes possibles en photographie : boîtier doté de son propre récepteur GPS, utilisation d'un récepteur GPS externe (fréquemment un smartphone), balisage à l'aide des cartes et des vues satellites de Google.

L'utilisation du module Cartes exige une connexion Internet, les plans n'étant pas stockés dans Lightroom, de même que pour faire fonctionner le « géocodage inversé » qui renseigne automatiquement les champs IPTC d'emplacement (ville, région, pays, etc.) à partir des coordonnées géographiques.

Lightroom 5 n'apporte ici que deux nouveautés : un champ EXIF « Direction » (Nord, Nord-Est, Est, etc.) et la possibilité d'ajouter les emplacements enregistrés aux images par glisser-déposer.

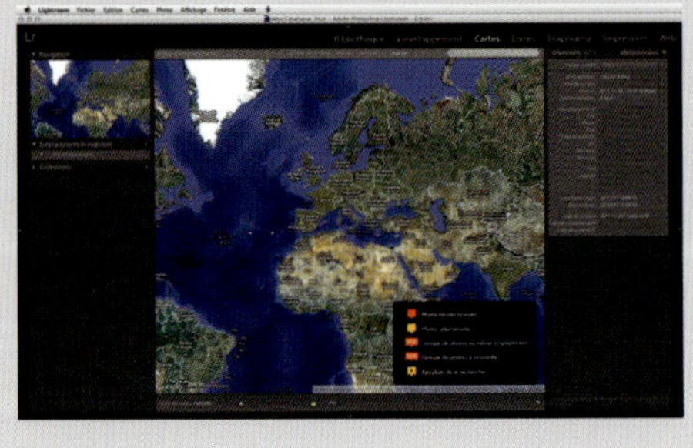

Étape 1

Le module Cartes se présente comme les autres modules avec, à gauche, le panneau Collections et un panneau permettant d'enregistrer vos emplacements favoris, à droite, le panneau Métadonnées du module Bibliothèque calé sur Emplacement, et enfin, sous le panneau central, la barre d'outils pour choisir le type de carte et gérer les relevés d'itinéraire *(tracklogs)*.

Le module propose quatre types de cartes : Satellite (photo), Plan (carte routière), Hybride (photo + carte routière superposée) et Terrain (carte de type IGN, avec courbes d'élévation). Deux versions supplémentaires facilitent la lecture : Claire (tons gris clair) et Foncée (gris foncé). Le temps de chargement des cartes dépendra, bien entendu, de la qualité de votre connexion Internet.

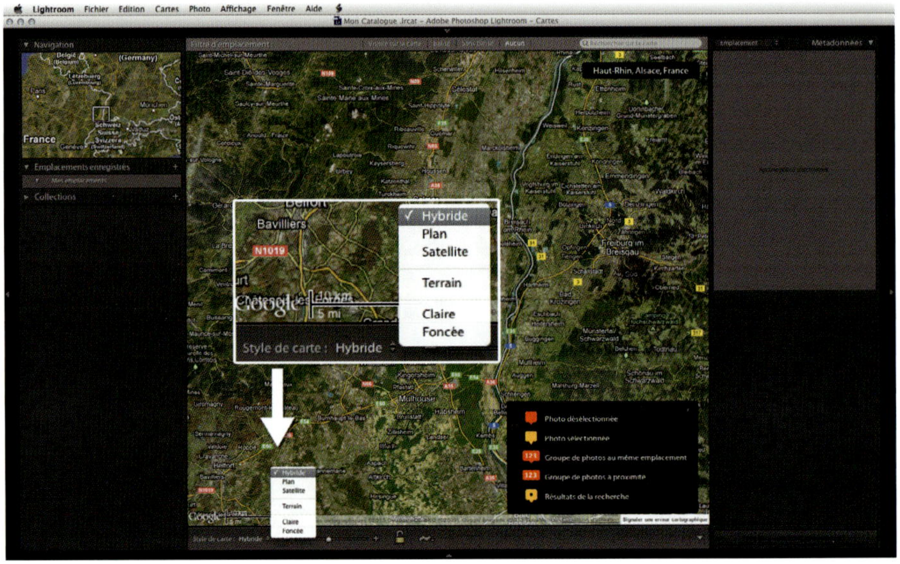

Étape 2

Le « Filtre d'emplacement », situé dans la partie supérieure du panneau central, comporte un certain nombre de fonctions et de critères permettant de n'afficher dans le « Film fixe » que les images qui y répondent (images avec ou sans coordonnées géographiques, etc.), et un champ de recherche. Si vous saisissez par exemple « Notre Dame », le service vous proposera une liste de lieux ou d'adresses possibles et affichera votre choix dans le panneau central. Les résultats de recherche sont représentés par un pictogramme jaune d'or pourvu d'un point noir.

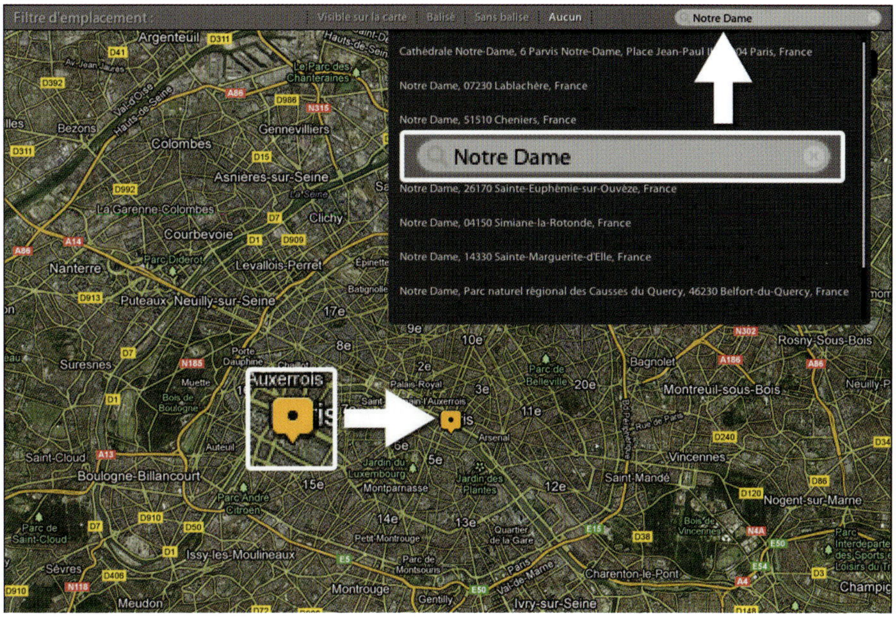

Étape 3

Par défaut, le module Cartes affiche la description des pictogrammes incrustés dans les cartes. Nous vous conseillons de la laisser en permanence pour vous faciliter la tâche, mais pouvez la fermer en cliquant sur la croix, dans le coin en haut à droite. Pour la rappeler, allez dans le menu **Affichage>Afficher la légende de la carte**.

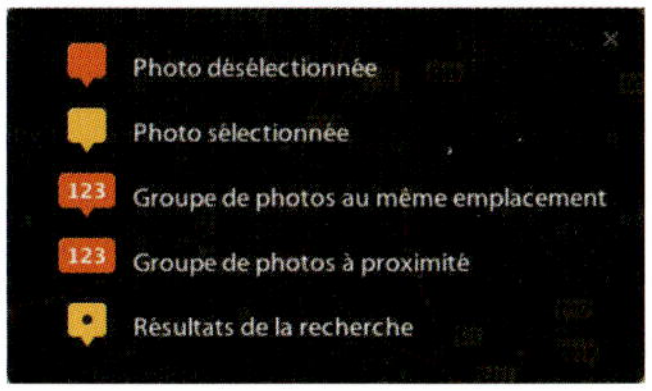

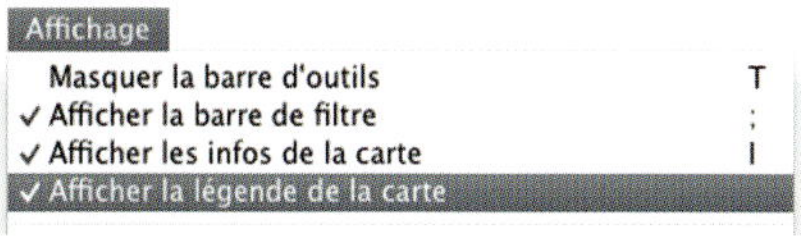

Étape 4

Un tour par **Paramètres du catalogue> Métadonnées** permet d'activer les fonctions de géocodage inversé. La première option permet à Lightroom de remplir automatiquement les champs de métadonnées Emplacement en fonction des coordonnées GPS détectées dans les images, et la seconde l'autorise à faire de même si ces mêmes champs sont vides dans des images destinées à l'exportation.

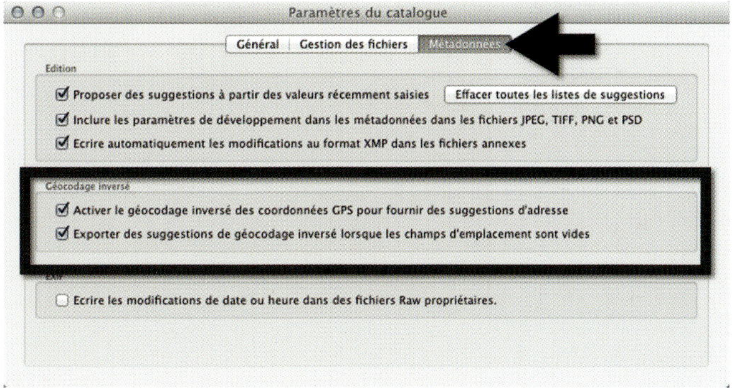

> **Remarque** : lors de la première installation de Lightroom, une boîte de dialogue vous invitera à activer le géocodage inversé.

Étape 5

La première méthode de géolocalisation – et la plus simple – consiste à importer des photos contenant déjà des coordonnées GPS dans les métadonnées EXIF, notamment si votre appareil photo est équipé de son propre récepteur GPS (interne ou sous forme d'accessoire relié à l'appareil).

Dans ce cas, après importation, une icône de géocodage apparaît dans la vignette, et les coordonnées géographiques sont visibles dans les champs EXIF du panneau Métadonnées (ainsi que les informations dans les champs IPTC d'emplacement, si le géocodage inversé est actif).

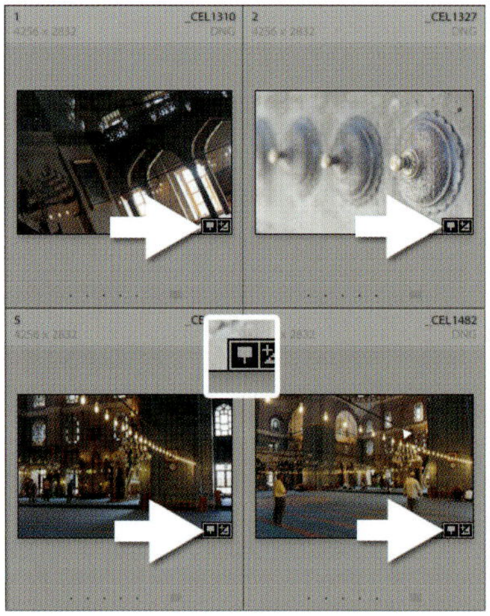

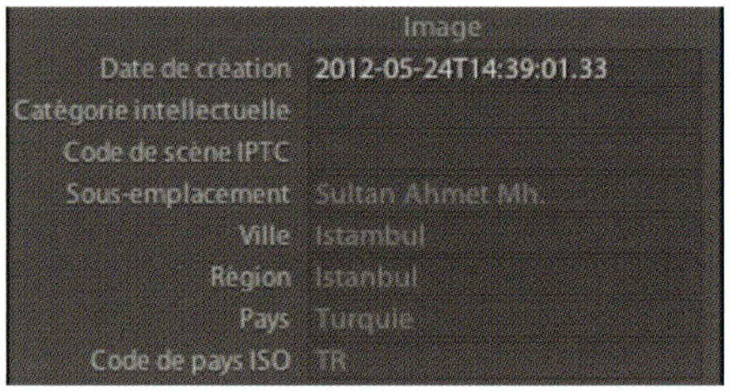

Étape 6

En cliquant sur l'icône de vignette ou la petite flèche à droite des coordonnées GPS, vous passez dans le module Cartes, avec affichage des pictogrammes d'emplacement sur la carte ou l'image satellite. Elles contiennent le nombre d'images, la couleur jaune d'or correspondant à une photo sélectionnée. La couleur orange est celle des photos géolocalisées (ou balisées, pour reprendre la terminologie Adobe) mais non sélectionnées.

Le système peut différencier les groupes de photos pris au même emplacement ou à proximité. Les premiers ont logiquement les mêmes coordonnées géographiques, mais si vous vous êtes déplacé de quelques mètres ou dizaines de mètres, ces groupes seront considérés comme pris à faible distance l'un de l'autre, « à proximité » comme la fonction l'indique. Tout dépend de la précision d'enregistrement des coordonnées GPS, de la qualité de la réception ou des obstacles du terrain. L'autre facteur déterminant est le grossissement de zoom dans la carte : plus vous vous rapprochez, plus les photos regroupées se détacheront en petits groupes (étape 8).

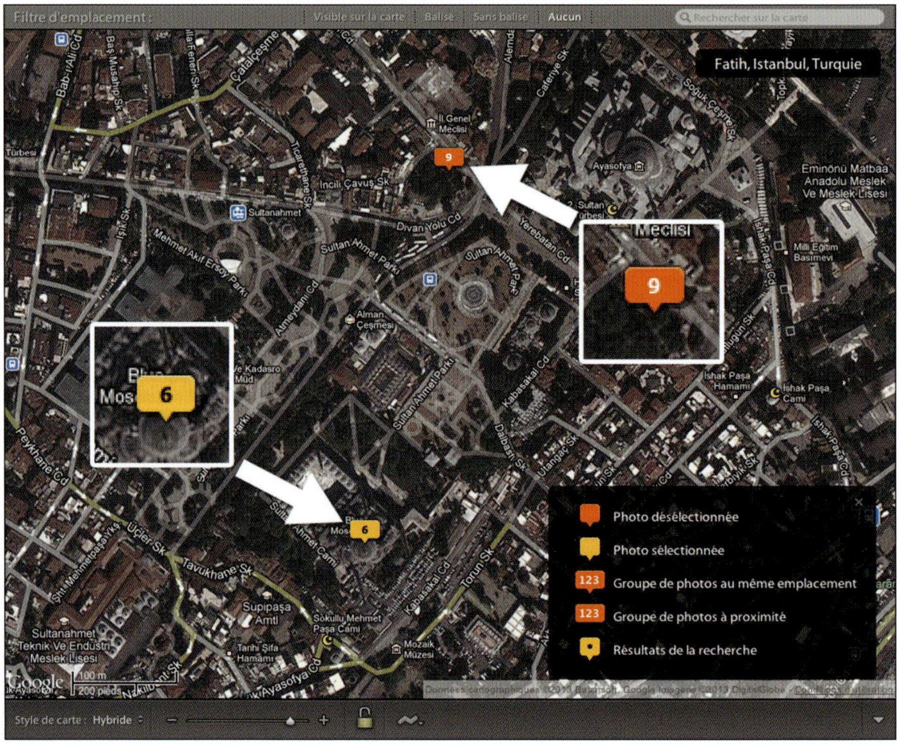

Étape 7

En passant la souris sur l'une des bulles, une fenêtre flottante s'affiche aussitôt, avec une photo et quelques informations liées à la prise de vue. Si la balise concerne plusieurs images, vous pouvez passer de l'une à l'autre en cliquant sur les flèches situées à gauche et à droite, ou tout simplement en utilisant la molette de la souris (à condition de laisser le pointeur dans la fenêtre).

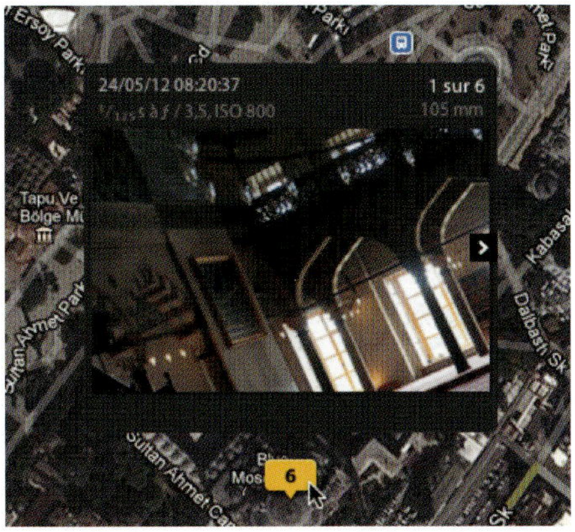

Étape 8

Plus vous zoomez dans la carte ou la vue satellite, et plus vos groupes de photos, prises à différents endroits et à des heures variables, apparaîtront de façon précise. Dans cet exemple, une vue générale montre un pavé signalant l'existence d'un groupe de photos à proximité du même lieu. Si vous zoomez dans la carte, vous verrez apparaître les différents groupes avec plus de précision.

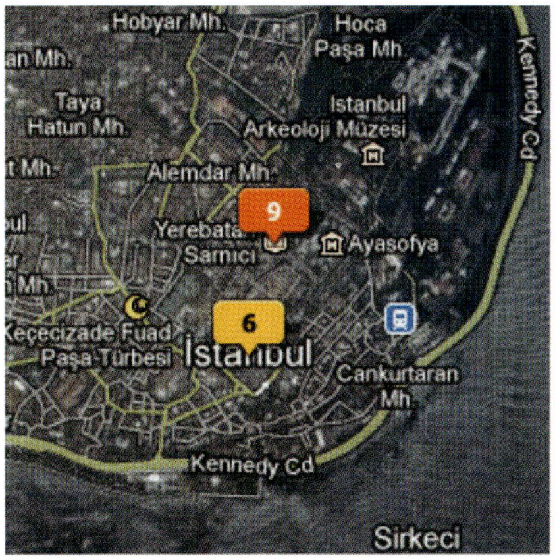

Étape 9

Le géocodage inversé permet à Lightroom de remplir automatiquement les champs de métadonnées IPTC « Ville », « Région », « Pays » et « Code de Pays ISO », à condition de disposer de la connexion Internet et d'avoir autorisé cette fonction (étape 4). Les informations apparaissent grisées car elles restent modifiables à tout instant.

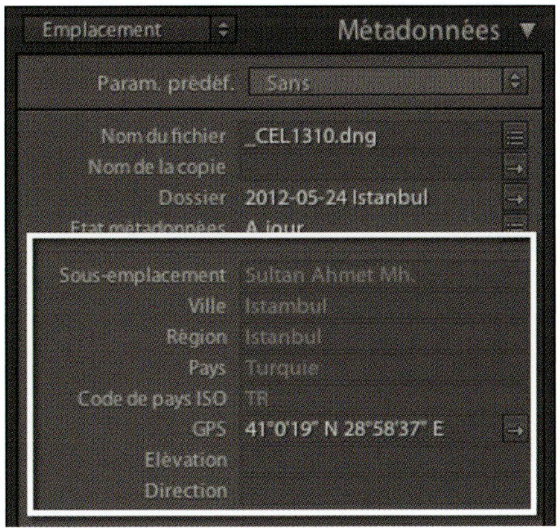

> **Remarque** : pour valider les informations grisées, cliquez sur le libellé de chaque champ (Ville, Pays, etc.), puis, dans la fenêtre flottante qui s'affiche, cliquez sur l'information. Cette opération ne peut se faire qu'un champ après l'autre mais, les informations étant inscrites dans le catalogue et pouvant être jointes aux images exportées, la validation est inutile.

Étape 10

La deuxième méthode consiste à combiner les relevés d'un récepteur GPS externe – un iPhone équipé d'une application comme GPS4Cam – aux photos importées dans Lightroom. Dans ce cas, il est essentiel de synchroniser la date et l'heure des deux appareils.

Après la séance de prise de vue, allez dans l'application de votre iPhone et exportez votre dernière balade sous forme de fichier au format GPX, sous forme de Trackpoints (Lightroom ne prend pas de Waypoints, c'est-à-dire des points d'intérêt nommés et symbolisés).

Étape 11

Dans le module Cartes, allez dans le menu **Cartes>Relevé d'itinéraire>Charger le relevé d'itinéraire** ou cliquez sur l'icône en forme de zigzag située dans la barre d'outils, puis sélectionnez « Charger le relevé d'itinéraire » dans le menu contextuel.

Une boîte de dialogue du système va vous inviter à repérer et choisir le fichier GPX (extension « .gpx ») exporté précédemment par votre récepteur GPS ou votre smartphone.

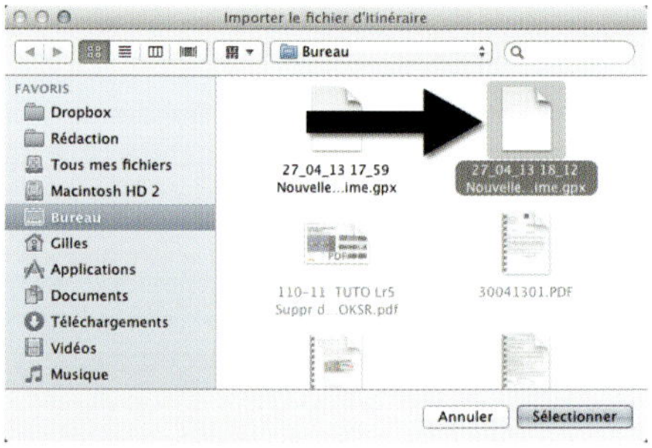

Étape 12

Après importation de l'itinéraire, celui-ci apparaît sur la carte ou la vue satellite. Si vous placez le pointeur de la souris à n'importe quel endroit du tracé, une infobulle va vous indiquer l'heure exacte enregistrée à cet emplacement précis.

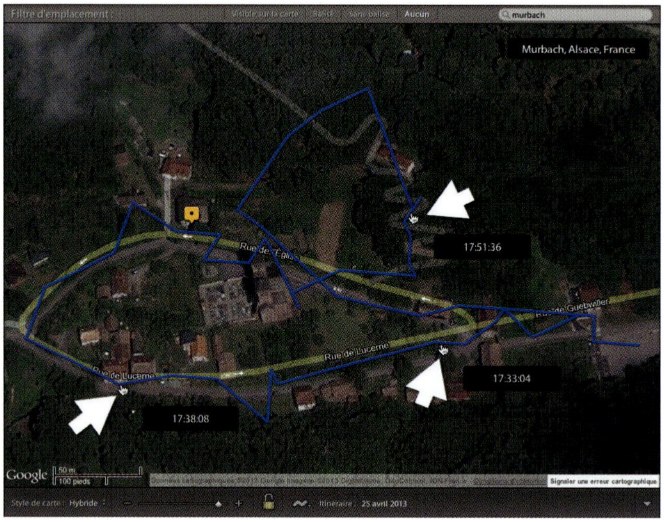

Étape 13

Attention à cette étape : si vous avez importé un relevé d'itinéraire et que vous choisissez la commande « Ajouter des coordonnées GPS aux photos sélectionnées » en faisant un clic droit dans la carte, ce sont les mêmes coordonnées générales du lieu affiché qui seront appliquées à toutes les images.

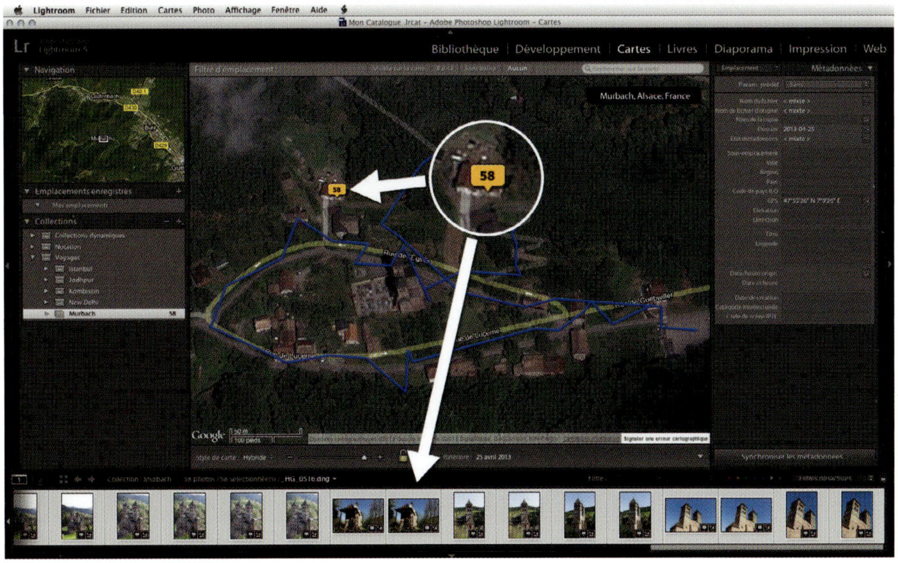

Étape 14

En revanche, si vous voulez géolocaliser vos photos de manière encore plus précise, en tenant compte de vos déplacements et arrêts pour les prises de vue, sélectionnez vos images après importation du relevé d'itinéraire, puis choisissez « Balisage automatique de X photos sélectionnées » dans le menu contextuel.

Vous pouvez constater, par rapport à l'étape 13, que la carte présente plusieurs groupes d'images correspondant aux différentes positions de prise de vue en cours de déplacement.

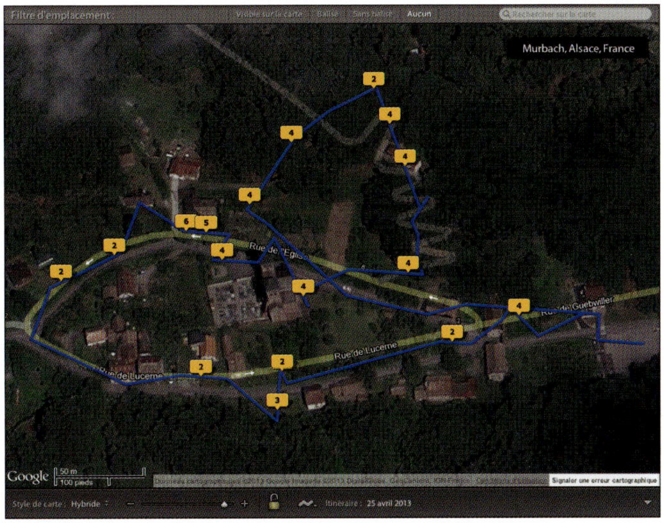

Étape 15

Le relevé d'itinéraire ne suit pas toujours à la perfection votre cheminement réel sur le terrain, cela est dû à la précision du récepteur utilisé et aux conditions parfois aléatoires de qualité de réception des signaux émis par les satellites GPS (terrain accidenté, obstacles, lieux confinés, etc.).

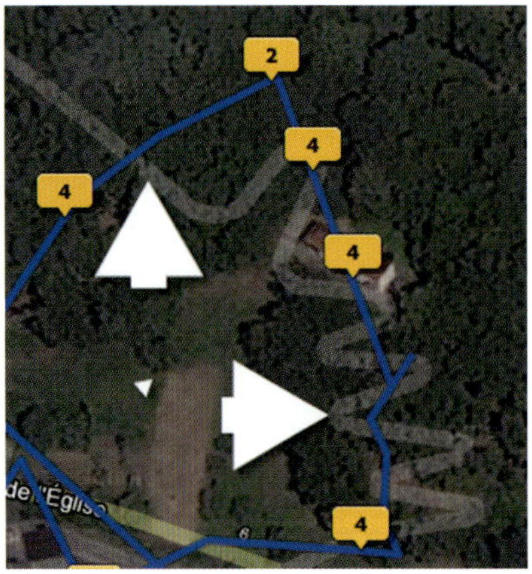

Étape 16

La troisième méthode de géocodage, si l'on ne possède pas de récepteur GPS, se pratique directement dans le module Cartes en faisant glisser des photos sur la carte. Faites d'abord une recherche du lieu de prise de vue (étape 2), sélectionnez les photos dans le « Film fixe » puis glissez-les sur la carte à l'emplacement exact du lieu de prise de vue. Là encore, les coordonnées GPS et les informations de géocodage inversé seront automatiquement saisies. Cette méthode ne permet pas de prendre l'élévation ou l'altitude en compte (limite de l'interface Google).

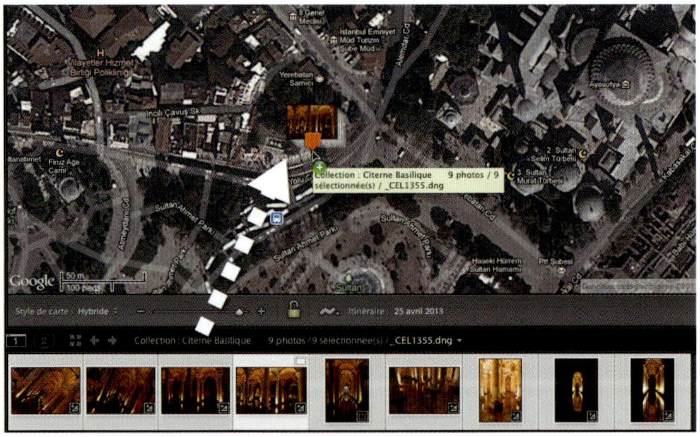

Étape 17

Le module Cartes permet de créer des listes d'emplacement personnalisées dans le panneau « Emplacements enregistrés », à gauche. Cliquez sur le bouton « + ». Dans la boîte de dialogue, saisissez le lieu et ajustez le rayon de pertinence de l'emplacement enregistré : toute image glissée dans ce cercle se verra attribuer les coordonnées de l'emplacement enregistré. Cliquez sur Créer pour ajouter l'emplacement à la liste des favoris.

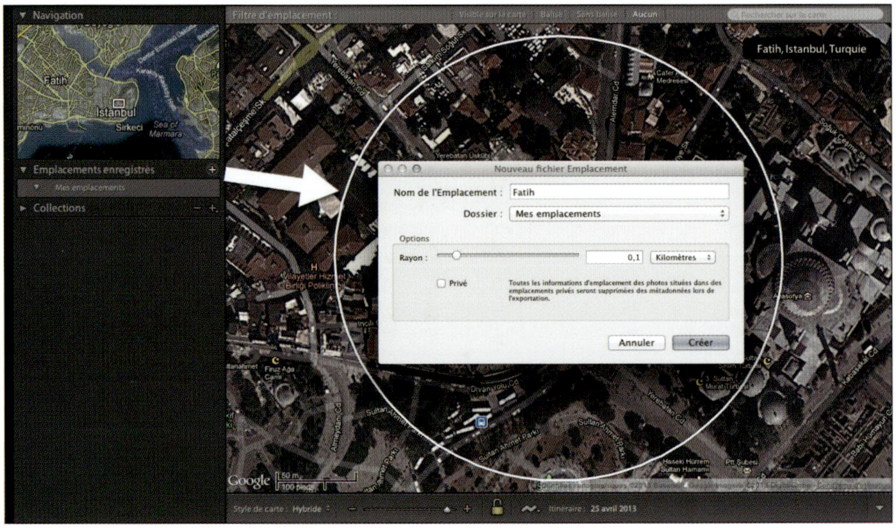

> **Remarque** : vous pouvez attribuer les données de localisation enregistrées en faisant un glisser-déposer d'images sur un emplacement enregistré, ou en glissant-déposant un emplacement enregistré dans une sélection d'images du « Film fixe ».

Étape 18

Dans la fenêtre de création d'emplacements, l'option Privé est à considérer sérieusement. Activée, elle interdit l'enregistrement de données d'emplacement dans les images exportées. Cela s'avère particulièrement utile pour protéger la vie privée et les droits de propriété de certains lieux, bâtiments ou tout emplacement privé. Si vous prenez en photo une magnifique maison, son propriétaire ne souhaitera probablement pas que n'importe qui, y compris des personnes mal intentionnées, puisse la trouver sur une carte grâce aux métadonnées...

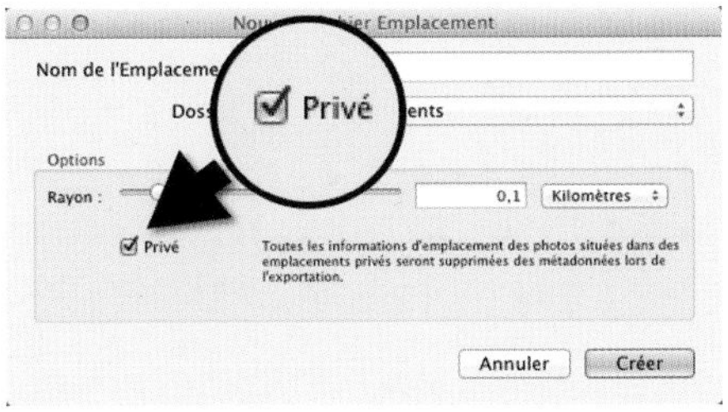

Remarque : le menu Exporter (exercice 52) comporte, dans la section Métadonnées, l'option « Supprimer les informations d'emplacement » qui interdit l'ajout de ces informations à toute image exportée.

Étape 19

Dès que l'option Privé est activée, le cercle de pertinence passe du blanc au noir. Lorsque l'emplacement Privé est enregistré, il se retrouve paré d'un petit cadenas. Bien entendu, vous pouvez modifier à tout moment le rayon du cercle et le statut Privé de l'emplacement, en faisant un clic droit et en sélectionnant « Modifier l'emplacement » dans le menu contextuel.

Sachez enfin que vous pouvez organiser vos emplacements favoris sous forme de dossiers, toujours par l'intermédiaire du menu contextuel.

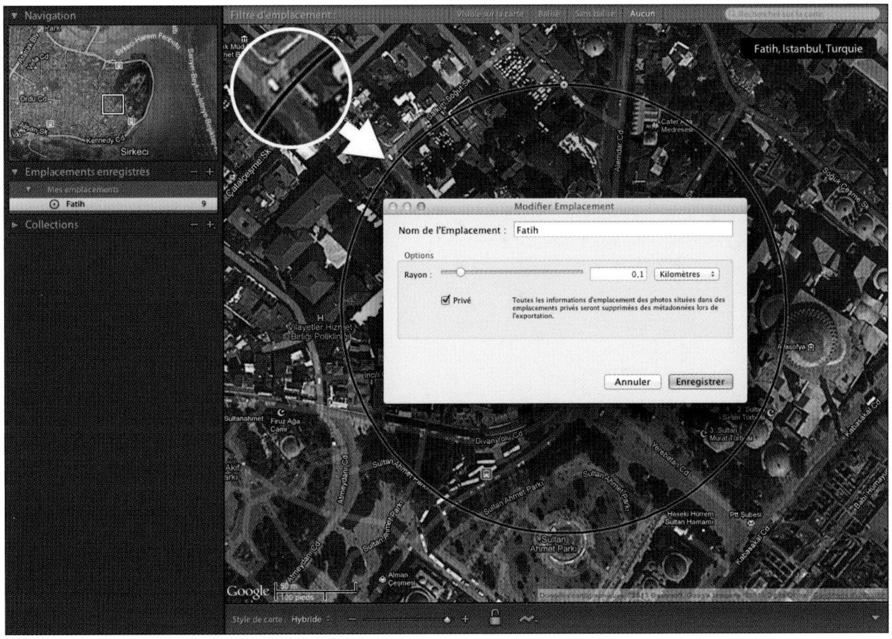

3idiots

Partie 3

Développer ses images

Le module Développement de Lightroom est entièrement basé sur Camera Raw, le module de traitement des fichiers RAW de Photoshop, dont il partage le moteur de dématriçage et les outils. Les deux applications sont d'ailleurs parfaitement compatibles, les corrections effectuées dans l'un pouvant être reprises dans l'autre. On parle bien ici de « développement » et non de « retouche » : le fichier RAW est considéré comme un négatif devant être « développé » pour devenir une image. Le traitement des images dans Lightroom est non destructif, chaque modification est réversible à tout moment ; les corrections sont inscrites sous forme de métadonnées dans des fichiers annexes (pour les RAW) ou dans les en-têtes des images elles-mêmes (pour les JPEG, les TIFF, les PSD, les PNG et les DNG). Cette partie aborde les corrections de base : conversion dans le Processus de développement 2012, correction de l'exposition et du contraste, de la balance des blancs, du bruit, puis accentuation de la netteté... Nous verrons également comment améliorer la présence de l'image et quels sont les moyens mis à notre disposition pour changer ou modifier le rendu par défaut du module Développement.

Enfant à Jodhpur (Inde)
Nikon D700, 24-70 mm f/2,8, 1/60 s, f/4, 320 ISO © Céline Jentzsch

Exercices

25 Convertir les images dans le Processus 2012
26 Étalonner l'appareil photo
27 Régler la balance des blancs
28 Corriger la tonalité
29 Corriger automatiquement la tonalité
30 Renforcer la présence de l'image
31 La « Courbe des tonalités »
32 Corriger les couleurs
33 Réduire le bruit
34 Accentuer la netteté

25 Convertir les images dans le Processus 2012

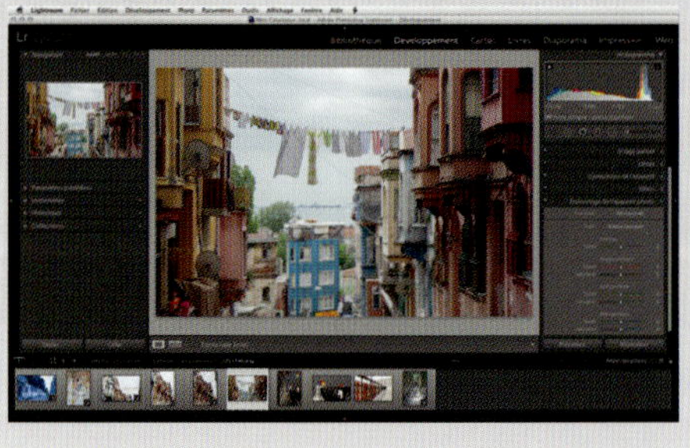

Avec Lightroom 4, Adobe proposait des algorithmes de correction des tons encore plus performants, appelés « Processus 2012 », permettant d'exploiter la totalité de la plage dynamique de votre appareil photo en assurant une excellente restitution à la fois dans les ombres et dans les hautes lumières, et cette fois sans dérives chromatiques ou poussée de bruit. Le Processus 2012 est repris tel quel dans Lightroom 5, la seule modification concerne l'avertissement qui apparaît lorsque vous travaillez sur une image traitée dans les processus plus anciens (2010 pour Lightroom 3, et 2003 pour Lightroom 1 et 2).
Ce premier exercice consacré aux outils du module Développement de Lightroom va vous expliquer comment convertir vos images dans le Processus 2012.

Étape 1

Avant de commencer, sachez que :

- lors d'une mise à jour d'un catalogue vers Lightroom 5, les anciennes images traitées dans le Processus 2003 ou 2010 ne sont pas automatiquement converties dans le Processus 2012 ;
- leur conversion pourra se faire au cas par cas ou par lots, selon vos besoins, au moment où vous le déciderez ;
- toutes les nouvelles images importées dans Lightroom 5 seront automatiquement converties dans le Processus 2012 (mais la reconversion vers les anciens Processus 2010 et même 2003 reste possible).

Remarque : rien ne vous oblige à convertir vos images traitées dans les précédentes versions de Lightroom, mais il y a fort à parier que vous serez vite convaincu par l'efficacité du Processus 2012. Faites-le avec les anciennes images méritantes, puis concentrez-vous sur les nouvelles photos.

Étape 2

Comment reconnaître des images qui n'ont pas encore été converties ? C'est très simple : lorsque vous passez dans le module Développement, une icône en forme d'éclair apparaît sous l'histogramme, à sa droite. Vous pouvez vérifier la version du Processus en passant la souris dessus, ou dans le panneau « Étalonnage de l'appareil photo » : elle est affichée dans la section supérieure du panneau. Troisième possibilité : allez dans le menu **Paramètres>Processus**.

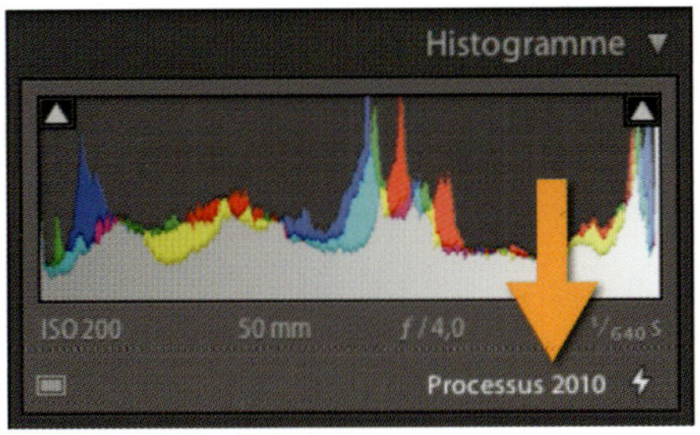

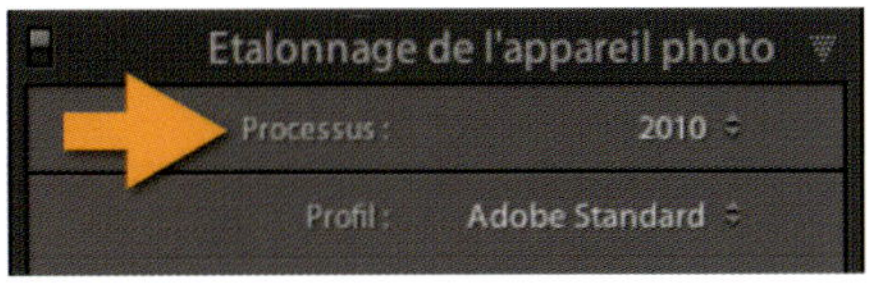

Remarque : dans Lightroom 4, un ancien Processus était signalé par un point d'exclamation, dans le coin inférieur droit du panneau principal d'affichage.

Étape 3

Cliquez sur l'éclair : une boîte de dialogue propose de convertir l'image sélectionnée ou toutes celles du « Film fixe ». Vous pouvez aussi inspecter les modifications en affichant l'image en mode Avant/Après, ce que nous conseillons car l'image peut changer d'aspect à cause des nouveaux algorithmes de traitement des tons (exposition et contraste). Ne travaillez qu'image par image, jusqu'à ce que vous ayez l'habitude du Processus 2012. Cliquez sur « Mettre à jour ».

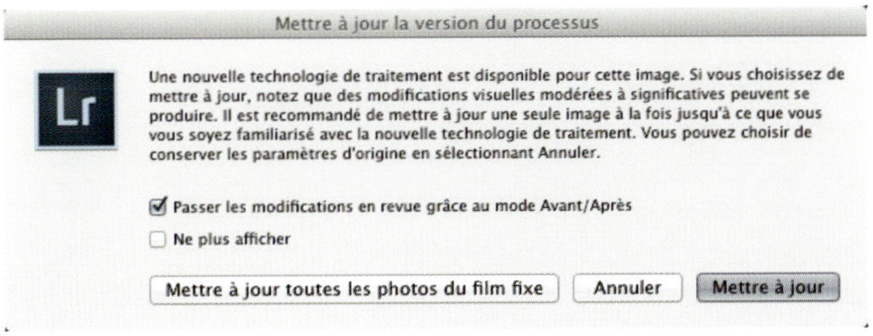

Étape 4

La conversion de l'image est quasiment instantanée. Dans le mode Avant/Après, vous pouvez zoomer pour voir les différences, notamment dans le traitement des hautes lumières et des parties sombres, mais c'est surtout au niveau des premières qu'on verra un changement : le Processus 2012 est capable d'aller chercher des informations utiles dans l'image, ce que le Processus 2010 ne permettait pas. En ce qui concerne le rendu des couleurs, il ne doit pas y avoir de dérives ni de modifications.

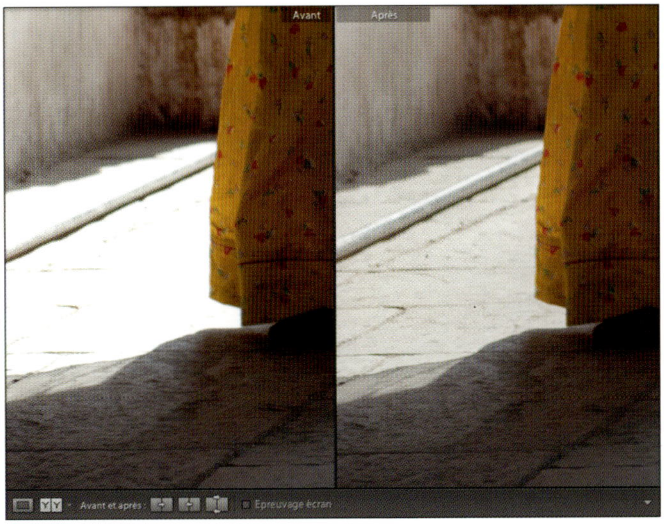

Remarque : bien sûr, la conversion du Processus fonctionne aussi avec les aperçus dynamiques du nouveau flux de travail hors ligne de Lightroom 5.

Étape 5

Vous pouvez vérifier à tout moment si la conversion a bien eu lieu, dans le panneau Historique du module Développement ou en retournant dans le panneau « Étalonnage de l'appareil photo » pour voir si « Processus : 2012 (actuel) » est bien affiché, ou bien encore dans le menu **Paramètres>Processus**. Si vous voulez revenir à l'ancien Processus, vous pouvez le faire à tout moment, aux mêmes endroits, en sélectionnant « 2010 » (ou même « 2003 », si vous êtes nostalgique de Lightroom 1 et 2) dans la liste.

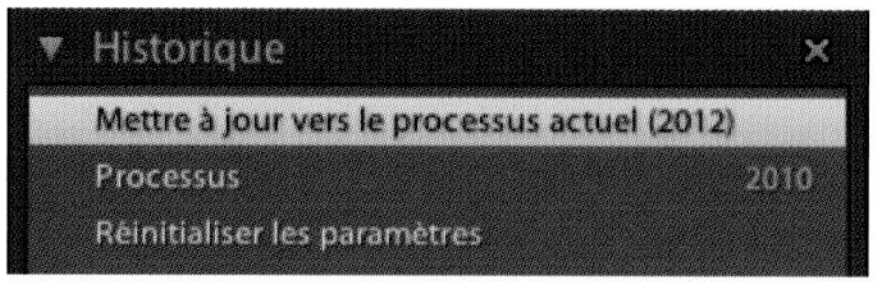

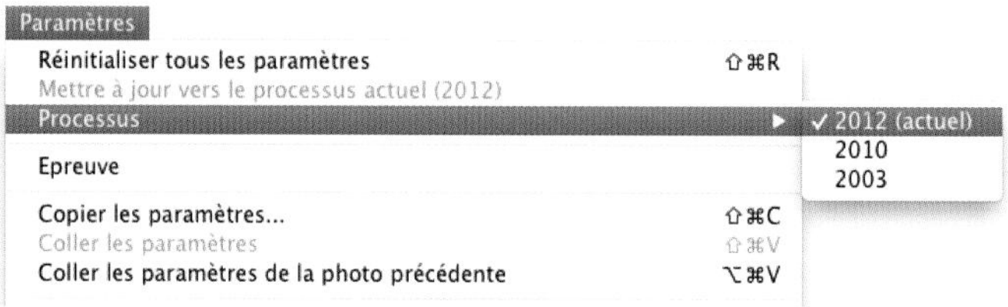

Étape 6

Lightroom vous donne en permanence la possibilité de rechercher, regrouper et afficher toutes les images du catalogue qui n'ont pas encore été converties au Processus 2012. Pour cela, allez dans le module Bibliothèque, puis dans le menu **Bibliothèque>Rechercher les photos du processus précédent** (inutile de sélectionner au préalable « Toutes les photos » dans le panneau Catalogue). La recherche et l'affichage des vignettes ne prennent que quelques dizaines de secondes.

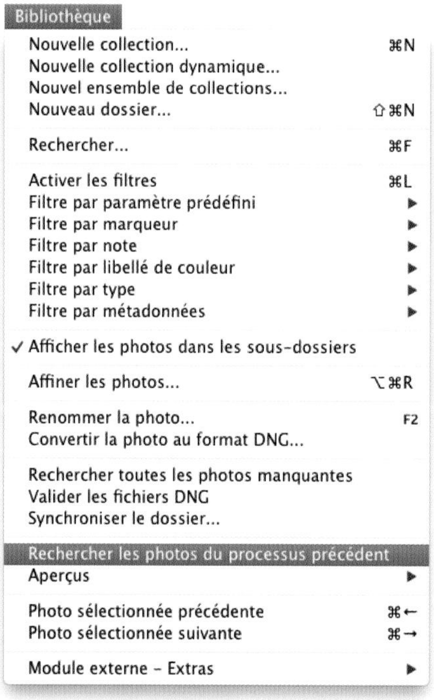

Étape 7

Une fois les images de l'ancien processus regroupées, une collection temporaire « Photos du processus précédent » est créée dans le panneau Catalogue, et elles s'affichent toutes dans la grille. Vous pouvez laisser la collection temporaire dans le panneau Catalogue, mais si vous convertissez d'autres photos, le décompte ne sera mis à jour que si vous faites une nouvelle recherche. Pour la supprimer du panneau Catalogue, faites un clic droit sur « Photos du processus précédent » et cliquez sur « Supprimer cette collection temporaire », dans le menu contextuel.

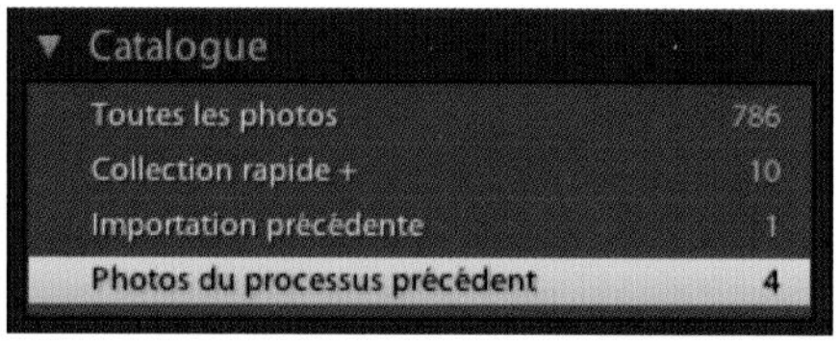

26 Étalonner l'appareil photo

Le panneau « Étalonnage de l'appareil photo » est situé tout en bas du volet droit du module Développement, comme s'il était délibérément placé hors de vue des utilisateurs de Lightroom – ce qui est plausible puisque son utilisation s'adresse avant tout à des personnes averties, bien au fait de la gestion et du rendu des couleurs.

C'est dans ce panneau que vous trouverez le rendu par défaut (Adobe Standard), ainsi qu'un certain nombre d'autres profils que nous allons décrypter dans cet exercice. Nous aborderons également les profils de simulation de rendus constructeurs ainsi que l'installation et l'utilisation de profils personnalisés, comme ceux créés à la demande par Christophe Métairie (www.cmp-color.fr), pour améliorer le rendu des couleurs en se basant sur un profilage de votre boîtier.

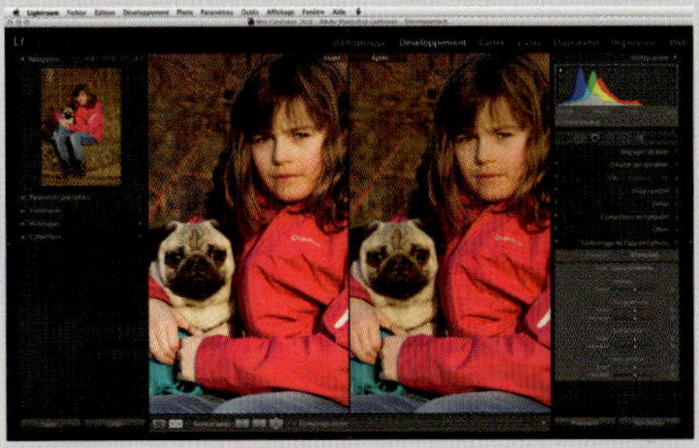

Étape 1

Le panneau « Étalonnage de l'appareil photo » se trouve donc dans le module Développement, tout en bas dans le volet de droite. Il est composé de trois sections :

- Processus : choix du « moteur » de développement, la version actuelle étant la 2012 ;
- Profil : choix du rendu des images, le profil par défaut étant Adobe Standard ;
- Curseurs permettant de modifier la réponse colorimétrique au niveau des tons sombres et des couleurs primaires RVB.

Étape 2

Le profil Adobe Standard n'est pas un profil générique qui tente d'appliquer le même rendu à toutes les images prises par différents modèles de boîtiers. Chaque matériel pris en charge par Lightroom (et Camera Raw) est soigneusement analysé, mesuré et étalonné dans les laboratoires d'Adobe. Sachez que le rendu Adobe Standard n'est pas le même que celui de Nikon, Canon et autres fabricants. Ici, l'image de gauche a un rendu Adobe Standard, et celle de droite le rendu Nikon Standard. Les couleurs sont plus chaudes avec le rendu simulé Nikon.

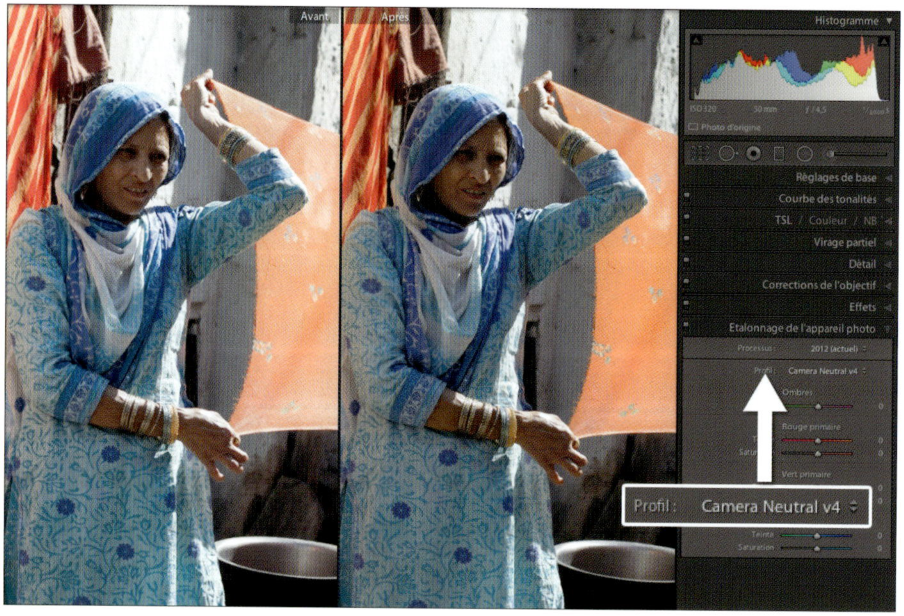

Étape 3

Si Lightroom ne tient pas compte des styles d'image du fabricant d'appareil, comme tous les logiciels de développement RAW d'éditeurs tiers, il propose des profils simulant le rendu de certains boîtiers. Ci-contre, à gauche, une liste de profils simulant le rendu de fichiers NEF de Nikon D800, à droite, des profils de simulation de fichiers CR2 de Canon 5D MkIII). Le nom des profils de simulation commence toujours par « Camera ».

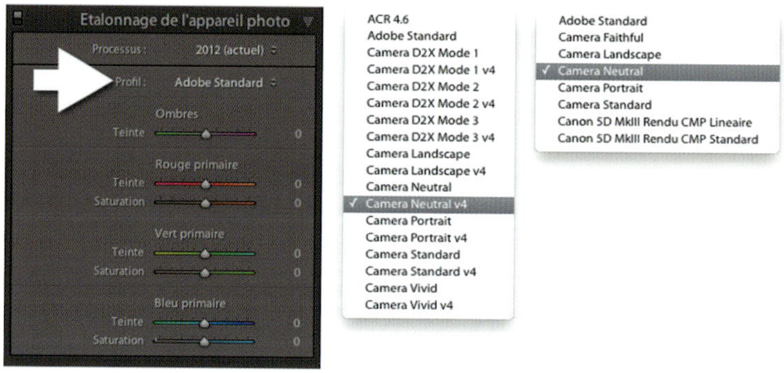

> **Remarque** : attention, les profils de simulation imitent le rendu d'un boîtier AVANT corrections. Dès lors que vous commencez à corriger les images dans Lightroom, les résultats obtenus ne seront pas les mêmes qu'avec le logiciel de développement RAW du fabricant.

Étape 4

Dans la liste apparaît parfois un profil nommé « ACR », suivi d'un numéro : ACR 4.4, ACR 2.4, etc. Il s'agit tout simplement du profil de la première version de Camera Raw (et Lightroom) ayant pris en charge votre appareil photo. Néanmoins, pour profiter du meilleur rendu par défaut, ignorez les anciennes versions et utilisez le Processus 2012 ainsi que le profil Adobe Standard.

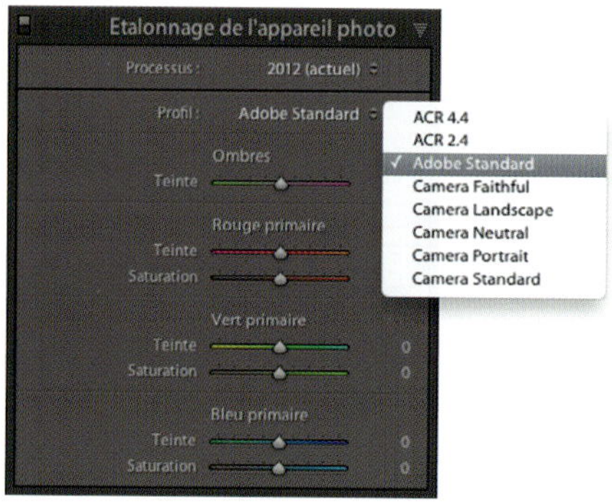

Étape 5

Le panneau « Étalonnage de l'appareil photo » permet également d'exploiter des profils personnalisés, réalisés par vous-même ou par des tiers, à l'aide d'un utilitaire appelé « DNG Profile Creator », et se basant sur l'analyse d'une mire ColorChecker. Pourquoi des profils personnalisés ? Tout simplement pour améliorer le rendu ou aligner le rendu de plusieurs appareils photo, y compris de marques différentes.
Dans cet exemple, la vue de gauche a un rendu Adobe Standard, et celle de droite est un profil personnalisé créé par Christophe Métairie : les couleurs sont plus riches et plus profondes.

> **Remarque** : vous retrouverez les coordonnées de Christophe Métairie, de cmp-color, dans les remerciements, au début de l'ouvrage.

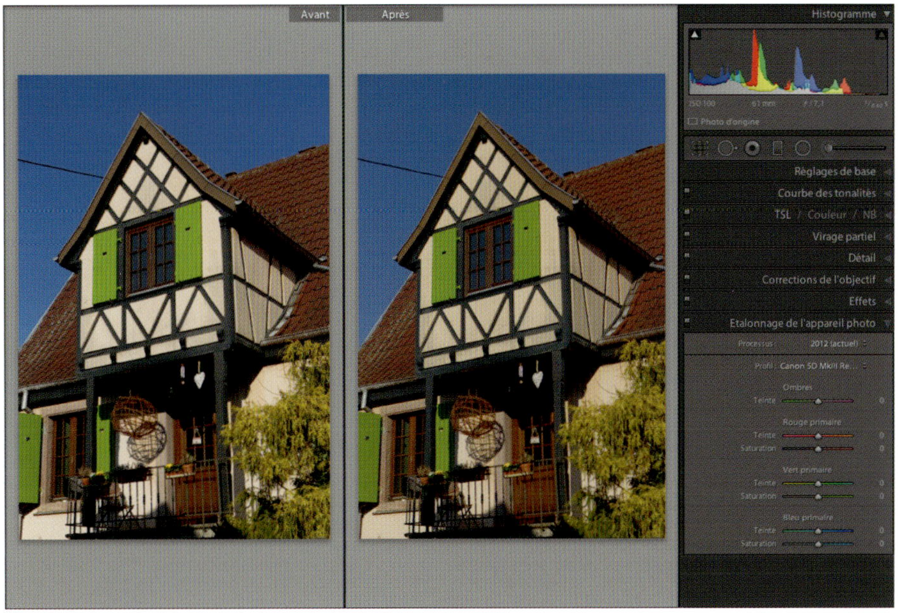

Étape 6

Pour corriger les couleurs, vous pouvez aussi vous servir d'une mire que vous photographierez dans les conditions d'éclairage de votre shooting, ce qui vous permettra d'avoir une cible neutre pour les réglages de balance des blancs. La mire ColorChecker Passport d'X-Rite est même livrée avec un module externe vous permettant de créer et d'installer vos propres profils dans le panneau « Étalonnage de l'appareil photo ».

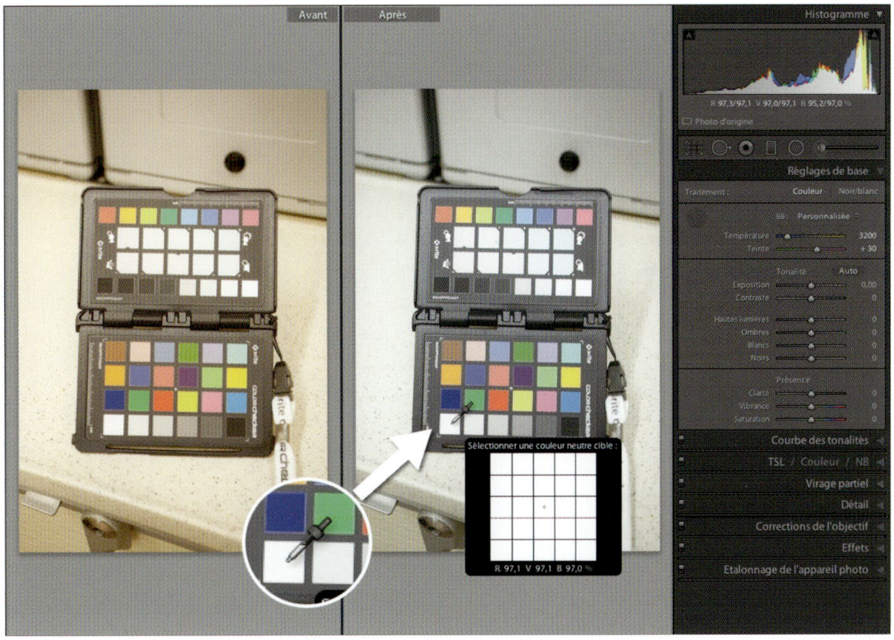

27 Régler la balance des blancs

Bien que la balance des blancs soit la seule information de correction d'images produite par l'appareil photo que Lightroom restitue, il est évident que la prise de vue en RAW permet une grande souplesse de réglages en postproduction. Dans cet exercice, nous allons voir comment équilibrer les couleurs globales d'une image, sans toutefois perdre l'essentiel, c'est-à-dire l'ambiance particulière due à l'éclairage. Nous verrons également comment utiliser les pinceaux Température et Teinte pour régler la balance des blancs de manière sélective (voir l'exercice 41 pour une présentation plus complète du fonctionnement du « Pinceau de retouche »).

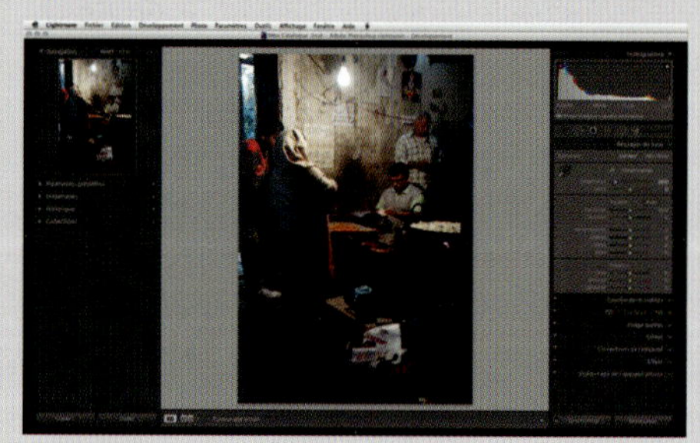

Raccourcis clavier

Touche W : pipette de balance des blancs (également à partir du module Bibliothèque)

Touches Maj + S : revenir instantanément à l'image originale puis à l'image en cours de modification

Les fichiers associés à cet exercice sont disponibles sur editions-eyrolles.com.

Étape 1

Ouvrez le fichier Image_Ex27A.dng. Une rapide analyse de cette photo prise sous éclairage artificiel permet de constater que l'appareil a interprété la scène avec des teintes trop chaudes. Nous allons essayer de les corriger, soit en utilisant les réglages automatiques, soit en faisant une balance des blancs à l'aide de la pipette.

L'outil de balance des blancs se situe dans le panneau « Réglages de base » du module Développement.

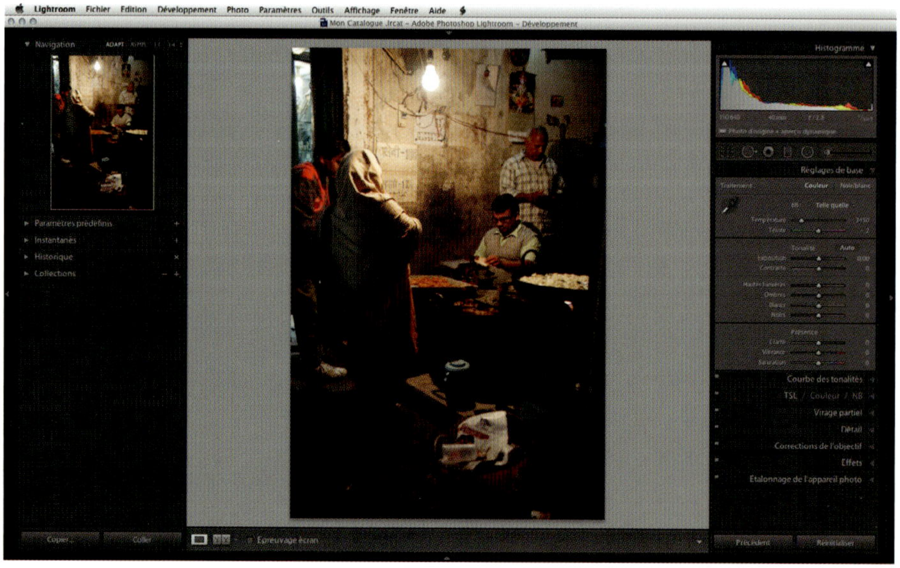

Étape 2

Essayons de corriger l'image avec un préréglage du menu « Balance des blancs ». Pour comparer des résultats, on peut créer des copies virtuelles et appliquer un réglage différent à chacune. Ici, de gauche à droite : « Telle quelle » (interprétation du boîtier, trop jaune), Auto (mode automatique, trop bleu), Fluorescente (trop rouge) et « Lumière naturelle » (trop orange).

L'image en mode Auto semble meilleure, mais au détriment de l'ambiance de la scène.

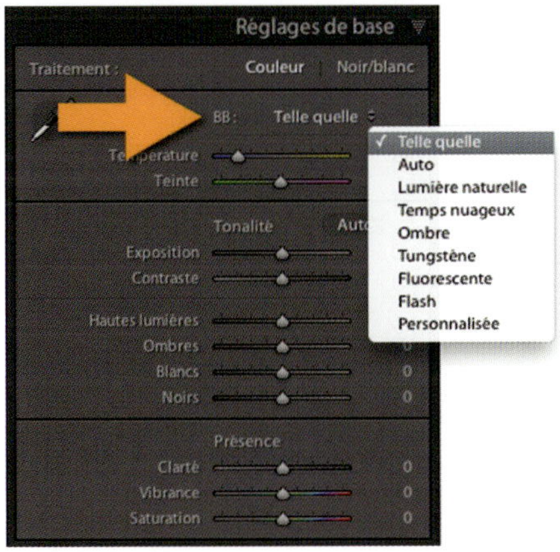

Étape 3

Revenez au réglage du boîtier « Telle quelle », puis cliquez sur la pipette. En la plaçant sur l'image, on s'aperçoit qu'elle est accompagnée d'une palette flottante comportant une grille. Le pas de la grille est réglable avec la molette de la souris, au pixel près, pour un prélèvement de grande précision (sur une surface de 5 × 5 pixels). Les chiffres indiquent en pourcentages les valeurs RVB des pixels survolés.

La fenêtre de navigation affiche en temps réel un aperçu de la correction calculé à partir du pixel (ou du groupe de pixels) survolé.

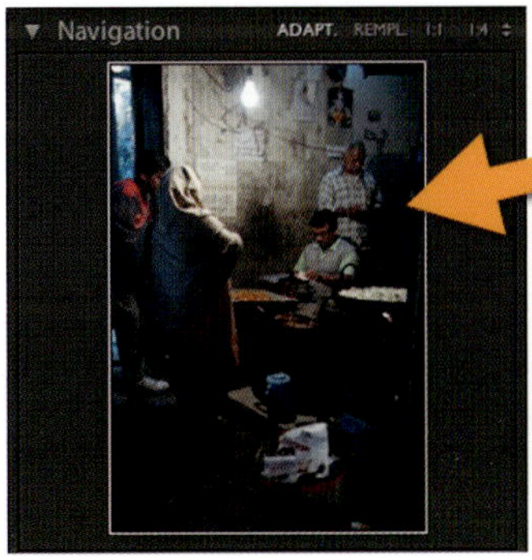

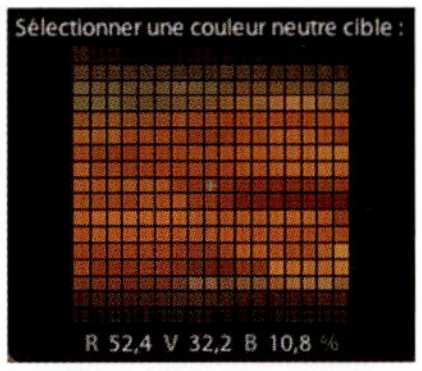

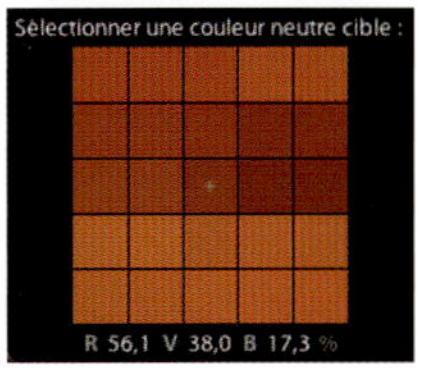

Étape 4

Le but de la manœuvre est de trouver une zone neutre, de préférence un gris moyen ou du blanc, surtout pas trop brillante (ou il y aura risque d'écrêter certaines valeurs). Si les surfaces neutres sont minuscules, réglez le pas de la grille jusqu'à ce que vous puissiez travailler au pixel près. S'il n'y a pas de blancs ou de gris, vous pouvez chercher dans les noirs pour faire la balance des blancs. Pour cette image, cliquez sur le polo gris de la personne assise.

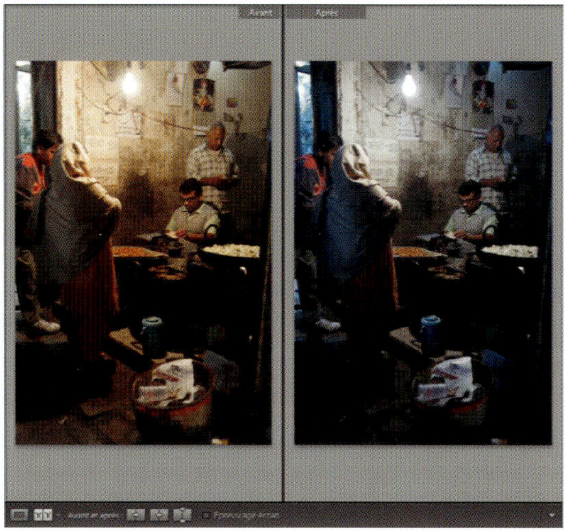

Étape 5

L'image retrouve un aspect proche de la lumière du jour, mais avec trop de bleu, ce qui nuit à l'ambiance de la scène originale. Pour retrouver cette ambiance dispensée par l'éclairage artificiel, allez dans le panneau « Réglages de base », et ramenez le curseur Température vers la droite, pour réchauffer l'image. Le curseur Teinte rééquilibre les dérives chromatiques vertes ou magenta qui se produisent dans les ombres lorsqu'on règle la balance des blancs. Ici, le réglage de température a été ajusté de 2 600 à 2 850 K, le curseur Teinte restant sur 0.

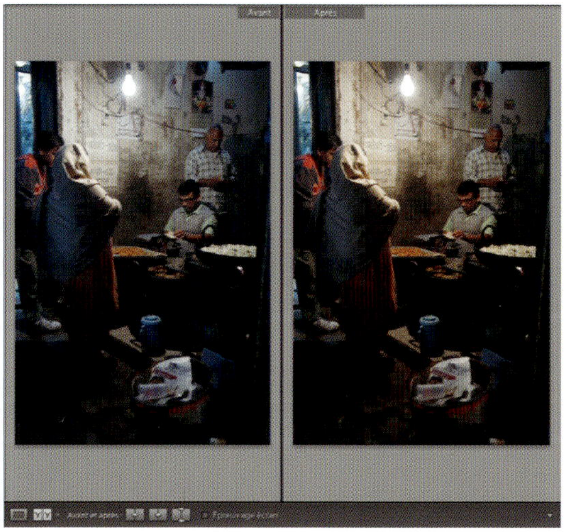

Étape 6

La balance des blancs ne sert pas seulement à compenser l'éclairage d'une scène. On peut aussi corriger une image marquée par une forte dominante, comme la teinte bleue de cette scène à l'ombre.

Dans la photo Image_Ex27B.dng, faites un clic sur la plaque d'immatriculation de la moto à l'aide de la pipette : l'ensemble de l'image se réchauffe, et vous pouvez affiner en réglant le curseur Température sur 5 250 K.

Étape 7

Un pinceau de retouche locale de balance des blancs avait été ajouté dans Lightroom 4. Il permet de corriger très facilement une portion de l'image sans toucher au reste, pour des ajustements précis après une balance des blancs globale. Pour accéder au « Pinceau de retouche », cliquez sur l'icône en forme de pinceau sous l'histogramme du module Développement. Les deux premiers curseurs permettent de corriger la température et la teinte.

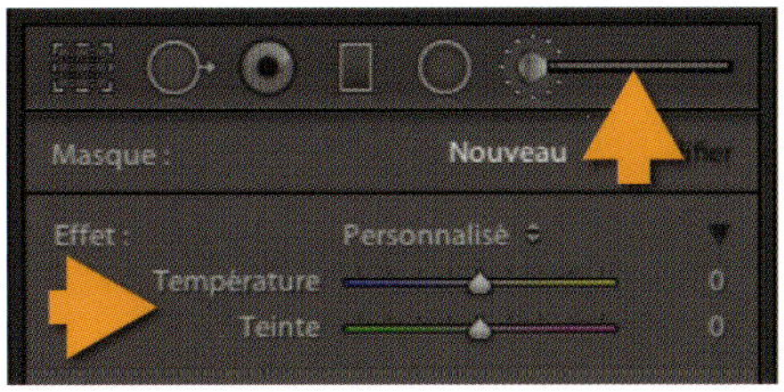

Étape 8

Ouvrez le fichier Image_Ex27C.dng dans le module Développement. Une partie de cette photo est à l'ombre, avec une dominante bleutée, tandis que le fond est trop neutre par rapport à la scène originale. La balance des blancs est d'abord corrigée de manière globale, en cliquant sur la chemise blanche de la personne à droite. Toute l'image adopte une dominante plus chaude (Température 4 700 K, Teinte -28).

Étape 9

Si cette dominante sied au fond dans les zones claires, en redonnant de la vie aux bâtiments et au feuillage, le tapis de sol et la chemise du vendeur ont dérivé. Activez le « Pinceau de retouche », pensez à réinitialiser d'anciens réglages par un double clic sur le libellé « Effet », réglez le curseur Température à -30 puis peignez toute la zone à l'ombre. Procédez à quelques petites variations des curseurs Température et Teinte (-10) pour affiner et redonner un équilibre entre les teintes des zones claires et foncées de l'image.

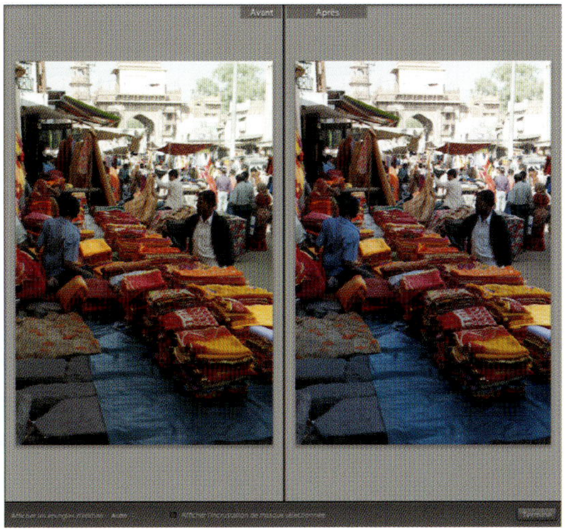

Conclusion : Lightroom permet, grâce à la possibilité de retoucher la balance des blancs de manière sélective, de multiplier les possibilités de traitement des images en vue d'obtenir des résultats parfaits et extrêmement précis. N'hésitez pas à vous servir des copies virtuelles pour créer plusieurs versions. La correction locale de la balance des blancs ouvre de nombreuses perspectives, aussi bien d'un point de vue technique qu'artistique.

28 Corriger la tonalité

Avec Lightroom 4, Adobe avait complètement revu les outils de correction des tons (luminosité, contraste) du panneau « Réglages de base ». Ils sont plus logiques à utiliser, leurs algorithmes sont beaucoup plus performants, notamment sur les hautes lumières, et il est possible d'exploiter la totalité de la plage dynamique de l'image, avec une tolérance de +/-5 IL, sans dégradation de qualité. Ces outils sont renforcés par les réglages de tonalité du « Pinceau de retouche », que nous abordons à la fin de cet exercice. En raison des progrès spectaculaires du Processus 2012, nous n'estimons plus nécessaire d'expliquer les anciens outils dans cet exercice. Sachez également que si vous importez un fichier HDR 32 bits, créé dans l'outil HDR Pro de Photoshop ou tout autre programme spécialisé, la tolérance et la graduation du curseur Exposition passe à +/-10 IL.

Les fichiers associés à cet exercice sont disponibles sur editions-eyrolles.com.

Étape 1

Le panneau « Réglages de base » du module Développement a radicalement changé. Si vous ne voyez pas de différence avec l'ancienne version, c'est que votre image n'a pas été convertie dans le Processus 2012... Les anciens curseurs cèdent la place à trois groupes de commandes : « Exposition & Contraste », « Tons clairs & Tons foncés », « Blancs & Noirs ». Les curseurs sont à 0 par défaut, ce qui est plus logique que les anciens Luminosité à 50 ou Noirs à 5, par exemple.

Il faut utiliser les curseurs par paires, du haut vers le bas, vers la gauche (assombrir) ou la droite (éclaircir) : si l'image est bien exposée, Exposition et Contraste suffiront ; on pourra ensuite retoucher les parties plus claires et les ombres avec « Tons clairs » et « Tons foncés », puis éventuellement traiter les écrêtages avec Blancs et Noirs.

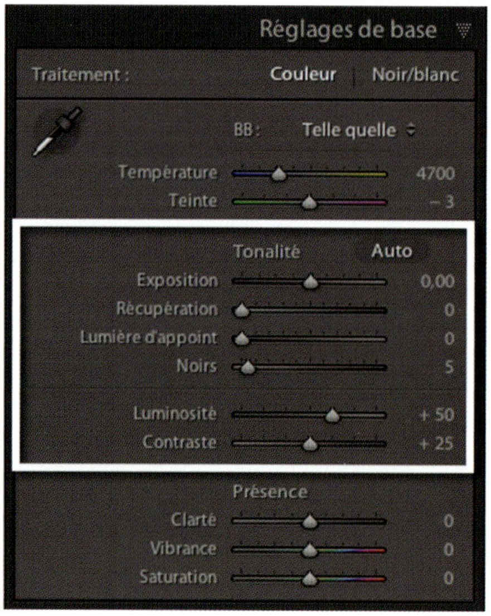

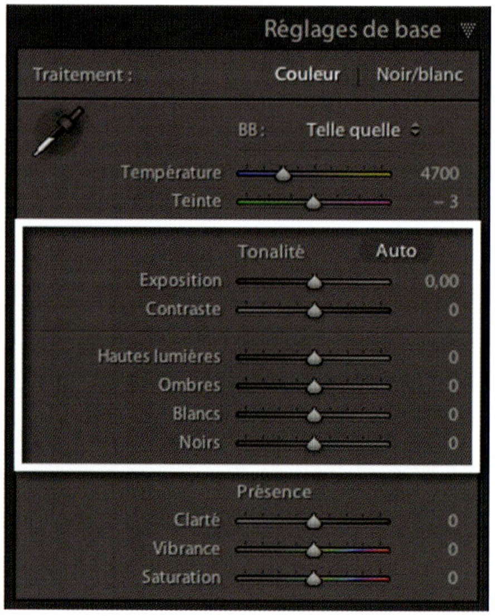

Étape 2

Bien entendu, le découpage dans l'histogramme interactif a également changé : on retrouve, ici de la gauche vers la droite et de haut en bas, les cinq curseurs Noirs, Ombres, Exposition, « Hautes lumières » et Blancs.

Au lieu de vous échiner à jouer des curseurs, utilisez l'histogramme interactif tout simplement en cliquant dans l'une des zones et en glissant la souris vers la gauche ou la droite ; les corrections se feront en temps réel dans l'image.

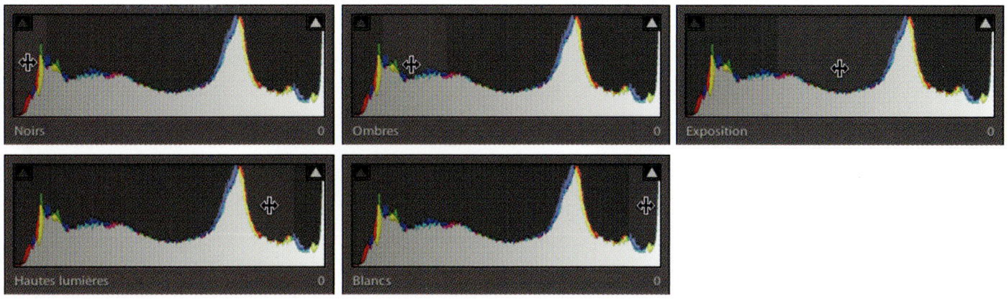

Étape 3

Les triangles situés dans les coins à gauche et à droite de l'histogramme sont des indicateurs d'écrêtage des noirs (à gauche) et des blancs (à droite). Lorsqu'on place le pointeur de la souris dessus, les zones écrêtées sont signalées en bleu pour les tons sombres et en rouge pour les tons clairs. Pour un affichage permanent de ces indications de valeurs écrêtées à l'image, cliquez sur chacun des triangles : ils se pareront d'un pourtour blanc. Cliquez encore pour désactiver l'affichage permanent. Notez que, parfois, les triangles prennent la teinte d'un canal de couleur écrêté.

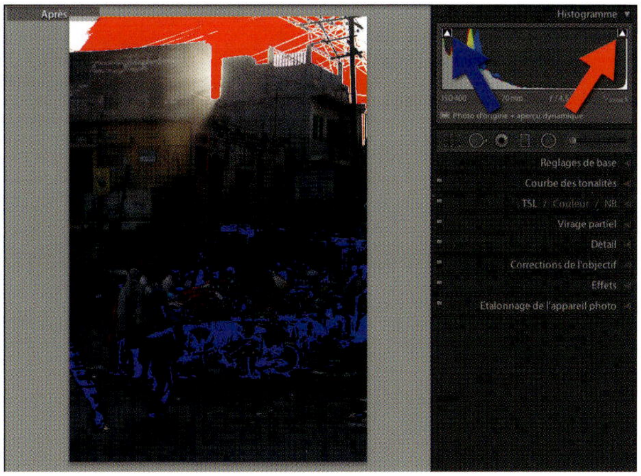

Étape 4

L'histogramme affiche un certain nombre de teintes. Le graphique gris indique la tonalité globale, incluant tous les canaux Rouge, Vert et Bleu. On peut également y voir séparément les tons de ces trois canaux, ainsi que les tons des couleurs complémentaires (synthèse additive) incluant le cyan (mélange des canaux Bleu + Vert), magenta (Rouge + Bleu) et jaune (Rouge + Vert). Cependant, les outils de Lightroom étant très visuels, préoccupez-vous du graphique gris et surveillez l'écrêtage des tons (hautes et basses lumières hors gamme).

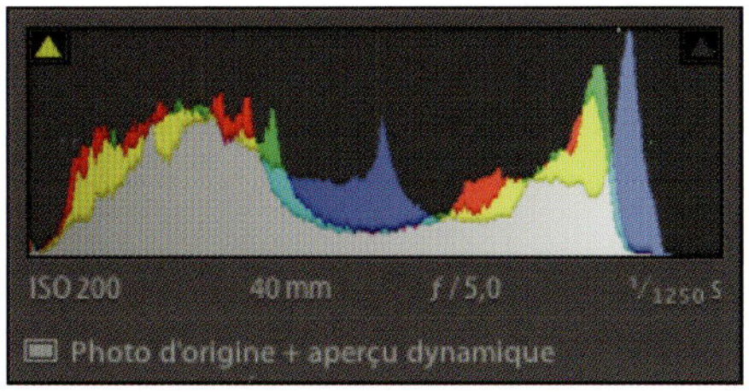

Étape 5

La visualisation des valeurs écrêtées peut se faire encore plus facilement via la touche Alt/Option du clavier. Ici, nous avons pu récupérer les blancs écrêtés très facilement. L'image de gauche montre les tons clairs écrêtés (en blanc), des tons presque écrêtés (en bleu) et les tons non écrêtés (en noir). L'image de droite montre que tous les tons clairs écrêtés ont été récupérés, l'affichage ne montrant que du noir. En fait, la touche Alt/Option affiche les seuils des valeurs écrêtées, facilitant ainsi les travaux de correction. À noter qu'il aura fallu une correction très modeste du curseur « Hautes lumières », à -15, pour tout récupérer, ce qui démontre la puissance du Processus 2012.

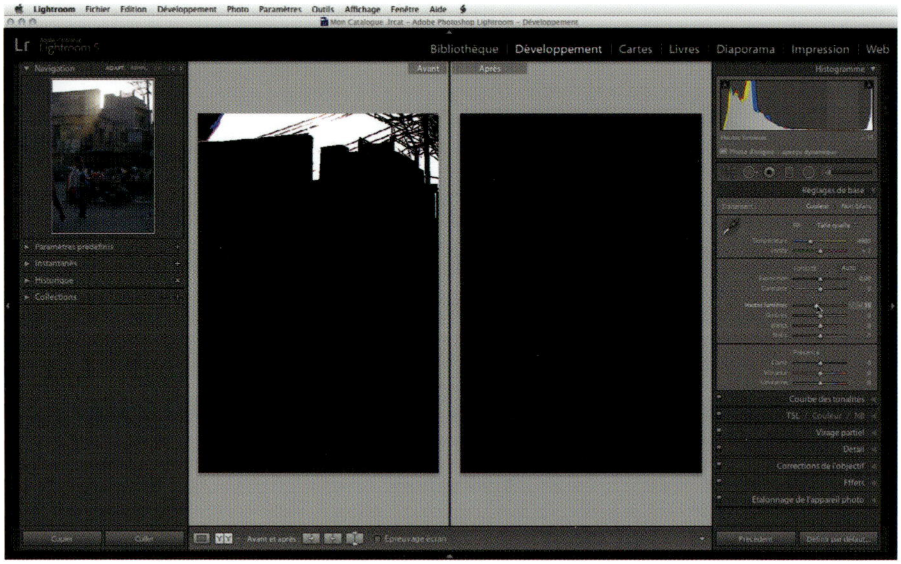

Étape 6

La même chose est possible pour visualiser l'écrêtage des tons sombres bouchés. En appuyant sur Alt/Option, les noirs hors gamme sont signalés par une multitude de points bleus ou magenta correspondant aux canaux dans lesquels se produit l'écrêtage ; les tons non écrêtés sont en blanc. Le fait d'éclaircir avec le curseur Noirs, même de manière modérée, permet de ramener l'histogramme dans la limite de la plage tonale à gauche.

Ce système d'affichage des seuils fonctionne avec tous les curseurs Tonalité. Observez également la vignette dans le panneau Navigation pour un résultat instantané sur l'image réelle.

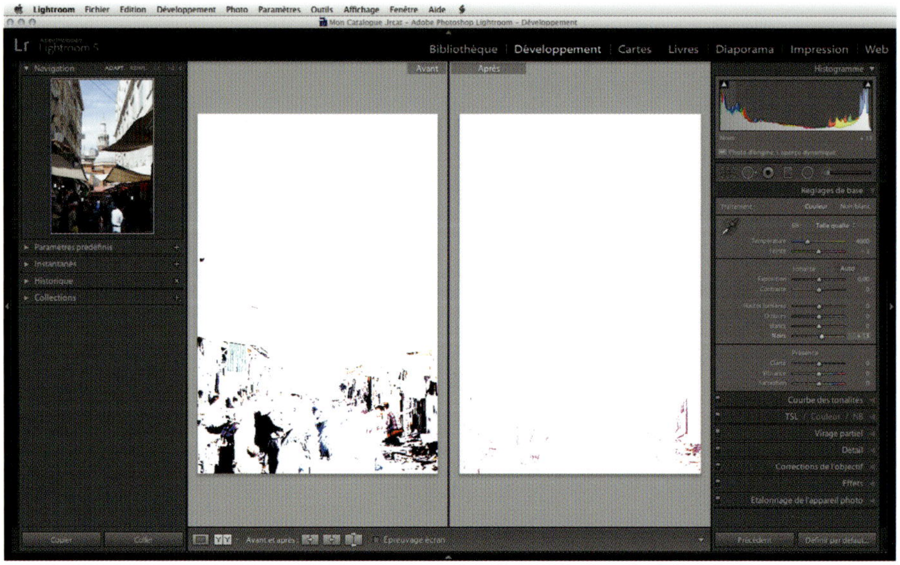

Étape 7

Ouvrez le fichier Image_Ex28A.dng. Il s'agit d'une photo ne présentant pas de problèmes d'exposition particuliers, il faut éclaircir les ombres et redonner de la matière aux murs réfléchissant la lumière du soleil. L'histogramme, s'il ne s'étale pas sur toute la plage tonale, est bien fourni et relativement bien éclairé.
L'exposition étant correcte, il sera inutile de toucher au curseur Exposition.

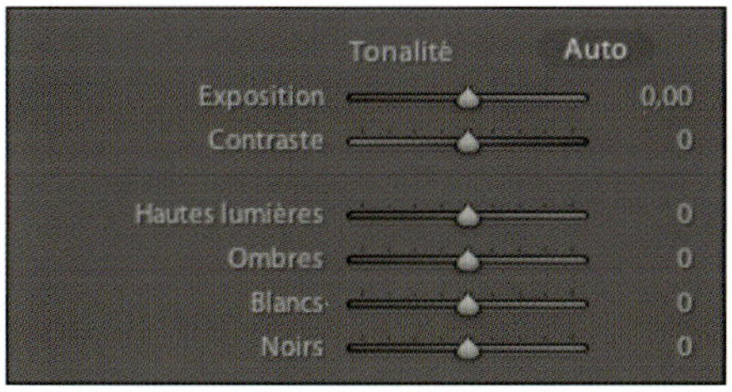

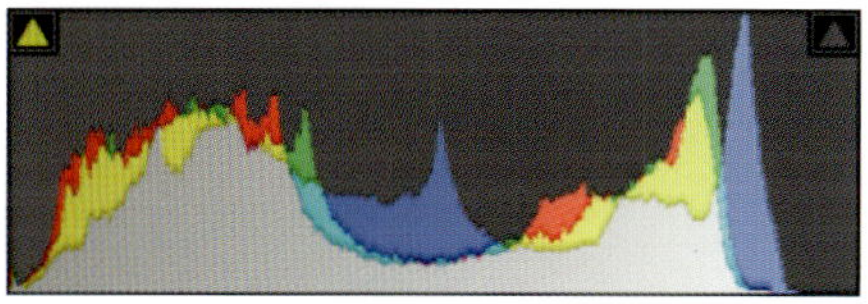

Étape 8

On traite d'abord les tons clairs avec le curseur « Hautes lumières » à -75, pour récupérer la texture, puis le curseur Blancs à +50, pour étaler l'histogramme vers la droite dans le but d'exploiter toute la plage tonale. Enfin, les ombres sont éclaircies à +75 pour le curseur Ombres, et +13 pour Noirs, dans le but de supprimer le léger écrêtage.

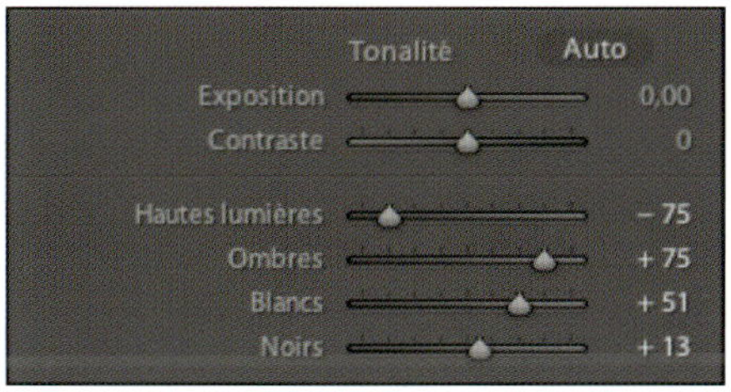

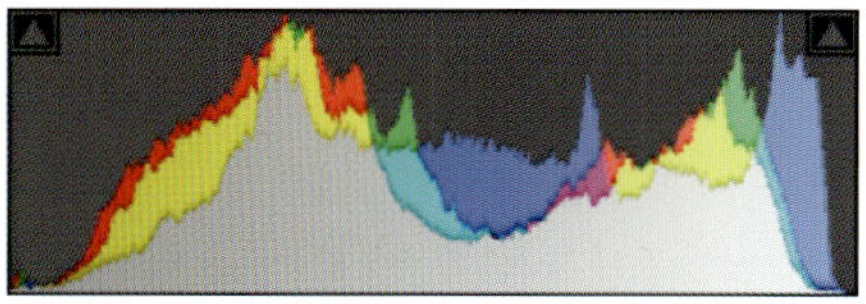

> **Remarque** : si les valeurs de correction peuvent vous sembler excessives (+75 pour les ombres, par exemple), n'oubliez pas que vous disposez de la latitude d'un fichier RAW, plus les +/- 5 diaphragmes de tolérance du logiciel !

Étape 9

Ouvrez le fichier Image_Ex28B.dng. Cette photo, d'après l'histogramme, est correctement exposée mais, en raison du voile atmosphérique, l'arrière-plan manque singulièrement de contraste. La photo manque aussi globalement de « présence », ce qui va nous donner l'occasion de jouer sur la totalité des curseurs de tonalité.

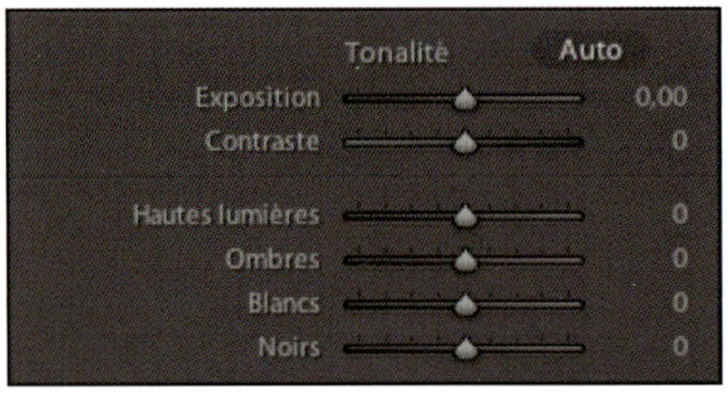

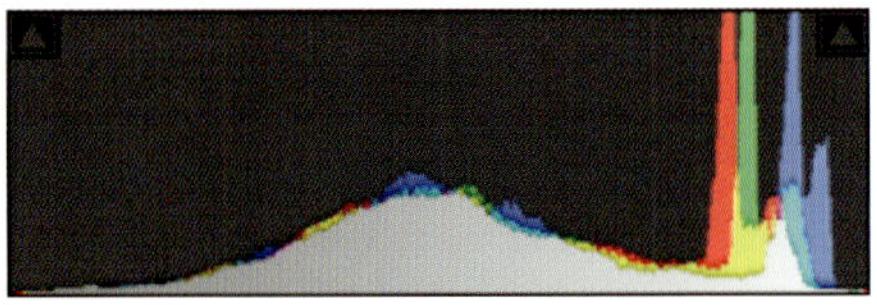

Étape 10

Dans un premier temps, l'exposition globale a été réduite de trois quarts de diaphragme (-0,75), le contraste a été remonté à +40 pour donner de la pêche à l'image, le curseur « Hautes lumières » fixé à -75, ce qui permet de récupérer pas mal de détails dans l'arrière-plan.

Les ombres, devenues plus denses, sont éclaircies avec le curseur à +60 et, enfin, l'écrêtage est corrigé avec les curseurs Blancs et Noirs placés respectivement à +30 et -6.

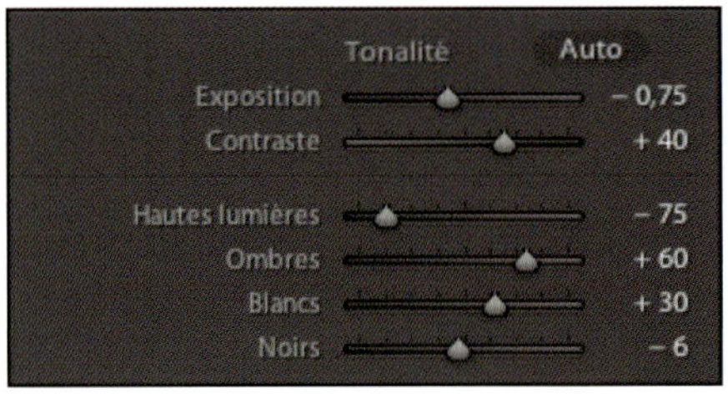

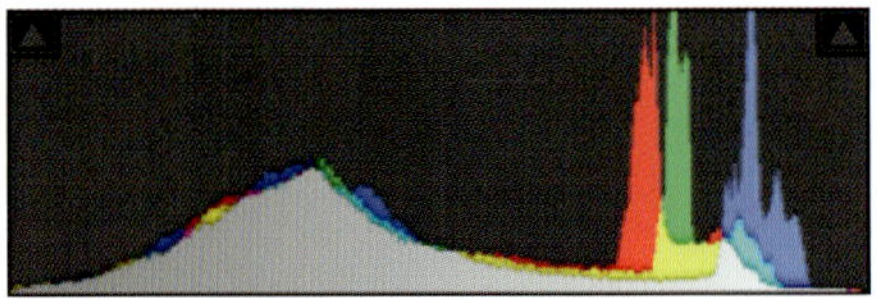

> **Remarque** : vous pouvez comparer l'image corrigée avec l'original en exécutant le raccourci clavier Maj + S, très pratique pour se rendre compte de l'évolution de l'image en cours de correction.

Étape 11

Ouvrez le fichier Image_Ex28C.dng. Cette photo est sombre, sous-exposée comme en témoigne l'histogramme complètement décalé à gauche. Il y a des valeurs écrêtées à la fois dans les noirs et dans les hautes lumières, mais ces dernières sont liées aux flammes et au foyer dans l'image. Il n'est pas toujours utile de tenter de récupérer ce genre de tons très clairs, par exemple dans le cas de reflets, de phares de voiture, etc. mais, pour cette photo, la situation est différente.

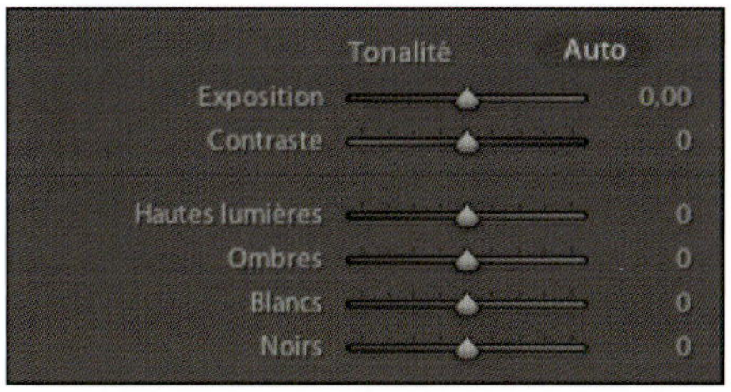

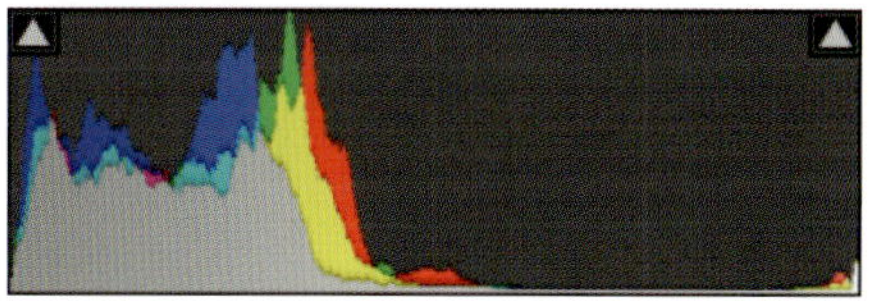

Étape 12

Le défi ici est de corriger l'image sans pour autant dénaturer l'ambiance de la scène. Le curseur Exposition sera réglé à +0,75 (3/4 de diaphragme) et le contraste laissé tel quel : cela permet de faire ressortir la personne.

Tentons de voir ce que donne un ajustement à -75 du curseur « Hautes lumières » : les flammes sont beaucoup plus belles et on distingue bien plus de détails dans le foyer. Le curseur Blancs est réglé à +40 pour étaler l'histogramme afin d'exploiter toute la plage tonale, ce qui donne un peu de brillance à l'image, et l'écrêtage des tons les plus sombres est éliminé avec le curseur Noirs à +18.

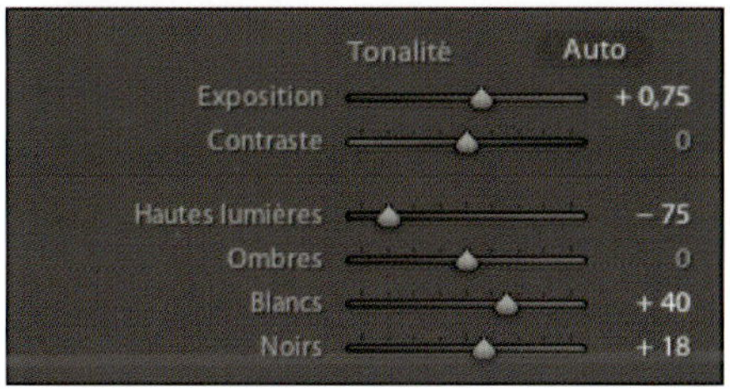

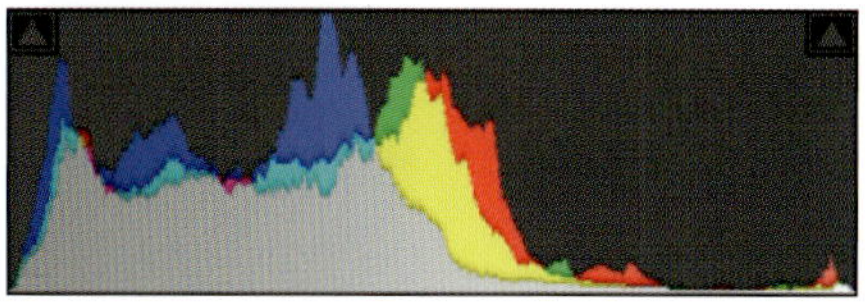

Étape 13

Les cas et les situations sont multiples, il n'y a pas de règle absolue en ce qui concerne la correction de l'exposition et du contraste. Les outils Tonalité de Lightroom sont remarquables de puissance et d'efficacité, ils vous permettent de transformer radicalement une image si vous le désirez, sans effet négatif sur la qualité, sans risque de montée de bruit dans les ombres et sans dérives colorées. L'exemple ci-contre est parlant, le but étant de corriger les photos sans les dénaturer.

> **Remarque** : si vous ne maîtrisez pas totalement les outils de correction de la tonalité de Lightroom, rien ne vous interdit d'utiliser la tonalité automatique (exercice 29) comme base de travail, puisque vous pouvez modifier les corrections à votre guise.

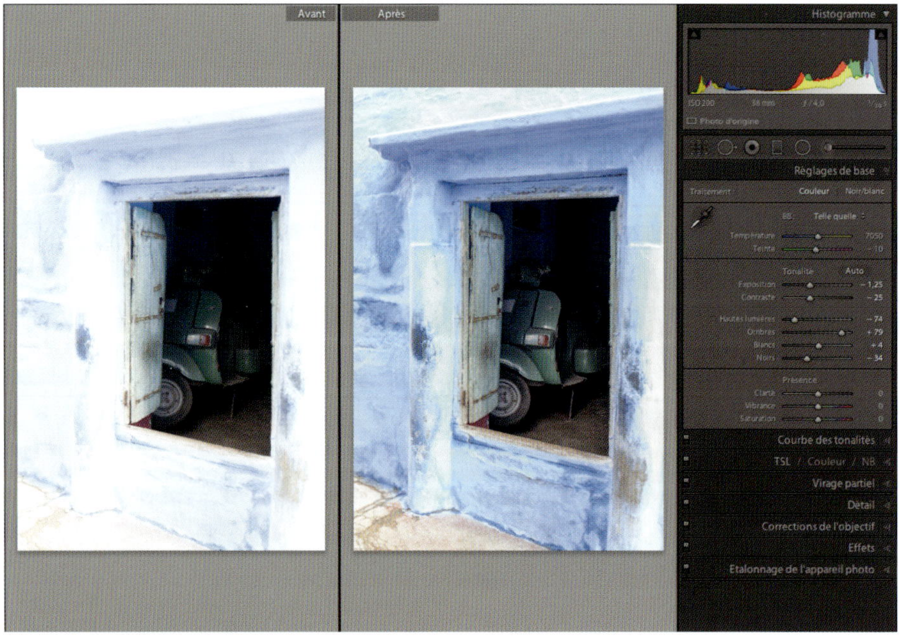

Étape 14

Les curseurs de tonalité que nous venons de voir font partie des outils de correction globale de l'image. Toutefois, il est possible de corriger localement l'exposition, le contraste, les hautes lumières et les ombres à l'aide du « Pinceau de retouche » (exercice 41).

Bien entendu, ces outils, qui tiennent compte des particularités du Processus 2012, doivent être utilisés avec parcimonie et ne sont pas conçus pour faire de la retouche en profondeur, comme dans Photoshop. Vous pouvez les utiliser soit pour une correction à part entière, soit pour affiner une correction globale exécutée au préalable.

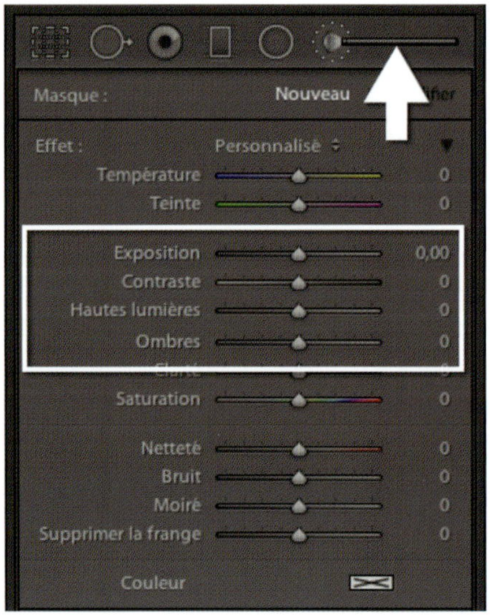

Étape 15

Ouvrez le fichier Image_Ex28D.dng. Le premier plan est correctement exposé mais le fond est surexposé. L'outil « Tonalité automatique » (exercice 29) fait un travail remarquable sur cette photo, en récupérant le fond mais au détriment des femmes, du chien et du décor au premier plan devenus, du coup, un peu trop sombres.

La première solution consiste à augmenter la luminosité des ombres, mais le curseur correspondant étant déjà réglé à +55, vous risquez d'arriver rapidement aux valeurs maximales permises...

Étape 16

Dans ce cas, la solution la plus simple est d'utiliser le « Pinceau de retouche » : réglez le curseur Exposition sur +1 (1 diaphragme) et peignez la zone ombragée et les personnages, qui apparaissent du coup bien mieux dans l'image, presque comme si vous aviez donné un coup de flash.

Après avoir passé le pinceau, vous pouvez affiner le réglage du curseur Exposition et, éventuellement, augmenter le contraste de 15 points pour redonner de la matière.

> **Remarque** : c'est avec ce genre de correction qu'on prend conscience que le « Pinceau de retouche locale » de Lightroom n'est pas un outil de transformation d'image, comme dans Photoshop, mais bien un auxiliaire précieux conçu et s'inscrivant dans le cadre du développement des fichiers RAW.

Étape 17

Cette image nous permet également de voir à quoi servent les curseurs « Hautes lumières » et Ombres dans le panneau du « Pinceau de retouche ». Ils permettent une gestion beaucoup plus fine des tons concernés.

Dans cet exemple, le dallage baigné de lumière a été récupéré de deux manières : à gauche, à l'aide du pinceau + curseur Exposition réglé à -2 et, à droite, pinceau + curseur « Hautes lumières » réglé à -100. Bien que ce dernier réglage soit au maximum, on voit que le résultat est meilleur que celui du curseur Exposition qui finit par générer un voile gris et des artéfacts, bien que n'étant pas poussé à fond.

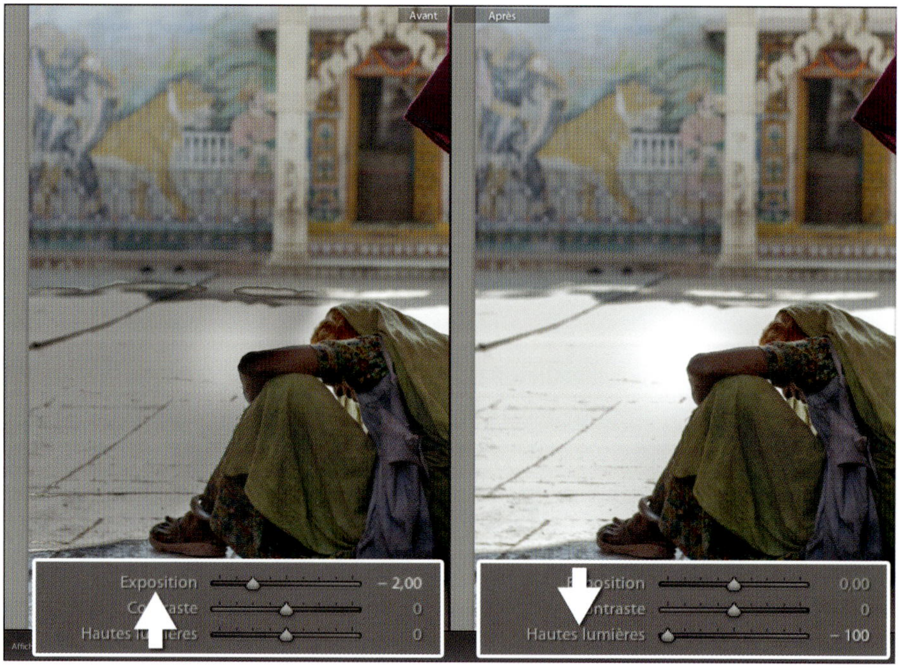

Étape 18

Cette fois, ce sont les ombres que nous avons tenté d'éclaircir. À gauche, le curseur Exposition du « Pinceau de retouche » a été réglé à +2, avec pour résultat des ombres délavées et des textures quasiment effacées. À droite, seul le curseur Ombre a été utilisé, à sa valeur maximale de +100.

Bien entendu, il s'agit de réglages exagérés pour la démonstration, mais cet exemple vous montre comment se comportent les outils, la marge de manœuvre dont vous bénéficiez et la finesse dont ils sont capables ou pas.

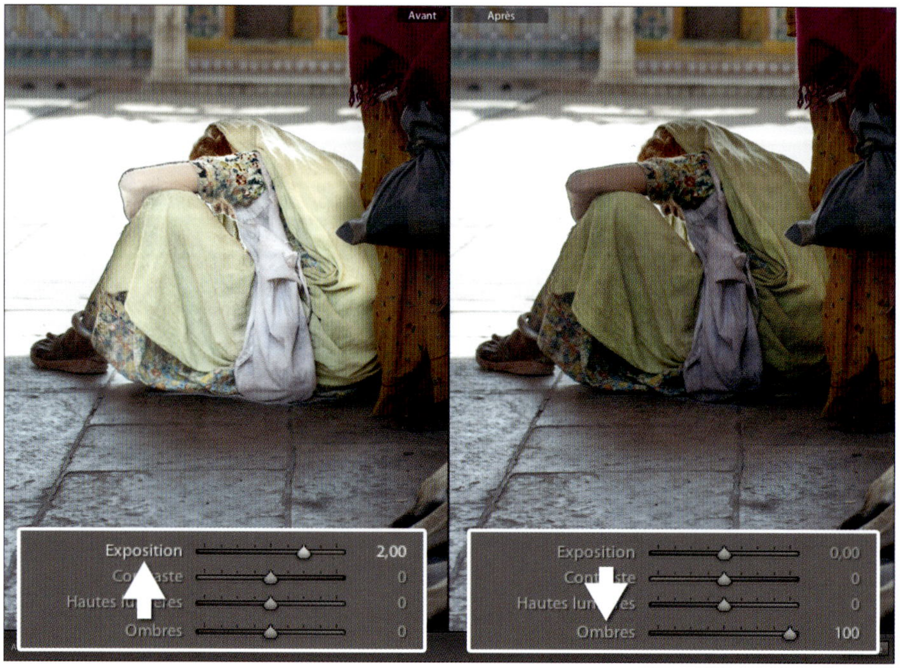

> **Conclusion** : la correction de tonalité du module Développement ne se limite pas aux outils de l'exercice présent. Vous pouvez aller plus loin avec la commande « Tonalité automatique » (exercice 29) et la « Courbe des tonalités » (exercice 31). Retrouvez également les principes de base du « Pinceau de retouche » dans l'exercice 41.

29 Corriger automatiquement la tonalité

Pour répondre aux besoins des photographes pressés ou pas suffisamment à l'aise avec les outils d'exposition et de contraste (exercice 28), Lightroom propose une correction automatique de la tonalité, l'équivalent du mode Programme des appareils photo. La tonalité automatique n'est pas seulement là pour vous faciliter le travail, vous pouvez également l'utiliser comme base de départ, pour apprendre le mode opératoire des différents outils. La commande « Tonalité automatique » fonctionne bien mais, dans certains cas, et comme tout automatisme, elle peut se faire piéger et ne pas toujours utiliser tel ou tel curseur de façon pertinente. Pour contourner ce problème, on peut l'employer de manière sélective, outil par outil.

Raccourcis clavier

Touche Maj + double-clic sur les curseurs Exposition, Contraste, « Haute lumières », Ombres, Blancs et Noirs : tonalité automatique restreinte au curseur concerné

Les fichiers associés à cet exercice sont disponibles sur editions-eyrolles.com.

Étape 1

Ouvrez le fichier Image_29A.dng. Voici un cas simple, avec une image plate et terne du point de vue exposition et contraste, et dans laquelle la tonalité automatique va fonctionner à tous les coups.

Allez dans le panneau « Réglages de base », cliquez sur le bouton Auto, dans la section Tonalité. Aussitôt, votre image change du tout au tout, le résultat a bien plus de pêche. L'automatisme a décidé d'assombrir l'image en réglant l'exposition à -0,80, et d'étaler l'histogramme vers la gauche, en diminuant la luminosité des ombres et des noirs, ce qui a pour effet de redonner du contraste.

Étape 2

Autre exemple : cette photo est bien exposée mais elle manque aussi singulièrement de pêche, notamment parce qu'elle a été prise à l'ombre, ce qui a tendance à réduire le contraste.

Le simple fait d'utiliser la commande « Tonalité automatique » a permis de redonner du relief à cette photo, de manière à la fois subtile et évidente, tout simplement en diminuant l'exposition d'un quart de diaphragme, en redonnant de la brillance avec le curseur Blancs à +35, et en remontant le contraste global de +25.

Étape 3

La tonalité automatique se tire également très bien de situations assez extrêmes, comme cette photo largement sous-exposée. L'exposition a été corrigée de 2 diaphragmes, les tons sombres ont été remontés et le contraste diminué.

Le résultat est bien plus plaisant, l'ambiance de la photo n'est pas dénaturée, et la remontée de la sous-exposition n'a pas entraîné de poussée de bruit.

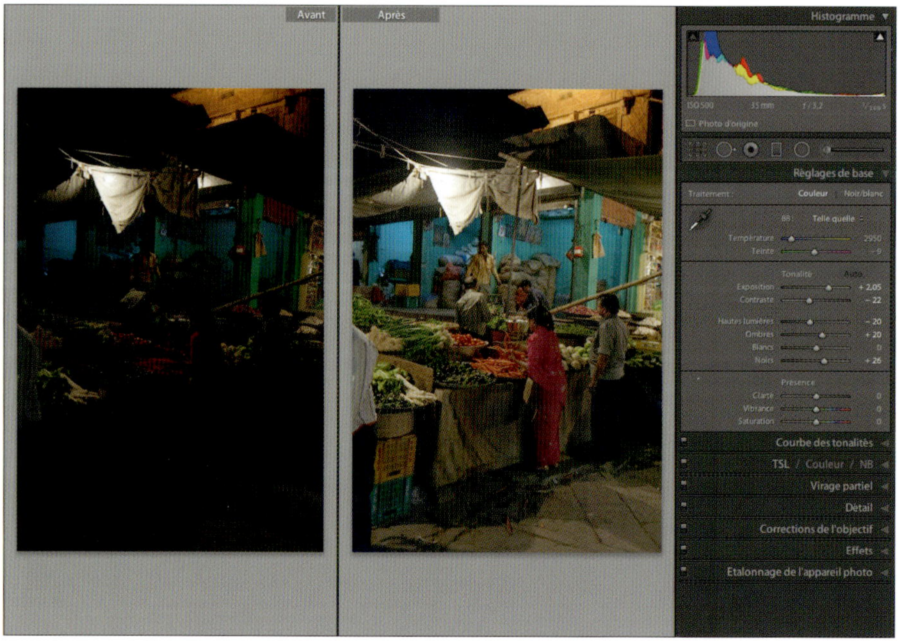

Étape 4

Ouvrez le fichier Image_29B.dng. Dans certains cas, les automatismes ne fonctionnent pas de façon optimale. Dans cet exemple, la récupération des détails et autres textures dans les tons clairs a bien fonctionné, mais au détriment du bas de l'image – la rue – massivement sous-exposée de quasiment deux diaphragmes.

Vous pouvez reprendre les réglages à la main, mais il existe une astuce pour travailler avec les automatismes de manière sélective.

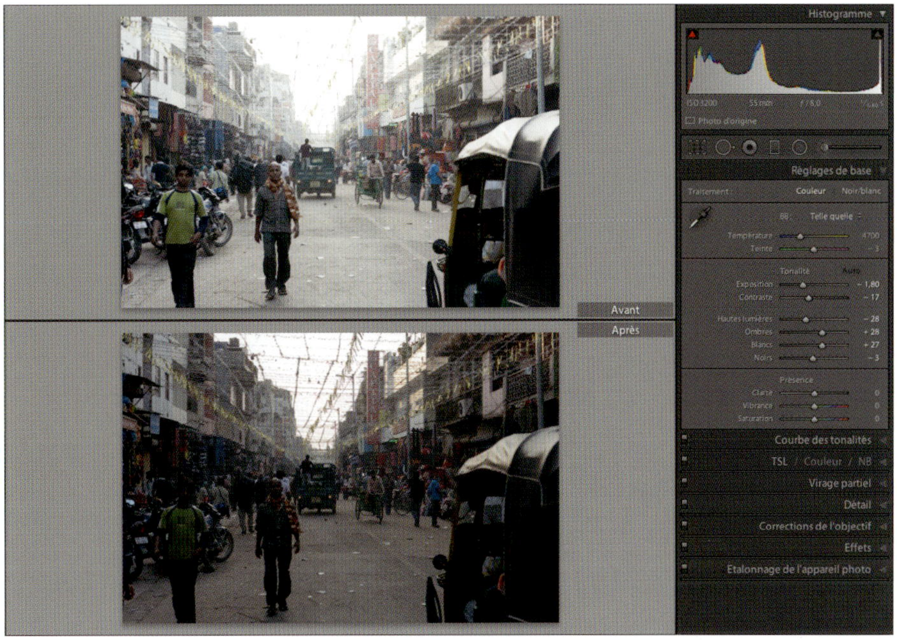

Étape 5

Réinitialisez les réglages en faisant un double clic sur le libellé « Tonalité ». La tonalité automatique sélective s'utilise en faisant un double clic sur le nom des curseurs, l'un après l'autre, en maintenant la touche Maj enfoncée.

Ainsi, vous corrigez étape par étape, avec deux avantages : vous pouvez d'une part observer la manière dont fonctionne chaque outil, et comprendre pourquoi un réglage est appliqué par les automatismes, et, d'autre part, vous pouvez définir facilement quelle correction n'est pas adaptée à la situation.

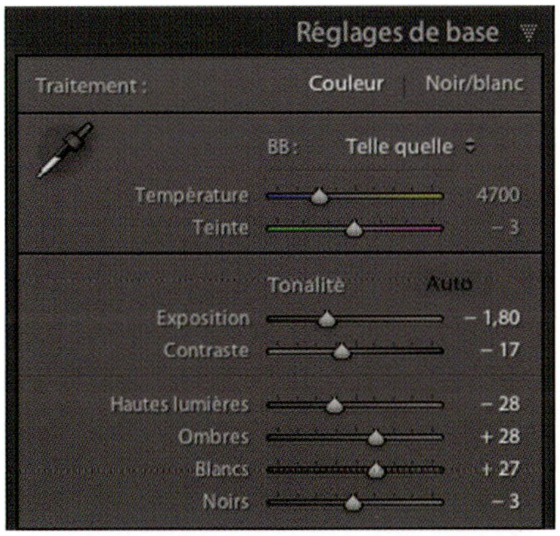

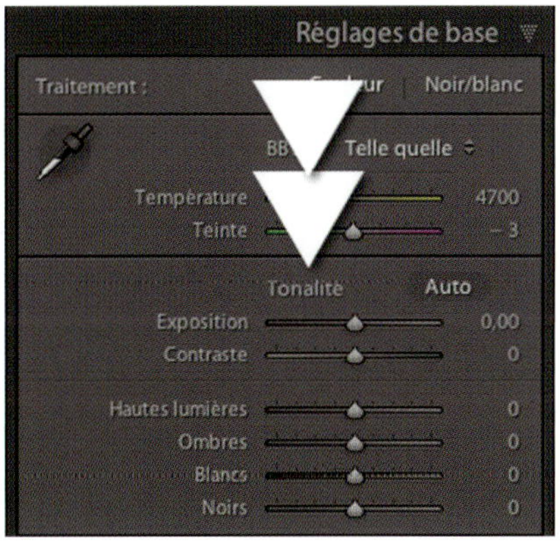

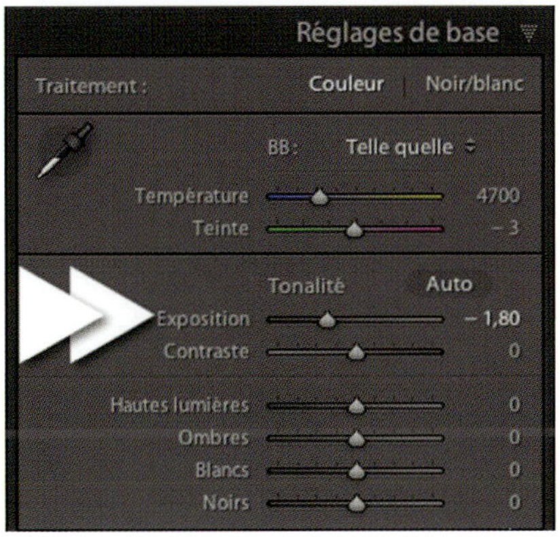

Étape 6

Dans cette image, le responsable est le curseur Exposition, il a été ramené manuellement de -1,80 à -0,75, et le curseur « Hautes lumières » est passé de -28 à -75. Du coup, les parties claires ont bien été récupérées, et la rue n'est pas trop sombre.

Grâce à cette méthode, qui exploite les automatismes tout en faisant appel à votre bon sens, vous travaillerez avec rapidité et efficacité. En effet, le but n'est pas de passer des heures à corriger les images sur l'ordinateur mais d'optimiser votre temps de travail – en général, toutes les opérations effectuées dans Lightroom sont extrêmement rapides.

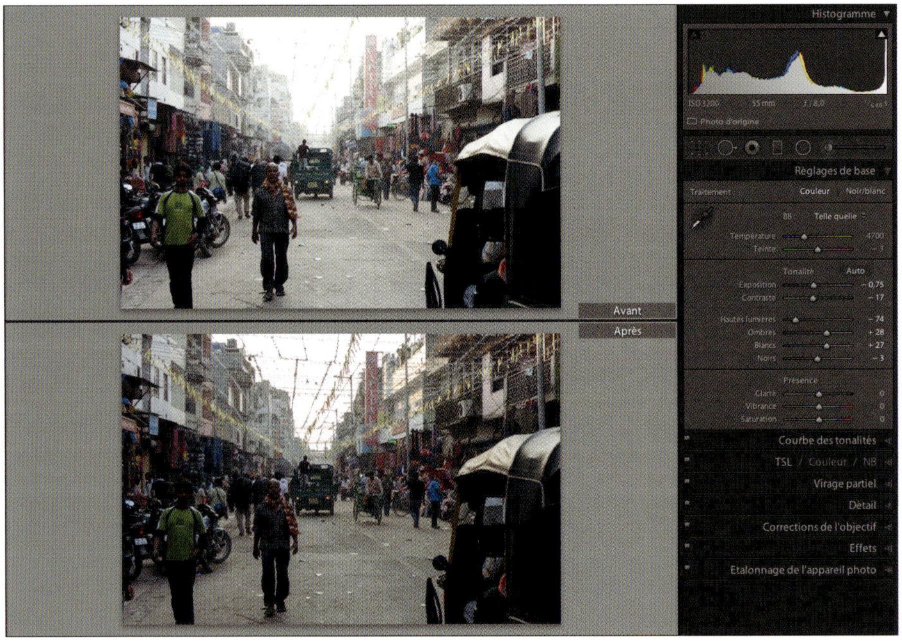

Étape 7

La tonalité automatique est également accessible dans le module Bibliothèque, panneau « Développement rapide ». Vous trouverez d'ailleurs, à ce sujet, une méthode de travail pour photographe pressé à l'exercice 50.

Vous avez aussi la possibilité d'appliquer la tonalité automatique à toutes les images lors de l'importation, si l'option est activée dans les Préférences (exercice 01), mais nous vous le déconseillons afin de garder la maîtrise du flux de travail. Enfin, vous pouvez créer des paramètres prédéfinis de développement (exercice 47) incluant la tonalité automatique.

> **Conclusion** : il n'y ni hésitation ni honte à avoir si l'on est tenté par l'utilisation des automatismes. Après tout, la plupart des photographes ont adopté depuis longtemps l'exposition semi-automatique, les modes Programme au flash ou encore l'autofocus. La tonalité automatique fonctionne bien, et elle permet les ajustements manuels si nécessaire. À la fin, vous gagnerez du temps que vous pourrez consacrer à la prise de vue au lieu de vous scotcher à un écran d'ordinateur. Rien ne vous empêchera, par la suite, de reprendre les réglages à la main, aux petits oignons...

30 Renforcer la présence de l'image

Après avoir parcouru la quasi-totalité du panneau « Réglages de base », il nous reste à aborder une mystérieuse section nommée « Présence », qui regroupe les curseurs Clarté, Vibrance et Saturation. Ces outils vont vous permettre de renforcer l'impact de l'image (sa « présence »).
Le curseur Clarté renforce le contraste des microdétails et donne beaucoup de pêche à l'image, d'autant plus que sa puissance a été multipliée avec le Processus 2012, tout en empêchant l'apparition de halos. Les curseurs Vibrance et Saturation, eux, vont agir sur les couleurs de deux manières différentes : le premier de manière non linéaire, en préservant les couleurs déjà très saturées, le second de manière linéaire, en renforçant toutes les couleurs de manière égale.
La Clarté et la Saturation sont également disponibles dans les outils de retouche locale (Pinceau, Filtres Gradué et Radial).

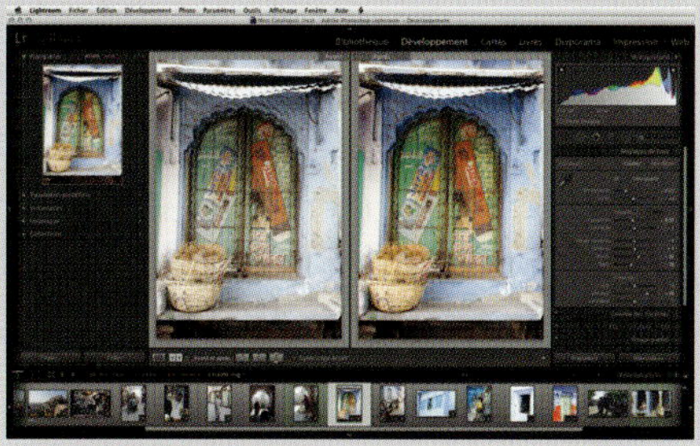

Les fichiers associés à cet exercice sont disponibles sur editions-eyrolles.com.

Étape 1

Ouvrez le fichier Image_30A.dng. Les sujets comme l'architecture, les machines, les véhicules, les paysages se prêtent parfaitement bien à l'utilisation du curseur Clarté qui, dans les valeurs positives, va tout simplement faire ressortir les détails en agissant sur le microcontraste de l'image.
Vous obtiendrez ainsi des images avec beaucoup plus de pêche ; l'application du curseur Clarté constitue également une bonne préparation à l'accentuation de la netteté.

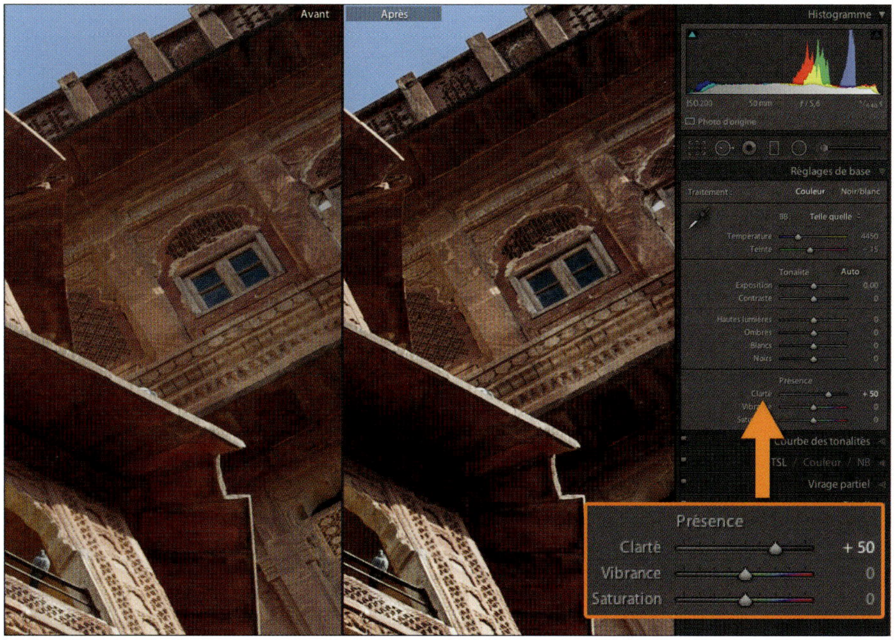

Étape 2

Ouvrez le fichier Image_30B.dng. Avec des valeurs négatives (de 0 à -100), le curseur Clarté va agir très différemment, en diffusant les détails de l'image à la manière d'un filtre diffuseur au lieu de les renforcer.

Autant la clarté positive est à proscrire pour les portraits, puisqu'elle va renforcer tous les détails de la peau, autant la clarté négative s'avère utile pour donner une touche légère ou onirique en portrait, en photo de mode ou de charme.

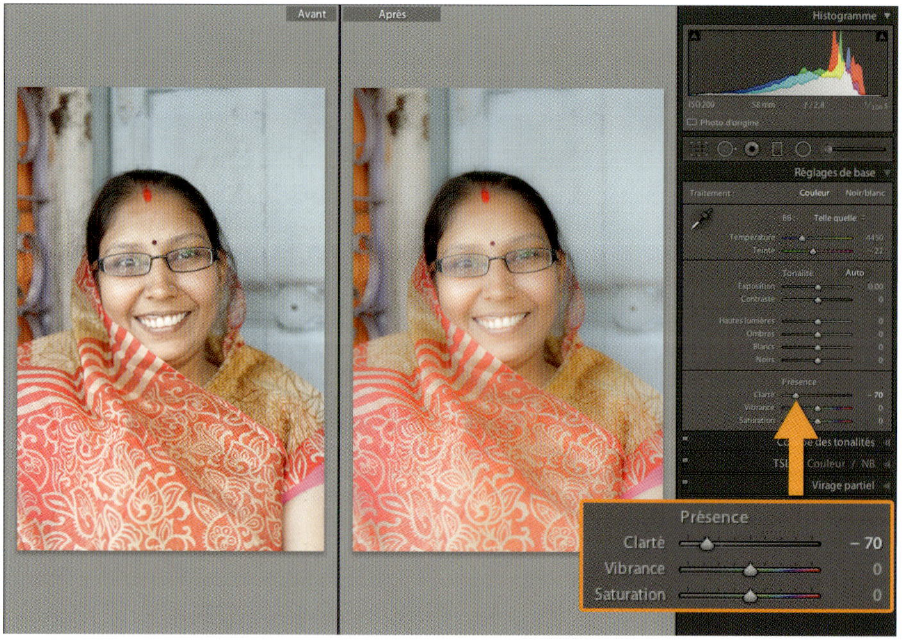

Étape 3

Vous pouvez également appliquer le réglage de clarté sur une portion de l'image grâce au « Pinceau de retouche » (exercice 41). Activez le pinceau, pensez à réinitialiser d'éventuels anciens réglages, puis réglez le curseur Clarté avant de commencer à peindre.

Dans cet exemple, nous avons utilisé une valeur négative de Clarté (-70), combinée à un peu de Netteté (+15) pour conserver les textures, ce qui nous a permis d'adoucir la peau du visage, tout en gardant un rendu naturel et sans dérive des couleurs.

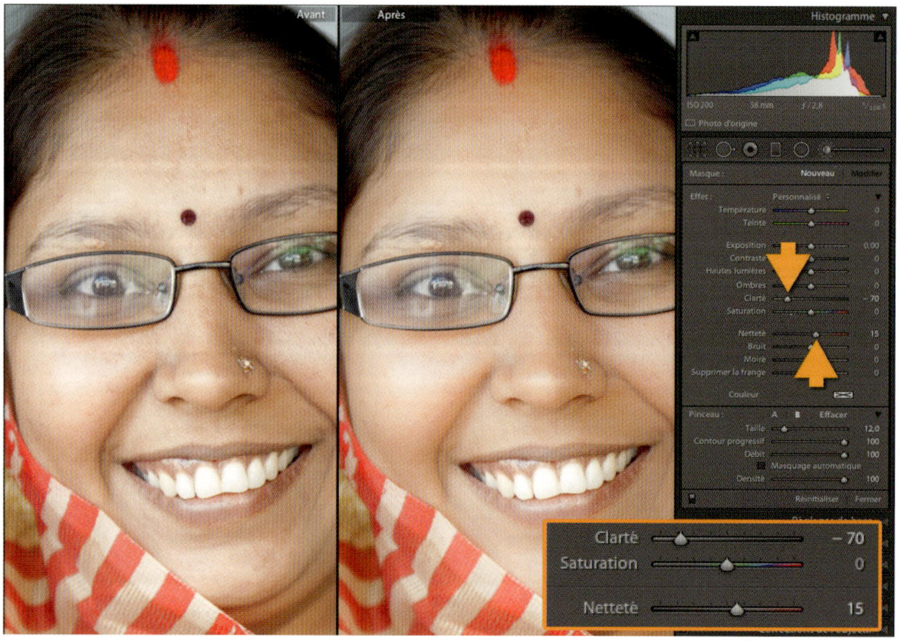

Étape 4

Ouvrez le fichier Image_30C.dng. Dans le panneau « Réglages de base », section Présence, poussez le curseur Vibrance aux alentours de +75. Vous constaterez que, malgré ce réglage assez poussé, les couleurs restent agréables et qu'il n'y a pas de dérive.

Vibrance est une forme de saturation non linéaire qui permet de renforcer les couleurs moins saturées tout en protégeant celles qui sont déjà saturées.

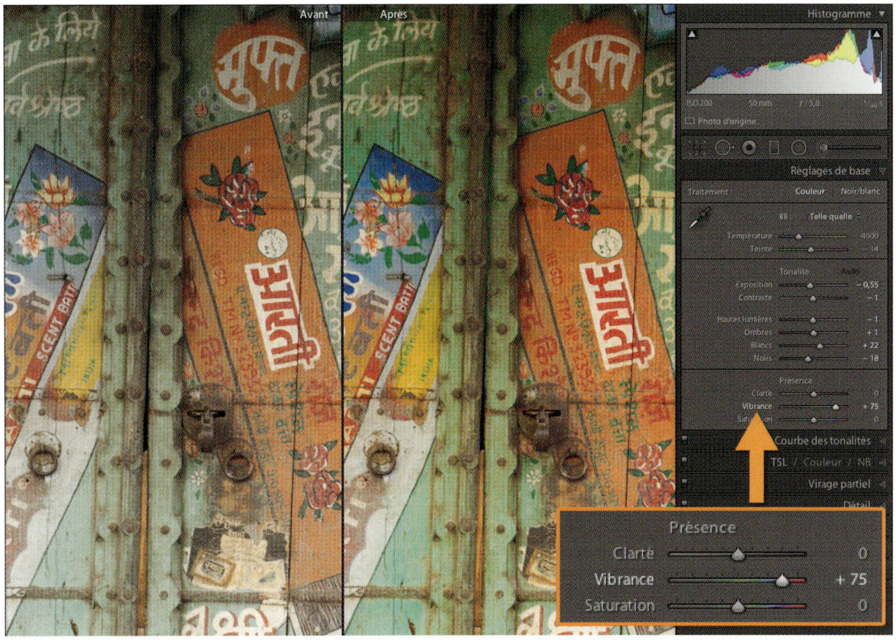

Étape 5

Réinitialisez le réglage du curseur Vibrance avec un double clic, puis réglez cette fois le curseur Saturation aux alentours de +75 lui aussi.

Comme vous pouvez le voir sur ces images, mais encore plus à l'écran, les couleurs naturellement saturées, comme le rouge et l'orange, dérivent vers des teintes quasiment fluorescentes.

Tout est question de goût, les deux outils ont leurs avantages et leurs inconvénients, mais ils vous donnent suffisamment de latitude pour faire face à tous les besoins en fonction des images qui se présentent.

Étape 6

Il y a un cas particulier où le curseur Vibrance est un choix incontestablement plus judicieux que le curseur Saturation : celui du portrait.

En effet, le mode de fonctionnement non linéaire du curseur Vibrance présente l'avantage de protéger les tons chair.

Reprenez l'image Image_30B.dng et comparez : à gauche, Saturation est à +50 et, à droite, Vibrance est à la même valeur. Le résultat est sans appel : à gauche, les teintes chair ont presqu'immédiatement viré couleur carotte, tandis qu'à droite, la peau ne perd pas son aspect naturel.

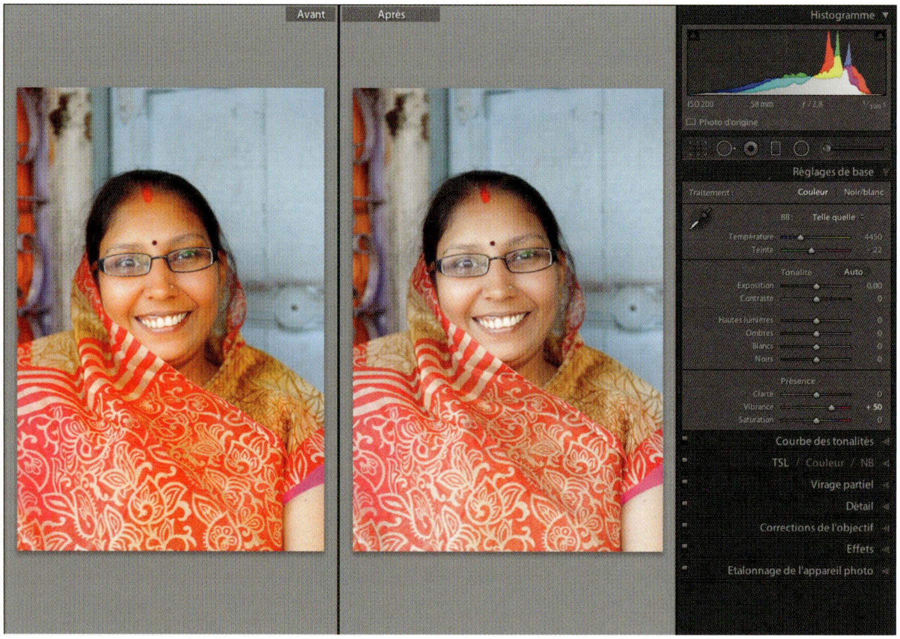

31 La « Courbe des tonalités »

La « Courbe des tonalités » est un outil destiné aux travaux pointus de correction du contraste et de la luminosité, sur des zones précises de l'image. Lightroom permet de travailler séparément sur les couches RVB, ce qui autorise, entre autres, la correction de dominantes ou même la création d'effets de traitement croisé. La « Courbe des tonalités » a deux modes de fonctionnement : la courbe paramétrique, qui privilégie les corrections visuelles grâce à l'outil TAT, disponible également dans le panneau TSL (exercice 32), et la courbe à points, qui autorise des interventions plus complexes dans la gamme de tons – avec elle, les utilisateurs de Photoshop devraient être en terrain connu.

Cet exercice traite de la courbe paramétrique, qui cible surtout les utilisateurs de Lightroom à la recherche de simplicité et de rapidité d'exécution.

Les fichiers associés à cet exercice sont disponibles sur editions-eyrolles.com.

Étape 1

Ouvrez le fichier Image_31.dng. Cette photo présente plusieurs problèmes : elle est terne, le sujet principal est à l'ombre et l'arrière-plan est trop lumineux. La photo est également affectée d'une légère dominante bleue. Nous allons voir comment la réchauffer avec la courbe, sans avoir à passer par un réglage de balance des blancs.

Toutes ces opérations sont possibles en combinant des outils aussi variés que les curseurs de tonalité, ceux du panneau TSL et la retouche locale. Cependant, la « Courbe des tonalités » permet de travailler aussi efficacement, plus rapidement et plus facilement.

Étape 2

Nous allons d'abord corriger la dominante bleutée de la scène prise à l'ombre. Dans le panneau « Courbe des tonalités », cliquez sur le bouton situé dans le coin inférieur droit. Le panneau passe de la configuration de courbe paramétrique à la courbe à points, dans laquelle vous pouvez choisir l'un des canaux dans la liste, en l'occurrence ici le canal Bleu.

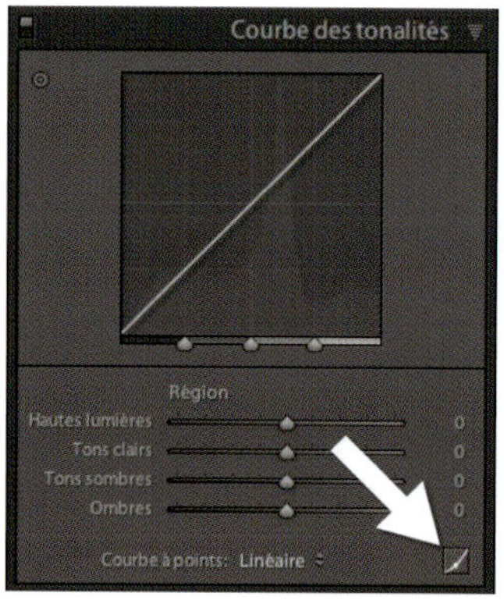

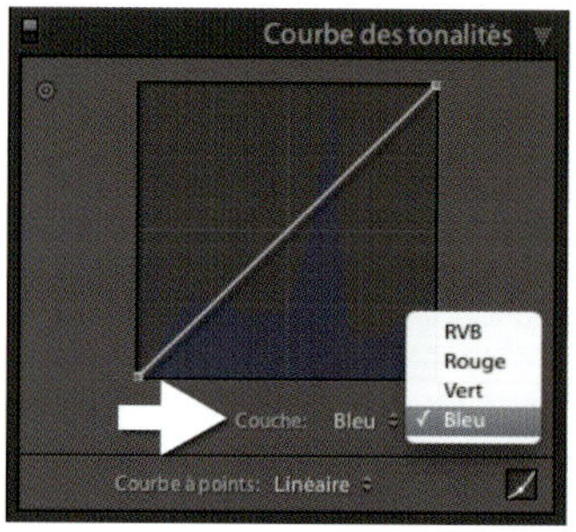

Étape 3

Placez le curseur TAT sur le macadam. TAT est l'abréviation de *Target Adjustment Tool*, « outil de réglage de la cible ». Il s'agit simplement d'un pointeur qui indique où la courbe doit agir dans l'image, cet endroit ayant des valeurs de luminosité, contraste et couleur. La méthode la plus pratique consiste à corriger avec les flèches Haut et Bas du clavier. Ici, nous voulons réduire la dominante bleutée : la flèche Bas va incurver la courbe vers le bas, ce qui va réduire d'autant la présence du bleu.

Étape 4

Retournez dans la courbe paramétrique (cliquez sur le bouton du coin inférieur droit) pour travailler la luminosité et le contraste. Si vous déplacez l'outil TAT dans l'image, des zones claires s'afficheront sur la courbe en fonction des mesures de l'outil : « Hautes lumières », « Tons clairs », « Tons sombres » ou Ombres. En montrant les limites du déplacement de la courbe, ces zones évitent des corrections excessives. Avec la courbe paramétrique, vous travaillez visuellement, à l'instinct, alors que la courbe à points a une approche bien plus technique.

Remarque : pour désactiver l'outil TAT, appuyez sur la touche Esc/Échap de votre clavier.

Étape 5

Placez l'outil TAT sur les zones à éclaircir ou à assombrir, puis, soit à la souris, soit avec les flèches Haut et Bas du clavier, faites vos corrections de manière significative ; vous affinerez au fur et à mesure.

Ne perdez jamais de vue la courbe pendant vos manipulations et si, au bout d'un moment, il ne se passe plus rien à l'image, c'est parce que vous avez atteint les limites des protections indiquées en gris, comme ici pour les hautes lumières. L'image a retrouvé un peu de chaleur et de lumière, et le fond, bien que quasiment écrêté, un peu de consistance.

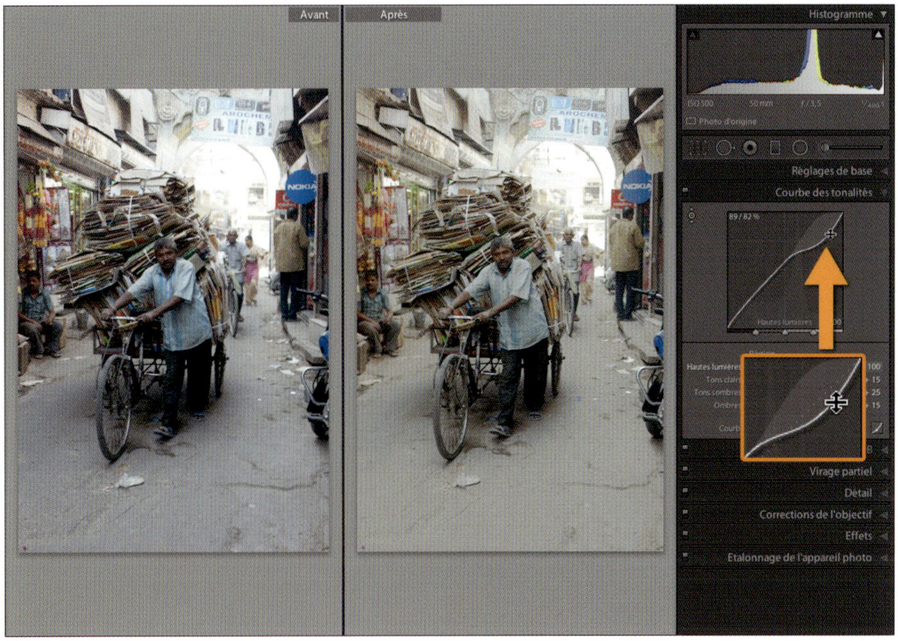

Étape 6

La courbe permet également de créer des effets spéciaux à caractère artistique, de type traitement croisé, qui affectent le rendu et les couleurs de l'image. Dans l'exemple illustré ici, la courbe a été modifiée dans les trois canaux pour obtenir ce résultat. Les réglages extrêmes permettent même de créer des effets de solarisation.

N'oubliez pas d'enregistrer le fruit de vos expériences sous forme de paramètres prédéfinis de développement (exercice 47) !

Conclusion : la « Courbe des tonalités » est un outil puissant qui intimide bien des photographes à cause de son côté mathématique. Pourtant, il suffit d'un peu d'entraînement pour s'y habituer et, avec de la volonté, on arrive à corriger les images en bénéficiant à la fois d'une grande souplesse d'emploi, de finesse et de rapidité d'exécution. Combinée à d'autres outils comme les réglages de tonalité et de couleur de Lightroom, elle s'avère d'une redoutable efficacité.

32 Corriger les couleurs

Après avoir corrigé la balance des blancs puis l'exposition et le contraste, nous allons faire un tour par les outils de correction des couleurs avec le panneau TSL – pour « Teinte Saturation Luminance » – qui vous permettra de modifier une teinte en particulier grâce à l'outil d'ajustement de la cible, dont nous retiendrons, pour simplifier, l'appellation anglaise « TAT » *(Target Adjustment Tool).*

Lightroom propose d'autres outils de correction des couleurs, notamment les curseurs Saturation et Vibrance (exercice 30), ou encore la « Courbe des tonalités » qui permet d'intervenir séparément sur les canaux RVB afin de corriger une dominante ou créer des effets de type traitement croisé (exercice 31).

Raccourci clavier

Échap/Esc : désactiver l'outil d'ajustement de la cible

Les fichiers associés à cet exercice sont disponibles sur editions-eyrolles.com.

Étape 1

Le panneau TSL du module Développement regroupe un certain nombre de fonctions pour travailler de manière sélective sur les couleurs d'une image, et des outils de conversion et de mélange de couches pour le travail en noir et blanc (exercice 44). Les onglets TSL et Couleur sont semblables, seule l'approche ergonomique change : l'onglet TSL permet d'agir séparément sur la teinte, la saturation la luminance ou sur les trois, par l'intermédiaire de 8 curseurs correspondant à 8 canaux de couleur, tandis que l'onglet Couleur permet de choisir l'un des canaux, puis de travailler avec trois curseurs Teinte, Saturation et Luminance, séparément ou ensemble. Ne vous inquiétez pas de cette apparente complexité, dans la pratique vous travaillerez de manière purement visuelle avec l'outil TAT.

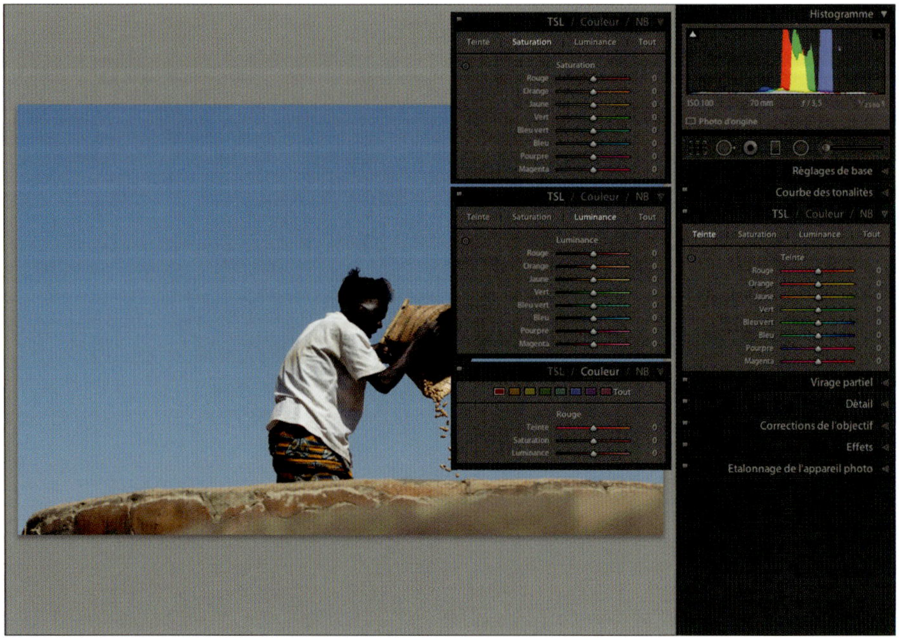

Étape 2

Ouvrez le fichier Image_32.dng. Le ciel bleu de cette image est un peu pâlot et nous allons essayer de lui donner plus de profondeur.

Dans l'onglet Teinte, cliquez sur le bouton de l'outil TAT, en haut à gauche du panneau, et placez-le dans le bleu du ciel. La section Teinte permet de modifier la couleur : dans le cas présent, l'outil TAT active le curseur Bleu et le déplace vers la droite, pour renforcer la couleur, et agit même légèrement sur le canal Bleu vert. Notez que les autres couleurs et canaux n'ont pas été affectés.

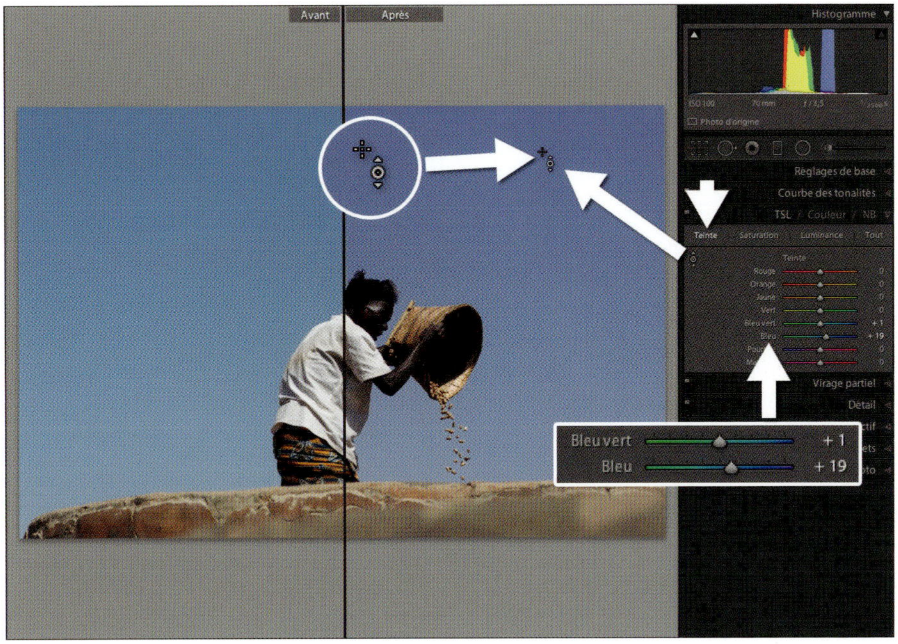

Étape 3

Passez dans l'onglet Saturation, et répétez l'opération avec l'outil TAT et les flèches du clavier.

L'onglet Saturation va renforcer la teinte qu'on essaye de corriger. Dans ce cas, le curseur du canal Bleu est activé, et nous l'avons réglé entre +40 et +50. Les autres teintes présentes ne changent toujours pas parce que l'outil sait être sélectif. Néanmoins, s'il y avait des traces de bleu ailleurs dans l'image, elles finiraient également par être affectées.

Étape 4

Si, au contraire, vous diminuez la saturation du canal, la couleur va progressivement disparaître ; à la valeur minimale (-100), elle sera remplacée par du gris. Vous pouvez vous servir de cet effet pour corriger une dominante, atténuer la présence d'une couleur ou créer des effets d'image noir et blanc colorisée : par exemple, si vous mettez tous les curseurs de l'onglet Saturation à -100, l'image passe en niveau de gris, mais vous pourrez récupérer les couleurs localement, avec le « Pinceau de retouche » et son curseur réglé à +100.

Étape 5

L'onglet Luminance permet d'agir sur la luminosité de la couleur sélectionnée par l'outil TAT, selon les mêmes procédures que dans les étapes précédentes.

Dans cet exemple, les canaux Bleu et Bleu vert s'assombrissent – les curseurs se déplacent vers la gauche, respectivement, dans le cas de notre exemple, à -39 et -1.

> **Remarque :** vous pouvez modifier l'incrémentation des curseurs avec certaines touches du clavier. En temps normal, uniquement avec les flèches Haut et Bas, les valeurs progressent par paliers de 5, si vous pressez la touche Maj, les paliers passent à 20, et avec la touche Alt/Option, les incréments sont de 1 point.

Étape 6

Retournez dans l'onglet Teinte et placez l'outil TAT sur une autre couleur de l'image. Cette fois, nous avons choisi de modifier l'orange du mur.

À -29, l'orange a commencé à virer vers le rouge, (comme l'indique, d'ailleurs, la barre du curseur : vers le rouge à gauche, vers le jaune à droite), et les canaux rouge et jaune sont également affectés. Notez que, forcément, le panier et le vêtement, dont les teintes sont proches, ont également viré, mais le blanc du T-shirt, la peau de l'ouvrier et le bleu du ciel n'ont pas changé. L'outil est efficace tant qu'on travaille sur des teintes complètement différentes.

Conclusion : l'outil TAT associé au panneau TSL est un système de correction des couleurs performant et efficace, à condition d'être prudent et de surveiller en permanence les modifications qui pourraient se produire dans les teintes adjacentes. Comme toujours, agissez avec parcimonie : Lightroom est à la base un outil de développement des images numériques et n'est pas destiné à des travaux de retouche, contrairement à Photoshop.

33 Réduire le bruit

Pour être tout à fait honnête, il devient de plus en plus difficile de réaliser des exercices sur la correction de bruit, les boîtiers et les logiciels étant devenus très performants...
Depuis sa version 3, Lightroom propose un outil de correction du bruit remarquable, l'un des meilleurs du marché, qui présente l'avantage d'agir au moment du dématriçage des fichiers RAW, au point que, dans la majorité des cas, le réglage par défaut est suffisant. Lightroom 5, de ce point de vue, n'apporte aucun changement et aucune nouveauté. Dans cet exercice, nous allons passer en revue tous les curseurs du panneau Détail, voir comment ils interagissent et à quoi ils servent. À noter que Lightroom propose également, depuis la version 4, un pinceau de réduction du bruit de luminance.

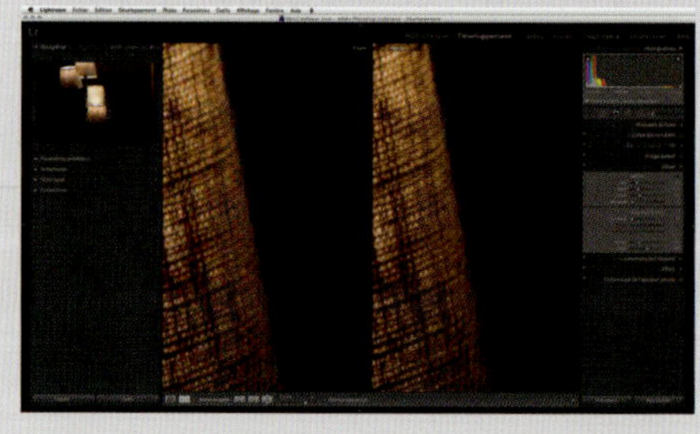

Étape 1

Lors de l'importation d'une image, Lightroom applique des réglages par défaut, dont la correction de bruit. Elle varie d'un modèle de boîtier à l'autre, d'une valeur ISO à l'autre (elle sera différente pour un fichier de Canon 5D MkIII à 800 ISO et un fichier de Nikon D800 à la même sensibilité). En général, les réglages par défaut sont suffisants ; pour un aperçu de la correction, affichez l'image en mode Avant/Après, allez dans le panneau Détail et ramenez le curseur Couleur de 25 (par défaut) à 0. Vous pourrez constater la qualité du travail effectué par les algorithmes de traitement et de correction de bruit de Lightroom.
La règle la plus importante à retenir est de toujours corriger le bruit avec l'image affichée à une valeur de zoom de 1:1.

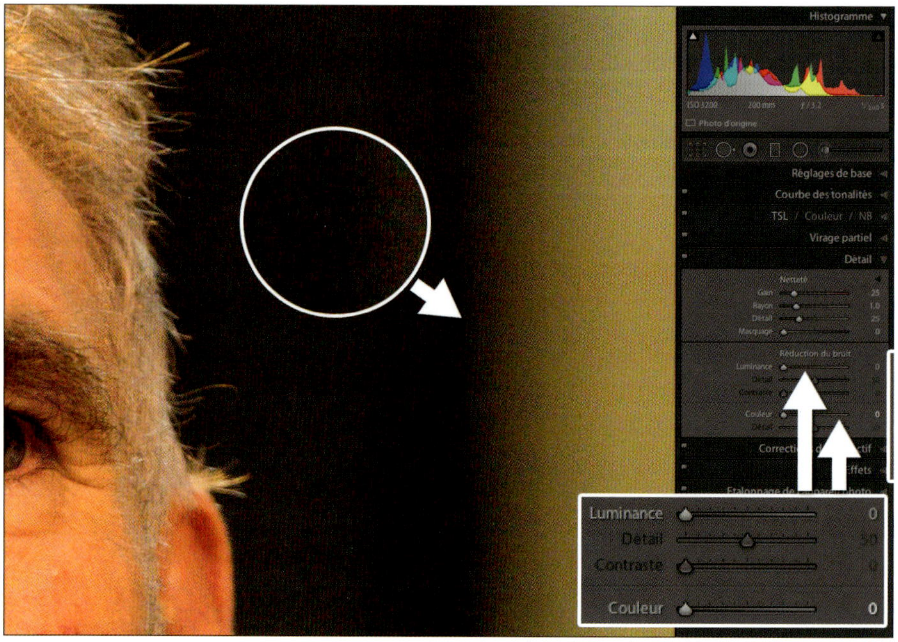

Étape 2

Les commandes de réduction de bruit sont divisées en deux groupes : Luminance et Couleur. Le curseur Luminance est réglé par défaut à 0 (aucune correction n'est appliquée), il contrôle, comme son nom l'indique, le niveau de correction du bruit de luminance qui se manifeste à l'image par du grain plus ou moins serré. Pour atténuer le grain sans lissage excessif de détails, une valeur de 25 est le meilleur compromis.

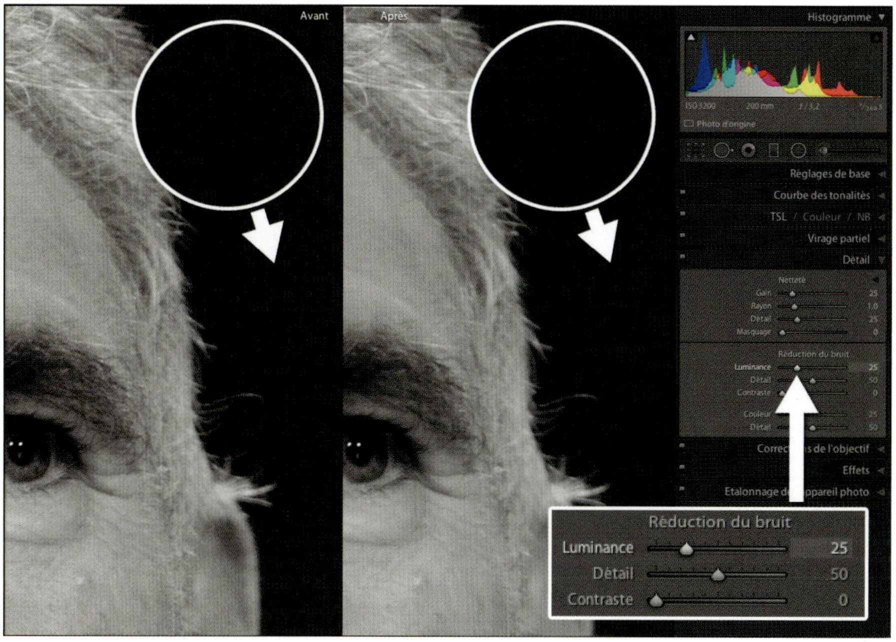

> **Remarque :** pour mieux percevoir le bruit et les effets des corrections, pressez la touche Alt/Option du clavier pour passer en mode d'affichage monochrome, mais n'hésitez pas, comme dans l'étape 2, à revenir à l'affichage normal si nécessaire.

Étape 3

Le curseur Détail permet d'améliorer les détails de l'image. Sa valeur par défaut est de 50. Si on le déplace vers la droite, il préservera plus de détails ; vers la gauche, il les adoucira. Il y a toujours un risque que les plus fins détails soient pris pour du bruit. Ce curseur est utile pour les images très bruitées ; si vos originaux sont très propres à haute sensibilité, le réglage par défaut n'aura pas besoin d'être modifié.

Ci-contre, le curseur a été réglé à 100, d'où un renforcement des détails et des petites structures (image de droite).

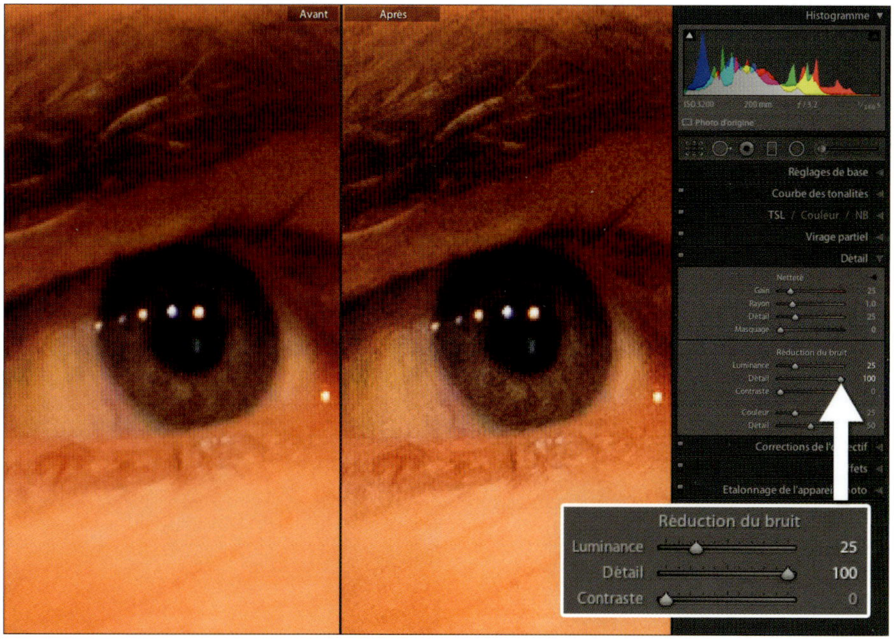

Étape 4

Le curseur Couleur permet d'atténuer ou de supprimer le bruit qui se manifeste sous forme de grain ou d'amas verts et magenta (image de gauche). La valeur par défaut est de 25 pour les fichiers RAW, et de 0 pour les autres. Si on déplace le curseur sur 0, aucune correction n'est appliquée ; au-delà de 25, la correction est de plus en plus agressive, avec des risques de dérive des couleurs.

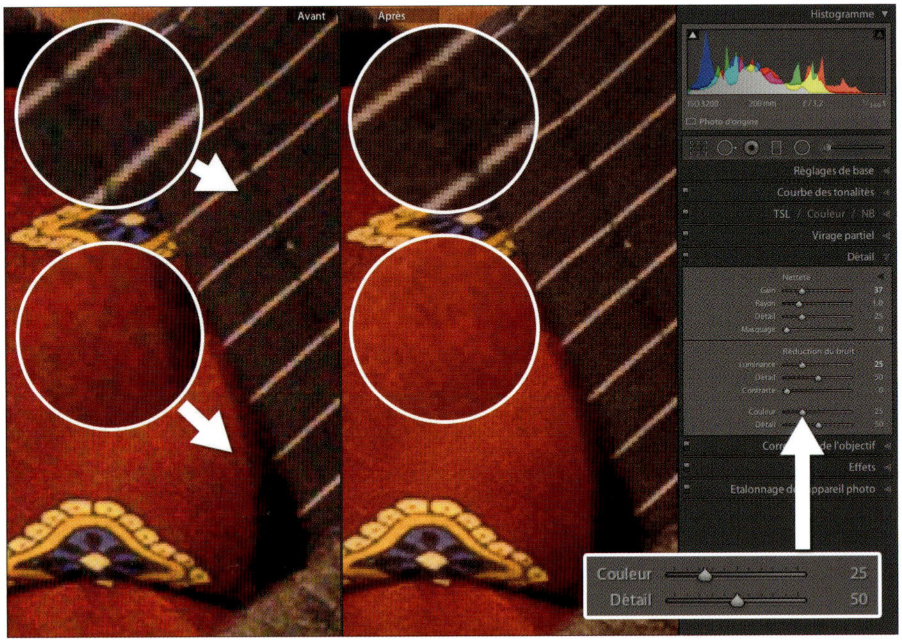

Étape 5

Les curseurs Contraste pour la Luminance et la Couleur ont un mode de fonctionnement particulier, si subtil qu'ils exigent un agrandissement de 400 % au moins pour voir leur effet, et sur des images de plus de 6 400 ISO. Il est impossible de montrer les effets de ces outils dans une capture d'écran imprimée. Le Contraste/Luminance protège les textures contre un lissage excessif, et le Contraste/Couleur limite les dérives colorées en cas de correction excessive du bruit de couleur : dans cet exemple, à gauche, le curseur Couleur est à 100, supprimant les teintes dans les détails de la cravate, et ces couleurs sont récupérées en partie avec le curseur Détail déplacé vers la droite.

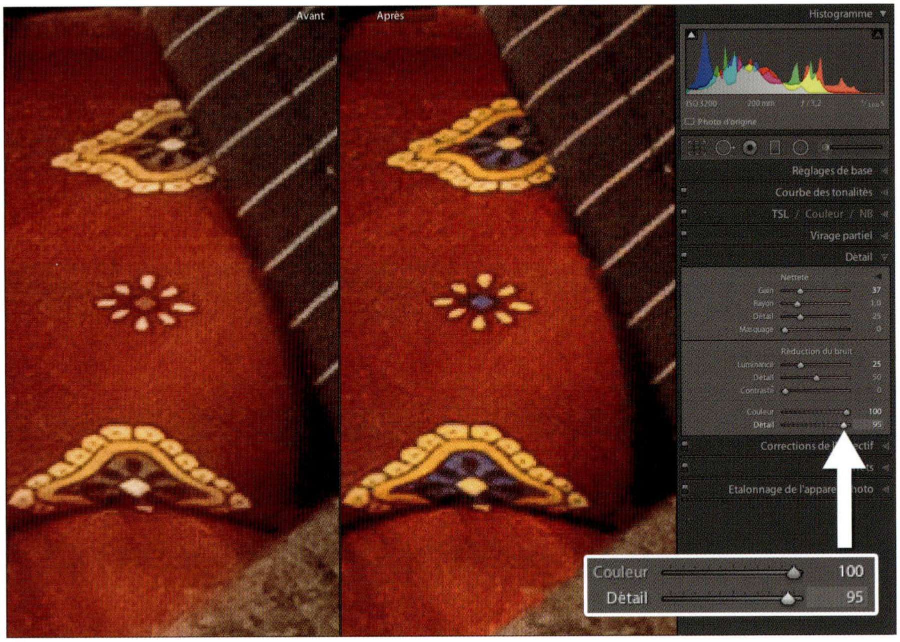

Étape 6

Le bruit de luminance, c'est-à-dire le grain, peut être corrigé localement, avec l'un des outils de retouche, comme le pinceau ou le « Filtre gradué » et le « Filtre radial ». Le « Pinceau de retouche » (exercice 41) est certainement le plus souple d'emploi : vous pouvez l'utiliser, par exemple, pour lisser le bruit d'un arrière-plan, sans toucher au sujet principal qui conservera ainsi tous ses détails.

Vous pouvez également utiliser les valeurs négatives du curseur Bruit (0 à -100) pour atténuer ou annuler une correction de bruit globale sur un élément de l'image dont vous voulez conserver le maximum de détails.

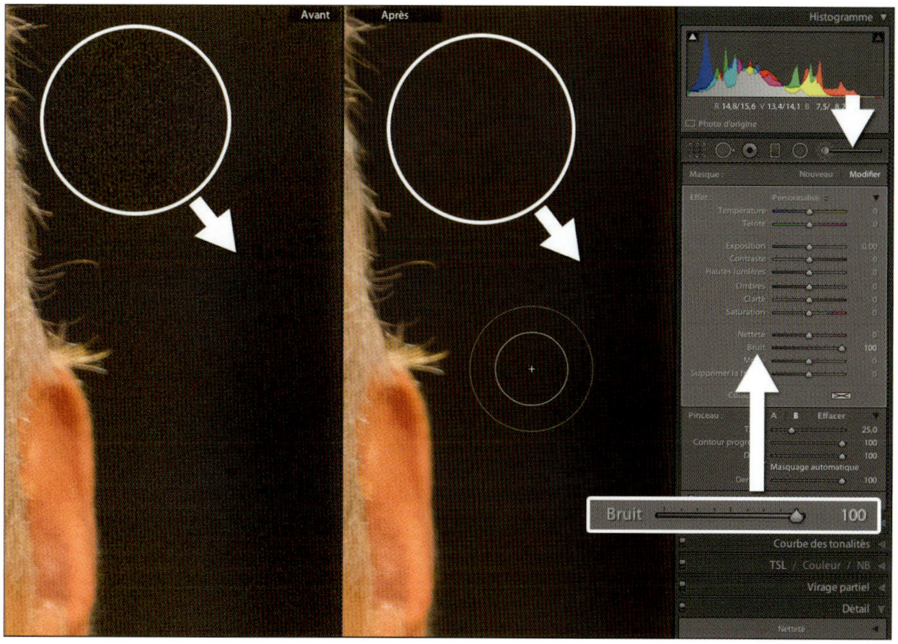

Conclusion : le traitement du bruit dans Lightroom est remarquable d'efficacité, l'un des meilleurs du marché. Les corrections, entièrement réversibles et se produisant lors du dématriçage, permettent de se passer totalement d'outils tiers (éditeurs externes) qui ont l'inconvénient de briser le flux de production RAW. Il n'y a pas de règle précise quant à la meilleure façon de corriger le bruit d'une image : tout dépend de son contenu et de l'appréciation très subjective que vous en ferez. Nous vous invitons donc à suivre les étapes de cet exercice et à faire des essais sur le plus grand nombre d'images possible. Dernier conseil : corrigez le bruit avant la phase d'accentuation de la netteté.

34 Accentuer la netteté

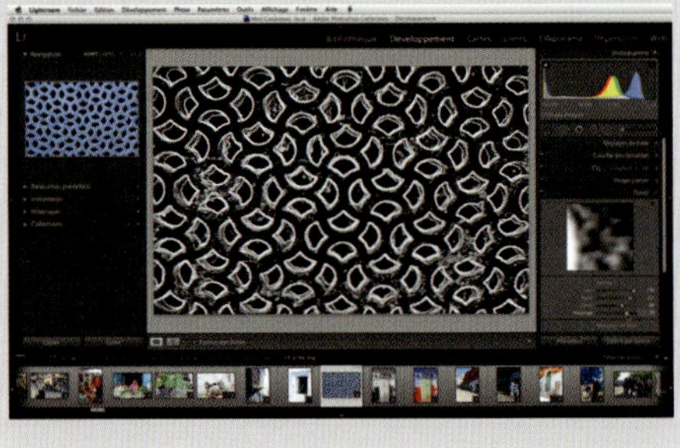

Adobe préconise une accentuation de la netteté en trois étapes : après l'importation des images (pour compenser l'adoucissement dû au filtre passe-bas du capteur de l'appareil photo), lors de la phase créative (retouche) et à l'exportation, en fonction du support de sortie (papier ou électronique).
De ce point de vue, les outils de Lightroom 5 n'ont pas changé par rapport aux versions précédentes. Cependant, l'amélioration de l'efficacité du curseur Clarté (exercice 30) – qui ne fait pas partie des outils d'accentuation – contribue à mettre en valeur les microdétails de l'image. Il faudra en tenir compte lors du renforcement de la netteté.

Les fichiers associés à cet exercice sont disponibles sur editions-eyrolles.com.

Étape 1

Ouvrez le fichier Image_34.dng. Le travail d'accentuation doit se faire à 1:1 pour mieux voir les effets des outils, ce qui est plus pratique que d'utiliser la minuscule fenêtre du panneau Détail.
Contrairement aux plus anciennes versions de Lightroom, la netteté se voit maintenant à un agrandissement inférieur à 1:1, aussi bien dans les modules Développement que Bibliothèque. Pour donner du tonus à l'image, n'hésitez pas à renforcer le microcontraste local avec le curseur Clarté (exercice 32). Mais attention, cette technique ne conviendra pas aux portraits.

Étape 2

Dans le panneau Détail, vérifiez que l'image est affichée à 1:1 (1 pixel écran = 1 pixel image, l'équivalent de 100 % dans Photoshop). On va d'abord utiliser le curseur Gain qui applique un niveau de netteté à toute l'image.

Pendant tout l'exercice, on utilisera la touche Alt/Option qui supprime l'affichage des couleurs pour mieux voir les corrections, notamment sur les contours. Maintenez la touche enfoncée et déplacez le curseur Gain à 75. L'image de départ est très piquée, mais un affichage Avant/Après montre qu'il y a de la marge.

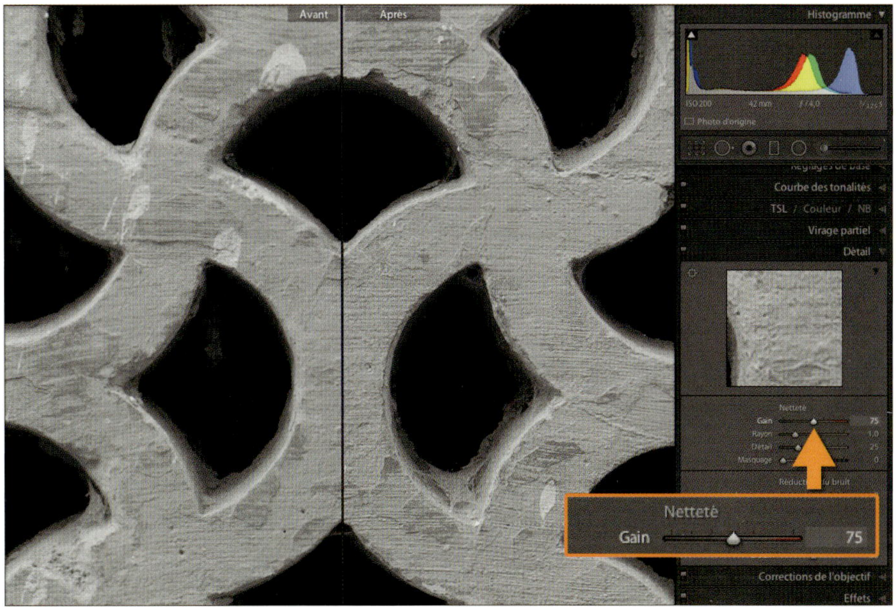

Étape 3

Le curseur Rayon permet de déterminer le nombre de pixels adjacents aux contours qui seront affectés par l'accentuation. Plus vous allez à droite, plus l'accentuation des petits détails sera grossière.

Le sujet se prête très bien à ce genre d'expérience. À gauche, le rayon est de 3 pixels, à droite, de 0,8. Pour des images très détaillées, optez pour une valeur comprise entre 0 et 1, 1 étant le rayon par défaut qui conviendra à la plupart des images. Le réglage retenu ici est de 0,8, bien adapté aux sujets techniques.

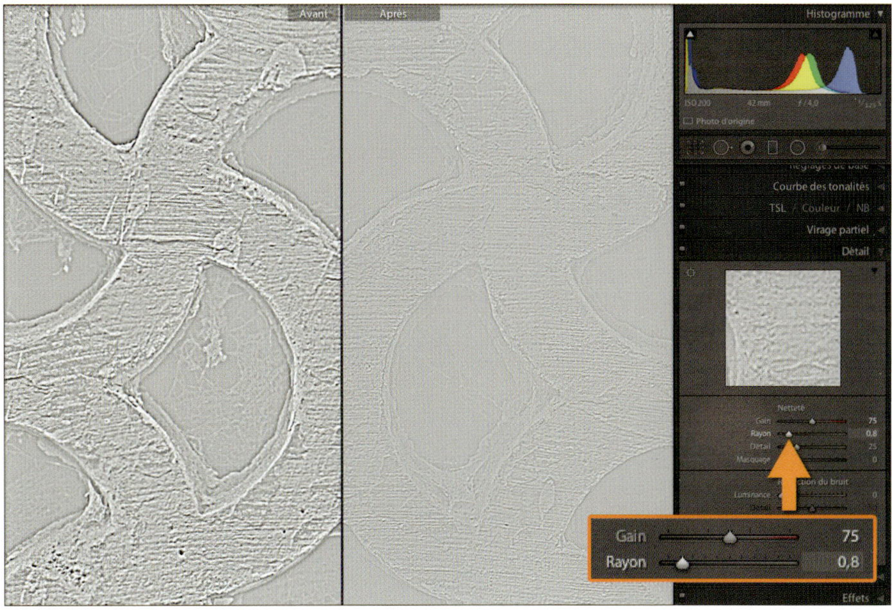

Étape 4

Si l'accentuation est exagérée (ici à 120), des halos peuvent se former et être visibles. Le curseur Détail permet de les limiter lorsqu'on diminue la valeur (par défaut de 25). Si on déplace le curseur à 0 ils sont négligeables (image de gauche), mais la texture et les détails sont très atténués. À 100 (image de droite), on récupère beaucoup de détails mais aussi du grain et des halos – gris dans ce mode d'affichage mais blancs dans l'image réelle – sur les contours à fort contraste. Ils sont néanmoins acceptables dans une image zoomée à 2:1, comme ici, dès lors qu'ils ne sont pas perceptibles à la sortie (sur papier ou diffusion électronique).

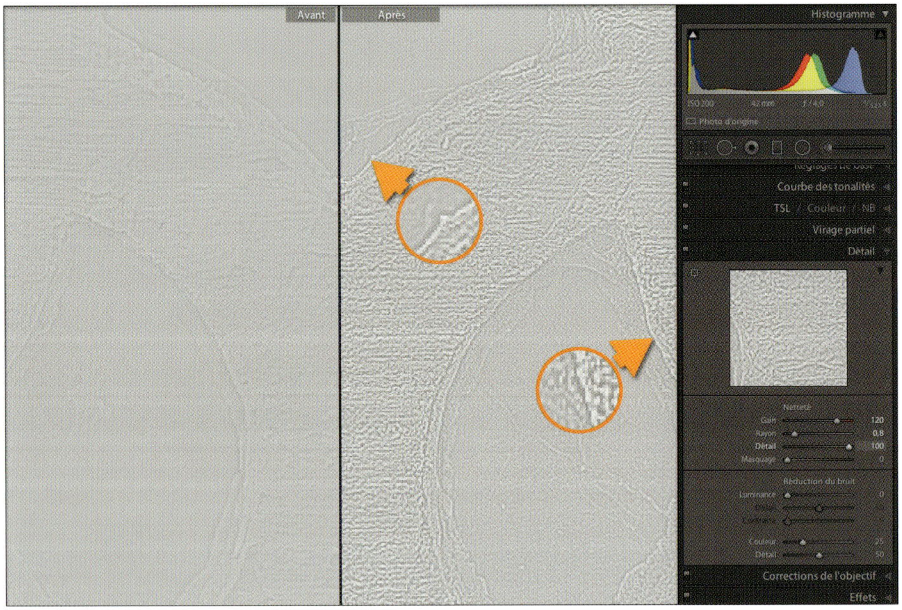

Étape 5

Le curseur Masquage empêche le renforcement de netteté à l'intérieur des contours. Il est très utile pour augmenter la netteté d'un portrait sans faire monter les détails dans la peau, ou pour éviter la montée du grain d'une image argentique numérisée, ou du bruit dans le bleu du ciel.

Avec le curseur à 0 et en appuyant sur Alt/Option, l'image est toute blanche. Au fur et à mesure du déplacement du curseur, les détails montent et, petit à petit, se fondent dans le noir. Les détails blancs représentent les éléments accentués, et les plages noires les éléments non accentués, grâce au masque. Dans l'image de gauche, le masque est à 50, et à 100 à droite. Pour notre image, nous n'avons pas besoin de cet outil, nous le laisserons donc à 0.

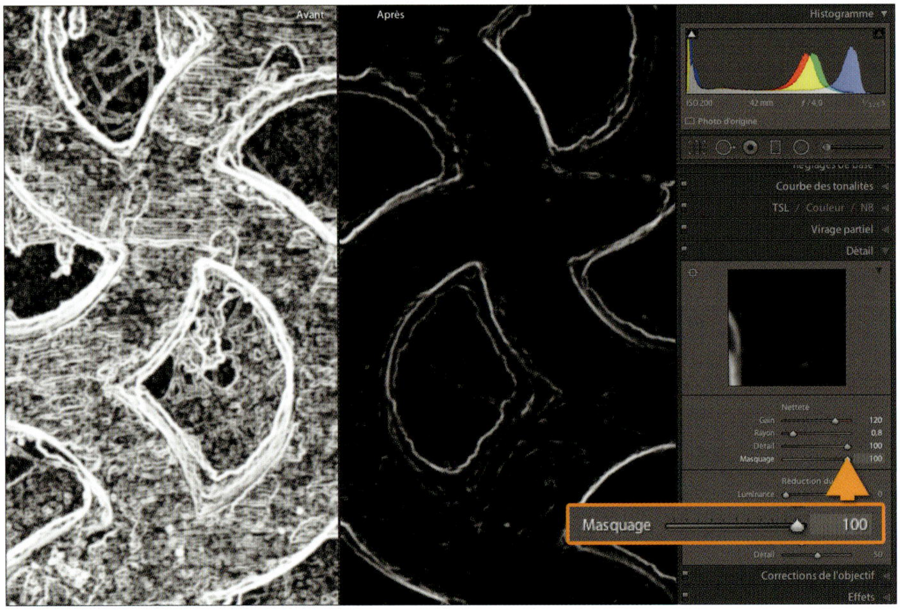

> **Remarque** : pour réinitialiser un réglage d'accentuation, faites un double clic sur le curseur concerné ou sur son nom. Pour réinitialiser tous les curseurs, faites un double clic sur le libellé « Netteté ».

Étape 6

Vous pouvez également renforcer la netteté localement, et plus particulièrement avec le « Pinceau de retouche ». Cela constitue l'étape créative de l'accentuation selon Adobe. Vous pouvez vous en servir, par exemple, pour renforcer la netteté des yeux et de la bouche d'un portrait, sans toucher à la peau. À l'inverse, avec un réglage négatif (0 à -100), le pinceau applique du flou. Vous pouvez additionner la netteté ou le flou en accumulant les masques (voir l'exercice 41 sur le fonctionnement du pinceau), deux corrections superposées et avec un réglage de +100 étant équivalentes à un réglage de +200.

Le curseur Netteté pour la retouche locale est un simple renforcement positif (gain) ou négatif (flou), il n'y a pas de réglages de rayon, de détail et de masquage.

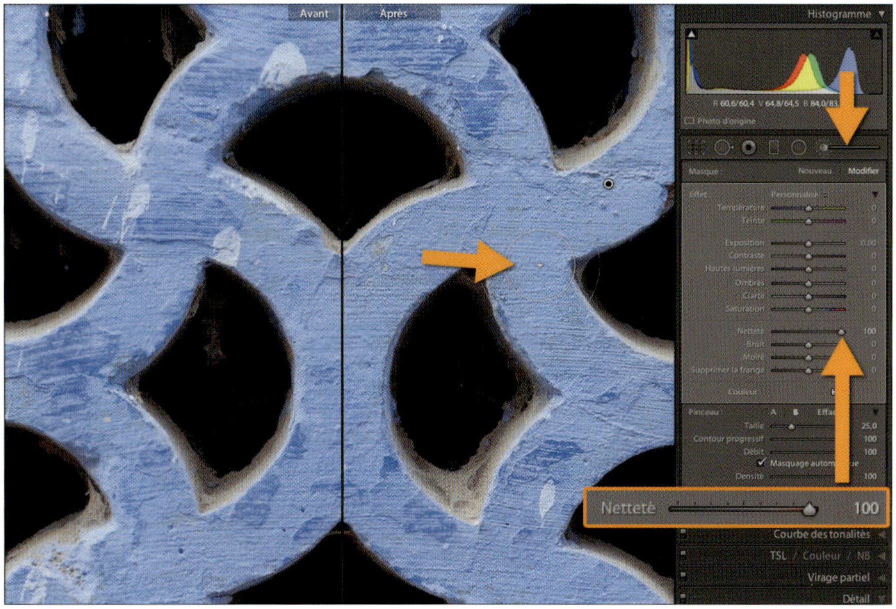

Conclusion : nous venons d'aborder les deux premières étapes de l'accentuation préconisées par Adobe et qui se pratiquent simultanément dans Lightroom puisque le moteur de dématriçage se charge d'extraire les détails de l'image. La partie créative prend le relais, avec les outils du panneau Détail, et peut être complétée par le « Pinceau de retouche locale » ou le « Filtre gradué » qui possèdent tous les deux un réglage de netteté (valeurs positives) et de flou (valeurs négatives).

En ce qui concerne l'accentuation de sortie, on trouvera des réglages dans le menu Exporter ainsi que dans les modules Impression, Web et Livres (au format PDF et JPEG). L'accentuation de sortie est hautement automatisée par Lightroom, avec des algorithmes qui s'adaptent à la nature, à la taille et à la résolution du document. Elle doit toujours être effectuée à la fin du flux de travail, après toutes les corrections nécessaires aux images.

Partie 4

Corriger ses images

Après la partie consacrée au développement et au traitement de base des images, voici le moment de passer à la vitesse supérieure avec des outils de correction qui, s'ils sont parfois techniques, n'empêchent pas une expression plus artistique.

Nous commencerons par le nettoyage des traces de poussières collées au capteur du boîtier et la suppression de détails indésirables avant de traiter de la correction des défauts des objectifs, le redressement des perspectives, aussi bien automatique que manuel, puis le recadrage. Nous aborderons ensuite des outils de correction plus pointus qui permettent très facilement et très naturellement un travail de grande précision : le « Pinceau de retouche », ainsi que le « Filtre gradué » et le « Filtre radial », qui ouvrent des possibilités plus créatrices. Nous finirons en convertissant nos images en noir et blanc, via l'excellent mélangeur de couches hérité de Photoshop, et en ajoutant une touche de nostalgie à nos images grâce au virage partiel, pour coloriser et teinter les photos monochromes, et à des outils simulant le grain argentique et le vignetage des objectifs.

École de Kombissiri (Burkina Fasso)
Nikon D800, 24-70 mm f/2,8, 1/50 s, f/4, 1600 ISO © Céline Jentzsch

Exercices

35 Supprimer les défauts

Tous les reflex numériques sont désormais équipés de dispositifs anti poussière efficaces, mais qui ne protègent pas vos clichés de tous types de taches : ils n'ont par exemple aucun effet sur celles qui proviennent de projections de graisse. Par ailleurs, les plus anciennes de vos photos, de même que vos archives numérisées, comportent forcément de nombreuses traces que vous souhaiterez sans doute faire disparaître.
Dans cet exercice, nous vous proposons une méthode de nettoyage particulièrement rapide et efficace, qui met en œuvre l'outil de suppression des défauts de Lightroom. À cela s'ajoutent le pinceau non circulaire, qui permet d'éliminer des détails gênants (fils électriques, poteaux, etc.) ainsi que le dispositif d'affichage monochrome qui facilite grandement la détection des poussières et des éléments à nettoyer ou supprimer.

Les fichiers associés à cet exercice sont disponibles sur editions-eyrolles.com.

Étape 1

Ouvrez le fichier Image_Ex35A.dng. Pour lancer l'outil de suppression des défauts, appuyez sur la touche Q ou cliquez sur la deuxième icône en partant de la gauche, sous l'histogramme. Dans le panneau, veuillez à choisir l'option Corriger au lieu de l'option Dupliquer ; en effet, cette dernière se contente de copier des pixels sans tenir compte de la luminosité, du contraste et des couleurs de la zone à corriger.
Réglez ensuite l'opacité sur 100 ; le diamètre du pinceau se règle, lui, avec la molette de la souris.

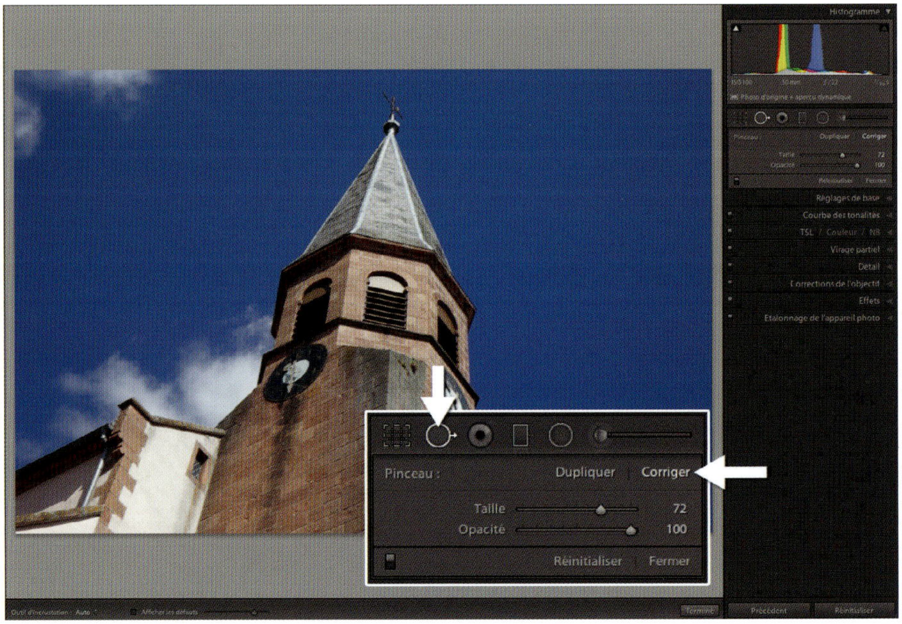

Étape 2

La photo à nettoyer doit être affichée à 1:1, le coin supérieur gauche étant notre base de départ : dans le panneau Navigation, déplacez le pavé dans le coin gauche, si besoin. Nous naviguerons avec les flèches « Haut de page »/« Bas de page ». En bas de page, Lightroom passera automatiquement en haut de la colonne suivante. Si vous préférez un déplacement latéral, appuyez sur Maj en plus des flèches.

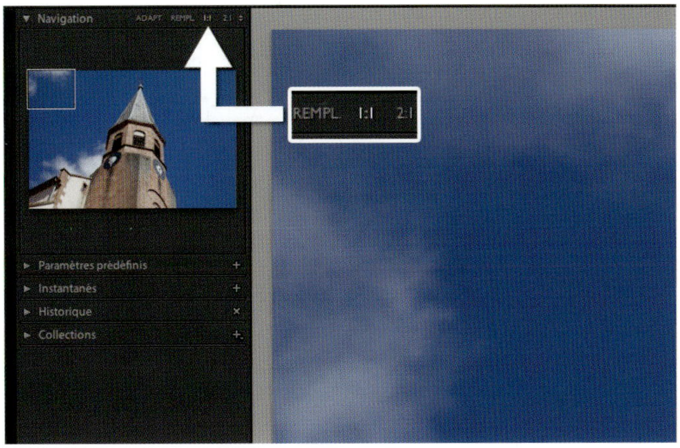

Remarque : ne confondez pas les touches « Haut de page » et « Bas de page » avec les flèches Haut et Bas. Les premières sont placées dans le groupe de touches supérieur situé entre le clavier alphabétique et le pavé numérique.

Étape 3

Il est parfois difficile de discerner les poussières à l'écran, et malheureusement vous risquez de les deviner dans le tirage qui revient du labo ou qui sort de votre imprimante photo, ce qui vous oblige à des frais supplémentaires. Fort heureusement, l'outil « Suppression des défauts » est désormais doté d'un système de visualisation monochromatique dans lequel seuls les contours sont affichés, en blanc sur fond noir, ce qui rend le moindre petit défaut visible. Pour activer cette fonction, allez dans la barre d'outils, sous l'image, et cochez « Afficher les défauts ».

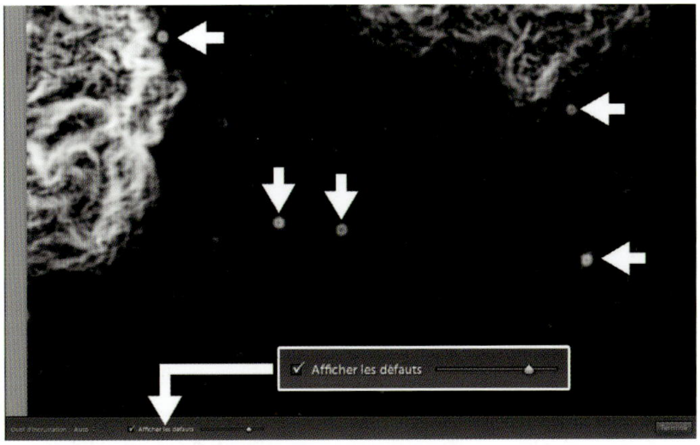

Étape 4

Le curseur « Afficher les défauts » permet de faire varier l'intensité avec laquelle les contours sont affichés. Si les poussières sont à peine visibles, déplacez-le curseur vers la droite, ce qui aura pour effet d'amplifier l'affichage des détails et même, jusqu'à un certain point, le grain et le bruit, toujours présents dans le bleu du ciel. Le curseur est réglé à 50 % par défaut, il suffit de faire un double clic pour le réinitialiser.

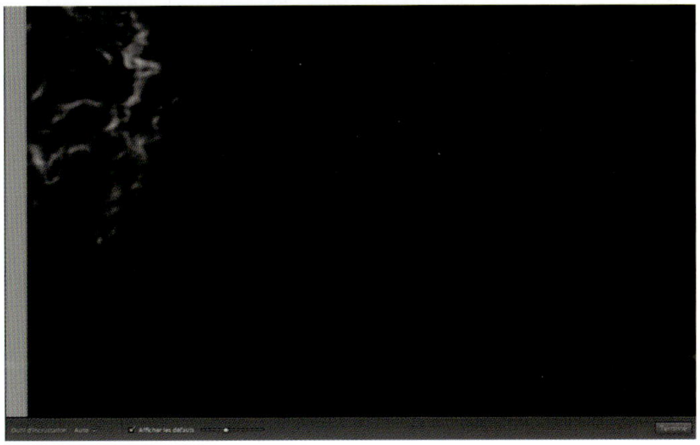

Étape 5

Pour éliminer une tache, englobez-la complètement à l'aide du pinceau circulaire, puis cliquez : la tache est supprimée. Vous verrez alors le cercle de correction relié à un cercle plus épais, qui indique la source, c'est-à-dire là où Lightroom a trouvé la zone idéale à dupliquer.

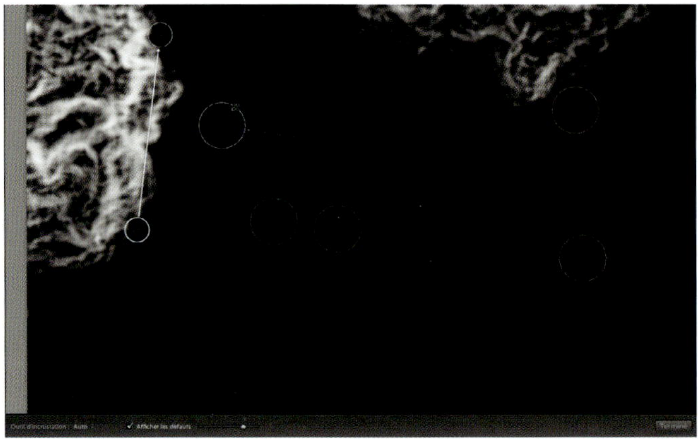

> **Remarque :** si vous ne voyez pas les cercles à l'écran, regardez dans quel mode d'affichage des incrustations vous êtes, à gauche du bouton/curseur « Afficher les défauts ». Si vous êtes en Auto, ils ne s'affichent que lorsque le pointeur de la souris passe dans l'image. Si l'option Jamais est sélectionnée, passez en mode Auto ou Toujours.

Étape 6

Si vous devez supprimer une tache près d'un objet, vous risquez de retrouver les contours de l'objet dans le cercle de sélection : déplacez légèrement le cercle de la source de prélèvement, soit à la souris, soit, plus finement, à l'aide des quatre flèches du clavier (petits incréments) ou des flèches et de la touche Maj (grands incréments). Si vous voyez encore des artéfacts (résidus des contours proches) dans le cercle de sélection, diminuez légèrement son diamètre. Néanmoins, les algorithmes et la capacité de discernement de l'outil ont été très améliorés par rapport aux anciennes versions.

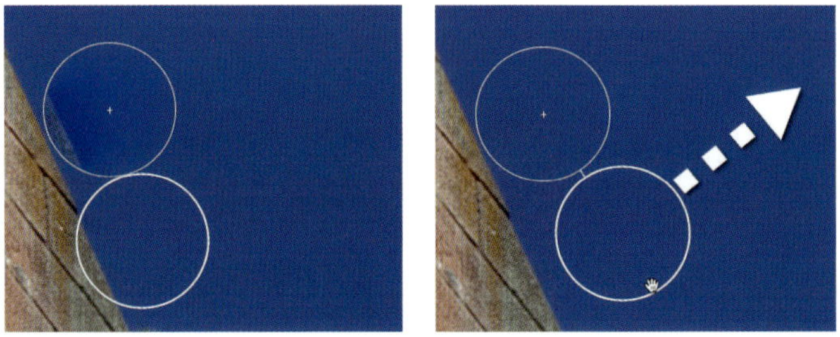

Étape 7

Voici à quoi ressemble l'image après nettoyage, en mode d'affichage monochrome. Faire défiler dans la photo par colonnes avec les flèches « Haut de page »/« Bas de page » permet un travail et une vérification extrêmement rapides.

Faites attention à la manière dont vous corrigez des poussières très proches les unes des autres : les cercles n'acceptent pas de superposition, et vous devrez parfois les déplacer manuellement et faire plusieurs essais pour trouver le meilleur compromis.

Étape 8

Nettoyer une image est un travail fastidieux. Lorsqu'une série de photos présente les mêmes imperfections, on peut synchroniser les corrections d'une image active vers une sélection d'autres images. Pour cela, sélectionnez toutes les photos (l'image active qui sert de source a le cadre le plus clair), puis cliquez sur le bouton Synchroniser ; dans la boîte de dialogue qui s'affiche, cochez « Suppression des défauts » et cliquez sur Synchroniser.

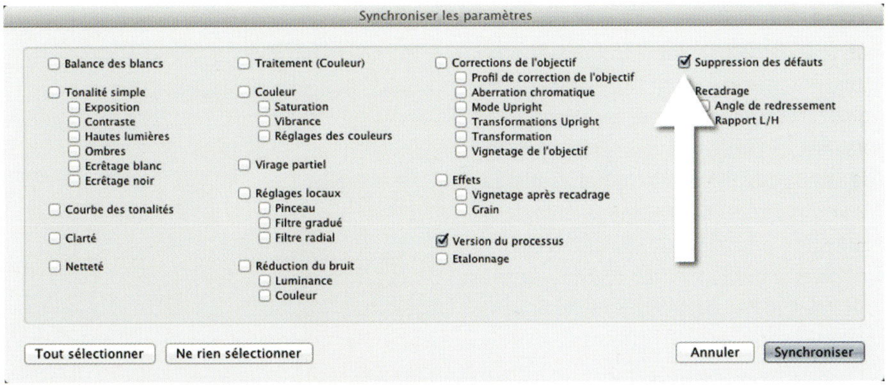

Étape 9

La synchronisation de la suppression des défauts est particulièrement efficace si on se limite à une même série d'images comportant les mêmes taches et poussières, de préférence dans des zones unies comme un ciel bleu, et cela fonctionne avec un mélange de vues verticales et horizontales. Dans cet exemple, nous avons synchronisé la retouche des tons directs de l'image de gauche (prise de vue verticale) avec l'image de droite (prise de vue horizontale basculée pour la démonstration).

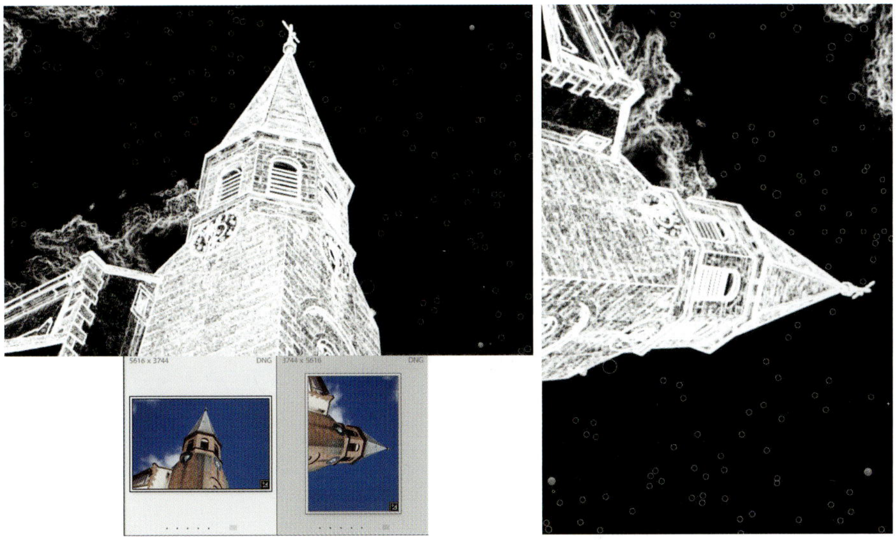

Étape 10

Beaucoup d'utilisateurs de Lightroom se sont essayés des années durant à la suppression d'objets indésirables avec le pinceau (appelé « Pinceau de retouche des tons directs » avant Lightroom 5), avec des résultats assez aléatoires et au prix parfois de beaucoup de temps et d'efforts. Ce temps est révolu puisque Lightroom dispose désormais d'un pinceau non circulaire, intégré à l'outil « Suppression des défauts ». Il ne prétend pas remplacer les outils spécialisés de Photoshop et ne permet pas non plus la reconstruction du contenu ; il repose sur le principe du clonage, son efficacité se limite aux objets sur fond uni : pas de miracles à en attendre !

Étape 11

Ouvrez le fichier Image_Ex35A.dng. L'outil s'utilise en peignant sur l'objet indésirable, ou, si ce dernier est un fil ou un objet fin et rectiligne, en faisant un clic à une extrémité et un Maj + clic à l'autre. Il n'a pas d'icône : cliquez dans l'image, maintenez le bouton de la souris enfoncé et peignez sur l'objet à supprimer. Le pinceau se présente sous forme d'une croix et applique un masque blanc jusqu'à ce que vous relâchiez le bouton de la souris. Privilégiez le mode Corriger qui tient compte de la luminosité, du contraste et des couleurs, contrairement au mode Dupliquer.

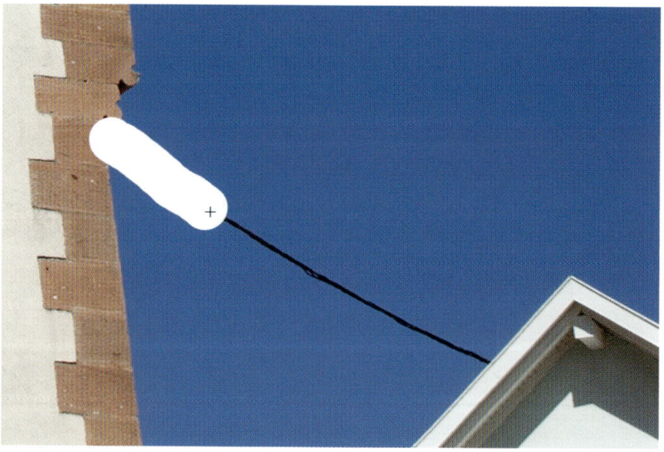

Étape 12

Quand vous relâchez le bouton de la souris, deux épingles d'édition (disque gris avec un point noir) et deux zones délimitées par un filet blanc s'affichent : l'une est la zone retouchée, l'autre la source dans laquelle l'outil a cloné une portion de l'image pour masquer l'objet à supprimer. Chacune peut être replacée pour tenter d'améliorer une correction qui ne serait pas parfaite, le problème le plus courant étant le recouvrement des détails à chaque extrémité du masque (voir l'étape 16).

Étape 13

Si vous déplacez l'épingle qui correspond à la zone de prélèvement (celle du haut dans l'image de l'étape 12), vous risquez d'introduire des artéfacts dans l'image, comme au départ ou à l'arrivée du fil électrique, et ces portions restent difficiles à corriger. Il est conseillé de démarrer le coup de pinceau un peu avant le début du fil à supprimer, et finir après, afin que les algorithmes clonent ces portions du mieux possible. Si cela ne fonctionne pas, il faudra zoomer dans la photo et tenter de tamponner au mieux.

Étape 14

L'autre technique est l'automatisation du clonage sur des éléments plutôt rectilignes. Dans ce cas, cliquez sur le point de départ en englobant une partie des détails, notamment les contours pour qu'ils soient pris en compte par les algorithmes, puis cliquez sur le point d'arrivée en maintenant la touche Maj enfoncée, toujours en englobant une partie des éléments. Dans ce cas de figure, le masque est toujours rectiligne. Vous retrouvez deux épingles d'édition – source et destination – que vous pouvez déplacer.

Étape 15

Ouvrez le fichier Image_Ex35C.dng. Qu'en est-il des objets non rectilignes ? L'outil est assez peu efficace dans ce cas, tout simplement parce qu'il doit retrouver quelque part dans l'image une zone à cloner qui comporte les mêmes caractéristiques de luminosité, contraste et couleur, et qui a une forme au moins aussi complexe. Le résultat sera hasardeux, d'autant plus que l'objet à supprimer est de taille respectable et de forme complexe, comme dans cet exemple.

Étape 16

Ouvrez le fichier Image_Ex35D.dng. La qualité des corrections est aussi une affaire de compromis quant au recouvrement de détails. Dans cet exemple, la suppression d'un fil entraîne deux possibilités : si on déplace la zone clonée vers le bas (image gauche), on pourra aligner l'arête du mur (flèche cyan) ; si on déplace la zone clonée vers le haut (image droite), on perd l'arête mais on aligne les tuiles.

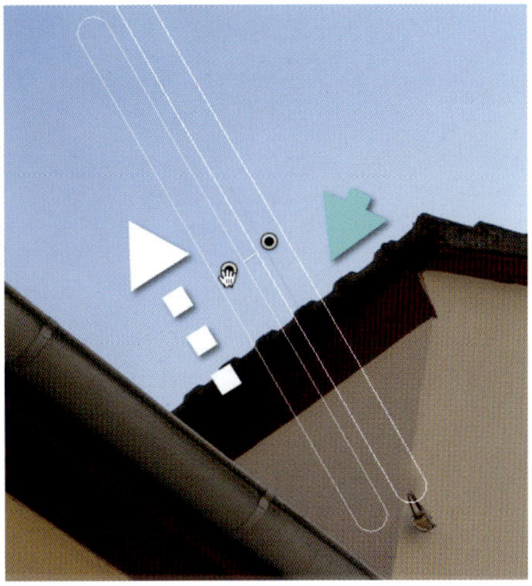

Étape 17

La fonction de synchronisation d'une image à l'autre s'applique également avec le pinceau non circulaire, mais là encore vous risquez des résultats très aléatoires, notamment si la séquence d'images a été prise à main levée et qu'il y a de légères variations de cadrage. Il faudra donc préparer le travail en amont, dès la prise de vue.

Étape 18

Dernière chose, abordons la commande Opacité, qui permet d'atténuer un défaut dans l'image au lieu de la supprimer complètement. Un exemple concret d'utilisation est la retouche d'un visage : l'image de gauche montre une cicatrice à l'arcade sourcilière, non corrigée puis corrigée avec une opacité de 50 % dans l'image du milieu, et un peu plus de 90 % à droite.

On retiendra le réglage de 50 %, qui permet d'atténuer un détail de peau disgracieux mais qui, malgré tout, doit rester un signe distinctif et naturel de la personne.

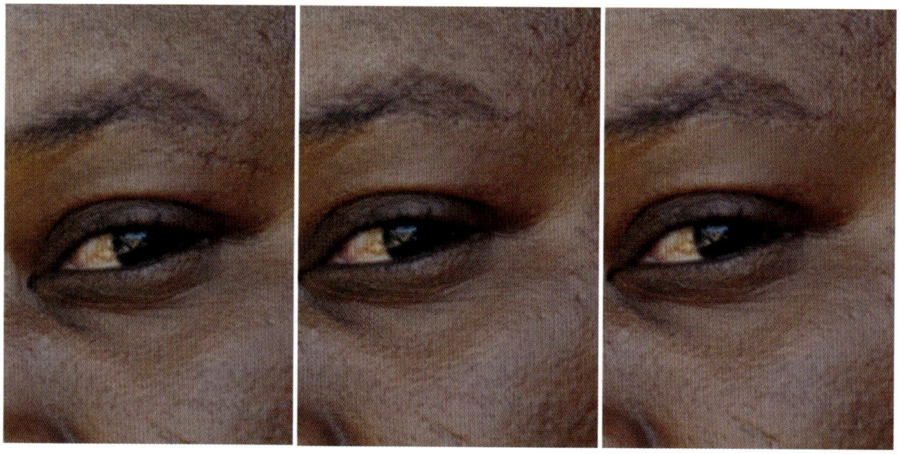

> **Remarque** : cet exercice prend un peu le contrepied de tous les autres, puisqu'une grande partie des étapes vous démontre ce qui ne fonctionne pas très bien avec la suppression des défauts de Lightroom. Le but ici est de vous mettre en garde et de ne pas vous laisser espérer de miracles : le seul moyen de retoucher les images avec des résultats impeccables est encore de passer par les outils et les techniques offerts par des logiciels comme Photoshop.

36 Corriger les défauts de l'objectif

La correction des objectifs était apparue dans Lightroom 3 ; Lightroom 4.1 avait apporté quelques améliorations en désolidarisant la correction des aberrations chromatiques du système de profils, l'avantage étant de pouvoir corriger les aberrations pour tous les objectifs, même s'ils n'étaient pas pris en charge par un profil. De plus, les algorithmes utilisés s'avéraient particulièrement efficaces pour contrer les aberrations chromatiques latérales. Lightroom 5 n'apporte pas de changement fondamental à la correction des objectifs, comme nous allons le voir ici. Les aberrations chromatiques et le redressement des perspectives, qu'il soit manuel ou automatique, avec le nouvel outil Upright, font l'objet des exercices 37, 38 et 39.

Les fichiers associés à cet exercice sont disponibles sur editions-eyrolles.com.

Étape 1

Ouvrez le fichier Image_36A.dng. Allez dans le panneau « Corrections de l'objectif », onglet Profil, et cochez « Activer le profil de correction ». Le défaut le plus marquant est le vignetage (assombrissement en périphérie, sur les bords et dans les angles, d'autant plus visible que le fond est clair). Cette photo a été prise à pleine ouverture avec un 24-70 mm f/2,8 : on peut constater à quel point le vignetage peut assombrir une bonne portion de l'image, et voir l'efficacité du profil de correction optique de Lightroom.
Si un profil est disponible pour l'objectif, Lightroom affichera la marque, le modèle et le profil dans le panneau tout en appliquant les corrections de vignetage et de distorsion (étape 3).

Étape 2

Ouvrez le fichier Image_36B.dng. Autre défaut important : si la distorsion sait rester discrète en pleine nature, elle se révèle totalement dès que l'on photographie un sujet architectural, comme ce restaurant d'Istanbul.

L'image à gauche dans la capture est non corrigée : on peut aisément voir la courbure tout en haut, la partie droite de l'illustration montrant l'image après correction. Le traitement de la distorsion entraîne toujours une légère perte de surface.

Étape 3

Le panneau « Corrections de l'objectif » comporte quatre onglets. L'onglet Profil est composé de trois sections : l'activation du profil, les informations sur le profil d'objectif et les curseurs Distorsion et Vignetage (voir l'étape 5). La section « Profil d'objectif » comprend trois listes qui regroupent les marques de matériel, le modèle d'objectif utilisé et le nom du profil, précédé du nom « Adobe » ce qui indique qu'il a été produit et validé, soit par l'éditeur, soit par une marque partenaire, comme Leica, Hasselblad, Pentax, Sigma et bien d'autres.

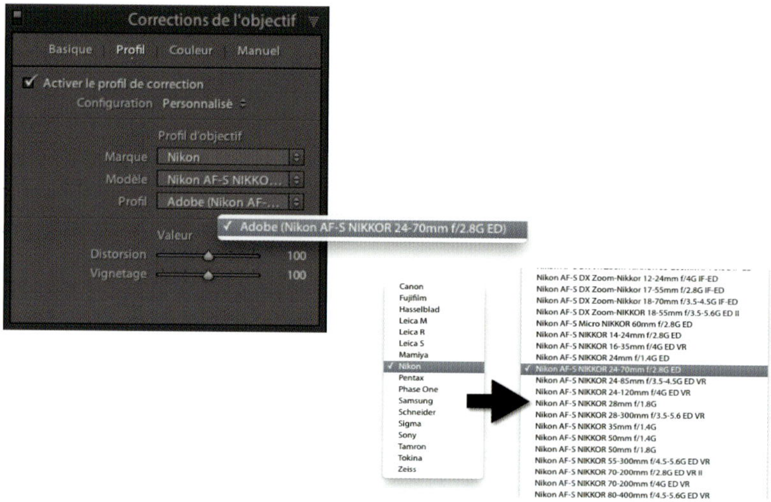

Étape 4

Si on sélectionne plusieurs images, Lightroom appliquera les corrections optiques automatiquement à toute la série, même si chaque photo a été prise avec un objectif différent. Les corrections peuvent également être synchronisées d'une image active (source) à un groupe d'images sélectionnées : cliquez sur Synchroniser, en bas à droite du module Développement, puis cochez les options « Profil de correction de l'objectif » (et « Aberration chromatique » le cas échéant). Lightroom se chargera alors d'appliquer les bons profils si les photos ont été prises avec des objectifs différents.

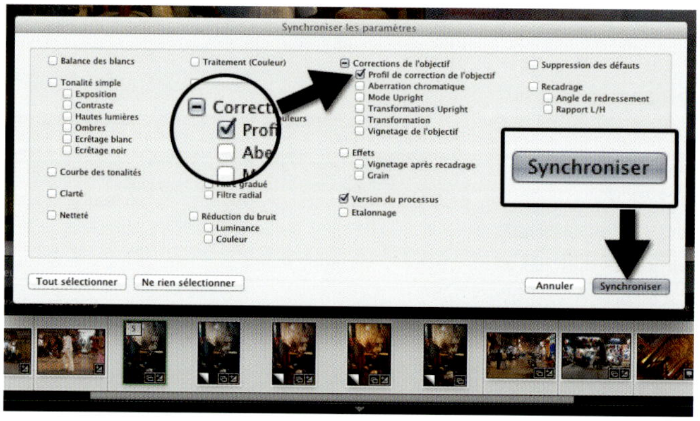

Étape 5

Les corrections automatiques peuvent être modifiées manuellement avec les curseurs Distorsion et Vignetage, dans la section Valeur de l'onglet Profil, notamment si vous estimez que le profil sélectionné agit de manière excessive ou insuffisante. Dans le panneau, le libellé du menu Configuration passe au statut « Personnalisé » : ainsi, vous pouvez altérer le profil original avec les nouveaux réglages, en enregistrant les modifications en tant que nouveau profil dans le menu déroulant Configuration, et en choisissant « Enregistrer les nouveaux profils d'objectif par défaut ».

> **Remarque** : si vous voulez annuler la modification, allez dans le menu et sélectionnez « Réinitialiser les profils d'objectif par défaut » : les curseurs altérés par vos réglages reviendront automatiquement à leur valeur par défaut (100).

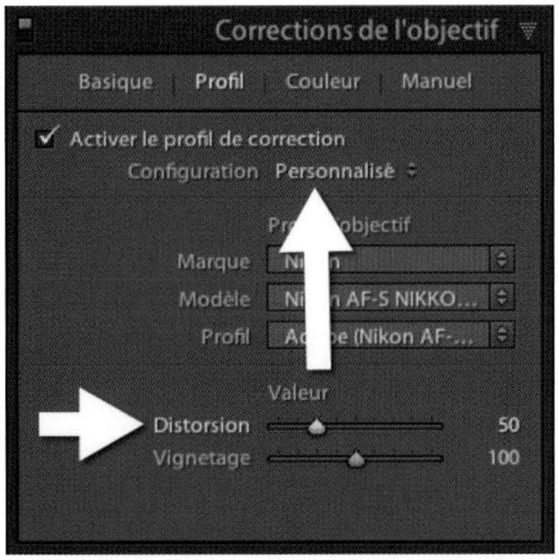

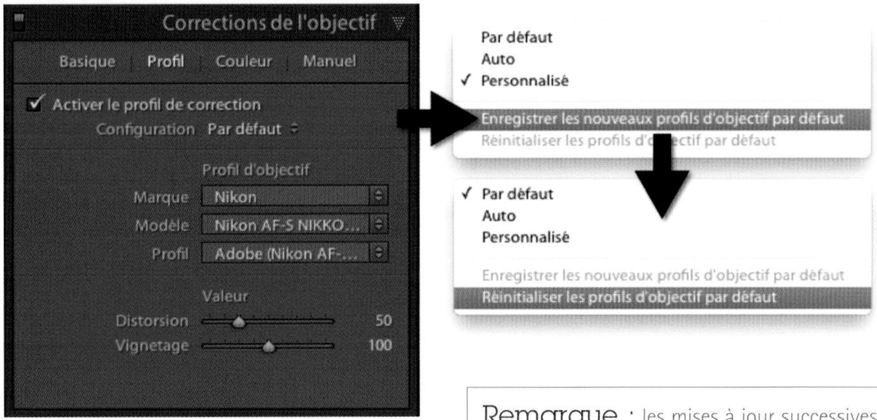

Étape 6

Pour automatiser au maximum les corrections optiques, l'idéal est de créer un paramètre prédéfini de développement et de l'appliquer dès l'importation. Quel que soit le profil d'objectif actif dans le panneau, assurez-vous que le menu Configuration soit bien sur « Par défaut », puis allez dans le panneau « Paramètres prédéfinis », cliquez sur le bouton « + » et, dans la boîte de dialogue, saisissez un nom (par ex., « Corrections optiques »). Cochez « Profil de correction de l'objectif », et éventuellement « Aberration chromatique », puis cliquez sur Créer. Vous n'aurez plus qu'à choisir le paramètre de développement « Corrections optiques » dans le panneau « Appliquer pendant l'importation » du menu d'importation (exercice 09). Lightroom corrigera les images et saura même détecter les différents modèles d'objectifs utilisés à la prise de vue.

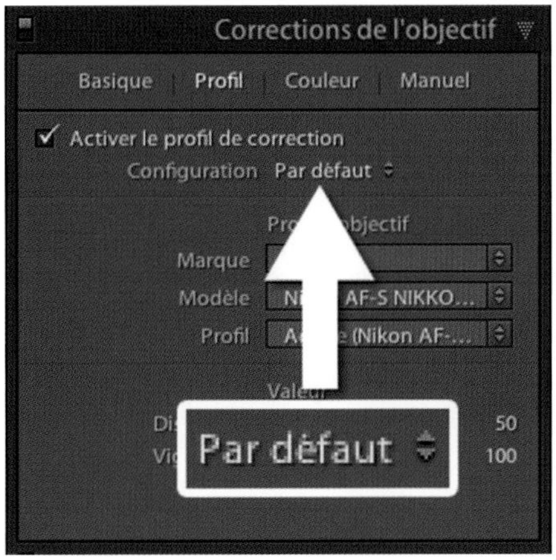

> **Remarque** : les mises à jour successives de Lightroom permettent d'installer de nouveaux profils produits, soit par Adobe, soit en collaboration avec les fabricants d'objectifs eux-mêmes, comme Fujifilm, Hasselblad, Leica, Mamiya, Pentax, Phase One, Samsung, Schneider, Sigma, Sony, Tamron, Tokina et Zeiss et probablement d'autres à venir. Les profils sont conçus, à quelques exceptions près, pour les fichiers RAW et sont créés en tenant compte des différentes tailles de capteurs des boîtiers.

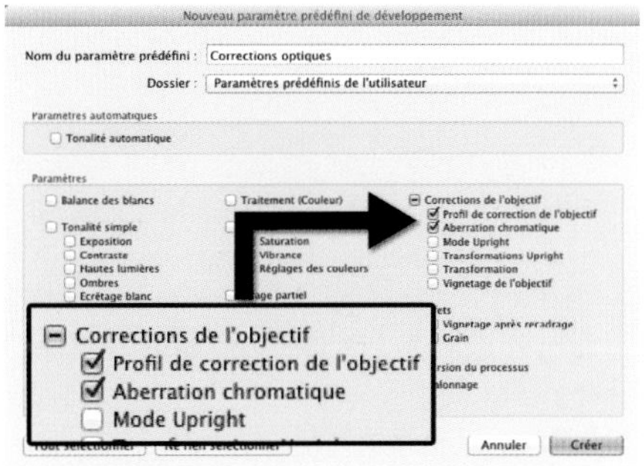

37 Corriger l'aberration chromatique

L'aberration chromatique est un phénomène qui affecte tous les objectifs, quelle que soit leur qualité, et qui se niche principalement en périphérie d'image, le long de contours exposés à un fort contraste, comme des branches devant un ciel très lumineux.

En réalité, l'aberration chromatique est présente un peu partout dans l'image, parfois sous forme d'aplats que le système de visualisation de l'outil de correction de Lightroom sait si bien révéler. Désolidarisés de la correction optique par l'intermédiaire de profils d'objectifs, les algorithmes et outils de traitement de l'aberration chromatique (AC), introduits à partir de Lightroom 4.1, sont si sophistiqués qu'ils justifient la présence d'un onglet à part entière, dans le panneau « Correction de l'objectif », ainsi qu'un curseur dédié dans le « Pinceau de retouche ».

Les fichiers associés à cet exercice sont disponibles sur editions-eyrolles.com.

Étape 1

Ouvrez le fichier Image_37A.dng. Appliquer au préalable un profil de correction d'objectif (exercice 36) n'est pas une obligation puisque les algorithmes de traitement de l'aberration chromatique sont intégrés au logiciel. La première méthode, en général la plus efficace, est de faire appel aux automatismes en cochant « Supprimer l'aberration chromatique » dans l'onglet Couleur du panneau « Corrections de l'objectif ».

Le traitement des franges vertes et rouges, comme dans cette photo, ne pose absolument aucun problème et ne réclame pas l'utilisation des outils de correction manuelle. Agrandissez l'image à 2:1 ou 3:1 pour appréhender les résultats.

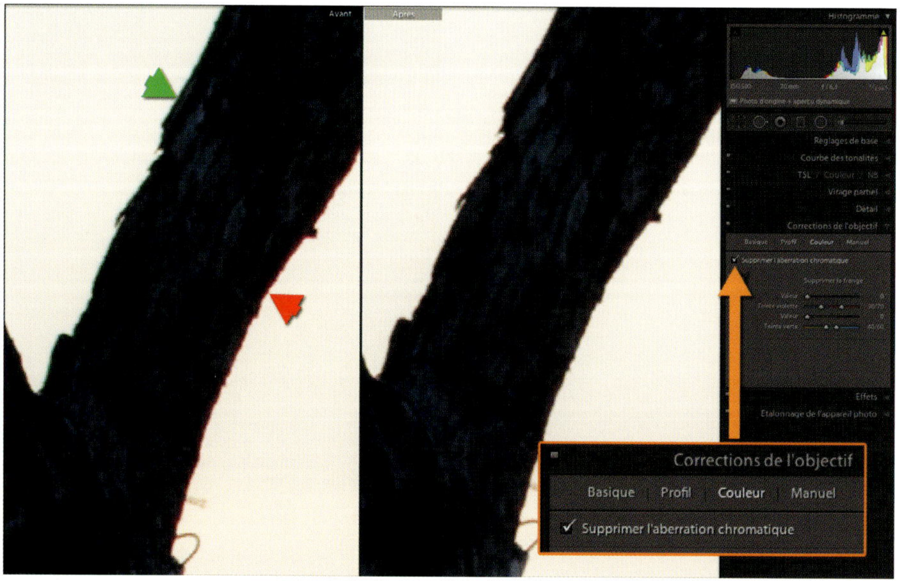

Étape 2

Ouvrez le fichier Image_37B.dng. En plus des franges vertes et rouges de l'exemple dans la première étape, on peut voir d'autres formes d'aberration chromatique : du jaune d'un côté, du bleu de l'autre. Il s'agit, dans les deux cas, de ce qu'on appelle « l'aberration chromatique latérale ».

La couleur des franges peut également varier, selon la position de l'objet photographié par rapport au plan de netteté. Là encore, le simple fait d'activer la suppression automatique des aberrations chromatiques permet de corriger le problème.

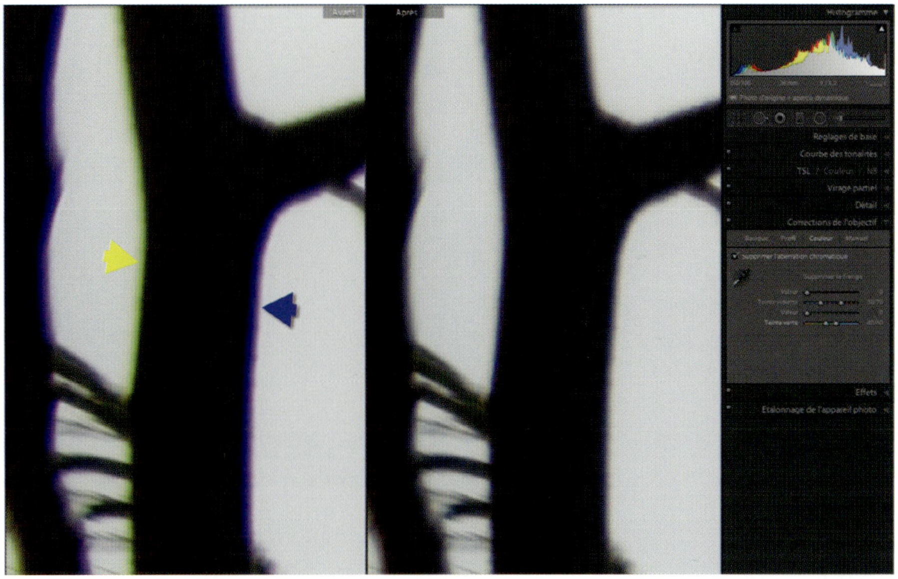

Étape 3

Il arrive parfois que la correction ne soit pas efficace à 100 %, et que vous trouviez encore des résidus colorés, particulièrement visibles en agrandissant l'image bien au-delà de 1:1 (c'est-à-dire de 100 %).

Dans ce cas, si vous êtes pointilleux, activez le « Pinceau de retouche », réglez le curseur « Supprimer la frange » à 100 %, puis passez le pinceau, en plaçant la croix centrale sur les franges résiduelles : cela devrait supprimer les résidus tout simplement par désaturation des teintes détectées.

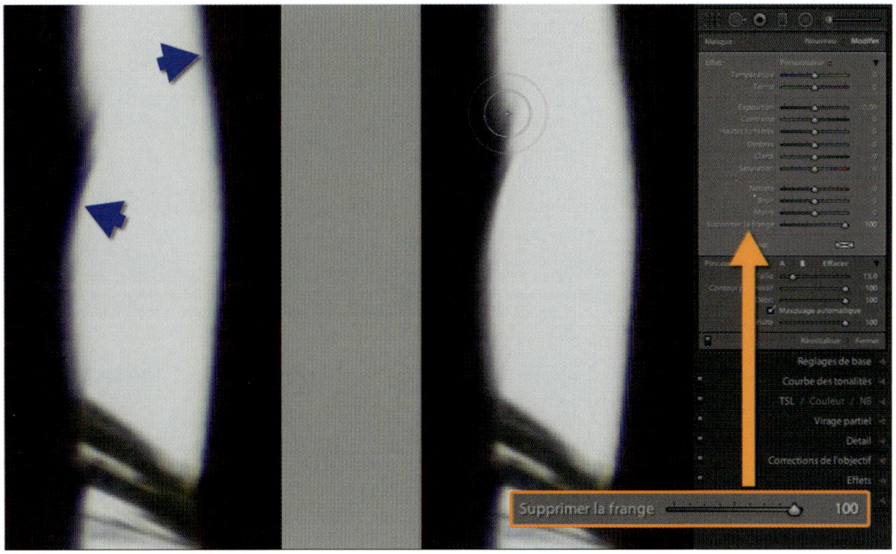

Étape 4

Ouvrez le fichier Image_37B.dng. Il existe d'autres formes d'aberration chromatique, impliquant les images fantômes liées à des phénomènes de réflexion interne aussi bien au niveau de l'objectif que du capteur.

Il est probable que cette image soit affectée par ce phénomène, au vu de la très forte présence d'aberrations violettes, non seulement dans les contours, mais également sous forme d'aplats. Dans cet exemple, la correction automatique s'avère totalement inefficace, et l'on voit que l'aberration violette affecte toute cette partie de l'image, aplats compris.

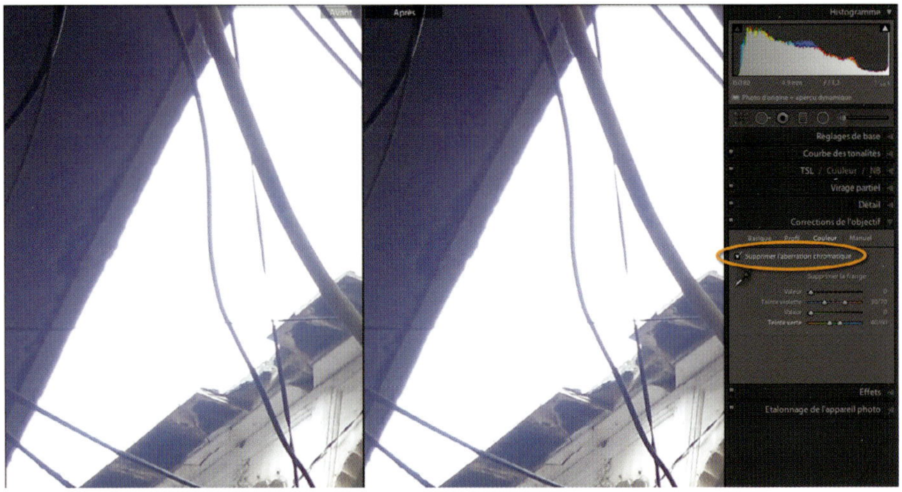

Étape 5

C'est là qu'entrent en jeu les outils de correction manuelle, avec la pipette et les curseurs associés. Cliquez sur la pipette et placez-la sur un élément de l'image affecté par les aberrations violettes. Si elle détecte une teinte qu'elle peut corriger, elle prendra une couleur violette (ou verte) ; si elle détecte une couleur qu'elle ne peut traiter, un message s'affichera à l'écran, et vous devrez essayer à un autre endroit dans l'image.

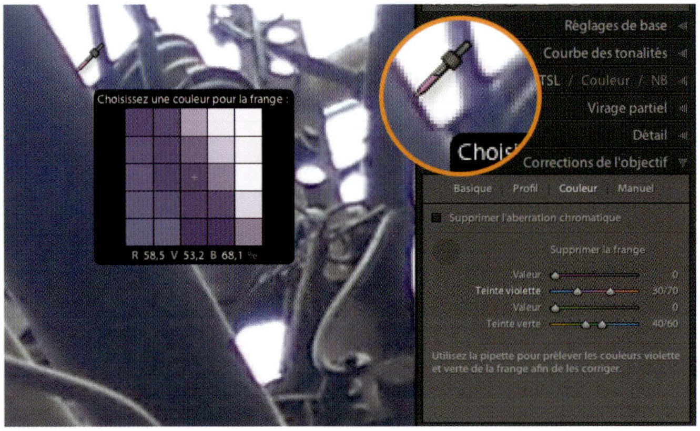

Étape 6

Une partie des aberrations violettes a été supprimée, ou atténuée, notamment sur les contours. Le curseur Valeur indique 3, c'est l'intensité de la correction (échelle de 0 à 20) ; « Teinte violette » délimite, entre les deux curseurs, la plage des teintes détectées par la pipette. Vous pouvez renforcer la correction en déplaçant à droite le curseur Valeur, et modifier la teinte en déplaçant les deux curseurs indépendamment l'un de l'autre pour élargir ou limiter la plage des teintes à traiter, ou tous les deux en même temps en pointant l'espace entre les deux curseurs avec la souris.

> **Remarque** : dans cet exemple, nous utilisons les curseurs de teinte violette et, bien entendu, les explications s'appliquent aussi aux curseurs de teinte verte.

Étape 7

Un bon moyen de visualiser les parties de l'image qui sont affectées est d'appuyer sur la touche Alt/Option du clavier tout en manipulant les curseurs Valeur ou Teinte. Dans ce cas, l'affichage est monochrome : en blanc, les portions d'images qui ne sont pas affectées par l'aberration chromatique, en noir, celles qui le sont, et en différents niveaux de gris, les zones plus ou moins affectées. Avec ce système, vous comprendrez à quel point les aberrations chromatiques peuvent affecter l'image, y compris à l'intérieur des contours, et qu'elles ne se cantonnent pas toujours aux bords.

Étape 8

Revenons au pinceau « Supprimer la frange » : il est gradué de -100 à 100. Dans les valeurs positives, il corrige les aberrations chromatiques résiduelles (étape 3). Dans les valeurs négatives, il sert à protéger les teintes équivalentes ou proches de celles des aberrations chromatiques, notamment en cas de correction poussée. Ici, nous avons volontairement décalé le curseur « Teinte violette » à droite, vers le rouge, et réglé le curseur Valeur à 9, une correction assez forte des aberrations chromatiques violettes (Valeur 9, « Teinte violette » 63/100), qui finit par affecter les teintes rouges dans ce panneau.

Étape 9

Pour éviter ce problème, nous avons d'abord passé un coup de pinceau « Supprimer la frange » sur le panneau, en réglant le curseur à -100. Le pinceau applique un masque protecteur : si nous retournons dans l'onglet Couleur du panneau « Corrections de l'objectif » et que nous appliquons les réglages de correction poussés de l'étape précédente, vous vous apercevez que les teintes rouges sont conservées et parfaitement protégées.

38 Corriger la perspective avec Upright

Upright est le nom officiel, non traduit puisqu'il s'agit d'une marque, du nouvel outil de redressement d'horizon et de perspectives de Lightroom 5 qui vient épauler l'outil Transformation que nous connaissons depuis Lightroom 3 (exercice 39). « Épauler » n'est pas un mot assez fort tant Upright est suffisamment performant pour se substituer totalement à l'outil Transformation, qui sera relégué au simple rôle d'affinement du redressement de perspectives si nécessaire, ou pour les utilisateurs de Lightroom allergiques aux automatismes.
Quel que soit votre choix – Upright ou Transformation –, il est important d'appliquer d'abord le profil de correction d'objectif afin d'éliminer la distorsion et d'obtenir des résultats optimaux.

Les fichiers associés à cet exercice sont disponibles sur editions-eyrolles.com.

Étape 1

L'outil Upright se trouve dans le panneau « Corrections de l'objectif », dans un tout nouvel onglet nommé « Basique » qui regroupe un certain nombre de commandes dans deux sections différentes.
La première section permet d'appliquer les corrections automatiques de défauts optiques, comme il se doit, avec les boutons à cocher « Activer le profil de correction » (le même que dans l'onglet Profil, exercice 36) et « Supprimer l'aberration chromatique » (exercice 37). Le bouton « Contraindre le recadrage » applique en temps réel le recadrage des images redressées. La deuxième section comprend les 5 boutons de commande de l'outil Upright.

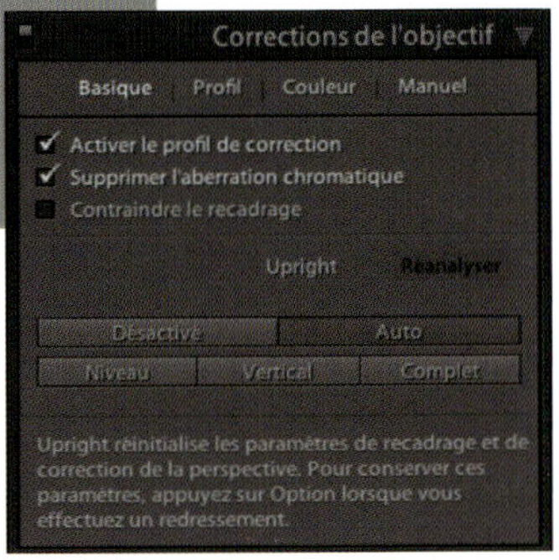

Étape 2

Ouvrez le fichier Image_38A.dng. Le mode par défaut d'Upright est le mode Désactivé. Après avoir ouvert l'image, cliquez sur Auto : les murs se redressent et l'horizon est compensé instantanément.

Ce mode applique une correction aux lignes convergentes, à la fois verticales et horizontales, et remet la photo à niveau si elle est penchée à la prise de vue. L'approche ici est classique, sans tentative de surcorrection, pour un résultat le plus naturel possible.

> **Remarque** : le bouton Réanalyser s'active et s'utilise si, en cours de corrections avec Upright, vous activez ou désactivez le profil de correction d'objectif.

Étape 3

Vous pouvez afficher une grille en allant dans le menu **Affichage>Incrustations de loupe>Grille**. Elle permet de vérifier les corrections en comparant l'horizontalité et la verticalité des droites dans l'image, et de reprendre si nécessaire les corrections à la main dans l'outil Transformation (exercice 39).

Si vous maintenez la touche Alt (PC) ou Cmd (Mac) enfoncée, un panneau de commande vous permettra de régler l'opacité et la taille de la grille. Vous pouvez également afficher des lignes de repère (exercice 04).

Étape 4

Ouvrez le fichier Image_38B.dng. Sur certaines images, le mode Vertical peut donner des résultats dont la différence est parfois subtile par rapport à ceux du mode Auto. Dans ce cas en effet, seules les droites verticales sont corrigées au mieux (sans approche conservative pour un rendu naturel), ainsi que le niveau ; les lignes horizontales ne sont pas corrigées.

Cette image montre assez bien la différence : en mode Auto en haut (verticales + horizontales + niveau), en mode Vertical en bas (verticales + niveau).

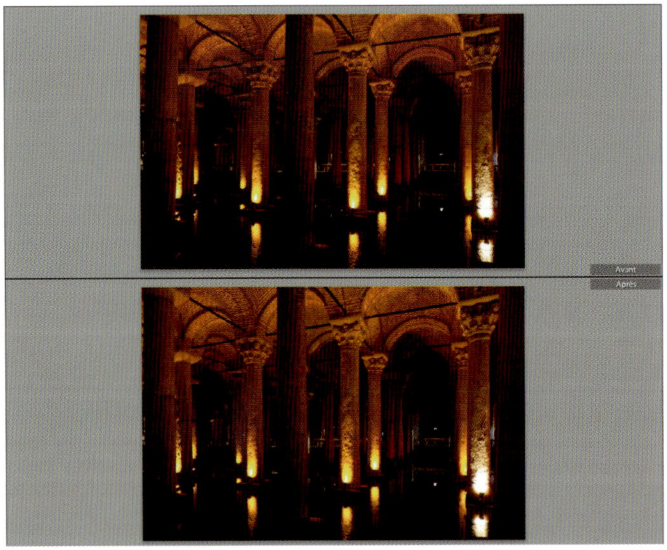

Étape 5

Ouvrez le fichier Image_38C.dng. Le bouton Niveau a un rôle très simple : redresser l'horizon et seulement lui, sans que les verticales et les horizontales ne soient affectées. L'outil s'avère très efficace, notamment les images dans lesquelles on ne distingue pas de ligne d'horizon à proprement parler, au point que vous ne toucherez quasiment plus à l'outil « Recadrer et redresser » (exercice 40).

> Remarque : vous pouvez réinitialiser les corrections à tout moment en faisant un double clic sur le libellé « Upright ».

Étape 6

Ouvrez le fichier Image_38D.dng. Le mode Complet va procéder à une analyse en trois dimensions du contenu de l'image et tenter une correction de l'horizon, des verticales et des horizontales sans faire de compromis. Et ce, sans essayer de conserver un résultat naturel, même si cela implique une rotation importante de l'image ainsi que le non-respect du rapport largeur/hauteur original après recadrage pour éliminer les zones sans informations, matérialisées en blanc.

Étape 7

Dans ce cas, nous vous conseillons fortement de comparer les résultats avec le mode Auto, comme ici. Pour cette image, le résultat reste bien plus naturel qu'en mode Complet.

La méthode idéale de travail avec Upright est d'essayer les boutons les uns après les autres : les corrections sont immédiates et vous gagnerez beaucoup plus de temps qu'avec les outils plus classiques comme Transformation ou « Recadrer et redresser ».

Étape 8

Si vous utilisez Upright avec une image déjà recadrée ou dont les perspectives ont été redressées au préalable avec l'outil Transformation, ces corrections seront systématiquement annulées, comme indiqué par les instructions affichées dans l'onglet Basique. Néanmoins, il est possible d'éviter ce comportement en pressant la touche Alt/Option tout en manipulant les commandes de Upright.

Étape 9

Vous pouvez synchroniser les corrections de Upright d'une image source vers une sélection d'images de destination en utilisant l'un des deux modes disponibles dans la boîte de dialogue – attention à la nuance :

- « Mode Upright » : chaque image sera analysée et corrigée selon le contenu qui lui est propre ;
- « Transformations Upright » : les corrections de l'image source seront appliquées exactement de la même manière aux images de destination (à réserver pour une série d'images semblables).

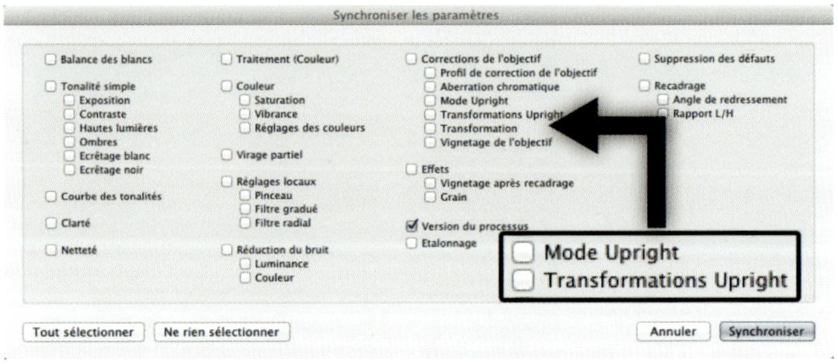

39 Corriger manuellement la perspective

Après l'outil automatique de redressement Upright (exercice 38), voici les outils traditionnels de correction des perspectives qui se cachent sous un ensemble de curseurs appelé « Transformation ».

Avec ces outils, vous pourrez redresser les lignes verticales convergentes d'un bâtiment pris en contre-plongée, par exemple. Toutefois, sachez que la correction logicielle de la perspective souffre de certaines limites, notamment de l'obligation de sacrifier une partie de la surface de l'image par recadrage. Prenez conscience qu'en photo d'architecture, un logiciel ne peut pas se substituer à un objectif à décentrement ou à une chambre photographique et que, dans tous les cas, vous devrez cadrer le plus large possible à la prise de vue.

Les fichiers associés à cet exercice sont disponibles sur editions-eyrolles.com.

Étape 1

Ouvrez le fichier Image_Ex39.dng. Il faut appliquer un profil de correction d'objectif pour éliminer la distorsion et le vignetage qui assombrit la photo (voir l'exercice 36), avant de passer dans l'onglet Manuel du panneau « Corrections de l'objectif » et aux curseurs Transformation. Si aucun profil n'est disponible pour votre matériel, voyez l'étape suivante pour le fonctionnement du curseur Distorsion.

Une analyse rapide de l'image montre qu'elle est de travers et qu'elle s'évase vers le haut.

Étape 2

Le curseur Distorsion va vous permettre de compenser la déformation en coussinet ou en barillet de l'image. Vers la gauche, vous accentuez la distorsion en barillet, vers la droite, vous accentuez la déformation en coussinet. Si vous vous sentez perdu dans vos réglages, à force de chercher le meilleur compromis, n'hésitez pas à réinitialiser les corrections en faisant un double clic sur le curseur concerné.

Étape 3

Faites pivoter l'image vers la gauche à l'aide du curseur Rotation. Dès que vous passez le pointeur de la souris sur l'un des 5 curseurs, une grille d'alignement s'affiche automatiquement dans l'image, en incrustation. Déplacez le curseur vers la gauche pour pivoter à gauche, et vers la droite pour pivoter à droite.

Essayez d'aligner le mieux possible les lignes horizontales et verticales principales sur la grille. La valeur retenue ici est d'environ -0,8.

Étape 4

Pour redresser les lignes verticales, saisissez le curseur du même nom : si vous le déplacez vers la gauche, le sujet s'évase en haut, si vous le déplacez vers la droite, il s'évase en bas. Faites quelques allers-retours pour comprendre le fonctionnement de cette commande, puis essayez de trouver le meilleur réglage pour que les verticales soient bien droites. Surveillez l'extrémité gauche, puis la droite, et enfin le centre. Alignez-vous le mieux possible sur la grille.

Là encore, il faudra trouver le meilleur compromis et peut-être jongler un peu avec la rotation. Dans notre cas, nous nous arrêterons à une valeur de +11.

Étape 5

Les curseurs Transformation vont finir par déformer les bords de l'image en chassant des pixels hors du cadre de la photo et en ramenant certains angles ou bords à l'intérieur du cadre. Ces zones particulières seront signalées par un espace blanc qui sera positionné entre le bord de l'image déformée et le cadre – c'est ce que vous pouvez constater ci-contre.

Bien entendu, plus vous corrigez et plus vous dénaturez l'image originale en perdant beaucoup de surface, d'où l'utilité de toujours prévoir d'éventuelles corrections en cadrant suffisamment large à la prise de vue... Ce qui justifie la course aux pixels des fabricants d'appareils photo : plus la résolution est élevée, plus la marge de manœuvre pour ce type de correction sera grande.

Étape 6

L'image a également besoin d'être redressée en ce qui concerne les lignes horizontales : dans le haut, les lignes du plafond penchent à droite malgré la rotation imprimée à l'étape 3. Si vous déplacez le curseur vers la gauche, l'image pivote vers la droite autour d'un axe vertical ; si vous déplacez le curseur vers la droite, elle pivote vers la gauche.
Cet outil servira notamment à récupérer des lignes convergentes horizontales qui ne sont pas forcément dans le même plan, parallèles au capteur de l'appareil photo. La correction est ici de +4.

Étape 7

Après redressement des lignes verticales et horizontales, le haut de l'image, et notamment la frise dorée, semble encore déformé. C'est là que le curseur Distorsion va nous être utile : une très légère correction à +4, en coussinet (droites s'incurvant vers le centre de l'image), permet de compenser.

Étape 8

Le curseur Échelle permet de zoomer dans l'image pour éliminer les zones blanches évoquées dans l'étape 5, mais le bouton à cocher « Contraindre le recadrage » est un bien meilleur choix, d'une part parce que le recadrage va être automatique, d'autre part parce qu'il va s'appliquer au pixel près : dans ce cas, l'automatisme se révèle plus précis et plus fiable qu'un ajustement manuel.

Ci-contre, un montage montrant l'image originale à gauche et l'image corrigée et recadrée à droite.

Étape 9

Lightroom 5 propose un nouveau curseur nommé « Aspect ». Il permet d'étirer ou de comprimer l'image dans le sens de la largeur, en allant vers la gauche, ou dans le sens de la hauteur, en allant vers la droite. L'illustration ci-contre reflète ces ajustements.

Il sera surtout utile pour redonner des proportions naturelles, d'un point de vue visuel, aux éléments d'image déformés par les différentes manipulations dans l'outil Transformation.

40 Recadrer et redresser une image

Lightroom dispose d'un outil de recadrage particulièrement complet et très convivial à utiliser. Il satisfera tous les spécialistes des horizons obliques – dont votre obligé – ainsi que ceux qui sont très attachés aux cadrages pointus, grâce à ses six différentes grilles dont une spirale de Fibonacci basée sur le nombre d'or. Dans cet exercice, nous allons voir comment redresser une image avant de passer aux outils de recadrage, avec ou sans verrouillage du rapport largeur sur hauteur. Nous verrons également comment mémoriser un cadrage personnalisé et, nouveauté de Lightroom 5, afficher une incrustation de cadre.

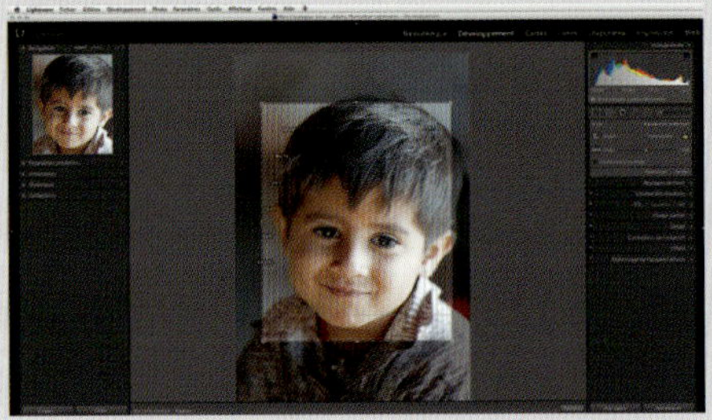

Raccourcis clavier

Touche R : lancer l'outil de recadrage, valider le recadrage puis fermer

Touche O : passer d'une grille de recadrage à l'autre

Maj + O : changer l'orientation de la spirale et de la grille au nombre d'or

Touche X : passer du cadrage horizontal au cadrage vertical, et inversement

Échap : annuler les outils Aspect ou Angle

Les fichiers associés à cet exercice sont disponibles sur editions-eyrolles.com.

Étape 1

Ouvrez le fichier Image_Ex40A.dng. Cette photo de rue est inclinée sur la droite. On peut la redresser avec la grille de recadrage ou avec l'outil Angle. Pour lancer l'outil de recadrage, cliquez sur l'icône placée sous l'histogramme, dans le module Développement, ou sur la touche R (y compris depuis le module Bibliothèque). Dans cette première méthode, il suffit de rapprocher le pointeur de la souris de l'angle inférieur droit de l'image jusqu'à ce qu'il se transforme en double flèche coudée, et de faire pivoter l'image jusqu'à ce qu'une ligne de référence horizontale ou verticale soit alignée sur la grille. Ici, on utilisera une ligne verticale puisque l'horizon n'est pas visible. Pour annuler, cliquez sur Réinitialiser, dans le panneau de l'outil.

Étape 2

La seconde méthode consiste à tracer une ligne sur une droite de référence verticale ou horizontale, après avoir cliqué sur l'outil Angle pour le libérer. C'est l'outil idéal pour du travail de grande précision.

Dans cette image, on ne voit guère la ligne d'horizon, on tracera donc une ligne verticale sur l'arête d'un mur ou d'une porte. Dès qu'on relâche la souris, l'image se redresse ; il suffit ensuite de quitter l'outil ou d'appuyer sur la touche R pour valider le redressement et le recadrage qui en découle.

Étape 3

Lorsque vous redressez une image, votre regard se porte toujours sur un élément vertical ou horizontal qui vous servira de repère. Cependant, il peut arriver qu'une image ne comporte aucun repère évident. En utilisant l'outil Angle, pensez à la touche Alt/Option : la grille à petits pas va s'afficher par-dessus l'image et adopter l'angle d'inclinaison que vous avez réglé.

Cette petite astuce vous permet de vérifier, en différents points de l'image, si l'orientation est bonne.

Étape 4

Ouvrez le fichier Image_Ex40B.dng. Le recadrage peut être effectué, soit en respectant les proportions de l'original, soit librement. Dans le premier cas, il faut que le petit verrou situé dans le panneau soit fermé. Pour recadrer, on saisit le bord ou le coin de la grille et on resserre le cadrage jusqu'à l'obtention du résultat désiré.

Si le sujet n'est pas bien aligné ou bien placé, on peut déplacer l'image librement, dans tous les sens. En effet, dans Lightroom, ce n'est pas la grille que l'on déplace, mais l'image qui est derrière.

Étape 5

Si, pour une raison ou pour une autre, vous voulez basculer d'un recadrage vertical à un recadrage horizontal, ou l'inverse, appuyez sur la touche X. La zone de recadrage va basculer et vous pourrez continuer à l'agrandir, la réduire ou la faire pivoter à votre guise.

Une autre astuce pour changer d'orientation consiste à réduire le plus possible la grille de recadrage : au bout d'un moment, elle finira par basculer.

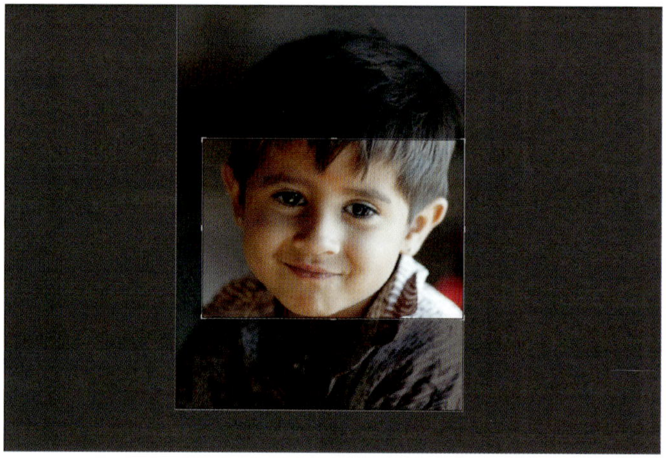

Étape 6

Quand le verrou est ouvert, on peut tracer un recadrage aux proportions libres avec l'outil Aspect, qui a la forme d'une équerre. Cliquez sur l'icône dans le panneau Recadrer, puis emmenez l'outil au point d'origine et tracez un rectangle qui corresponde grossièrement au cadrage désiré. Dès que vous relâchez l'outil, vous pourrez affiner le recadrage en déplaçant l'image derrière le cadre et, éventuellement, redimensionner l'image recadrée avec les angles ou les bords de la grille.

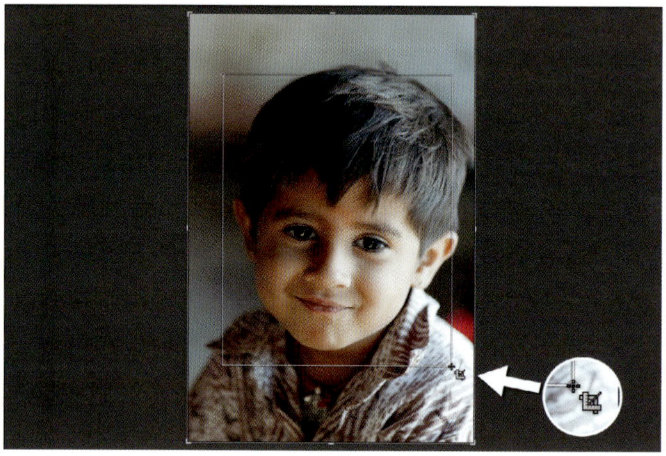

Étape 7

L'outil « Recadrer et redresser » propose un certain nombre de formats prédéfinis, listés juste à côté du cadenas. Vous y trouverez plusieurs formats, dont le format carré 1 × 1, le 5 × 7 ou le 2 × 3 (qui correspond au 24 × 36). Avec Lightroom 4 sont apparus trois formats supplémentaires, plus en rapport avec les formats écran, comme le 4 × 3 (1 024 × 768), le 16 × 9 (1 920 × 1 080) et le 16 × 10 (1 280 × 800). Pour appliquer l'un de ces formats prédéfinis, cliquez dessus dans la liste, puis ajustez dans l'image si nécessaire.

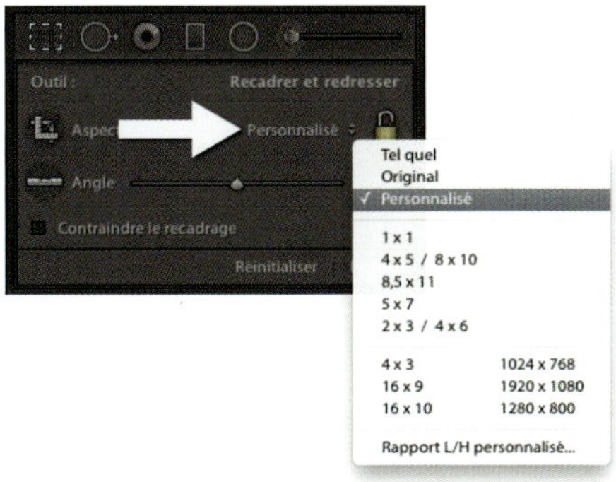

Étape 8

Vous pouvez également mémoriser des réglages personnalisés en allant dans le menu des formats, puis en sélectionnant « Rapport L/H personnalisé » dans la liste. Une boîte de dialogue s'affiche, vous devrez y saisir un rapport dont les valeurs sont comprises entre 0,001 et 10 000,000. Si vous les dépassez, un message vous avertira de votre erreur.

Lorsque le rapport a été saisi et validé, le cadre de recadrage se met en place sur l'image. Le système permet d'enregistrer jusqu'à cinq rapports personnalisés ; au-delà, tout nouvel enregistrement chassera le dernier de la liste.

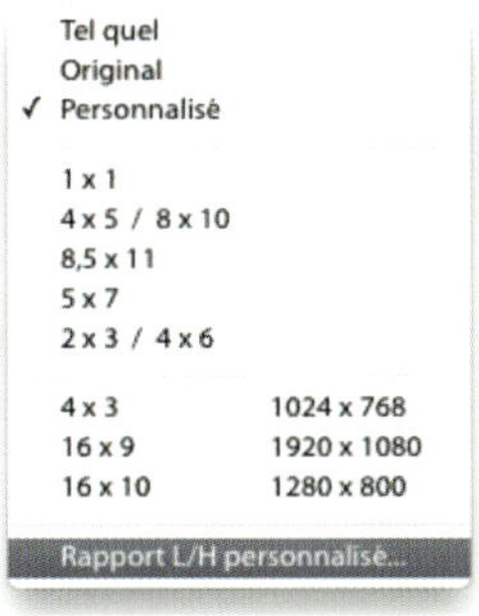

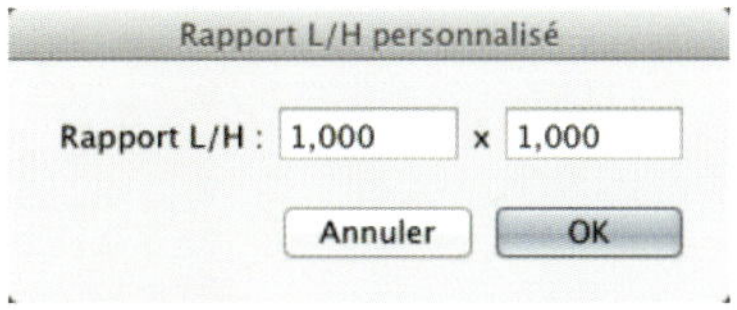

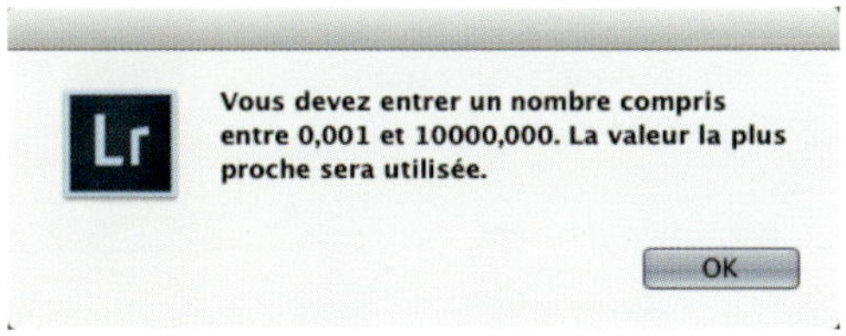

Étape 9

L'outil de recadrage de Lightroom propose six grilles différentes, sélectionnables en appuyant successivement sur la lettre O du clavier. Certaines, comme la spirale du nombre d'or, peuvent être orientées différemment avec la combinaison de touches Maj + O.

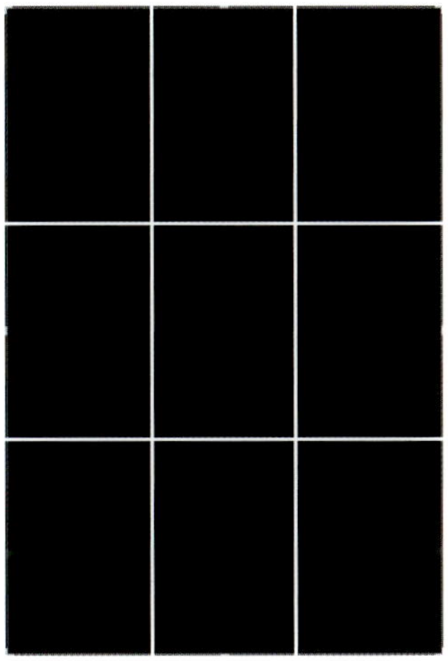

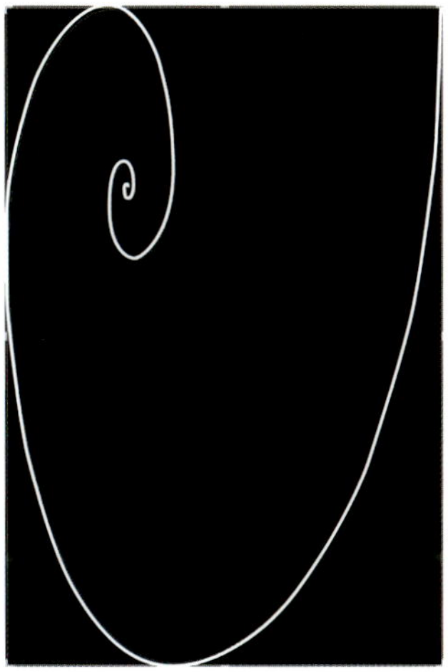

Étape 10

Nouveauté de Lightroom 5, il est maintenant possible d'incruster des cadres de rapports largeur/hauteur dans l'image afin de faire des essais de recadrage directement dans le module Développement. Là aussi, la touche X permet de pivoter en horizontal ou vertical.

> Remarque : les illustrations des étapes 9 et 10 ont été réalisées sur fond noir pour plus de clarté.

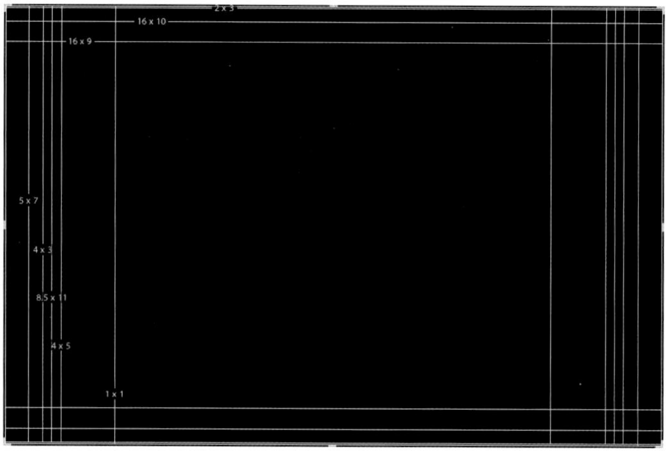

Étape 11

L'affichage des cadres de rapports largeur/hauteur se fait par l'intermédiaire du menu **Outils>Grilles>Rapports L/H**.

Pour sélectionner les rapports qui seront affichés, allez dans le menu **Outils>Grilles>Sélectionnez les rapports L/H** puis, dans la boîte de dialogue qui s'affiche, cochez les rapports que vous voulez voir à l'écran.

> Remarque : le panneau « Recadrer et redresser » comporte aussi une option à cocher, « Contraindre jusqu'au recadrage», liée aux outils de correction des perspectives. Pour de plus amples détails, reportez-vous à l'exercice 39.

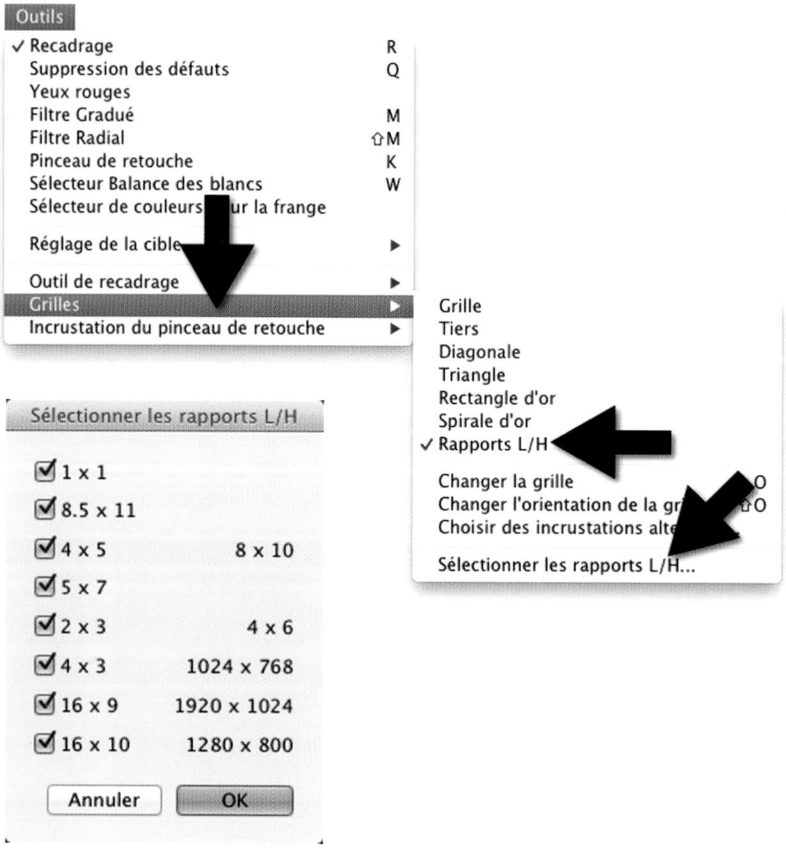

41 Le « Pinceau de retouche »

Le « Pinceau de retouche » de Lightroom permet la retouche locale tout en restant dans un flux non destructif. Son maniement est aisé et d'une grande souplesse, mais il est très gourmand en termes de puissance du processeur.
Lightroom 4 avait ajouté de nombreux réglages à la panoplie des curseurs de retouche locale : la balance des blancs, la correction des tonalités conforme au nouveau Processus 2012, la réduction du bruit et du moiré. Lightroom 5 ne propose pas de nouveauté de ce point de vue, à l'exception de la possibilité de dupliquer une épingle d'édition.
Cet exercice a pour but de vous apprendre tous les rudiments de base – et ils sont nombreux – pour maîtriser le pinceau. Vous retrouverez d'ailleurs de nombreux cas d'utilisation de ce pinceau dans les exercices 27 (balance des blancs), 28 (tonalité), 30 (présence de l'image), 33 (réduction du bruit), 34 (netteté) et 37 (aberration chromatique).

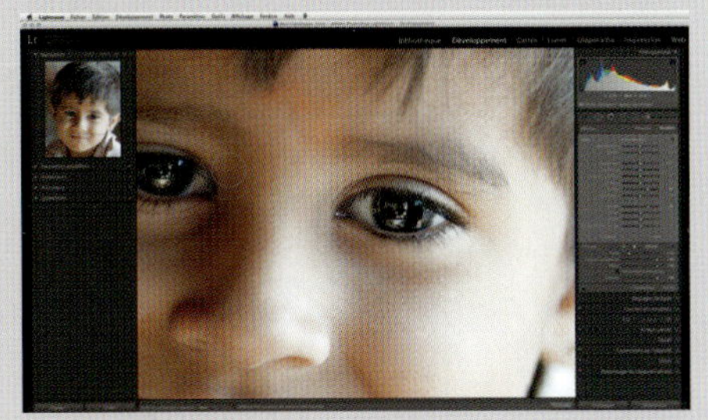

Les fichiers associés à cet exercice sont disponibles sur editions-eyrolles.com.

Étape 1

Pour activer le pinceau de réglage, cliquez sur l'icône en forme de pinceau sous l'histogramme, dans le module Développement. Le panneau qui se déploie comporte quatre sections :

- Masque : un masque correspond à une utilisation du pinceau. Pour créer un nouveau masque, cliquez sur Nouveau ; pour reprendre un masque existant, cliquez sur Modifier ;
- Effet : contient la liste de tous les pinceaux et permet d'accéder aux paramètres prédéfinis ;
- Pinceau : permet de régler les caractéristiques du pinceau (dimensions, opacité) ;
- Réinitialiser/Fermer : annule temporairement toutes les corrections locales (bouton On/Off) ou définitivement (cliquer sur Réinitialiser). Actionne également la fermeture du panneau.

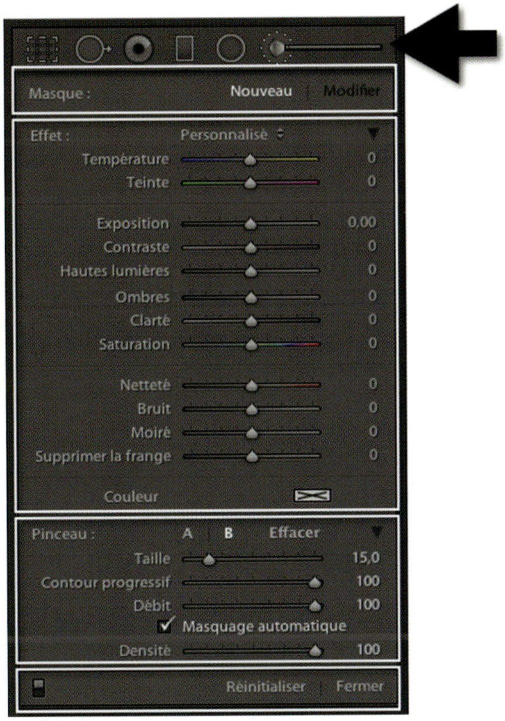

Étape 2

Ouvrez le fichier Image_grise.dng. Il va vous servir à assimiler le mode de fonctionnement du pinceau. Dans le module Développement, panneau « Réglages de base », réglez l'exposition à -2 puis, dans le panneau Effet du pinceau, réglez-la à 4. Le « Pinceau de retouche » comprend deux cercles concentriques : l'intérieur délimite son application (signe « + » au centre), son diamètre se règle avec la molette de la souris ou le curseur Taille, dans la section Pinceau. L'espace entre les cercles détermine la progressivité du contour : plus il est petit, plus les contours seront nets (voir ici, de bas en haut, réglage sur 100, 50 et 0). Il se règle avec le curseur « Contour progressif », ou avec la touche Maj et la molette de la souris.

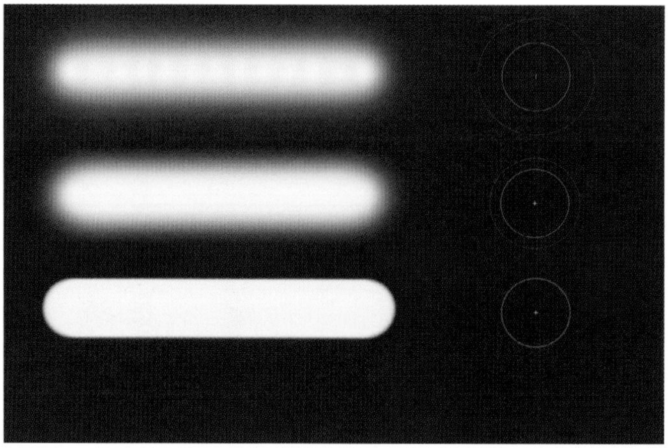

Étape 3

Le curseur Débit, lui, détermine l'opacité de l'effet appliqué au pinceau. Dans cet exemple, le contour progressif est à zéro, et, de haut en bas, le réglage du débit est de 100, 50 et 1. Vous constaterez qu'à 50 le coup de pinceau est plus discret, et bien sûr, à peine discernable à 1.

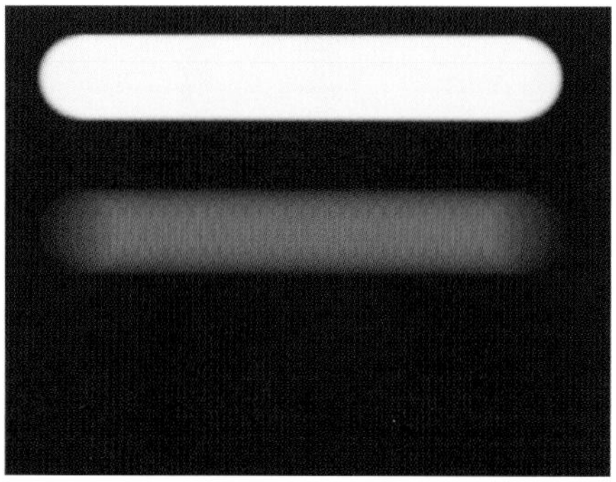

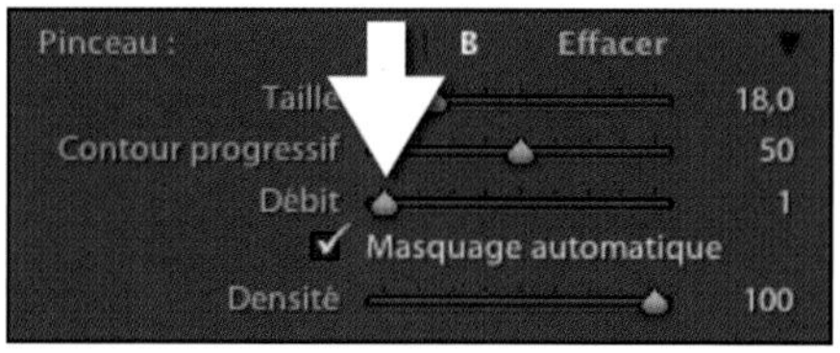

Étape 4

Dans le même style de démonstration, intéressons-nous au curseur Densité. Il va agir comme un seuil et bloquer l'action du pinceau à un certain stade, en fonction du réglage retenu.

Le coup de pinceau du haut a été fait avec un débit de 50 et une densité de 100. Celui du milieu représente l'accumulation de 8 coups de pinceau avec les mêmes réglages, et celui du bas, également 8 coups de pinceau superposés, mais avec la densité réglée à 50.

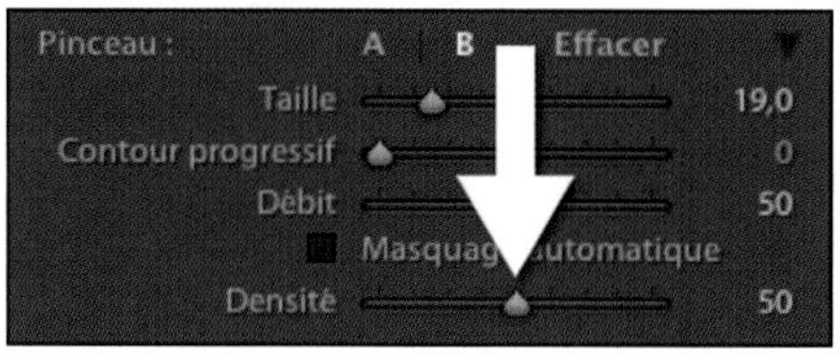

Étape 5

Ouvrez le fichier Image_41B.dng. L'option « Masquage automatique », située dans la section Pinceau, permet de protéger les contours lors de l'utilisation du pinceau. Le système se base sur les différences de tons et de couleurs. À gauche, avec le « Masquage automatique » désactivé, le pinceau a largement débordé sur le ciel bleu, comme le montre le masque d'effet rouge. À droite, le masque a parfaitement rempli son rôle, puisque le coup de pinceau donné sans précaution particulière n'a pas dépassé sur le ciel bleu.

Étape 6

Si vous débordez, il suffit d'appuyer sur la touche Alt/Option pour que le pinceau se transforme en gomme, avec le signe « - » au centre.

Sachez que vous pouvez également régler le diamètre de la gomme et l'épaisseur du contour progressif, le masquage automatique étant également pris en compte.

Remarque : pour activer l'affichage et modifier la couleur des masques d'effets, voir l'étape 10.

Étape 7

Une autre astuce importante concerne le comportement du masquage automatique quand on passe le pinceau à l'intérieur d'un objet comportant beaucoup de détails : s'il est actif, l'effet ne s'appliquera pas partout, comme vous pouvez le voir à gauche, ce qui vous oblige à repasser plusieurs fois au même endroit. Si on le désactive, l'effet s'applique partout, le recouvrement est total (à droite).

Par conséquent, en cours d'application d'effet, il faut parfois désactiver ou réactiver le masque. Ceci est facilité par la touche A du clavier, qui permet de passer d'un état à l'autre en cours d'utilisation du pinceau.

Étape 8

Lorsqu'on clique sur Nouveau, on crée un nouveau masque d'effet symbolisé par une épingle d'édition. Elle indique le point de départ des coups de pinceau. Une épingle inactive est composée d'un disque gris ; un point noir apparaît lorsqu'on l'active. On ne peut pas déplacer une épingle à la souris, mais on peut la supprimer en l'activant, puis en appuyant sur la touche Suppr du clavier.

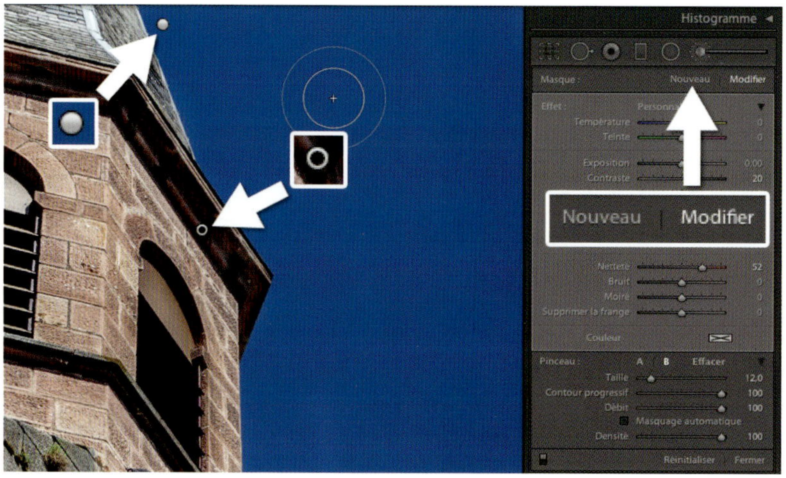

Étape 9

Pour dupliquer une épingle d'édition, placez le pointeur de la souris dessus puis cliquez et glissez en maintenant les touches Alt/Option + Ctrl/Cmd. Le pointeur se transforme en outil Main, l'épingle va s'activer et être dupliquée en étant parfaitement superposée à la première. Contrairement au « Filtre gradué » et au « Filtre radial » (exercices 42 et 43), le pinceau ne permet pas de déplacer l'épingle d'édition : supprimez le duplicata pour accéder à l'original. L'intérêt ici est de cumuler les corrections : si vous dupliquez un masque dont l'exposition a été réglée à -2, vous vous retrouverez avec un total de -4.

Étape 10

On peut afficher les masques d'effets en permanence ou en survolant les épingles d'édition avec la souris. Les options d'affichage du masque et des épingles sont dans un menu de la barre d'outils, sous l'image : Auto (les épingles apparaissent lors du survol de l'image), Toujours (affichage permanent), Sélectionné (n'affiche que l'épingle active) et Jamais. La touche H du clavier est une touche panique si vous ne savez plus où vous en êtes. Les masques existent en quatre couleurs (Maj + O) : vert, gris clair, gris foncé et rouge. L'affichage permanent s'active avec l'option « Afficher l'incrustation de masque ».

Étape 11

Pour peindre à deux endroits différents, vous pouvez créer un nouveau masque à chaque endroit qui nécessite une retouche, en gardant les mêmes réglages d'effet. Vous pouvez aussi utiliser le même masque et passer d'un endroit à l'autre : la retouche locale permet d'appliquer des effets discontinus. On peut aussi cumuler et additionner les effets en empilant plusieurs masques après avoir sélectionné Nouveau pour chacun d'entre eux.

Étape 12

Dans la section Pinceau du panneau d'outils, vous avez la possibilité de mémoriser deux pinceaux (A et B) ayant des réglages de taille, de contour progressif et de débit différents, ainsi que l'activation ou pas du masquage automatique. Il n'y a pas d'enregistrement à faire : passez du pinceau A au pinceau B en cliquant sur les lettres A ou B, puis faites vos réglages : ils ne changeront pas tant que vous ne les modifierez pas.

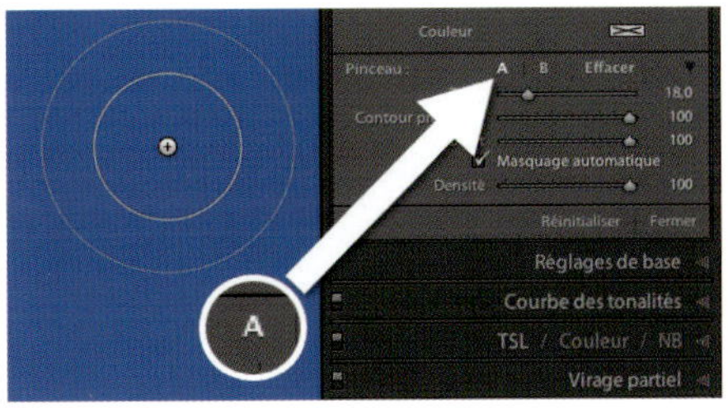

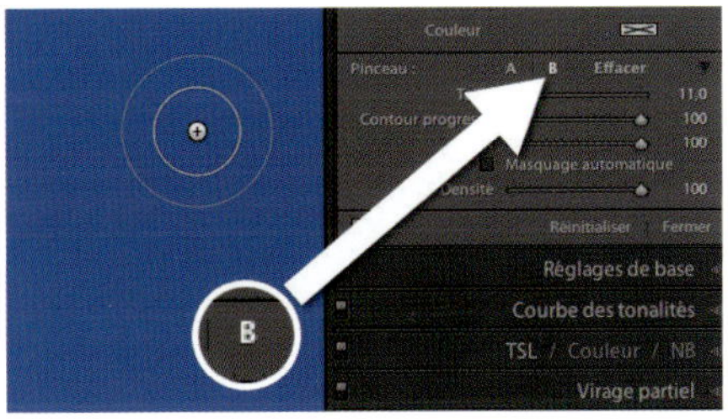

Étape 13

La liste des curseurs comprend douze effets qui peuvent s'utiliser aussi bien individuellement que simultanément dans le même masque. Par exemple, vous pouvez créer un effet combinant la clarté et la netteté, et l'enregistrer sous forme de paramètre prédéfini en allant dans le menu déroulant **Personnalisé>Enregistrer les paramètres actuels en tant que nouveau paramètre prédéfini**.

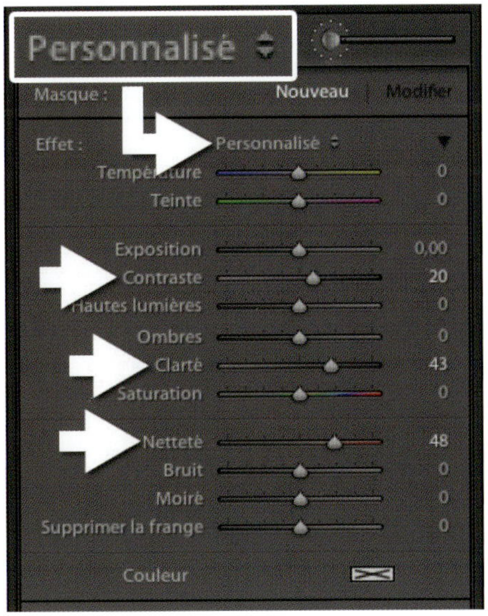

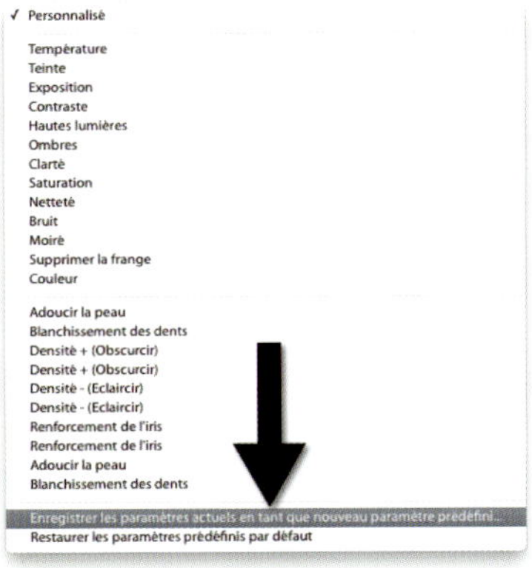

Étape 14

Une boîte de dialogue vous invitera à saisir le nom du paramètre prédéfini. Nous vous conseillons d'utiliser une dénomination pertinente rappelant facilement les effets utilisés et leur force. Validez en cliquant sur Créer : votre nouveau paramètre prédéfini apparaît dans la liste. Notez que vous pourrez le supprimer ou le renommer dans cette dernière, et même le mettre à jour si vous modifiez les réglages.

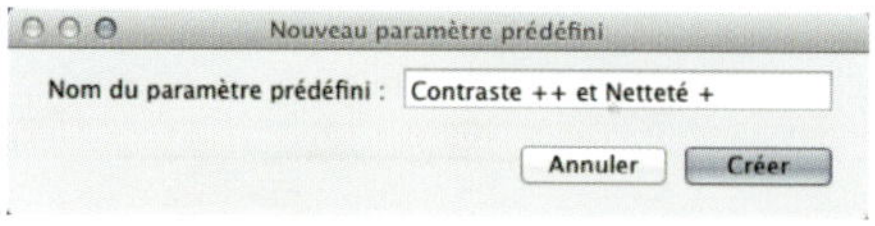

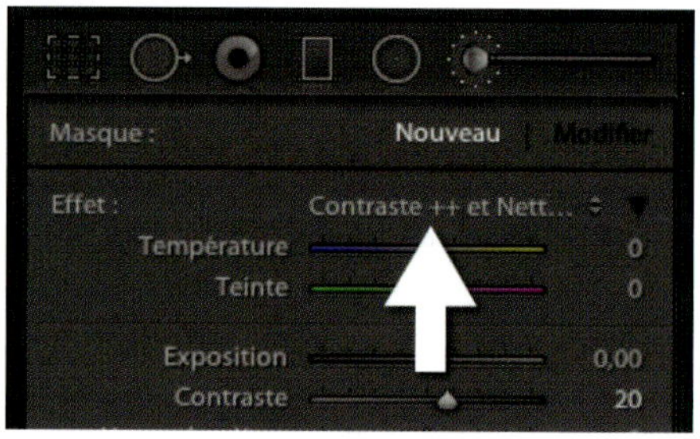

Étape 15

Lightroom est livré avec un certain nombre de paramètres prédéfinis, y compris pour la retouche locale : « Adoucir la peau », « Renforcement de l'iris », « Blanchissement des dents », « Densité + » et « Densité - ». Bien entendu, vous pouvez mettre à jour ces paramètres en modifiant les réglages puis en choisissant la commande « Mettre à jour le paramètre prédéfini » dans le menu contextuel.

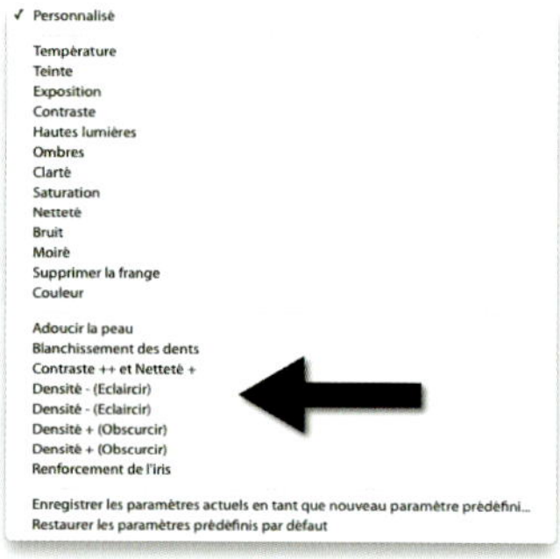

Étape 16

La plupart des corrections du « Pinceau de retouche » ont été abordées dans différents exercices (voir l'introduction de celui-ci pour les renvois), reste à traiter de la correction du moiré, et de la retouche de couleur. Ouvrez le fichier Image_41C.dng. Réglez le curseur à +100 et peignez les zones affectées. Inutile d'être précis, le pinceau va agir uniquement sur les artéfacts colorés en tenant compte de la luminosité, du contraste et des teintes. S'il est assez efficace, il ne peut reconstruire les détails estompés par le moiré, notamment en bordure des artéfacts colorés. Notez que les valeurs négatives n'ont aucun effet.

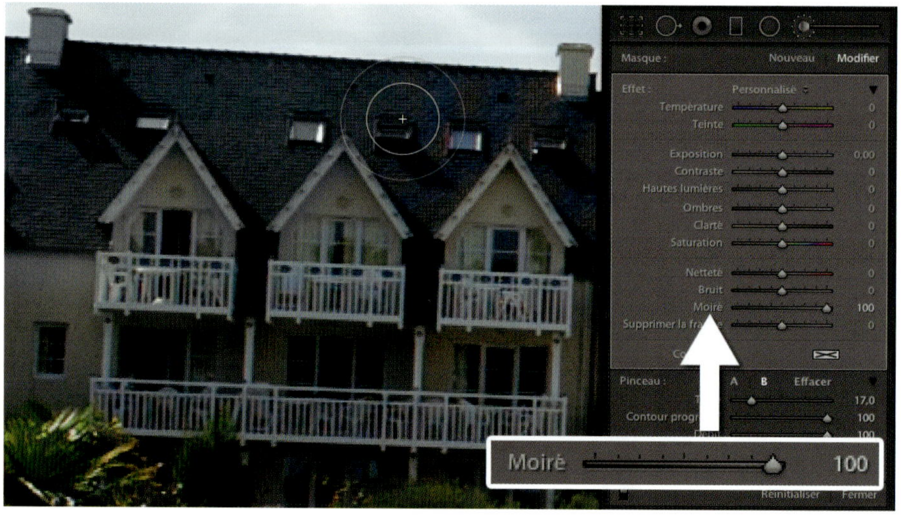

Étape 17

Ouvrez le fichier Image_41D.dng Le pinceau Couleur a une place à part et ne dispose pas de curseur : c'est d'un nuancier dans lequel on choisira une teinte pour retoucher une couleur. Bien entendu, il ne s'agit pas de remplacer une couleur dans l'image, et la portée de la modification dépendra évidemment de la couleur du fond. Pour ouvrir le nuancier, cliquez sur le pavé situé en face du mot « Couleur ». Une fois ouvert, choisissez la teinte, puis peignez dans l'image. Ici, nous avons légèrement rosi le blanc du récipient que la femme porte sur la tête.

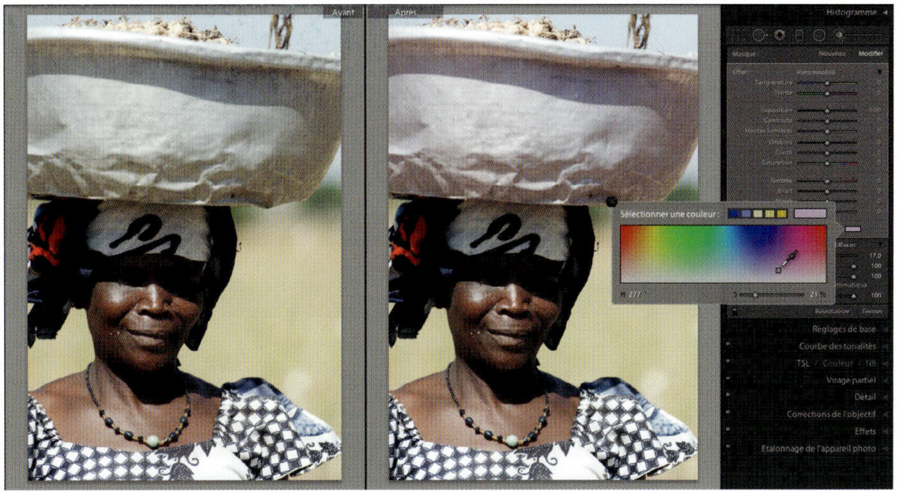

Étape 18

Pour choisir une teinte dans le nuancier, cliquez avec la pipette à l'endroit désiré, puis fermez la fenêtre en cliquant sur X dans le coin supérieur gauche. Lorsqu'on déplace la pipette dans le nuancier, les valeurs de teinte (H pour *Hue*, en bas à gauche) varient dans le sens horizontal, et les valeurs de saturation (curseur S, en bas à droite) dans le sens vertical.

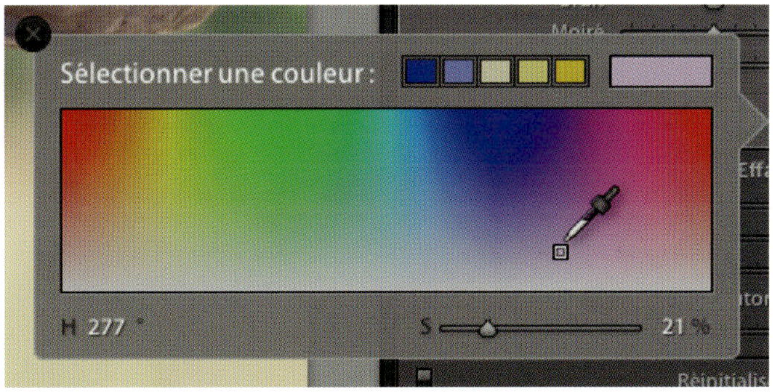

Étape 19

Les cinq pavés situés dans le bandeau supérieur du nuancier permettent de mémoriser des teintes. Choisissez une couleur avec la pipette puis déplacez-la dans l'un des pavés et faites un clic prolongé : la teinte sélectionnée y sera mémorisée. Le grand pavé, en haut à droite, indique la teinte active. S'il est divisé en deux (deux teintes), celle de droite indique la couleur active et celle de gauche, la couleur active précédente.

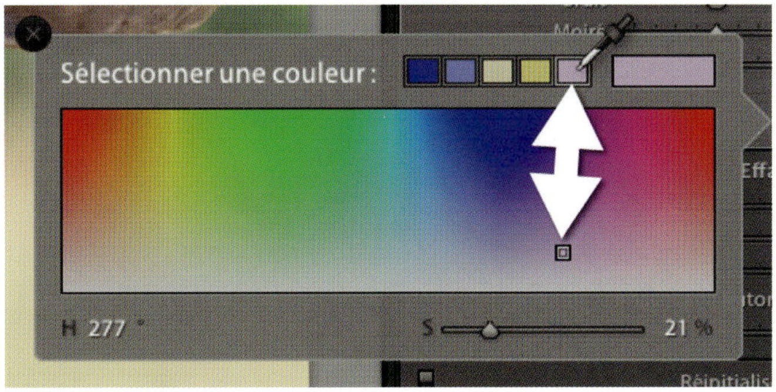

Étape 20

Une astuce permet de prélever une couleur dans l'image et de la mémoriser dans le nuancier.

Lorsque le nuancier est ouvert, gardez le bouton gauche de la souris enfoncé, allez dans la photo et relâchez le bouton dès que vous êtes sur la teinte à prélever : le sélecteur, dans le nuancier, se place sur la teinte correspondante, vous n'avez plus qu'à la mémoriser comme dans l'étape précédente.

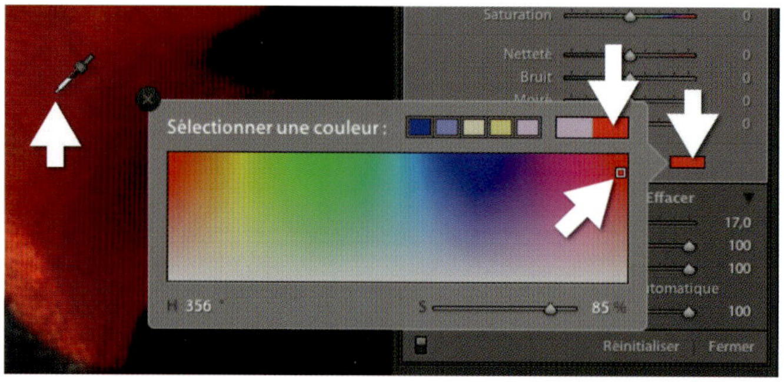

Étape 21

Si vous quittez le nuancier, la dernière couleur sélectionnée restera active. Pour réinitialiser, faites un double clic soit sur le mot « Effet », soit sur le mot « Couleur ». Lorsque le nuancier est inactif, le pavé situé à droite est gris, barré par un X.

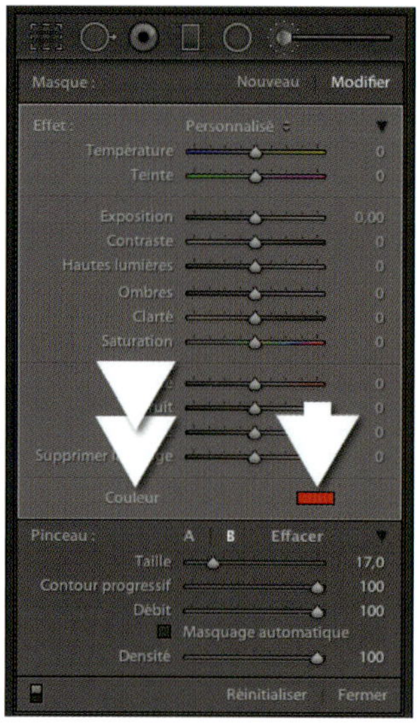

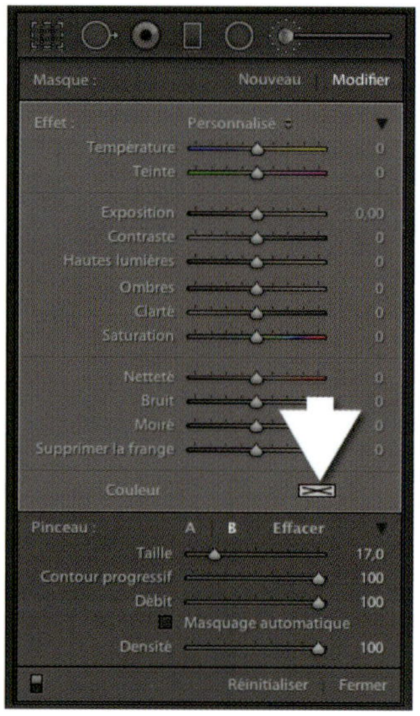

> **Conclusion** : le « Pinceau de retouche locale » de Lightroom n'a pas été conçu dans le but de transformer radicalement vos images, mais pour agir dans la perspective du développement de fichiers RAW. Il ne vise pas à se substituer aux outils de Photoshop. Pour cette raison, il est impératif de garder la main légère et de faire en sorte que vos photos retouchées restent naturelles.

42 Le « Filtre gradué »

Le « Filtre gradué » de Lightroom reprend exactement les mêmes réglages et possibilités que le pinceau de réglage présenté à l'exercice précédent. Ses applications concrètes pourraient être nombreuses, mais la majorité des photographes l'utilise pour donner par exemple plus de présence à un ciel, comme nous allons le voir ici.
Sachez que le « Filtre gradué » est très exigeant en termes de puissance de l'ordinateur. Si vous en appliquez plusieurs dans la même image, vous risquez le plantage, tout simplement. Avant de cumuler pléthore de filtres logiciels, demandez-vous si vous ne devriez pas faire le maximum à la prise de vue avec des filtres optiques...

Les fichiers associés à cet exercice sont disponibles sur editions-eyrolles.com.

Étape 1

Pour comprendre le fonctionnement du « Filtre gradué », ouvrez le fichier Image_grise.dng que vous avez déjà utilisé pour l'exercice 41 sur le « Pinceau de retouche ». Pour lancer le « Filtre gradué », allez sous l'histogramme, dans le module Développement, puis cliquez sur la quatrième icône à partir de la gauche. Le panneau des réglages se déploie : il est identique à celui du pinceau de réglage, à l'exception, bien entendu, des commandes spécifiques du pinceau. Vérifiez que tous les réglages sont à zéro sinon, faites un double clic sur le mot « Effet ».

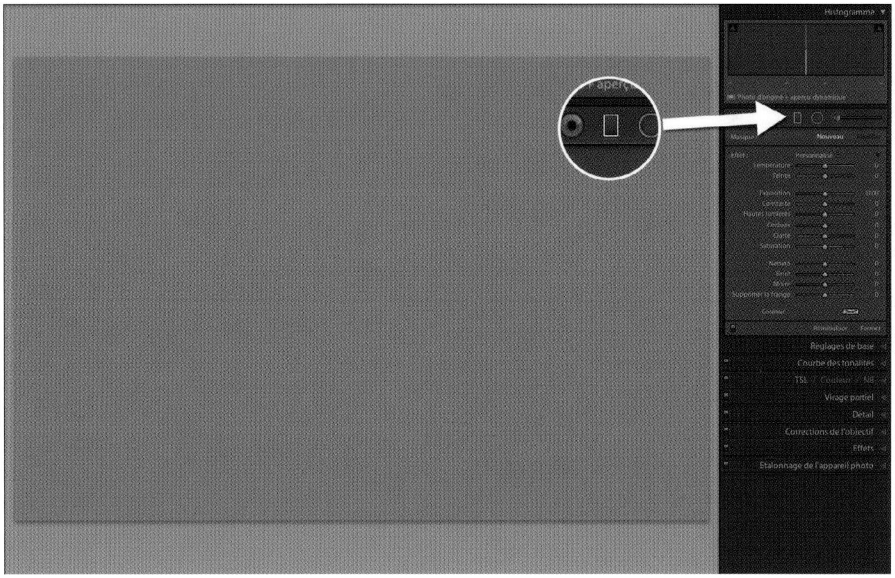

Étape 2

Réglez le curseur Exposition à -2,00 puis placez le pointeur de la souris en haut de l'image. Une croix va remplacer le pointeur : appuyez en même temps sur la touche Maj pour rester parfaitement vertical, puis faites un trait avec la souris, du haut vers le bas, jusqu'au milieu de l'image : voici votre « Filtre gradué » !

Étape 3

Le « Filtre gradué » est constitué d'une épingle d'édition et de trois lignes parallèles : l'espace entre la ligne du haut et celle du milieu correspond au champ d'application maximal de l'effet, qui se dégrade petit à petit pour devenir quasiment nul entre la ligne du milieu et celle du bas.

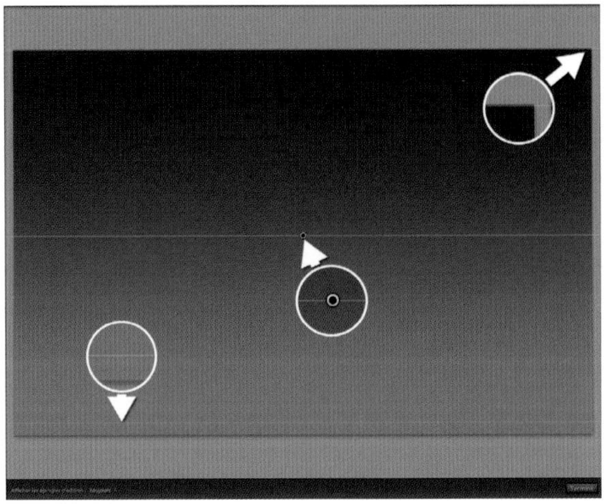

Étape 4

On peut effectuer une rotation totale du « Filtre gradué » en saisissant la ligne centrale à la souris. Il est également possible de déplacer l'épingle d'édition partout dans l'image, contrairement aux épingles du pinceau de réglage. Enfin, on peut tirer un « Filtre gradué » de n'importe quel côté de l'image, avec n'importe quelle inclinaison, et autant de fois qu'on le désire à condition d'être raisonnable vis-à-vis des performances de l'ordinateur.

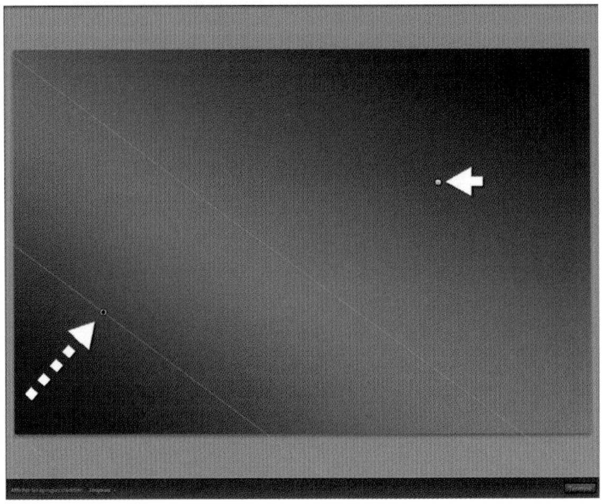

Étape 5

La touche Alt/Option du clavier permet de déplacer simultanément les lignes extérieures sans déplacer la ligne centrale ni l'épingle d'édition du « Filtre gradué ».

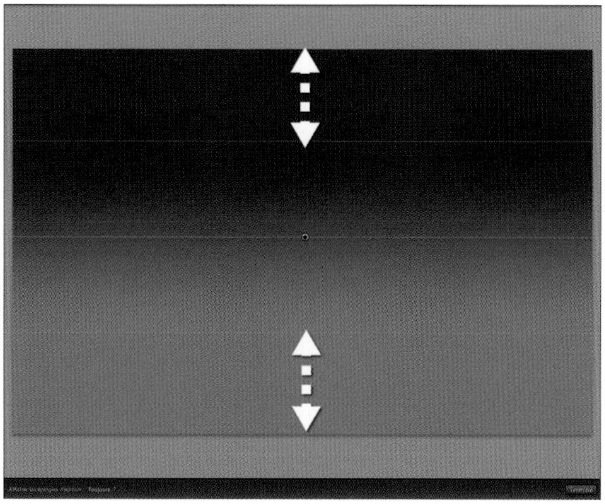

Étape 6

Si vous ne pressez pas la touche Alt/Option, vous pourrez agrandir ou réduire la taille du filtre en tirant l'une des lignes extérieures, la ligne centrale et l'épingle d'édition se déplaceront proportionnellement.

Vous pouvez également inverser le « Filtre gradué » en pressant la touche « , » (virgule).

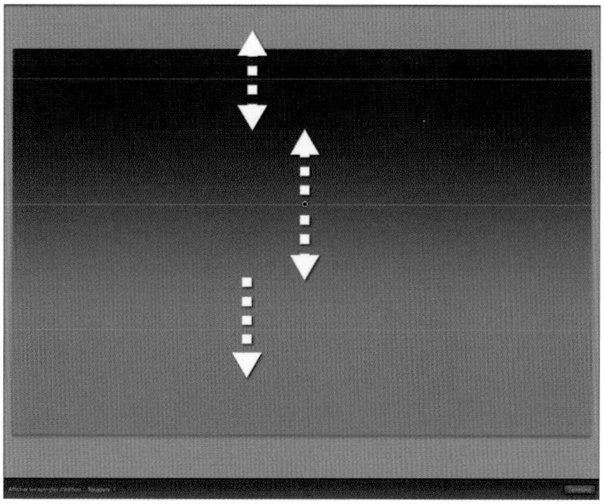

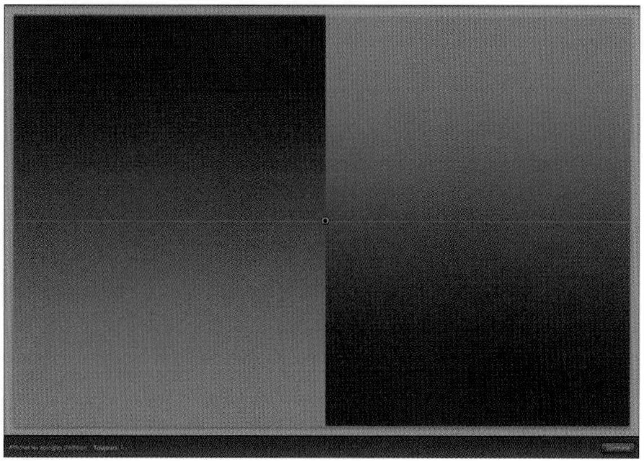

Étape 7

Ouvrez l'image Original_38B.dng. Après conversion en noir et blanc (inspirez-vous pour cela de l'exercice suivant), ouvrez l'outil « Filtre gradué ». Réinitialisez les éventuels réglages précédents par un double clic sur le mot « Effet ». Réglez ensuite le curseur Exposition à -2,00 et le curseur Contraste à +25, puis tracez un « Filtre gradué » en partant du haut de l'image. La ligne du bas doit atteindre le bord inférieur de la photo, de sorte que l'épingle d'édition soit pile au milieu.

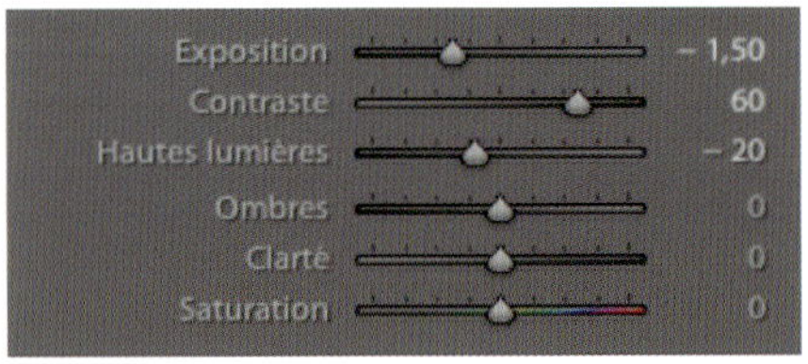

Étape 8

Créez un deuxième « Filtre gradué » pour assombrir les flots, en cliquant sur Nouveau, en réinitialisant les réglages précédents (double clic sur le mot « Effet ») puis en réglant le curseur Exposition sur -1,00 (environ). Partez du bas de la photo et faites en sorte que l'épingle arrive à peu près au niveau de la ligne de flottaison du bateau afin de ne pas trop assombrir cette zone qui comprend la ligne d'horizon et la partie basse des nuages.

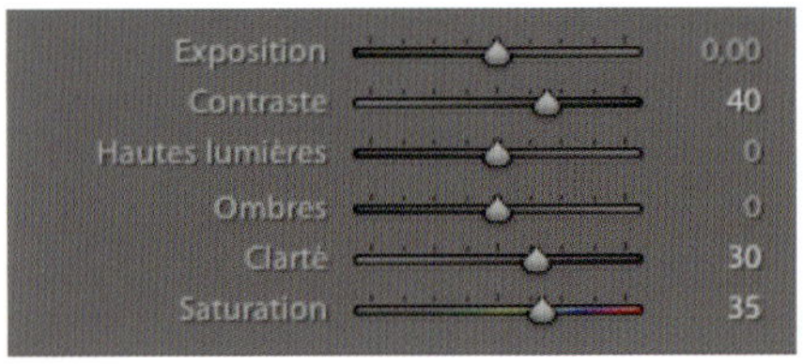

Étape 9

Cette dernière étape est purement fantaisiste, elle vise à vous montrer tout ce que vous pouvez faire en combinant les différents outils.

Le bateau a été légèrement éclairci avec le pinceau de réglage, puis les deux « Filtres gradués » ont été réactivés pour ajouter un léger virage tabac à celui du haut et un virage bleuté à celui du bas – à l'aide du nuancier accessible en cliquant sur le pavé situé en face du libellé « Couleur », dans le panneau des curseurs.

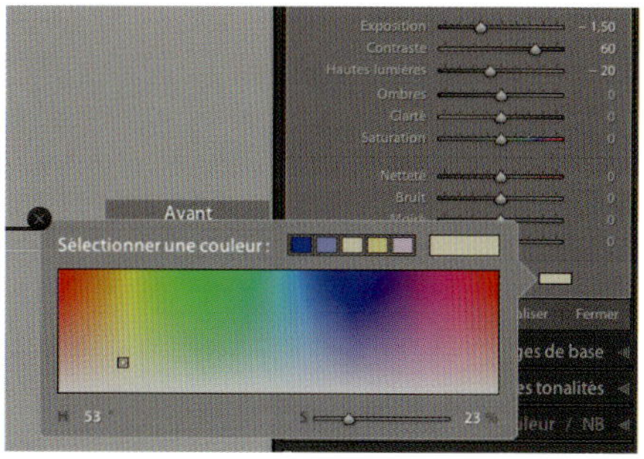

> **Remarque :** la grande force de l'outil « Filtre gradué » de Lightroom est qu'il peut s'utiliser de concert avec le pinceau de retouche locale : ce dernier va permettre d'améliorer l'effet du filtre en intervenant de manière très localisée, vous pourrez même inverser les réglages, dans une certaine mesure, en repeignant les éléments de l'image qui ne sont pas censés subir cet effet. En effet, si vous assombrissez un ciel, vous devrez retrouver l'éclairage naturel des sujets au premier plan en quelques coups de pinceau (immeubles, superstructures, etc.), ce qu'un filtre optique ne vous permettra pas de faire.

43 Le « Filtre radial »

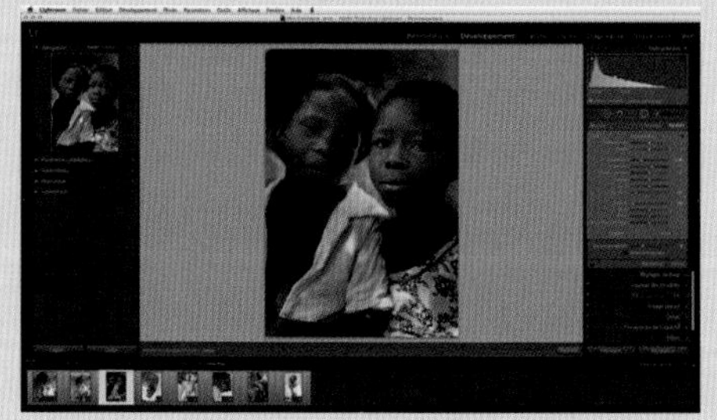

Le « Filtre radial » de Lightroom 5 exploite les mêmes outils que le « Filtre gradué » et le « Pinceau de retouche » abordés dans les deux exercices précédents. Quant aux applications concrètes, elles seront plutôt d'ordre artistique : vous pourrez créer un effet de vignetage décentré, ce que l'outil « Vignetage après recadrage » ne permet pas, ou mettre en valeur un élément composant l'image avec un effet de vignetage flou renforcé par l'empilement de plusieurs masques, ce qui permet d'additionner les réglages.
Les développeurs de Lightroom 5 ont d'ailleurs profité de l'arrivée du « Filtre radial » pour permettre la duplication des épingles d'édition, y compris pour le « Filtre gradué » et le « Pinceau de retouche ».

Les fichiers associés à cet exercice sont disponibles sur editions-eyrolles.com.

Étape 1

Ouvrez le fichier Image_grise.dng. Activez le « Filtre radial » en cliquant sur la cinquième icône en partant de la gauche, dans la barre d'outils située sous l'histogramme du module Développement. Les curseurs sont exactement les mêmes que les autres outils de retouche locale.
Réglez le curseur Exposition à -2 au moins, placez la souris dans l'image grise (le pointeur se transforme en croix), cliquez puis tirez : un cercle se matérialise, et la correction est appliquée, toujours à l'extérieur du cercle.

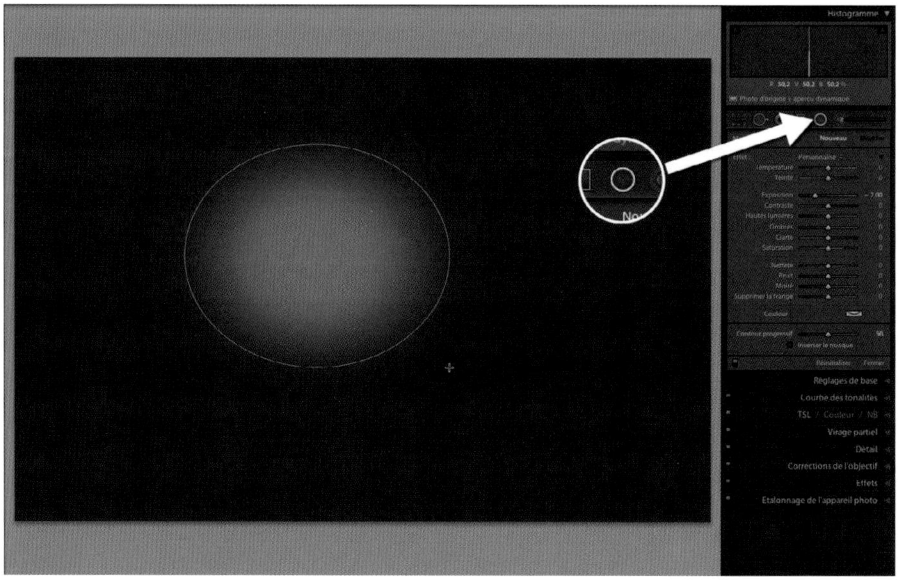

Étape 2

Lorsque vous relâchez la souris, le « Filtre radial » se matérialise sous une forme circulaire, avec l'habituelle épingle au centre, et quatre poignées permettant d'ajuster la taille. Si vous saisissez l'une des poignées, la taille sera modifiée dans un axe. En pressant Alt/Option, seul le côté saisi sera déplacé et, avec la touche Maj, ce sont les deux axes qui seront agrandis ou réduits.

Pour tracer un cercle parfait, appuyez d'abord sur la touche Maj.

> **Remarque** : l'illustration ci-contre est un montage pour montrer les formes ovales et rondes. Dans la réalité, on ne peut pas activer plusieurs épingles d'édition en même temps. Les illustrations des étapes 3, 4 et 5 sont également des montages.

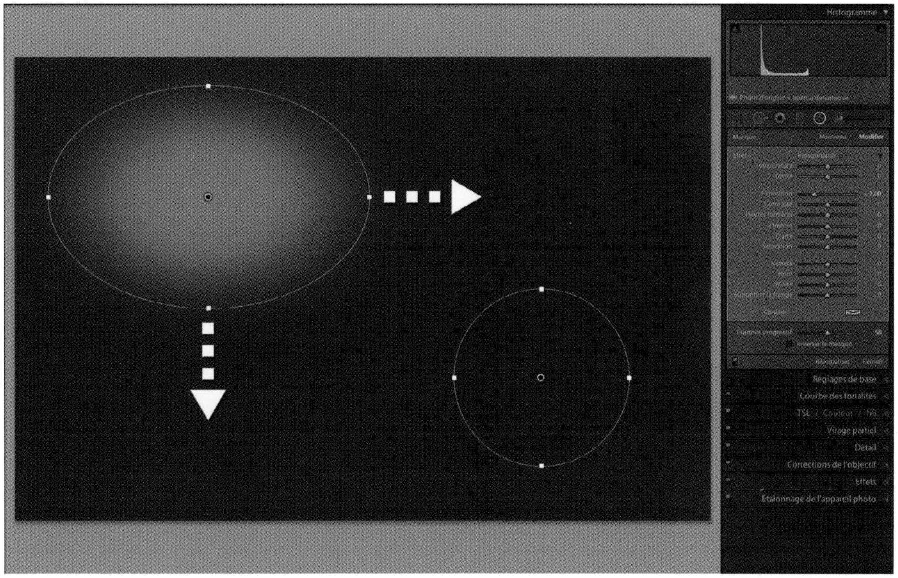

Étape 3

Vous pouvez déplacer un « Filtre radial » actif à votre guise, et également le dupliquer avec le raccourci Alt/Option + Ctrl/Cmd + glisser la souris, ce qui vous permettra, par exemple, de cumuler les corrections.

Vous pouvez également faire pivoter le « Filtre radial » : approchez le pointeur de la souris jusqu'à ce qu'il se transforme en double flèche courbée.

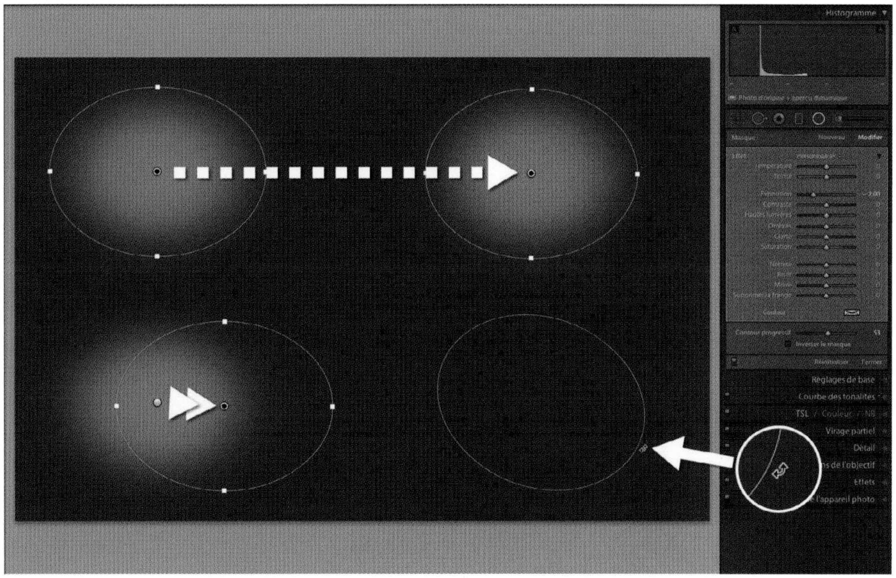

Étape 4

Le curseur « Contour progressif » permet de régler la douceur de la transition entre l'effet ou la correction appliquée et le reste de l'image.

Dans ce montage, le curseur a été successivement réglé :

- en haut à gauche : à 50, sa valeur par défaut ;
- en haut à droite : à 0 ;
- en bas : à 100.

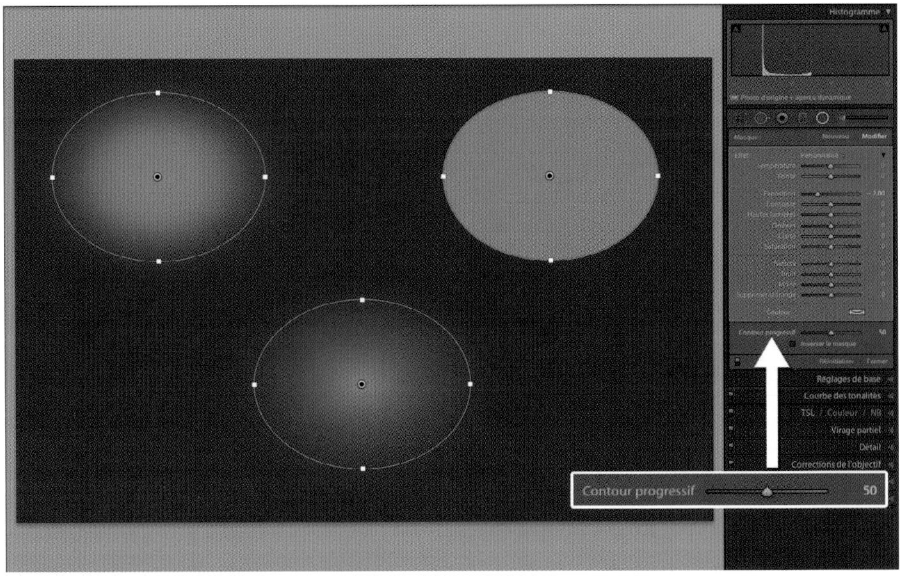

Étape 5

Le bouton à cocher « Inverser le masque », dans le panneau des outils, permet d'inverser l'effet du « Filtre radial » en appliquant la correction à l'intérieur du cercle au lieu de l'appliquer à l'extérieur, ce qui est le comportement normal.

Bien entendu, le curseur « Contour progressif » fonctionnera de la même manière.

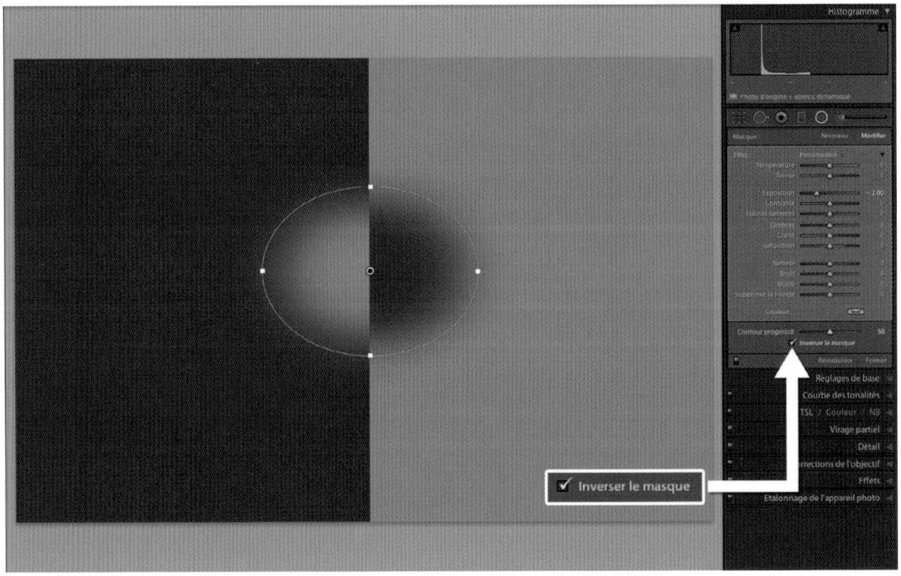

Étape 6

Ouvrez le fichier Image_Ex43.dng. Ouvrez le « Filtre radial » puis réinitialisez les réglages précédents en faisant un double clic sur le libellé « Effet ».
Placez le pointeur de la souris dans l'image, puis tracez un filtre de façon à englober les deux visages, comme dans l'illustration. Inclinez légèrement le filtre à droite (étape 3) et ajustez les dimensions poignée par poignée si nécessaire (étape 2).

Étape 7

Les réglages et corrections appliquées dans cet exemple sont :

- Exposition : -2,00 ;
- Contraste : +15 ;
- Saturation : -80 ;
- Netteté : -100 ;
- Contour progressif : 30.

Bien entendu, libre à vous de vous exercer avec tous les outils disponibles.

44 Convertir une image en noir et blanc

Les amateurs de noir et blanc connaissent parfaitement le mélangeur de couches de Photoshop, en raison de ses qualités intrinsèques et de sa très grande souplesse d'emploi. Celui de Lightroom n'est pas en reste, puisqu'il s'appuie sur les mêmes méthodes et outils que son grand frère.
Cet exercice vous donnera quelques bases pour bien démarrer avec le noir et blanc dans Lightroom, et se prolongera dans l'exercice 45 consacré au virage partiel et à l'ajout de grain et de vignetage.

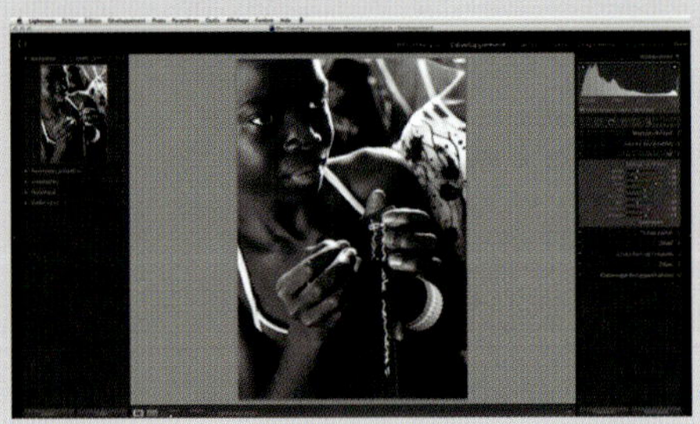

Les fichiers associés à cet exercice sont disponibles sur editions-eyrolles.com.

Étape 1

Ouvrez le fichier Image_Ex44.dng. Après avoir effectué les éventuelles corrections de base (balance des blancs et tonalité), vous n'avez plus qu'à convertir l'image en noir et blanc en cliquant sur l'onglet Noir/blanc (panneau « Réglages de base »). Si vous avez suivi l'ordre des exercices, l'option « Appliquer le mélange automatique lors de la conversion initiale en noir et blanc » est cochée dans les Préférences (exercice 01, étape 4) : Lightroom va proposer une conversion qui vous servira de base de travail.
Vous pouvez aussi passer directement au panneau TSL et cliquer sur NB, ce qui vous permettra de vérifier les réglages proposés automatiquement dans l'un des huit canaux de couleurs, et que vous pourrez modifier à votre guise.

Étape 2

Activez l'outil d'ajustement de la cible et placez-le successivement à plusieurs endroits, de la manière suivante :

- sur l'épaule, dans une zone moyenne : les curseurs Orange et Rouge vont s'activer, diminuez les valeurs aux alentours de -50 ;
- dans le cou, dans une zone claire : les curseurs Pourpre et Magenta s'activent, éclaircissez de sorte que les valeurs soient respectivement de +20 et +4 ;
- dans le vêtement clair, à droite : le curseur Jaune s'active, réglez-le à +70 ;
- dans l'ardoise : le curseur Bleu s'active, réglez-le à -45 environ pour l'assombrir.

Au final, vous avez une image beaucoup moins terne et plate que la conversion originale, qui servira toujours de base de travail.

Étape 3

Le contraste peut être travaillé encore plus en profondeur, soit avec les outils du panneau « Réglages de base », soit avec le « Pinceau de retouche locale ». Ici, les curseurs de tonalité ont été réglés de la manière suivante :

- Contraste : +25 ;
- « Hautes lumières » et Blancs : +32, ce qui permet de redonner de l'éclat aux tons clairs ;
- Noirs : -18, ce qui renforce la densité ;
- Clarté : +32, ce qui donne de la pêche à l'image et rehausse encore l'impression de contraste.

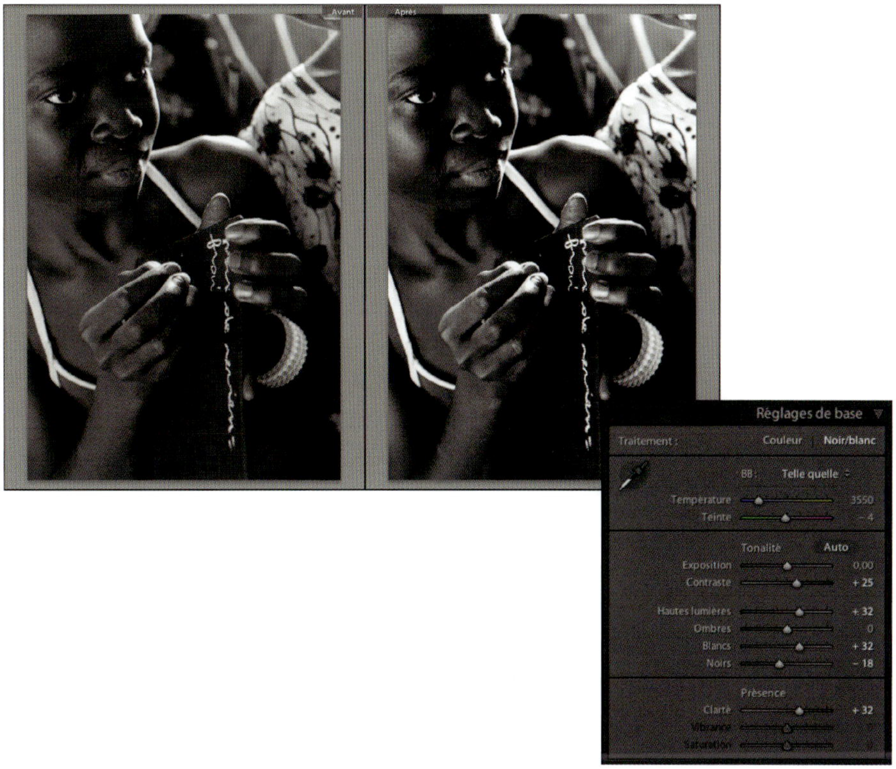

Étape 4

La méthode de conversion avec le mélangeur de couches produit en principe de biens meilleurs noirs et blancs, plus contrastés et plus profonds, qu'une simple conversion en niveaux de gris qui se contente de supprimer l'information de couleur. Néanmoins, tout dépend des images et de leurs couleurs, la différence est parfois subtile.

Ci-contre, le mélangeur de couches à gauche (avant corrections des étapes 2 et 3), et la conversion en niveaux de gris à droite (tous les curseurs Saturation à -100) : les teintes sombres sont moins profondes.

Étape 5

Lightroom propose également une vaste palette de paramètres prédéfinis pour le noir et blanc. Les premiers sont regroupés dans le dossier « Paramètres prédéfinis noir et blanc » de Lightroom, avec un certain nombre de réglages influant sur le contraste (Noir et blanc - Aspect 1 à 5), ou des noirs et blanc teintés simulant des effets cyanotype, sélénium, sépia, etc.

L'illustration montre, à gauche, le « Noir et blanc - Aspect 2 », très contrasté et dense et, à droite, le « Noir et blanc - Aspect 4 », plus lumineux mais nettement moins dur.

Étape 6

Vous trouverez également des simulations de filtres colorés qu'on visse sur les objectifs, dans le dossier « Paramètres prédéfinis de filtres noir et blanc ».

Ces filtres vont influencer le contraste global de l'image. Par exemple, dans l'illustration, le « Filtre rouge » à fort contraste est appliqué à l'image à gauche, et le « Filtre jaune » à l'image à droite.

Ne vous contentez pas d'utiliser les paramètres prédéfinis tels quels : faites des essais, modifiez-les à votre goût et enregistrez-le en tant que nouveaux paramètres prédéfinis (exercice 47) !

Conclusion : la conversion noir et blanc dans Lightroom est un régal. Les possibilités sont infinies et l'on peut créer des images monochromes de très grande qualité, avec une sophistication et une finesse de réglages comme les laborantins en chambre noire n'ont jamais osé en rêver.

45 Ajouter un virage partiel et des effets

Dans cet exercice, nous allons nous livrer à un travail un peu plus artistique en convertissant une image en noir et blanc puis en appliquant un virage partiel, c'est-à-dire en la teintant avec une ou deux couleurs. Nous ajouterons ensuite un effet de vignetage et du grain argentique. Cet aspect vieilli peut redonner du cachet à une photo qui, sans ce traitement, aurait pu rester banale malgré l'intérêt éventuel du sujet ou du souvenir.

Nous ferons appel dans cet exercice à deux panneaux d'outils différents, situés dans le module Développement : les panneaux « Virage partiel » et Effets. Là encore, nous vous encourageons à créer différentes versions de l'image à l'aide des copies virtuelles (exercice 07) et à créer des paramètres prédéfinis pour conserver vos réglages (exercice 47).

Les fichiers associés à cet exercice sont disponibles sur editions-eyrolles.com.

Étape 1

Ouvrez le fichier Image_Ex45A.dng. Effectuez une conversion en noir et blanc en cliquant soit sur Noir/blanc dans le panneau « Réglages de base », soit sur NB dans le panneau TSL. Dans les deux cas, c'est le mélangeur de couches qui va assurer la conversion.

Pour donner un peu plus de pêche, je vous propose également de renforcer le contraste avec le curseur du panneau « Réglages de base » à +40, ainsi que Clarté, également à +40.

Étape 2

Passez dans le panneau « Virage partiel », à droite dans le module Développement (après le panneau TSL). Il est divisé en trois sections : « Hautes lumières », Ombres et Balance (pour modifier l'équilibre entre l'effet appliqué aux tons clairs et celui appliqué aux tons foncés). Un clic sur le pavé gris à la droite des libellés « Hautes lumières » ou « Ombres », ouvre le nuancier (pour son fonctionnement, voir l'exercice 41, étapes 17 à 21). Le plus difficile à ce stade est de trouver deux teintes qui se marient et qui donnent une belle atmosphère à l'image.

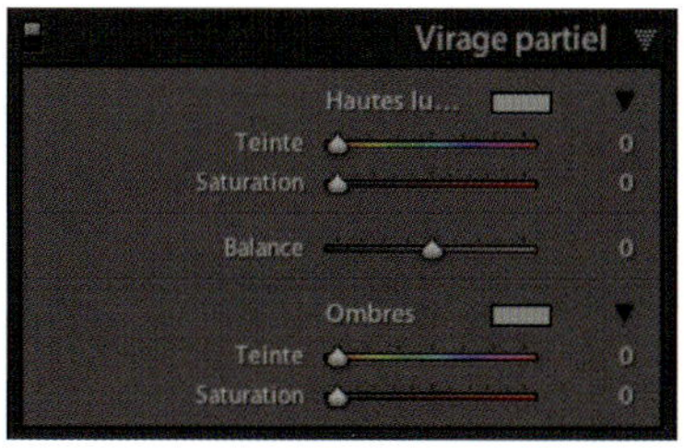

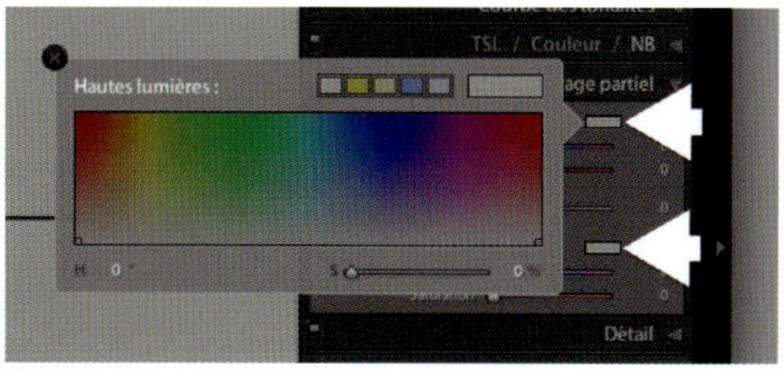

Étape 3

Nous allons d'abord choisir et appliquer une teinte pour les hautes lumières. Notre choix se porte sur une couleur qui oscille entre le crème et le tabac. Après avoir ouvert le nuancier, on sélectionne un jaune orangé (H = 45, S = 30) que l'on mémorise dans l'un des petits carrés avant de quitter le nuancier. Il y aura certainement quelques ajustements à faire lorsque la teinte foncée sera également appliquée.

Étape 4

Dans la section Ombres, cliquez sur le pavé du nuancier et recherchez une teinte franchement opposée et bien marquée, dans les bleus (H = 215, S = 50). Le fait d'exagérer quelque peu les réglages au départ permet de diminuer progressivement les corrections jusqu'à trouver le meilleur compromis et un bon équilibre. Notez que les teintes sélectionnées apparaissent dans les deux pavés du panneau « Virage partiel » et que les curseurs indiquent les valeurs de teinte et de saturation.

Étape 5

Essayez de peaufiner les deux teintes à l'aide de leurs curseurs Teinte et Saturation respectifs. Le curseur Teinte va modifier la couleur, et le curseur Saturation définir sa présence et son impact dans l'image.

Diminuez la saturation des hautes lumières aux alentours de 25 et remontez le curseur saturation des ombres sur 70, pour renforcer un peu la teinte froide. Bien entendu, c'est une question de goût, ce qui donne tout son intérêt aux copies virtuelles qui permettent de créer plusieurs versions de la même image.

Étape 6

Pour finir le travail de virage partiel, vous pouvez essayer de soigner l'équilibre entre les hautes lumières (jaunâtres) et les ombres (bleutées), à l'aide du curseur Balance. Vers la droite, on privilégie les tons clairs, vers la gauche, les tons foncés.

Dans l'exemple ci-contre, le curseur Balance a été déplacé vers la gauche pour renforcer le virage bleu des tons foncés (image de gauche), à l'inverse (image de droite), il a été déplacé vers la droite pour privilégier la teinte claire.

Étape 7

Passez maintenant au panneau Effets. Il permet d'appliquer des effets de vignetage et de simuler le grain du film argentique. Attention, le vignetage ici n'a aucun rapport avec celui de l'objectif, et nous vous recommandons de corriger ce dernier (exercice 36) afin d'éviter tout problème d'ordre esthétique, un vignetage optique important pouvant interférer avec l'effet appliqué ici.

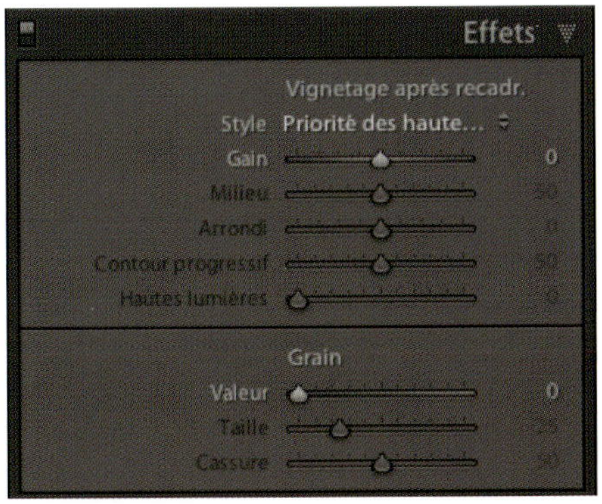

Étape 8

Pour appliquer l'effet de vignetage, nous allons choisir l'option « Priorité des tons clairs », puisque la périphérie de la photo est principalement constituée de zones claires. Avec l'option « Priorité de la couleur », il aurait été difficile d'assombrir les coins supérieurs. Réglez le curseur Gain à -50 pour assombrir la périphérie de l'image.

> **Remarque** : nous vous déconseillons l'option « Incrustation de peinture », un simple masque gris qui se rajoute par-dessus l'image sans tenir compte de la luminosité.

Étape 9

Le curseur Milieu permet d'étendre plus ou moins l'effet de vignetage. Réglez-le sur 65 pour que le sujet principal, c'est-à-dire les enfants à la fenêtre, ne soit pas recouvert par l'assombrissement périphérique. Pour la même raison, ramenez le curseur Arrondi à -20 : cela donnera une forme un peu plus ovale à l'effet. Le réglage « Contour progressif » permet de créer une transition plus ou moins marquée du vignetage : nous le laisserons sur la valeur par défaut de 50.

Étape 10

Appliquons maintenant du grain argentique (panneau Effets). Le curseur Valeur contrôle la quantité appliquée. Pour cette image, commencez avec un réglage de 50, tout en observant le résultat global, puis zoomez pour voir l'effet produit au niveau des détails (il commence à se faire sentir à partir de 15 ou 20). Ensuite, déplacez le curseur Taille, qui agit sur les particules de grain : vers la gauche, on resserre le grain, vers la droite, il devient plus grossier. Nous retiendrons un réglage de 35, bon compromis entre un grain qui n'altère pas trop les détails, suffisamment en tout cas pour « casser » l'aspect lisse et propret du numérique.

Étape 11

Le curseur Cassure agit sur l'uniformité du grain. Vers la gauche, le grain est fin et régulier (image côté gauche : curseur réglé à 0), et vers la droite, il devient grossier (image côté droit : réglé à 75), en donnant aux réglages extrêmes des paquets plus ou moins marqués. La cassure contribue à donner un aspect argentique à l'image, pour le meilleur effet.

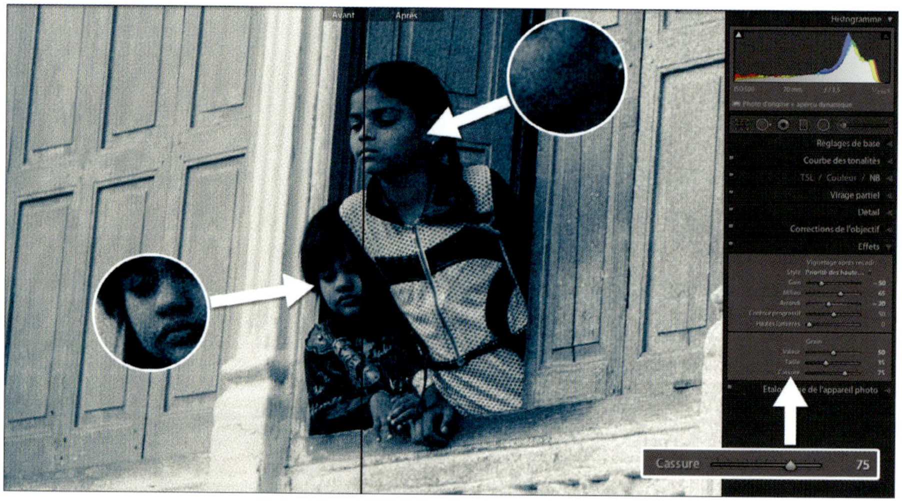

Étape 12

Ouvrez le fichier Image_Ex45B.dng. Pensez à systématiquement enregistrer vos effets artistiques sous forme de paramètres prédéfinis, pour les garder sous la main et ne pas avoir à recommencer le travail à chaque nouvelle photo.

Le module Développement vous propose un grand choix de paramètres prédéfinis de virage partiel, de vignetage et de grain. Bien entendu, ces paramètres « d'usine » peuvent être modifiés et réenregistrés sous forme de paramètres personnalisés.

Dans ce dernier exemple, nous avons créé, sur une copie virtuelle, une image *vintage* en cumulant trois paramètres prédéfinis « d'usine » : « Virage partiel 4 » + « Grain Lourd » + « Angles arrondis noirs ».

Lider

Partie 5

Optimiser son flux de travail

Dans cette avant-dernière partie, nous allons revenir à des notions de flux de travail. En effet, traiter une grande quantité d'images oblige à accélérer la postproduction. Lightroom dispose, à tous les niveaux, de moyens de traitement des images par lots, avec des outils de synchronisation permettant d'appliquer rapidement les corrections d'une image source à une autre série de photos, et ce, quels que soient les outils utilisés. Vous découvrirez également la synchronisation automatique pour appliquer en temps réel des corrections d'une image à un groupe d'autres images.

Les paramètres prédéfinis ne sont pas en reste puisqu'ils vous permettent d'enregistrer des réglages et de les appliquer à un lot de photos, aussi bien dans le module Développement que dans le module Bibliothèque, sans oublier la phase d'importation dans le catalogue.

Dans cette partie, nous vous proposons également une méthode de travail pour photographe pressé : Lightroom n'est en effet pas seulement réservé à ceux qui peaufinent et retravaillent leurs images sans fin. Nous terminerons par une présentation des aperçus dynamiques et du nouveau flux de travail hors ligne de Lightroom 5, qui permet de traiter et de diffuser votre travail même quand les originaux ne sont pas disponibles.

Le Bosphore, Istanbul, Nikon D700, 105 mm f/2,8, 1/2 000 s, f/5,6, 320 ISO © Céline Jentzsch

Exercices

46 Synchroniser les réglages

Lightroom dispose de tous les outils nécessaires pour un traitement minutieux des images, ce qui implique toutefois de consacrer beaucoup de temps sur l'ordinateur. Face à l'afflux constant d'images, encouragé par le passage au numérique, il est malgré tout possible d'accélérer considérablement le flux de travail et le traitement des photos grâce aux fonctions de synchronisation.

Cet exercice va vous faire découvrir la synchronisation et sa variante, moins connue, la synchronisation automatique.

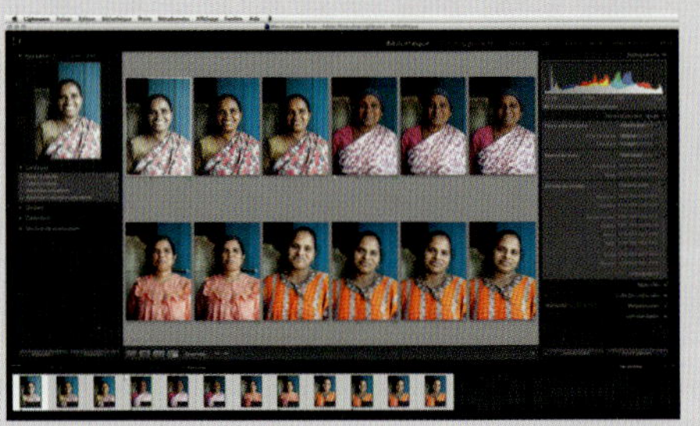

Étape 1

Dans cet exercice, nous allons appliquer un certain nombre de corrections effectuées sur une image, qui sera donc la « source » (à gauche dans cette illustration), vers un autre groupe d'images dites de « destination » (les trois autres portraits). Nous aborderons ensuite la synchronisation automatique et les problèmes liés à la retouche locale.

Pour cela, ouvrez les quatre fichiers Image_Ex46A.dng, Image_Ex46B.dng, Image_Ex46C.dng et Image_Ex46D.dng.

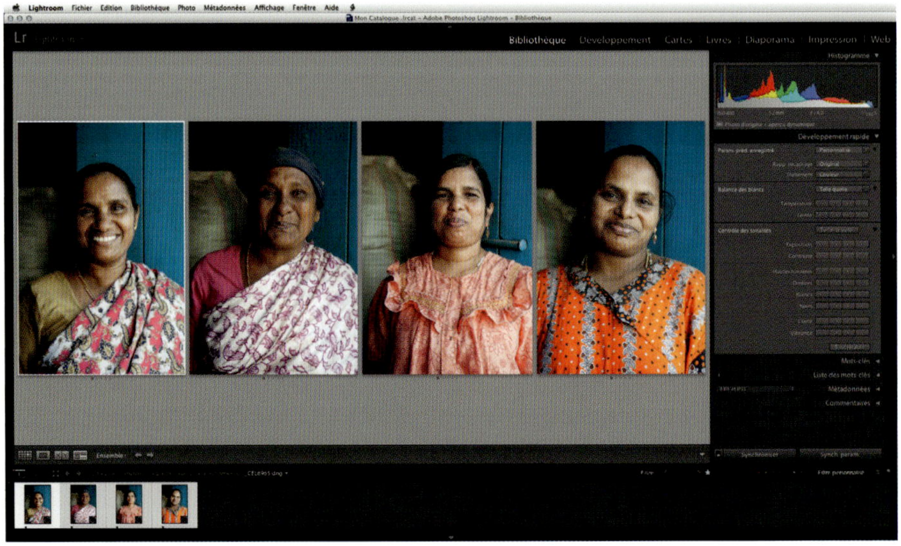

Étape 2

Sélectionnez l'image source (Image_Ex46A.dng), elle sera active quand vous cliquerez dessus. Cette série présente peu ou prou les mêmes paramètres caractéristiques d'exposition, de contraste et de couleurs. Allez dans le panneau « Réglages de base » et réglez :

- la balance des blancs sur Auto, pour ajouter de la chaleur ;
- la tonalité sur Auto – les conditions originales de lumière et contraste étant correctes, l'automatisme fonctionne bien et ajoute un peu de luminosité ;
- le curseur Clarté à -30, pour adoucir la texture des visages ;
- le curseur Vibrance à -20, pour donner un aspect « passé ».

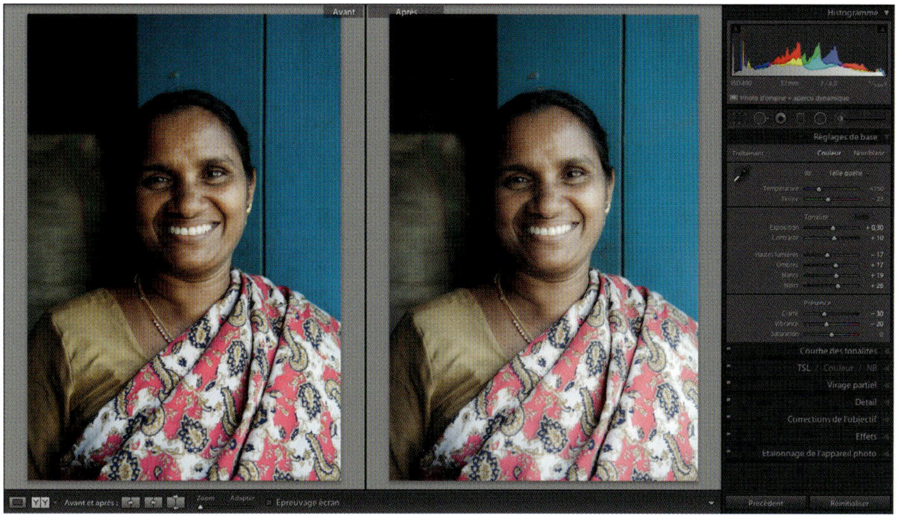

Étape 3

Pour appliquer ces corrections aux autres images, sélectionnez-les en cliquant dessus tout en appuyant sur Ctrl/Cmd. L'image de départ est active, elle se reconnaît à son cadre plus clair (vignette de gauche ici). Cliquez ensuite sur le bouton Synchroniser, en bas à droite dans le module Développement.

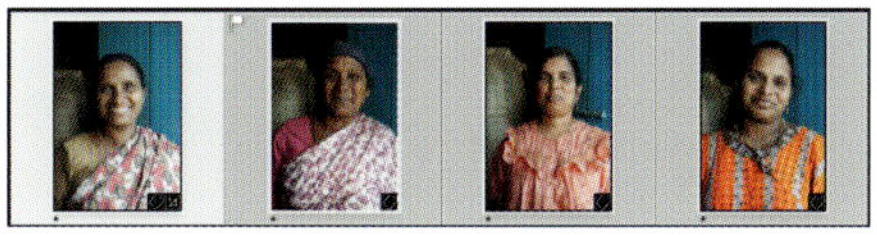

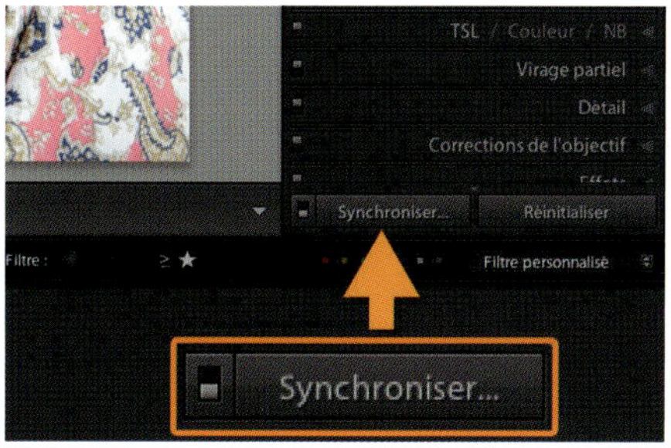

Étape 4

Dans la boîte « Synchroniser les paramètres » qui s'affiche, cochez les outils des étapes précédentes : « Version du processus » (voir Remarque), « Balance des blancs », « Tonalité simple », Clarté, Vibrance (qui active « Traitement couleur »). Si vous cochez un outil qui n'a pas été utilisé, il n'y aura aucun effet sur les images de destination (aucun réglage n'a été effectué avec). Cliquez sur Synchroniser pour appliquer les réglages à toutes les images.

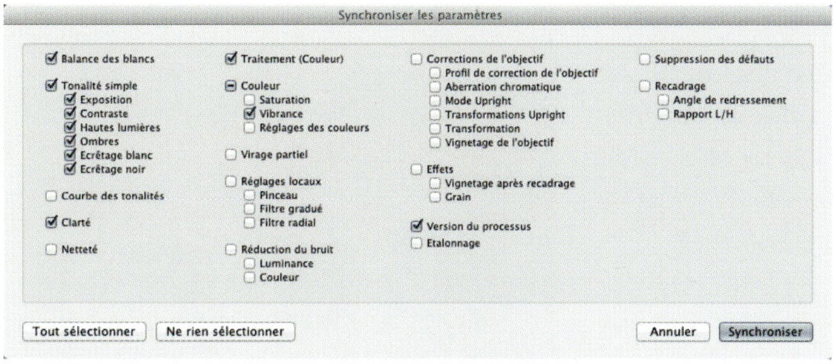

Remarque : avant de cocher, réinitialisez le contenu de la boîte de dialogue en cliquant sur « Ne rien sélectionner ». Cela vous évitera d'appliquer involontairement une correction oubliée. Cette action entraînant aussi la réinitialisation du processus, n'oubliez pas de le réactiver en cliquant sur « Version du processus ».

Étape 5

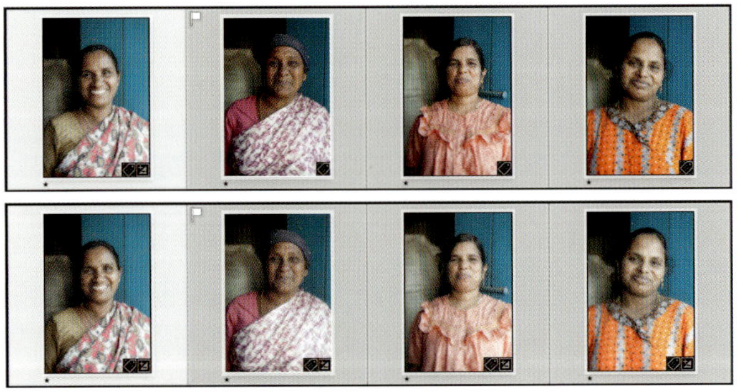

Une fois que vous avez cliqué sur Synchroniser, les corrections sont appliquées de l'image source vers les autres images sélectionnées. Vous verrez apparaître puis disparaître dans les vignettes trois petits points qui indiquent que Lightroom inscrit les corrections dans le catalogue et, éventuellement, dans les fichiers annexes XMP – si l'option est activée dans les Préférences (exercice 01).

Étape 6

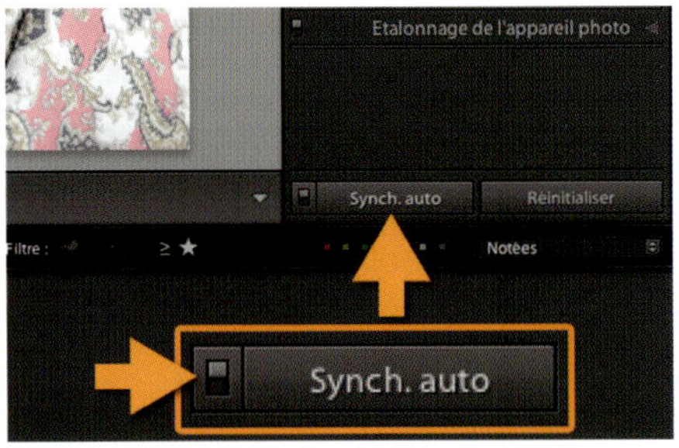

Lightroom propose aussi un mode de synchronisation automatique des corrections de l'image source vers les autres images sélectionnées, mais cette fois en temps réel, au fur et à mesure de l'exécution. Pour activer cette fonction, cliquez sur le petit interrupteur inclus dans le bouton Synchroniser. Dans ce cas de figure, il n'y aura pas la boîte de dialogue de l'étape 4.

Étape 7

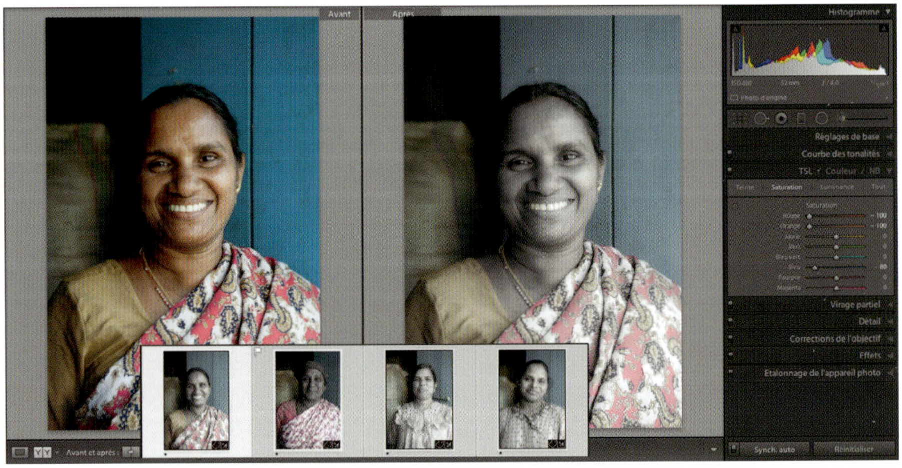

Toutes les corrections et tous les réglages sont reportés en temps réel de l'image source vers les autres images – ici une simple désaturation des canaux de couleur pour l'exemple.
La synchronisation automatique prend une fraction de seconde, mais bien entendu, et en fonction de la puissance de votre ordinateur, elle dépendra du nombre d'images sélectionnées.

Étape 8

Attention si vous cherchez à synchroniser des corrections locales, notamment avec le « Pinceau de retouche ». En effet, tant que les images sont parfaitement identiques, cela ne posera aucun problème. En revanche, si elles ne le sont pas, le masque du pinceau risque d'être décalé, comme vous pouvez le constater dans cette illustration, où nous avons appliqué volontairement un assombrissement important du visage dans la première photo.

Vous pouvez déplacer l'épingle d'édition s'il s'agit d'un « Filtre gradué » ou d'un « Filtre radial », mais cela n'est pas permis avec le « Pinceau de retouche ».

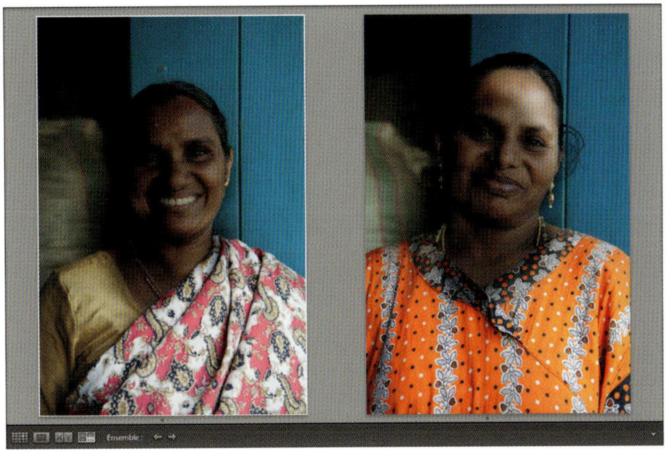

Étape 9

Si vous préférez un moyen plus classique pour appliquer les corrections d'une image source vers d'autres images, vous pouvez aussi utiliser la fonction Copier/Coller que vous trouverez dans :

- le module Bibliothèque, menu **Photo> Paramètres de développement>Copier (ou Coller) les paramètres** ;
- le module Développement, menu **Paramètres>Copier (ou Coller) les paramètres**.

Là encore, la boîte de dialogue permettant de cocher les corrections (étape 4) s'affiche, le bouton Synchroniser étant remplacé par Copier.

Une troisième option, « Coller les paramètres de la photo précédente », vous servira tout simplement à appliquer sur n'importe quelle photo sélectionnée les dernières corrections copiées.

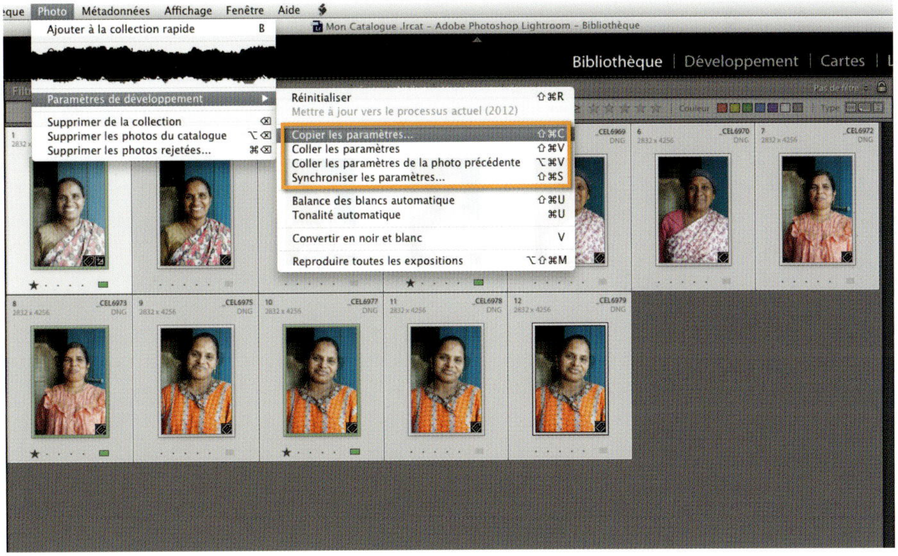

> **Remarque** : dans le module Développement, une commande agit exactement comme « Coller les paramètres de la photo précédente » : il s'agit du bouton Précédent situé en bas, dans le volet de droite.

47 Créer des paramètres prédéfinis de développement

Les paramètres prédéfinis de développement sont constitués des réglages utilisés lors de la correction des images.
Enregistrés dans des dossiers, ils peuvent être appliqués aussi bien dès l'importation qu'à tout moment dans le flux de travail au sein de Lightroom.
Nous allons apprendre dans cet exercice comment créer et organiser des paramètres prédéfinis.

Les fichiers associés à cet exercice sont disponibles sur editions-eyrolles.com.

Étape 1

Ouvrez le fichier Image_Ex45A.dng utilisé dans l'exercice 45 « Ajouter un virage partiel et des effets ». Nous allons exploiter les corrections faites avec les outils suivants :

- « Réglages de base » : Contraste +40, Clarté +34 ;
- « Virage partiel »/« Hautes lumières » : Teinte 45, Saturation 25 ;
- « Virage partiel »/Ombres : Teinte 215, Saturation 70 ;
- Effets/Vignetage : « Priorité des hautes lumières », Gain -50, Milieu 65, Arrondi -20 ;
- Grain : Valeur 50, Taille 35 et Cassure 75.

> **Remarque :** les paramètres prédéfinis de Lightroom sont parfaitement compatibles avec ceux de Camera Raw, et inversement. Assurez-vous juste que les versions coïncident (certains outils ne sont pas disponibles dans des versions plus anciennes).

Étape 2

Pour créer un paramètre prédéfini de développement, vérifiez d'abord tous les réglages et corrections dans les différents panneaux et outils, puis allez dans le panneau « Paramètres prédéfinis » (à gauche).

Cliquez sur « + » pour ouvrir la boîte de dialogue « Nouveau paramètre prédéfini de développement ».

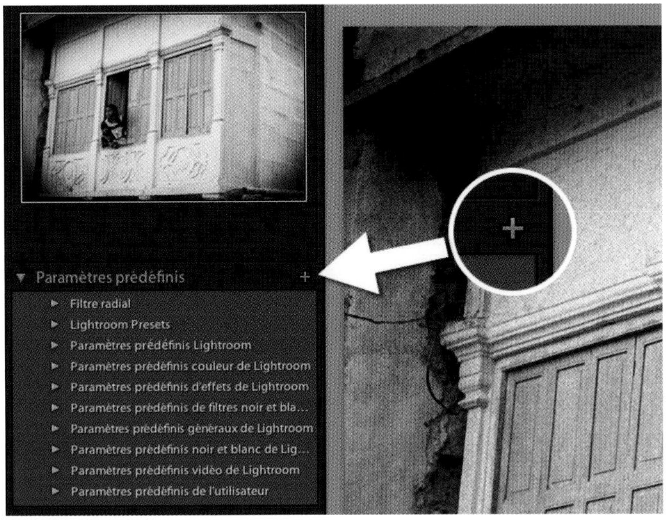

Étape 3

Dans la boîte de dialogue, cliquez d'abord sur « Ne rien sélectionner », pour réinitialiser le contenu et éviter d'enregistrer un réglage oublié ou incongru.

Saisissez ensuite le nom du paramètre prédéfini. Le panneau « Paramètre prédéfini » vous oblige à enregistrer le paramètre dans le dossier de l'utilisateur ; vous ne pouvez pas le placer dans les paramètres Lightroom fournis par Adobe, en revanche, vous avez la possibilité de créer un nouveau dossier dans le menu déroulant Dossier.

Cochez les paramètres correspondant à tous les outils cités dans l'étape 1, puis validez en cliquant sur Créer.

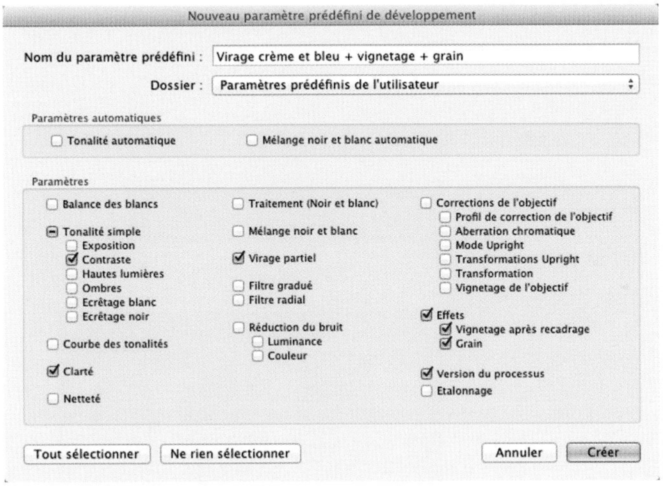

> **Remarque** : vous pouvez modifier après coup vos paramètres prédéfinis. Après avoir procédé aux nouveaux ajustements des outils concernés, faites un clic droit sur le paramètre prédéfini et sélectionnez « Mettre à jour avec les paramètres actuels ».

Étape 4

Le nouveau paramètre prédéfini apparaît dans la liste des paramètres prédéfinis de l'utilisateur. Par un clic droit, un menu flottant propose, parmi plusieurs fonctions, « Appliquer à l'importation », qui place le paramètre dans la section « Appliquer pendant l'importation » du menu Importer. Attention avec cette fonction, vous risquez de voir vos images nouvellement importées transformées par un paramètre prédéfini que vous auriez oublié... Le signe « + » visible après le nom rappelle que le paramètre est actif à l'importation.

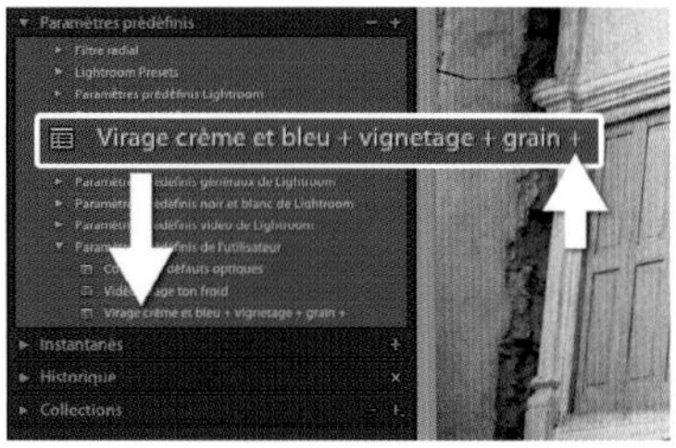

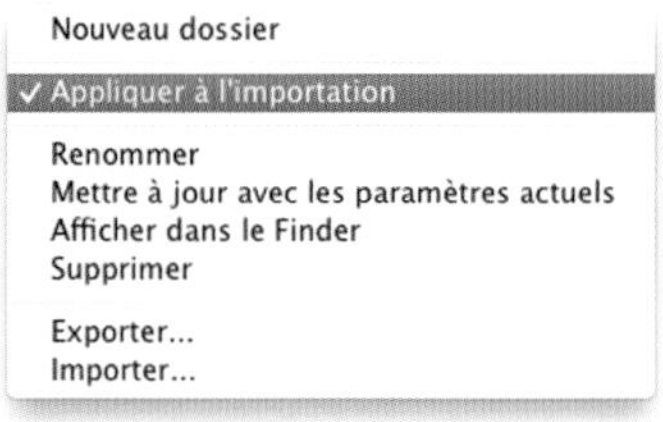

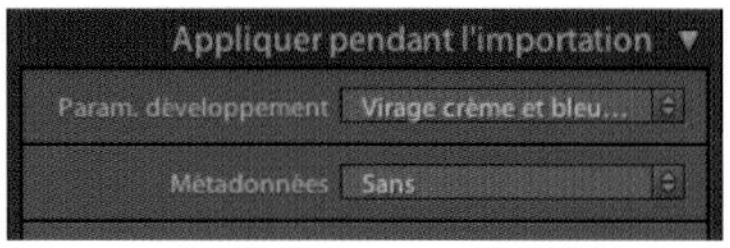

Étape 5

Si vous voulez créer un nouveau dossier, cliquez droit sur le paramètre prédéfini ou n'importe où dans le panneau. Saisissez un nom puis cliquez sur Créer : si vous avez cliqué droit sur le paramètre prédéfini, il sera automatiquement rangé dans le nouveau dossier, sinon vous pouvez glisser les paramètres prédéfinis dedans.

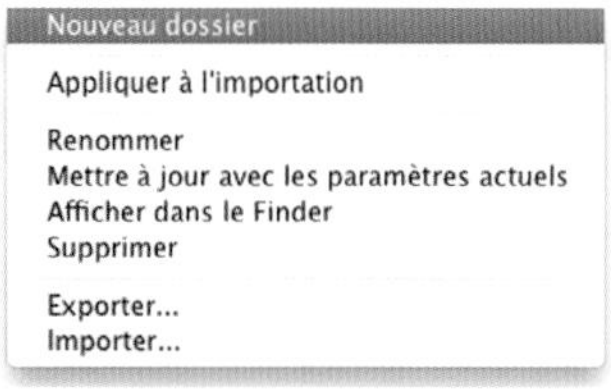

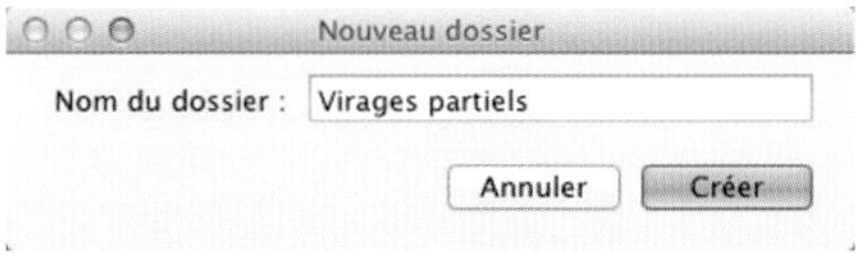

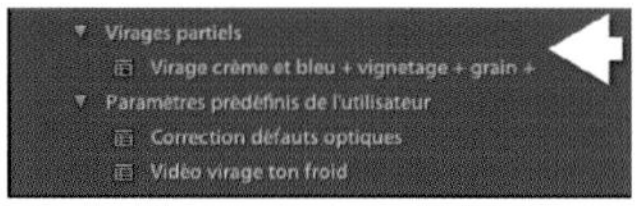

Étape 6

Il existe plusieurs méthodes pour appliquer un paramètre prédéfini. Dans le module Développement, sélectionnez d'abord une image. Ensuite, dans le panneau « Paramètres prédéfinis », passez la souris sur le paramètre en question pour avoir un aperçu dans le panneau Navigation. Pour l'appliquer, cliquez dessus, tout simplement.

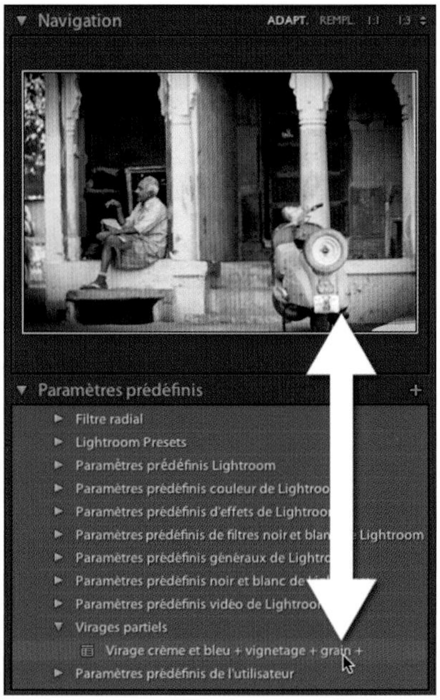

Étape 7

On peut également appliquer le paramètre prédéfini dans le panneau « Développement rapide » du module Bibliothèque en le sélectionnant dans le menu déroulant « Param. préd. enregistré ». Depuis Lightroom 4, la liste est hiérarchique. Si plusieurs images ont été sélectionnées, elles seront toutes modifiées.

Le menu d'importation vous permet également d'appliquer un paramètre de développement (voir l'étape 4). Malgré tout, nous vous déconseillons d'appliquer des paramètres de développement dès l'importation (faites-le dans le menu Développement, où vous pourrez aisément retoucher les réglages), gardez cette option pour les applications plus techniques (correction optique, correction du bruit...).

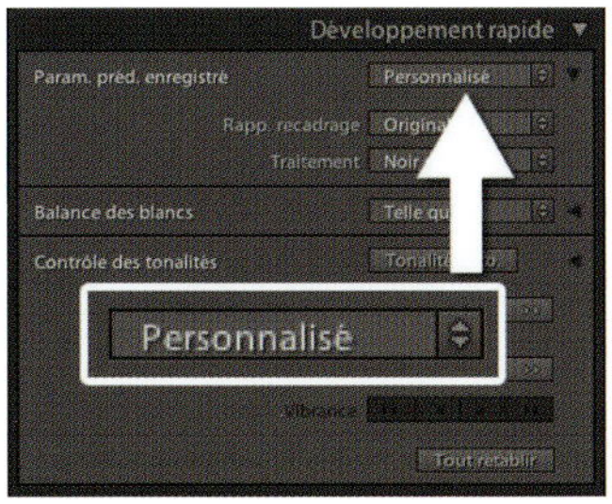

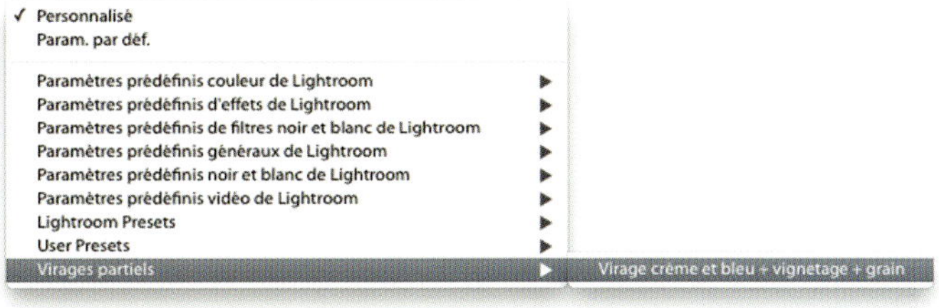

Étape 8

Les paramètres prédéfinis ne pesant que quelques dizaines de Ko, vous pouvez les partager aisément avec d'autres photographes : faites un clic droit sur un de vos paramètres et choisissez la commande Exporter dans le menu contextuel. Dans la boîte de dialogue du système, indiquez l'emplacement d'exportation (par exemple sur le Bureau). Il ne vous restera plus qu'à le joindre à un e-mail, comme n'importe quelle pièce jointe.

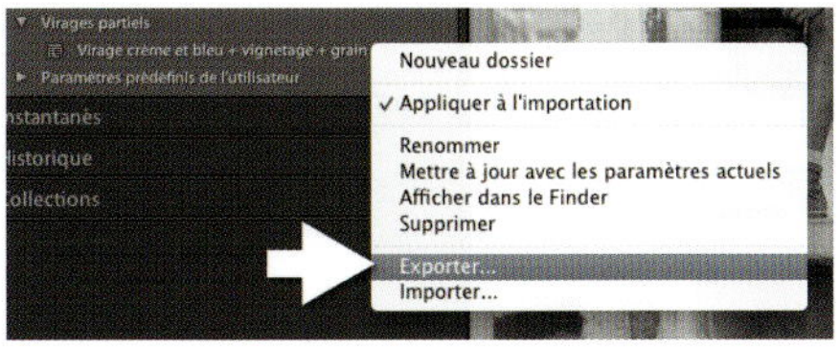

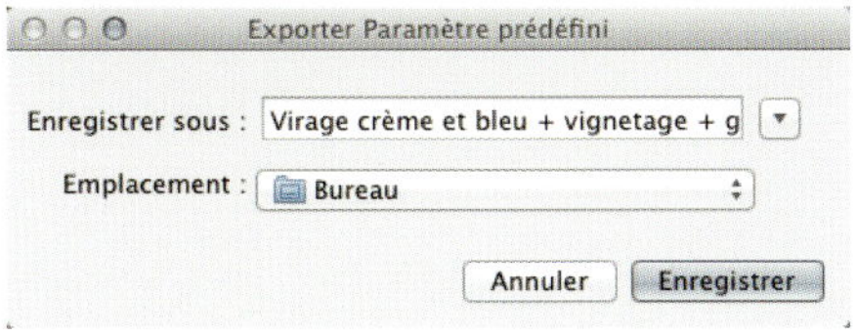

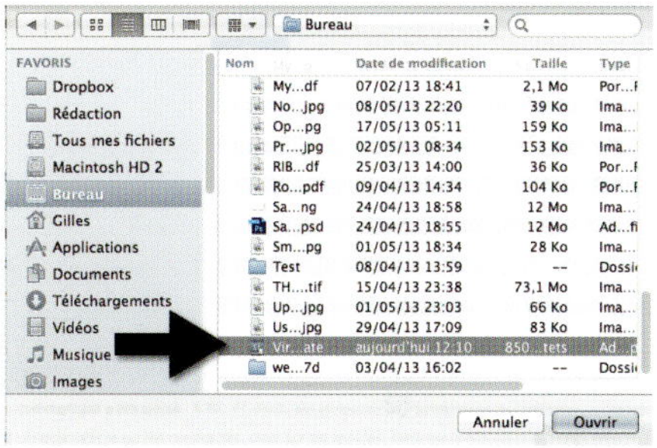

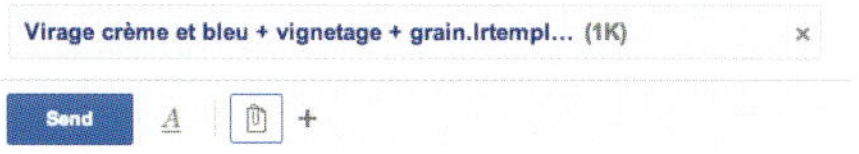

> **Remarque :** pour savoir où sont stockés vos paramètres prédéfinis, allez dans les Préférences, onglet « Paramètres prédéfinis », et cliquez sur le bouton « Afficher le dossier des paramètres prédéfinis Lightroom » : une fenêtre du système vous montrera l'ensemble des dossiers de paramètres prédéfinis sur votre disque dur.

Étape 9

Le destinataire de votre e-mail pourra importer le paramètre prédéfini très facilement : il lui suffira de faire un clic droit sur un dossier du panneau « Paramètres prédéfinis » et de choisir la commande Importer, dans le menu contextuel : une boîte de dialogue s'ouvrira alors sur son écran, lui permettant d'installer le paramètre que vous lui avez envoyé.

Le menu contextuel permet également de supprimer, de renommer ou même de rafraîchir un paramètre prédéfini si vous avez modifié quelques réglages. Vous pouvez aussi afficher son emplacement dans le Finder (Mac) ou dans l'Explorateur (Windows).

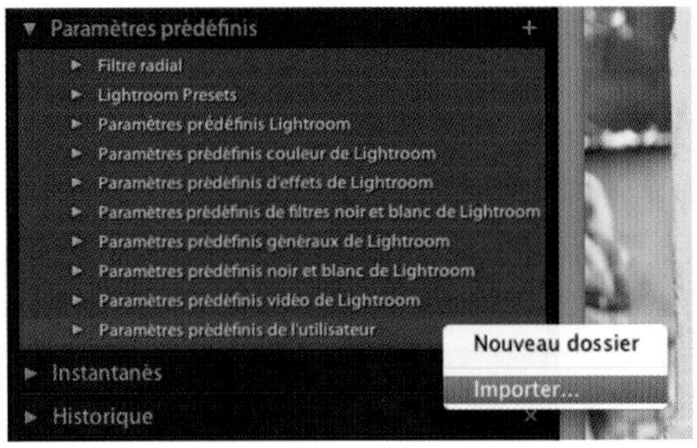

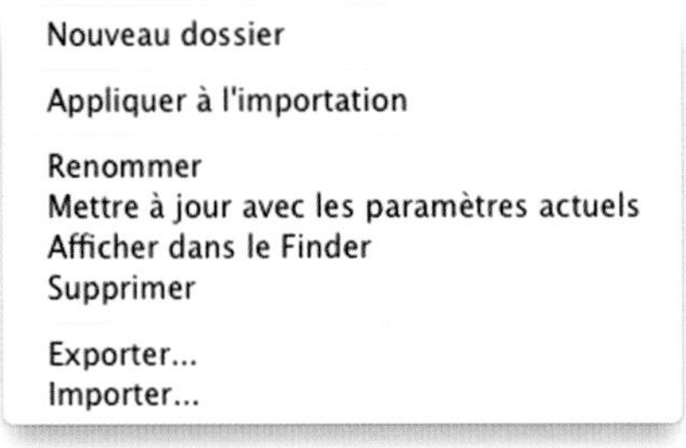

> **Conclusion** : les paramètres prédéfinis de développement sont un élément essentiel du flux de travail dans Lightroom, car ils s'adaptent aussi bien à une démarche artistique, pour corriger quelques images, qu'aux besoins des photographes pressés ou qui ont une grosse production. Les paramètres prédéfinis pour Lightroom ne manquent pas sur Internet, et il y en a pour tous les goûts.

48 Personnaliser les réglages de développement par défaut

Les paramètres prédéfinis (exercice 47) sont parfaitement adaptés à un usage ponctuel, mais saviez-vous que Lightroom permettait également de modifier les réglages de développement par défaut afin de les appliquer à un appareil photo en particulier, ou en fonction d'une sensibilité ISO, et ce dès l'importation ?

C'est ce que nous allons voir avec cet exercice, qui sera particulièrement utile à ceux qui ont une grosse production photographique, qui utilisent un certain nombre de boîtiers photo ou qui ne sont pas entièrement satisfaits des réglages originaux de Lightroom.

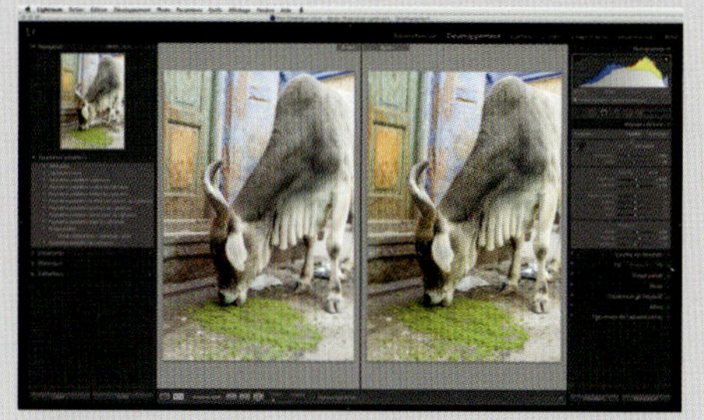

Étape 1

Lorsque vous importez des images dans Lightroom, peut-être aimeriez que le module Développement applique par défaut plus de contraste, plus de netteté, plus de saturation que les réglages d'origine.

La procédure de base est très simple : sélectionnez un fichier RAW pris avec l'appareil dont vous souhaiter modifier l'aspect des images dès l'importation, passez dans le module Développement puis commencez par réinitialiser tous les réglages en cliquant sur le bouton du même nom, tout en bas du volet de droite.

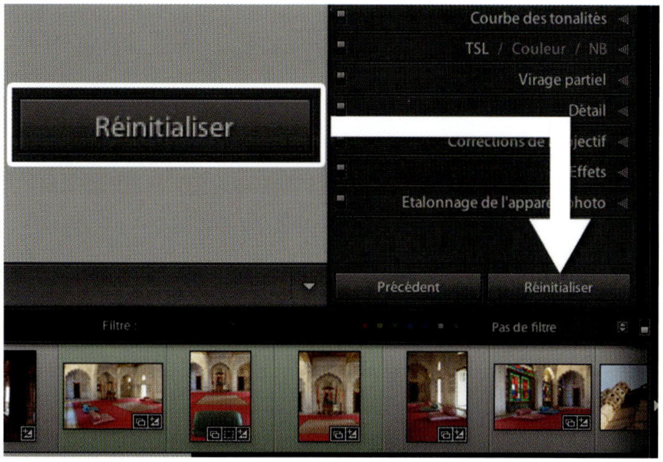

Étape 2

Procédez aux différents réglages de tonalité, couleur, netteté et bruit que vous aimeriez appliquer par défaut aux images nouvellement importées.

Dans cet exemple, les curseurs Exposition, Contraste, Clarté, Vibrance, Gain (Netteté) ont été légèrement ajustés. Vous pouvez aller plus loin en changeant par exemple le profil colorimétrique par défaut Adobe Standard par un profil personnalisé réalisé pour votre appareil photo (exercice 26).

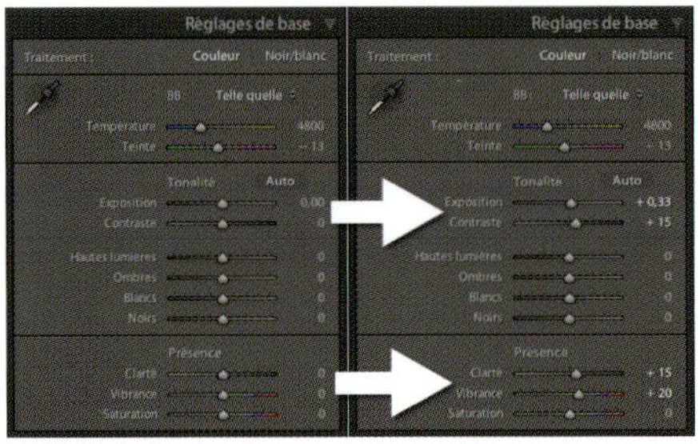

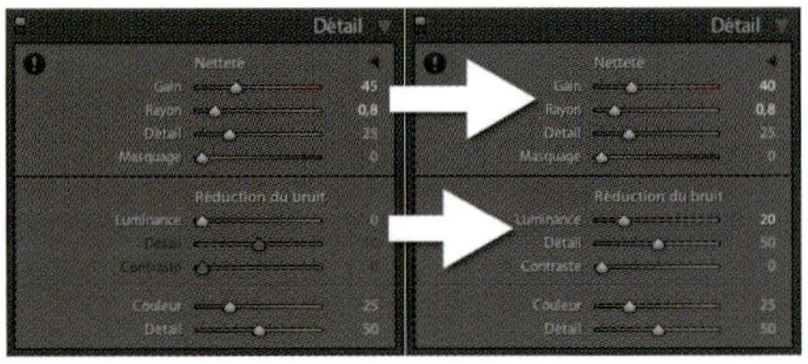

Étape 3

Ensuite, après les réglages, appuyez sur la touche Alt/Option du clavier : le bouton Réinitialiser va se transformer en bouton « Définir par défaut ».

Cliquez dessus : une boîte de dialogue va s'ouvrir, afin de vous permettre de valider le changement des paramètres de développement par défaut.

Étape 4

Le modèle d'appareil photo est précisé ; pour valider, cliquez sur « Mettre à jour les paramètres actuels ». Ainsi, à chaque nouvelle importation, ces nouveaux réglages par défaut seront appliqués à ce modèle d'appareil photo, mais pas à un autre.

D'autre part, les images déjà présentes dans le catalogue et prises avec cet appareil ne seront pas modifiées.

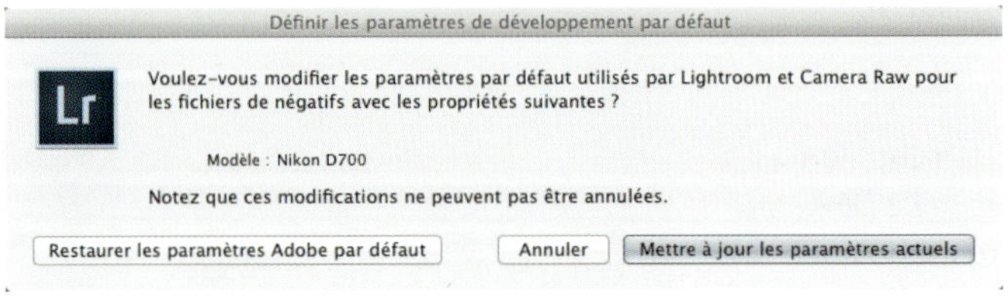

Étape 5

La boîte de dialogue indique « Notez que ces modifications ne peuvent pas être annulées ». Cela concerne les nouveaux réglages par défaut qui seront appliqués aux fichiers importés : si vous cliquez sur Réinitialiser (module Développement) ou sur « Tout rétablir » (module Bibliothèque, panneau « Développement rapide »), les réglages après réinitialisation seront ceux de l'étape 2. Le procédé peut être annulé ultérieurement (voir étape 7).

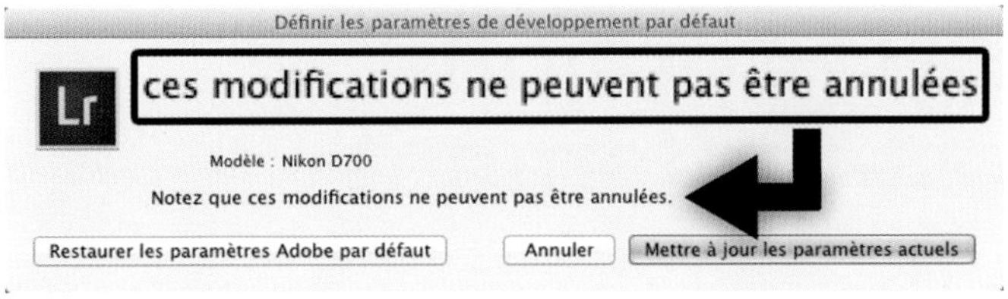

Étape 6

Vous pouvez aller encore plus loin dans la précision en appliquant un paramètre de développement par défaut par numéro de série de boîtier, notamment si vous avez plusieurs exemplaires du même modèle, et même en fonction de la sensibilité ISO des fichiers importés. Allez dans **Préférences>Paramètres prédéfinis**, cochez « Valeurs par défaut spécifiques au numéro de série de l'appareil photo » ou « Valeurs par défaut spécifiques au paramètre ISO de l'appareil photo », ou les deux puisque vous pouvez les combiner : la boîte de dialogue de l'étape 4 va s'enrichir d'informations supplémentaires : numéro de série de l'appareil et sensibilité ISO retenue.

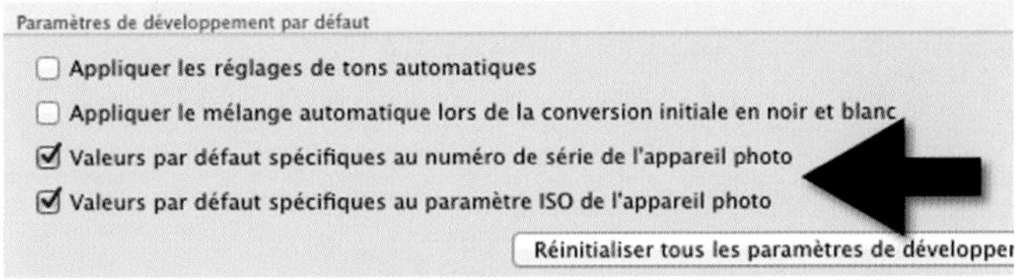

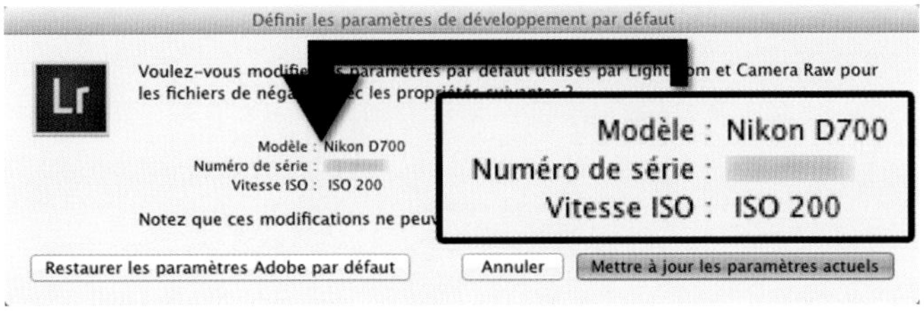

Étape 7

Pour revenir au comportement normal et aux réglages d'usine du module Développement, allez dans **Préférences>Paramètres prédéfinis**, cliquez sur « Réinitialiser tous les paramètres de développement par défaut », ce qui supprime tous les paramètres enregistrés. Si vous préférez travailler au cas par cas, allez dans le module Développement, menu **Développement>Définir les paramètres par défaut** ; dans la boîte de dialogue, cliquez sur « Restaurer les paramètres Adobe par défaut ». L'autre bouton, « Mettre à jour les paramètres actuels », permet d'enregistrer toute modification au paramètre par défaut sélectionné.

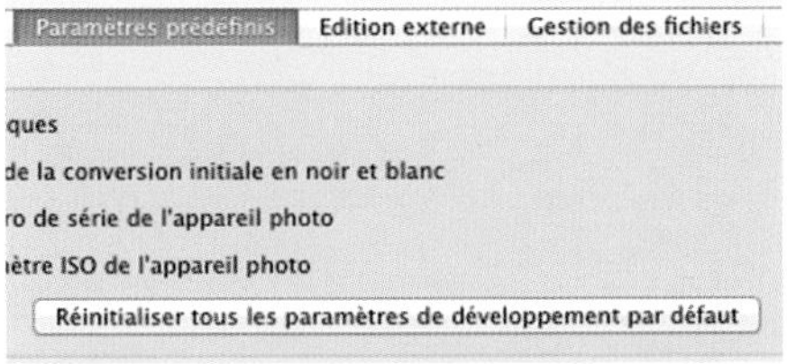

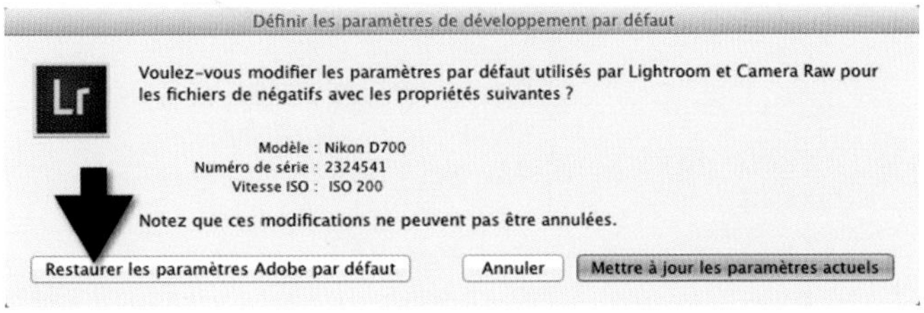

49 Créer des actions de post-traitement

Si vous disposez de Lightroom et de Photoshop, vous savez que les deux logiciels communiquent parfaitement bien par l'intermédiaire du mécanisme d'édition externe (exercice 05).

Il est possible de lancer des scripts Photoshop à partir du menu Exporter Lightroom, notamment grâce au système des *droplets* du célèbre éditeur d'images. Un *droplet* (« gouttelette », en anglais), est un ensemble d'instructions qui va lancer le script Photoshop. Cela vous sera particulièrement utile pour automatiser le flux de travail Lightroom/Photoshop.

Étape 1

La première chose à faire est de déterminer ou de créer un script dans Photoshop. Vous pouvez également partir d'un script fourni par un spécialiste sur le Web et chargé dans Photoshop.

Dans notre exemple, nous allons créer des fichiers au format Photoshop PDF grâce à ce système. Si vous possédez Photoshop et que vous ne maîtrisez pas les scripts, vous pourrez vous entraîner sur celui-ci, puisqu'il est livré avec le logiciel. Vous le trouverez dans le panneau Scripts – si vous ne le voyez pas, allez dans le menu Fenêtre de Photoshop et sélectionnez Scripts.

Dans le panneau Scripts, sélectionnez le script « Enregistrer au format Photoshop PDF », simplement en cliquant dessus.

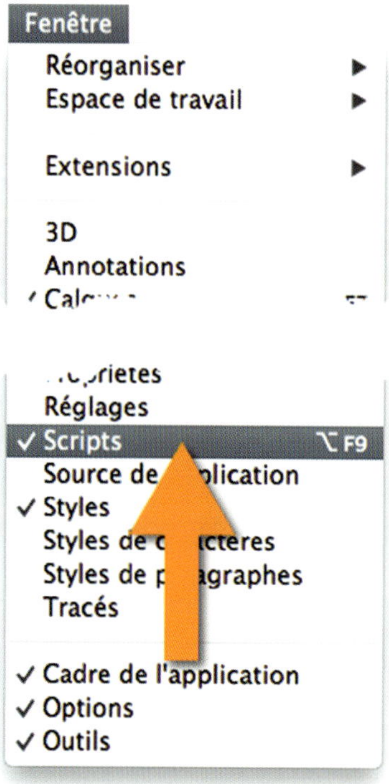

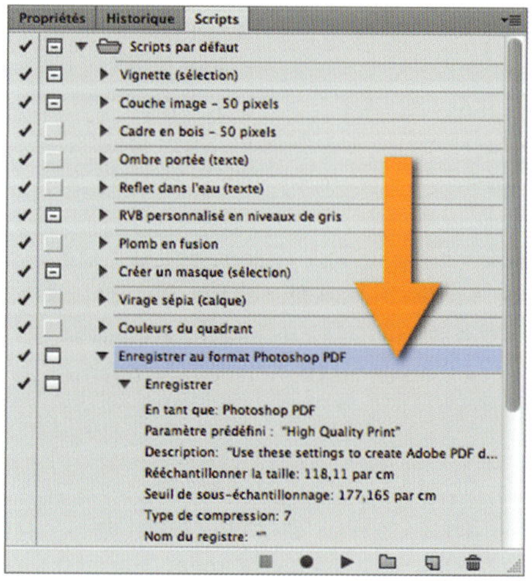

Étape 2

Pour créer un *droplet*, et toujours dans Photoshop, allez dans le menu **Fichier>Automatisation>Créer un droplet**. Dans la boîte de dialogue qui s'ouvre, vérifiez que le script sélectionné est bien « Enregistrer au format PDF ».

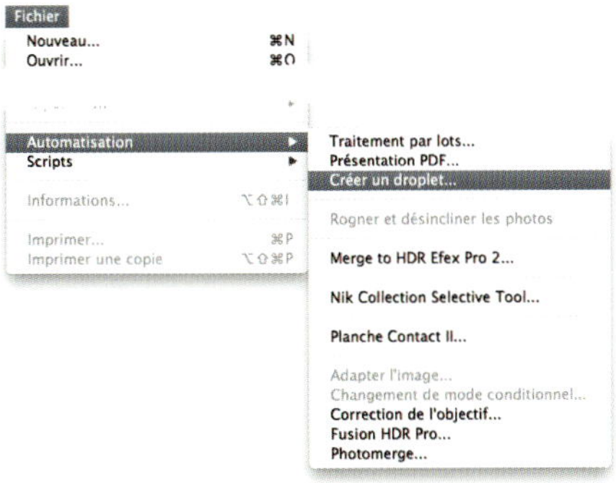

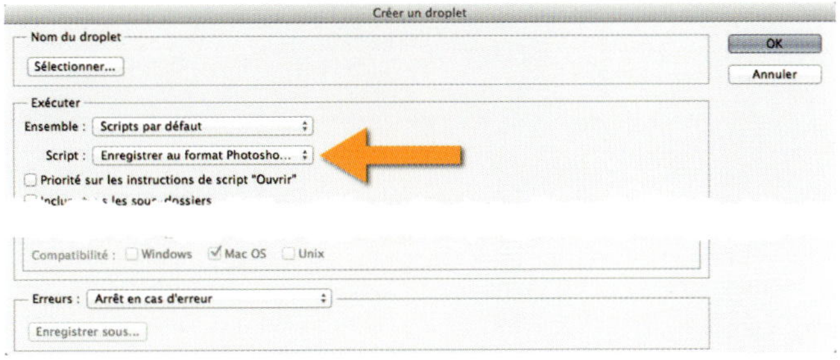

Étape 3

Toujours dans la boîte de dialogue, cliquez sur Sélectionner, dans la section « Nom du droplet » en haut à gauche. Une autre fenêtre vous invite à saisir le nom du *droplet* et à choisir un dossier de destination.

Si vous avez l'intention d'en créer d'autres, autant les rassembler dans le même dossier, vous pouvez aussi les déposer directement dans le dossier Export Actions de Lightroom (étape 5). Cliquez sur Enregistrer : le chemin d'accès s'affiche dans la fenêtre « Créer un droplet ». Cliquez sur OK, la fenêtre se referme.

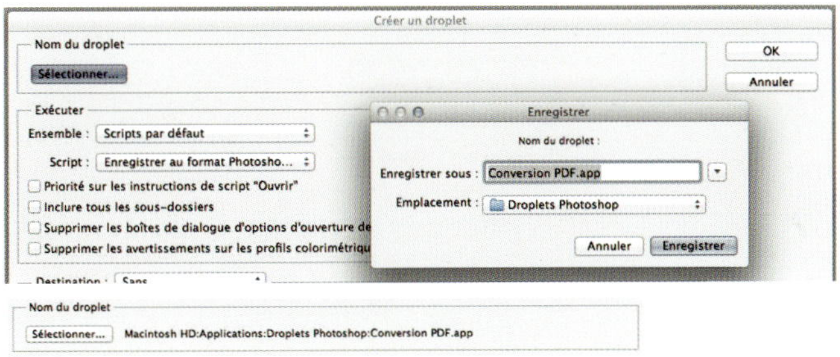

Étape 4

Nous en avons terminé avec Photoshop. Retournez dans Lightroom, sélectionnez une image, puis ouvrez le menu Exporter (exercice 52) en faisant un clic droit puis en sélectionnant, dans le menu contextuel, **Exporter>Exporter...**

Dans le menu Exporter, allez tout en bas, dans la section Post-traitement puis, dans le menu « Après l'exportation », sélectionnez « Atteindre maintenant le dossier Export Actions ».

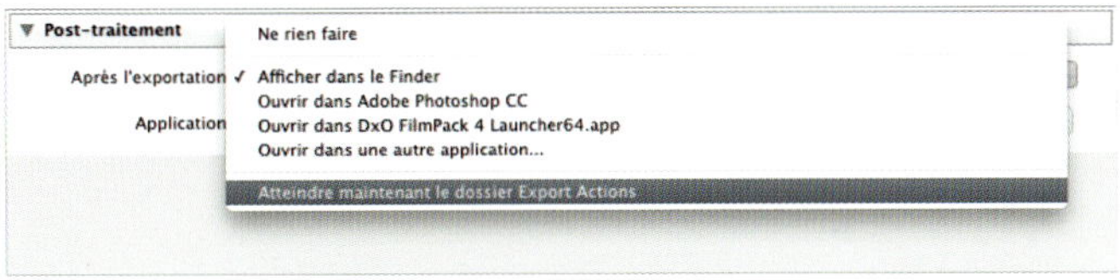

Étape 5

Une boîte de dialogue du système affiche le contenu du dossier Lightroom.
Repérez le dossier Export Actions, puis glissez-y le *droplet* lui-même ou bien un alias.

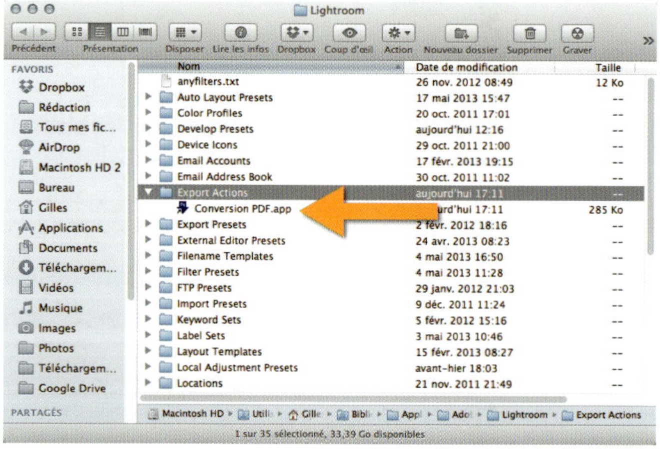

Étape 6

Il ne vous reste plus qu'à retourner dans Lightroom, sélectionner les images à convertir, lancer le menu Exporter, paramétrer les options de sortie, sélectionner le *droplet* dans le menu de la section Post-traitement, puis cliquer sur Exporter.
Dès que les images ont été exportées, Photoshop s'ouvre automatiquement pour exécuter le script demandé.

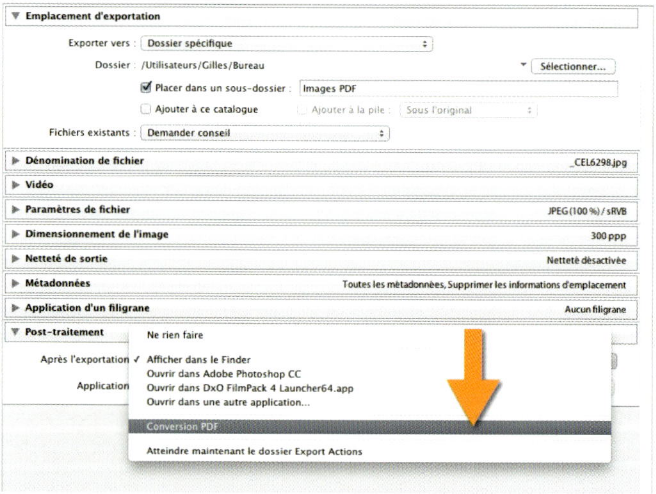

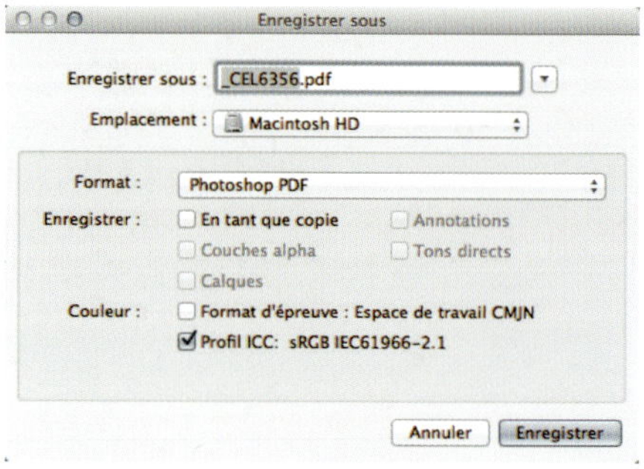

50 Flux de travail pour photographes pressés

Beaucoup d'utilisateurs se demandent pourquoi le module Bibliothèque dispose d'un histogramme et d'un panneau de développement rapide bien fourni en outils de correction. La réponse est très simple : Lightroom est parfaitement équipé pour répondre aux besoins du photographe qui travaille dans l'urgence.

Nous ne prétendons pas donner ici une méthode universelle, mais nous vous proposons quelques pistes pour vous aider à trier, corriger et diffuser les images d'un reportage que votre rédacteur en chef ou responsable de communication attendrait avec impatience, en vous harcelant de coups de téléphone…

Notez aussi que le flux de travail hors ligne et les aperçus dynamiques (exercice 51) de Lightroom 5 ouvrent également de nouvelles perspectives en ce qui concerne la mobilité et la rapidité d'exécution.

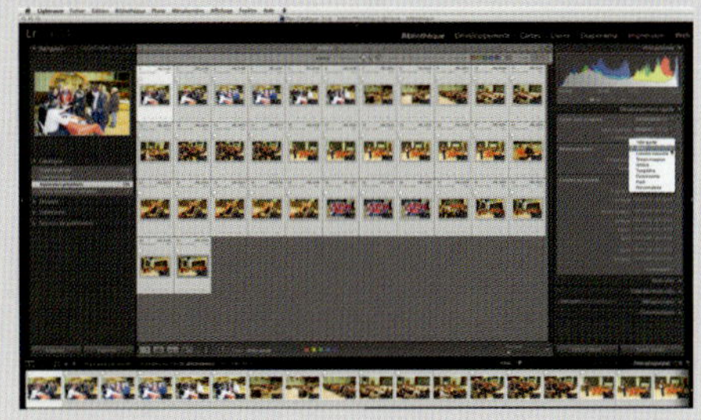

Étape 1

Dans le menu Importer, procédez aux réglages suivants :

- dans les Préférences, activez « Sélectionner la collection Importation en cours/précédente… », pour y retrouver les images ;
- « Rendu des aperçus » : Minimum, suffisant pour le mode Loupe ;
- activez la création d'aperçus dynamiques pour traiter les images si les originaux restent hors ligne ;
- pas de copie de sauvegarde, mais conservez le contenu de la carte mémoire ;
- appliquez votre modèle de copyright ;
- saisissez 2 ou 3 mots-clés ;
- Destination : créez un dossier dévolu aux tâches urgentes ;

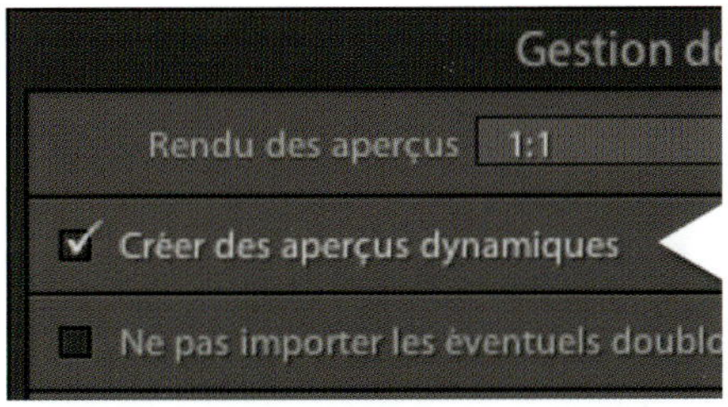

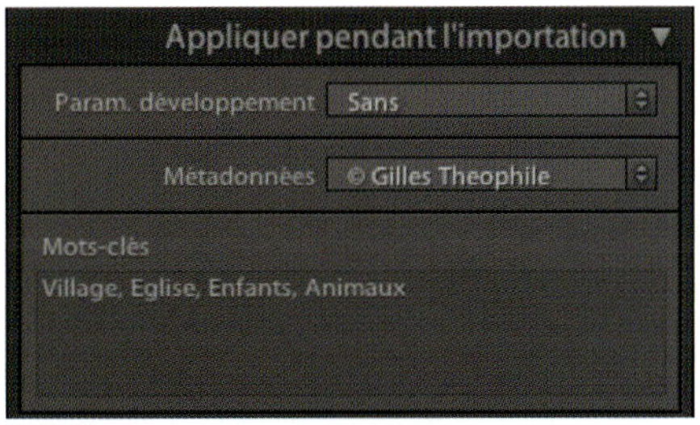

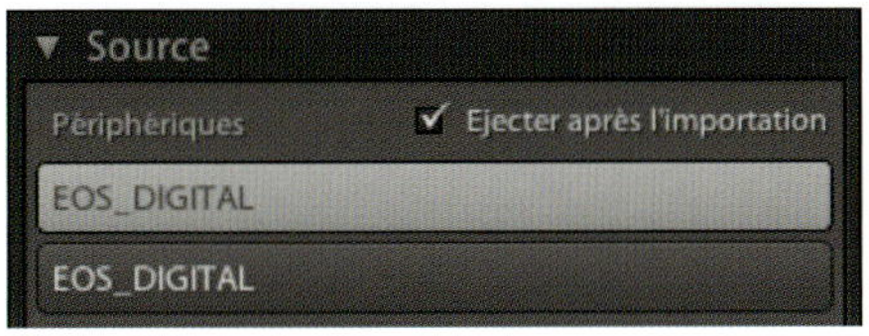

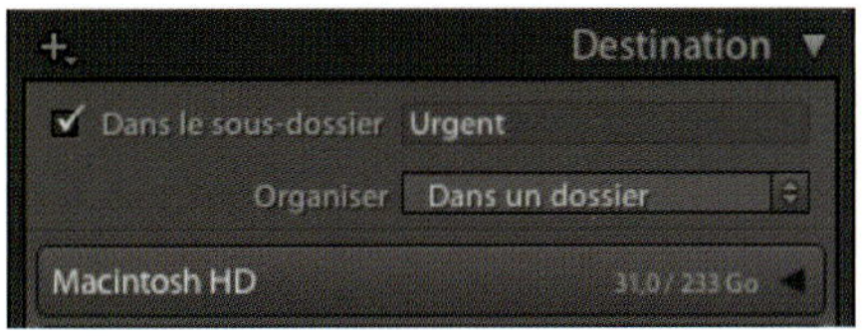

Étape 2

Vous pouvez également passer le menu Importer en mode Compact (exercice 09). Enregistrez un paramètre prédéfini d'importation nommé tout simplement « Urgent ». Votre menu Importer est prêt pour faire face aux situations dans lesquelles vous devrez vous montrer très rapide ; si vous êtes attentif, vous verrez que le mode Compact affiche une synthèse des réglages de l'étape 1 avec la source et la destination des images.

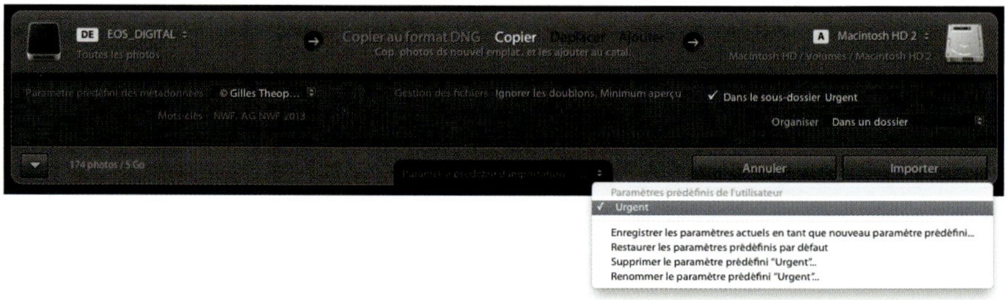

Étape 3

Lors de l'importation, n'attendez pas que toutes les images soient chargées pour commencer le tri avec la méthode expliquée dans l'exercice 10. Faites un double clic sur la première image de la grille pour l'afficher en mode Loupe, verrouillez les majuscules et attribuez-lui un marqueur Retenue ou Rejetée avec les touches P et X du clavier ; Lightroom passera automatiquement à l'image suivante. Vous pouvez zoomer rapidement en appuyant sur la barre d'espace sans la relâcher (relâchez-la ensuite pour revenir en arrière). Mais attention, sauf en cas de doute sur la netteté, ne zoomez pas : les aperçus étant de qualité minimale, Lightroom est obligé de recalculer l'affichage ce qui allonge le temps de chargement.

Étape 4

Vous pouvez vous déplacer manuellement dans le « Film fixe » avec les flèches Gauche et Droite du clavier. Pour faire un bond rapide en avant ou en arrière, servez-vous du mode Turbo : gardez le doigt appuyé sur la flèche Gauche ou Droite, les images défileront à toute vitesse en mode Loupe mais à faible résolution.

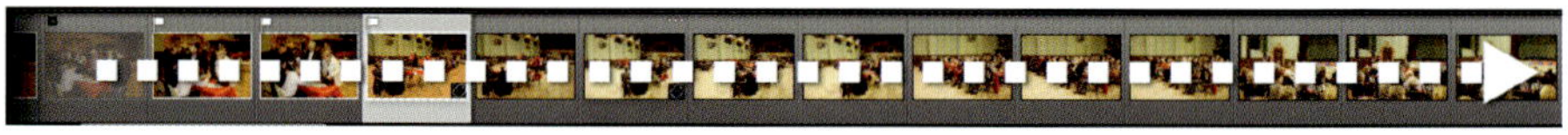

Étape 5

Lorsque le tri est fait, cliquez sur le fanion blanc du filtre situé dans le bandeau supérieur du « Film fixe » : ceci aura pour effet de n'afficher que les images retenues.
Pour passer à la phase de correction, vous pouvez passer en mode Grille (touche G) ou rester en mode Loupe. Dans le premier cas, vous pouvez agrandir les vignettes tout en gardant une vue d'ensemble sur les corrections ; dans le second, si vous êtes un peu moins pressé, vous pourrez corriger les images avec plus de précision.

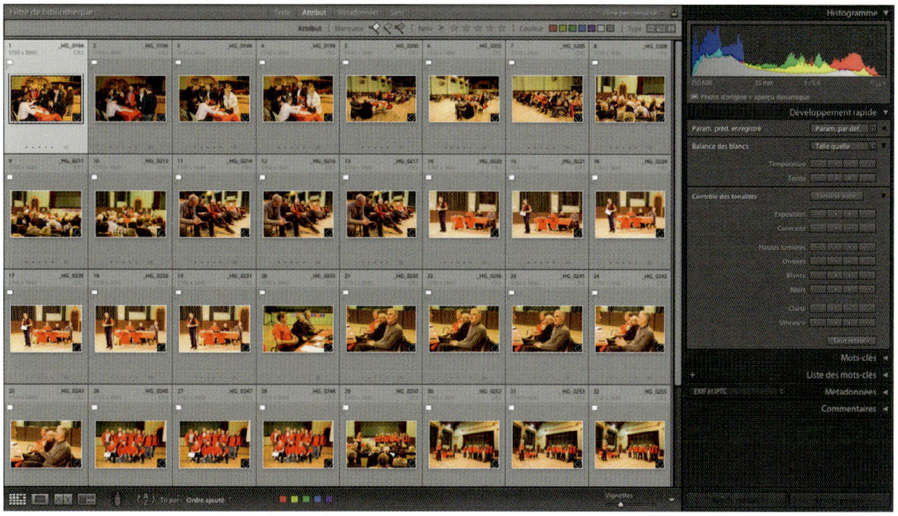

Étape 6

C'est là qu'intervient le panneau « Développement rapide ». Vous pouvez corriger la balance des blancs, l'exposition, le contraste, utiliser la tonalité automatique ou appliquer un paramètre prédéfini sans aller dans le menu Développement.
Les boutons sont affublés d'une flèche simple ou double pour la correction par paliers. Pour l'exposition, la flèche simple correspond à 1/3 de diaphragme, la double à 1 diaphragme. Si vous appuyez sur Alt/Option, les boutons Clarté et Vibrance deviennent Netteté et Saturation. Changez de vignette avec les flèches du clavier et appliquez les corrections nécessaires.
Le développement rapide s'utilise également pour les vidéos, avec certaines restrictions (exercice 23).

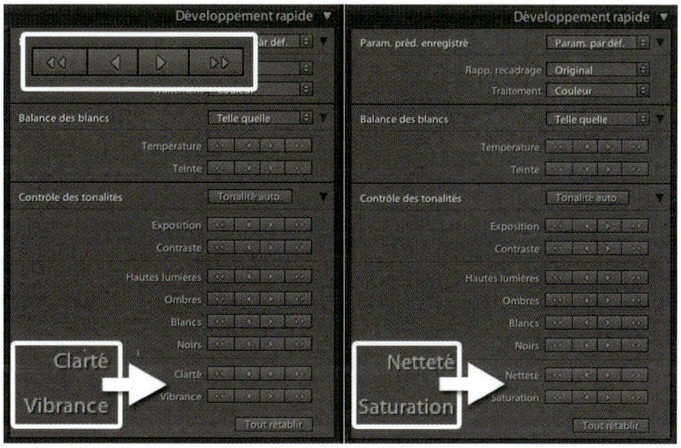

Étape 7

Dans le cas d'un flux de travail rapide, contentez-vous de corriger la balance des blancs et l'exposition en surveillant l'histogramme. Inutile de toucher au reste, sauf absolue nécessité. Vous pourrez renforcer automatiquement la netteté lors de la phase d'exportation.

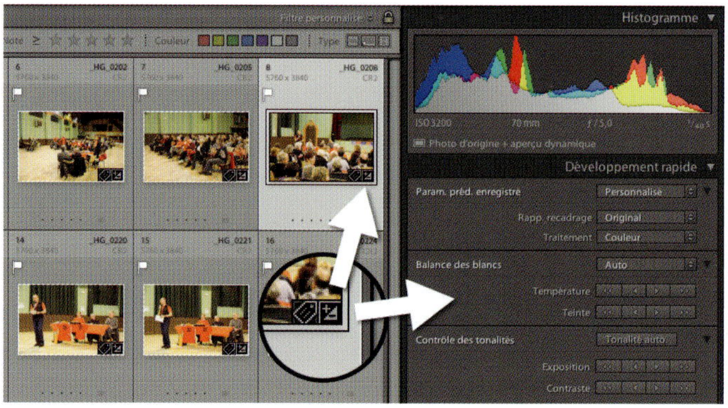

Étape 8

Si vos images n'ont pas trop de problèmes de balance des blancs et d'exposition, vous pouvez utiliser les automatismes : « Auto » dans le menu « Balance des blancs » et la tonalité automatique (exercice 29). Sélectionnez toutes les images de la grille (Ctrl/Cmd + A) et appuyez sur « Tonalité automatique ». Les résultats ne seront pas parfaits partout, mais c'est un bon réglage de base que vous pourrez reprendre manuellement avec les outils de développement rapide. Vous pouvez aussi annuler les corrections en sélectionnant les images concernées et en cliquant sur « Tout rétablir ».

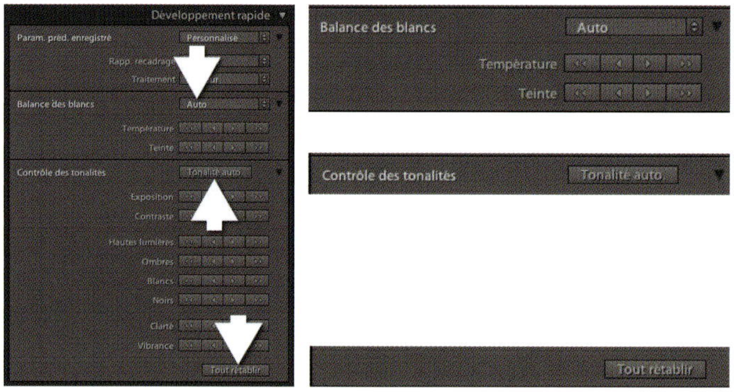

Étape 9

Pour une série dont l'exposition varie d'une vue à l'autre (problème récurrent au flash), il existe une fonction peu connue : « Reproduire toutes les expositions ».

Cliquez sur la photo la mieux exposée (rendez-la active), puis sélectionnez les images candidates à la correction. Allez dans **Photo>Paramètres de développement>Reproduire toutes les expositions**. Lightroom va automatiquement corriger l'exposition des images candidates en se basant sur la première image sélectionnée. Les résultats sont rapides et assez fiables.

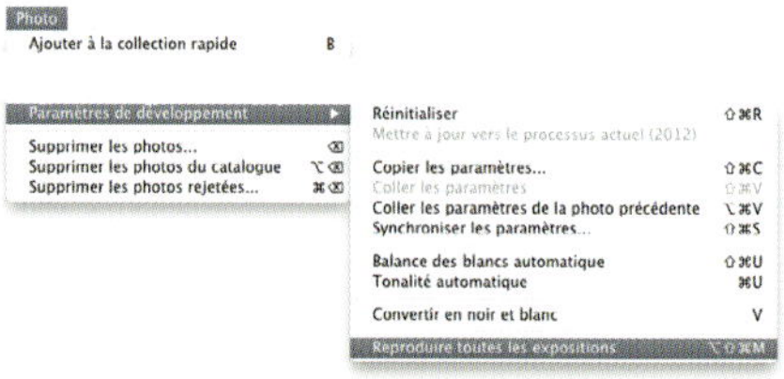

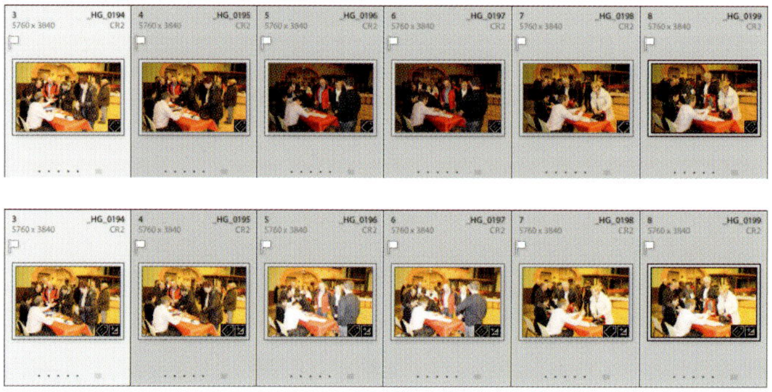

Étape 10

Il ne reste plus qu'à exporter les images. Comme pour le menu Importer, vous devrez configurer à l'avance le menu Exporter et créer des paramètres prédéfinis en fonction de la destination des images : diffusion électronique, envoi à un client pour impression, tirage sur papier par un labo… Les choix sont multiples, il est difficile de donner des réglages universels, mais n'oubliez pas les réglages de netteté à la sortie. Les algorithmes sont de très bonne qualité et, que le support soit électronique ou papier, vous êtes certain de ne jamais vous tromper avec les réglages Faible ou Standard.

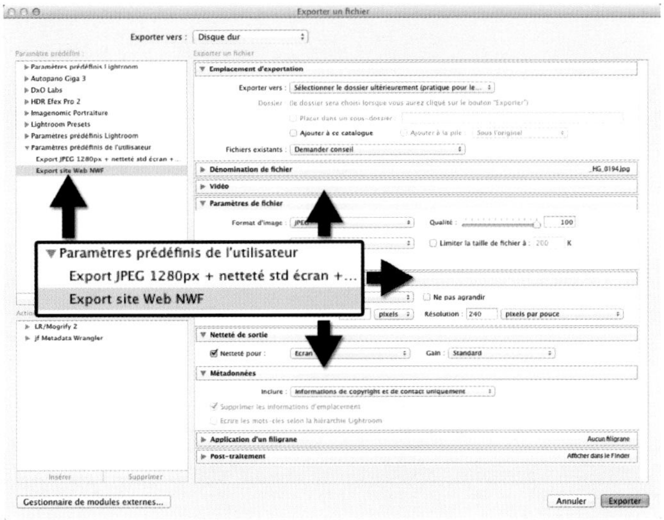

Étape 11

Lorsque vous aurez créé des paramètres prédéfinis d'exportation (exercice 52), votre flux de travail sera encore plus rapide car vous n'aurez plus besoin de lancer le menu Exporter. Il suffira de faire un clic droit sur les images sélectionnées et de choisir l'un des paramètres prédéfinis dans le menu contextuel (ici **Exporter>Paramètres prédéfinis de l'utilisateur>Export site Web NWF**). Si vous souhaitez exporter une seconde fois les mêmes images avec les mêmes paramètres, faites un clic droit et sélectionnez **Exporter>Exporter avec les réglages précédents**. Bien entendu, vous pouvez lancer une deuxième exportation (ou plus) parallèlement à la première, tout dépend de la puissance de votre ordinateur.

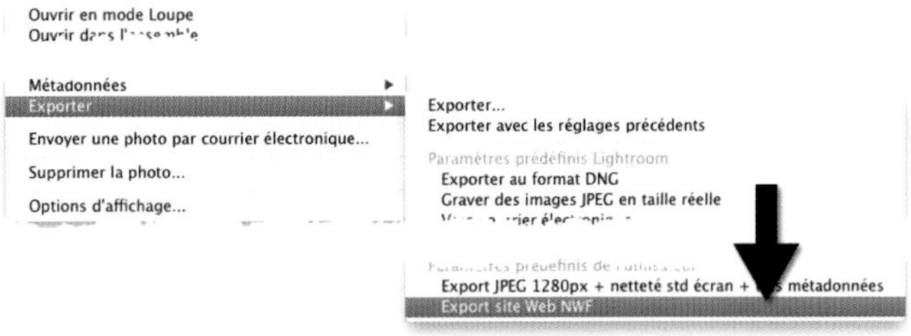

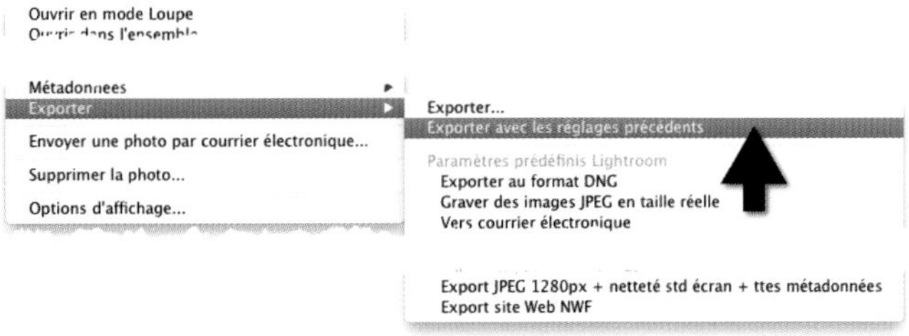

Conclusion : Lightroom peut sembler destiné avant tout aux photographes non soumis aux impératifs et aux délais parfois exigés par la presse ou les services de communication des entreprises : l'abondance des outils laisse entendre qu'il est destiné à ceux qui aiment traiter leurs photos minutieusement. Ce n'est pas tout à fait faux mais le flux de travail est aussi sa grande force. Le système de paramètres prédéfinis, permettant d'optimiser les menus d'importation ou d'exportation, la possibilité de se passer d'aperçus trop lourds, le panneau de développement rapide et la tonalité automatique sont tous à la disposition du photographe pressé, même s'il travaille en RAW et avec des vidéos. Bien entendu, une fois que le travail aura été exécuté et livré, vous devrez faire une copie de sauvegarde des images, et éventuellement créer des aperçus de qualité standard ou 1:1 si vous avez l'intention de revenir plus tard sur vos images… Sans parler des tâches de catalogage – notation, mots-clés, champs IPTC, collections – que nous avons volontairement ignorées ici pour parer au plus pressé.

51 Aperçus dynamiques

La nouveauté la plus importante de Lightroom 5 est probablement le nouveau flux de travail hors ligne impliquant la création d'aperçus dynamiques, constitués de fichiers DNG compressés pouvant se substituer temporairement aux originaux. Il devient envisageable de corriger les images dans le module Développement (ou dans le panneau « Développement rapide ») si les originaux sont indisponibles (stockés sur un disque dur externe ou un serveur distant par exemple). Les modifications seront reportées sur les originaux dès leur disponibilité. On peut aussi travailler avec des aperçus dynamiques pour tenir compte d'un ordinateur peu performant : ces fichiers DNG d'à peine 2 ou 3 Mo peuvent être employés pour l'exportation (exercice 52), les services de publication (exercice 58), la messagerie (exercice 59), ils seront importés lors de la fusion de catalogues et créés lors de l'exportation en tant que catalogue.

Étape 1

Dans cet exercice, nous aborderons tout ce que Lightroom propose pour la gestion des aperçus dynamiques.

Il y a trois occasions de créer des aperçus dynamiques : la première dès l'importation, dans le menu Importer, section « Gestion des fichiers », en cochant l'option « Créer des aperçus dynamiques » ; la deuxième est de le faire quand bon vous semble, dans le module Bibliothèque, en sélectionnant une série de photos puis en allant dans le menu **Bibliothèque>Aperçus>Créer des aperçus dynamiques.**

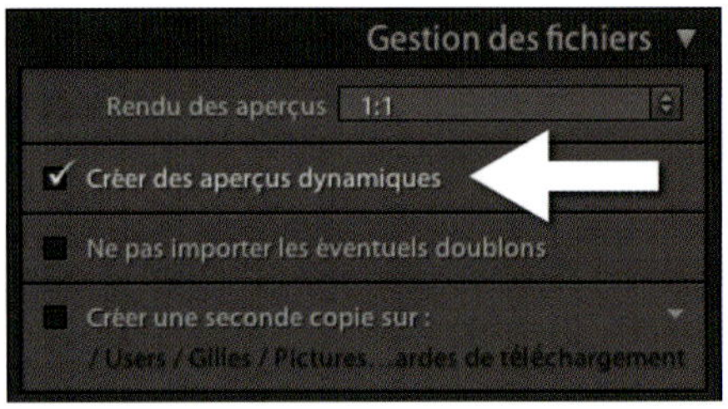

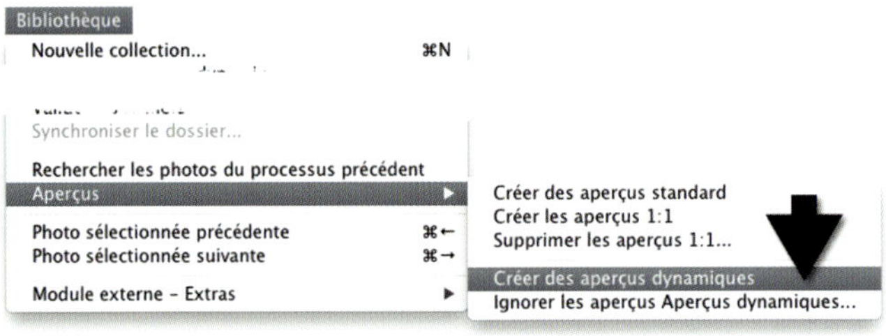

Étape 2

Troisième possibilité, vous pouvez vous rendre sous l'histogramme du module Développement, dans le bandeau d'information de statut de fichier, et cliquer sur « Photo d'origine » : une boîte de dialogue s'affiche et vous propose de créer un aperçu dynamique soit à partir de l'image sélectionnée, soit avec l'ensemble des images présentes dans le « Film fixe » et non pourvues d'aperçus dynamiques.

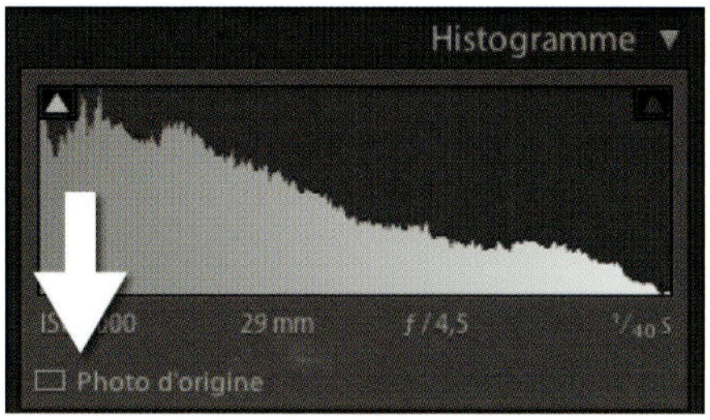

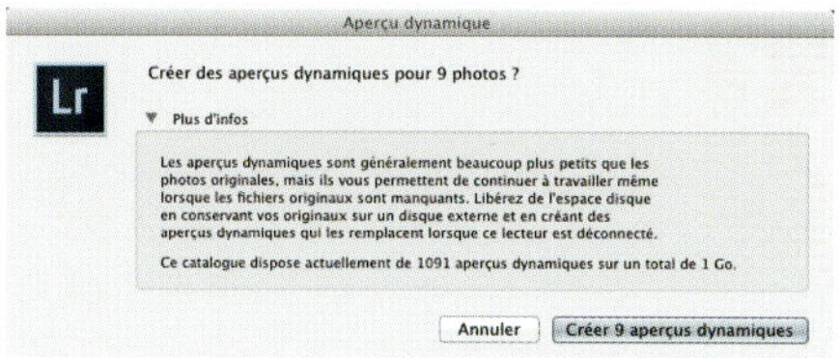

Étape 3

La signalétique sous l'histogramme dépend du module. Dans le module Développement, elle est liée à l'image active :

- « Photo d'origine » (pavé vide à bord uni) : l'image sélectionnée est une photo originale *en ligne* et dépourvue d'aperçu dynamique ;
- « Photo d'origine + aperçu dynamique » (pavé plein à bord uni) : l'image sélectionnée est une photo originale *en ligne*, pourvue d'un aperçu dynamique ;
- « Aperçu dynamique » (pavé plein à bord en pointillés) : l'image sélectionnée est un aperçu dynamique, et la photo originale est *hors ligne*.

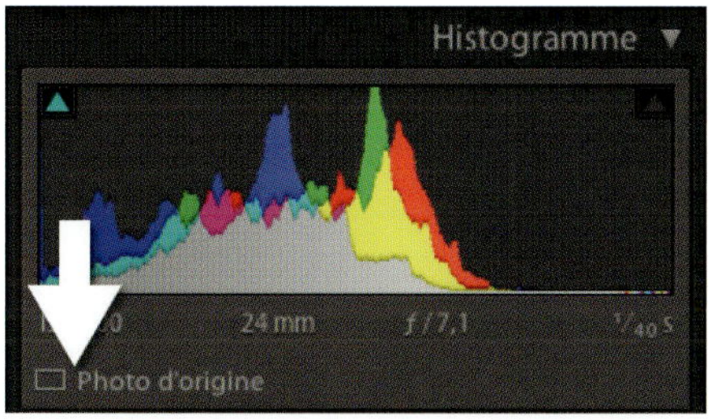

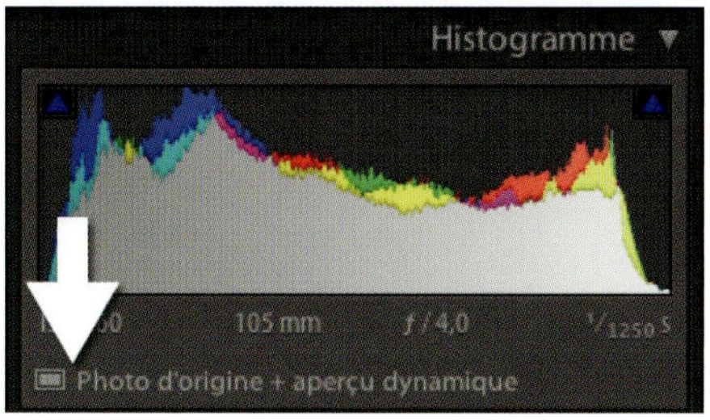

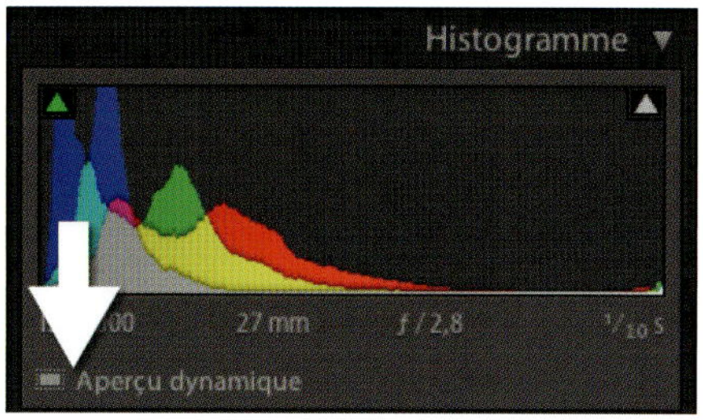

Étape 4

Dans le module Bibliothèque, elle indique le statut des originaux et des aperçus dynamiques selon les dossiers ou le catalogue sélectionnés. Ici, nous avons sélectionné toutes les photos du catalogue, les pictogrammes indiquent, de gauche à droite :

- le nombre d'originaux sans aperçus dynamiques et *en ligne* ;
- le nombre d'originaux pourvus d'un aperçu dynamique et *en ligne* ;
- le nombre d'aperçus dynamiques dont l'original est *hors ligne* ;
- le nombre d'images manquantes.

Le « + » indique que le décompte total dépasse 1 000 fichiers, limite de Lightroom pour ne pas affecter les performances liées à l'analyse du contenu de la photothèque.

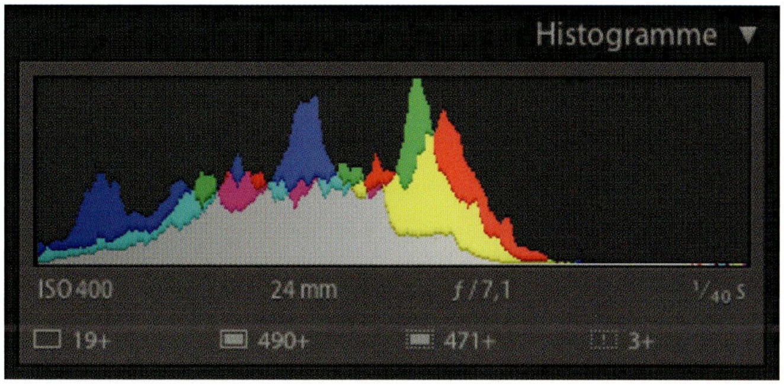

Étape 5

Il y a également une signalétique au niveau des vignettes. En mode en ligne, lorsque les originaux sont disponibles, rien de particulier n'est affiché. En mode hors ligne, lorsque les originaux ne sont plus disponibles, un pavé plein à bord pointillé s'affiche dans le coin supérieur droit des vignettes. Dès reconnexion des originaux, il disparaît, le flux de travail rebasculant automatiquement sur les originaux.

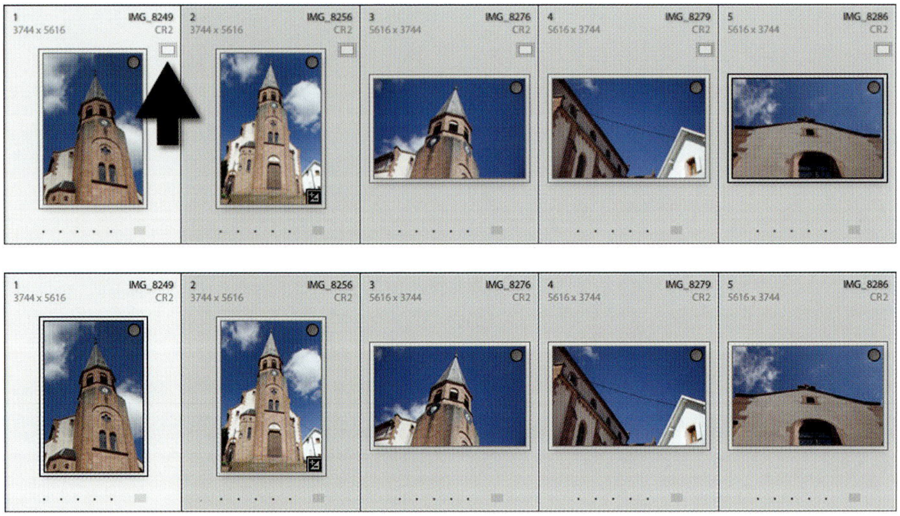

Remarque : Lightroom ne propose pas à l'heure actuelle de commande ou de bouton pour passer de but en blanc de l'original à l'aperçu dynamique et inversement. Pour cela, il faut déconnecter ou reconnecter le disque dur sur lequel se trouvent les fichiers.

Étape 6

Lorsque vous cliquez sur le pavé dans la vignette d'un aperçu dynamique, une boîte de dialogue vous informe du statut du fichier, et vous propose éventuellement de rechercher l'original via une boîte de dialogue du système lorsque vous cliquez sur Rechercher. Cette dernière possibilité n'est, dans la pratique, guère utile, puisque l'original est censé être hors ligne.

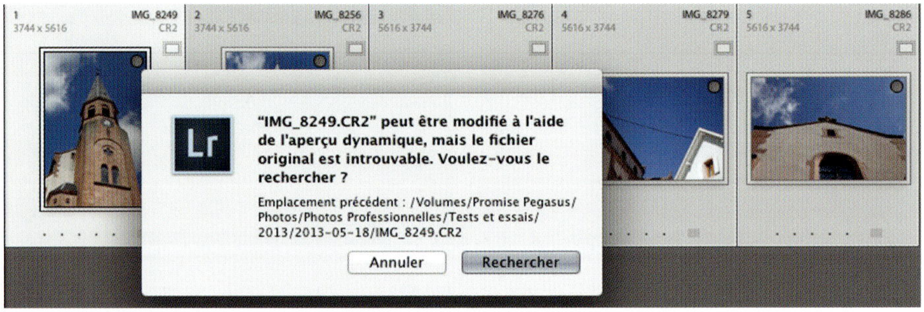

Étape 7

Vous pouvez rassembler les images pourvues (ou non pourvues) d'aperçus dynamiques avec une collection dynamique (exercice 11), en sélectionnant les règles « Dispose d'un aperçu dynamique » + « est vrai » (ou « est faux » si vous ne voulez rassembler que les images dépourvues d'aperçus dynamiques). Le « Filtre de bibliothèque » permet également de filtrer les images avec ou sans aperçus dynamiques.

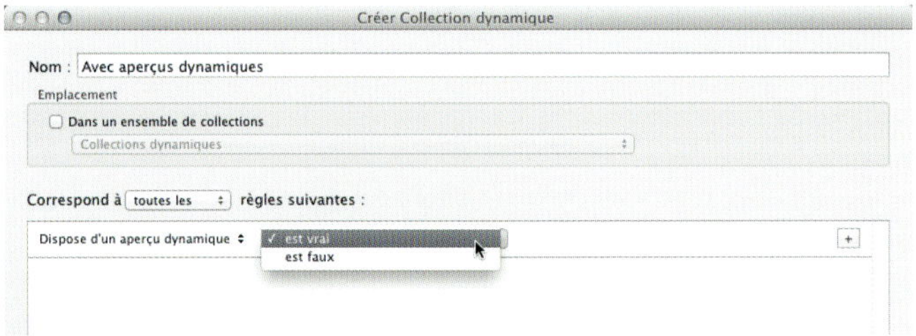

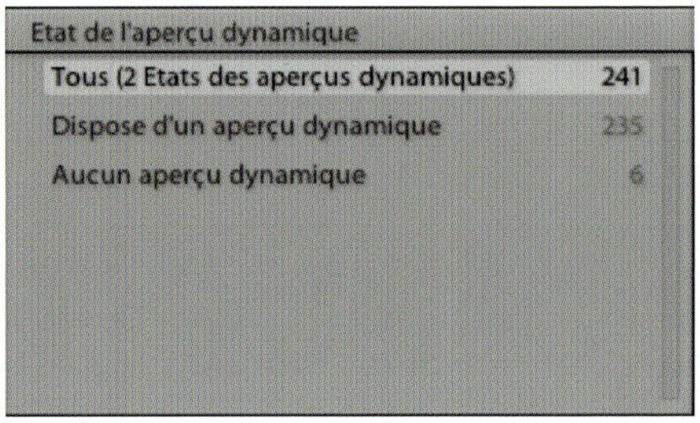

Étape 8

Les aperçus dynamiques sont stockés dans le même dossier que le catalogue, que vous pouvez afficher en ouvrant les « Paramètres du catalogue », onglet Général, en cliquant sur Afficher (exercice 01). Les aperçus dynamiques sont des fichiers DNG de taille modeste (2 560 pixels maximum sur le bord large, jusqu'à 3 Mo en fonction du fichier RAW d'origine), stockés dans des sous-dossiers.

La suppression du dossier Smart Previews.lrdata n'affecte aucunement le fonctionnement du catalogue, la seule conséquence étant la disparition de vos aperçus dynamiques.

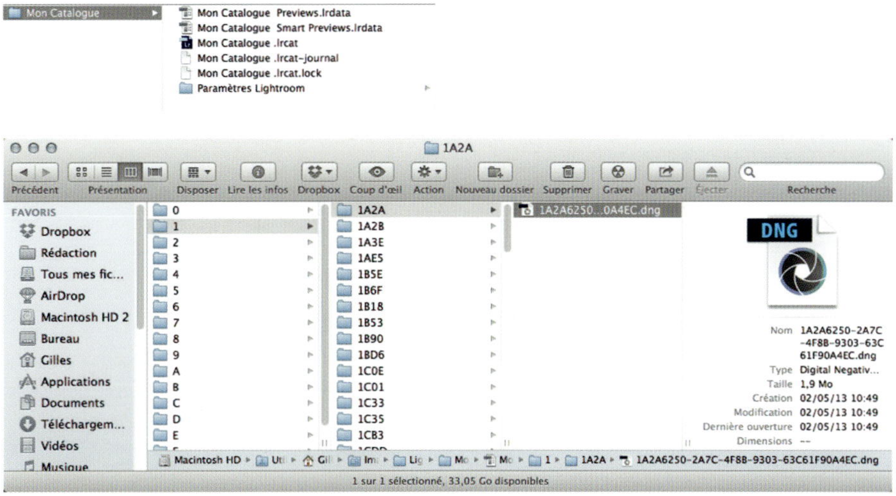

Conclusion : le nouveau flux de travail hors ligne de Lightroom 5, basé sur les aperçus dynamiques, marque très probablement un tournant dans le rôle et l'utilisation du logiciel. Même si le principe n'est pas nouveau, de nouvelles perspectives d'utilisation s'ouvrent au photographe. En effet, là où certains espéraient un jour une version multi-utilisateurs du logiciel, ce qui aurait exigé un changement de système de base de données et une refonte complète de l'architecture, Adobe privilégie un autre besoin essentiel : la mobilité.

- La taille réduite des aperçus et la réversibilité des corrections, puisqu'il s'agit de fichiers DNG compressés, vont permettre au photographe d'emporter partout avec lui l'essentiel de sa photothèque alors que, jusqu'à présent, il avait le choix entre une quantité limitée d'originaux ou une pile de disques durs externes.
- Cette technologie va continuer à se développer – Lightroom 5 n'est que le premier pas – et probablement autoriser le partage via le *cloud*. Ainsi, il est fort probable que Lightroom soit un jour accompagné d'applications permettant de gérer et traiter les aperçus dynamiques sur des tablettes numériques ou même des smartphones. À l'heure où ces lignes ont été rédigées, les responsables de l'équipe de développement Lightroom s'étaient clairement exprimés à ce propos.
- Une autre possibilité qui pourrait voir le jour rapidement est l'implantation d'un mode « Brouillon », qui permettrait de choisir, par l'intermédiaire d'une simple commande dans un menu, de basculer à l'envi sur les aperçus dynamiques ou les originaux (pour compenser la faiblesse d'un ordinateur, par exemple), alors que le système actuel est purement automatique, basé sur la présence ou pas des fichiers originaux.

Partie 6

Diffuser ses images

Il est temps maintenant de diffuser et publier vos photos. Cette dernière partie est consacrée aux modules de sortie de Lightroom (Livres, Diaporama, Impression et Web), ainsi qu'au menu « Exporter les fichiers » et aux services de publication. Vous y trouverez également un exercice sur l'épreuvage à l'écran, que nous avons jugé opportun de placer ici, juste avant l'exercice consacré à l'impression.

Si vous venez d'une version antérieure à Lightroom 4, un changement important est la manière de gérer les projets en cours dans les différents modules de sortie. Le principe des collections spécifiques existe toujours, mais le processus de création est différent : dans chaque module, vous disposerez d'une commande d'enregistrement du projet qui créera une collection dans le panneau Collections, avec une icône appropriée. Tous ces modules regorgent d'outils ; le but de cette partie n'est pas de vous montrer comment créer un site web ou un livre photo de A à Z, mais d'attirer votre attention sur des outils et des notions qui vous aideront à avancer. Le menu Exporter sera traité en détail ; nous mettrons l'accent sur les réglages les plus importants et ceux qui peuvent paraître obscurs, avant d'aborder les outils offerts pour accélérer le flux de travail.

Famille Bishnoï (Inde), Nikon D700, 105 mm f/2,8, 1/250 s, f/3,2, 400 ISO @ Céline Jentzsch

Exercices

52 Le menu Exporter

Exporter est, fort logiquement, la dernière étape du flux de travail dans Lightroom – en réalité l'une des dernières puisque le travail peut aussi se poursuivre dans un des modules de sortie (Impression, Diaporama, etc.). Nous n'allons pas détailler ici tous les outils du menu Exporter, mais mettre l'accent sur ses options les plus importantes et sur certaines fonctions moins évidentes. Nous nous intéresserons ensuite à la meilleure manière de les configurer pour accélérer et automatiser le travail dans le menu Exporter, notamment grâce aux paramètres prédéfinis qui vont prendre ici tout leur sens.

Étape 1

Pour lancer le menu Exporter, le plus simple est de faire un clic droit sur une image ou sur un groupe d'images et de choisir Exporter dans le menu contextuel. Vous pouvez aussi aller dans le menu **Fichier>Exporter**. Nous reviendrons plus tard sur la fonction « Exporter avec les réglages précédents » qui permet de relancer une exportation sans passer par le menu Exporter, et sur l'exportation conditionnée par des paramètres prédéfinis.

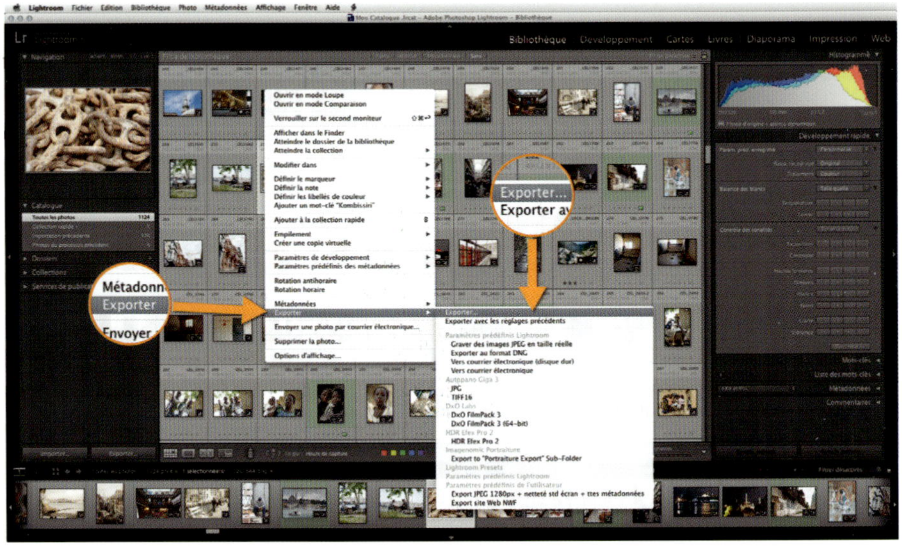

Étape 2

La zone principale du menu Exporter contient toutes les options et tous les outils regroupés en sections, que l'on peut ouvrir ou fermer en cliquant sur la flèche près de l'intitulé de chacune (lorsqu'une section est fermée, un récapitulatif des réglages est rappelé dans la barre à droite). La zone « Paramètre prédéfini », en haut à gauche, permet de créer et gérer des paramètres prédéfinis d'exportation. La zone « Actions de post-traitement », en bas à gauche, contient les outils de certains modules externes qu'on peut mêler à ceux de Lightroom.

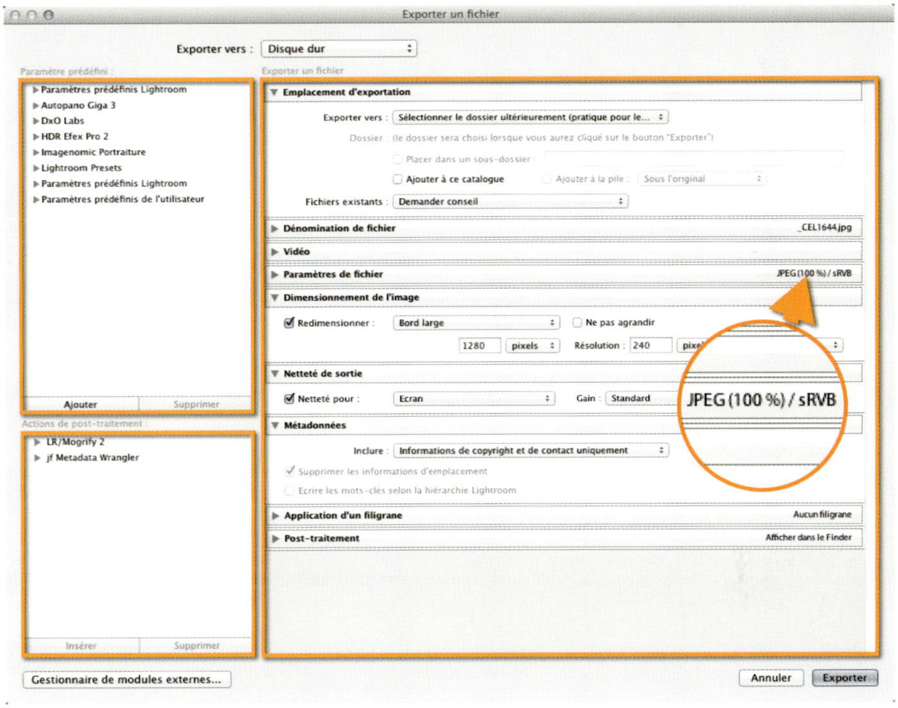

Étape 3

Le menu déroulant « Exporter vers : », dans le bandeau supérieur, a trois options : « Courrier électronique » (exercice 59), « Disque dur », pour toute exportation quelle que soit la destination, et « CD/DVD » pour graver les images. Certains modules externes installent également une commande dans cette liste.

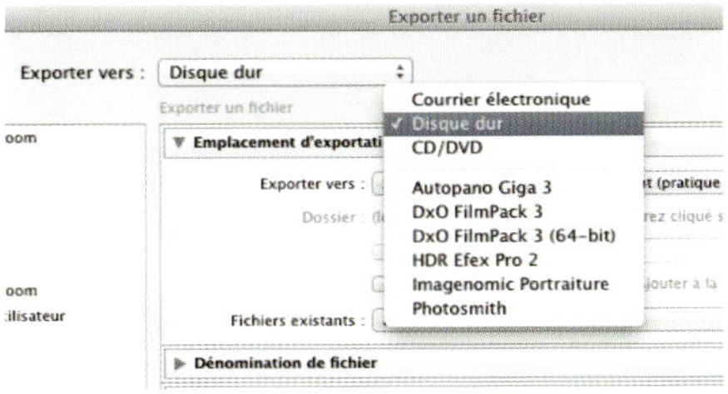

Étape 3

Étape 4

« Emplacement d'exportation » est une section importante : on y choisit le dossier de destination. Les fonctions sont assez classiques, avec possibilité de créer des sous-dossiers à la volée. Mais des points demandent à être clarifiés. Dans le menu « Exporter vers », on trouve, entre autres, les options :

- « Dossier spécifique » : vous pouvez indiquer n'importe quel dossier de destination ou en choisir un dans la liste du bouton Sélectionner. Si vous cochez « Ajouter à ce catalogue », le nouveau dossier et ses images seront automatiquement importés ;
- « Sélectionner le dossier ultérieurement » : si vous créez des paramètres prédéfinis d'exportation, vous ne savez pas forcément où vos images seront exportées, cette option laisse le choix de la destination.

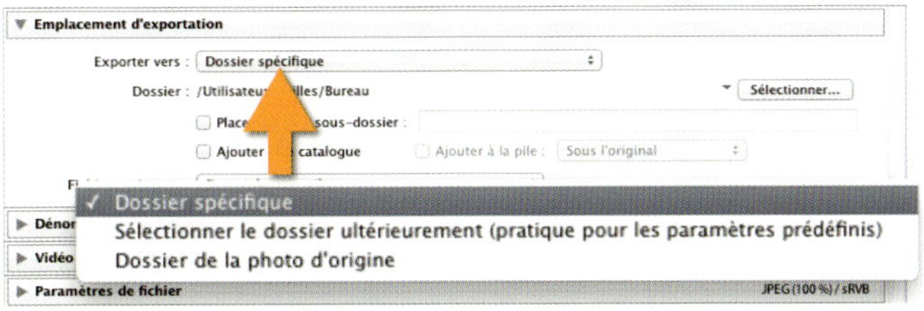

Étape 4

Étape 5

Vous pourrez choisir « Dossier de la photo d'origine » pour réimporter dans le catalogue les images exportées, et plus précisément dans le dossier des images originales (cochez « Ajouter à ce catalogue »). Empilez les images réimportées sur ou sous les originaux via « Ajouter à la pile » (choisissez l'empilement dans le menu à droite – option inactive si export à partir d'une collection). « Fichiers existants » contrôle l'écrasement de fichiers déjà exportés ; laissez-le sur « Demander conseil » : en cas de risque, Lightroom proposera de renommer les fichiers ou de remplacer les précédents.

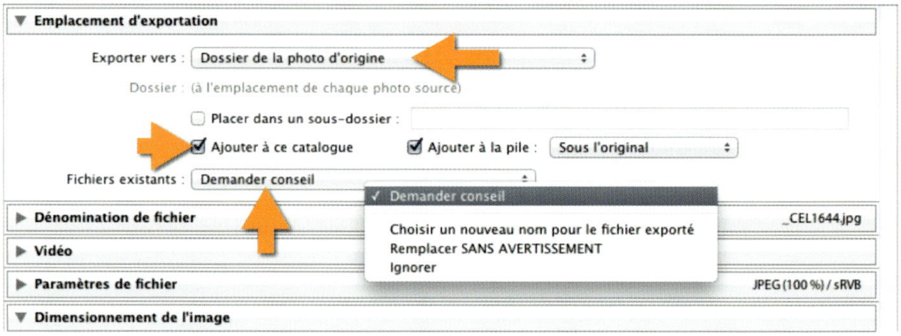

Étape 6

Dans « Paramètres de fichier », choisissez le format JPEG, PSD, TIFF, DNG ou Original. Déterminez la qualité du JPEG (65 est admis pour correspondre à 8 dans Photoshop) et son espace colorimétrique. Le bouton « Limiter la taille de fichier à : » oblige Lightroom à produire des JPEG de taille inférieure à la valeur en Ko saisie. Pour les PSD et TIFF, choisissez l'espace colorimétrique et la profondeur en bits. Pour le TIFF, vous disposez d'une fonction de compression et la préservation des transparences. Bien que le PNG soit pris en charge dans la version 5, on ne peut exporter à ce format.

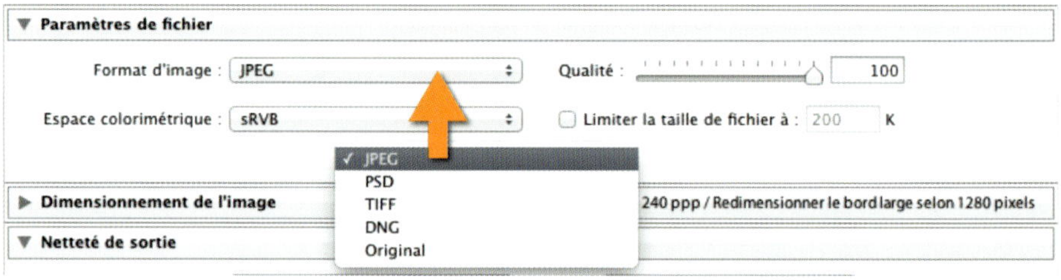

Étape 7

Les autres formats sont le DNG et Original, lequel permet d'exporter un duplicata au même format que l'image originale : par exemple pour un fichier NEF (RAW Nikon), vous exporterez un NEF identique incluant dans le fichier annexe XMP les corrections effectuées dans Lightroom, qui pourront être reprises dans une autre session du programme ou de Camera Raw. Seul l'historique et le filigrane de copyright ne seront pas du voyage. Quant au DNG et aux vidéos, reportez-vous aux exercices 22 et 23.

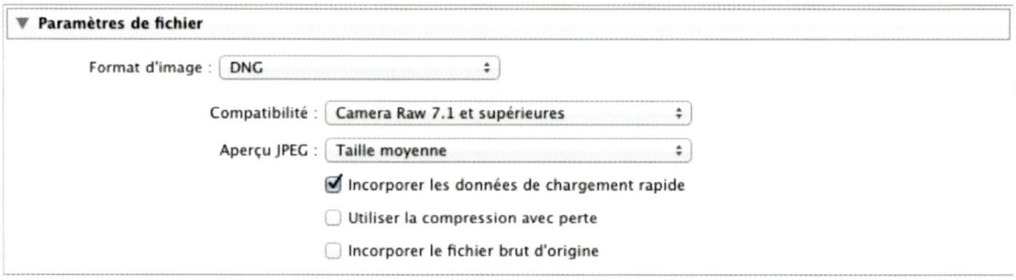

Étape 8

Le dimensionnement peut poser problème aux non-initiés. Pour exporter à des dimensions précises, choisissez « Largeur et hauteur » dans le menu Redimensionner. Si vous voulez une image de 50 × 75 cm pour un tirage, saisissez ces dimensions sans oublier de sélectionner « cm ». Bien sûr, veillez à ce que l'original ait les proportions adéquates et soit de résolution suffisante. La résolution est réglée par défaut à 240 ppp, inutile d'y toucher sauf si vous avez des besoins précis.

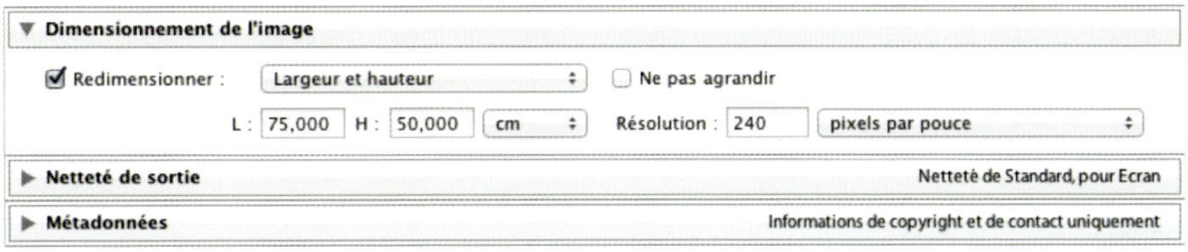

Étape 9

Autre exemple : pour exporter des images dont le bord le plus large ne doit pas dépasser 1 280 pixels, choisissez « Bord large » et entrez « 1280 » dans le champ de saisie (en pixels). Si vous cochez « Ne pas agrandir », les images d'une taille inférieure à 1 280 pixels ne risqueront pas d'être « gonflées » jusque-là. Cette fonction est très utile si vous exportez un lot d'images de différentes tailles.

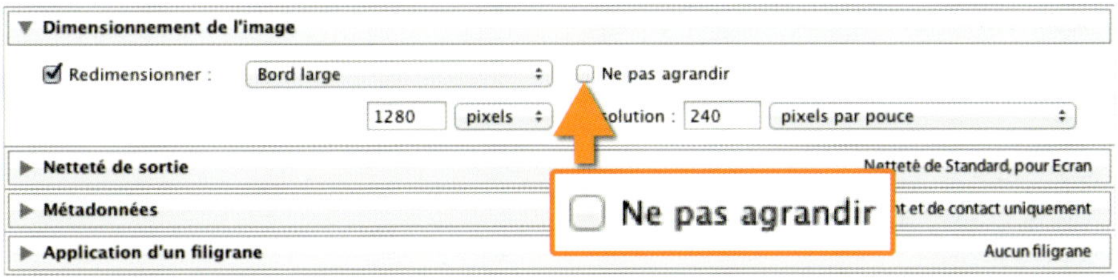

> **Remarque** : le redimensionnement est inaccessible pour les formats DNG et Original.

Étape 10

La section « Netteté de sortie » permet d'accentuer l'image en fonction de sa destination (affichage à l'écran, impression), de ses dimensions et de sa résolution. Cette accentuation s'ajoute aux renforcements de netteté exécutés dans le module Développement, sans aucune corrélation entre elles. Vous avez le choix entre des réglages pour l'écran et pour du papier mat ou brillant, avec un gain à trois niveaux : Faible, Standard, Élevée. Si vous ne voulez pas d'accentuation, décochez le bouton « Netteté pour ».

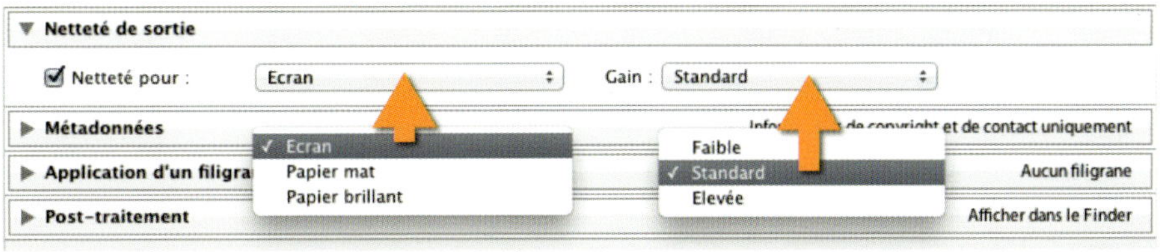

> **Remarque** : la netteté de sortie est indisponible pour les formats DNG et Original.

Étape 11

La section Métadonnées comporte deux options et un menu pour choisir les métadonnées exportées avec les images, avec les options :

- « Copyright uniquement » : seuls les champs « Copyright » des métadonnées IPTC seront joints ;
- « Informations de copyright et de contact uniquement » : seuls les champs Copyright et « Contact des métadonnées IPTC » seront joints ;
- « Tout sauf les informations sur l'appareil et sur Camera Raw » : toutes les métadonnées seront jointes, sauf les EXIF liées à la prise de vue et au traitement des images ;
- « Toutes les métadonnées » : aucune restriction.

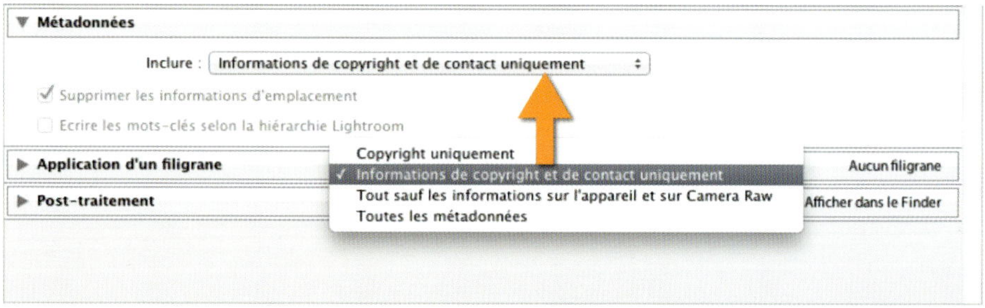

> **Remarque** : ces options ne sont pas disponibles pour les formats DNG et Original.

Étape 12

Dans cette section on trouve aussi :

- « Supprimer les informations d'emplacement » : les métadonnées de géocodage ne sont pas incluses à l'exportation (option indisponible pour les fichiers DNG ou Original) ;
- « Écrire les mots-clés selon la hiérarchie Lightroom » : préserve la hiérarchie enfants> parents, mais tous les logiciels ne savent pas interpréter les mots-clés hiérarchiques.

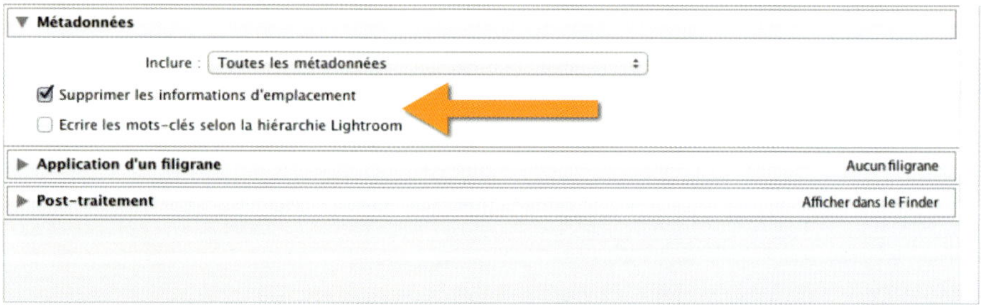

Étape 13

La section Post-traitement permet de lancer une action après exportation. On peut ouvrir les images dans le programme de son choix ou ne rien faire ! Nous vous conseillons de vérifier vos images fraîchement exportées avec l'application de votre choix ou, pour simplifier, dans Windows Explorer (PC) ou dans le Finder (Mac).

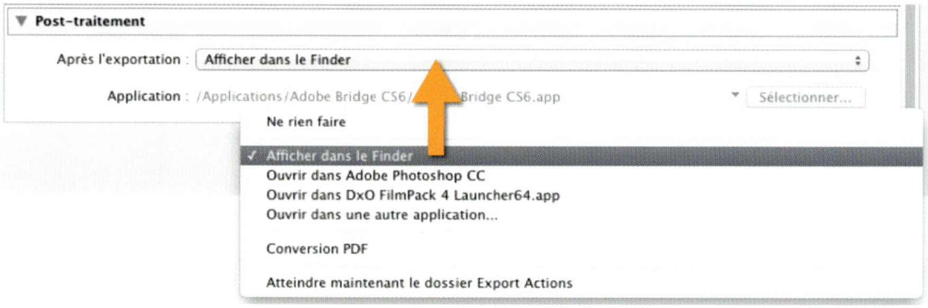

> **Remarque** : cette section vous permet également de faire fonctionner des scripts Photoshop enregistrés sous forme de *droplets* (exercice 49).

Étape 14

Pour automatiser le processus d'exportation, vous pouvez créer un paramètre prédéfini à partir de n'importe quel ensemble de réglages dans les sections du menu Exporter. La procédure est très simple : après avoir effectué tous les réglages, cliquez sur Ajouter, sous la section « Paramètre prédéfini », en haut à gauche. Dans la boîte de dialogue, saisissez un nom et choisissez le dossier « Paramètres prédéfinis de l'utilisateur » (vous avez également la possibilité de créer d'autres dossiers). Pour garder le libre choix d'un dossier de destination, n'oubliez pas de choisir « Sélectionner le dossier ultérieurement » dans la section « Emplacement d'exportation » (voir l'étape 4).

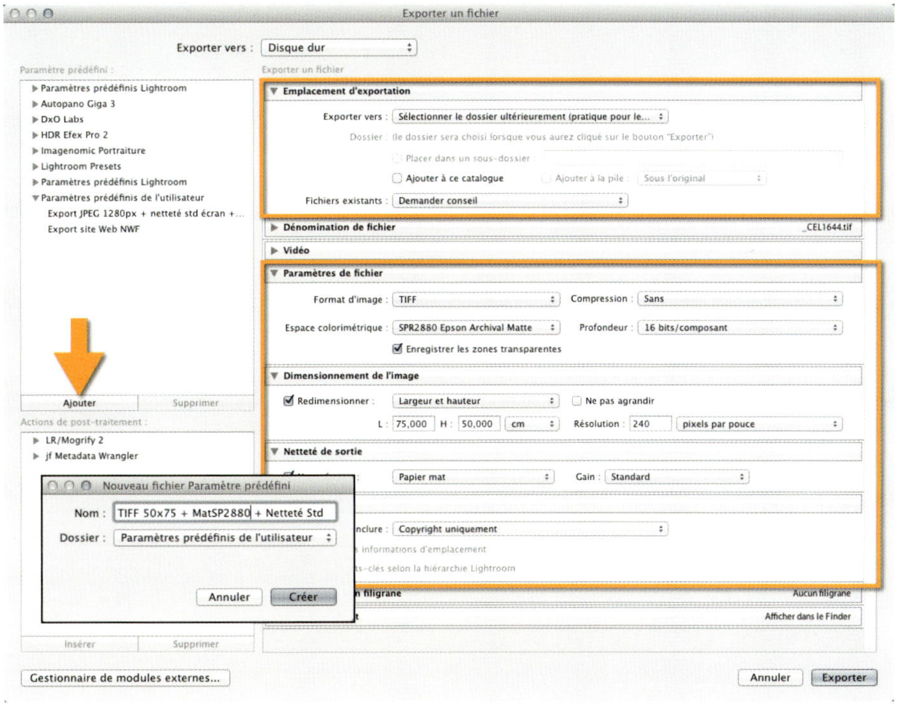

Étape 15

Les paramètres prédéfinis d'exportation sont affichés dans la section « Paramètre prédéfini » du menu Exporter. Vous trouverez ceux livrés avec Lightroom et les vôtres dans le dossier « Paramètres prédéfinis de l'utilisateur ». Il suffit de cliquer sur l'un d'entre eux pour reconfigurer le menu Exporter et exporter les images conformément aux réglages enregistrés.

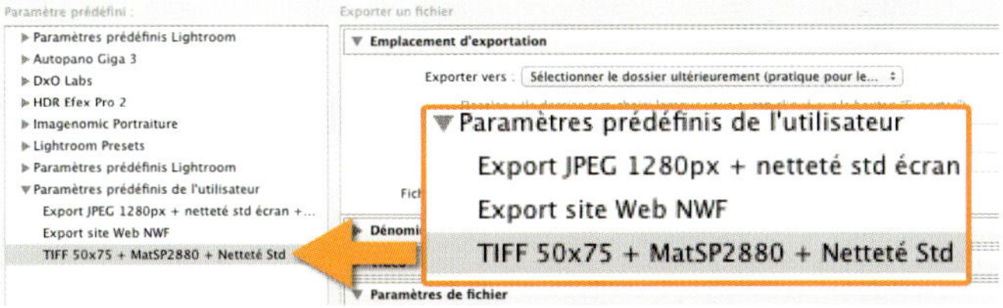

Étape 16

Pour exporter directement avec un paramètre prédéfini, faites un clic droit sur une image ou un groupe d'images, sélectionnez Exporter, puis le paramètre prédéfini dans le menu contextuel. L'exportation sera directe, sans avoir à ouvrir le menu Exporter.

Étape 17

Si vous devez exporter des images avec les mêmes réglages que la fois précédente, vous n'avez pas besoin de relancer le menu Exporter ou de sélectionner encore une fois le même paramètre prédéfini : il suffit de choisir **Exporter>Exporter avec les réglages précédents**.

Vous pouvez lancer plusieurs exportations en parallèle – tout dépend de la puissance de votre ordinateur – mais en tout cas, durant chaque exportation en cours, vous pourrez revenir travailler dans Lightroom.

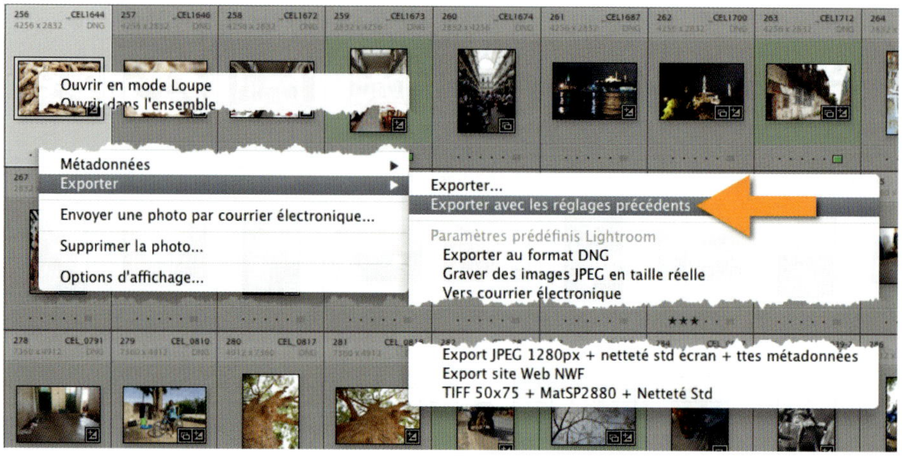

Étape 18

Si vous avez installé un module externe dont les outils s'utilisent à l'exportation, vous le trouverez dans la section « Actions de post-traitement ». Les outils de ce module externe seront affichés sous forme de liste. Pour les insérer dans les options du menu Exporter, faites une sélection dans la liste puis cliquez sur le bouton Insérer situé sous la section : l'outil sélectionné se retrouvera sous forme de section additionnelle dans la zone principale.

Bien entendu, vous pouvez créer un paramètre prédéfini combinant les options originales de Lightroom et celles du module externe.

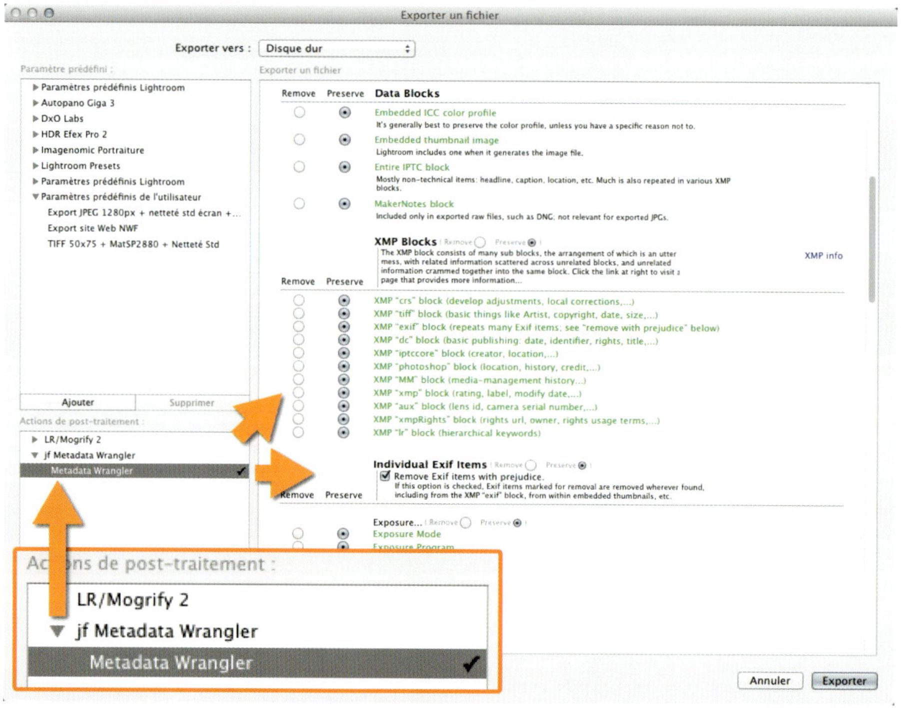

> **Conclusion** : le travail dans le menu Exporter peut vite devenir répétitif – éditer, exporter, modifier, exporter. N'hésitez pas à configurer ce menu et à abuser des paramètres prédéfinis, vous gagnerez un temps considérable.

53 L'épreuvage à l'écran

Lightroom propose l'épreuvage à l'écran, une méthode qui permet de simuler le rendu d'un tirage papier sur un moniteur calibré avant d'imprimer. Plus connu sous son terme anglais, le *softproofing* consiste à charger le profil ICC du papier sur lequel vous allez imprimer et de vérifier à l'écran si les couleurs sont toutes reproductibles, si le contraste est correct, et permet aussi d'entreprendre les corrections éventuelles. L'épreuvage à l'écran exige bien entendu que le moniteur et même toute la chaîne jusqu'à l'imprimante soient calibrés.
Cette fonction fait partie du module Développement mais, par simple bon sens, nous avons décidé de placer l'exercice dans cette section, juste avant celui consacré à l'impression (exercice 54).

Étape 1

Pour démarrer l'épreuvage écran, passez dans le module Développement. Masquez le panneau latéral gauche pour gagner de la place puis cliquez sur « Épreuvage écran » : le fond du panneau central d'affichage va passer du gris au blanc et un panneau « Épreuvage écran » va se substituer au panneau Histogramme. L'histogramme reste présent mais avec quelques modifications (nous y reviendrons). Le fond blanc a deux rôles : d'une part, sa présence va rendre la perception de l'image plus sombre, pour la rapprocher le plus possible de l'aspect sur papier (toujours moins lumineux qu'un écran), d'autre part, il sera possible de simuler le blanc du type de papier choisi, dont nous savons tous qu'il varie d'une référence ou d'une marque à une autre, du bleuté au jaunâtre.

Étape 2

Le fond blanc dépend du profil ICC du papier, et sa justesse de la qualité de ce profil. Si son intensité ne vous convient pas, faites un clic droit sur le fond et changez sa valeur dans le menu contextuel. Vous pouvez également supprimer temporairement l'affichage de l'application en appuyant sur la touche L : vous ne verrez plus que l'image sur le fond blanc.

Étape 3

Le panneau « Épreuvage écran » se décompose de la manière suivante :

- un histogramme : les indicateurs d'écrêtage sont remplacés par un indicateur de couleurs hors gamme du moniteur (coin supérieur gauche) et de la destination (à droite) ;
- le bouton « Créer une copie d'épreuve », qui permet de créer une copie virtuelle d'épreuve avec attribution du profil ICC du papier ;
- la section « Profil et Mode », qui permet de sélectionner un profil ICC et un mode de rendu (Perception ou Relatif) ;
- l'activation de la simulation encre et papier.

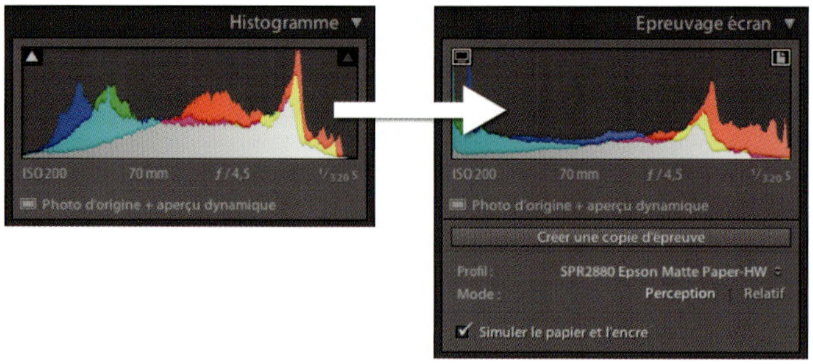

Étape 4

À condition d'avoir des profils ICC déjà installés sur votre ordinateur (en général avec le pilote de l'imprimante), vous pouvez en choisir un dans le menu déroulant **Profil>Autres**. Sélectionnez les profils dans la boîte de dialogue du système ; après que vous aurez validé en cliquant sur OK, ces profils resteront dans la liste du panneau « Épreuvage écran ».

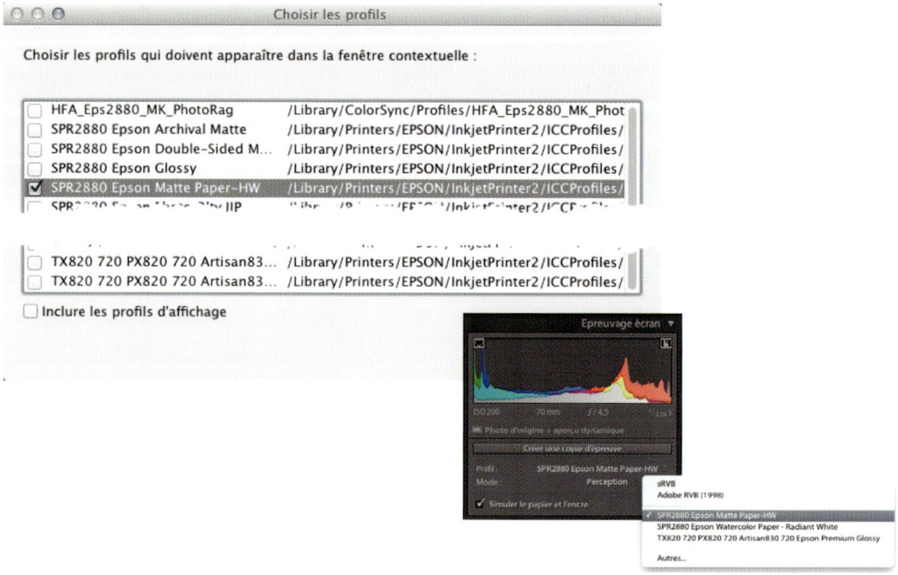

Étape 5

Le rendu Perception s'utilise pour des photos aux couleurs très saturées avec beaucoup de teintes hors gamme : il essaye de les rentrer dans l'espace colorimétrique en préservant au mieux les relations entre les teintes. Le rendu Relatif ajuste les couleurs hors gamme au plus près des couleurs reproductibles (ou imprimables). Si la photo doit être exportée, choisissez le mode Relatif (le menu Exporter permet de choisir un profil mais pas le rendu) ; si vous imprimez, le choix peut également se faire dans le module Impression.

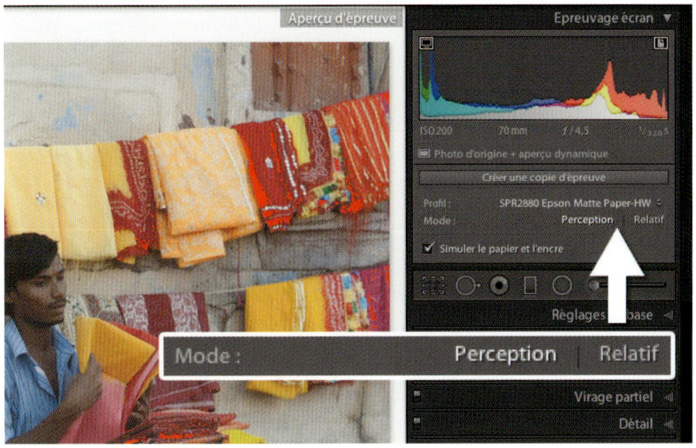

Étape 6

Les indicateurs de l'histogramme permettent d'afficher dans l'image les couleurs hors gamme du moniteur, en bleu, et de la destination (support papier), en rouge. Pour supprimer les couleurs hors gamme de destination, essayez de diminuer la saturation des zones concernées avec les outils de traitement couleur du module Développement, ou cherchez un profil ICC de meilleur qualité, soit sur le site du fabricant du papier, soit via un prestataire spécialisé – à moins que vous ne soyez équipé pour réaliser des profils personnalisés.

Étape 7

Pratiquer l'épreuvage dans le module Développement permet de faire directement des corrections de couleurs et de contraste pour diminuer au maximum les zones hors gamme. Ici, nous avons baissé les réglages de saturation et vibrance. Lightroom propose de créer une copie d'épreuve. Cliquez sur « Créer une copie d'épreuve » (le menu offre d'utiliser l'original comme épreuve mais, pour clarifier le flux de travail, nous vous conseillons de créer des copies – vous aurez aussi plusieurs versions de travail). Vous pouvez créer une copie d'épreuve à tout moment en cliquant sur le bouton adéquat dans le panneau « Épreuvage écran ».

Étape 8

La copie d'épreuve se présente sous forme d'une copie virtuelle et est identifiable grâce à son nom de copie incluant le nom du profil ICC du type de papier sélectionné. Les collections dynamiques (exercice 11) permettent de regrouper les copies d'épreuve (**Développer>Est une épreuve**) et, depuis Lightroom 5, d'utiliser les règles **Couleur>Profil colorimétrique source** ou **Couleur>Mode colorimétrique source**.

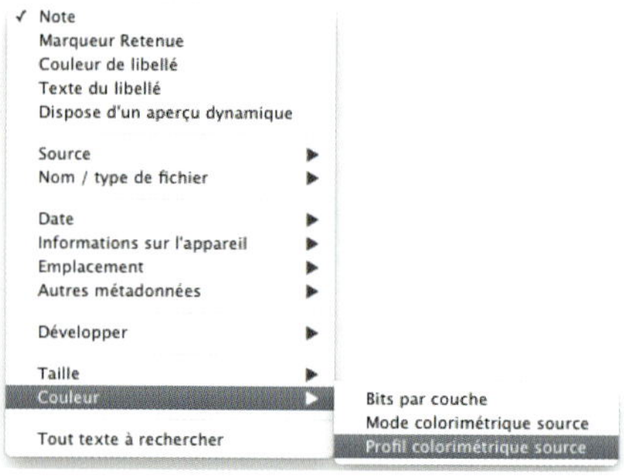

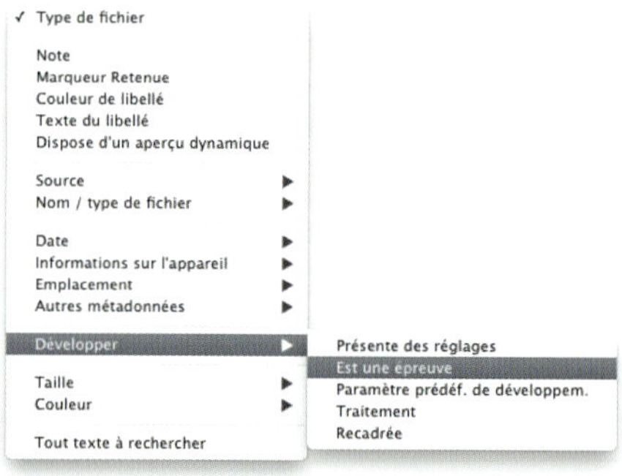

Étape 9

Nous vous conseillons de vous servir des modes d'affichage Avant/Après pour comparer l'image originale, et son aspect dans le cadre de l'épreuvage. Dans ce cas, un menu supplémentaire Avant s'affiche dans la barre d'outils : lorsqu'une copie d'épreuve est sélectionnée, la vue de gauche montre la « Photo principale », c'est-à-dire l'image originale incluant les corrections faites dans Lightroom, et la vue de droite montre la copie d'épreuve avec application du profil ICC et du mode de rendu choisis.

> **Conclusion** : dès que l'épreuvage est terminé, vous pouvez basculer dans le module Impression pour les tirages papier. Dans ce cas, les réglages de gestion des couleurs doivent être faits conformément à vos choix effectués lors de l'épreuvage à l'écran. Pour en savoir plus, passons à l'exercice suivant.

54 Imprimer ses photos

Le module Impression de Lightroom est très certainement l'une des interfaces les plus abouties et les plus complètes de tous les logiciels capables d'imprimer des images. Il est pourvu d'outils de mise en page accompagnés d'un grand choix de modèles complémentaires, aussi bien pour des photos uniques que pour plusieurs photos par page. Des curseurs Luminosité et Contraste, présents depuis Lightroom 4, aident à compenser la sensation de tirages trop sombres par rapport à l'écran. Cette solution s'adresse avant tout à ceux qui ne calibrent pas leur chaîne graphique et qui n'utilisent pas la fonction d'épreuvage à l'écran que nous avons vue à l'exercice précédent.

Cet exercice a pour but de vous donner quelques notions de base avant de vous lancer dans l'impression des photos.

Étape 1

Le module Impression propose trois styles de disposition, à choisir dans le panneau Disposition, en haut du panneau de droite :

- « Une seule image/planche contact » : impression d'une seule image ou de plusieurs dans une grille. C'est l'option la plus courante ;
- « Collection d'images » : impression multiple de la même photo en différentes tailles, sans placement libre. Cette option s'adresse plus particulièrement aux portraitistes, photographes de mariage ou photographes scolaires ;
- « Collection personnalisée » : mise en page libre de différentes photos à l'aide de cellules indépendantes.

Étape 2

Le module Impression dispose d'un « Explorateur de modèles » avec 27 modèles différents incluant planches-contacts, triptyques, chevauchements personnalisés, cellules multiples, etc. Vous pouvez avoir un aperçu de ces modèles en les survolant avec la souris. Vous pouvez aussi créer des modèles personnalisés et les enregistrer en cliquant sur le bouton « + » : une boîte de dialogue vous invitera à saisir le nom du modèle et à l'enregistrer dans vos dossiers Modèles utilisateur.

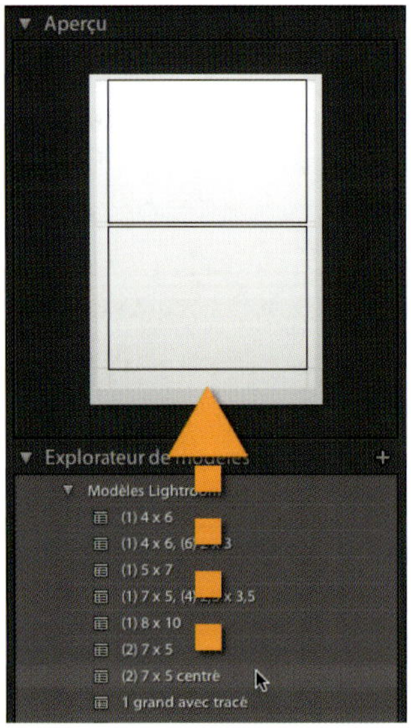

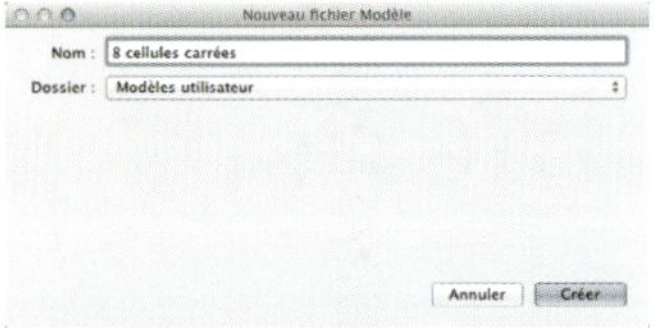

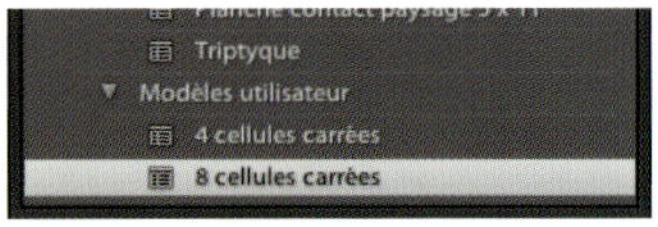

Étape 3

En ce qui concerne le flux de travail dans le module Impression, pensez d'abord aux réglages de mise en page du pilote d'imprimante, que vous pouvez effectuer en cliquant sur le bouton « Mise en page » en bas du panneau latéral gauche. Dans la boîte de dialogue, réglez la taille du papier, l'orientation et l'échelle (en général 100 %). Cliquez sur OK pour valider : si vous avez changé l'orientation de vertical à horizontal (ou inversement) dans les réglages, l'image affichée dans le module Impression pivotera en conséquence.

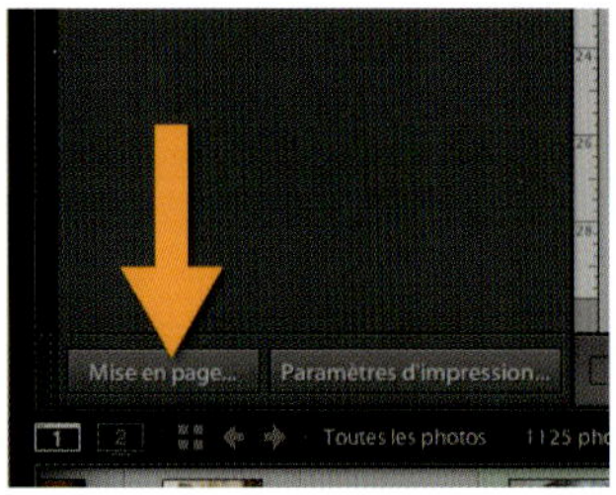

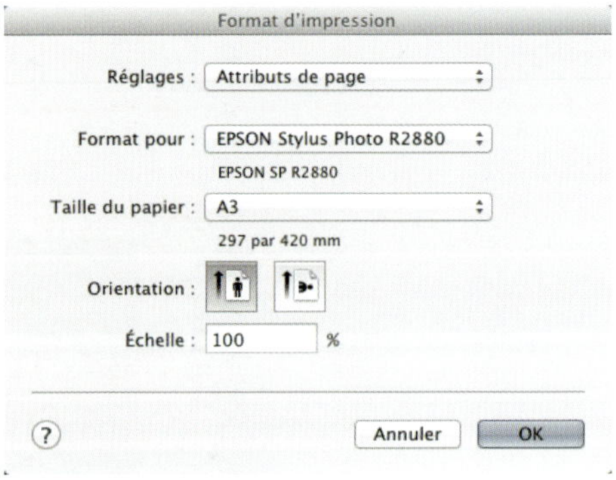

Étape 4

Le panneau latéral de droite contient tous les outils de mise en page et de personnalisation des photos : marges, quadrillage, taille des cellules, affichage des repères (marges, gouttières, fond perdu), couleur d'arrière-plan, incrustation de la plaque d'identité, d'un filigrane (copyright ou logo) ou d'informations en provenance des métadonnées IPTC de l'image.

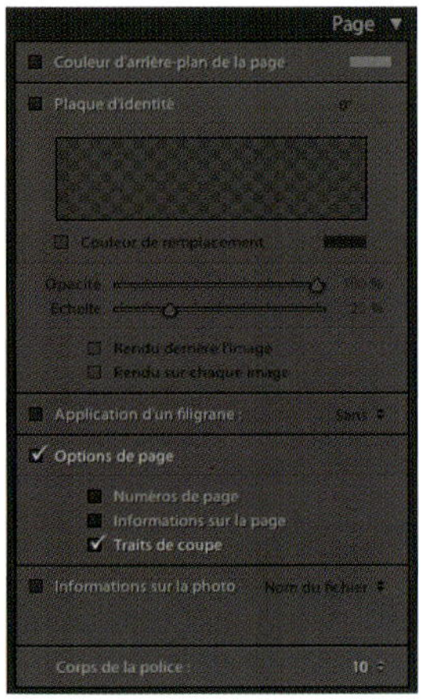

Étape 5

La barre d'outils offre des commandes pour sélectionner les images du « Film fixe » à utiliser (« Photos sélectionnées », « Photos marquées » ou toutes les photos). Si votre travail d'impression concerne plusieurs photos et s'étale sur plusieurs pages, vous trouverez également des outils de navigation (flèches « Page précédente »/« Page suivante », retour à la première page). Si votre projet comporte un très grand nombre de pages, vous pouvez vous rendre directement à une page de votre choix en cliquant sur l'intitulé « Page x sur x », à droite, et en saisissant le numéro de page dans la boîte de dialogue.

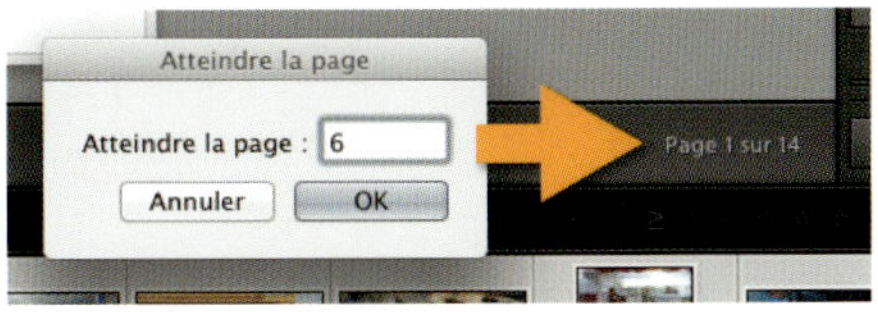

Étape 6

En mode « Collection personnalisée », vous pouvez faire glisser les images du « Film fixe » dans la page, les agrandir ou les réduire à la souris en saisissant le cadre des cellules, les déplacer et les repositionner à votre guise. N'oubliez pas que vous pouvez enregistrer à tout moment le modèle de mise en page (voir l'étape 2).

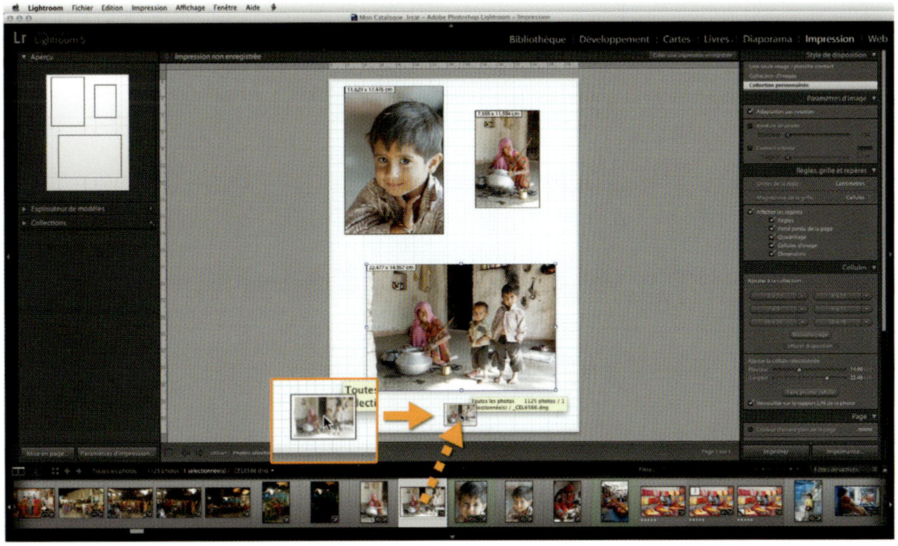

Étape 7

Vous pouvez ajouter des pages et créer des cellules dans le panneau Cellules, situé à droite. Chaque bouton propose un format prédéfini, que vous pouvez changer ou remplacer par un format personnalisé dans le menu contextuel accessible via la petite flèche située à droite de chaque bouton. Après avoir créé plusieurs cellules, il ne vous restera plus qu'à y déposer des images en provenance du « Film fixe ».

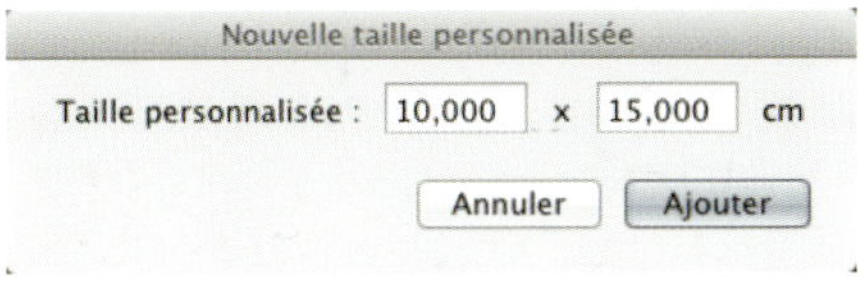

Étape 8

Un clic droit sur une cellule ouvre un menu contextuel où des options permettent de reléguer la photo à l'arrière ou à l'avant-plan, dans le cas de chevauchement d'images, de faire piloter la cellule ou de faire en sorte qu'elle s'adapte exactement au rapport L/H de la photo. La commande « Ancrer la cellule » permet de placer une cellule au même endroit dans toutes les autres pages. Vous l'utiliserez principalement pour joindre un logo ou une signature.

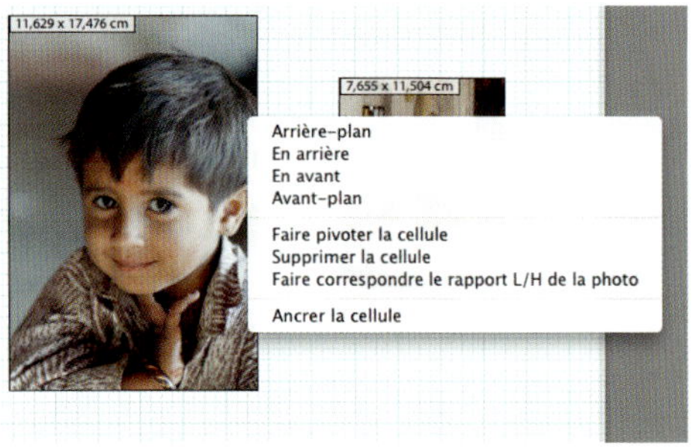

Étape 9

Comme c'est la règle dans les autres modules de sortie (Livres, Diaporama et Web), enregistrez votre projet en allant dans la barre supérieure du panneau central puis en cliquant sur « Créer une impression enregistrée ». Cette action entraînera la création d'une collection spécifique au module Impression, qui apparaîtra dans le panneau Collections, à gauche.

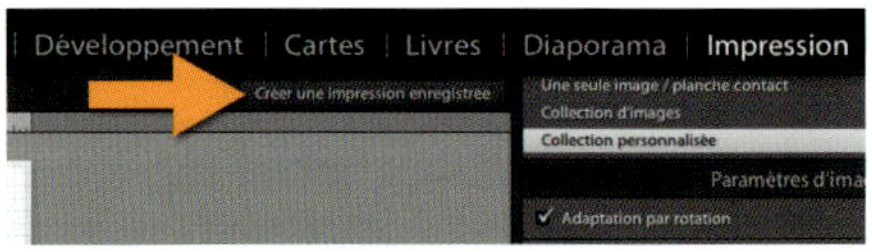

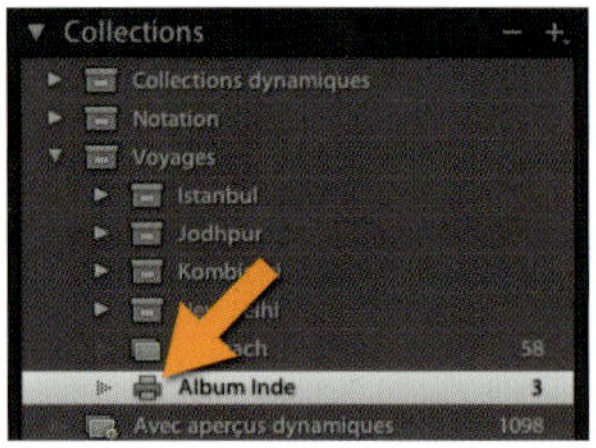

Étape 10

Le panneau « Travaux d'impression » est divisé en quatre parties principales :

- « Imprimer au format » : impression classique ou conversion JPEG (étape 11), avec choix de la résolution, de la qualité et des dimensions ;
- « Impression en mode brouillon » : épreuves rapides basées sur l'aperçu ;
- « Résolution et netteté » : choix de la résolution et du degré d'accentuation (étape 12). La résolution par défaut est de 240 ppp (max 1 440 ppp, alerte dès 480 ppp). La sortie 16 bits, pour de meilleures gradations, ne concerne que le Mac et certaines imprimantes ;
- « Gestion des couleurs et réglage d'impression » : voir les étapes 13 et 14.

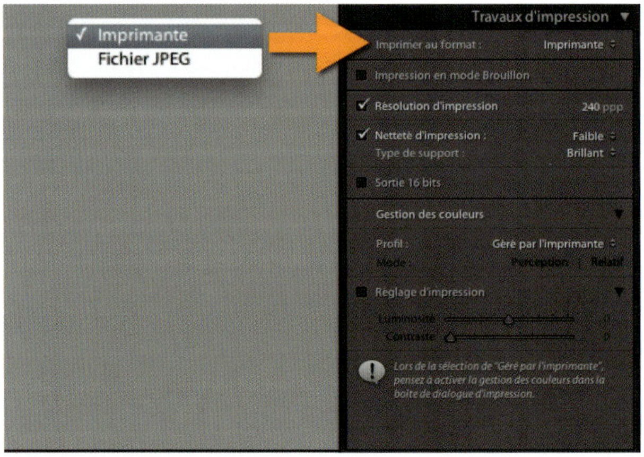

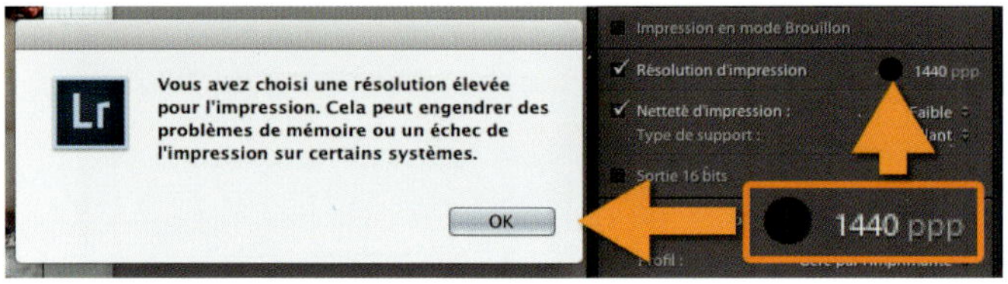

Étape 11

Le mode d'impression JPEG consiste tout simplement à convertir vos mises en page en fichiers JPEG que vous pourrez imprimer dans un labo photo, inclure dans une présentation ou un diaporama ou diffuser électroniquement. Vous pouvez définir la résolution, le maximum étant 1 200 ppp, et dès que vous dépassez 600 ppp, un point d'exclamation apparaît (cliquez pour afficher le message d'information). Les réglages incluent également le niveau de compression, les dimensions, le profil colorimétrique (le réglage par défaut est sRVB) et le mode de rendu.

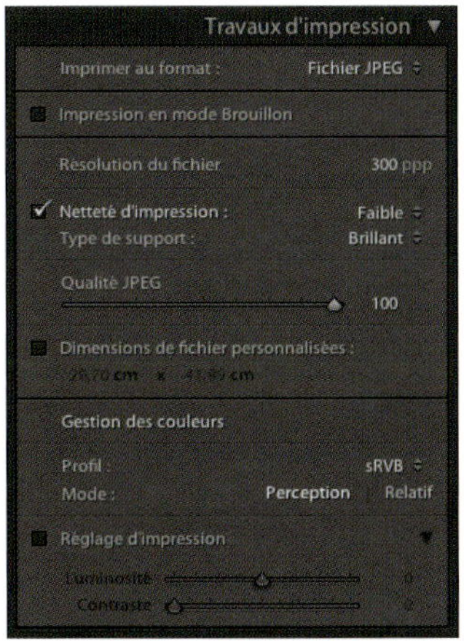

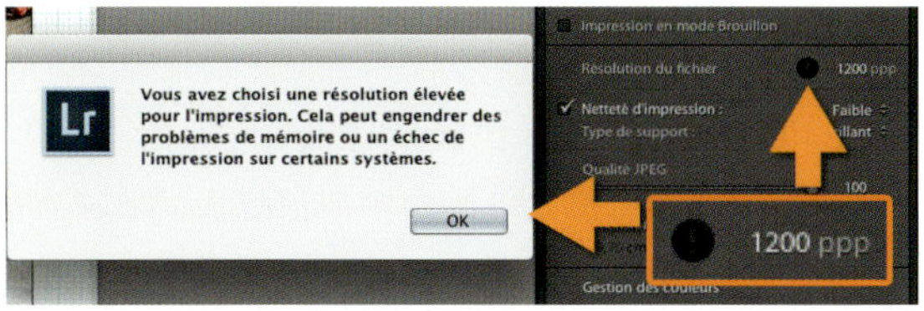

Étape 12

La netteté d'impression dépend du type de support, brillant ou mat, et comprend quatre options : pas de netteté (option non cochée), Faible, Standard, Élevée. La taille de sortie et la résolution du fichier sont prises en compte, et l'accentuation s'ajoute au renforcement préliminaire de netteté effectué lors de la correction des images dans le module Développement (exercice 34). N'hésitez pas à imprimer des épreuves pour déterminer le réglage qui vous convient le mieux.

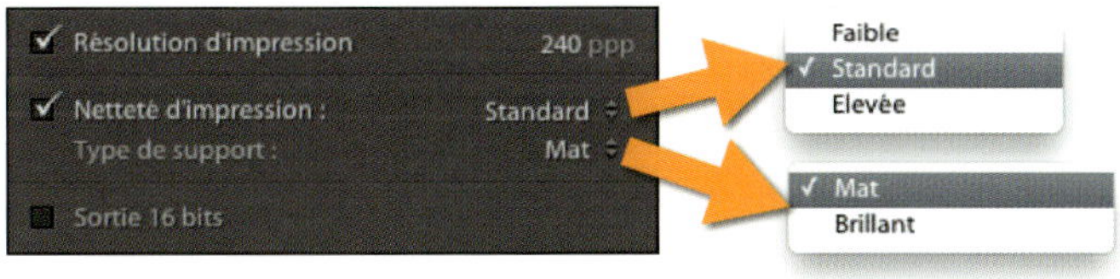

Étape 13

Laissez Lightroom se charger de la gestion des couleurs en choisissant Autres dans la liste déroulante Profil. Une boîte de dialogue va s'ouvrir, vous devrez y choisir un profil correspondant à l'imprimante, à l'encre et au type de papier à utiliser. Cliquez sur OK pour valider, le profil restera désormais dans la liste.

Avant d'imprimer, pensez à simuler le résultat avec l'épreuvage à l'écran (voir l'exercice 53 – vous y trouverez également des explications sur les modes Perception et Relatif).

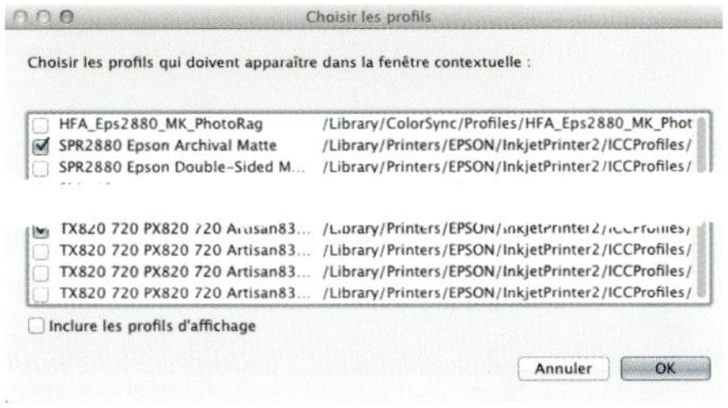

Étape 14

Comme le message d'information situé en bas du panneau l'indique, laisser Lightroom gérer les couleurs à l'impression exige de désactiver la gestion des couleurs dans le pilote de l'imprimante. Pensez-y ou vous pourrez vous retrouver avec des couleurs complètement erronées.

Si l'impression à l'aide de profils vous rebute, vous obtiendrez aussi de bons résultats en mode « Géré par l'imprimante » : c'est le pilote qui se chargera de la gestion des couleurs (vérifiez qu'elle y est activée).

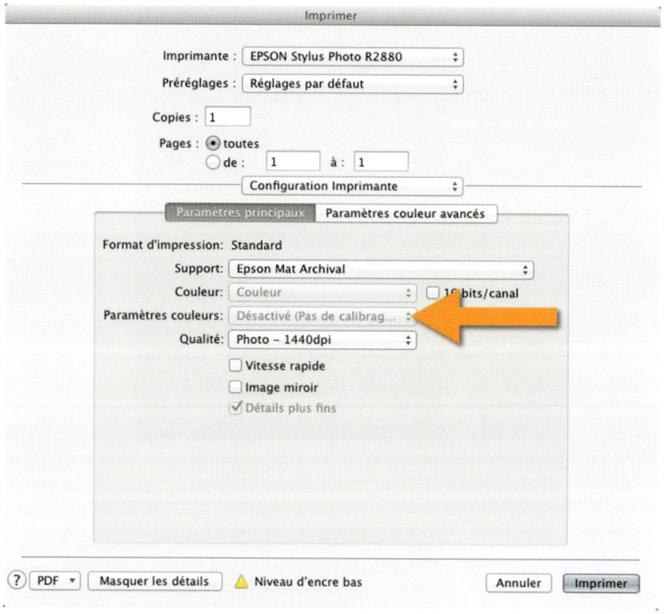

Étape 15

Certains utilisateurs pourraient se plaindre de tirages systématiquement trop sombres par rapport à l'écran, notamment si celui-ci n'est pas calibré et adapté au travail d'impression. Lightroom propose deux curseurs, Luminosité et Contraste, pour compenser le problème. C'est un pis-aller, d'autant que leur action n'est pas visible à l'écran : il faut imprimer des essais. En revanche, les réglages sont sauvegardés dans les modèles ou les projets d'impression.

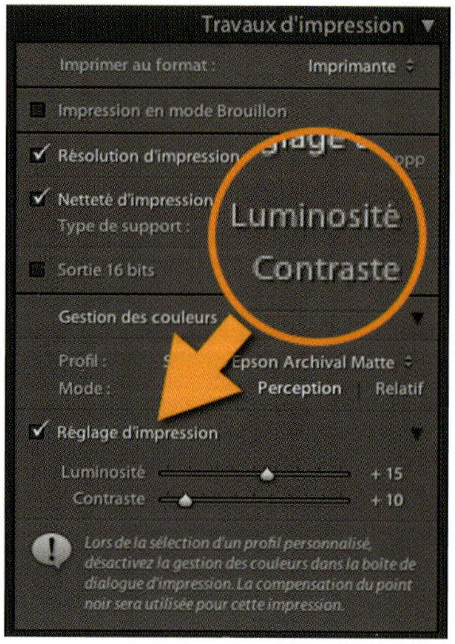

55 Créer un livre photo

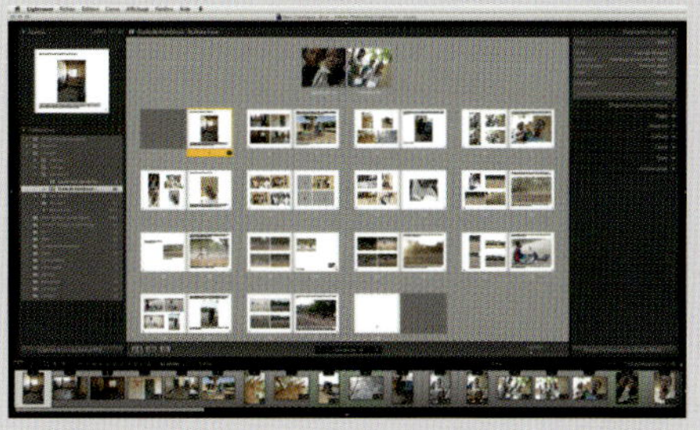

Le module Livres permet de créer des livres photo. Il a été développé en étroite collaboration avec Blurb, un prestataire présent à l'international et dont la réputation de sérieux et de qualité n'est plus à faire. Mis à part le module Web, il s'agit du module de sortie le plus complexe à maîtriser, et les photographes devront s'habituer à certains termes et fonctions de mise en page. Toutefois, les développeurs de Lightroom ont pensé aux débutants en proposant une fonction optionnelle de mise en page automatique.
Lightroom 5 apporte quelques changements discrets, comme la numérotation de pages, la possibilité d'enregistrer un modèle modifié et la simplification de la saisie de texte. Le but de cet exercice n'est pas de vous dicter la réalisation d'un livre, mais de focaliser votre attention sur les points clés de ce module.

Pour aller plus loin, vous pouvez vous reporter à l'ouvrage *Créez vos livres photo avec Lightroom*, co-écrit par Céline Jentzsch et Gilles Theophile.

Étape 1

Le module Livres se présente comme tous les autres modules de Lightroom : à gauche le panneau Collections (notez l'absence de modèles), au centre le panneau d'affichage, qui permet de travailler sur toutes les pages à la fois pour une vision d'ensemble du livre, couvertures incluses, par double page ou par page seule ; le panneau de droite, quant à lui, contient tous les outils de mise en page et de disposition. La barre d'outils, en bas, permet de basculer d'un mode d'affichage à l'autre, de passer aux pages suivantes ou précédentes et d'ajuster la taille des pages grâce au curseur Vignettes. Le panneau Aperçu, en haut à gauche, dispose d'un zoom 1:1 et 4:1.

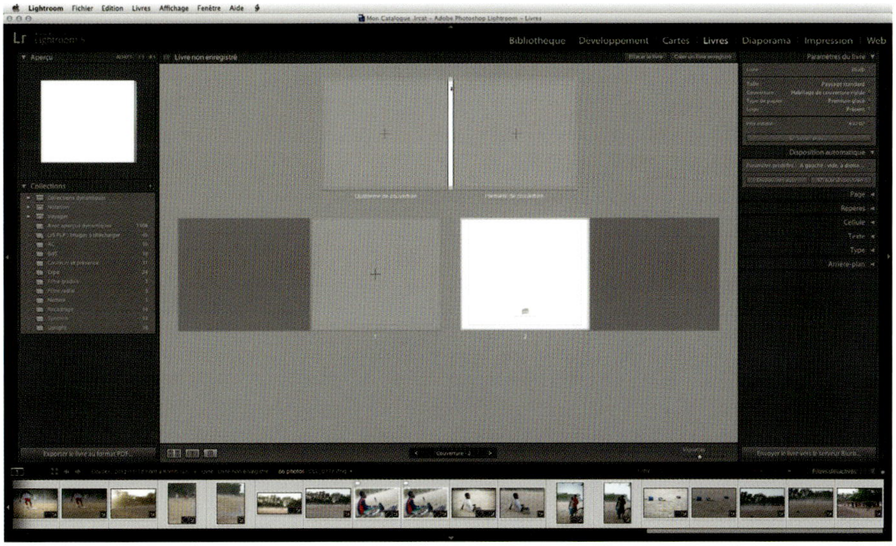

Étape 2

La page peut comporter plusieurs éléments : en gris, la cellule pouvant contenir une photo ; à droite, une cellule de texte. Sous la cellule, vous pouvez voir une légende de photo et, en bas de page, une légende de page. Un arrière-plan graphique (thème Voyage) a été ajouté, il pourra être remplacé par une de vos photos.
Un cadre jaune indique que la page ou les cellules sont actives.

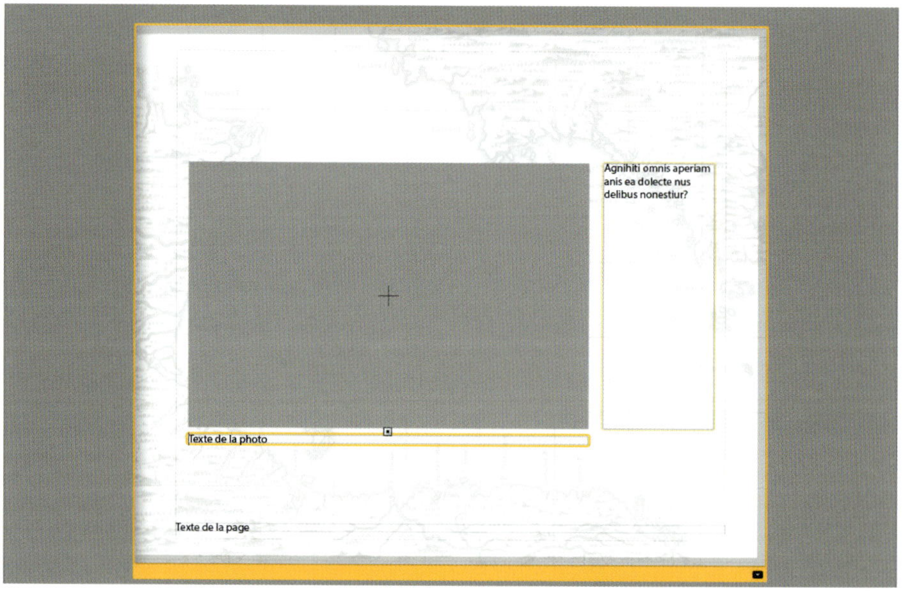

Étape 3

Il est également important de savoir qu'il y a une limite à la zone pouvant contenir du texte (cadre noir fin) et un fond perdu, représenté par la zone grise en périphérie. Tout ce qui déborde sur le fond perdu encourt le risque d'être coupé lors de la production du livre (impression, façonnage) : vous devrez en tenir compte lorsque vous placez vos photos et que vous ferez la mise en page. L'affichage de ces zones est activé dans le panneau Repères.

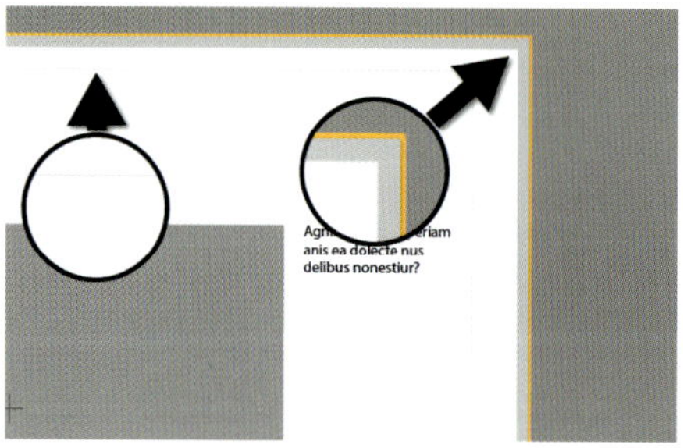

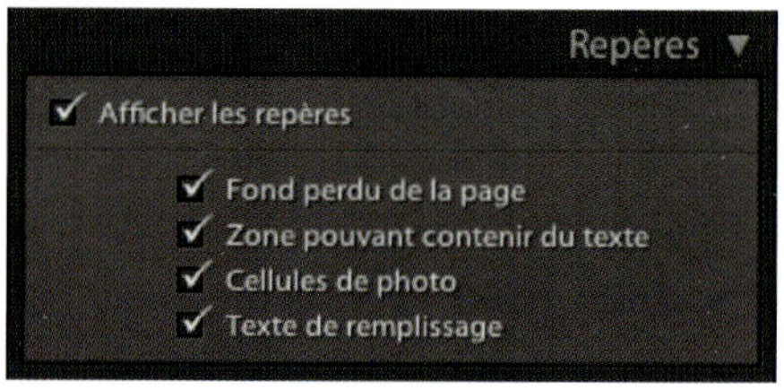

Étape 4

Le module Livres a ses propres Préférences, accessibles dans le menu **Livres>Préférences de livre**. Vous pouvez déterminer les options de remplissage automatique et surtout décider de laisser le texte déborder sur la zone de sécurité présentée dans l'étape précédente, en désactivant l'option « Conserver les légendes dans la zone pouvant contenir du texte ».

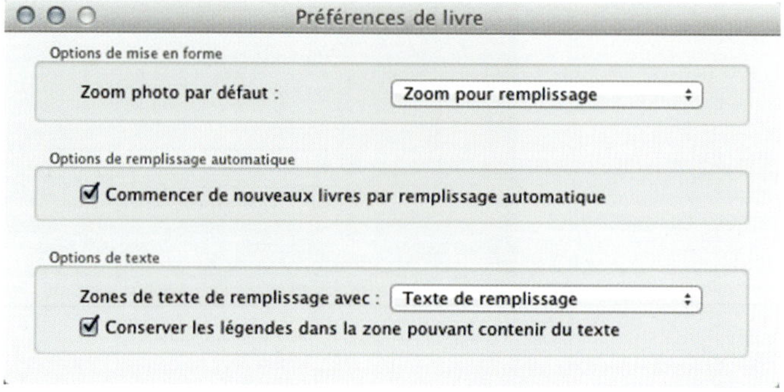

Étape 5

Pour se lancer dans la réalisation d'un livre photo, sélectionnez d'abord vos images dans le module Bibliothèque, puis rassemblez-les dans une collection (exercice 12). Choisissez ensuite un type de livre dans le panneau « Paramètres du livre » (en haut du panneau latéral droit), soit un livre Blurb, soit un livre au format PDF ou JPEG. Vous pouvez sélectionner la taille, « l'habillage de couverture » (sic) et le type de papier. Un calcul du prix de revient est effectué en temps réel et affiché dans le même panneau ; il dépend de la présence ou non du logo Blurb à la fin du livre.

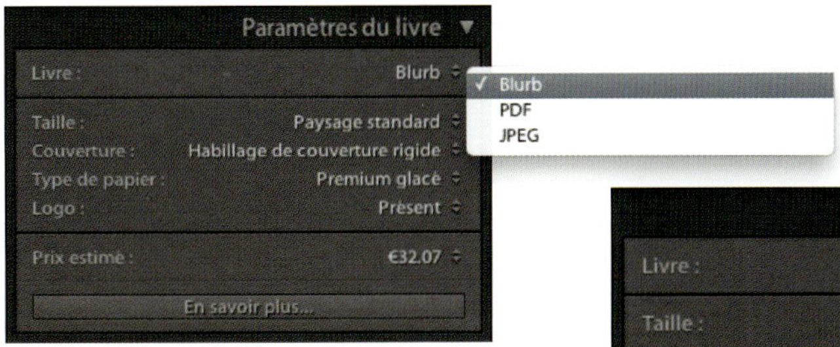

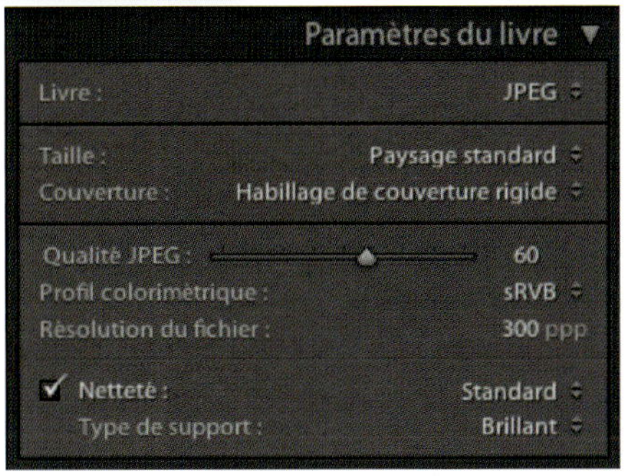

Étape 6

La réalisation d'un livre photo demandant beaucoup de travail, le module Livres peut vous aider à démarrer grâce au système de disposition automatique qui va vous proposer une mise en page se basant sur un paramètre prédéfini. Tout d'abord, allez dans le panneau « Disposition automatique », puis sélectionnez l'un des paramètres prédéfinis fournis d'origine, en l'occurrence « À gauche vide, à droite une photo », avant de cliquer sur le bouton « Disposition auto ».

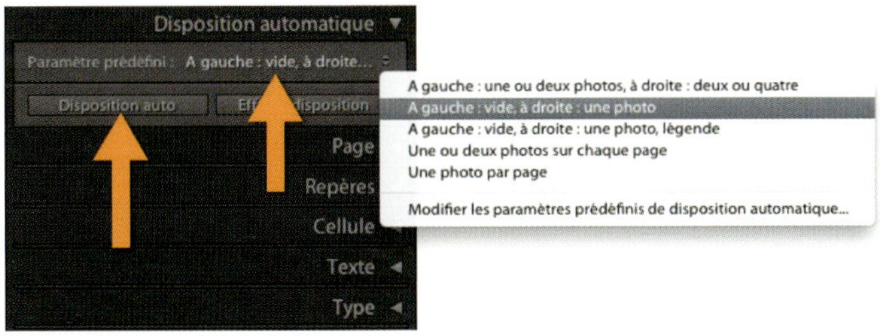

Étape 7

Les modèles livrés d'origine n'étant pas forcément satisfaisants, nous vous proposons de créer un paramètre prédéfini avant de lancer la disposition automatique (réinitialisez le module en cliquant sur « Effacer le livre »).

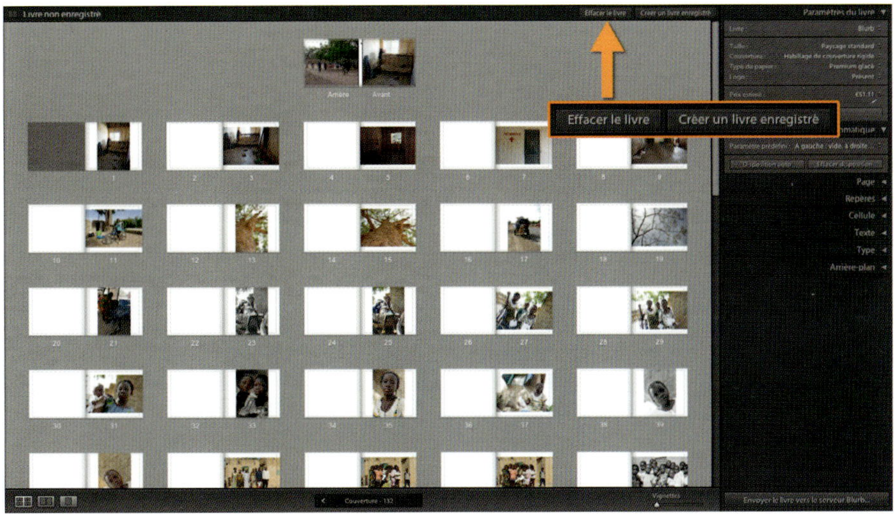

> **Remarque** : le module Livres vous permet de travailler avec 180 modèles que vous pouvez personnaliser dans certaines limites et que vous pourrez combiner à l'infini. Le nombre maximal de pages pour un livre Blurb est de 240. Pour un livre PDF ou JPEG, il n'y a pas de limite, mais faites attention à ne pas saturer votre ordinateur.

Étape 8

Retournez dans le panneau « Disposition automatique », section « Paramètre prédéfini », et choisissez « Modifier les paramètres prédéfinis de disposition automatique » dans le menu contextuel. Cela aura pour effet d'ouvrir l'éditeur de paramètres prédéfinis de disposition automatique.

Étape 9

Dans la section « Pages de gauche », sélectionnez l'option « Disposition fixe » dans la liste, puis choisissez un modèle à votre goût (ici, 4 photos dans la même page). Dans la section « Pages de droite », sélectionnez une présentation à une seule photo.

Retournez dans le menu « Paramètre prédéfini », en haut de la boîte de dialogue, puis choisissez « Enregistrer les paramètres actuels en tant que nouveau paramètre prédéfini ».

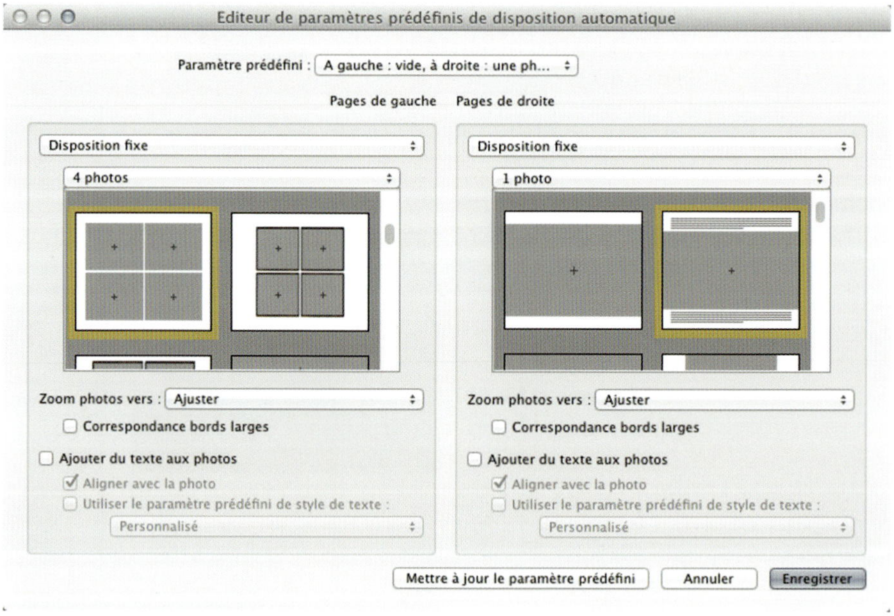

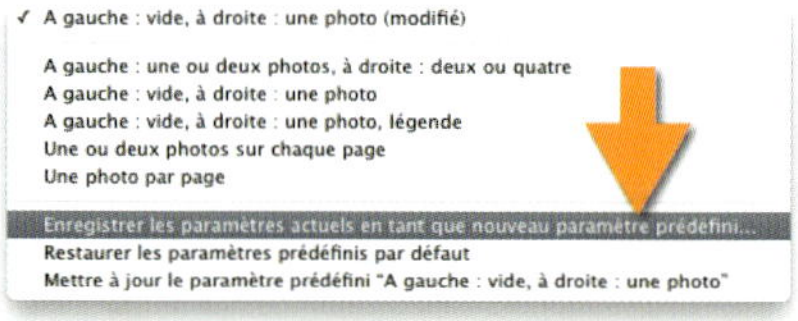

Étape 10

Dans la boîte de dialogue qui s'affiche, entrez le nom du paramètre prédéfini de disposition automatique, puis cliquez sur Créer pour valider, avant de fermer l'éditeur. Le nouveau paramètre apparaît dans le panneau « Disposition automatique ».

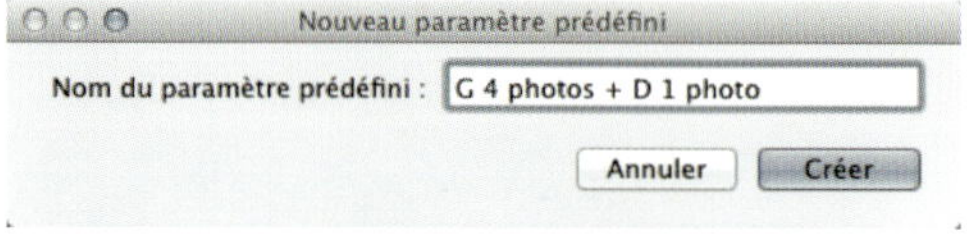

Étape 11

Cliquez sur le bouton « Disposition auto » : aussitôt, les images sont chargées dans les pages conformément au paramètre prédéfini créé dans les étapes précédentes. Le système propose aussi les images de quatrième et première de couverture de manière aléatoire.

Même si le procédé est automatique, vous pourrez changer et modifier tout ce que vous voudrez, page par page, cellule par cellule, le but de la disposition automatique étant de vous servir de tremplin pour vous lancer.

Étape 12

Dans le « Film fixe », les vignettes se parent d'un pavé contenant un chiffre dans la partie supérieure de leur cadre : il s'agit du nombre de fois où la photo est utilisée dans le livre. Dans le cas ici de l'image de droite, la photo a été utilisée à la fois dans les pages intérieures et en quatrième de couverture.

Étape 13

Toutes les manipulations et ajouts de photos peuvent se faire par glisser-déposer, soit à partir du « Film fixe », soit en faisant un échange dans les pages. Par exemple, nous voulons permuter la photo en haut à gauche de la page de gauche avec la photo de la page de droite, pour avoir toutes les vues verticales à gauche et l'horizontale à droite.

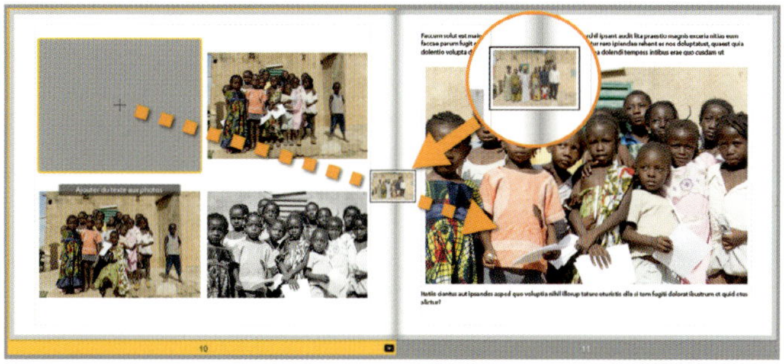

Étape 14

Il est virtuellement impossible de présenter ici toutes les possibilités de déplacement et de permutation de photos, nous vous invitons à les explorer vous-même, dans un livre test.

Toutes les opérations s'inscrivant dans un flux réversible, vos images et vos travaux originaux ne risquent aucune modification indélébile.

Étape 15

La petite flèche située dans le coin inférieur droit du cadre jaune de page active permet d'ouvrir une palette flottante contenant un vaste choix de modèles de mise en page, classés par catégories. On y trouvera même des propositions de mise en page visant la photo de mariage, de voyage et bien d'autres thèmes.

Pour parcourir la liste, cliquez sur les différentes catégories ou utilisez l'ascenseur de la palette flottante.

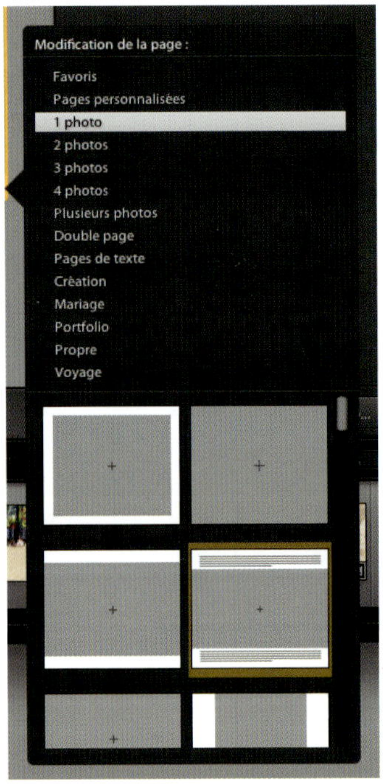

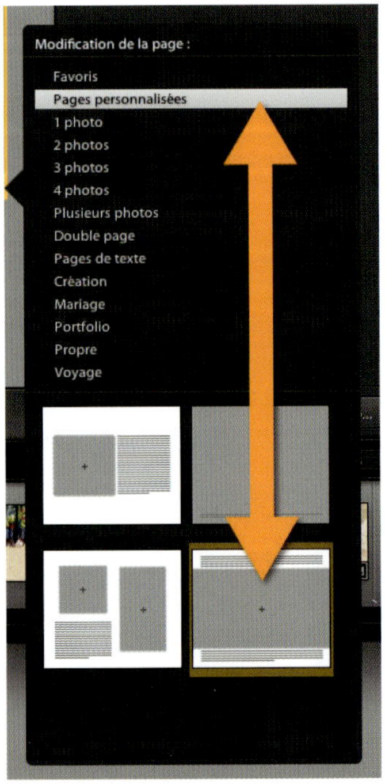

Étape 16

Vous pouvez enregistrer un modèle de page modifié en tant que « Page personnalisée » : faites un clic droit sur la page et sélectionnez « Enregistrer en tant que page personnalisée » dans le menu contextuel. La page apparaîtra dans le sélecteur de modèles sous « Pages personnalisées ».

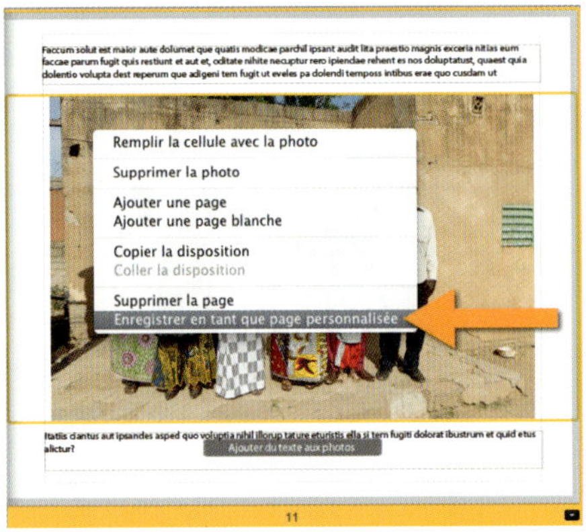

Étape 17

Les pages les plus utilisées peuvent également être regroupées dans les Favoris. Dans le sélecteur de modèles, passez la souris sur un modèle : un disque translucide apparaît dans le coin supérieur droit. Cliquez dessus : le disque devient gris, il vous servira à repérer les favoris qui sont, bien entendu, regroupés sous « Favoris » dans le sélecteur de modèles.

Étape 18

Si vous n'avez qu'une seule photo dans la page et que vous vous décidez finalement pour une page à 4 photos (par exemple), Lightroom chargera le modèle et placera la photo dans l'une des quatre cellules. Les cellules grises et vides seront prêtes à accueillir d'autres images.

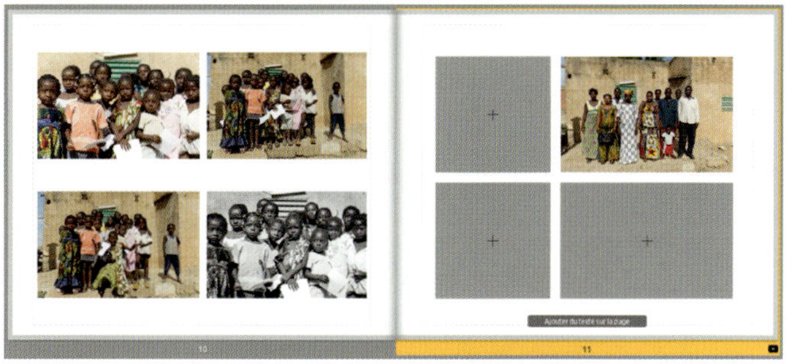

Étape 19

Les pages peuvent être numérotées. Activez l'option « Numéros de page » dans le panneau Pages, puis choisissez la disposition dans le menu déroulant situé en haut à droite. Vous pouvez éditer les numéros de page en cliquant directement dessus.

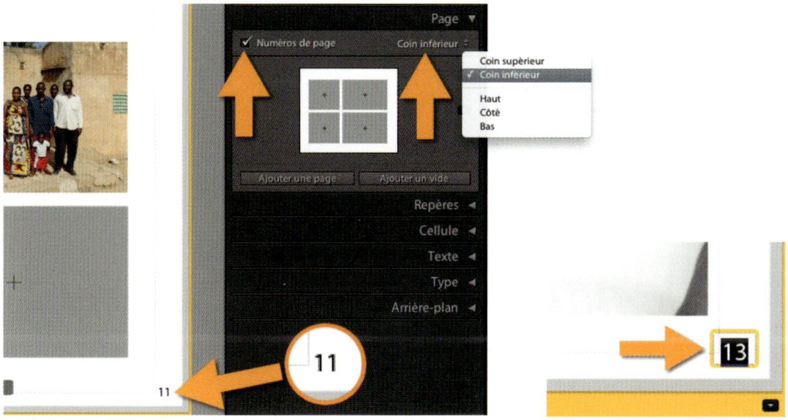

Étape 20

Vous pouvez ajouter une page à tout moment en faisant un clic droit et en sélectionnant « Ajouter une page » ou « Ajouter une page blanche » dans le menu contextuel. Ce menu permet aussi de supprimer une page et de copier/coller la disposition.

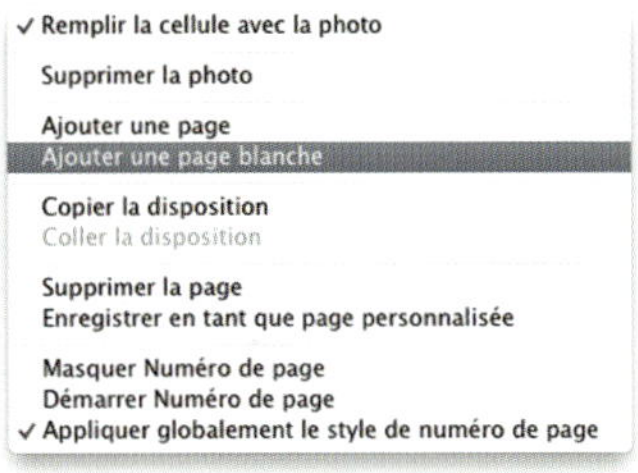

Étape 21

Si vous cliquez sur une cellule de photo, un curseur de zoom va s'afficher. Il va vous permettre d'ajuster la taille de chaque photo à l'intérieur d'une cellule. Si vous agrandissez l'image, vous pouvez bien entendu modifier le cadrage en la déplaçant dans toutes les directions à l'intérieur de la cellule.

Étape 22

Attention toutefois à l'agrandissement des photos dans les cellules. Un point d'exclamation dans le coin supérieur droit indique une résolution insuffisante pour satisfaire à votre demande. Cliquez dessus pour obtenir plus d'informations.

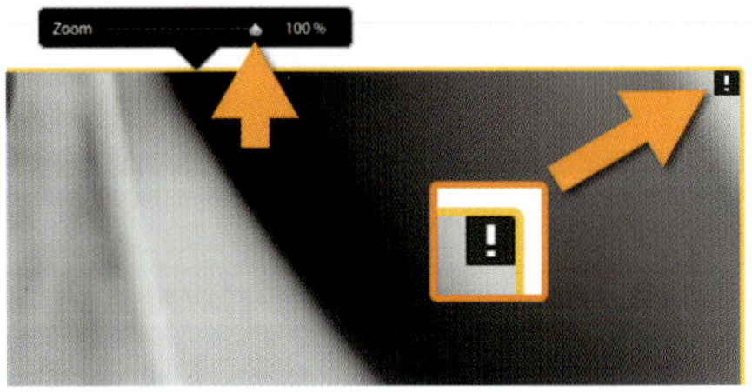

Étape 23

Une astuce permet de connaître la résolution des photos : cliquez sur une image mise en page, le zoom s'affiche juste au-dessus. Pressez la touche Alt/Option, l'indication de zoom se transforme en indication de résolution actuelle en points par pouce (ppp).

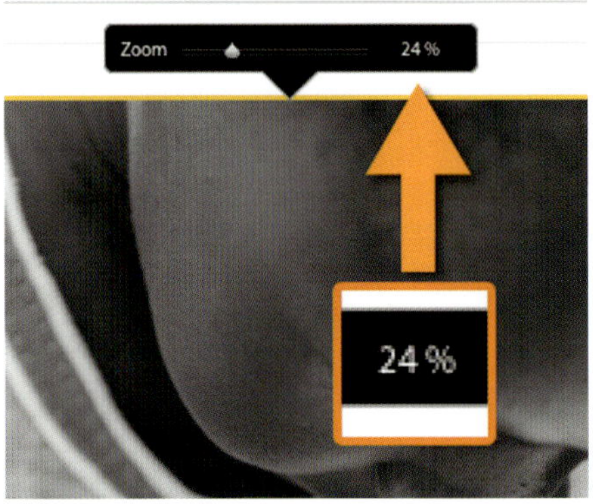

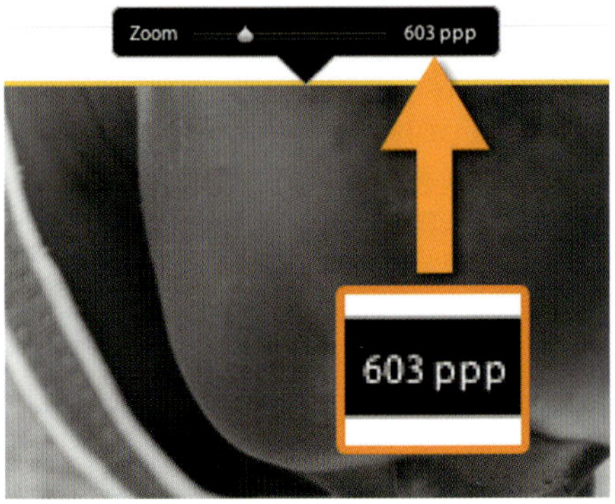

Étape 24

Vous pouvez également modifier le remplissage de la cellule, soit en agissant séparément sur les quatre côtés, à la souris, directement dans la page, ou à l'aide des curseurs dans le panneau Cellule. Vous pouvez également agir sur tous les côtés en même temps en cochant « Tout lier ».

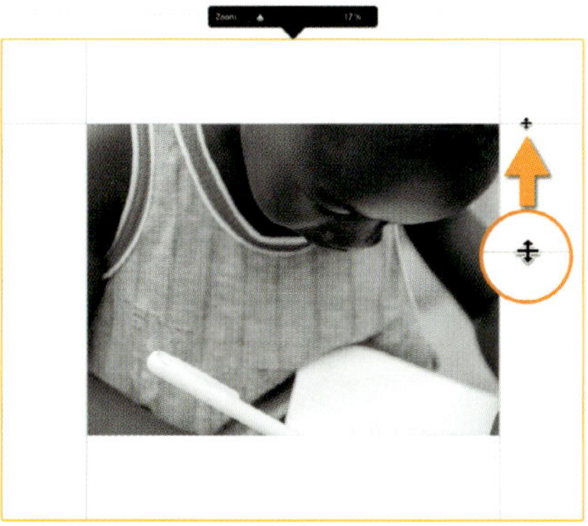

Étape 25

L'arrière-plan des pages peut être modifié de différentes manières. Vous pouvez changer la couleur en allant dans le panneau Arrière-plan, puis en cliquant sur le pavé, après avoir activé « Couleur d'arrière-plan ». Choisissez une teinte dans le nuancier, elle s'appliquera automatiquement dans la page sélectionnée.
Pour l'appliquer dans toutes les pages, activez l'option « Appliquer l'arrière-plan globalement », dans la première section du panneau Arrière-plan.

Étape 26

Deuxième possibilité pour changer l'arrière-plan : dans le panneau, cliquez sur la petite flèche située à droite de la zone « Déposer la photo ici ». Une palette flottante va s'afficher et vous permettre de choisir des fonds à thème : Mariage et Voyage. Le thème Photo, lui, servira à proposer les images choisies pour figurer dans l'arrière-plan (voir l'étape suivante).

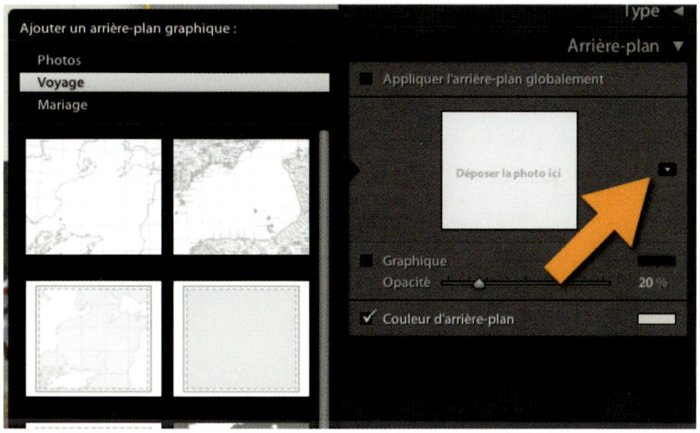

Étape 27

Si vous voulez utiliser une photo en tant qu'arrière-plan, faites un glisser-déposer entre le « Film fixe » et la zone « Déposer la photo ici » du panneau Arrière-plan. Vous pouvez utiliser une photo différente par page, régler leur opacité indépendamment les unes des autres et même les combiner avec une couleur d'arrière-plan.

Étape 28

Le module Livres propose un certain nombre d'outils pour ajouter du texte :

- « Pages de texte » : la page comporte des cellules de texte qui se garnissent d'un faux texte (*lorem ipsum*) quand vous les activez ;
- « Légende de photo » : zone de texte alignée avec la photo, activée par un clic sur le pavé « Ajouter du texte aux photos » ;
- « Légende de page » : zone de texte étalée sur toute la largeur de la page, dans les limites de la zone de texte (voir étape 3), et activée en cliquant sur « Ajouter du texte sur la page ». On peut la déplacer dans le sens vertical et régler le remplissage pour placer le texte n'importe où dans la page.

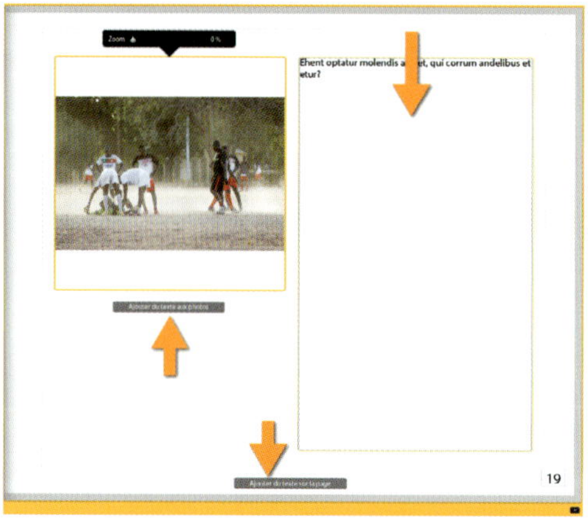

Étape 29

La saisie du texte de la légende de la photo est libre, mais vous avez également la possibilité d'utiliser du texte enregistré dans les métadonnées IPTC. La petite flèche à droite du champ de saisie permet de sélectionner le type de métadonnées et d'ouvrir l'« Éditeur de modèles de texte » en choisissant Modifier dans le menu contextuel.

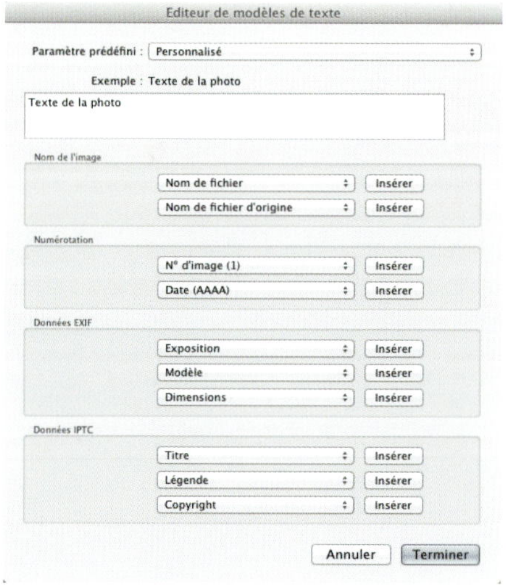

Remarque : le module Livres de Lightroom 5 permet d'accéder et de travailler directement dans les zones de saisie de texte de la page, contrairement à Lightroom 4 qui obligeait à des allers-retours incessants dans le panneau Texte.

Étape 30

Dans les cellules de texte ou légendes de pages, vous pouvez aussi utiliser la fonction « Texte automatique » pour remplir automatiquement les champs de saisie à l'aide des métadonnées Titre, Légende et « Nom du fichier ». Cliquez droit sur une cellule de texte, sélectionnez « Texte automatique » et choisissez le type de texte qui vous convient.

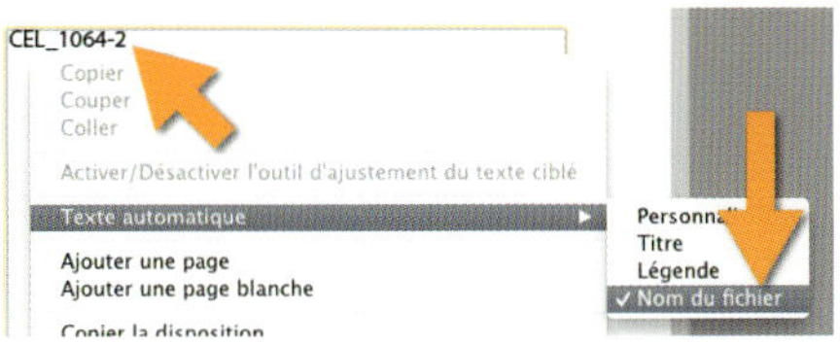

Étape 31

Si vous modifiez les métadonnées Titre, Légende ou « Nom du fichier », le texte ne sera pas automatiquement mis à jour. Vous pourrez le faire de manière semi-automatique dans **Livres>Mettre à jour les légendes basées sur les métadonnées**. Si vous changez l'image, l'ancien texte restera jusqu'à ce que vous sélectionniez à nouveau une option de texte automatique.

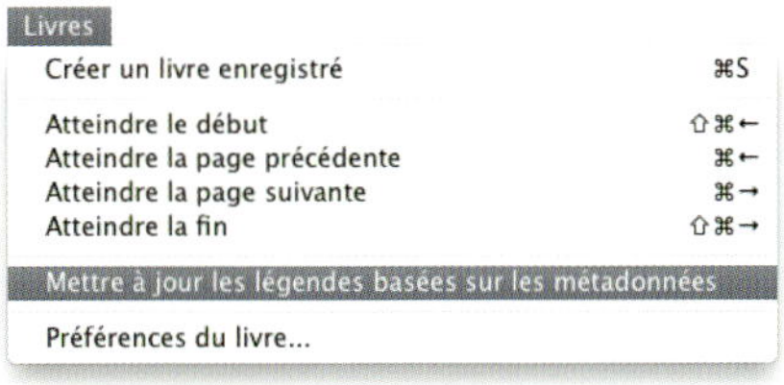

Étape 32

Pour déplacer le texte dans la page, servez-vous des curseurs de remplissage dans le panneau Cellule, soit indépendamment, soit en synchronisant leur action après avoir cliqué sur « Tout lier ».

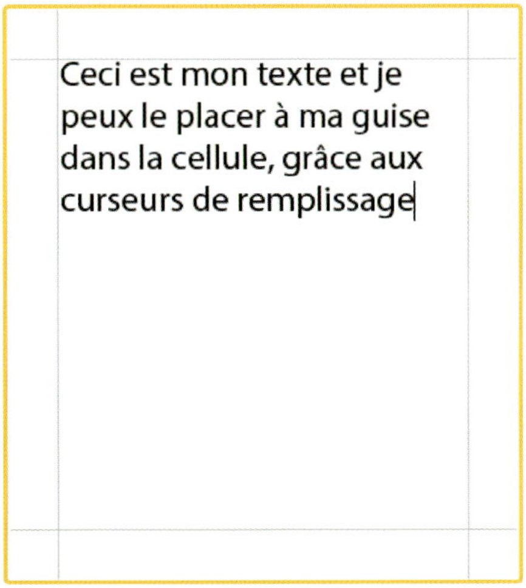

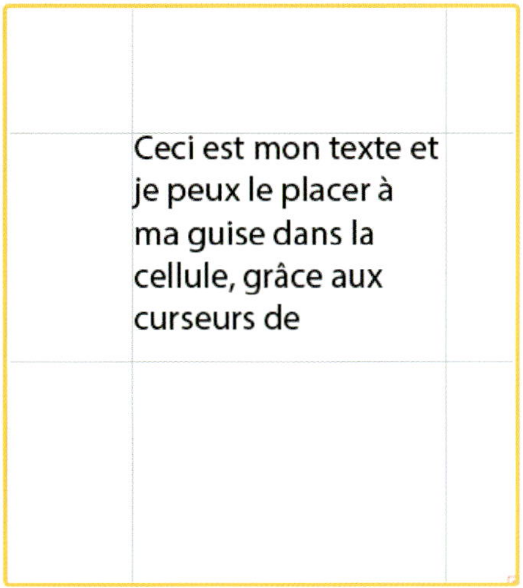

Étape 33

Vous pouvez travailler avec plus de précision en zoomant dans l'image. Dans le panneau Aperçu, cliquez sur 4:1 (agrandissement à 400 %). La section centrale de Lightroom se pare alors de barres de défilement dans le sens horizontal et vertical. Pour revenir à une taille normale adaptée à votre écran, cliquez sur ADAPT.

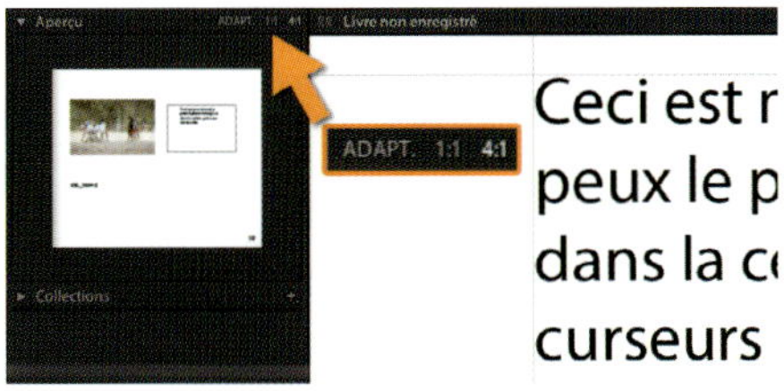

Étape 34

En cours de saisie, vous pourrez vous retrouver bloqué, le clavier ne répondra plus. Vérifiez s'il n'y a pas une icône « + » dans un carré (rouges tous les deux) en bas à droite de la cellule : cela signifie qu'il y a trop de texte. Raccourcissez alors le texte, augmentez le remplissage ou réduisez la taille de la police.

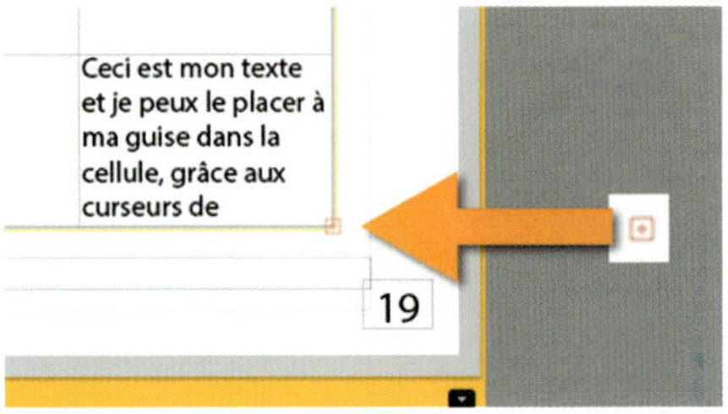

Étape 35

Passons au formatage du texte. En cliquant dans une zone de texte, vous activerez le panneau Type, dans lequel vous pourrez faire un grand nombre de réglages à commencer par le type de police, la taille, l'opacité et la couleur.

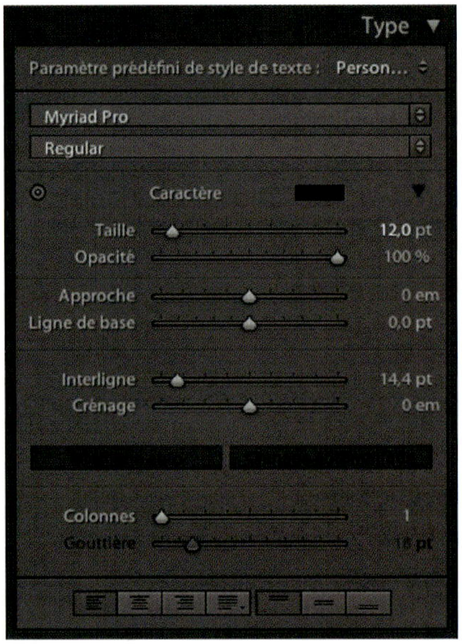

Étape 36

Pour la couleur, cliquez dans le pavé de la section Caractère : le nuancier s'affiche. Faites votre choix et mémorisez-le par un clic long avec la pipette sur l'un des pavés du groupe de cinq, en haut. Le pavé le plus à droite indique la couleur active et la précédente couleur active.

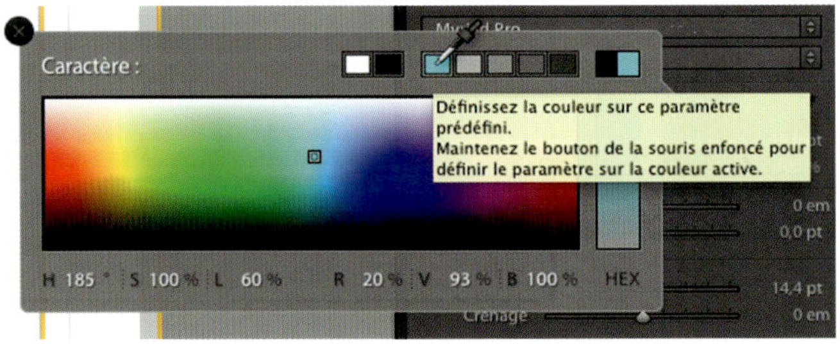

Étape 37

Des commandes particulières sont à votre disposition dans le panneau Type. Le curseur Approche ajuste l'espace entre les caractères. Pour que les commandes puissent fonctionner, vous devez sélectionner une portion de texte. Ici, l'approche est réglée à zéro (à gauche), à 200 (au milieu) et à -200 (à droite).

Étape 38

Le curseur « Ligne de base » permet de régler le décalage vertical : à zéro (à gauche), +20 (au milieu) et -20 (à droite).

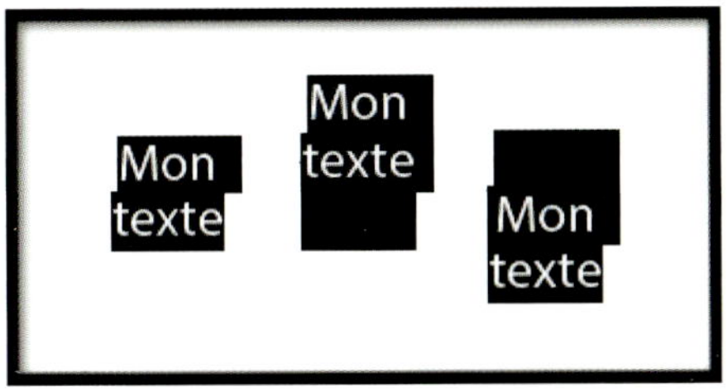

Étape 39

L'interligne règle l'espace entre deux lignes de texte.

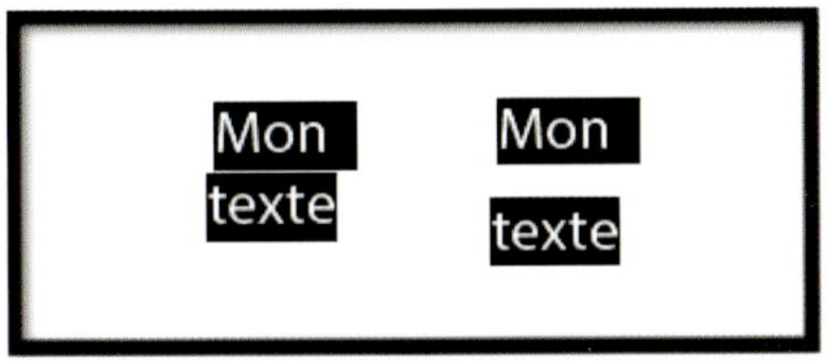

Étape 40

Le crénage règle l'espace entre deux caractères. Le panneau Type dispose également de deux boutons de réglage automatique de l'interligne et du crénage.

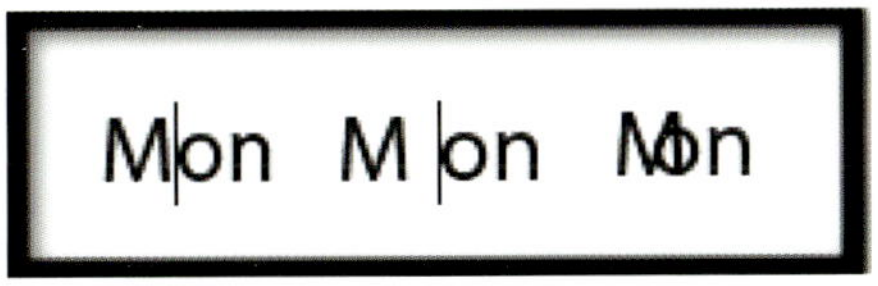

Étape 41

L'outil TAT permet de travailler beaucoup plus rapidement et efficacement, en combinant l'ensemble des curseurs du panneau Type selon le sens de déplacement et l'appui simultané sur des touches du clavier (sélectionnez le texte au préalable) :

- sens horizontal : réglage de la taille du texte ;
- sens vertical : réglage de l'interligne ;
- sens horizontal + Cmd/Ctrl : réglage de l'approche ;
- sens vertical + Cmd/Ctrl : réglage de la ligne de base ;
- point d'insertion entre deux caractères + sens horizontal : réglage du crénage.

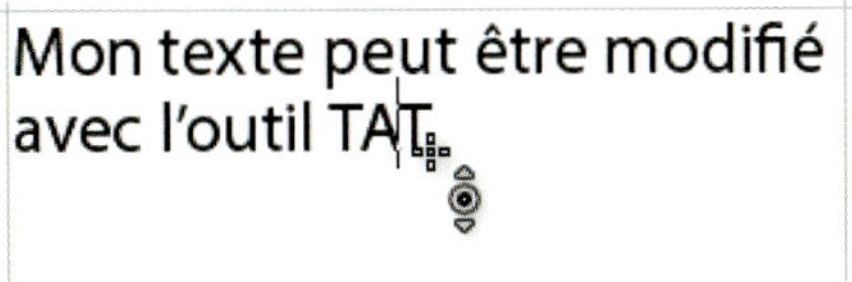

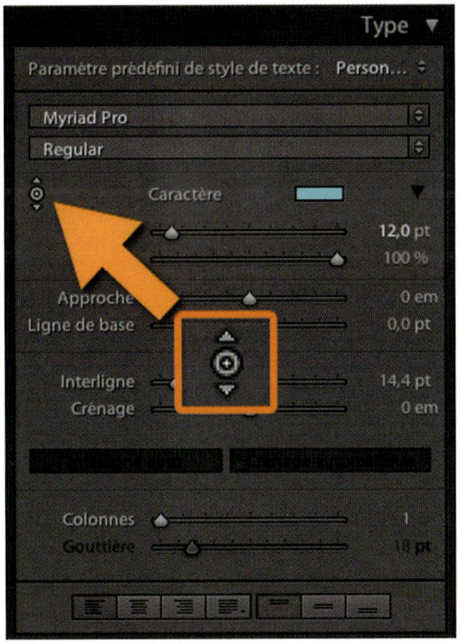

Remarque : l'outil TAT provient du module Développement, et plus exactement de la « Courbe des tonalités » et du panneau TSL pour la correction des couleurs. C'est un outil interactif qui va agir exactement là où il est placé, à l'aide de la souris.

Étape 42

Une cellule de texte peut être divisée en colonnes, trois au maximum, qui seront séparées par une gouttière de largeur réglable. Les commandes se trouvent également dans le panneau Type. Vous y trouverez aussi des boutons d'alignement horizontal ou vertical, et de justification.

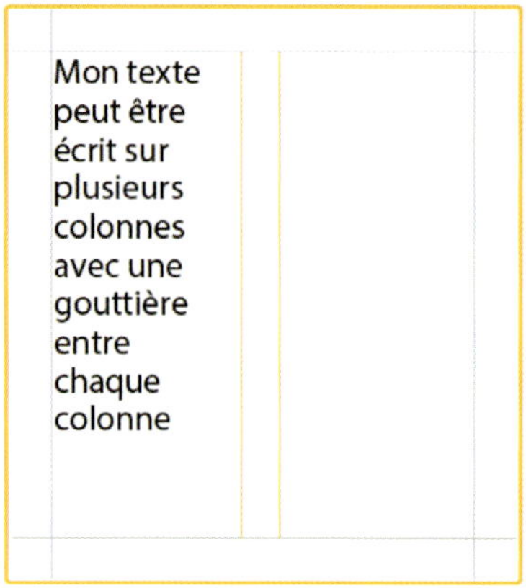

Étape 43

Pour concevoir la première et la quatrième de couverture de votre livre, vous disposerez des mêmes outils de composition de pages que pour l'intérieur de l'ouvrage, à la différence près que vous travaillerez en même temps sur les deux visuels dans le panneau central de Lightroom.

Vous pouvez également saisir un texte pour le dos bibliothèque (souvent improprement appelé « la tranche »).

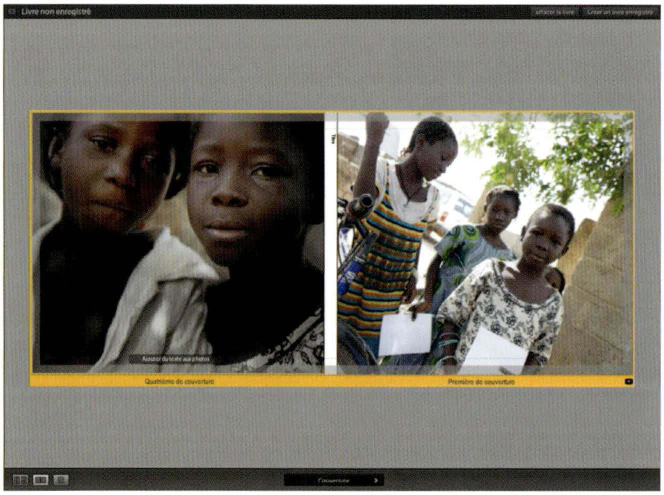

Étape 44

Avant de passer aux outils d'habillage et de création de textes, pourquoi ne pas enregistrer dès à présent votre projet de livre photo ? Allez dans la barre supérieure du panneau central, puis cliquez sur « Créer un livre enregistré ». Dans la boîte de dialogue, saisissez le nom du livre et son emplacement dans le panneau Collections. Cliquez sur Créer pour valider.

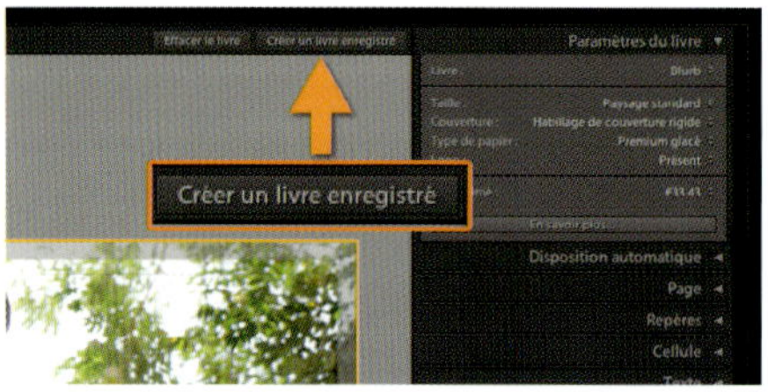

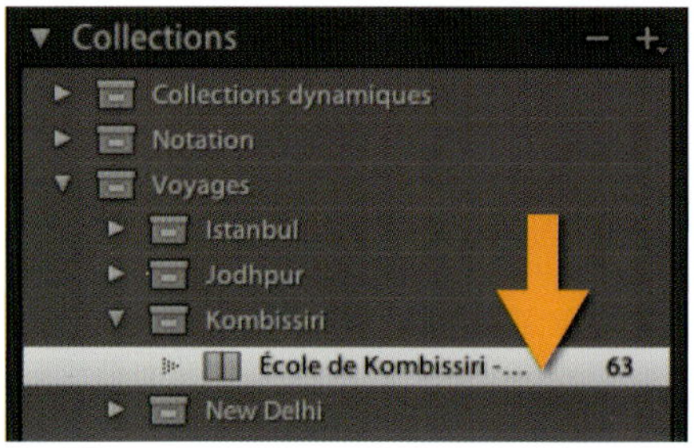

Étape 45

Si vous voulez dupliquer votre livre pour vous en servir comme modèle de mise en page pour un autre projet photo, allez dans le panneau Collections, faites un clic droit sur le livre enregistré et sélectionnez « Duplication Livre » dans le menu contextuel. Aussitôt, une copie du livre apparaît dans le panneau Collections.

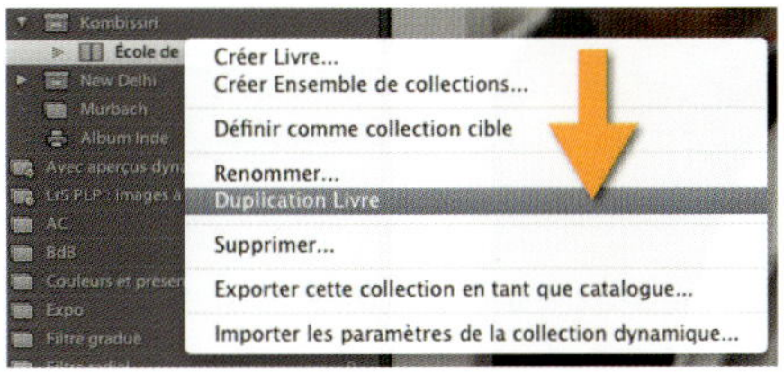

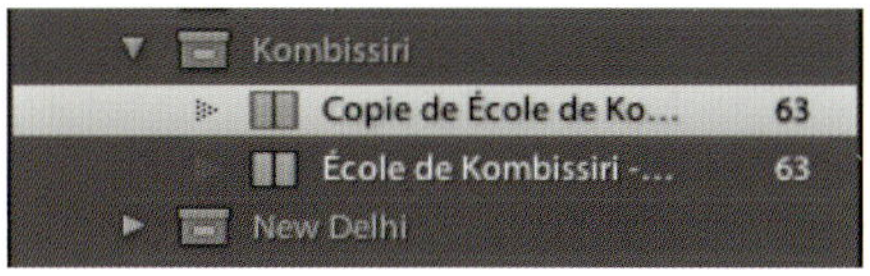

Étape 46

Ensuite, assurez-vous d'avoir bien sélectionné la copie du livre créée à l'étape précédente, puis sélectionnez toutes les images dans le « Film fixe », faites un clic droit et choisissez « Supprimer de la collection » : le panneau d'affichage central affiche votre modèle de livre, sans aucune image, prêt à en recevoir d'autres.

Bien entendu, cette manipulation n'efface pas les images du livre original.

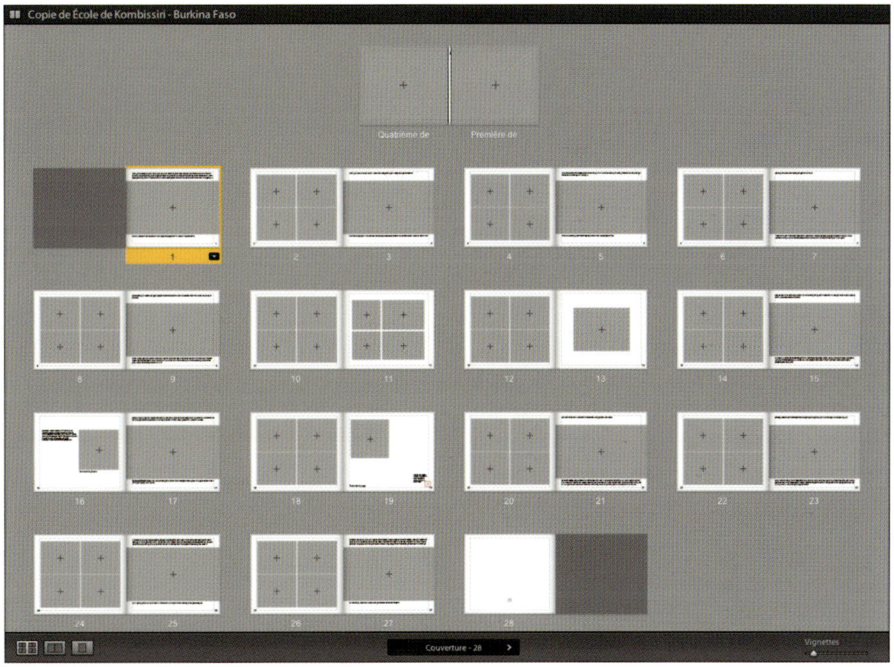

Étape 47

Lorsque votre livre est terminé, vous n'avez plus qu'à l'envoyer vers le serveur Blurb, à condition de disposer d'une connexion Internet active et d'avoir au préalable ouvert un compte sur le site du prestataire.

Pour envoyer le livre, cliquez sur le bouton situé tout en bas du panneau latéral droit. Vous pouvez également vérifier le prix estimé du livre dans le panneau « Paramètres du livre ».

Étape 48

Si vous préférez confier l'impression de votre livre photo à quelqu'un d'autre, vous avez la possibilité de le créer au format PDF ou JPEG. Pour cela, dans le panneau « Paramètres du livre », menu Livre, choisissez l'une des deux options. Dans ce cas, vous aurez accès à un certain nombre de réglages supplémentaires comme la compression JPEG, la résolution, le profil colorimétrique et les options habituelles de netteté de sortie.

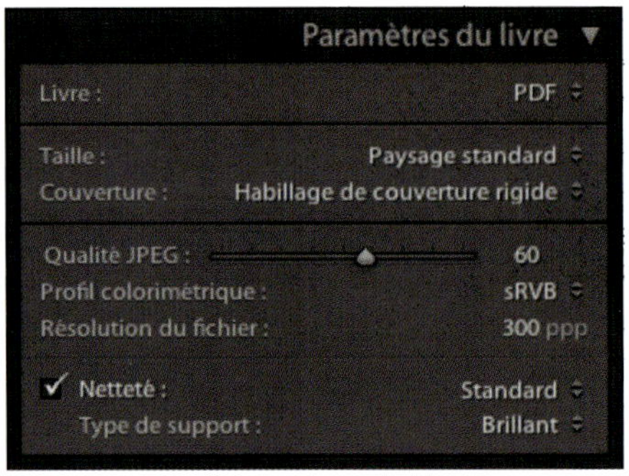

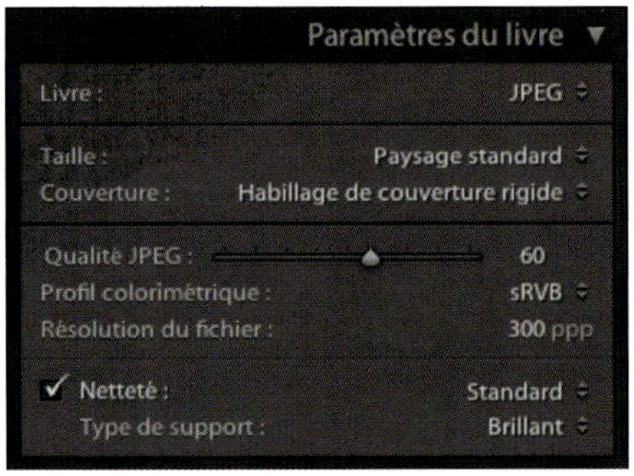

> Remarque : l'option JPEG n'est apparue qu'à partir de Lightroom 4.1. Que ce soit le format PDF ou JPEG, qui vous donne une liberté supplémentaire par rapport au prestataire ou à l'imprimeur, tous les modèles de pages restent ceux des livres photo Blurb.

Étape 49

Pour exporter votre livre en PDF ou en JPEG, cliquez tout simplement sur le bouton situé tout en bas du panneau latéral droit du module Livres. Une boîte de dialogue vous invitera à nommer le fichier et à choisir l'emplacement de destination.

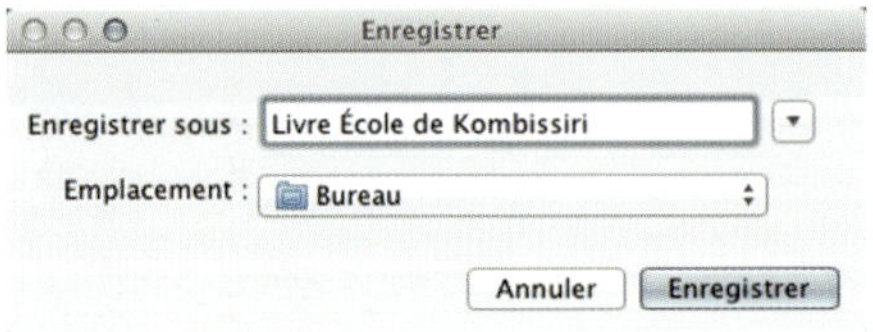

> Conclusion : il n'est pas possible de faire un épreuvage écran des pages du livre Blurb dans Lightroom, tout simplement parce que le profil du prestataire est CMJN, pour la quadrichromie, et que Lightroom n'accepte que des profils RVB. Si vous tenez absolument à vérifier et examiner le rendu des images de votre futur livre Blurb, vous pouvez procéder à l'épreuvage dans Photoshop (versions CS ou CC mais pas Elements) qui, lui, accepte les profils CMJN.

56 Créer un diaporama

Le module Diaporama de Lightroom est conçu pour une présentation locale des photos au sein de l'application même, par exemple pour un photographe désireux de montrer des images à ses clients. Il ne prétend pas se substituer à un logiciel spécialisé, mais il permet d'exporter les présentations en vidéo (format .mp4) et en PDF, et de créer des JPEG en vue d'un montage dans un logiciel spécialisé (Powerpoint, Keynote, etc.).
Dans Lightroom 5, le module évolue peu en surface mais il dispose d'un tout nouveau moteur qui permet non seulement d'ajouter des vidéos aux diaporamas, mais constitue probablement la première étape vers de futures évolutions.

Étape 1

La première chose à faire est bien entendu de sélectionner une série de photos destinées au diaporama et de les regrouper dans une collection. Lorsque vous passerez dans le module Diaporama, elles seront affichées dans le « Film fixe ».
Ne sélectionnez pas une quantité invraisemblable d'images, vous risqueriez de faire « pédaler » votre ordinateur…

> **Remarque** : l'exportation de diaporamas au format MPEG-2 (CD/DVD vidéo) n'a pas été prévue dans Lightroom.

Étape 2

Avant de commencer la mise en page, il faudra choisir un modèle de diaporama dans le panneau « Explorateur de modèles ». Nous allons partir sur la base du modèle nommé « Par défaut ». Vous pouvez voir à quoi ressemblent les modèles dans la fenêtre Aperçu lorsque vous les survolez avec la souris.

> **Remarque** : pour sélectionner un modèle par défaut pour le « Diaporama Impromptu » pouvant être lancé depuis n'importe quel autre module (Ctrl/Cmd + Entrée), allez dans l' « Explorateur de modèles », cliquez droit sur un modèle et sélectionnez « Utiliser pour le Diaporama Impromptu ». Un « + » s'affichera à côté du nom du modèle retenu.

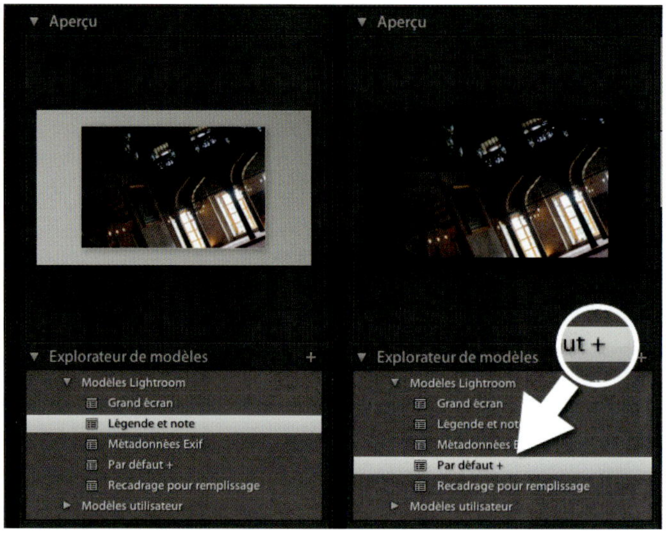

Étape 3

Dans le panneau Fond, cliquez sur « Dégradé de couleurs », puis choisissez un gris. Si vous pensez réutiliser la teinte sélectionnée dans un autre projet, mémorisez-la dans l'un des cinq pavés d'échantillonnage du bandeau supérieur : choisissez une teinte en cliquant dans le nuancier avec la pipette, faites un clic prolongé dans un pavé jusqu'à ce qu'il adopte la couleur retenue et réglez l'angle à -45° pour un dégradé sombre à gauche et plus clair à droite. Vous pouvez combiner la couleur du dégradé avec une autre couleur de fond en activant « Couleur d'arrière-plan » et en faisant une autre sélection.

Étape 4

Remontez vers le panneau Options, tout en haut, pour définir le cadre de l'image. Cochez l'option « Contour du cadre » et choisissez un blanc dans le nuancier après avoir cliqué sur le pavé. L'épaisseur sera de 4 pixels. Le fond étant sombre, désactivez l'option « Ombre portée ». Allez dans le panneau Disposition, immédiatement en dessous, et réglez les repères à 100 pixels pour réduire un peu la taille des images.

Étape 5

Si vous cliquez sur ABC, dans la barre d'outils, vous pourrez saisir un texte pour toutes les diapositives. Vous pouvez le déplacer en le saisissant à la souris. S'il vous faut un texte différent pour chaque vue, servez-vous du champ Légende dans le panneau Métadonnées (module Bibliothèque). Vous pouvez modifier sa couleur, son opacité, sa police et son style dans le panneau Incrustations. Et y ajouter la « Plaque d'identité » (qui remplace le logo Lightroom si elle est activée) en cochant l'option adéquate. La mise en page terminée, désactivez « Afficher les repères » dans le panneau Disposition.

Étape 6

Les derniers réglages se font dans le panneau Lecture. Nous n'avons pas prévu d'ajouter de diapositive d'introduction et de fin, ni de bande son, mais on peut régler la durée d'affichage de la diapositive et le fondu. Vous pouvez également choisir un ordre de passage aléatoire et, pour un diaporama en boucle, cochez l'option Répétition. Si vous avez deux écrans, cliquez sur celui que vous voulez utiliser.

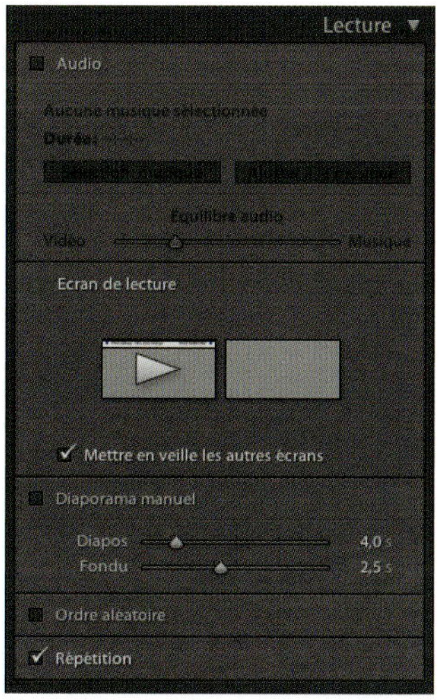

Étape 7

Le bouton Aperçu, en bas à droite, permet de voir le diaporama dans la fenêtre centrale. Le bouton Lecture permet de le passer en mode « Plein écran ». Si vous avez deux écrans, n'oubliez pas de cocher l'option de mise en veille de l'écran inutilisé pendant la lecture. Si vous voulez passer le diaporama sur l'autre écran, cliquez dessus dans le panneau Lecture. Pour interrompre une lecture, appuyez sur Échap. Vous pouvez également déterminer les photos du « Film fixe » qui seront employées (toutes les photos, les photos marquées uniquement ou les photos sélectionnées uniquement) dans le menu Utiliser situé dans la barre d'outils.

Étape 8

Vous pouvez enregistrer ce modèle de diaporama en allant dans le panneau « Explorateur de modèles » et en cliquant sur « + ». Dans la boîte de dialogue, saisissez le nom du modèle et le dossier dans lequel vous voulez le placer. Profitez-en pour enregistrer votre projet de diaporama en cliquant sur « Créer un diaporama enregistré », dans la barre supérieure du panneau d'affichage central.

Une boîte de dialogue vous propose de nommer et d'enregistrer la présentation en tant que collection (ou dans un ensemble de collections). Le diaporama apparaîtra alors sous forme de collection spécifique dans le panneau Collections.

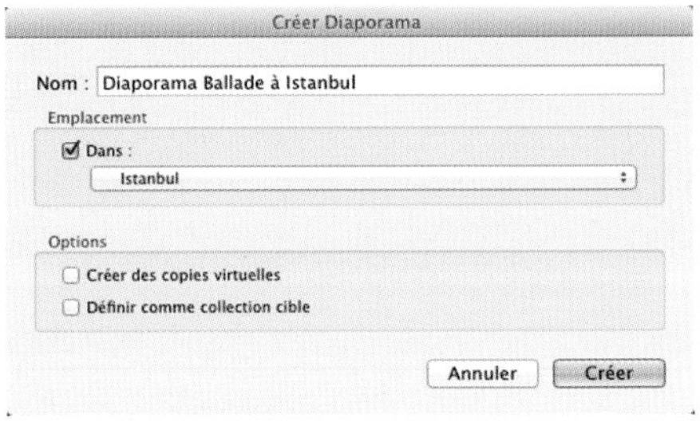

Étape 9

Pour exporter le diaporama, cliquez sur le bouton « Exporter la vidéo », en bas à gauche. Dans la boîte de dialogue, saisissez le nom du diaporama et choisissez la destination puis l'un des formats vidéo. Chaque format est accompagné d'une explication relative à son usage. Vous n'avez plus qu'à cliquer sur le bouton Exporter.

La création du diaporama peut prendre beaucoup de temps selon le nombre d'images et la qualité demandée. La lecture sera assurée par des utilitaires prenant en charge le format MPEG-4 (QuickTime, VLC, WMP, etc.).

Vous pouvez également exporter en PDF et, si vous pressez la touche Alt/Option, en JPEG.

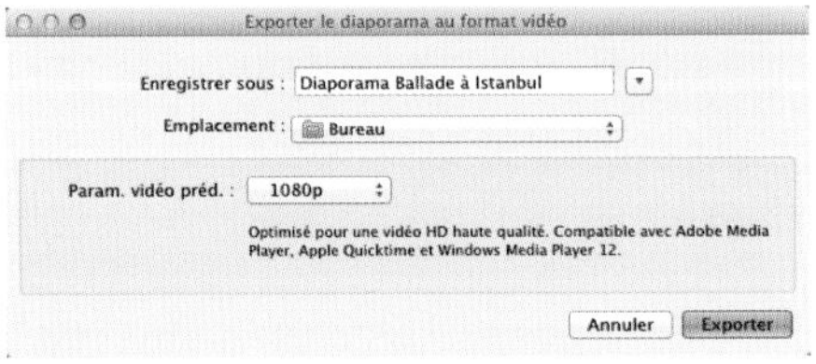

57 Le module Web

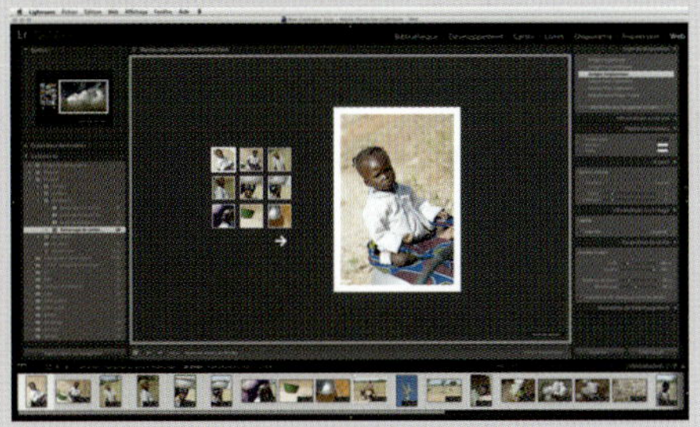

Le module Web est un excellent moyen pour tout un chacun de se lancer dans la conception d'un site de galeries photo, plus particulièrement si vous n'avez pas ou peu de connaissances dans le domaine. Son autre avantage est l'ouverture aux moteurs et aux modèles de galeries développés par des tiers, en général bien plus avancés que les modèles fournis d'origine. De plus, les services de publication (exercice 58) permettent une plus grande souplesse d'utilisation et un accès plus facile pour l'utilisateur moyen.

Malgré tout, Lightroom vous permet de créer de belles galeries en HTML et en Flash, avec un choix de modèles entièrement personnalisables. La version 5 de Lightroom n'apporte pas de changement notable à ce module.

Étape 1

Lightroom est fourni d'emblée avec de nombreux modèles de galeries web en Flash ou en HTML, qu'on trouvera dans le panneau « Explorateur de modèle ».

Dès qu'on sélectionne un modèle, il apparaît dans le panneau Aperçu et, si des images sont sélectionnées, elles commenceront à charger dans le panneau d'affichage central. Vous devrez donc faire attention au nombre d'images présélectionnées pour éviter de ralentir le fonctionnement de toute l'application.

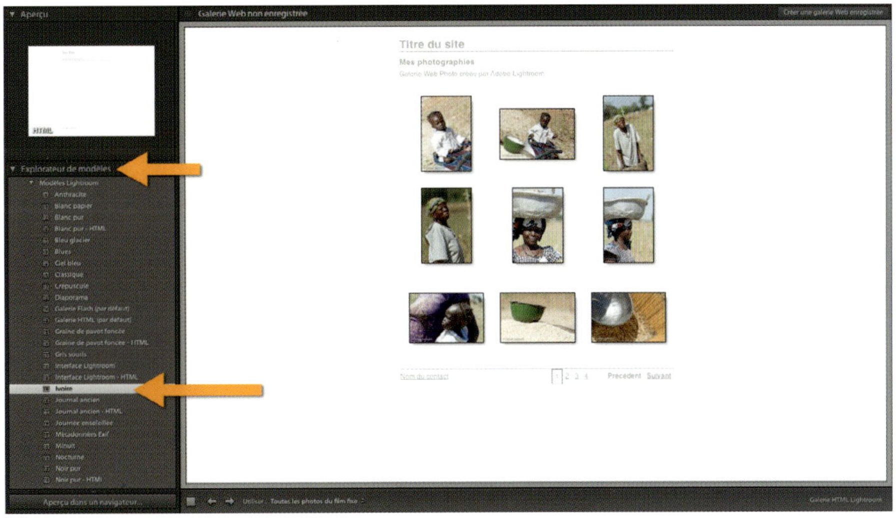

Étape 2

Si vous modifiez la mise en page ou l'apparence du site en construction, l'affichage dans le panneau central sera automatiquement rafraîchi.

Bien entendu, toute modification de mise en page peut être réenregistrée en tant que nouveau modèle (dans le panneau « Explorateur de modèles », comme dans le module Diaporama ou Impression).

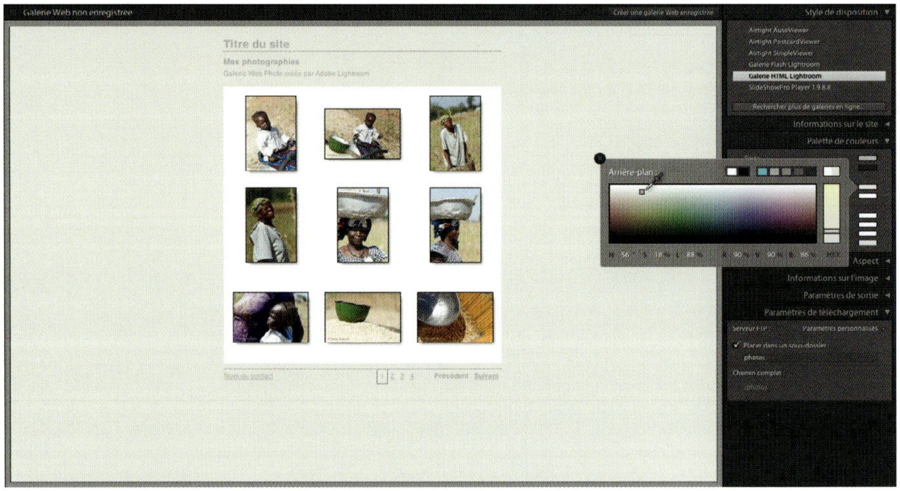

Étape 3

À tout moment, il est possible de voir à quoi ressemble le travail en cours en cliquant sur le bouton « Aperçu dans un navigateur », situé sous le panneau latéral gauche du module Web. Lightroom va préparer la galerie puis démarrer automatiquement le navigateur web par défaut. Bien entendu, nous vous conseillons de tester votre galerie dans les navigateurs les plus utilisés du moment, comme Firefox, Safari, Chrome, Opera ou IE, pour détecter et corriger les problèmes éventuels avant de mettre votre galerie en ligne.

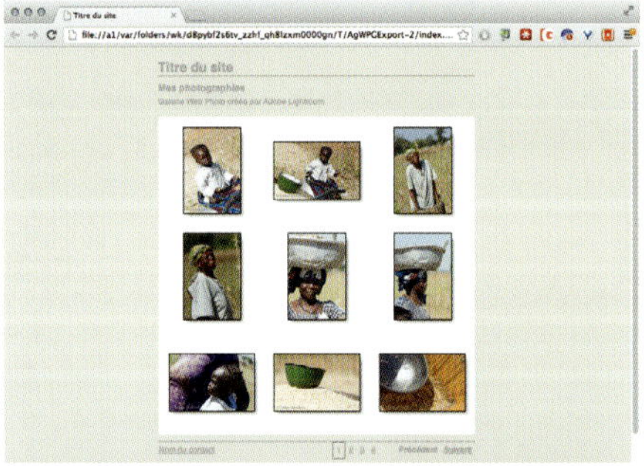

Étape 4

Pour enregistrer votre galerie web en cours de création, cliquez sur le bouton « Créer une galerie Web enregistrée », dans la barre supérieure du panneau central d'affichage. Une boîte de dialogue vous invitera à sauvegarder votre projet en tant que collection individuelle ou au sein d'un ensemble de collections.

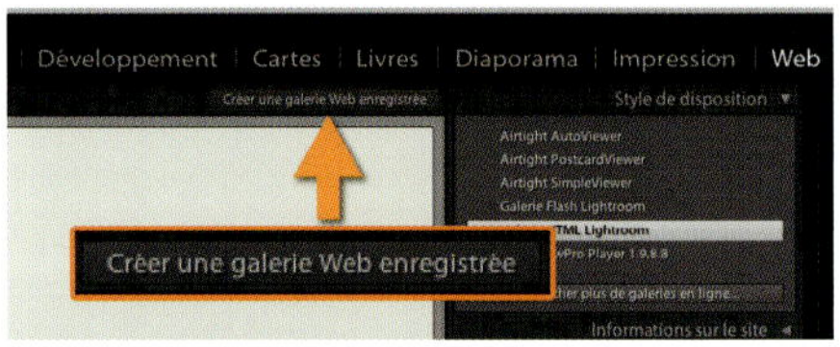

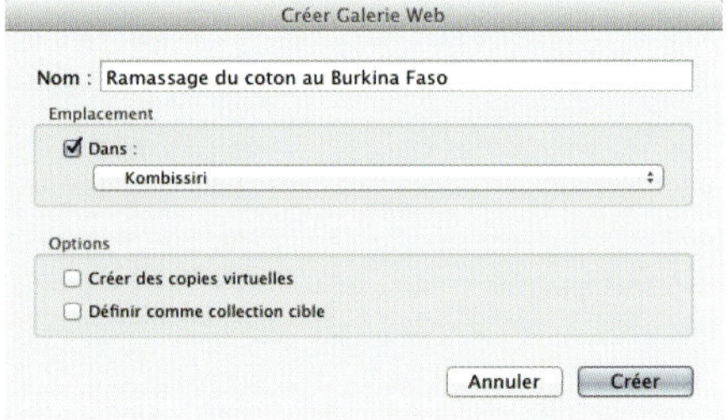

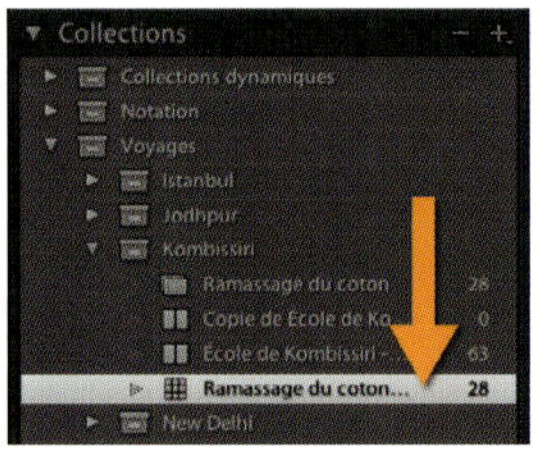

Étape 5

Le chargement de la galerie web se fera sur votre serveur FTP directement à partir du module Web, mais auparavant vous devrez enregistrer les paramètres de connexion dans le panneau **Paramètres de téléchargement>Serveur FTP>Paramètres personnalisés**.

Si vous éprouvez des difficultés à charger vos galeries, exportez le projet (bouton Export) dans un dossier sur votre disque dur, puis chargez le tout à l'aide d'une application tierce spécialisée, comme FileZilla.

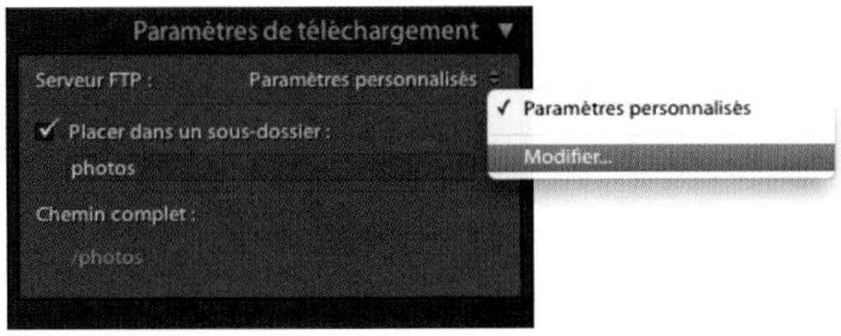

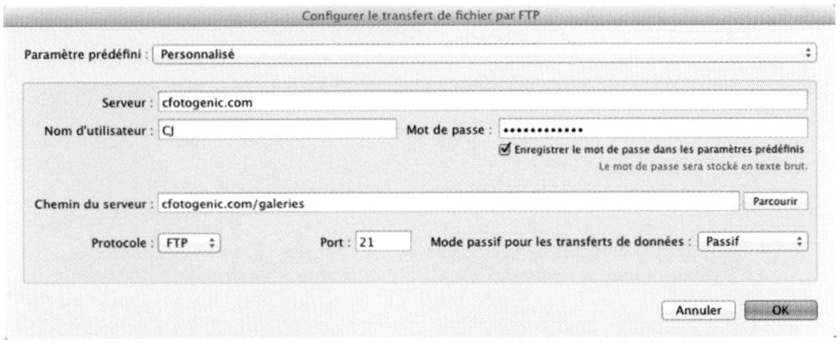

Étape 6

Les outils de mise en page situés dans les panneaux de droite vous permettent d'incruster des informations sur les images, de saisir un titre, de déterminer la taille des images et des vignettes, d'ajouter des bordures, de changer les couleurs de tous les éléments, de joindre des informations de contact, etc. Le module Web vous offre toute liberté de faire des essais, de simuler dans un navigateur web et de procéder à des changements avant de charger vos galeries sur votre espace loué à un hébergeur.

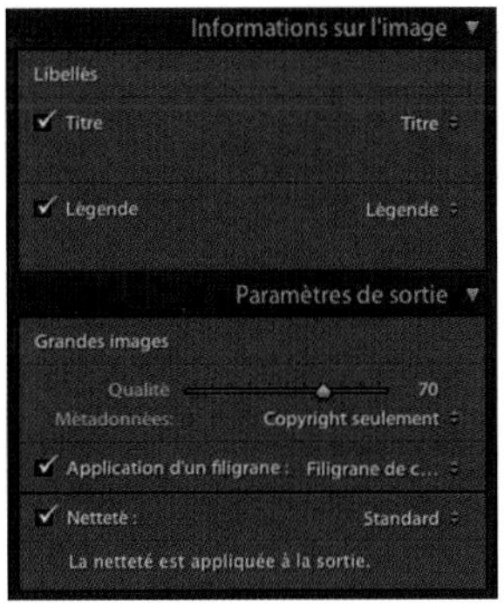

Remarque : les modèles de galeries web fournis par Lightroom sont très simples et intéressants pour débuter. Ceux des éditeurs tiers comme TTG, SlideShow Pro ou The Photographer's Toolbox peuvent être très sophistiqués, avec des fonctions permettant la commercialisation des images en ligne, la géolocalisation, la possibilité de verrouiller certaines galeries avec un mot de passe ou encore des systèmes d'épreuvage permettant aux clients de sélectionner les images qui leur sont soumises, par exemple dans le cas d'une commande de reportage ou de prise de vue.

58 Créer une galerie Flickr avec le service de publication

Le module Web permet de créer des sites et des galeries très sophistiqués. Pour ceux que cette tâche rebute, par manque de temps ou de connaissances, il existe des galeries web livrées « clés en main », d'excellente qualité, ainsi que de nombreux outils pour les gérer à partir de Lightroom. C'est ce que nous allons voir dans cet exercice, en créant une galerie de photos Flickr à l'aide des services de publication du module Bibliothèque, ce qui vous donnera l'occasion de comprendre à quoi sert cet outil très puissant et pourtant méconnu.

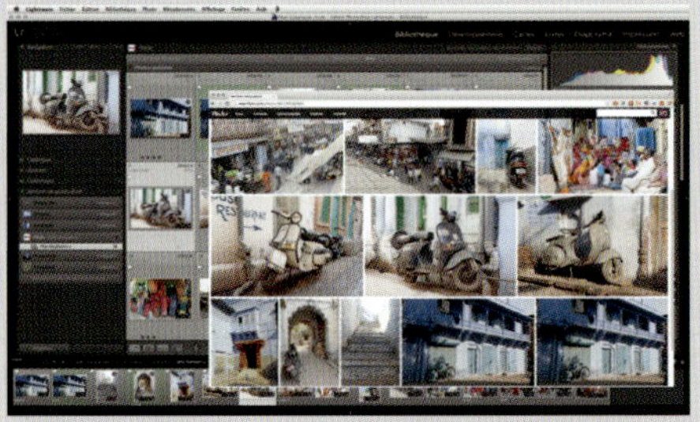

Étape 1

Les services de publication de Lightroom permettent de créer des galeries web ou des dossiers d'images situés sur un réseau et de les gérer à distance depuis le module Bibliothèque. Vous pourrez collecter des images à la manière d'une collection et les charger sur vos galeries. Si vous modifiez des photos, le service de publication proposera automatiquement de les republier. Nous allons créer une galerie sur Flickr de A à Z : création de compte, configuration du service de publication, avant de passer à des fonctions ludiques et étonnantes, comme charger les commentaires des visiteurs et y répondre. La plupart des services de galeries web connus sont disponibles sous forme de modules externes, soit livrés avec Lightroom (Facebook, Flickr), soit disponibles chez les prestataires eux-mêmes (SmugMug) ou créés par des développeurs tiers.

Étape 2

Vous devez tout d'abord créer un compte Flickr chez Yahoo, le propriétaire de ce service, pour disposer d'un nom d'utilisateur et d'un mot de passe que vous devrez saisir un peu plus tard dans le menu de configuration du service de publication de Lightroom. Pour toute information relative à l'inscription sur Flickr, consultez l'aide en ligne.

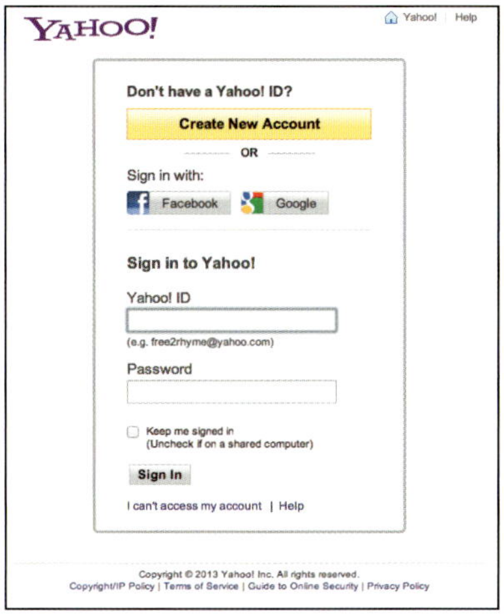

Étape 3

Vous devez ensuite configurer le service de publication en allant dans le panneau « Services de publication », en bas à gauche du module Bibliothèque. Chaque service se présente sous la forme d'un pavé avec, à droite, le mot « Configurer » sur lequel il faudra cliquer pour ouvrir le « Gestionnaire de publication Lightroom ».

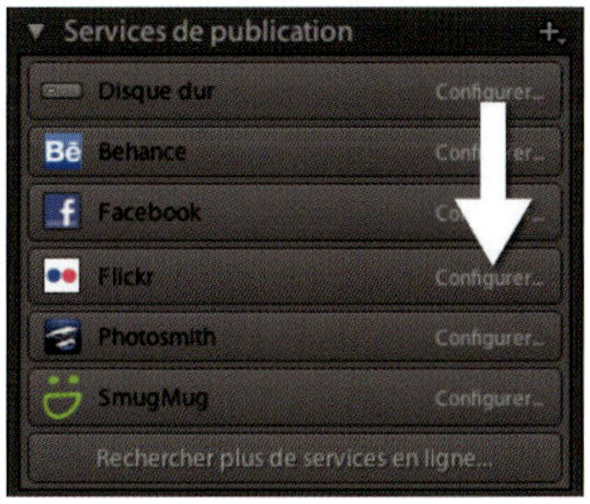

Étape 4

Le Gestionnaire ressemble à s'y méprendre au menu Exporter (exercice 52). La section principale contient tous les outils concernant à la fois les images (dénomination, dimensions, format, netteté, gestion des métadonnées, filigrane de copyright, etc.) et la gestion du compte (description du service, identification et connexion au compte Flickr, réglages de confidentialité, etc.) ; à gauche, vous trouverez la liste des services (en haut) et la section « Actions de post-traitement » destinée à accueillir les outils de certains modules externes.

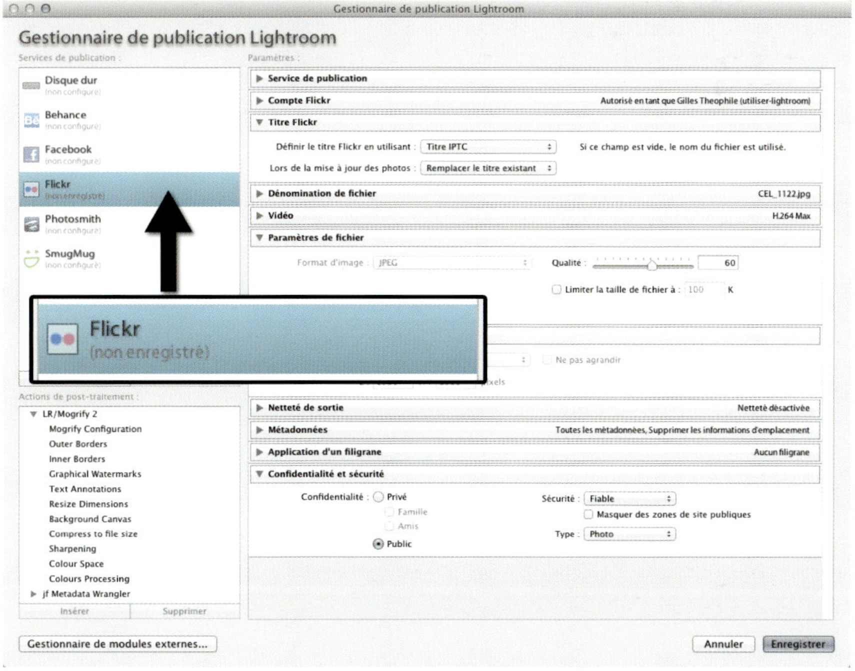

Étape 5

Dans le champ Description de la section « Service de publication », tout en haut, entrez le nom du service (par exemple, « Mes Photos »). Ensuite, dans la section « Compte Flickr », cliquez sur Connexion. Au préalable, votre compte aura été créé et la connexion Internet établie. Lors de la toute première connexion, une boîte de dialogue vous demandera d'autoriser le chargement d'images sur Flickr : cliquez sur Autoriser.

Étape 6

Après que vous aurez cliqué sur Autoriser, votre navigateur web va automatiquement ouvrir une page Flickr vous annonçant que Lightroom veut créer un lien vers votre compte Flickr. Après avoir lu les conditions et les informations, cliquez sur « OK, Je l'autorise ».

Retournez dans Lightroom : une nouvelle boîte de dialogue vous invite à valider la procédure d'autorisation en cliquant sur Terminé. La section « Compte Flickr » du Gestionnaire confirme la connexion : vous voilà prêt pour les autres réglages.

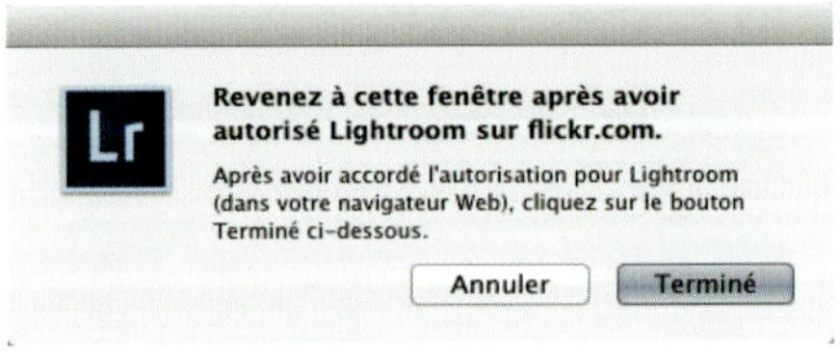

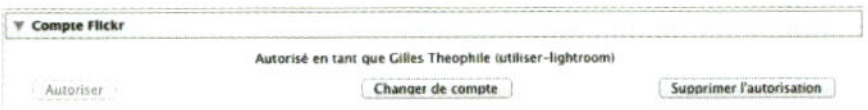

Étape 7

Dans la section « Paramètres de fichier », le format JPEG est préétabli mais vous pouvez régler la qualité à 70-80 %, ce qui est largement suffisant. Dans « Dimensionnement de l'image », choisissez « Bord large » dans la liste, et entrez « 1280 pixels ». Réglez la netteté sur Écran et Standard. Quant aux métadonnées, libre à vous de ne publier que les informations de copyright ou l'ensemble des métadonnées. Si le vol de photos vous inquiète, n'hésitez pas à incruster un filigrane de copyright dans vos images (voir l'exercice 08).

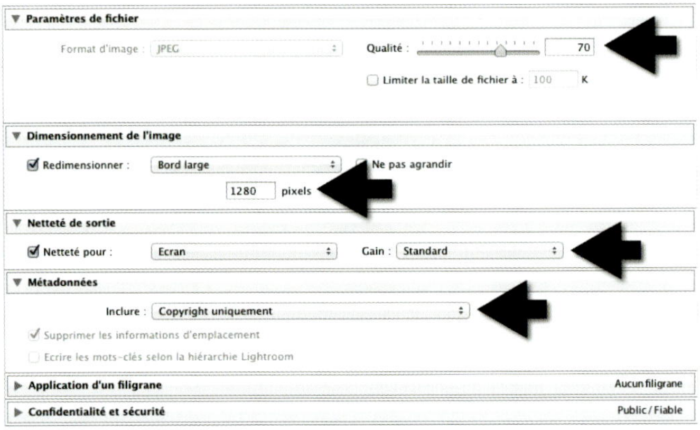

Étape 8

Une dernière section propose des options de confidentialité et de protection des images. Là encore, c'est à vous de faire votre propre choix. Ici, nous ferons en sorte que la galerie soit publique.

Tous les réglages ayant été faits, il ne reste plus qu'à valider en cliquant sur le bouton Enregistrer, en bas à droite.

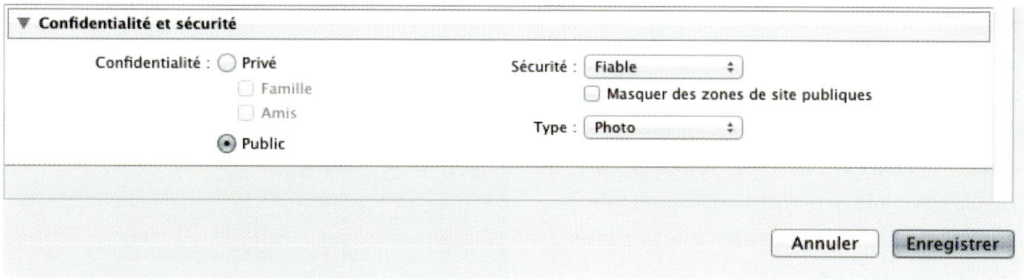

Étape 9

Retournez dans le panneau « Services de publication » : votre compte Flickr est prêt à accueillir vos premières photos. Faites un clic droit sur la ligne « Flux de photos », puis, dans le menu contextuel, sélectionnez « Définir comme collection cible », ce qui est confirmé par le signe « + » qui apparaît après « Flux de photos ».

Il ne vous reste plus qu'à collecter les images que vous voulez charger sur la galerie : parcourez vos collections et dossiers, cliquez sur une photo candidate puis, avec la touche B, attribuez-la à la collection cible.

Étape 10

Après la collecte des photos, retournez dans le « Flux de photos ». Les vignettes sont affichées dans le panneau central, en mode Grille, sous une barre appelée « Nouvelles photos à publier ». Le service de publications attend tout simplement votre ordre de transfert, que vous donnerez en cliquant sur Publier, dans le coin supérieur droit du panneau central.

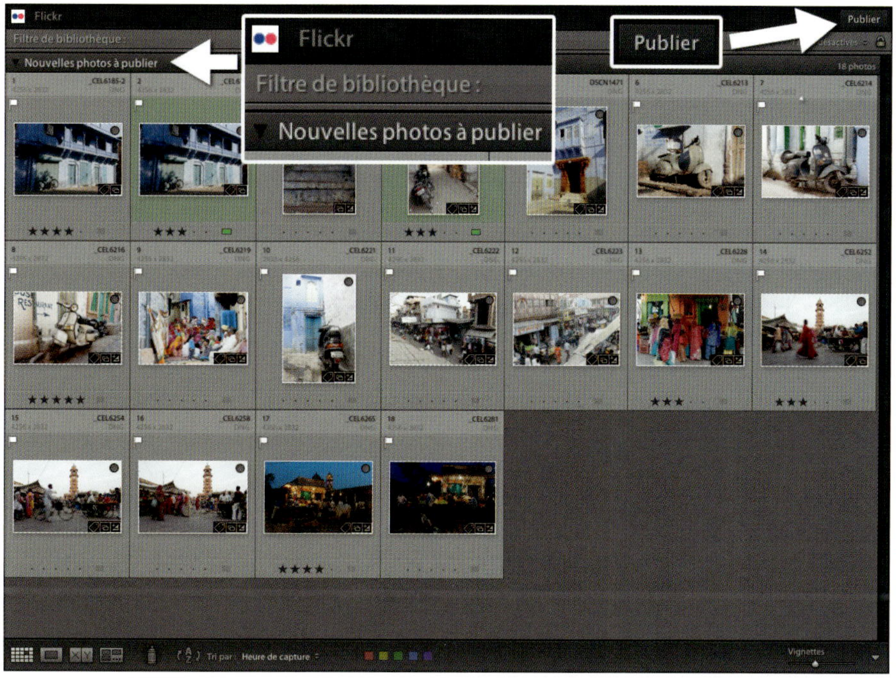

Étape 11

Lightroom prépare les images puis les charge sur votre galerie Flickr. Vous pouvez voir l'exécution de la tâche dans le panneau central d'affichage – « Nouvelles photos à publier » (en haut) et « Photos publiées » (en bas) – ainsi que dans la barre de progression, située en haut à gauche, à la place de la plaque d'identité Lightroom.

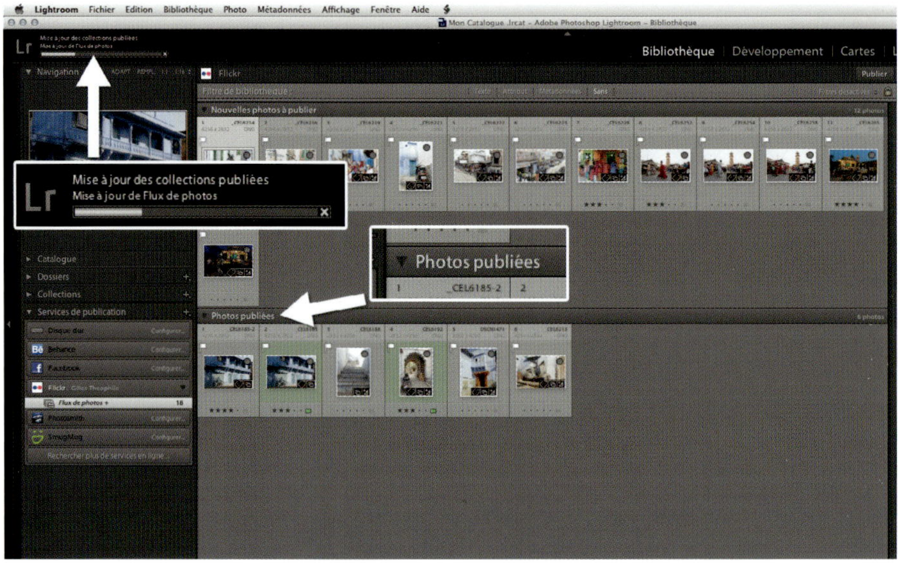

Étape 12

Lorsque le transfert est terminé, retournez dans le panneau « Services de publication », et faites un clic droit sur la ligne « Flux de photos » de votre service Flickr. Sélectionnez « Afficher sur Flickr » dans le menu contextuel : aussitôt, la galerie nouvellement créée s'affiche dans votre navigateur web.

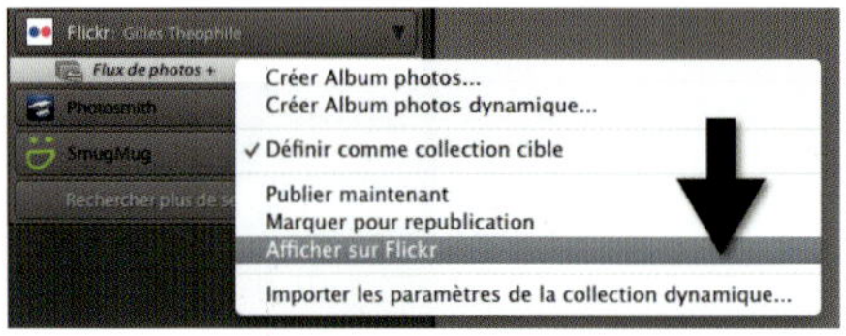

Étape 13

Que se passe-t-il si vous supprimez ou modifiez une image de la galerie dans Lightroom ? Si vous cliquez droit sur une image et choisissez « Supprimer de la collection », une section « Photos supprimées à effacer », contenant l'image sélectionnée, va apparaître dans la section centrale d'affichage. Si vous modifiez l'une des photos – un recadrage, par exemple –, une section « Photos modifiées à republier » va également apparaître, avec l'image concernée. Pour appliquer les changements, cliquez sur Publier : Lightroom mettra votre galerie Flickr à jour.

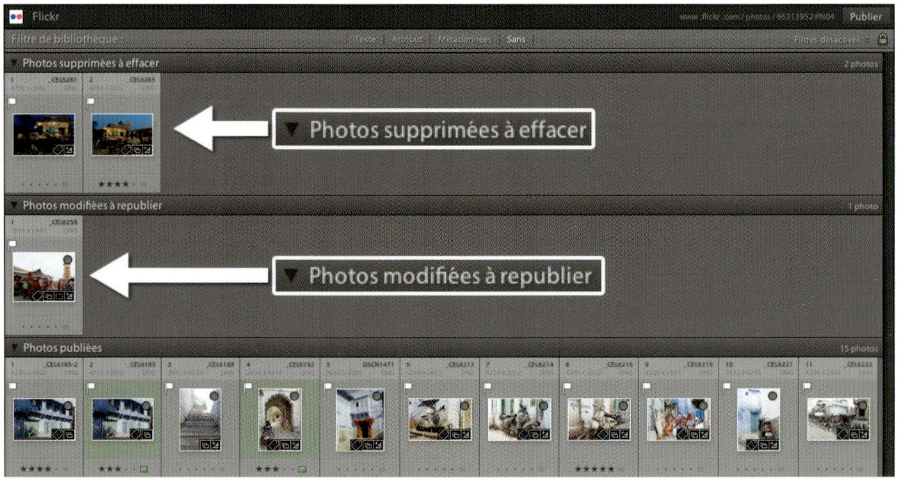

Étape 14

Voici la galerie après modification, vous pouvez la comparer avec la capture de l'étape 12 : les deux premières images en haut à gauche ont été supprimées, la troisième a été recadrée conformément à ce qui a été demandé et fait dans le service publication de Lightroom à l'étape précédente. En revanche, la synchronisation inverse n'est pas permise : une image supprimée dans la galerie ne le sera pas automatiquement dans la collection du service de publication Lightroom.

> **Remarque** : la synchronisation dans les deux sens est possible avec certains services comme SmugMug, un autre prestattaire de galeries web.

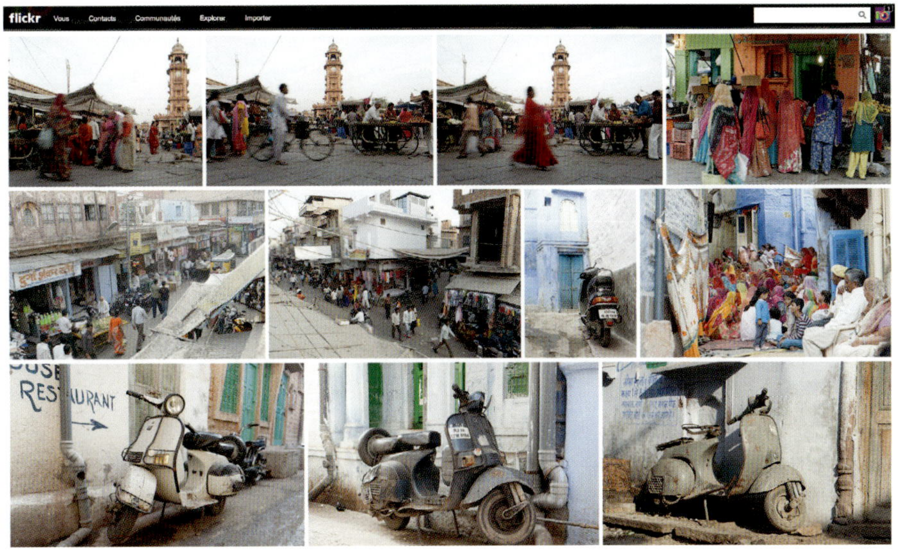

Étape 15

Il existe pourtant un certain degré d'interactivité selon les fournisseurs de services. Avec Flickr, par exemple, vous pouvez rapatrier dans Lightroom les commentaires laissés par les visiteurs et voir le nombre de favoris. Pour cela, assurez-vous que la connexion Internet soit établie, puis, dans le module Bibliothèque, allez à droite dans le panneau Commentaire. Cliquez sur la flèche de mise à jour, dans l'en-tête du panneau. Au bout de quelques secondes, les commentaires seront chargés dans le panneau.

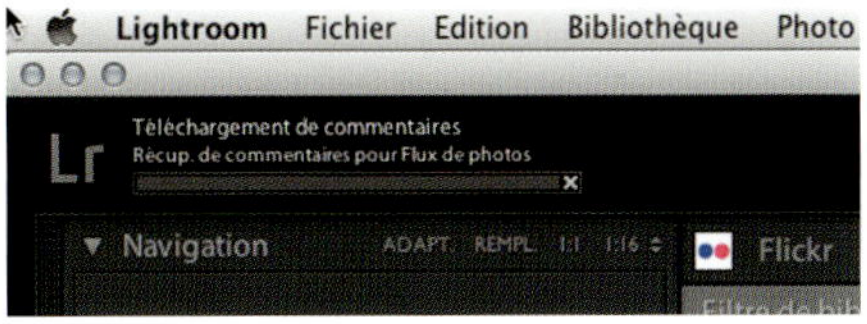

Étape 16

Pour voir les commentaires et y répondre, sélectionnez les images une à une. Si des visiteurs ont choisi une photo comme « Favori », vous verrez le nombre s'afficher dans la section du bas. Pour répondre au commentaire, cliquez et commencez la saisie dans le champ situé dans la section du haut, puis appuyez sur Entrée pour valider et renvoyer votre commentaire. Si celui-ci n'apparaît pas alors que vous êtes connecté à la galerie, rafraîchissez la page du navigateur web.

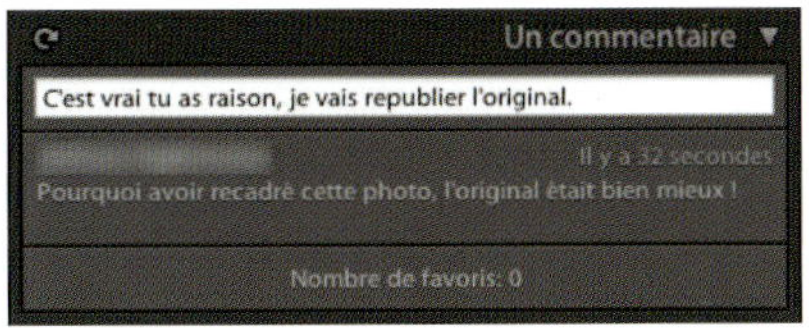

Étape 17

Deux nouvelles commandes font leur apparition via un clic droit sur les vignettes : « Marquer pour republication » et « Marquer comme à jour ». La première indique que la photo doit être republiée, et elle sera assignée à la section « Photo(s) modifiée(s) à republier ». Si vous faites des changements mineurs à une image et que cela ne justifie pas de mettre à jour la photo en question dans la galerie web, faite un clic droit et choisissez « Marquer comme à jour » : elle restera dans la section « Photos publiées ».

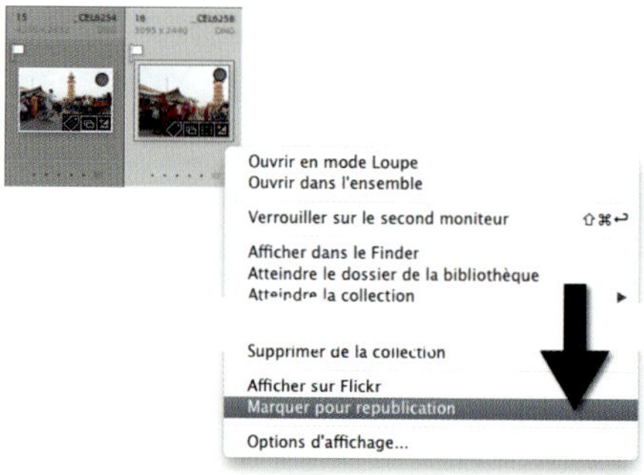

Étape 18

Il y a certaines règles de fonctionnement à retenir. D'abord, Lightroom ne publie ou ne republie jamais les photos automatiquement, sinon il le ferait en permanence en tâche de fond. Vous êtes donc obligé de cliquer sur le bouton Publier pour chaque transfert ou modification.

Enfin, supprimer des photos de votre catalogue n'affectera pas le contenu de la galerie web tant que vous ne republiez pas la galerie !

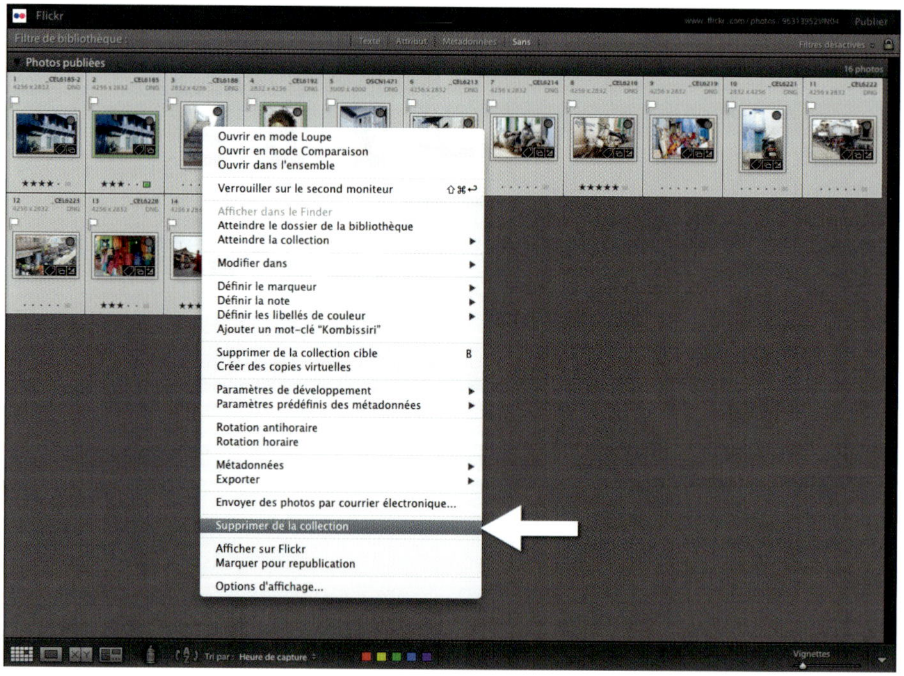

Conclusion : les services de publication ne se limitent pas aux galeries web, vous pouvez gérer des dossiers de la même manière en pilotant le contenu à distance. Les applications sont nombreuses : si vous êtes un photographe *corporate*, vous pouvez placer des images dans le dossier du service communication qui pourra y puiser à loisir et dont vous assurerez la gestion depuis votre poste de travail. Autre exemple, vous pouvez créer un dossier d'images destinées à la réalisation d'un livre, et la personne faisant la mise en page s'en servira pour les importer dans InDesign.

59 Envoyer ses images par e-mail

Il avait fallu attendre quatre versions de Lightroom pour y voir une fonction intégrée d'e-mail. Même si elle n'offre que le minimum syndical, elle prend non seulement en charge votre client e-mail par défaut (voir la rubrique d'aide du logiciel pour la liste des applications compatibles), mais également les services de webmail comme AOL, Gmail, Hotmail et Yahoo!. En revanche, elle ne tient pas compte de votre carnet d'adresses habituel : vous devrez en constituer un manuellement, sans possibilité de transfert automatique.

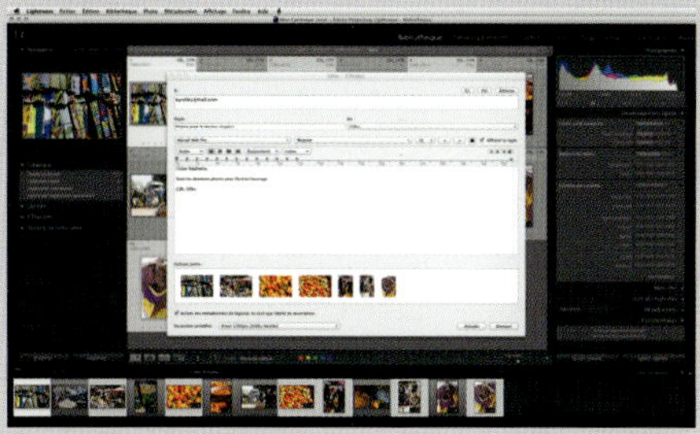

Étape 1

L'accès à la fonction e-mail est très simple : il s'effectue soit par le menu **Fichier>Envoyer une photo par courrier électronique**, soit en faisant un clic droit sur une photo et en choisissant le même intitulé dans le menu contextuel.

Il n'y a pas de réglages à faire dans les Préférences de Lightroom et, si vous utilisez un webmail, vous devrez configurer l'application lors de son premier lancement. Bien entendu, pensez à activer votre connexion Internet au préalable.

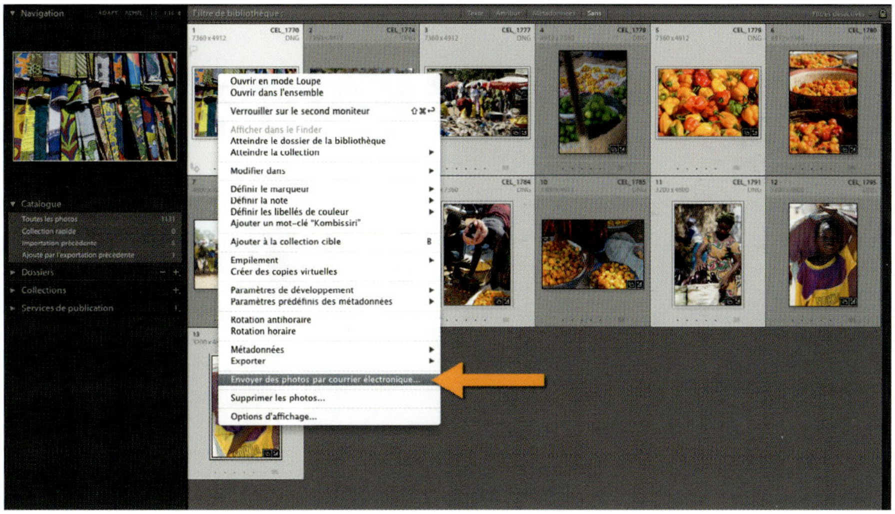

> Remarque : cet exercice a été réalisé sur Mac, en partie avec le client de messagerie standard d'Apple, Mail, mais bien entendu les instructions s'appliquent à n'importe quel autre logiciel, et également au PC.

Étape 2

Si vous utilisez un client e-mail sur votre ordinateur (Mail, Outlook, Thunderbird, etc.), la fenêtre de l'utilitaire de Lightroom va s'ouvrir sans champ de saisie de texte. Vous trouverez votre client e-mail par défaut dans le menu « De : » situé à droite, et les images préalablement sélectionnées apparaîtront dans un bandeau, avec une taille moyenne prédéfinie. Vous pouvez changer ce paramètre et même enregistrer des réglages personnalisés sous forme de paramètres prédéfinis (étapes 11 à 13).

Étape 3

Dès que vous cliquez sur Envoyer, Lightroom va préparer les images puis lancer directement votre client de messagerie avec un nouveau message contenant les photos. Il ne vous restera plus qu'à saisir le destinataire, le sujet et votre texte. L'avantage est que vous disposez du carnet d'adresses existant soit dans le client, soit au niveau du système d'exploitation de votre ordinateur.

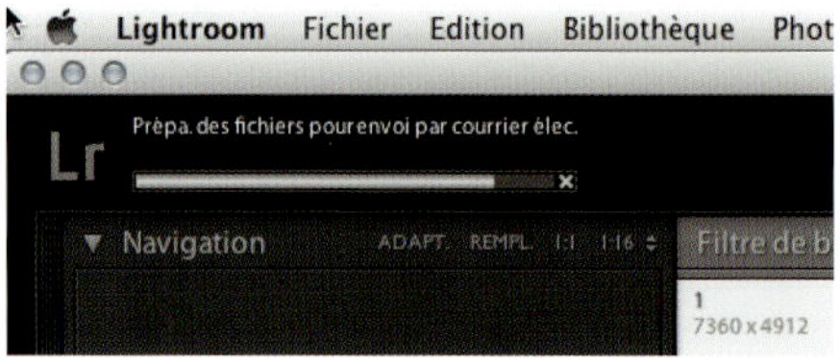

Étape 4

Si vous utilisez un webmail, la procédure est un peu différente mais guère plus compliquée dès lors que le paramétrage du compte e-mail est fait. Prenons comme exemple un compte Gmail (ce sera la même chose pour Hotmail, Yahoo! Mail et AOL). Sélectionnez « Envoyer une photo par courrier électronique » dans un des menus puis, dans « Nouveau compte », choisissez le prestataire, entrez le nom du compte, l'adresse e-mail et le mot de passe. Cliquez sur OK (si le système vous demande d'autoriser Lightroom à utiliser vos informations de connexion, acceptez).

Étape 5

Cette fois, la fenêtre e-mail présente un champ de saisie du texte, mais les réglages ne sont pas tout à fait terminés. Dans le menu déroulant « De : », sélectionnez « Accéder au Gestionnaire du compte de messagerie... ».

Étape 6

Dans le gestionnaire, vous devrez valider les paramètres du serveur – automatiquement configurés – et d'identification (e-mail et mot de passe). Cliquez sur Valider : si les paramètres sont corrects, le compte sera validé (voyant vert dans la liste à gauche). Vous pouvez ajouter ou supprimer autant de comptes que vous le désirez. Lorsque le compte de messagerie est validé, cliquez sur Terminé : vous voilà prêt à envoyer des mails à partir de Lightroom.

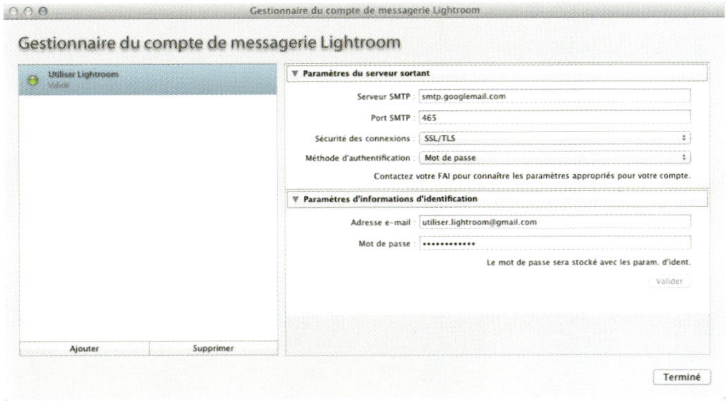

Étape 7

Si vous utilisez plusieurs comptes, ils apparaîtront dans le menu « De : ». Vous pourrez changer à n'importe quel moment de compte en fonction des photos et du destinataire.

Étape 8

La fenêtre de messagerie offre les outils classiques de tout client e-mail : en haut, le champ du destinataire, les champs Cc/Cci activés par les boutons adéquats ; à droite, l'objet, le menu de sélection du compte expéditeur. Vous pouvez modifier et régler la police de caractères avec, en dessous, le champ de saisie du texte. Tout en bas se trouve la section des fichiers joints sur laquelle nous reviendrons.

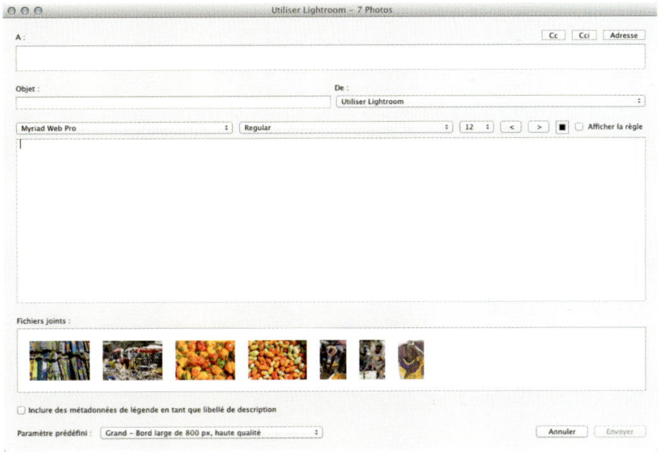

Étape 9

Si vous cliquez sur « Afficher la règle », des d'outils de mise en page apparaîtront au-dessus du champ de saisie du texte. Ils sont assez complets et incluent des tabulateurs, différents styles de polices, l'alignement des paragraphes, l'espacement et des préréglages pour créer des listes.

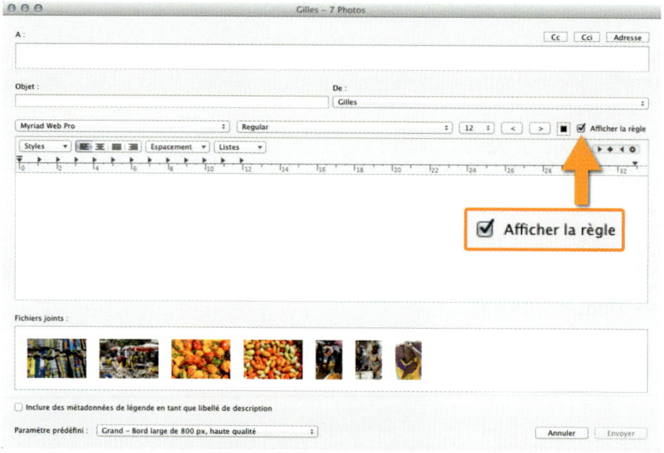

Étape 10

La partie inférieure comprend une section d'affichage des fichiers joints et une option pour inclure la légende IPTC en tant que description de la photo dans le mail. Cette légende apparaîtra dans le message, sous la photo.

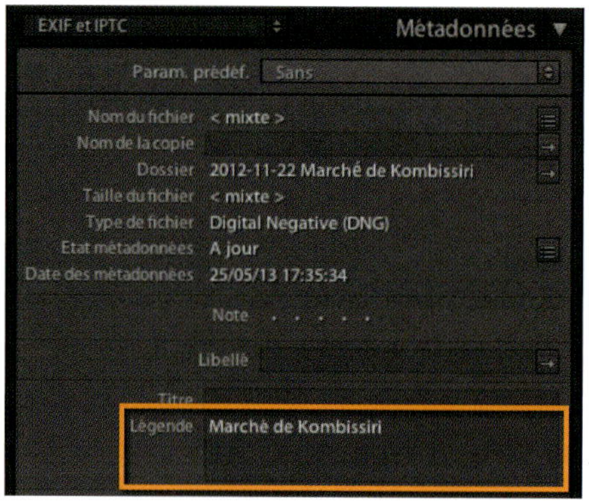

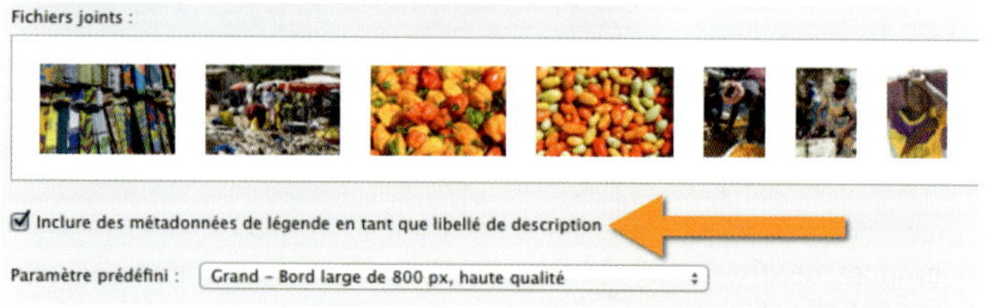

Étape 11

L'utilitaire de messagerie de Lightroom propose quatre tailles pour les fichiers joints. Le menu déroulant vous permet d'enregistrer vos propres réglages, sélectionnez « Créer un paramètre prédéfini ».

Étape 12

Cette commande emmène directement dans le menu Exporter. Dans le menu de sélection passez en mode « Courrier électronique ». Choisissez une option puis créez un paramètre prédéfini d'exportation comme dans les étapes 14 et 15 de l'exercice 52. Cliquez sur Exporter : vous retournez automatiquement dans l'utilitaire de messagerie, et le nouveau paramètre prédéfini figure dans la liste déroulante.

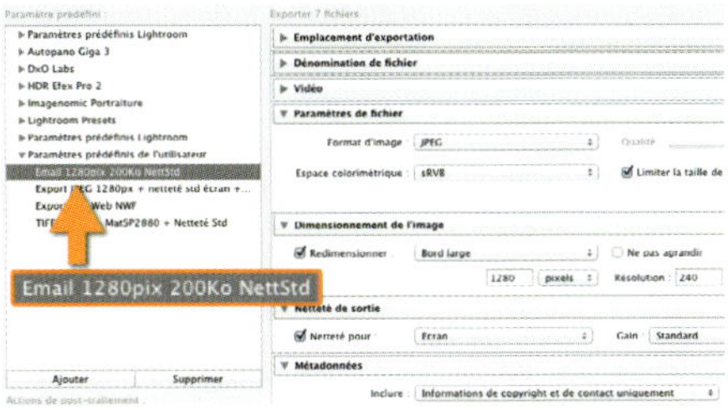

Étape 13

Les paramètres prédéfinis de l'utilitaire de messagerie étant des paramètres d'exportation, on les retrouvera dans la section « Paramètres prédéfinis » du menu contextuel d'exportation par un clic droit sur une image ou une sélection de plusieurs photos. La sélection du paramètre prédéfini ne lancera pas le menu Exporter mais l'utilitaire de messagerie.

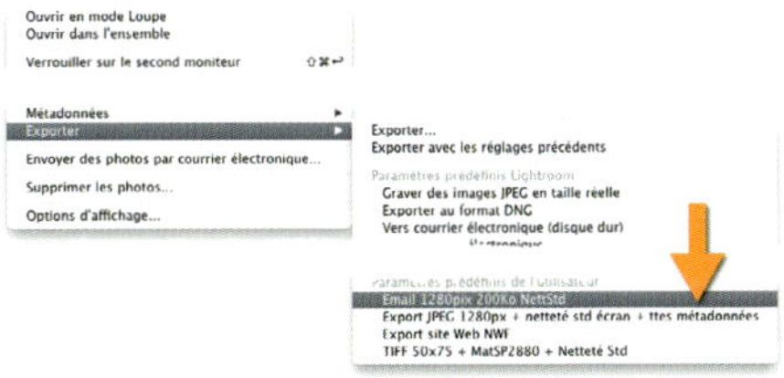

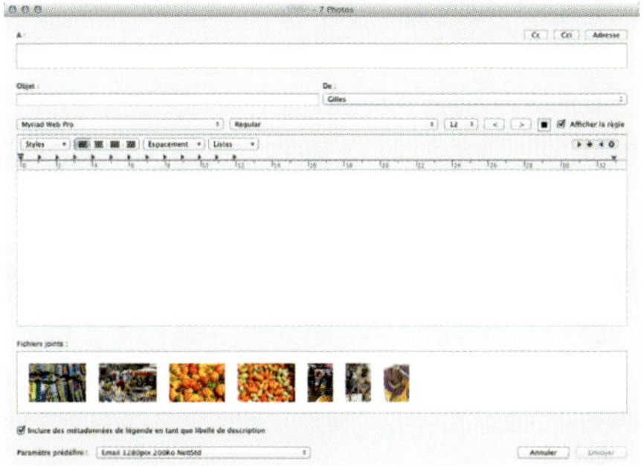

Étape 14

Cliquer sur le bouton Adresse, en haut à droite, lance le carnet d'adresses Lightroom, indépendant du carnet d'adresses du système d'exploitation de votre ordinateur. Vous devrez entrer toutes les adresses e-mails, une par une, après avoir cliqué sur « Nouvelle adresse ».

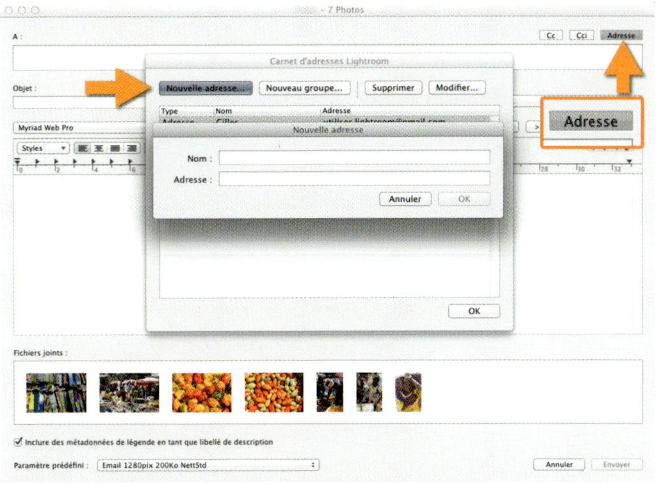

Remarque : vous avez également la possibilité de créer des groupes de distribution après avoir cliqué sur le bouton « Nouveau groupe ». Bien entendu, vous avez la possibilité de modifier ou de supprimer les adresses – individuelles ou par groupes – à votre guise.

Conclusion : le client de messagerie de Lightroom est bienvenu et facilite l'envoi d'images par rapport aux anciennes versions. Deux regrets toutefois. D'abord l'incompatibilité avec le carnet d'adresses du système, qui oblige à recopier les adresses manuellement, ensuite l'impossibilité, par manque de critères spécifiques, de regrouper automatiquement et de gérer les images en fonction des destinataires ou de l'objet du courrier électronique. Cela permettrait au photographe d'assurer un suivi et de retrouver rapidement à qui il a expédié telle ou telle image.

Conclusion

Vous voici arrivé au bout des 59 exercices. À ce stade, vos connaissances de Lightroom sont solides et vous devriez être capable d'enseigner à votre tour les bases du logiciel.

Le plus important, à mes yeux, est la maîtrise du catalogage. Tout le reste coule de source, que ce soit le développement ou la correction des images, et dépend beaucoup de votre sensibilité personnelle. Le catalogage va vous permettre d'optimiser votre temps dans Lightroom en vous poussant à ne vous consacrer qu'aux images qui en valent vraiment la peine. Et vous pourrez ainsi rester plus longtemps sur la prise de vue. La notion même de catalogage et de base de données rebute certains utilisateurs, ce qui est bien dommage. Lorsqu'on a compris les principes et les rouages du flux de travail, on gagne en efficacité, en rapidité et en sécurité.

L'autre avantage de Lightroom est sa facilité d'utilisation : prenons pour exemple les outils de correction de la tonalité. Vous pourrez rattraper les problèmes de contraste et d'exposition avec une aisance déconcertante, en quelques secondes, alors que les logiciels des fabricants d'appareils photo exigent parfois des connaissances approfondies pour arriver aux mêmes résultats. Et que dire du redressement automatique de l'horizon et des perspectives avec l'outil Upright, ou encore de l'affichage monochrome facilitant le repérage des poussières et autres défauts à supprimer ?

Lightroom regorge d'outils, mais sa grande force est avant tout l'efficacité et la rapidité du flux de travail. Les outils étant aussi de qualité, vous ne reviendrez plus en arrière dès lors que vous aurez assimilé le fonctionnement du logiciel.

Bonnes photos à vous, aussi bien derrière votre reflex que devant Lightroom !

Maquette et mise en pages : Nord Compo
Imprimé en Slovénie
Dépôt légal : juin 2013
N° d'éditeur : 8981